Rolf Pohl
Feindbild Frau

Rolf Pohl

Feindbild Frau

Männliche Sexualität, Gewalt und die Abwehr des Weiblichen

https://www.offizin-verlag.de

ISBN 978-3-945447-24-6

fon: 0511 / 807 61 94
fax: 0511 / 62 47 30
Umschlaggestaltung: freeStyle grafik, Hannover
unter Verwendung des Bildes »Ein Antlitz auch des Leibes«
von Paul Klee (1939)
Satz: Oliver Heins, Hannover
Druck: bookpress, Olsztyn

1. Auflage 2004
2. Auflage 2019
Printed in Poland

Bibliographische Information der Deutschen Nationalbibliothek
Die Deutsche Nationalbibliothek verzeichnet diese Publikation in der
Deutschen Nationalbibliografie; detaillierte bibliografische Daten sind
im Internet über http://dnb.d-nb.de abrufbar.

Inhalt

Dritter Teil

MÄNNLICHE FEINDBILDER UND DIE VERFOLGUNG DES BEGEHRTEN GESCHLECHTS

Anhang

Vorwort zur Neuauflage

Das Buch »Feindbild Frau« ist erstmals 2004 erschienen. Da es inzwischen vergriffen ist habe ich mich zusammen mit meinem Verleger Michael Buckmiller im Frühjahr 2019 für eine unveränderte Neuauflage als Paperback entschieden. Diese Entscheidung hatte mehrere Gründe, die eng miteinander verbunden sind. Da ist zunächst einmal die aus Autoren- und Verlagsperspektive sicherlich erfreuliche Tatsache einer ungebrochenen Nachfrage nach dem Buch. Weniger erfreulich sind aber vor allem der aktuelle Stand der widersprüchlichen und ungleichzeitigen geschlechterpolitischen Entwicklungen sowie die Defizite im Mainstream der sie begleitenden politischen, gesellschaftlichen und wissenschaftlichen Geschlechterdiskurse. Die anhaltende Nachfrage nach dem Buch lässt sich daher auch als Indiz dieser problematischen Entwicklungen in den vorherrschenden Geschlechterverhältnissen sowie des damit verbundenen Aufklärungsbedarf insbesondere hinsichtlich der im Hauptfokus stehenden Frage nach dem spezifischen, gewaltinduzierenden Verhältnis von Sexualität, Macht und Weiblichkeitsabwehr in der vorherrschenden männlichen Subjektkonstitution verstehen. Was ist damit gemeint und leben wir nicht inzwischen in einem post-feministischen Zeitalter nach dem Patriarchat mit einer, wenn noch nicht vollständig, so doch zumindest annäherungsweise gelungenen Geschlechtergerechtigkeit, unter der eine solche Frage- und Untersuchungsperspektive längst obsolet geworden ist?

Ein erster schneller Eindruck scheint dies zu betätigen: Unter dem Einfluss wichtiger gleichstellungspolitischer Fortschritte sind inzwischen selbst verkrustete Geschlechterverhältnisse und starre Rollenmuster in Bewegung oder gar in Auflösung geraten. Aber was hat sich hier eigentlich bewegt und in welche Richtung erfolgt diese Bewegung, von der vor allem fundamentalistische MännerrechtlerInnen (MaskulistInnen) und andere antifeministische Strömungen annehmen, sie sei als allumfassender feministischer Siegeszug entschieden zu weit gegangen? Die erfolgreiche Frauenemanzipation, so die maskulistische Litanei über die angebliche »Krise der Männlichkeit«, habe bis hin zur Indoktrination aller staatlichen Instanzen und Bildungseinrichtungen die ursprüngliche Ordnung der Dinge unter der bewährten männlichen Herrschaft inzwischen in ein Feminat, ja in ein totalisierendes weibliches Unterdrückungssystem gegenüber der pauschal als ewiges »Tätergeschlecht« verteufelten und erniedrigten männlichen Kreatur verwandelt, die unter der Knute des Genderismus und insbesondere des perfiden feministischen Machwerks Gender Mainstreaming entweder einer geistigen Geschlechtsumwandlung unterzogen oder gar der Ausrottung zugeführt werden soll (vgl. Pohl 2011). Hierbei handelt es sich aber nicht allein um das fanatische Aufbegehren einer Minderheit ewiggestriger Männer (und Frauen), deren restaurative Sehnsüchte das Rad der Geschlechterbeziehungen zurückdrehen wollen. Mit dem virulenten bis offenen Hasspotenzial ihres »Anti-Genderismus« (vgl. Hark/Villa 2015) erweisen sich diese Positionen seit längerem auch als anschlussfähig an Teile des massenmedialen Mainstreams, zeigen aber vor allem sowohl ideologisch als auch personell fließende Übergänge zum klerikalen Fundamentalismus, zu rückwärtsgewandten Familienideologien, zu homophoben Strömungen sowie zum Rechtspopulismus und Rechtsextremismus und damit zur Fremdenfeindlichkeit im dumpfen Alltagsbewusstsein vom rechten Rand bis in die sogenannte »Mitte der Gesellschaft« hinein.

Dies lässt sich an zwei Beispielen veranschaulichen: So klagte der Thüringer Landesvorsitzende der Alternative für Deutschland (AfD) in einer Rede in Erfurt am 18. November 2015, Deutschland und Europa hätten »ihre Männlichkeit verloren«. Diese müsse wieder entdeckt werden, denn nur dann, so fährt er in seinem gleichzeitig männlichen und nationalen Chauvinismus fort, nur dann »werden wir mannhaft. Und nur wenn wir mannhaft werden, werden wir wehrhaft, und wir müssen wehrhaft werden«. Spätestens seit den sexuellen Übergriffen in der Kölner Silvesternacht 2015 wissen wir auch, warum die deutschen und europäischen Männer wieder »wehrhaft« werden »müssen«: nicht nur wegen der angeblich »anflutenden Ströme« einer auf einen kompletten »Bevölkerungsaustausch« zielenden »Flüchtlingsinvasion« sowie wegen des notwendigen Widerstands gegen eine »volksfeindliche Asylpolitik«, nein, wehrhafte Männlichkeit scheint auch konkret zum Schutz deutscher Frauen und Mädchen vor geflüchteten sexuell potenten, nord-afrikanischen und vor allem muslimischen jungen Männern notwendig zu sein. In diesem Zusammenhang ging die ehemalige Pegida-Aktivistin Tatjana Festerling noch über die Warnung jenes AfD-Vorsitzenden vor einem Anwachsen der »Angsträume für blonde Frauen« hinaus. Sie nannte die Ereignisse in Köln einen »Sex-Dschihad« und sprach von »flächenüberdeckenden Terroranschlägen auf deutsche Frauen, auf weiße, blonde Frauen« durch »afro-arabische

Sexterroristen«. Außerdem, und das ist ein aufschlussreiches Zeichen der symptomatischen Fixierung von FremdenfeindInnen auf Themen wie Sexualität, Fortpflanzung, Familie und »geordnete«, also traditionelle Geschlechterverhältnisse, seien zu Silvester in Köln besonders die deutschen Männer gedemütigt worden, weil sie ihre Frauen nicht beschützen und ihnen nicht helfen konnten.[1]

Erkennbar ist hier, wie stark sich Fremdenfeindlichkeit (Xenophobie) und Frauenfeindlichkeit (Misogynie) in ihren zugespitzten Erscheinungsformen als Rassismus und Sexismus ähneln und überschneiden. Der Sehnsucht nach der Sicherung und Wiederherstellung einer in Gefahr geratenen kollektiven (nationalen und/oder völkischen) Identität korrespondiert offenkundig der Wunsch nach einer Reparatur der als beschädigt erlebten Männlichkeit. Rechtspopulismus und Maskulismus eint somit der Wunsch nach einer Re-Souveränisierung des Mannes und damit letztlich das Ziel, den weißen, westlichen und heterosexuellen Mann wieder in seine verloren gegangene, aber ihm zustehende Rolle als Herrscher der Welt und als Vorstand der wieder herzustellenden traditionellen Familienstruktur zu versetzen.

Die entscheidende Grundannahme aber, der sich nicht nur die MaskulistInnen und RechtspopulistInnen, sondern fast alle aktuellen Diskurse über die Krise des Mannes und der Männlichkeit verweigern, ist die nach wie vor geltende Vorherrschaft des männlichen Geschlechts als soziales Strukturmoment und die damit einhergehende Abwehr des (konstruierten) Weiblichen. Daraus folgt: Es gibt keine aktuelle »Krise der Männlichkeit«, wie sie in den radikaleren männer- und väterrechtlichen Diskursen immer wieder beschworen und der Dominanz der Frauen und der Vormacht des Feminismus angelastet wird. Diese inflationär und mit feindseligen Schuldzuweisungen geführte Rede verdeckt, dass es sich bei den vorherrschenden Formen von Männlichkeit in weiterhin männlich dominierten Kulturen und Gesellschaften strukturell und grundsätzlich um einen von sozialen und persönlichen Konflikten

1 Die rassistische Diffamierung der vermeintlichen Täter von Köln durch weiteres Führungspersonal der AfD als »barbarische, muslimische, gruppenvergewaltigende Männerhorden«, oder, so im Mai 2018 im Bundestag als »alimentierte Messermänner und sonstige Taugenichtse« bestätigt, dass es sich nicht um extreme Einzelmeinungen im populistischen Spektrum handelt. Es scheint, als würde nach der Silvesternacht in Köln auf breiter Front das Patriarchat entdeckt worden sein – aber eben nur bei dunkelhäutigen und dazu noch muslimischen Afrikanern und ihren »fremden«, weniger »zivilisierten« Kulturen. Diese Empörung aufrechter Deutscher im politischen und medialen Mainstream, die plötzlich ihr Herz für Frauenrechte entdeckten ist heuchlerisch, vor allem weil damit die Auseinandersetzung mit Sexismus in der eigenen Mehrheitsgesellschaft anscheinend hinfällig geworden ist.

bestimmten Krisenzustand handelt. Auch der Wandel in den Erscheinungsformen von Männlichkeit, eine moderne Ausdifferenzierung und Suche nach einer »neuen Männlichkeit« hat an diesen Grundstrukturen bislang (noch) nicht grundlegend etwas geändert.

Und das bedeutet aus der Sicht der kritischen Männlichkeitsforschung: Trotz vielfältiger geschlechterpolitischer Modernisierungen leben wir nach wie vor in einer Gesellschaft mit männlicher Hegemonie und einer normativen Dominanz des Männlichen. Die Aufrechterhaltung der damit einhergehenden sozialen Ungleichheiten zwischen den Geschlechtern ist nach Sylka Scholz weiterhin an die Produktion und Reproduktion einer hierarchischen Kultur der Zweigeschlechtlichkeit unter dieser männlichen Hegemonie gebunden. Darunter versteht sie eine »geistige und moralische Vorherrschaft von männlichen Wert- und Ordnungssystemen, Verhaltenslogiken und Kommunikationsstilen«, deren Kern grundsätzlich unangetastet bleibt. »Das, was in spätmodernen Gesellschaften als männlich gilt, ist in den verschiedenen sozialen Praxen sehr unterschiedlich und kann sich teilweise sogar widersprechen, dennoch gibt es einen gemeinsamen Kern: das Männliche gilt als Norm und gegenüber dem Weiblichen als überlegen« (Scholz 2004, S. 41). Dieses System der männlichen Dominanz und Vorherrschaft ist nicht nur tief in der symbolischen Ordnung dieser Gesellschaften sondern auch in den weitgehend unbewussten, mit starken Affekten aufgeladenen Wahrnehmungs- und Einstellungsmustern der Einzelnen (nicht nur der Männer) verankert. Die offensichtlichen Fortschritte, die in den letzten Jahren und Jahrzehnten in Gleichstellungsfragen erzielt wurden, müssen daher immer noch als Ausdruck einer bloß »rhetorischen Modernisierung« (Angelika Wetterer) an der Oberfläche gesehen werden, solange diese grundlegenden, kulturell und subjektiv verankerten Asymmetrien strukturell unangetastet bleiben und vielfach geleugnet oder verschleiert werden.

In der Entwicklung der Geschlechterverhältnisse sowie der mit ihnen einhergehenden einschlägigen Diskurse ist also eine widersprüchliche Gemengelage aus Veränderungen, hartnäckigen Persistenzen und immer wieder in neuen Gewändern auftretenden Gegenbewegungen zu verzeichnen, eine Gemengelage, deren inter- und transdisziplinäre Analyse im Grunde erst am Anfang steht (vgl. hier etwa Rendtorf/Riegraf/Mahs 2019). Aus der im Buch präferierten, vorwiegend an einer kritischen Rezeption psychoanalytischer und sozialpsychologischer Ansätze orientierten subjekttheoretischen Perspektive stehen Fragen und Themen im Mittelpunkt, denen in der dominierenden, vor allem soziologischen sowie geschichts-, literatur- und erziehungswissenschaftlichen Männlichkeitsforschung kein oder nur ein geringer systematischer Stellenwert beigemessen wird: Wie funktioniert eigentlich die angesprochene kulturell und unbewusst verankerte Aufrechterhaltung maskuliner Überlegenheitsansprüche, die immer wieder dafür sorgt, dass die Männlichkeit(en) in männlich hegemonialen, heteronormativen und geschlechterhierarchischen Gesellschaften grundsätzlich dem scheinbar unentrinnbaren Zwang unterliegen, sich nicht nur als ein anderes, sondern immer auch als das wichtigere und überlegene Geschlecht zu setzen und diese Setzung im »Notfall«, also wenn sie in Gefahr zu geraten scheint, zu beweisen? Hier haben einige der zentralen Befunde des Buchs m.E. nichts an ihrer aktuellen Bedeutung eingebüßt: Die Selbstwahrnehmung und das vorherrschende männliche Denken, Wahrnehmen und Fühlen wird unter diesen Strukturbedingungen von einem als »Männlichkeitsdilemma« gefassten fundamentalen und antagonistischen Gegensatz zwischen erwünschter Autonomie und gefürchteter Abhängigkeit bestimmt. Dies zeigt sich in spezifischer Weise auf dem Feld der männlichen Sexualität und insbesondere an der vorherrschenden Ausrichtung der sexuellen Begehrensstruktur des Mannes, das heißt: Sein der Norm der Heterosexualität unterliegendes, auf Frauen gerichtetes Begehren macht den Mann im hohen Maße abhängig – abhängig von seinem eigenen Begehren und mit dieser Fixierung gleichzeitig abhängig von den Frauen. Gerade *weil* das Gefühl männlicher Überlegenheit auf der unbewussten Abwertung und Herabsetzung von Frauen basiert, erweist sich der Wunsch nach Autonomie und Erhabenheit als trügerische Illusion, denn hier zeigt sich, dass der Mann nirgends schwächer und (scheinbar) einer »fremden« Kontrolle unterworfen ist, als auf dem Feld der Sexualität.

Die Folge ist die Entwicklung einer mehr oder weniger paranoid getönten, im Notfall kampfbereiten Abwehrhaltung, deren unbewusster Kern eine ambivalente, aus Angst, Lust und Hass gekennzeichnete Einstellung zu allem Bedrohlichen ist, das als Schwäche, als nicht-männlich empfunden und mit Frau und Weiblichkeit assoziiert bzw. davon abgeleitet wird und das im Krisenfall mittels Projektionen »externalisiert«, verfolgt und nun im Außen als »Notwehr« energisch bekämpft werden kann. Es geht dabei also nicht nur um eine ganz anderen Quellen entstammende männliche Macht, die Sexualität nur als probates Mittel ihrer Absicherung verwendet, sondern auch und gerade um die Spezifität einer sexuellen Lust, in die Feindseligkeit und Gewaltförmigkeit bereits grundlegend und strukturell eingelagert sind. Feindseligkeit aber ist eine der wichtigsten Wurzeln von Gewaltbereitschaft, und das bedeutet für den Zusammenhang von Sexualität und Gewalt: In Fällen sexueller Gewalt werden die Frauen unbewusst auch für das Begehren bestraft, das sie im Mann auslösen.

Die zu Beginn angeführten hartnäckigen Persistenzen in den Geschlechterverhältnissen unter dem Vorzeichen männlicher Hegemonie zeigen sich nach wie vor am erschreckendsten an den weltweit nahezu unverändert dramatischen Statistiken von Gewalt gegen Frauen und insbesondere an allen Erscheinungsformen von sexualisierter und sexueller Gewalt. Aber nicht nur hier: Ein Reden über sexuelle Gewaltförmigkeit kann und darf über das Phänomen Sexismus nicht schweigen. Gerade angesichts der der immer wieder, so auch in der aktuellen #MeToo-Kampagne aufkommenden Geschlechter-Debatten müssen wir auch den vermeintlich »harmloseren« Sexismus, seine unbewusste Botschaft und die dahinterstehende Logik hier einordnen. Sexismus ist ein Angriff auf die sexuelle Unversehrtheit und hat nichts, wie oft behauptet wird, mit Flirten, mit erotischem Spiel auf Augenhöhe und im wechselseitigen Respekt zu tun. Die fehlende wechselseitige Anerkennung markiert die entscheidende Grenze. Allerdings gibt es im Feld des Sexismus durchaus einen fließenden Übergang: aber eben nicht zwischen Sexismus und Flirten, sondern zwischen alltäglichem Sexismus und manifester sexueller Gewalt. Die Abstufungen in den Erscheinungsformen des Sexismus reichen somit vom anzüglichen Spruch, der sexuellen Anmache, dem Belästigen, dem Begrapschen bis hin zum zerstörerischen Übergriff durch Vergewaltigung. Ein Festhalten daran ist wegen des verbreiteten Lamentierens wichtig, Männer dürften heutzutage nicht einmal mehr ein Kompliment Frauen gegenüber machen und außerdem wegen des ebenso verbreiteten (Irr-)Glaubens, Sexismus sei doch eher harmlos und habe mit sexueller beziehungsweiser sexualisierter Gewalt nichts zu tun. Schließlich liebe man(n) doch die Frauen und würde ihnen niemals Gewalt antun. Aber auch positiver, wohlmeinender (benevolenter) Sexismus ist Sexismus und damit eben nicht »harmlos«, sondern in all seinen Erscheinungen eine Vorform sexueller Übergriffe, oder allgemeiner gesprochen: Sexismus ist die Sammelbezeichnung für alle Variationen sexueller, frauenfeindlicher Aggressivitäten mit der die vermeintliche »Krise des Mannes« sowohl zum Ausdruck gebracht als auch zu überwinden und zu »lösen« versucht wird.

Exemplarisch lässt sich die Problematik dieser spezifischen Übergriffigkeit besonders deutlich an der rückwärtsgerichteten und frauenfeindlichen *Pick-Up-Artist-Szene* beobachten und veranschaulichen. Ausgehend von den USA in den 1990er Jahren erfährt die als Anleitung zur »speed seduction« begonnene (schnelle) »Verführungskunst« inzwischen international und seit einigen Jahren auch in Deutschland durchaus Zuspruch. Als eine sektenähnliche männliche Gemeinschaft von leistungsorientierten »Flirt-Experten«, »Profi-Aufreißern« und selbsternannten »Verführungskünstlern« streben ihre Angehörigen und Anhänger nach einem angstfreien und selbstwertsteigernden heterosexuellen Genuss durch die Kontrolle über sich, ihre Körper und insbesondere über die zu erobernden Frauen. Ihre wichtigsten Instrumente sind ausgewählte, u.a. an Hypnose und dem Neurolinguistischen Programmieren (NLP) orientierte Manipulationstechniken zum Zweck der sexuellen Ausbeutung austauschbarer, zu einem bloßen Objekt des männlichen Eroberungswettbewerbs degradierter Frauen. Damit verfolgen sie gleichzeitig das übergeordnete Ziel einer Absicherung der männlichen Vorherrschaft durch die Restaurierung traditioneller männlicher Souveränität sowie der, in ihren Augen biologisch verwurzelten, aber durch den feministischen Zeitgeist ausgehöhlten Überlegenheit gegenüber dem inferioren weiblichen Geschlecht. Somit steht die Pick-Up-Artist-Szene mit ihrem neo-liberalen Optimierungswahn, ihren sexistischen Ansichten und ihren latent bis offenen gewaltbereiten Methoden für den hier thematisierten Kampf um eine von vielen Anhängern als »befreiend« empfundene Re-Traditionalisierung des Mannes. Das eine Ziel ist also die Wieder-Errichtung der klassischen Geschlechterverhältnisse unter »authentischer« männlicher Herrschaft, die evolutionsbiolgisch verbrämt als Herrschaft überlegener »Alpha-Männer« abgefeiert wird. Das andere Ziel aber ist, und das macht die Pick-Up-Artists gleichsam zu Musterexemplaren des in diesem Buch behandelten weiblichkeitsabwehrenden Männlichkeitstyps: heterosexuelles Genießen ohne Angst vor einer Einbuße von Männlichkeit und Kontrolle. Die Botschaft ist auch hier die gleiche wie bei jedem Sexismus: Frauen sind das Objekt, die Beute des männlichen Zugriffs – eine offenbar nach wie vor tief in der Kultur und tief in den Einstellungs- und Wahrnehmungsmustern der Männlichkeit verankerte Einstellung und Haltung (vgl. Pohl 2019).

Alle Erscheinungsformen von Sexismus mit ihren fließenden Übergängen bis hin zur manifesten sexuellen Gewalt sind Ausdruck dieser unbewusst eingelagerten Konstellation und nicht einer immer wieder ideologisch verklärten, angeblich biologisch, also hormonell, hirnphysiologisch oder evolutionsbiologisch bestimmten Naturhaftigkeit des Mannes. Vor diesem Hintergrund, so meine feste Überzeugung, ist das Buch, sein Thema und der in ihm verfolgte Ansatz nach wie vor von einer bedrückenden Aktualität.[2]

Hannover, im Juni 2019
Rolf Pohl

Literatur

Busch, Charlotte u.a. (Hrsg.) (2018): *Der Riss durchs Geschlecht. Feministische Beiträge zur Psychoanalyse*. Gießen: Psychosozial.

Hark, Sabine u. Villa, Paula-Irene (Hrsg.) (2015): *Anti-Genderismus. Sexualität und Geschlecht als Schauplätze aktueller politischer Auseinandersetzungen.* Bielefeld: Transcript.

Hutfless, Esther u. Zach, Barbara (Hrsg.) (2017): *Queering Psychoanalysis. Psychoanalyse und Queer Theory. Transdisziplinäre Verschränkungen*. Wien: Zaglossus.

Pohl, Rolf (2006): Vater ist der Beste. Über die Wiedergeburt eines Helden im sozialwissenschaftlichen Familiendiskurs. In: Bereswill, Mechthild; Scheiwe, Kirsten u. Wolde Anja (Hrsg.): *Vaterschaft im Wandel. Multidisziplinäre Analysen und Perspektiven aus geschlechtertheoretischer Sicht.* Weinheim/München: Juventa, S. 171-189.

Pohl, Rolf (2007): Genitalität und Geschlecht. Überlegungen zur Konstitution der männlichen Sexualität. In: Bereswill, Mechthild: Meuser, Michael u. Scholz, Sylka (Hrsg.): *Dimensionen der Kategorie Geschlecht: Der Fall Männlichkeit.* Münster: Westfälisches Dampfboot, S. 186-205.

Pohl, Rolf (2011): Männer - das benachteiligte Geschlecht? Weiblichkeitsabwehr und Antifeminismus im Diskurs über die Krise der Männlichkeit. In: Bereswill, Mechthild u. Neuber, Anke (Hrsg.): *In der Krise? Männlichkeiten im 21. Jahrhundert.* Münster: Westfälisches Dampfboot, S. 104-135.

Pohl, Rolf (2012a): Das ‚eigene' und das ‚andere' Geschlecht. Adoleszenz, Männlichkeit und Gewaltbereitschaft. In: Kleinau, Elke u. Rendtorff, Barbara (Hrsg.): *Eigen und anders – Beiträge aus der Geschlechterforschung und der psychoanalytischen Pädagogik*. Opladen/Berlin/Toronto: Barbara Budrich, S. 109-126

2 Daran ändert m.E. auch nicht, dass bestimmte Themen- und Literaturbezüge den Zeitumständen am Anfang der 2000er Jahre geschuldet sind und somit spätere geschlechtertheoretische Konzeptdiskussionen nicht systematisch zur Kenntnis genommen werden konnten (vgl. Busch u.a. 2018; Hutfless/Zach 2017). Vertiefende Weiterführungen einiger Schwerpunktthemen des Buches unter jeweiligen Aktualitätsbezügen finden sich in einer Reihe von eigenen Anschlussarbeiten (u.a. in Pohl 2006, 2007, 2011, 2012a, 2012b u. 2019).

Pohl, Rolf (2012b): Die Zerstörung der Frau als Subjekt: Macht und Sexualität als Antriebskräfte männlicher Vergewaltigungsstrategien im Krieg. In: Gender Initiativkolleg (Hrsg.): *Gewalt und Handlungsmacht. Queer_Feministische Perspektiven*. Frankfurt a.M.: Campus, S. 113-124.

Pohl, Rolf (2019): Die Pick-Up-Artists. Über das Innenleben professioneller Frauenaufreißer. In: Franz, Matthias u. Karger, André (Hrsg.): *Männer. Macht. Therapie.* Göttingen: Vandenhoeck & Ruprecht (in Vorbereitung).

Rendtorff, Barbara; Riegraf, Birgit u. Mahs, Claudia (Hrsg.) (2019): *Struktur und Dynamik – Un/Gleichzeitigkeiten im Geschlechterverhältnis*. Wiesbaden: Springer VS.

Scholz, Sylka (2004): »Hegemoniale Männlichkeit« – Innovatives Konzept oder Leerformel? In: Hertzfeld, Hella; Schäfgen, Katrin u. Veth Silke (Hrsg.): *Geschlechterverhältnisse. Analysen aus Wissenschaft, Politik und Praxis*. Berlin: Dietz, S. 33-45.

Die Sexualität der meisten Männer zeigt eine Beimengung von Aggression, *von Neigung zur Überwältigung, deren biologische Bedeutung in der Notwendigkeit liegen dürfte, den Widerstand des Sexualobjektes noch anders als durch die Akte der* Werbung *zu überwinden.*

Sigmund Freud, Drei Abhandlungen zur Sexualtheorie

Veränderungen im Mischungsverhältnis der Triebe haben die greifbarsten Folgen. Ein stärkerer Zusatz zur sexuellen Aggression führt vom Liebhaber zum Lustmörder, eine starke Herabsetzung des aggressiven Faktors macht ihn scheu oder impotent.

Sigmund Freud, Abriß der Psychoanalyse

Einleitung

Das Interesse der vorliegenden Studie gilt dem Einfluß von Sexualität, Aggression und Macht auf die Entwicklung der männlichen Geschlechtsidentität und auf die Ausbildung eines ambivalenten bis feindseligen Verhältnis des Mannes zum »anderen« Geschlecht. In allen männlich dominierten Kulturen und Gesellschaften existiert ein individuelles und kollektives *Feindbild Frau,* in dem sich eine von Lust, Angst, Neid und Haß gekennzeichnete Einstellung des Mannes zu Frauen und zu allem, was unbewußt mit Weiblichkeit in Verbindung gebracht wird, verdichtet. Die möglichen destruktiven Folgen dieser Einstellung zeigen sich unverhüllt an den nahezu universell verbreiteten Erscheinungsformen allgemeiner und insbesondere sexueller Gewalt gegen Frauen und Mädchen in ihrer rohesten Gestalt.

Nach dem Weltbevölkerungsbericht der UNO aus dem Jahr 2000 wird weltweit jede dritte, nach einer Untersuchung der Weltbank von 2001 jede fünfte Frau mindestens einmal in ihrem Leben von Männern geschlagen, vergewaltigt oder auf andere Weise körperlich oder sexuell mißhandelt. Rund einhundertdreißig Millionen Frauen sind, vor allem in Afrika und in Westasien, das Opfer von Genitalverstümmelungen. Vier Millionen Frauen und Mädchen werden jedes Jahr in Zwangsehen, Prostitution oder in die Sklaverei verkauft. In fast allen Kriegen oder kriegsähnlichen Konflikten kommt es zu Massenvergewaltigungen und anderen Formen sexueller Folter an Frauen aller Alterstufen. Jährlich gibt es ca. fünftausend weibliche Opfer sogenannter »Ehrenmorde«, die von männlichen Familienangehörigen zur Wiederherstellung der durch das vorgeblich »anrüchige« Verhalten der Frau oder des Mädchens verletzten Familienehre begangen werden, wozu unter Umständen schon ein Kinobesuch oder der Blick auf einen fremden Mann ausreicht. In Deutschland werden nach einer repräsentativen Erhebung im Auftrag des Bundesfamilienministeriums aus dem Jahre 2004 siebenunddreißig Prozent der Frauen Opfer körperlicher Mißhandlungen und dreizehn Prozent, also ca. jede siebte Frau Opfer sexueller Gewalt durch Vergewaltigungen oder gewaltsame Nötigungen zu anderen sexuellen Handlungen. Unter den befragten türkischen und osteuropäischen Migrantinnen in Deutschland ergaben sich noch weitaus höhere Prozentzahlen. So berichtete fast jede zweite befragte türkische Einwanderin von körperlichen oder sexuellen Übergriffen vorwiegend im häuslichen Bereich. Der vielleicht verbreitetste Ausdruck sexuellen Terrors gegen Frauen sind die aufgrund der hohen Dunkelziffer statistisch schwer zu erfassenden Vergewaltigungen in der Ehe, die auf der ganzen Welt nur von siebenundzwanzig Staaten unter Strafe gestellt werden.

Diese statistischen Befunde dokumentieren das ungeheure Ausmaß und die weltweite Verbreitung der Gewalt gegen Frauen und Mädchen. Was die reinen Zahlen aber nur erahnen lassen ist die erschreckende Brutalität und die menschenverachtende Grausamkeit der Taten, die nicht allein auf spezifische kulturelle Traditionen und Gewohnheiten, sondern auch auf einen gesellschaftlich-kulturell geförderten tiefsitzenden Frauenhaß vieler Männer schließen lassen, der unter bestimmten Bedingungen mobilisiert werden und gewaltsam ausbrechen kann. Nun zeigen alle Untersuchungen sexueller Gewalttaten, daß es sich bei den Tätern in der Regel um »ganz normale Männer« (Browning) und nicht um sadistische oder pathologische Monster handelt. Daher bildet die scheinbar fließende Grenze zwischen »Normalität«, Pathologie und sadistischer Grausamkeit in der Geschlechtsidentität des Mannes und in den praktischen Auswirkungen auf die Geschlechterbeziehungen einen wichtigen Ausgangspunkt der vorliegenden Untersuchung. Die daraus entwickelte zentrale Hypothese, die in sogenannten »partiarchalen« Kulturen bzw. in geschlechterhierarchischen Gesellschaften unter bestimmten Umständen bis zum tödlichen Haß steigerbare Feindseligkeit gegenüber Frauen und Weiblichkeit gehört zur allgemeinen Grundausstattung auch von Normalmännlichkeit, durchzieht das gesamte Buch.

Natürlich geht es nicht darum, die Männer pauschal zu Angehörigen eines universellen Tätergeschlechts zu erklären oder generell alle Frauen auf den Status eines realen oder potentiellen Opfers festzuschreiben. Sicherlich sind auch Frauen nicht frei von Haß- und Gewaltbereitschaft, allerdings steht das Ausmaß in keinem vergleichbaren Verhältnis zur männlichen (physischen) Gewaltausübung und vor allem fehlt die (fast) ausschließlich bei Männern vorhandene Verknüpfung mit eindeutig sexuellen Motiven. Statistisch gesehen sind männliche Gewaltopfer zwar in der Überzahl, aber sie sind in der Regel wiederum das Opfer anderer Männer und das heißt: Gewalt und insbesondere sexuelle Gewalt ist so eng mit Männlichkeit und den gesellschaftlich-kulturellen Bedingungen, unter denen sie hergestellt wird, verknüpft, daß diese Verknüpfung – ohne die gewaltsame Austragung sozialer und politischer Konflikte auf eine Männlichkeitsproblematik und ihre Lösung reduzieren zu können – zu den wichtigsten Bestandteilen der allgemeinen gesellschaftlichen Gewaltpotentiale gerechnet werden muß.

In den vergangenen zwei Jahrzehnten hat, ausgehend von den »Men's Studies« in den USA und in Kanada, eine rasante Entwicklung innerhalb der sogenannten »Männerforschung« als Teil der aus der Frauenforschung hervorgegangenen interdisziplinären Geschlechterforschung begonnen, deren heterogene Ansätze und Befunde es im Prinzip nicht mehr möglich machen, generalisierend von »dem« Mann und »der« Männlichkeit zu sprechen. Männlichkeit gilt nicht mehr als ein biologischer Zustand, sondern als ein kulturelles (und historisch variables) Konstrukt. So hat sich eine »Pluralisierung« der Perspektiven insbesondere innnerhalb geschichtswissenschaftlicher und soziologischer Studien entwickelt, in denen diverse Formen von Männlichkeit historisch, kulturell und sozial differenziert untersucht werden. Eines der wichtigsten theoretischen Konzepte, das in diesem Zusammenhang entwickelt wurde und das eine gewisse Leitfunktion für die gesamte Geschlechterforschung einnimmt, ist das soziologische Modell der »hegemonialen Männlichkeit« von Robert Connell.

Den Begriff der »Hegemonie« hat Connell der Klassentheorie des undogmatischen italienischen Marxisten Antonio Gramsci entnommen, der damit ursprünglich die Dynamik der Einnahme und der Aufrechterhaltung gesellschaftlicher Führungspositionen durch bestimmte soziale Kräfte und Gruppen zu erfassen versuchte. Connells erweiterte Anwendung dieses Hegemoniekonzepts auf die soziokulturell jeweils vorherrschenden Männlichkeitskonstruktionen kennzeichnet einen doppelten geschlechtsbezogenen Differenzierungsprozeß in männerdominierten Gesellschaften, der eine Abkehr von dem statischen Begriff des »Patriarchats« zur Bezeichnung der universellen Herrschaft »der« Männer über »die« Frauen ermöglichen soll. Unter »hegemonialer Männlichkeit« ist ein jeweils dominierendes Männlichkeitsideal zu verstehen, das historisch wandelbar ist, viele gesellschaftlich bedingte Abstufungen bzw. Varianten aufweist und das immer wieder in Konkurrenz zu alternativen Männlichkeitskonstruktionen tritt. Die erste Differenzierung ermöglicht den Blick auf eine abgestufte Binnenhierarchie innerhalb der Gruppe aller Männer. Denn neben einer jeweils vorherrschenden (»hegemonialen«) existieren andere, teilweise ausgegrenzte und abgewertete (»marginalisierte«) Formen von Männlichkeit, die aber alle gemeinsam von der Macht und den Vorzügen des gesellschaftlich dominanten Modells profitieren. Diese Partizipation aller Männer an den Vorteilen des an der Spitze der Hierarchie stehenden Männlichkeitsideals bezeichnet Connell als »patriarchale Dividende« und bildet die zweite Differenzierung innerhalb des Konzepts der »hegemonialen Männlichkeit«: die Abgrenzung aller Männer von den Frauen unter besonderer Betonung der häufig mythologisierend verklärten Geschlechtsunterschiede.

Alle Angehörige der mit- und gegeneinander um gesellschaftliche Vormacht ringenden Männlichkeitskonstrukte verbindet demnach *eine* identitätsstiftende Gemeinsamkeit: Ein Mann zu sein bedeutet in erster Linie *keine* Frau zu sein. Auf diesem Hintergrund erfüllt der Begriff »Hegemonie« also eine zweifache Funktion und wird im weiteren auch so benutzt. Er bezeichnet die Binnenhierarchie innerhalb der Gruppe der Männer und gleichzeitig die allgemeine Vormachtstellung aller Männer gegenüber den Frauen. In den spezifischen Herstellungsprozessen von Männlichkeit geht es demnach unter besonderer Betonung von Ungleichheit immer um das Verhältnis von gesellschaftlicher und geschlechtsbezogener Macht und nicht um eine anthropologische oder gar genetisch festgelegte Stärke und Überlegenheit des Mannes.

Connell unterscheidet in seiner Analyse der historisch und kulturell veränderbaren Prozesse der sozialen Herstellung der Männlichkeit drei Bereiche, in denen der Kampf um Hegemonialität (in seiner doppelten Bedeutung) sichtbar wird: in den (politischen und sozialen) Machtbeziehungen, den (ökonomischen) Produktionsbeziehungen und der »Kathexis«. Der Begriff »Kathexis« umfaßt die Beeinflussung der emotionalen Bindungsmuster durch das soziale Geschlecht (»gender«) und damit die an libidinöse Besetzungsvorgänge gebundene Struktur und Dynamik des sexuellen Begehrens innerhalb des gesellschaftlichen Arrangements der Geschlechter. In Connells soziologischem Modell wird dieser libidotheoretische Aspekt ebensowenig weiter verfolgt, wie in den meisten gängigen Ansätzen zur Erforschung der Männlichkeit und des Geschlechterverhältnisses. Daher erfordern weitergehende Untersuchungen die systematische Einbeziehung der subjekttheoretischen, insbesondere der psychoanalytischen Perspektive. Nur eine sowohl individual- als auch sozialpsychologisch ausgerichtete Psychoanalyse kann die unbewußten Tiefendimensionen dieser von Connell als libidinös gekennzeichneten emotionalen Bindungsverhältnisse kategorial erfassen und ihre Folgen, ausgehend von der Binnendimension subjektiver Wahrnehmungs- und Erlebnisweisen, verständlich machen.

Nun weisen die meisten der modernen psychoanalytischen und die daran orientierten geschlechtertheoretischen Forschungsansätze Defizite auf, die den Zugang zu den libidinösen Strukturen innerhalb der Geschlechterbeziehungen prinzipiell erschweren, wenn nicht gar unmöglich machen. Mit dem Aufkommen neuerer theoretischer Modelle wie der Narzißmustheorie und der Objektbeziehungslehre ist eine allgemeine Abkehr von der klassischen Psychoanalyse Freuds erfolgt, mit der mit dem Begriff der Libido das gesamte triebtheoretische Fundament der Psychoanalyse und damit das ihrer Sexualitätsauffassung mehr oder weniger preisgegeben wurde.

Diese allgemeine »Verflüchtigung des Sexuellen« (Parin) hat dazu geführt, daß die Analyse der Männlichkeit weitgehend dem objektbeziehungstheoretischen Einheitsschema von gelungener oder nicht gelungener Mutterablösung unterworfen wurde und wie die Geschlechterforschung insgesamt ohne eine systematische Berücksichtigung der mit der Sexualität verbundenen antagonistischen Spannungen und Konflikte auszukommen scheint. Postmodern gewendet wird Sexualität zu einem diskursiv auflösbaren Effekt der Macht oder der als »doing gender« gefaßten sozialen Zuschreibungsprozesse im interaktionistischen Rahmen der vorherrschenden Geschlechterpraxen. Spätestens seit den neunziger Jahren wird die Geschlechterforschung von einer »Dissoziation der sexuellen von der geschlechtlichen Sphäre« (Sigusch) bestimmt, die fatale Folgen hat auch und gerade für die Analyse des Zusammenhangs von Männlichkeit und sexueller Gewalt.

Gegen diese Tendenz einer Entsexualisierung im Mainstream der gängigen Forschungsperspektiven soll gänzlich »unmodern« und »veraltet« das besondere Erklärungspotential der Psychoanalyse für eine Analyse der Männlichkeit durch eine kritische Rekonstruktion ihrer inzwischen weitgehend verschütteten triebtheoretischen Grundlagen nutzbar gemacht werden. Natürlich müssen viele Theorien und Vorstellungen Freuds insbesondere über das Geschlechterverhältnis und seine Verarbeitung aufgrund ihres Phallozentrismus revidiert werden. Allerdings spiegelt sich in ihnen (wenn auch unreflektiert) die unter der Herrschaft des Phallus und seiner symbolischen Bedeutung stehende Wirklichkeit der vorherrschenden Geschlechterbeziehungen. Gerade dieser normative, androzentristische Charakter vieler sexualtheoretischer Annahmen Freuds erlaubt einen tiefen Einblick in die unbewußte Binnendimension männlicher Erlebnisweisen. Jener Doppelcharakter aus Aufklärung und Mythologisierung, der (nicht nur) die psychoanalytischen Theoriefragmente zur Männlichkeit dominiert, soll in den ausschließlich von Freud stammenden Motti zu Beginn der einzelnen Kapitel und Abschnitte zum Ausdruck gebracht und transparent gemacht werden. Nur auf diesem Hintergrund kann eine kritische Auseinandersetzung mit verschiedenen Ansätzen zu einer psychoanalytischen Theorie der Männlichkeit sich auch der Frage nach der Psychologie sexueller Gewalthandlungen stellen, in deren Mittelpunkt die Entwicklung der in männlichdominierten und zwangsheterosexuellen Gesellschaften typischen Verbindungen von Sexualität und Aggression in den unbewußten Tiefenstrukturen von Männlichkeit stehen muß.

Das vorliegende Buch gliedert sich in drei Teile. Der *erste Teil* behandelt vorrangig die kulturellen Konstruktionen von Männlichkeit in Auseinandersetzung mit ausgewählten ethnologischen und kulturvergleichenden Untersuchungen, wobei der organisierte Vermännlichungsprozeß durch die Initiationsriten und die damit einhergehende Ausgrenzung der Frauen und die bleibende Abwehr des Weiblichen im Zentrum stehen. Es wird gezeigt, wie die in den Körper eingeschriebenen Abwehrformationen ein übereinstimmendes Element aller männlich dominierten Kulturen bilden, weshalb, mit aller Vorsicht, von einer »Allgegenwärtigkeit von Maskulinität« (Gilmore) gesprochen werden kann.

Im *zweiten Teil,* dem theoretischen Hauptteil des Buches, geht es um die zentrale Frage nach der Konstitution der männlichen Sexualität im Medium primärer Objekterfahrungen und unter besonderer Berücksichtigung der frühesten, von ambivalenten Liebe-Haß-Regungen gekennzeichneten Bindung von Trieb und Objekt sowie um die Genese der männlichen Geschlechtsidentität von der Wahrnehmung des Geschlechtsunterschieds bis zur Adoleszenz. Wie sich die elementaren Erfahrungen von Bindung, Trennung und Verlust unter dem Druck, sich als hegemoniales Geschlecht zu setzen, in das Unbewußte und in den Körper des Jungen einschreiben und einen Typus von Geschlechtsidentität erzeugen, der spätestens mit der Verarbeitung der Geschlechterdifferenz und der Errichtung des Genitalprimats mehr oder weniger phallisch-aggressiv ausgerichtet und von einer ambivalenten Mischung aus Hochachtung des eigenen Geschlechts und einer abwertender Geringschätzung der Frau gekennzeichnet ist, ist das Thema dieses komplexeren Teils der Studie. Diese Spaltung wird als Ausdruck eines grundlegenden *Männlichkeitsdilemmas* untersucht, in dem der unlösbare Widerspruch zwischen Autonomiewunsch und Abhängigkeitsangst und die unbewußte Basis der Neigung zu gewaltsamen Reaktionsweisen zum Ausdruck kommen.

Wie aus Angst vor den Frauen und der weiblichen Sexualität Haß und Gewalt entstehen kann wird im *dritten Teil,* in dem die theoretischen Befunde hinsichtlich ihrer praktischen Auswirkungen exemplarisch an drei Bereichen illustrierend veranschaulicht und weiter vertieft werden, deutlich: 1. an der Adoleszenzkrise männlicher Jugendlicher und ihrer Anfälligkeit für die Entwicklung einer gewaltbereiten und fremdenfeindlich aufladbaren Abwehr-Kampf-Haltung, 2. an den männlichen Perversionen und dem destruktiven Verhalten männlicher Sexualstraftäter sowie 3. an dem Verhältnis von Männlichkeit, Sexualität und Krieg unter besonderer Berücksichtigung von Massenvergewaltigungen. Zum

Schluß erfolgt eine kritische Auseinandersetzung mit der allgemein verbreiteten Vorstellung, sexuelle Gewalt habe nichts mit Sexualität zu tun, die sich auf dem Hintergrund der hier gewonnenen Befunde über die objektgerichteten Mischungsverhältnisse von Sexualität und Aggression im männlichen Unbewußten als Mythos erweist.

Diese Untersuchung erhebt nicht den Anspruch einer vollständigen Analyse oder eines umfassenden Erklärungsmodells der männlichen Geschlechtsidentität und ihrer Folgen für die Regelungen des Geschlechterverhältnisses. Sie liefert einzelne Bausteine für eine psychoanalytische und sozialpsychologische Theorie der Männlichkeit unter besonderer Berücksichtigung verschütteter oder in den einschlägigen wissenschaftlichen und gesellschaftspolitischen Diskussionen systematisch vernachlässigter Elemente der sexuellen Identitätsbildung des Mannes. Die tentative Annäherung an die Binnendimension der männlichen Subjektkonstitution erfolgt von verschiedenen Seiten her, daher sind gewisse Überschneidungen und Wiederholungen beabsichtigt. Der insgesamt eher pessimistische Charakter dieser Analyse ist nicht der fatalistischen Überzeugung einer anthropologischen Unausweichlichkeit der als Männlichkeitsdilemma gefaßten individuellen und kollektiven Zwangslage des Mannes und der Männlichkeit geschuldet. Eine realistische Einschätzung projektiver Haß- und Gewaltbereitschaft kann angesichts der objektiv herrschenden Destruktivität nicht optimistisch sein, will man(n) nicht vorschnell die Aporien, denen die männliche Subjektkonstitution insbesondere auf dem Feld der Sexualität unterliegt, durch harmonistische Modelle eines friedlichen Ausgleichs zwischen den geschlechtlichen und den gesellschaftlichen Gegensätzen überspielen.

Erster Teil

Zur kulturellen Konstruktion von Männlichkeit

Wo der Primitive ein Tabu hingesetzt hat, da fürchtet er eine Gefahr, und es ist nicht abzuweisen, daß sich in all diesen Vermeidungsvorschriften eine prinzipielle Scheu vor dem Weibe äußert … Der Mann fürchtet, vom Weibe geschwächt, mit dessen Weiblichkeit angesteckt zu werden und sich dann untüchtig zu zeigen … An all dem ist nichts, was veraltet wäre, was nicht unter uns weiter lebte.

Sigmund Freud, Das Tabu der Virginität

Das Männlichkeitsdilemma

In seiner kulturvergleichenden Studie *Mythos Mann* untersucht der Anthropologe David Gilmore männliche Geschlechtsrollen sowie die Binnendimension von Männlichkeit und versucht, seine ethnologischen und psychoanalytischen Befunde auf westliche Gesellschaften, insbesondere auf die USA, zu übertragen.[1] Sein Hauptinteresse richtet sich auf den Zusammenhang von Männlichkeitsstrukturen, Männlichkeitsbildern und geschlechtsbezogenen Kulturanforderungen. Trotz erheblicher Unterschiede zwischen den jeweils vorherrschenden Männlichkeitskonzeptionen lassen sich nach Gilmore prinzipiell Gemeinsamkeiten sowohl in den kulturell geprägten Vorstellungen von *erwünschter* Männlichkeit als auch in der je spezifischen Art und Weise der »Produktion« von Männern erkennen. Angesichts dieser Kontinuitäten zwischen den kulturellen Erscheinungsformen interpretiert er Unterschiede im Männerbild als bloße Varianten eines gemeinsamen Grundmusters ähnlicher oder sogar gleicher Tiefenstrukturen von Männlichkeit. Deshalb sei es gerechtfertigt, so Gilmore, wenn schon nicht von Universalität, so doch von einer »*Allgegenwärtigkeit von Maskulinität*« zu sprechen (S. 3; S. 245).

Nach dieser Auffassung gibt es zwar kein universell gültiges Männlichkeitskonzept, aber gewisse Universalien der männlichen Erfahrung, was sich für Gilmore exemplarisch am Modell des *machismo* deutlich machen läßt. Von diesem Modell existieren viele Varianten, die jeweils kulturspezifisch differenziert werden müssen. Selbst dort, wo es eindeutig zum männlichen Selbstverständnis gehört, tritt es, so Gilmore, nicht generell in der Form physischer und kriegerischer Aggressivität der Männer in Erscheinung. Er vermutet deshalb, »daß die *machismo*-Version der Männlichkeit die intensivere Variante eines grundlegenden und allgemeiner verbreiteten Phänomens ist«.[2]

Die wichtigste Übereinstimmung zwischen den kulturell jeweils dominierenden Grundmustern von Männlichkeit sieht Gilmore in der immer wieder zu beobachtenden Tatsache, daß eine rituell als Preis

1 Gilmore (1991), *Mythos Mann. Rollen, Rituale, Leitbilder*, vgl. besonders S. 3, S. 22, S. 110.

2 Gilmore, a. a. O., S. 110. Vgl. auch Rünzler (1988), *Machismo. Die Grenzen der Männlichkeit;* Görling (1997), *Heterotopia. Lektüren einer interkulturellen Literaturwissenschaft*, S. 209 f.

gewonnene bzw. durch Kampf errungene Männlichkeit grundsätzlich instabil, unsicher und brüchig zu sein scheint und deshalb ständige Zweifel darüber auftauchen, ein »*echter*« oder »*wahrer*« Mann zu sein. Eine Folge dieser fundamentalen Infragestellungen männlicher Identität besteht in der außerordentlich weit verbreiteten Entwicklung kollektiver Abwehroperationen, die gegen diese Anfeindungen immunisieren sollen. In diesem Zusammenhang kommt den männlichen *Initiationsriten* für Gilmore, trotz ihrer vielfältigen Variationen, eine in allen Kulturen, in denen sie anzutreffen sind, gemeinsame Grundfunktion zu. Dem klassischen Modell Arnold van Genneps[3] entsprechend, das die Übergangsriten in die Phasen *Trennung (séparation), Umwandlung (marge)* und *Angliederung (agrégation)* unterteilt, folgen die männlichen Initiationen einem ähnlichen Grundschema: Nach einer radikalen, häufig gewaltsamen Trennung von der weiblichen Welt, werden die Initianden komplizierten, mythologisch begründeten, symbolischen und realen Inszenierungen und Prüfungen unterworfen, um alle Spuren des Weiblichen aus Geist und Körper auszutreiben. Erst nach der Inszenierung des symbolischen Todes und einer anschließenden »zweiten« Geburt, einer sozialen Wiedergeburt in der exklusiven Gruppe erwachsener Männer, ist eine Rückkehr in die weibliche Welt, nun als Mann und (meistens) auch als Krieger, möglich.

Für Gilmore stellt sich bei der »Vermännlichung« durch Initiation die grundsätzliche Frage, »warum so viele Gesellschaften mittels kultureller Sanktionen, Ritualen oder Prüfungen von Geschick und Ausdauer ein schwer greifbares oder ausgrenzendes Männlichkeitsbild aufbauen« (S. 1). Daraus leitet er seine Grundthese ab: Männlichkeit wird *konstruiert* und in den männlichkeitsbetonten Selbstbildern der untersuchten Kulturen nicht als ein natürlicher Zustand begriffen, der auf anatomischem Wege spontan oder durch biologische Reifung eintritt, »sondern vielmehr als ein unsicherer oder künstlicher Zustand, den sich die Jungen gegen mächtige Widerstände erkämpfen müssen« (S. 11).

Gilmores kulturanthropologischer Ansatz begreift Geschlecht als eine *symbolische Kategorie*, wobei nicht nur die Geschlechter*bilder*, sondern auch das, worauf diese referentiell verweisen, als Ergebnis kultureller Konstruktionen gedeutet wird.[4] Die (anatomische) Grundlage

3 Gennep (1909), *Übergangsriten (Les rites des passages);* vgl. auch Klosinski (1991), *Pubertätsriten. Äquivalente und Defizite in unserer Gesellschaft;* Eliade (1958), *Das Mysterium der Wiedergeburt. Versuch über einige Initiationstypen.*

4 »Männlichkeit ist kein biologisches Faktum und kein individueller psychischer Zustand, sondern ein kulturelles Produkt.« Vorwort von Maya Nadig zu Gilmore (1991), *»Mythos Mann«*, S. XI.

von Geschlecht bleibe zwar konstant (»*sex*«), aber für die kulturelle Herstellung von Männlichkeit (»*gender*«) sei von größerer Bedeutung, warum (und wie) die Kultur »biologische Potentiale auf spezifische Weisen nutzt oder übertreibt« (S. 25). Dieser Blick auf das Verhältnis von *sex* und *gender*[5] erlaubt eine relativ präzise Interpretation der pubertären Übergangsriten – auch in westlichen Gesellschaften – und der sich in ihnen ausdrückenden Männlichkeitsstrukturen. Gilmore beschreibt diese Strukturen wegen ihrer auch noch nach der Initiation fortbestehenden Labilität und Verletzbarkeit als grundlegend *dilemmatische.*

Gilmores soziologischer und psychoanalytischer Erklärungsversuch des Männlichkeitsdilemmas leuchtet zunächst zwar ein, erweist sich aus mehreren Gründen jedoch als problematisch. Die Einwände beziehen sich sowohl auf die soziologische als auch auf die psychoanalytische Orientierung seines Ansatzes.

Es fehlt Gilmore ein soziologischer Begriff von männlicher Hegemonie, Macht und Gewalt, der die kulturelle Produktion von Männlichkeit als Sicherung der Überlegenheit und Herrschaft des einen über das andere Geschlecht sichtbarer machen könnte. Die »moderne« Gesellschaft ist für ihn ein »störanfälliges *perpetuum mobile*«, dessen Reproduktion an feste Strukturen (Familie) gebunden ist, die wiederum eine genügende Anzahl aktiver, zu »Opfern« bereiter Menschen (Männer) voraussetzen (S. 248). Unsere »komplexe Wettbewerbsgesellschaft« erfordere noch immer eine an »harter Disziplin« geschulte Männlichkeitsethik (S. 253).[6] Gilmore bleibt hier oberflächlich und apologetisch an den immensen Opfern fixiert, die Männer zum Beweis ihrer Tauglichkeit als Träger und Motor der Kultur und Gesellschaft erbringen müßten. Der Preis, den die Männer zu zahlen hätten, sei hoch, denn ihre Männlichkeit werde immer wieder von außen und innen bedroht. Eine »echte« Männlichkeit, die Kampfbereitschaft mit einschließt, sei besonders dann erforderlich, wenn die Knappheit der ökonomischen Ressourcen zunehme. »So lange es Kämpfe zu bestreiten, Kriege zu gewinnen, harte Arbeit zu leisten gilt, so lange werden einige von uns ›wie Männer handeln‹ müssen.«[7]

5 Vgl. Stoller (1968), *Sex and Gender.*

6 Damit wird männliche Hegemonie und Herrschaft bagatellisiert und ideologisch als gesellschaftlich überlebensnotwendig gerechtfertigt (vgl. auch S. 183 f.). Über reale Herrschaftsprozesse, Verwandtschaftsbeziehungen, Heiratsregeln und besonders die Rolle des Frauentauschs in den von ihm untersuchten Kulturen erfahren wir bei Gilmore so gut wie nichts. Zum Verhältnis von Geschlechterordnung und sozialer Herrschaft vgl. die Beiträge in Becker-Schmidt/Knapp (1995), *Das Geschlechterverhältnis als Gegenstand der Sozialwissenschaften.*

7 Gilmore, a. a. O., S. 254. – Dieses von Gilmore an die Archetypenlehre C. G. Jungs

Kampfbereitschaft sei aber auch im Verhalten zum anderen Geschlecht zwingend gefordert, denn gerade die Tatsache (die für Gilmore nicht weiter erklärungsbedürftig zu sein scheint), daß die Männer den Frauen übergeordnet seien und es deshalb kaum wirksame gesellschaftliche Kontrollmöglichkeiten über sie gebe, *zwinge* die Männer, eigene Kontrollmechanismen und eine entsprechende maskuline Moral zu entwickeln (vgl. S. 243). – Gängige Männlichkeitsbilder werden so in klischeehafter Überzeichnung gerechtfertigt. Um Vollwertigkeit zu erlangen, müßten Männer in den meisten Gesellschaften eine »imperative Triade« erfüllen, nämlich »Frauen schwängern, Abhängige vor Gefahren schützen und die gesamte Familie und Verwandtschaft versorgen« (S. 245). Dabei seien »echte« Männer großzügig bis zur Opferbereitschaft. Selbstlos würden sie mehr geben als nehmen und damit ein für den sozialen Zusammenhalt notwendiges Konzept – das des »Nährens« – erfüllen. Frauen »nährten« zwar auch, aber lediglich direkt, mittels ihres Körpers, ihrer Milch und ihrer Liebe. Immerhin wird auch das von Gilmore generös als »sehr aufopfernd und großmütig« (S. 252) anerkannt.

Männer dagegen würden für die Sicherstellung des großen Rahmens sorgen. Sie »nähren« ihre Gesellschaft, »indem sie Blut, Schweiß und ihren Samen hingeben, Nahrung für Mutter und Kind nach Hause bringen, Kinder zeugen und notfalls an fernen Orten sterben, um sichere Lebensbedingungen für ihre Gesellschaft zu schaffen« (ebd.). – Das aber scheint tendenziell nur ohne Beteiligung von Frauen möglich zu sein, oder, zugespitzt formuliert: Dieses Modell funktioniert nur, wie wir noch genauer sehen werden, unter Ausschaltung und Entwertung der Frauen. Die Abwertung weiblich-reproduktiver und anderer sozialer Fähigkeiten mündet in einen hypervirilen Selbstentwurf mit wahnhaften Zügen. In letzter Konsequenz führt dieses Denken immer wieder zu megalomanen Phantasien über die Übernahme und Überbietung der an Frauen beneideten Fähigkeiten in größeren Dimensionen, was sich unschwer an einer Vielzahl männlicher Selbstschöpfungsmythen sowie realer Inszenierungen von Wiedergeburtsphantasien – diesmal *ohne* weibliche Beteiligung – erkennen läßt.

Auch Gilmore selbst unterliegt der Gefahr eines schöpfungsmythischen männlichen Denkens, wenn seine Analyse der sozialen Verantwortung von Männern im Rahmen bestehender Regelungen der Ge-

angelehnte Männerbild taucht z. B. als *John-Wayne-Mythos* immer wieder in den männlichen Selbstinszenierungen der amerikanischen Militärausbildung auf. Vgl. Shatan (1981), *»Zivile« und »militärische« Realitätswahrnehmung. Über die Folgen einer Absurdität,* S. 570.

schlechterverhältnisse überschwenglich ihre Einzigartigkeit und Grandiosität betont. Seine »Erzeuger–Beschützer–Versorger« werden zu Kulturheroen hochstilisiert, wenn als ihre zentrale Aufgabe neben der Zähmung der Natur auch die *Neuschaffung* und Erhaltung der grundlegenden Familieneinheiten der Gesellschaft bestimmt wird. »Sie sollen also aus freiem Entschluß die soziale Ordnung neu schaffen und perpetuieren durch den Willen, aus nichts etwas von Wert zu schaffen« (S. 245). Mannsein sei eine Art »Fortpflanzung«, deren »heldische Komponente« in der Selbstbestimmung, der Disziplin und dem absoluten Selbstvertrauen des Mannes, »mit einem Wort, in seiner Handlungsautonomie« (ebd.) liege.

Aufschlußreich ist, daß Gilmore direkt im Anschluß an diese Bemerkung, wenn auch nur kurz, auf das Thema der *aggressiven Sexualität* des Mannes eingeht. »Aggressive Sexualität ist hier wichtig« (ebd.) – noch einmal: um Handlungsautonomie als Mann zu erlangen (!). Aggressive Sexualität gehört nach dieser Auffassung schlicht zur Natur des Mannes. Sie sei notwendig und ihre Quelle lasse sich nicht in Kultur auflösen.[8] Wichtig erscheint für Gilmore der Rückgriff auf dieses »natürliche Potential«, da der Mann für die Organisation der zur Stabilisierung der Gesellschaft erforderlichen Geschlechterbeziehung diese aggressive Sexualität geradezu brauche, denn »um zu lieben, muß er zuvor aggressiv genug sein, um eine Frau zu umwerben, zu verführen und zu ›erobern‹« (S. 253). – Zuvor entwertet, ausgegrenzt und in der Größenphantasie über eine re-inszenierte Selbsterzeugung gänzlich zum Verschwinden gebracht, taucht die Frau an dieser Stelle des Erklärungsmodells en passant wieder auf: als Objekt und Beute.

In seiner vergleichenden Analyse der ausgewählten ethnologischen Befunde kommt Gilmore aber auch zu einigen Schlüssen, die, bei aller notwendigen Vorsicht, brauchbar und z. T. generalisierbar sind. So erkennt er in der Beschreibung bestimmter Männlichkeitsbeweise auf der südpazifischen Insel Truk und bei den Amhara in Äthiopien einen Zusammenhang von aggressiv aufgeladener sexueller *und* sozialer Potenz,

8 Heißt das, in der aggressiven Sexualität bricht ein Stück »Natur im Manne« durch? – Auch Versuche aus feministischer und psychoanalytischer Perspektive, Männlichkeit und Weiblichkeit als »soziale Kategorie« zu bestimmen, vertreten ähnliche Auffassungen. So wendet sich Rohde-Dachser zwar grundsätzlich gegen vorschnelle Ontologisierungen und Anthropologisierungen der differenten Geschlechtermerkmale, macht aber bei der männlichen Aggression eine Ausnahme: Auch nach »strengen Kriterien« (kulturelle Universalität, Phylogenese, Physiologie, d. h. Hormontheorie und Gehirnanatomie) könne dieser Unterschied zur Weiblichkeit mit einem »biologischen Substrat« in Verbindung gebracht werden. Vgl. Rohde-Dachser (1991), *Expedition in den dunklen Kontinent. Weiblichkeit im Diskurs der Psychoanalyse*, S. 24.

der konstitutiv für die männliche Identitätsentwicklung und die sie begleitenden Selbstbilder zu sein scheint. Männlichkeitsbeweise sind in beiden Kulturen *sexueller* und *gewalttätiger* Natur, »und die Leistungskraft auf dem Schlachtfeld ebenso wie im Ehebett muß vor der Gruppe sichtbar zur Schau gestellt und von ihr zur Kenntnis genommen werden, sonst ist der Mann kein Mann«.[9] – Auch in den USA gehört es zum kulturellen Leitmythos von Männlichkeit, daß sexuelle Leistungsfähigkeit an den sozialen Status als Mann, genauso wie soziale Chancen an Besitz und Besetzung des Penis als ausführendem Organ gebunden werden (vgl. S. 119). Dieser tief in die amerikanische männliche Psyche eingeschriebene Heroismus wird von Gilmore auf deskriptiver Ebene treffend beschrieben, jedoch nicht weiter hinterfragt, sondern im Verlauf der Arbeit zu einer affirmativ gefaßten Folie, auf die das Material zugeschnitten wird.

Es ist in diesem Zusammenhang interessant, daß die meisten (der ohnehin wenigen größeren) Untersuchungen von Männern zum Thema Männlichkeit immer wieder in ähnlich unreflektierter Weise von ihrem Gegenstand affiziert sind.[10] – Die Analyse von *Männerphantasien* reproduziert oft als Klischee, was sie zu erklären sucht: das Bild *phantastischer* Männer, die in einer feindlichen Welt ständig gezwungen sind, ihre fragile Subjektivität kraftvoll unter Beweis zu stellen.[11]

Über die Kritik an den soziologischen Verkürzungen im *Mythos Mann* hinaus ergibt sich ein weiterer Einwand, der sich auf Gilmores Verwendung psychoanalytischer Erklärungsansätze bezieht.[12] Männ-

9 Gilmore, a. a. O., S. 14. – So genau Gilmore hier Realität beschreibt, begibt er sich gleichwohl in Gefahr, sie zu affirmieren. Das zeigt sich auch in seiner Bewertung abweichender Männlichkeitsmodelle in Kulturen, die stärker pazifistisch und geschlechtssymmetrisch strukturiert sind. »Tahitianer wie Semai gelten als ›kindlich‹ im Vergleich zu westlichen und anderen ebenso fleißigen Völkern. Vielleicht können sich Männer ohne eine typische Männlichkeitsideologie den Luxus leisten, ähnlich wie Steinzeit-Peter-Pans passiv und abhängig zu bleiben« (S. 240).

10 Das gilt für einen großen Teil der populärwissenschaftlichen Männerliteratur, wie etwa für Pilgrims (1990) *Muttersöhne,* trifft aber auch auf ernstzunehmendere Ansätze zu, die zunächst wichtige Befunde und Einsichten liefern konnten und in der sozialwissenschaftlichen Diskussion der Geschlechterverhältnisse ihren Platz haben. Vgl. etwa Theweleit (1977/1978), *Männerphantasien* (2 Bde.); Bosse (1994), *Der fremde Mann. Jugend, Männlichkeit, Macht. Eine Ethnoanalyse. Gruppengespräche mit jungen Sepiks in Papua-Neuguinea;* Böhnisch/Winter (1993), *Männliche Sozialisation. Bewältigungsprobleme männlicher Geschlechtsidentität im Lebenslauf* u. a.

11 Am stärksten wird dieses Klischee in der sogenannten »mythopoetischen« Männerliteratur (Bly, Meade, Guggenbühl u. a.) beschworen, worauf im nächsten Abschnitt (besonders auf Robert Blys *Eisenhans*) noch genauer eingegangen wird.

12 In Abgrenzung zur triebtheoretischen, am Ödipuskomplex und der Kastrationsproblematik fixierten klassischen Psychoanalyse orientiert sich Gilmore an neueren, die

lichkeit ist für Gilmore, wie oben gezeigt, eine ambivalente Angelegenheit, die Mut erfordert, unter erheblichen Gefahren erkämpft und immer wieder bewiesen werden muß. »Im wesentlichen handelt es sich um ein kulturelles Konstrukt, das auf Gruppenbedürfnissen basiert und einer zögernden und widerstrebenden männlichen Natur aufgezwungen wird und ihr entgegenarbeitet« (S. 109). Neben den von außen kommenden (exogenen) Risiken, die besonders in kulturellen Umbruchphasen oder ökonomischen Krisen zunähmen, entspringe die Hauptgefahr einer endogenen Quelle: dem angstbesetzten Wunsch nach einer »*Regression*«, einer Rückkehr zur nährenden Mutter der infantilen Frühzeit.[13]

Eine Rückkehr zur ehemals »guten« Mutter aber bedrohe den Aufbau von Männlichkeit und daher sei eine Separierung von der weiblichen Welt und die Schaffung eines (phasenweise) ausschließlich männlich gedachten Gegenentwurfs zwingend erforderlich. Die »Regression« gilt für Gilmore als »Primärphänomen« mit einem eigenständigen ontologischen Status. Sie stellt die größte Bedrohung für die männliche Leistungsfähigkeit dar und muß deshalb zur Sicherung des sozialen Bestands unbedingt durch eine männlichkeitszentrierte »Ethik« sowie konkrete Selbstinszenierungen in Schach gehalten werden. Männer müssen nach diesem Modell aus dem Schatten der Frauen und Kinder heraustreten, um eine aktive Rolle im ritualisierten und realen Drama des Gemeinschaftslebens spielen zu können. Gilmore wendet sich strikt gegen jene Ansätze, die phallisches Gehabe von Männern und die sie begleitenden Männlichkeitsideologien als »kulturell bedingte Verteidi-

---

Präödipalität betonenden Arbeiten »postfreudianischer Ich-Psychologen«, insbesondere am Modell der Mutter-Kind-Symbiose von Margaret Mahler (S. 28). Es lassen sich bei Gilmore zwar einzelne Andeutungen über das Auftreten androgyner und andere Varianten kultureller Männlichkeitskonzeptionen (bis hin zu vereinzelten Phantasien maskuliner Geschlechtsumwandlung) finden, Varianten, die gleichzeitig auf *ödipale* (inzestuöse) wie auch *präödipale* (regressive) Motive verweisen, aber diese Kombinationsmöglichkeiten werden nur vage angedeutet. Generell vertritt Gilmore den Standpunkt, daß Sexualängste von Männern kaum bzw. überhaupt nicht (ödipalen) Kastrationsängsten entspringen. Im Vordergrund steht bei ihm dagegen die Furcht der Männer vor einer »Regression« zur *Symbiose*, zum *primären Narzißmus* (Freud), zur *frühen Mutterbindung*.

13 Gilmore verwendet die Begriffe »Regression«, »Regressionsangst«, »Regressionstendenz« und »Regressionswunsch« synonym. Dabei unterschlägt er den Mechanismus der Abwehr und seine psychodynamischen Folgen. Männliche Größenphantasien sind auch Ergebnis von Spaltungs- und Verdrängungsprozessen und tragen damit den Charakter eines symptomähnlichen Kompromisses aus Abwehr und Abgewehrtem. Auf diesem Hintergrund wird der von Gilmore propagierte »Kampf um Maskulinität« problematischer, als es der von ihm verwendete Terminus »Überwindung« (der Regression) als notwendiger Reifungsschritt nahelegt.

gungsstrategie gegen die Kastrationsangst« deuten. Die Überbewertung des männlichen Genitals und seiner Funktionen als Überkompensation der Angst, es zu verlieren, sei als Erklärungsansatz nur hinsichtlich der *individuellen* Psychodynamik von Männlichkeit nützlich, nicht aber für die Analyse der Transformation individueller Ängste in soziale Normen. Nur die Berücksichtigung des »Regressionsaspekts« erlaube die angemessene Erfassung und Erklärung des Verhältnisses von Männlichkeitskonstruktion und sozialen Grunderfordernissen (S. 104).

Gilmore erhebt die »Regressionstendenz« des Mannes sogar in den Rang eines *Triebes* bzw. eines *Instinkts:*[14] Das Modell der »Regression« bezeichne einen präödipalen »Instinkt, bei dem es um Wünsche nach Gehalten- und Genährtwerden geht« (S. 105). Die »Regression« habe den gleichen »ontologischen« Status wie die Kastrationsangst, sei aber für die Analyse von Männlichkeitsideologien wesentlich brauchbarer, weil (sozial) wichtiger und (psychisch) elementarer.

Gilmores Präferenzen werden deutlicher, zieht man seine einleitenden Bemerkungen zum Verhältnis der klassischen Psychoanalyse Freuds zu den als »post-freudianische Ich-Psychologie« (manchmal auch als »Neo-Freudianismus« oder »Revisionismus«) bezeichneten Ansätzen heran. Er beruft sich dabei auf eine Reihe teilweise heterogener Konzeptionen (von Erikson, Greenson, Jacobson, Mahler, Stoller, Winnicott bis hin zu Kohut u. a.). Theorien über Symbiose, Loslösung und Individuation, Narzißmus und Selbstentwicklung könnten besser als gewisse triebtheoretische Ansätze erklären, wie und warum es zu einer spezifisch maskulinen »psychischen Geburt« kommen müsse, die in der notwendigen Überwindung des Gefühls der Einheit mit der Mutter besteht. Der Junge muß »eine unabhängige Identität erreichen, die durch seine Kultur als maskulin definiert ist. Es ist eine Anstrengung, die funktionell nicht nur psychischer Trennung gleichkommt, sondern auch die Schaffung einer autonomen, sich öffentlich darstellenden Person bedeutet« (S. 29).[15] – Nach der psychoanalytischen Theorie der

---

14 Die unterschiedslose Verwendung der Begriffe »Trieb« und »Instinkt« mag ein Rück-Übersetzungsproblem sein, da sich im angloamerikanischen Raum die Übersetzung von Freuds »Trieb« mit »instinct« durchgesetzt hat – eine Übersetzung, der Freud bedauerlicherweise, dem eigenen szientifischen Selbstmißverständnis unterlegen, selbst zugestimmt hat. Das hatte und hat z. T. fatale Konsequenzen für die Adaption und Weiterentwicklung der psychoanalytischen Metatheorie. Vgl. dazu Bettelheim (1984), *Freud und die Seele des Menschen.* – Für den Zusammenhang hier gilt festzuhalten: Regression und Kastrationsangst können psychoanalytisch *weder* als Trieb *noch* als Instinkt aufgefaßt werden.

15 Die sprachliche Metaphorik ist an dieser Stelle aufschlußreich: um Eigenständigkeit zu gewinnen, müsse der Junge »eine große Tat vollbringen. Er muß eine Probe bestehen, er muß die Ketten sprengen, die ihn an seine Mutter fesseln (...) und seinen eigenen

Präödipalität »ist der Kampf um Maskulinität ein Kampf gegen die regressiven Wünsche und Phantasien, ein hart erkämpfter Verzicht auf die Sehnsüchte nach dem Idyll der frühen Kindheit« (S. 31).

Ohne Zweifel stellt die stärkere Berücksichtigung der Präödipalität einen wichtigen Fortschritt in der psychoanalytischen Theorieentwicklung dar. Das haben insbesondere die Weiterentwicklungen und Neufassungen der Weiblichkeitskonzeptionen gezeigt, die in der Kritik an Freuds offenem Androzentrismus und latentem Biologismus ihren Ausgangspunkt genommen haben. Aber das gegenseitige Ausspielen von triebtheoretisch fundierten Konzeptionen der Psychosexualität einschließlich ihrer stärkeren Fokussierung auf den Ödipus-Komplex (»alte« Theorie) einerseits, Ich- und Selbstpsychologie sowie Narzißmus- und Objektbeziehungstheorie (»neue« Theorie) andererseits, konstruiert falsche Gegensätze.[16]

Ähnlich wie viele andere psychoanalytisch orientierte Untersuchungen, die in strikter Abgrenzung zur Freudschen Orthodoxie ausschließlich neuere Ansätze und Richtungen präferieren (Ichpsychologie, Selbstpsychologie, Objektbeziehungstheorie usw.), ist auch Gilmores Arbeit durch Verkürzungen, selektive Lesarten und Verfälschungen gekennzeichnet. In unserem Zusammenhang sind besonders zwei seiner Thesen zu kritisieren: 1. Seine Behauptung, nach der klassischen Theorie Freuds habe das männliche Kind von Anfang an eine männliche Identität mit einer »natürlichen« heterosexuellen Beziehung zur Mutter, die ihren Höhepunkt eben im ödipalen Konflikt finde und weiter, »daß diese Identität des Jungen eindeutig männlich und konfliktfrei« (S. 28) sei, ist eindeutig falsch. Weder die Heterosexualität, noch die den Ödipuskomplex einleitenden Inzestwünsche sind angeborene, natürliche Triebansprüche, sondern bereits Ausdruck einer Geschichte, in der sich auf komplizierte Weise mehrere endogene und exogene Faktoren auf der Ebene der psychischen Realität überlagern und verdichten. 2. Gilmores Betonung der männlichen Entwicklungslinie als eines riskanten, von Regressionsgefahren überschatteten Unternehmens folgt einer These, die erneut einen falschen Gegensatz, diesmal zur weiblichen Entwick-

Weg in die Welt suchen« (S. 30). Eine Seite vorher spricht Gilmore sogar von der »Feuerprobe«, die der Junge im Loslösungs- und Individuationsprozeß bestehen muß – das erinnert fatal an die virile Kriegsmetaphorik von Ernst Jünger. Gibt es einen Zusammenhang zwischen Jüngers »Feuertaufe« im Krieg, der als »inneres Erlebnis« heranwachsender Initianden gefaßt wird, und dieser »Feuerprobe« im Ablösungskampf von der Mutter, um den Status männlicher Autonomie zu erlangen?

16 Vgl. Jacoby (1990), *Die Verdrängung der Psychoanalyse – oder der Triumph des Konformismus;* Gast (1992), *Libido und Narzißmus. Vom Verlust des Sexuellen im psychoanalytischen Diskurs. Eine Spurensicherung.*

lung, konstruiert. Nach den »neuen« Theorien der Präödipalität erfahre das Mädchen das Problem der Ausbildung seiner Geschlechtsidentität angeblich als »nicht so akut, da seine Weiblichkeit durch die ursprüngliche symbiotische Einheit mit der Mutter und die Identifizierung mit ihr noch gestärkt wird« (S. 29 f.). Die Entwicklung des Mädchens zur Frau wird in ruhigeren, natürlich bedingten Bahnen, ohne den Zwang zu kulturell inszenierten Brüchen und Trennungen gesehen. Sie soll in den Aufbau einer eigenen Ich-Identität einmünden, die schließlich, so Gilmore in Anlehnung an Nancy Chodorow, in der Mutterschaft ihren Höhepunkt findet (vgl. S. 30).[17] Ausgehend von einer Diskussion der Geschlechterkonzeption der »Sambia« in Neu-Guinea bezeichnet Gilmore die Männer generell als »schwächer«, weil sie Hilfe von außen durch ausgeklügelte Rituale brauchen, um ihre kulturell erwünschte Männlichkeit hervorzubringen. Eben ganz im Unterschied zur Weiblichkeit, »die sich durch biologisches Reifen als Ergebnis inhärenter physiologischer Vorgänge entfaltet« (S. 167). – Damit ist er schließlich bei der unproduktiven und projektiv aufgeladenen Debatte der Frage angelangt, welches der beiden Geschlechter es »leichter« bzw. welches es »schwerer« habe und reproduziert die längst überholt geglaubte schlichte Identifizierung von Weiblichkeit mit *Natur* und Männlichkeit mit *Kultur*.

Gilmores Beschreibung der durch die Mutter repräsentierten weiblichen Welt als Quelle der Bedrohung für eine einigermaßen intakte Männlichkeit unter Ausschluß der trieb- und objekttheoretischen Fundierungen der psychosexuellen Entwicklung muß, um stringent durchgehalten zu werden, ganz offensichtliche Fakten übersehen bzw. verkürzt interpretieren. Dazu zählt, zusammen mit der Kastrationsproblematik, auch der kulturbestimmende Gegensatz von Inzestwunsch und Inzesttabu, der sich im Kampf gegen das Begehren gegenüber der Mutter ausdrückt; ein Begehren, das als »nächste« Phase, die (vorläufig) beendete Symbiose nicht ablöst, sondern spezifisch überlagert. Eine schematische Trennung der auf Wiederherstellung der Symbiose zielenden Regressionstendenz von der Kastrationsangst führt zur Konstruktion von Widersprüchen, die keine sind: zwischen Symbiose und Ödipus, Identifizierung und Objektliebe, Narzißmus und Triebentwicklung usw. Auch die besondere Bedeutung, die dem phallischen Narzißmus und der phallischen Aggressivität sowie den dazugehörenden, feindselig getönten Weiblichkeitsbildern als typischem Ausdruck

17 Vgl. Chodorow (1985), *Das Erbe der Mütter. Psychoanalyse und Soziologie der Geschlechter;* vgl. Othmer-Vetter (1989), *»Muttern« und das Erbe der Väter. Eine neuere Affäre zwischen Feminismus und Psychoanalyse.*

und gleichzeitig als kompensatorischem Versuch einer »Lösung« des Männlichkeitsdilemmas zukommen, wird daher übersehen.[18]

Nach Gilmore müßten die Männer, die ja eigentlich träge seien und sich (trotz der hier lauernden Gefahren) in den mütterlichen Schoß zurücksehnten, zur Entbindung ihres Aggressionspotentials erst animiert werden, was aber notwendig sei, um »äußere« Feinde zu bekämpfen und, wie wir gesehen haben, um Frauen (als Zeichen ihrer Handlungsautonomie) zu erobern. Eine Verbindung zwischen »äußeren« und »inneren«, in Weiblichkeitsvorstellungen eingelagerten *Feindbildern* scheint nicht zu existieren. Daher wird auch der Inhalt einzelner Initiationsriten, die solche Zusammenhänge erkennen lassen, konsequent ausgeblendet. Wichtiger erscheint für Gilmore der Mechanismus der männlichen Enkulturation, d. h. die »formelle Ritualisierung des Übergangs zum Mannsein und nicht ihr erotischer Inhalt« (S. 171). Er wendet sich vehement gegen Interpretationsversuche, die einzelne Riten, insbesondere die mehr oder weniger martialischen Blutrituale als Kopie oder Übernahme weiblicher Körperfunktionen deuten und auf einen (männlichen) Gebärneid und die Kastrationsangst zurückführen. Solche Interpretationen hält Gilmore für oberflächlich und vor allem soziologisch wenig überzeugend. Auch hier wird erneut ein falsches entweder-oder-Modell aufgebaut: Nicht die Imitation (des weiblichen Genitals, der Menstruation, der Geburt, des Stillens)[19] oder die Kastration, sondern genau das »Gegenteil«, nämlich die Trennung von der Mutter und ihre »Ausrottung aus dem Körper des Jungen« stehe im Vordergrund der Initiation. Absoluten Vorrang habe die Organisierung des gesellschaftlich notwendigen »Abschieds von der Kindheit« (von der Welt der Mutter), *nicht* aber die Entwicklung der (genitalen und prägenitalen) Sexualität bzw. die mit ihr verbundenen Ängste vor ei-

18 Wenn aber (mit der Ablehnung der Triebtheorie) nicht erkannt wird, daß die Basis der phallisch-aggressiven Reaktionsbereitschaft aus spezifischen Legierungen von Trieb und Objekt besteht, die als unbewußte Phantasien gebildet werden und sich in eindeutigen genitalen Aktivitäten äußern, dann bleibt auch der Zusammenhang zwischen Männlichkeitsvorstellungen, Sexismus und schließlich Kriegsbereitschaft und Militarismus unerkannt.

19 Vgl. Bettelheim (1975), *Die symbolischen Wunden. Pubertätsriten und der Neid des Mannes.* Natürlich reicht weder die These von der »symbolischen Kastration« noch die auf den Gebärneid bezogene »Imitationsthese« allein aus, um die innere Dynamik der Initiationsriten zu erfassen. Eine Berücksichtigung beider Thesen läßt allerdings das Wunsch-, Angst- und Haßobjekt der Männer, das die Absicherung ihrer (genitalzentrierten) sexuellen und sozialen Potenz einleitet und verstärkt, nicht aus dem Blickfeld verschwinden. In diesem Kontext ist die Interpretation der Initiationsriten durch Bruno Bettelheim, die beide Thesen berücksichtigt, nicht ganz von der Hand zu weisen.

ner Beschädigung der männlichen Integrität. Eine »Entmännlichung« drohe schließlich nicht durch eine Kastration, sondern vielmehr durch (symbiotische) Regressionen.

Folgerichtig deutet Gilmore die in einem Mythos der Mehinaku-Indianer in Zentralbrasilien rituell dargestellte Abtrennung bestimmter Gliedmaße (Arme) nicht als symbolische Kastration und deren Schrumpfung nicht als Angst vor Penisverstümmelung. Der Penis (und der Arm als dessen Symbol) repräsentiere vielmehr das weibliche Organ, das die Nahrung produziert (die Brust) und damit das Vorbild für die spätere (soziale) Nährfunktion des Mannes. »Das, was verloren geht, ist nicht nur der Penis, sondern vor allem auch die Arbeitskraft des Mannes für die Gesellschaft, die sich den Verlust schlecht leisten kann« (S. 108). – Die Entwicklung der Genitalität und die sie begleitenden typischen objektgerichteten Phantasien und Verrichtungen und damit die wesentlichen Dimensionen der Sexualität bleiben ausgeklammert. Das zeigt sich auch in Gilmores Analyse der für viele Initiationen typischen »rituellen Homosexualität«, die besonders in einigen Kulturen Papua-Neuguineas von einem ausgeklügelten System von Fellatio-Techniken begleitet wird. Gilmore nimmt gewisse Inhalte der Mythen buchstäblich, wenn er auf »offen bekannte Ziele« der mythisch abgesicherten Männlichkeitsbilder rekurriert und z. B. die geheimnisvollen Körpersaftrituale *ausschließlich* als Ausschwemmversuche der bedrohlichen weiblichen Säfte aus dem Körper des Mannes interpretiert. Die Betonung dieses Aspekts ist ohne Zweifel berechtigt und wird immer wieder bestätigt. Aber bei den Sambia im Hochland Neuguineas z. B. steht der Penis nicht nur als Symbol für die Brust, sondern auch als reales Ersatzorgan, das die Männer von den Frauen abgrenzt und unabhängig macht. Das Sperma gilt als die »Milch des Mannes« und die teilweise exzessiv ausgelebten Fellatio-Praktiken als Ersatz für das mütterliche Stillen. – Mit der rigiden Abweisung der Imitations- und Kastrationsthese verschwinden wichtige Teilaspekte der gesamten phallischen Problematik, von der genitalen Lust bis hin zu phallisch-narzißtischen Größenphantasien.[20]

Warum soll die These der notwendigen Entwöhnung der mutterabhängigen Jungen durch Saugen an den Penissen der erwachsenen Initiatoren eine Anerkennung offener und latenter Homosexualität (die für alle Männerbünde symptomatisch ist) ausschließen? »Rituelle

20 »Das Besondere, ja Einmalige an den Sambia, ist ihre Phase ritueller Homosexualität, in der die Jugendlichen gezwungen werden, bei erwachsenen Männern Fellatio auszuüben, und zwar nicht zum Vergnügen, sondern um deren Samen aufzunehmen« (S. 162). Haben Fellatio-Praktiken nichts mit sexueller Lust zu tun?

Homosexualität« ist *auch* eine Form der Sexualität, eine Tatsache, die verschwiegen wird, wenn die Betonung ausschließlich auf das Moment des »Rituellen« gelegt wird.[21] Das schließt die soziale Funktionsbestimmung (Mittel zur Ablösung von der Mutter) nicht aus. In den meisten Kulturen ist Homosexualität ein Tabu, also muß sie (ähnlich wie die Weiblichkeit mit all ihren vermeintlich bedrohlichen Elementen) ausgegrenzt, verdrängt und gesellschaftlich unbewußt gemacht werden, um die geforderten Männlichkeitsstrukturen herstellen und erhalten zu können. Ohne *diesen* Aspekt kann das phallisch narzißtische, sexuell aggressive und tendenziell kriegerische Element der männlichen Geschlechtsidentität nicht angemessen verstanden und analysiert werden.[22]

Eine mögliche Verbindung beider psychoanalytischen Theoriestränge, des narzißmus- und des sexualtheoretischen, zeigen Theodore und Ruth Lidz in ihrer vergleichenden Untersuchung verschiedener Kulturen Papua-Neuguineas.[23] Auch sie gehen davon aus, daß gerade der Blick auf die Entwicklung der Männlichkeit in verschiedenen Kulturen eine Erweiterung psychoanalytischer Erklärungsmodelle erforderlich macht. Die Zentrierung der Psychoanalyse auf die klassische Fassung des Ödipus-Komplexes (mit dem Fokus der Rivalität zwischen Vater und Sohn um die Mutter) müsse im Lichte der neueren, auf präödipale Prozesse ausgerichteten Ansätze relativiert werden. Insbesondere die These von der primären Identifizierung und der kulturell, d. h. auch für die einzelne Persönlichkeitsentwicklung notwendigen *Ent-Identifizierung* des Jungen von der frühen Mutter verdiene besondere

21 Einen ähnlichen Versuch, die »rituelle« Homosexualität während der Initiation von jeglicher sexueller Dimension zu reinigen, findet sich bei Bleibtreu-Ehrenberg (1980), *Mannbarkeitsriten. Zur institutionellen Päderastie bei Papuas und Melanesiern.*

22 Vorsichtig übertragen auf westliche Gesellschaften finden sich in den von paranoid getönter Kampfbereitschaft geprägten männlichen Jugendgangs ähnliche Grundstrukturen, die auf anderen Mischungsverhältnissen der gleichen Bausteine von Männlichkeit basieren und jeweils typische Inszenierungsformen nach außen entwickeln: Ausgrenzung von Weiblichkeit und Verachtung der Frauen (bis zum Haß); organisierte latente, bei gleichzeitiger Angst vor manifester Homosexualität, die strikt abgewehrt wird (Homophobie); Zelebrierung eines Ideals von männlicher Härte und Durchsetzungsvermögen, verbunden mit Omnipotenzgehabe und der Illusion selbstschöpferischer Autonomie; phallischer Exhibitionismus, Narzißmus und phallisch getönte Aggressivität usw. – eine Mischung, mit der projektiver Haß und Gewaltbereitschaft als Ausdrucks- und Kompensationsmittel untrennbar verbunden sind. Vgl. Pohl (2003b), *Paranoide Kampfhaltung. Über Fremdenhaß und Gewaltbereitschaft bei männlichen Jugendlichen.*

23 Lidz/Lidz (1991), *Weibliches in Männliches verwandeln: Männlichkeitsrituale in Papua-Neuguinea;* vgl. Herdt (1981), *Guardians of the Flutes. Idioms of Masculinity.*

Beachtung.[24] Der Besitz des Penis allein garantiere noch keine Loslösung und Individuation für den Jungen. Daher liege das Hauptziel der Herstellung einer autonomen Männlichkeit, wie sie von den Initiationsriten mit ihren dramatischen Schnitten zur weiblichen Welt demonstriert wird, vor allem in der Abwehr regressiver Tendenzen, die diese Ent-Identifizierung bedrohen.

Die Ent-Identifizierungen lassen *zwei* unterschiedliche Strebungen erkennen, die nach Lidz und Lidz auf das Auseinanderbrechen der ursprünglichen Symbiose in *zwei* Richtungen zurückzuführen sind: in die einer *Identifikation* mit und in die einer *Objektliebe* zu der frühen Mutter. Im wesentlichen müßten die männlichen Initiationsriten zwei Funktionen erfüllen. Einerseits stünde die Überwindung der symbiotischen Nähe zur Mutter im Vordergrund der Männlichkeitsentwicklung: »Die Aufgabe der Identifikation mit der Mutter hinterläßt eine Leere, wenn sie nicht durch ein männliches Modell, mit dem man sich identifizieren kann, ersetzt wird.« (S. 130) – Andererseits aber bestehe die Funktion der männlichen Initiation nicht nur in der Abwehr und Überwindung der »Regression«, sondern gleichzeitig *auch* in einer durch erwachsene Männer erzwungenen Unterdrückung und Verdrängung der *erotischen* Anteile der Bindung des Jungen an die Mutter. Besonders die hartnäckig wiederholte Darstellung von Müttern und Frauen als lebensbedrohende und kastrierende Wesen sei Ausdruck des Versuchs einer »Lösung« dieser zweiten, psychosexuellen Aufgabe. Die notwendige Verdrängung dieser Objektliebe gelte dabei als eine der Hauptbedingungen zur Durchsetzung und Einhaltung des Inzesttabus.[25]

Die Herstellung von Männlichkeit in den Kulturen Neuguineas basiert, so die Schlußfolgerung der Autoren, auf dem Versuch, den ödipalen Konflikt in der für unsere Gesellschaften typischen Dramatik *zu vermeiden.* Das aber bedeutet, daß die unbewußten Strukturelemente und Facetten des Ödipuskomplexes (Inzestwünsche, Rivalitätsaggres-

---

24 Das Konzept der (präödipalen) »Ent-Identifizierung« (»Dis-identifying«) des Jungen geht auf den Psychoanalytiker Ralph Greenson zurück: »Ich meine die Tatsache, daß das männliche Kind, um ein gesundes Männlichkeitsbewußtsein zu erlangen, sein primäres Identifikationsobjekt, die Mutter, aufgeben und sich statt dessen mit dem Vater identifizieren muß.« Greenson (1968), *Die Beendigung der Identifizierung mit der Mutter und ihre besondere Bedeutung für den Jungen,* S. 257.

25 Übrigens erwähnen Lidz/Lidz an dieser Stelle einen Faktor, der bei Gilmore ebenfalls ausgeklammert bleibt: den Einfluß des unbewußten mütterlichen Begehrens auf die Erotisierung ihrer Beziehung zum Jungen, das sich in mehr oder weniger eindeutigen Praktiken äußert (vgl. S. 130). Die geforderte »Vermännlichung« durch den Trennungs- und Reinigungsprozeß einer »Entweiblichung« geschieht auch aus Angst vor der weiblichen Libido (vgl. S. 116).

sionen, Identifizierungsprozesse usw.) auch in der Analyse der rituellen kollektiven Abwehrprozesse in Neuguinea berücksichtigt werden müssen. Es besteht in dieser Position kein Widerspruch zwischen dem »Zerbrechen der erotischen Bindung an die Mutter« und der kulturell notwendigen »Ent-Identifizierung« von ihr. Identifizierung und Objektliebe müßten strukturell auseinandergehalten, aber nicht genetisch gegeneinander isoliert werden. Beide seien vielmehr wichtige »zusammenhängende Aspekte des ödipalen Übergangs« insgesamt (S. 120).

Dieser Interpretationsansatz ermöglicht auch einen differenzierteren Blick auf die »rituelle Homosexualität« und die (etwa bei den Sambia) im Zentrum stehenden Fellatio-Praktiken. Diese haben nach Lidz und Lidz die Funktion, »den adoleszenten Söhnen ein sexuelles Ventil bereitzustellen, das sie von der Verwirklichung ödipaler Phantasien abhält« (ebd.). Die Verwandlung von Jungen in Männer durch eine inszenierte Wiedergeburt unter Männern dokumentiere insbesondere durch die Aufnahme des Spermas der anderen (erwachsenen) Männer einen grandiosen Selbsterschaffungsversuch, gleichzeitig aber auch einen Akt der Verzweiflung, da dieser Versuch im Grunde von Anfang an zum Scheitern verurteilt ist. Gerade weil das erotische und sexuelle Begehren die Initiationsprozesse überlagere und die ödipalen Übergänge bestimme, gelinge die Individuation nur unvollständig und bleibe gefährdet. Die homosexuellen Beziehungen stellten somit eher einen Ersatz dar, der dann, auf dem anschließenden Weg zurück zu den Frauen, als unbewußt gemachter Anteil auf der Strecke bleibe.

In diesem Ansatz wird, im Gegensatz zur Analyse Gilmores, deutlich, daß die Herabsetzung und Erniedrigung der Frauen konstitutiver Bestandteil der (brüchigen) männlichen Identität und keineswegs nur eine temporäre, auf die Dauer der Initiation begrenzte Zwischenphase ist. Die erneute Hinwendung zu den Frauen bleibt, wie in den beiden folgenden Abschnitten genauer gezeigt werden soll, auch nach der Initiation weiterhin zutiefst ambivalent, von Verachtung und (Angst-)Lust geprägt. Unzählige Äußerungsformen sexueller Gewalt (auch in westlichen Gesellschaften) bestätigen diese Beobachtung dauerhafter feindseliger Einstellungen gegenüber Weiblichkeit in den vorherrschenden Typen männlicher Subjektkonstitution.[26]

26 Hier besteht offenbar auch ein enger Zusammenhang mit der Heranzüchtung einer maskulinen Kriegermentalität, was in Gilmores Apologie der gesellschaftlich (angeblich) notwendigen männlichen Leistungsethik übersehen bzw. bagatellisiert wird. In ihrer vergleichenden Darstellung männerbündischer Initiationen in Gesellschaften mit ritueller Homosexualität wird dieser Zusammenhang von Barbara Bohle dagegen besonders hervorgehoben: »Ritualisierte Homosexualität, Kriegswesen und Misogynie

Eines der großen und irritierenden Ausgangsthemen der Initiation ist die Geschlechterdifferenz, ihre Verarbeitung und deren soziale Funktion. »Im Kult drücken sich«, so Regina Becker-Schmidt, »die Rivalitäten zwischen ›Männlichkeit‹ und ›Weiblichkeit‹ aus, hinter denen – bewußt oder unbewußt – die Frage steht, welches der beiden Geschlechter für die generative Reproduktion des Stammes von größerer sozialer Bedeutung sei.«[27] – Gilmore hat diese Frage, liest man seinen *Mythos Mann* genau, klar entschieden: für ihn *ist* es das männliche, und diese Tatsache gelte, empirisch und normativ, trotz aller Abweichungen, für alle Kulturen und Gesellschaften.

Welche Rolle der exklusiven Männergemeinschaft bei der kulturellen Herstellung hegemonialer Männlichkeit zukommt und was es bedeutet, wenn die Initiation als eine rein männliche Angelegenheit ausschließlich nach einem Vater-Sohn-Modell analysiert wird und dabei mit der Sexualität auch die Fragen nach den vorherrschenden Einstellungen zur Weiblichkeit ausgeblendet werden, soll im nächsten Abschnitt, entlang einer ethnologischen Einzelstudie aus Papua-Neuguinea genauer untersucht werden.

---

sind in diesen Gesellschaften Teil einer komplexen Betonung von ›Männlichkeit‹.« Bohle (1990), *Ritualisierte Homosexualität – Krieg – Misogynie. Beziehungen in und um den Männerbund: Beispiele aus Neuguinea*, S. 296.

27 Becker-Schmidt (1992), *Verdrängung, Rationalisierung, Ideologie. Geschlechterdifferenz und Unbewußtes, Geschlechterverhältnis und Gesellschaft.* S. 81.

Diese Gefahr ist, allgemein gefaßt, eine psychologische … Andererseits aber ist er gewohnt, seine eigenen inneren Regungen von Feindseligkeit in die Außenwelt zu projizieren, sie also den Objekten, die er als unliebsam oder auch nur als fremd empfindet, zuzuschieben. Als Quelle solcher Gefahren wird nun auch das Weib erkannt.

Sigmund Freud, Das Tabu der Virginität

Die Geburt des Mannes in der Männergruppe

Vermännlichung durch Initiation

Die These von der kulturellen Konstruktion hegemonialer Männlichkeit und die besondere Bedeutung, die der Initiation bei diesem Herstellungsprozeß in einer rein männlichen Aura zukommt, wird von Hans Bosse bestätigt und unter neuen, insbesondere adoleszenztheoretischen Akzentsetzungen diskutiert. Seine vergleichende kulturtheoretische Untersuchung *Der fremde Mann*[1] ist, ähnlich wie Gilmores Arbeit, sowohl soziologisch als auch psychoanalytisch orientiert. Im Mittelpunkt steht bei Bosse die Frage nach der Ausbildung von Männlichkeit im Rahmen einer langen und intensiven Begegnung »zwischen Männerbund und der Altersgruppe der Jungen oder jungen Männer« (S. 17) bei den *Sepiks*, einer Ethnie in Papua-Neuguinea, die seit langem unter dem Einfluß eines einschneidenden Kulturwandels steht.

Die Sammelbezeichnung »Sepiks« bezieht sich auf eine ganze Reihe ethnischer Gruppen, die im Umfeld des gleichnamigen Flusses im Norden Neuguineas kleinere dörfliche Gemeinschaften bilden. Die Produktionsweise der ehemals autarken Sepiks mit einer relativ klaren kompetitiven (ergänzenden), aber nicht hierarchischen Arbeitsteilung der Geschlechter ist auch nach der Kolonisierung weitgehend erhalten geblieben (Sammler, Jäger, Pflanzer, Fischerinnen und Töpferinnen). Allerdings hatte neben den politischen, administrativen und ökonomischen Veränderungen, die viele Sepiks zwangen, als Lohnarbeiter ihre Dörfer zu verlassen, besonders das Verbot der eigenständigen Kriegsführung und der Kopfjagd, dem Monopol der Männer, erhebliche Auswirkungen auf die traditionellen Männlichkeitsstrukturen.

Die ethnologische Feldforschung von Hans Bosse (zusammen mit Werner Knauss) bestand in gruppenanalytischen Gesprächen mit ausgewählten Jugendlichen an einer nationalen Oberschule der Ost-Sepik-Provinz, denen Besuche an verschiedenen Dorfschulen am Sepik vorausgingen und einige Jahre später Kontrollgespräche mit einigen inzwi-

1 Bosse (unter Mitarbeit von Knauss) (1994), *Der fremde Mann. Jugend, Männlichkeit, Macht. Eine Ethnoanalyse.*

schen in der »modernen« Gesellschaft Papua-Neuguineas erfolgreich integrierten Teilnehmern der ersten Untersuchungen folgten. Die Gruppengespräche mit neun männlichen und einer weiblichen Jugendlichen sollten, unter systematischer Einbeziehung der Übertragungs- und Gegenübertragungsprozesse, einen gemeinsamen Zugang zum eigenen und fremden, zum individuellen und ethnischen Unbewußten ermöglichen. Ethnohermeneutische und (anschließende) sozialisationstheoretische Interpretationen waren Bestandteil des gesamten Forschungsprozesses.[2]

Die untersuchten Jugendlichen stammen aus dörflichen Gemeinschaften, deren kulturelle Gewohnheiten und Selbstbilder von einer starken Enttraditionalisierung durch gesellschaftliche Modernisierungsprozesse geprägt sind. Hinzu kommt, daß diese Sepik-Jugendlichen, so Bosse, nahezu als erste Generation ihrer Ethnien ihre Ursprungsgemeinschaften verlassen haben – nicht um als Lohnarbeiter in die Städte zu gehen, sondern um sich über die staatliche Oberschule einen aufstiegsorientierten Zugang zur modernen Gesellschaft zu verschaffen. Damit sind in den Forschungsgesprächen zwei (bzw. drei) Kulturen aufeinander geprallt, ein Umstand mit erheblichen Folgen für die Männlichkeitskonzeption und deren Interpretation: eine »moderne«, an staatliche Institutionen wie Schule gebundene Kultur, die Privilegien verspricht und die zur Ausbildung eines macht-, konkurrenz- und konsumorientierten Männlichkeitsmodells führt; und eine zweite, traditionelle (arbeitsteilige) Kultur, die weder politische Herrschaft noch aus ökonomischer Ausbeutung abgeleitete Macht der Männer über die Frauen kannte.[3]

Innerhalb dieser traditionellen Strukturen gebe es zwar keine patriarchale Herrschaft, aber eine gewisse *kulturelle Dominanz* der Männer, die mit ihrer (ehemaligen) Vorrangstellung im Bereich der Kriegsführung, der politischen Vertretung nach außen und des Rituals zusammenhänge. Diese kulturelle Dominanz sei an die Institution des *Männer-*

2 Die ethnopsychoanalytischen Methodenfragen, die sich im Rahmen der komplizierten Übertragungs- und Gegenübertragungsprozesse zwischen den Sepik-Jugendlichen und den beiden Forschern stellen, können hier ebensowenig diskutiert werden, wie die ethnologische Bedeutung der vorliegenden Befunde.

3 In den Gesprächen tritt außerdem noch die durch die beiden Forscher repräsentierte westliche Kultur mit den für sie typischen patriarchalen Männlichkeitskonstruktionen hinzu, deren Infragestellung eines der Hauptmotive von Bosses Interesse an der Kultur der Sepiks und am »Fremden« ihrer Männlichkeitsmodelle zu sein scheint. Ein Interesse, das, wie sich noch herausstellen wird, nicht frei von einer idealisierenden Verklärung der traditionellen Sepik-Initiation und ihrer (angeblichen) Ersetzung durch die Beziehung zwischen Forscher und Jugendlichen ist.

hauses gebunden, was auch von Florence Weiss am Beispiel der Iatmul, einer der ebenfalls zu den Sepiks zählenden Dorfgemeinschaft bestätigt wird. Charakteristisch für diese zentrale Institution ist nach Weiss ihre männerbündische Struktur. »Als eine gesamtgesellschaftliche organisatorische Zusammenfassung ist sie ein politischer, militärischer und ritueller Angelpunkt der Machtstruktur.«[4] Daneben aber spreche vieles, trotz des männliches Monopols auf Krieg und der immer wieder anzutreffenden »legitimen« Gewalt gegen Frauen, Kinder und nichtinitiierte Knaben, für eine eher symmetrische Beziehung der Geschlechter untereinander. Die Frauen haben eine gewisse ökonomische Vorrangstellung, es existieren anerkannte weibliche Gruppen, Räume und Organisationsformen und sie sind selbstbestimmt in Fragen der Sexualität und Mutterschaft.[5]

Aus der Wechselseitigkeit von (kultureller) Dominanz und Anerkennung des anderen Geschlechts, die sich auch im Inhalt und der kulturellen Verwendung der Mythen zeige, leitet Bosse seine These von einer *»doppelten Kultur«* der Sepiks ab, einer Kultur von *Dominanz* und *Gleichheit* innerhalb der Geschlechterverhältnisse. Aus der Perspektive der Männer weise diese »doppelte Kultur« auf eine »Balance von Anerkennung und Nichtanerkennung der Frauen durch die Männer« hin, was gesellschaftlich auf eine *»Doppelstruktur von kultureller männlicher Herrschaft und Nicht-Herrschaft«* hinauslaufe.[6]

Die Reproduktion dieser relativ stabilen Balance zwischen den Geschlechtern, die den Prinzipien »wechselseitiger Verpflichtung« und »relativer oder potentieller Gleichheit« gehorche, erfolge für die Männer durch die *Initiation,* die zentrale Sozialisationsinstanz der traditionellen Sepik-Kultur. Die Initiation durch die erwachsenen Männer der ethnischen Gemeinschaften galt bisher als erforderlich, weil die (von Bosse durchaus geteilte) Überzeugung vorherrscht(e), Männlichkeit könne nicht von allein entstehen. Das mache, so Bosses Wiedergabe des ideologischen Selbstverständnisses der Sepiks, den Unterschied zur

4 Weiss (1995), *Zur Kulturspezifik der Geschlechterdifferenz und des Geschlechterverhältnisses. Die Iatmul in Papua-Neuguinea,* S. 51.

5 Ebd., S. 52.

6 Bosse, a. a. O., S. 314. – Damit ließen sich die Sepiks als ein Sonderfall der Herstellung von Männlichkeit bestimmen, die sie von den üblichen patriarchalen Kulturen (also auch den westlichen Gesellschaften) unterscheidet: es gebe, so Bosse, keine Herrschaft des männlichen Geschlechts über das weibliche und auch keine Bereitschaft dazu, sie zu entwickeln oder zu übernehmen. Vgl. S. 13 f. – Ob aber die Sepiks, wie Bosse nahelegt, im Rahmen der global anstehenden Arbeit am »Männlichkeitsprojekt« das Modell eines alternativen Lebensentwurfs abgeben, mit dem die »Dreieinigkeit von Männlichkeit, Destruktivität und Herrschaft aufgebrochen werden könnte« (S. 12), ist (nicht nur) angesichts der durchaus üblichen Gewalt gegen Frauen stark zu bezweifeln.

weiblichen Entwicklung aus. Trotz des Verzichts auf Gilmores Bewertung (»Mädchen haben es leichter«) ist auch dieses Bild der weiblichen Entwicklung ähnlich verkürzt an einer linearen, naturalisierenden Vorstellung orientiert. Die Mädchen verbleiben danach in der weiblichen Welt, in der sie aufgewachsen sind und in der sie relativ problemlos ihre sozialen Rollenfunktionen übernehmen können. Die körperlichen Reifungstatsachen, insbesondere die Menstruation, markieren und sichern ohne größere Krisen die sozialen Statusübergänge. Mädchen wachsen nach diesem Modell der Geschlechterdifferenzierung »von alleine« zur Frau heran, etwa so »wie eine Kokosnuß, die einst vom hohen Baum fiel, zu sprießen beginnt« (S. 164).

Im Unterschied zur Weiblichkeit sei die Männlichkeit dagegen ein unsicherer, unklarer Status, der erst errungen und hergestellt werden müsse. Sie entstehe nicht automatisch von innen heraus und müsse folglich von außen angeregt werden. Das aber könne nur durch eine Art zweiter (psychischer und sozialer) Geburt ohne Beteiligung von Frauen und erzwungenermaßen gegen sie geschehen. Für Bosse bedarf es deshalb »der äußersten Anstrengung der vereinten Männerwelt, um die Jungen männlich zu machen« (ebd.). Bevor sie der Initiation unterworfen werden, gelten die Knaben, die länger als die Mädchen gestillt werden (ca. 3 Jahre) und die bis zum Beginn der ersten Initiationsphase im Elternhaus auf der »weiblichen Seite« schlafen, als klein und schwächlich. Von der Mutter lange abhängig, seien sie vom Tode bedroht, solange ihre »Vergiftungen« durch mütterliche Körpersäfte (Blut und Milch) nicht aus ihnen ausgetrieben werden.

Ähnlich wie als Knaben durch das Blut und die Milch der Mutter, bleiben die Männer auch später durch die Weiblichkeit bedroht. »Die Frauen sind eine Gefahr für die Männer, weil durch den sexuellen Verkehr oder durch einen Kontakt mit dem Menstruationsblut weibliche Substanzen in den Körper eindringen, die Männlichkeit und Manneskraft zersetzen« (S. 165). Die Aufgabe der Initiation bestehe darin, diese Gefahr durch die Austreibung der mütterlichen Spuren aus dem Körper der Knaben zu bannen und die heranwachsenden Männer gegen die zukünftige Bedrohung (durch die weibliche Sexualität) zu immunisieren.[7]

Bosse faßt die ideologischen Begründungen der männlichen Abwehrstrategien gegenüber den weiblichen Gefahren in drei »*Idiome von Männlichkeit*« zusammen, die über die Sepiks hinaus für viele Ethnien

7 Im nächsten Abschnitt wird am Beispiel der Baruya, einer anderen Ethnie Papua-Neuguineas, auf die paranoide Angst von Männern vor einer Kontamination durch weibliche Körpersäfte noch genauer eingegangen werden.

Melanesiens Gültigkeit besitzen sollen:[8] 1. Männlichkeit und Mannsein erwächst nicht aus dem Innern der Person, sondern muß von außen angeregt werden; 2. die Männlichkeit (sowohl des Knaben als auch des Mannes) wird ständig von außen, durch Geister, besonders aber durch Mütter und Frauen bedroht (S. 169); und schließlich müssen 3. die (erwachsenen) Männer den Knaben durch Demütigungen *und* verwöhnendes »Nähren« zugleich »Männlichkeit und Mannsein geben und sie vor den bedrohlichen Einflüssen der Frauen schützen« (ebd.). – Damit sind die wichtigsten Begründungen und die Motive für die Initiation benannt. Es geht dabei im wesentlichen um die rituelle Ausagierung und Bearbeitung realer und imaginärer Konflikte sowohl zwischen den Geschlechtern als auch zwischen den durch Rivalität bestimmten altershierarchischen Gruppen der jungen und der erwachsenen Männer.[9]

Die Initiation stellt eine Dramatisierung dieser Konflikte in Form einer körperlichen Begegnung polarisierter Gruppen (Männer und Jungen gegen Frauen, Männer gegen Jungen) dar. Darin erkennt Bosse den Versuch einer Bewältigung *adoleszenztypischer* Themen, besonders der verstärkt auftretenden sexuellen und aggressiven Affekte: »Liebe und Haß, Neid, Bewunderung, Gekränktheit, Enttäuschung und Wut, Wunsch nach Nähe und Distanzierung, Wunsch nach Dominanz und nach Versorgtheit usw. Am Körper werden diese gegensätzlichen Motive sinnlich abgegolten« (S. 243). Auf der Ebene der »Idiome« von Männlichkeit ginge es darum, »das konflikthafte Verhältnis zur eigenen Sexualität und die Spannungen zu kontrollieren, die unvermeidlich im Verhältnis der Geschlechter zueinander auftauchen« (S. 165).

Darüber hinaus hat die Initiation in einer Gesellschaft ohne Staat, laut Bosse, die eher politische Funktion, die Kontrolle und Herrschaft über die heranwachsende Männergeneration zu sichern, eine Kontrolle, »die nur über die Bildung von Komplizenschaft und Männerbund möglich

8 Unter »Idiomen« versteht Bosse »zunächst rein deskriptiv Deutungsmuster für Männlichkeit, die in Alltagssituationen und in Ritualsituationen verwendet werden und die in Inhalt, Formulierung und Bedeutung immer an einen rituellen Kontext gebunden sind.« S. 325 (Anm. 7); vgl. Herdt (1981), *Guardians of the Flute. Idioms of Masculinity.*

9 »Die Kunst des Rituals bestand darin, die Konflikte szenisch, das heißt körperlich und sinnlich erfahrbar zu symbolisieren.« S. 243. – Der Terminus »Symbolisierung«, den Bosse hier in Anlehnung an Lorenzer von »Desymbolisierung« unterscheidet, meint nicht allein die rituelle Ausdrucksform innerpsychischer Konflikte, sondern bezieht sich auf einen Verarbeitungsmodus, der nicht auf *Verdrängung* (die tendenziell immer pathogen ist und von Lorenzer mit »Desymbolisierung« in Verbindung gebracht wird) hinauslaufen soll. Bosse spricht an mehreren Stellen deshalb auch von einer »Lösung« der Konflikte durch die Initiation. Vgl. Lorenzer (1970), *Sprachzerstörung und Rekonstruktion. Vorarbeiten zu einer Metatheorie der Psychoanalyse.*

ist« (ebd.). – Diese männerbündische Organisation des Verhältnisses von Männern und Jungen und ihr Vergleich mit den (defizitären) Vater-Sohn-Beziehungen während der männlichen Adoleszenz in westlichen Gesellschaften steht im Mittelpunkt seines Interesses und Forschungsansatzes.[10]

Aus der Perspektive der erwachsenen Sepik-Männer, mit deren traditionellen Initiationsfunktionen sich Bosse durchaus identifizieren kann, besteht ein Hauptmotiv der Initiation darin, sich durch Rituale die heranreifende Sexualität der Jungen *gewaltsam*, mit einer Mischung aus männlicher Aggression und sexueller Besitzergreifung anzueignen[11], denn: »Die Männer erleben die Jungen und jungen Männer gar nicht als weibisch, schwach und schwächlich, sondern eher als stark und bedrohlich« (ebd.). – Die pubertäre Sexualreifung der Knaben wird als narzißtische Kränkung und als Bedrohung der (erwachsenen) männlichen Sexualität erlebt. Diese Rivalität und der sich darin ausdrückende Neid und Haß stehen für Bosse im Zentrum der Einleitungsphase der Initiation und sollen den brutalen Charakter einzelner Riten (z. B. die weit verbreiteten Formen der Penisbeschneidung) erklären.

Erstaunlich ist, daß er in diesem Zusammenhang zwar ausführlich auf den Ödipuskomplex eingeht, aber weder die *Inzest-* und *Kastrationsproblematik* noch den *Gebärneid* der Männer und die sich darin ausdrückende Objektgebundenheit der Sexualität systematisch diskutiert. Die Frauen (und mit ihnen die weiblichkeitsbezogenen Männerphantasien) bleiben sowohl als Angstobjekt (im letzteren) als auch als auslösendes Wunschobjekt (im ersteren Fall) weitgehend ausgeblendet.[12]

10 Diese wechselseitige Vergleichsperspektive – wechselseitig, weil auch umgekehrt die Sepik-Initiation unter dem Fokus westlicher »Vater-Sohn-Beziehungen« betrachtet wird – durchzieht die gesamte Arbeit Bosses. Auch die im Laufe des Forschungsprozesses aufgetretenen offensichtlichen Divergenzen zwischen Bosse und Knauss interpretiert Bosse (konsequent) nur als Feindseligkeit zwischen Vater und Sohn im Rahmen einer Begegnung von Männern mit dem »inneren« und »äußeren« Fremden (S. 33–51 u. S. 78); vgl. Knauss (1993), *Die rituell angeeignete Sexualität. Zu Hans Bosses Beitrag »Das Fremde am Mann oder Die Sexualität, die ›von außen kommt‹«.*

11 In ihrer Interpretation »profaner« Transvestismusformen in afrikanischen Initiationsriten fügt Bleibtreu-Ehrenberg einen weiteren (möglichen) Erklärungsansatz hinzu: Wenn man bedenke, »daß es gerade die *älteren* Männer sind, die sich transvestieren und in diesem Zustand ›als Frauen‹ mit jungen Männern Sex haben, so wirkt der Gedanke nicht gerade abwegig, diese älteren Männer könnten hoffen, durch den Sexualverkehr mit den jüngeren Partnern ihre Virilität wiederaufzufrischen.« Bleibtreu-Ehrenberg (1980), *Mannbarkeitsriten,* S. 60.

12 So ist es konsequent, daß Bosse weder vom Inzest noch vom kulturell elementaren Inzestverbot spricht und seine Lesart des Ödipus-Mythos die Beziehung zwischen Ödipus und Jokaste (weitgehend) unterschlägt. Kultur und Männlichkeit kann nach diesem Modell nur durch die Überwindung der tödlichen Aggression des Vaters

Eine solche ethnohermeneutische Deutung der Initiation reproduziert selbst ein wesentliches Element ihres Untersuchungsgegenstandes: die Abwesenheit von Frauen und die Abwehr der Weiblichkeit. Bosse sieht zwar die Parallelität zwischen neuen Körpervorgängen und sexuellen Phantasien, die durch den pubertären Triebschub ausgelöst werden und führt die gesteigerte Sexualangst der Adoleszenten darauf zurück (vgl. S. 171); aber weder von den *Objekten des Triebes* noch von den Objekten der die körperlichen Vorgänge begleitenden Phantasien ist hier weiter die Rede.[13] Die (heterosexuelle) Objektdimension der männlichen Sexualität verkürzt sich in dieser Interpretation, die weitgehend den männlichen »Idiomen« der Sepiks folgt, auf das Partialobjekt Penis, seine gesteigerte (Über-)Besetzung und die Manipulationen, die während der Initiation daran vorgenommen werden.[14]

Auch nach Bettelheim zentrieren die Beschneidungsriten die Aufmerksamkeit und die libidinösen Besetzungen auf den Penis.[15] Allerdings nimmt er eine andere Gewichtung vor, wenn er vor allem die Bedeutung des Penis als Organ der Differenz zur Weiblichkeit und als zukünftigen (symbolischen) Träger realer Macht des phallischen Mannes betont. Die Initiation dient nach diesem Modell in erster Linie der Bewältigung der Geschlechtsreife während der Pubertät, wenn die Dualität der Geschlechter zum Problem wird und die Unterschiede von »männlich« und »weiblich« unter dem Druck der Kultur in spezifischer Weise verarbeitet und körpersprachlich ausgedrückt werden sollen. Die grausamen Penis-Verstümmelungen vieler Initiationsriten versteht Bettelheim als Ausdruck des Neides der Männer auf die kulturell bedeutsamere Rolle der Reproduktivität der Frau, auf die weibliche Sexualität und auf das weibliche Genital als Träger dieser Funktionen, sowie gleichzeitig als Versuch einer rituellen Bewältigung dieser Mischung aus Angst und Neid gegenüber dem differenten Geschlecht. Erst die Penisverletzungen und die sich anschließenden Zeremonien ermöglichen nach Bettelheim die Aufrichtung des Organs und seines Trägers zu phallischer Größe. Die verdinglichenden genitalen Riten

(Laios) entstehen. Hauptziel scheint es daher für ihn als Forscher und Mentor zu sein, »einen einfühlenden Zugang zur Männerphantasie vom mörderischen Vater zu gewinnen« (S. 65).

13 Dabei gibt die Rede der Jugendlichen über ihre Sexualität einen entscheidenden Hinweis: die als fremdes, äußeres Objekt erlebte (eigene) Sexualität komme »auf die jungen Männer in Gestalt erregender und ängstigender Frauen zu« (S. 167).

14 Die innerpsychische und interaktive Dynamik der Initiation wird mit diesem Verdinglichungsmechanismus allerdings treffend beschrieben: Das Ritual reduziert männliche Sexualität auf das Partialobjekt Penis und gleichzeitig die Frau in den begleitenden symbolischen Darstellungen auf die Vagina (vgl. S. 167).

15 Vgl. Bettelheim (1975), *Die symbolischen Wunden.*

stellen demnach in erster Linie den Versuch einer Imitation des weiblichen Genitals und der symbolischen Übernahme möglichst vieler, mit weiblicher Fruchtbarkeit zusammenhängender Funktionen dar. Durch diese rituelle Übernahme mit dem Ziel, die Fähigkeiten der Frauen zu überbieten, versuchen die Männer, ihre Unabhängigkeit und Überlegenheit in einem grandios inszenierten Akt *kollektiver Selbstschöpfung* abzusichern.

Dieser Ansatz erlaubt, im Unterschied zu Bosses Fixierung an Rivalität und Machtkampf innerhalb der männlichen Geschlechterhierarchie, die systematische Berücksichtigung der auf mütterliche und weibliche Objekte gerichteten feindseligen Züge der männlichen Verarbeitung der Geschlechterdifferenz. Bosses Modell des zunächst äußerst brutalen, dann liebevoll zärtlichen Männerbundes, in dem sich die Initiatoren von »kompetetiven Sadisten« in fürsorgliche »Mentoren« verwandeln und damit komplett die mütterliche »Nährfunktion« übernehmen,[16] kann nicht hinreichend erklären, wie die pubertäre Sexualangst, die auf die männlichen Jugendlichen in Gestalt erregender und ängstigender Frauen zuzukommen scheint, einigermaßen »erfolgreich«, (also *ohne* späteren Haß, *ohne* Gewaltbereitschaft und *ohne* Machtanspruch gegenüber Frauen) durch eine genital verdinglichte phallische Sexualität verarbeitet werden könnte.[17]

Die Aggression, die im Initiationsritual ausgedrückt und angeblich pazifizierend gebunden wird, erscheint bei Bosse im wesentlichen als eine wechselseitige zwischen *Vätern* (bzw. ihren Vertretern aus der gleichen Altersgeneration) und *Söhnen.* Er kritisiert zwar die idyllisierende Charakterisierung der Initiationsgruppe als eines durchgängig friedlichen pädagogischen Männerbundes, wie sie etwa Robert Bly in seinem zum Kultbuch avancierten *Eisenhans*[18] vornimmt, weil dabei die Gefühle tödlicher Bedrohung der Männer durch die (sexuelle) Macht der Jungen und die daraus entspringenden Affekte (Neid und Haß) zu Beginn der Initiation unterschlagen werden; ansonsten aber folgt er mit Faszination und Sympathie der hypervirilen Männerbundschwärmerei Blys, deren Substanz in der *Abwesenheit des Weiblichen* in einer »reinen« Männerwelt besteht. Durchaus im Einklang mit Bly vertritt Bosse

16 »Die Männer, d. h. die Generation der ›Väter‹, mißbrauchen zuerst die Jungen, um sie danach liebevoll, so wie gute Mütter, zu versorgen« (S. 43).

17 Vgl. Bosse, a. a. O., S. 167.

18 Bly (1991), *Eisenhans. Ein Buch über Männer.* Für Bly sind die initiierenden Männer »Mentoren«, die den Jugendlichen nur deshalb Verletzungen zufügen, um alte Wunden durch die realen Väter der infantilen Vorzeit zu »heilen«. Danach gehört es zur Mannwerdung und zum Leben des Mannes, verletzt zu werden und diese Verletzungen zu überwinden.

die Position: »Wie in allen Kulturen brauchen auch die Sepik-Söhne starke Männer, die sie schließlich überwinden können« (S. 61). Rivalität könne bei schwachen Vätern (bzw. männlichen Bezugspersonen) nicht zur Ruhe kommen, denn »dann kann man nie Sieger werden« (ebd.).[19]

Wenn die beteiligten Kontrahenten in der Abgeschiedenheit von der weiblichen Welt ihren gegenseitigen Haß und die Gefahr tödlicher Vernichtung überwunden haben, könnten die Jungen zu »echten« Männern gemacht werden. In der »traditionellen Männerordnung« gilt daher: »Man ist Mann, wenn man zur Männergruppe gehört« (S. 266), und Bosse sieht hierin offensichtlich eine kulturanthropologische Tatsache, eine notwendige, nicht nur für die Sepiks geltende Bedingung für das Gelingen der männlichen Sozialisation.[20]

Liegt bei Bly eindeutig eine idyllisierende Verklärung der Initiation in Neuguinea vor – ein »scharfer« und »sauberer« Bruch mit der »Uterus-Welt« der Mutter müsse erfolgen, um ein Zusammenleben von Vätern und Söhnen in »fröhlicher Toleranz« zu ermöglichen[21] –, so findet sich bei Bosse eine *Idealisierung* der Männergruppe, hat diese erst einmal ihre mörderische Anfangsphase überstanden. Beide Arbeiten lassen sich an vielen Stellen deshalb fast parallel lesen und es ist kein Wunder, daß Bosse sich als begeisterter Leser des *Eisenhans* zu erkennen gibt.

Ein Kultbuch ist Blys mythopoetischer Erguß sicherlich nicht nur aufgrund seines populärwissenschaftlichen Charakters geworden. Seine schrittweise aus der Interpretation des gleichnamigen Grimmschen Märchens abgeleitete Argumentation im *Eisenhans* scheint die Orientierungslosigkeit vieler verunsicherter Männer aufzunehmen und ihre Suche nach einem Männlichkeitsmodell zwischen »Macho« und »Softie« aus tiefster Seele zu befriedigen. Das Verhältnis vom »wilden Mann« und dem »Jungen mit den goldenen Haaren« als den Hauptprotagonisten der Märchenvorlage nimmt Bly zum Anlaß, eine »dritte Seinsweise« von Männlichkeit zu kreieren, welche in der Grandiosität der Männergruppe »positive Führungsenergie« hervorzubringen erlau-

19 Umgekehrt gelte auch für die erwachsenen Männer, daß sie die Aggressionen der Söhne ertragen und überleben müßten, damit diese lernen könnten, mit ihren mörderischen Gewaltphantasien gegen die Väter sozial produktiv umzugehen. »Starke Väter oder starke Männer werden für den Jungen auch gebraucht, damit diese die Rivalität der Söhne überleben« (ebd.).

20 Das bedeutet auch, daß ein Mann nicht unabhängig von der Männergruppe existieren kann. Nur indem er sich ihr ausliefert, wird er ein akzeptierter Teil von ihr. »Das Selbst des einzelnen Mannes erhält seine Größe durch Teilhabe an der Männergruppe, als Teil des kollektiven Selbst. Das Ich hat projektiv Anteil an der Macht der Gruppe« (S. 267).

21 Vgl. Bly, a. a. O., S. 126 f.

be. »Die Initiation fordert den Sohn auf, seine Liebesenergie nicht mehr auf die attraktive Mutter zu richten« (S. 132), sondern seine Sehnsucht nach dem »tiefen Vater« zu stillen. Der Vater nämlich repräsentiere die wahre männliche Substanz (wenn er nicht schwach ist), eine Substanz, von der er als Mentor in der Männergruppe durch *physikalischen Austausch* abzugeben bereit ist. Auch hier findet sich, ähnlich wie bei Gilmore, eine Variation des Schemas vom männlichen Habitus als »Nährprinzip«. Erst die Identifizierung mit diesem Prinzip soll, unter Ausschaltung der Frauen und durch die Übernahme weiblicher Funktionen, die »zweite Geburt« des Jungen als Mann ermöglichen.

Es gebe zwar, so Bly weiter, eine Weiblichkeit, die für den Mann Bedeutung habe, aber diese liege im Mann selber, sei so »unermeßlich wie der Ozean« (S. 197) und werde durch die Sehnsucht nach der »großen Mutter« repräsentiert. Diese Ausrichtung an der Archetypenlehre von C. G. Jung (die sich ansatzweise auch bei Gilmore und Bosse findet) macht eine Beschäftigung mit der Frau als Objekt der männlichen Sexualität und des Hasses überflüssig.[22] Daß die Entwicklung von Männlichkeit und männlicher Geschlechtsidentität mit der Verarbeitung der Geschlechterdifferenz zusammenhängt, wird von Bly verschwiegen. Frau und Weiblichkeit existieren (außer als Archetyp) nicht mehr, ist es erst einmal gelungen, das Band zur »Uterus-Mutter« durch das »symbolische« Schwert zu zerschneiden. Ohne Schwert gibt es keinen Eros, ohne Väter keine Männer und ohne Initiation in der Männergruppe keine »wahre« Männlichkeit – so lautet die triste Botschaft.

Erst durch die Initiation in der Gruppe könne der »Hunger nach dem Vater« gestillt werden und die Entwicklung des Jungen zur Entdeckung und Entfaltung des »inneren Kriegers« voranschreiten, der seine Aggression, durch den Mentor vorbildlich gebunden und kontrolliert, dann, wenn es nötig ist, gegen äußere Feinde zu richten vermag. Der »wilde Mann«, den es in der Tiefe des Mannes (wieder) zu entdecken gelte, ist entschlossen, sein Schwert, das er vom Initiator verliehen bekommt, kraftvoll, aber nicht brutal (aus »nährender Dunkelheit«) zu zeigen. Es gebe eine Vermischung von Liebe und Krieg, aber der »wilde Mann« wäre ein Barbar, wenn sein Herz nicht durch die »Innigkeit und den Tanz der Liebe« berührt würde (S. 207).[23] Nicht nur abwesende

22 Männliche Sexualität und Aggression strebe in die Weite und heranwachsende Männer wollten und müssten deshalb durch verständnisvolle Mentoren in die Geheimnisse der Natur eingeweiht werden. Alles Weibliche wird dabei durch De-Personalisierung und Re-Naturalisierung zum Verschwinden gebracht.

23 Vergewaltigende Soldaten z. B. sind für Bly »brutale Jungs«, unvollkommene und

oder schwache Väter verhinderten die Ausbildung »wahrer« Männlichkeit; es gebe, so Bly weiter, überhaupt kaum noch Gelegenheit, sie (kämpfend) unter Beweis zustellen. Die modernen, technisch hochentwickelten Kriege verunmöglichten das Vergnügen der Entfaltung des Kriegers auf jenem Gebiet, auf dem er im Dienste einer »transzendenten Sache«, d. h. im Dienste des »wahren Königs« (Jung) seinen Mann zu stehen habe, nämlich auf dem Schlachtfeld.[24]

Leider weist auch Bosses Modell einer mann-männlichen Sozialisation im Schutz der Männergruppe Anteile dieses Männlichkeitswahns auf. Eine seiner zentralen Thesen in *Der fremde Mann* lautet: Mit der klassischen Initiation in der Männergemeinschaft der Sepiks sei es gelungen, freiwerdende Sexualität und Aggression in einer Form zu binden, die destruktive Ausbrüche zukünftig verhindere. Die Kunst des männlichen Rituals bestehe darin, »kollektiven Neid und Haß so auszudrücken, daß die dabei angewandte psychische und physische Gewalt und die zugefügten Verletzungen spürbar sind, symbolisiert werden und begrenzt bleiben« (S. 53). Der Unterschied zur männlichen Sozialisation in den »vaterlosen Gesellschaften« des Westens und der »gebrochenen« Sozialisation der enttraditionalisierten (modernen) Sepik-Jugendlichen liege im *Verzicht* auf eine individuelle Verdrängung und kollektive Unbewußtmachung des Konfliktpotentials als Basis für die zukünftige (relative) Pazifizierung des Geschlechterverhältnisses sowie der sozialen Beziehungen insgesamt.

Die Sepiks der Übergangsgesellschaft müßten dagegen, so Bosse weiter, die mit der Pubertätsreifung verstärkt auftretenden sexuellen Wünsche und aggressiven Impulse ohne die selbstheilenden und immunisierenden Kräfte der Initiation abwehren und folglich *verdrängen.* Unbewußt geworden, verdichteten sich diese zu einem Potential von Feindseligkeit, das destruktiv auszubrechen drohe; gegen das nach außen projizierte Fremde, das (politisch und sexuell) zwischen Feind und Frau verschiebbar sei. Ihren aus Angst vor der eigenen Triebstärke und

unfertige Männer ohne wirklichen »inneren Krieger«. Auch die vielen Vietnam-Soldaten mit ihren post-traumatischen Pathologien (›Vietnam-Syndrom‹) seien von ihren Vätern verraten und im Stich gelassen worden usw. Michael Meade, Freund und Partner Blys, führt den wachsenden Rassismus, die Zunahme von Kindesmißhandlungen und Vergewaltigungen auf »Botschaften von Kind-Männern« zurück – der »verletzte Verletzer«. Vgl. Meade (1994), *Die Männer und das Wasser des Lebens,* S. 33 u. S. 26.

24 Es ist kaum zu begreifen und müßte sozialpsychologisch genauer analysiert werden, wie diese Mischung aus antifeministischer Männerbundschwärmerei Blüherscher Prägung und deutlich an Ernst Jünger erinnernder hyperviriler Kriegerromantik eine derartige Faszination für die »Neue Männerbewegung« ausüben kann. Vgl. Blüher (1920), *Die Rolle der Erotik in der männlichen Gesellschaft. Eine Theorie der menschlichen Staatsbildung nach Wesen und Wert;* Jünger (1993), *In Stahlgewittern.*

(sekundär) aus Angst vor der weiblichen Sexualität geborenen Haß, lassen die männlichen Teilnehmer an Rose, dem einzigen weiblichen Gruppenmitglied aus (vgl. S. 169 f.). »In der Heldenpose von Kämpfern, die Feinde überfallen, drückt sich Aggression der jungen Männer gegen Rose aus, die auf ein ›legitimes‹ Objekt, auf den gefürchteten Nachbarn des Landes verschoben wurde« (S. 170).[25]

Hier müßte genauer nach den Quellen der Feindseligkeit männlicher Jugendlicher gegenüber Frauen, also nach der Geschichte und Struktur ihrer unbewußten Weiblichkeitsbilder und ihrer Aktualisierung im Laufe der psychosexuellen Adoleszenzentwicklung gefragt werden. Denn die von Bosse konstatierte Angst der männlichen Jugendlichen vor der eigenen Trieb*stärke* (vor Sexualität und Aggression) ist kein anthropologisches Faktum, das mit beginnender Pubertät automatisch Lust auf sexuelle Gewalt hervorbringt, wenn es nicht gelingt, sie durch die Arbeit von Männerbünden »sozial verträglich« zu machen.

Erklärungsansätze, die das Problem dieser spezifisch männlichen Legierungen von Sexualität und Aggression ausschließlich als ein internes unter Männern (Vätern und Söhnen) interpretieren und dann die Männergruppe als zentrale Sozialisationsinstanz und als entsprechende »Lösung« für männliche Jugendliche anbieten, machen es sich zu einfach. Der wahre Geburtshelfer für die Subjektwerdung des Mannes kann (bzw. darf) für Bosse nur männlich sein. »Es geht dabei um Anerkennung seines Körpers als männlich, um Anerkennung seiner Sexualität, um Anerkennung seiner Begierden und seiner Aggressivität und schließlich um Anerkennung seiner Kompetenz, an der Regelung der Männerangelegenheiten selbstverantwortlich teilnehmen zu können« (S. 214). Nur der Vater, respektive der »Mentor« soll in der Lage sein, die (angeblich) von der Mutter verweigerte bzw. in der symbiotischen Beziehung mit ihr überhaupt nicht mögliche »Anerkennung als Subjekt des Begehrens« zu geben. – Die weiblichen Einflüsse, und das heißt die komplizierte unbewußte und bewußte Dynamik der Mutter-Sohn-Beziehungen werden einseitig entwertet, wenn diese Einflüsse

25 Begrenzt ist dieses Modell einer aus dem Ruder gelaufenen männlichen Pubertätsentwicklung auch auf westliche Verhältnisse übertragbar, da es helfen könnte, die inneren Mechanismen zu verstehen, die männliche Sexualität und Aggressivität mit einem narzißtisch aufgeladenen Phallus und einer militanten projektiven Haßbereitschaft gegen Frauen und/oder gegen (andere) Feinde zu einem gefährlichen Potential verbinden können. Diese latente Mischung gehört zu den konstitutiven Merkmalen der Tiefenstrukturen von Männlichkeit in unseren Gesellschaften und bestimmt in besonderer Weise die Binnendimension der männlichen Adoleszenz. Vgl. Pohl (2003b), *Paranoide Kampfhaltung. Über Fremdenhaß und Gewaltbereitschaft bei männlichen Jugendlichen.*

ausschließlich als radikal zu tilgende Spuren des (bedrohlichen) Weiblichen aufgefaßt werden.

Die Verleugnung der Weiblichkeit

Die Mutter ist als erste und wichtigste Pflegeperson in nahezu allen Kulturen erstes Objekt des kindlichen Begehrens und Objekt von feindseligen Regungen bis hin zum Haß. Die psychischen Spuren, die das hinterläßt, sind auch durch langwierige und schmerzhafte Initiationsriten nicht vollständig zu tilgen.[26] Die Trennung von der mütterlichen Welt, die Bosse als einen »triumphalen Auszug« versteht und gemeinsam mit den Sepik-Jugendlichen unter dem Motto »Abenteuer unter Männern erwarten uns« (S. 90) zu reinszenieren versucht, ist weder absolut noch endgültig. Durch transvestitische Inszenierungen und den begleitenden Mythos über eine »männliche Frau« drückten die Sepik-Männer ihre »bleibende Anerkennung der Frau und Mutter aus« (S. 149) und bereiteten so ihre Rückkehr in die weibliche Welt vor. Eine gewisse (temporäre) Feindseligkeit gegenüber den Frauen sei aber während der Initiation normal und sogar notwendig, denn dadurch könnten die zwischen den männlichen Altersklassen entstehenden Aggressionen stellvertretend an den abwesenden Frauen ausgetragen und gebändigt werden. Das stärke den Zusammenhalt unter den Männern und diene ihrem wichtigen Ziel, alle »positiven« Funktionen den Müttern zu nehmen und in den exklusiven Männerbund zu überführen (die »bessere Milch«, so die Überzeugung, ist die männliche). Das bedeutet für Bosse: »Das Bündnis führt zu einer gemeinsamen Verschiebung der Aggression auf die abwesende Mutter als dem dritten Objekt« (ebd.).

Durch ihren frühen Einfluß gefährde die Frau (Mutter) die für den Knaben notwendige Triangulierung durch die Männer und müsse deshalb ausgegrenzt und vorübergehend abgewertet werden, wolle die Männergruppe erfolgreich die »Empfindungen gemeinsamer Großartigkeit« erlebbar machen durch die »sinnliche Ausbreitung männlichen Glanzes« (S. 271). Damit wird die Mutter mythisch als »Urmutter« verklärt, gleichwohl als todbringender Gefahrenherd entwertet und

26 Der Wunsch nach Auslöschung der mütterlichen Spuren im heranwachsenden Knaben wird in Bosses Modell männerbündischer Männer-Jungen-Paare (Vater–Sohn) als Quelle kulturfördernder Aggression und Liebe auf theoretischer Ebene reproduziert. Frauen repräsentieren danach zwar den Ursprung, der aber diffus ganz im Sinne des archetypischen Bildes von der »großen Mutter« (C. G. Jung) als eine weiblich-mütterliche Essentialität am Anfang allen Lebens verstanden wird (vgl. S. 137).

(angeblich nur zeitlich begrenzt) als Folie männlicher Projektionsbereitschaft benutzt, um schließlich, am Ende der Initiation, als Frau in wechselseitiger Anerkennung akzeptiert werden zu können. Erst erlittene Gefühle von Ohnmacht und Hilflosigkeit, besonders bei den nicht-initiierten Jugendlichen der Übergangsgesellschaft, führten zu Überkompensationen und zur Entwicklung dauerhafter destruktiver Verhaltensmuster. »Eines dieser Muster ist die strukturelle Entwertung der Frauen und die real gewordene Aggression gegen sie« (S. 272). Nun werde die Mutter zu einer wirklichen Bedrohung, da ihre Macht und die Sogwirkung, die von ihr ausgehe, nicht mehr im Rahmen der funktionierenden Männergemeinschaft aufgefangen, verarbeitet und überwunden werden könne. Ohne Initiation erscheine die frühe Mutterbeziehung rückblickend als »vergiftet«.[27]

Ohne eine wirkliche Ablösung von der Mutter durch die Initiation bleibt nach Bosses Auffassung die »identifikatorische Liebe« zu ihr erhalten. Vom Bild der guten und mächtigen Mutter werde nun »das Bedrohliche abgespalten und auf die Frau generell verschoben (...) und durch den Abwehrmechanismus der ›Verkehrung ins Gegenteil‹ bewältigt. Aus starken Müttern werden die schwachen Mädchen und Frauen« (S. 154), die man(n) offensichtlich aggressiv entwerten muß, um psychisch überleben zu können. – Da westliche Gesellschaften schwache Väter hätten, münde auch hier die Bindung an die Mutter unweigerlich in einer Entwertung der »mächtigen« Mutter und in einer Idealisierung des Vaters und der mit ihm assoziierten männlichen Welt insgesamt.[28] Beide Momente »befördern beim männlichen Kinde einen lebenslänglichen Kontrollwunsch über Frauen und führen dazu, daß die weibliche Welt dauerhaft entwertet wird« (S. 300).

---

27 Die Abwertung der Weiblichkeit und die Aggressionen gegen Frauen, die bei Gilmore als kulturell notwendige Abwehrmaßnahmen gegen die anthropologisch gefaßte Regressionstendenz der Männer erscheinen, gelten für Bosse als Ergebnis kultureller Zerfallsprozesse. Eine mit aggressiven Mitteln durchgeführte Trennung von der mütterlichen Welt erscheint aber in beiden (und nicht nur in diesen) Positionen – unabhängig von der Frage, ob es sich bei der männlichen Feindseligkeit nur um eine vorübergehende oder eine dauerhafte Erscheinung handelt – als unabdingbar für die Herstellung einer kulturfähigen Männlichkeit. Vgl. auch Bosse (2000), *Die Trennung vom Weiblichen. Rituelle und moderne Formen der Vermännlichung bei Adoleszenten*, S. 64.

28 Lust an sexueller Gewalt gegen Frauen und (verschoben) gegen äußere Feinde sei Ausdruck einer tiefen Sehnsucht nach dem Vater und einer triangulierenden Initiation, einer Sehnsucht, die Bosse auch bei den Jungen in westlichen Gesellschaften festzustellen glaubt. Ihr »Durst nach Identität« wird deshalb (in Anlehnung an Rohde-Dachser) als »Durst nach dem Vater« interpretiert (S. 27) – ein Durst verzweifelter Jugendlicher, den Bosse selbst, in identifikatorischem Übergleiten von der Position des Forschers zur Rolle des Mentors, zu stillen bereit scheint.

Diese strikte Gegenüberstellung von traditionell gelungener Integration der Aggression und des Hasses *ohne* dauerhafte Züge von Geringschätzung und Feindseligkeit einerseits und einer (mehr oder weniger latenten) Gewaltbereitschaft gegenüber Frauen als Kennzeichen des kulturellen und gesellschaftlichen Zerfalls andererseits ist unsinnig. Schon die Abwertung der Weiblichkeit bei den traditionellen Sepiks war keine ausschließlich vorübergehende, nur für das Gelingen der Initiation notwendige Erscheinung. Die früher häufigen Tötungen von Frauen, Kindern und Nicht-Initiierten während der Initiation belegen die tief verwurzelte Aggressionsbereitschaft gegenüber Frauen schon vor Auflösung der traditionellen Strukturen. Auch die sogenannte »legitime Gewalt« gegen Frauen muß als Ausdruck einer *grundsätzlichen Feindseligkeit* gedeutet werden. Tatsächlich scheint der Einfluß der Initiation die Feindseligkeit und Gewaltbereitschaft gegenüber Frauen eher zu verschärfen, wie auch Barbara Bohle feststellt. Gerade die Männlichkeit verherrlichenden Initiationen der (meisten) Gesellschaften Papua-Neuguineas führten zu besonders extremen und dauerhaften Formen von Frauenhaß (Misogynie). Alle Weiblichkeit stigmatisierenden Riten und die zwanghafte Fixierung auf Gegenmaßnahmen zur Abwehr der weiblichen Gefahren verstärkten die tiefsitzende Angst vor den Frauen und wandelten sie in eine anhaltende Gewaltbereitschaft um, vor allem deshalb, weil eines sich nicht verhindern lasse: »Die Hingezogenheit der Männer zu den Frauen zeigt sich dennoch, und zwar besonders stark im heterosexuellen Begehren. Es kann nicht ständig abgewehrt werden.«[29] Da Bosse diese strukturell in der männlichen Sexualität eingelagerte feindselige, aggressive Ausrichtung auf (angstauslösende) weibliche Objekte ausblendet, kann er nicht erkennen, daß in männlich hegemonialen Kulturen Frauen deswegen »ängstigen«, *weil* sie Erregungen auslösen und damit die männliche Integrität zu bedrohen scheinen. Da es der Initiation nicht gelingt, die Angst vor den Frauen erfolgreich zu bewältigen, sondern im Gegenteil, durch die hartnäckige Beschwörung der weiblichen Gefahren diese noch verstärkt, kann von einer »Lösung« der Konflikte mit dem Ergebnis einer zukünftigen Pazifizierung des Geschlechterverhältnisses wohl kaum die Rede sein.

Für Werner Knauss, dem zweiten am Sepik-Projekt beteiligten Forscher, ist die Verbindung von männlicher Aggression und sexueller Besitzergreifung eine grundsätzlich »notwendige« kulturelle Leistung in Papua-Neuguinea, also nicht erst ein späteres Zerfallsprodukt kultureller Umbrüche. Auch die Quelle dieser männertypischen Aggressi-

29 Bohle (1990), *Ritualisierte Homosexualität – Kriegsführung – Misogynie*, S. 296.

onsbereitschaft in den traditionellen Strukturen interpretiert Knauss abweichend: »Entwicklungsgeschichtlich nimmt sie ihren Anfang in der abrupten Abstillpraxis. Damit die Mutter geschützt bleibt, wird die gewalttätige Phantasie auf die Gruppe der Frauen verschoben.«[30] Demnach gehört die Feindseligkeit gegenüber Frauen zu den konstitutiven Bedingungen der Initiation. Zentrale Aufgabe des Männerbundes ist die Verschiebung der frühen Ambivalenz und Aggression gegenüber der Mutter auf die Frauen, um die vermeintlich reale oder magische Gewalt, die von der Mutter ausgeht und ausgegangen ist, unter die gemeinsame Kontrolle zu bringen. Knauss' These, die sexuelle Aggressivität der Männer diene der Abgrenzung vom anderen Geschlecht und der dauerhaften Aufrechterhaltung der Geschlechtertrennung und somit der Bestätigung der eigenen Identität als Mann, gilt (wahrscheinlich) allgemeiner für alle männlich hegemonialen Kulturen.[31]

Zur sexuellen Aggressivität gegen Frauen gehört auch, wie bereits kurz angedeutet, die Möglichkeit ihrer (zunächst) desexualisierten Verschiebung auf äußere Feinde. Die Ausgrenzung und Abwertung von Frauen im Schutz einer Männergruppe zählt zu den Bedingungen einer systematischen Erzeugung von Kriegslust und dem Erwerb dafür notwendiger Fertigkeiten. Auch das war bereits integraler Bestandteil der traditionellen Initiation und nicht erst Resultat ihres Verschwindens.[32] Zur »Nährfunktion« der gütigen Mentoren gehörte schließlich auch die Unterweisung in die Kriegskunst (vgl. S. 43). Die kulturelle Produktion hegemonialer Männlichkeit durch die Initiation ist untrennbar mit der Verankerung von Misogynie in den männlichen Habitus verbunden und Misogynie wiederum erleichtert die männliche Kriegsführung. Geblendet vom Glanz der grandiosen Männergruppe ebenso wie von seiner Position als Forscher mit potentiell nachsozialisierenden Men-

---

30 Knauss (1993), *Die rituell angeeignete Sexualität,* S. 154.

31 Am zweiten Teil von Knauss Bemerkung allerdings, männliche Aggression und Besitzergreifung diene *nicht* der »Verdinglichung und Fragmentierung von sexuellen Impulsen« (ebd.), sind Zweifel angebracht. Die gemeinsame Zentrierung von Sexualität und Aggression auf den Penis als Partialobjekt und die Reduktion der (abwesenden und abgewerteten) Frau auf die Vagina sind die Bedingungen für die Entwicklung einer phallisch-narzißtischen und zugleich phallisch-aggressiven männlichen Geschlechtsidentität. – Auf dieses Problem wird im zweiten und dritten Teil noch genauer eingegangen werden.

32 In diesem Zusammenhang bleibt übrigens unklar, ob die abwertende Metapher für den Geschlechtsverkehr mit Frauen »to kill a pig«, also das (mythische) Schwein töten, bloßer Jargon von defizitär sozialisierten Jugendlichen ist, die ihre Sexualität nur als Mischung aus Lust und Todesangst erleben können, oder nicht vielmehr eine generelle Einstellung der Sepik-Männer zu Frauen ausdrückt. Vgl. Bosse, a. a. O., S. 267 und Knauss, a. a. O., S. 153.

torqualitäten übersieht Bosse diese Zusammenhänge. Der Wunsch, den er offenbar teilt, die Jungen zum »Subjekt des Begehrens« zu machen, führt zur Gegenübertragungsbereitschaft, sie als Mann zu Kämpfern zu machen. »Als Kämpfer seid ihr Männer. Die Gewalt in Gestalt von sexuell attackierenden Frauen und militärisch angreifenden Feinden geht von außen aus; als Männer könnt ihr euch dagegen schützen, und wir stehen euch bei« (S. 168).[33]

Das Band, das die Jungen nach Überwindung der mörderischen Rivalitätsaggression an die Männer schweißt, nennt Bosse, in Anlehnung an Jessica Benjamin[34], »identifikatorische Liebe«. Sie ist die elementare Substanz seines Männerbundideals, welche die Subjektwerdung der Jungen in der innigen Bindung zum Mentor ermöglichen soll. Die Basis eines solchen männlichen Liebesbundes ist eine homosexuelle, was sich angesichts der zärtlichen, intimen körperlichen und offen sexuellen Austauschprozesse nicht übersehen läßt. Männliche Homosexualität und ein jeweils kulturspezifischer Umgang mit ihr gehören in nahezu allen bekannten Gesellschaften zu den konstitutiven Merkmalen der Herstellungsprozesse von Männlichkeit. Deshalb fällt es schwer, Bosses Konstruktion einer asexuellen (bündischen) Männerbeziehung, deren Initiationsriten nichts mit »direkter« Sexualität, mit Lust und Befriedigung zu tun haben sollen, nachzuvollziehen. Das Berühren der männlichen Geschlechtsteile (dem »Inbegriff der Männlichkeit des Mannes«), die Penis-Inzision, verschiedene Fellatio-Praktiken usw. versteht er als Ausdruck einer »ganzheitlichen körperlichen Begegnung« (S. 253), die den Kontakt sowohl untereinander als auch zu Fremden herstelle. Die aber dürfe nur als rituelle, also symbolische, nicht aber als »sexuelle« Handlung interpretiert werden.

Diese »ganzheitliche« körperliche Kommunikation als homosexuelle zu bezeichnen, sei Ausdruck eines ethnozentristischen Blicks sogenannter Zivilisierter, deren eigene Ganzheitlichkeit längst der modernen Gesellschaft zum Opfer gefallen sei bzw. sich nie in der geschützten Geborgenheit einer intakten Männergruppe entwickeln konnte. Die Folge ist: »Den Zivilisierten ängstigt die Körperlichkeit von Nähe, Bündnis und Gemeinschaft« (ebd.). Körperliche Berührungen, zumal unter Männern, würden von den Weißen vorschnell, gemäß

33 Bosse hält es zwar für sinnvoll, die männlichen Initiationsrituale *auch* »unter dem Gesichtspunkt zu beobachten, daß Männer hier zukünftige Teilnehmer an der (heute vergangenen) Kriegergesellschaft (...) rekrutieren« (S. 310 f.); falsch sei es aber, das rituelle Männerhandeln auf derartige strategische Zwecke zu reduzieren.

34 Benjamin (1990), *Die Fesseln der Liebe. Psychoanalyse, Feminismus und das Problem der Macht.*

ihrer Vorurteilsstrukturen, mit Homosexualität assoziiert und diffamiert.[35]

Die Ursache dieser Angst liegt nach Bosse zum einen in der allgemeinen Entkörperlichung und Entsinnlichung als Kennzeichen der Moderne und zum zweiten in der Tendenz zur Reduktion von Liebe auf »rein« körperliche Verrichtungen im Sexualakt. Daher würden Körperkontakte und genitale Handlungen zwischen Männern ausschließlich unter den diffamierenden Stichworten »Perversion, Anormalität und Verirrung« (S. 254) gefaßt. Die implizite Logik dieser Argumentation ist merkwürdig: gerade *weil* es (auch) um gemeinsame Genitalität gehe, sei Homosexualität *nicht* im Spiel.[36] Bosse versucht hier, die Beziehungen in der Männergruppe als symbolische *und* körperbezogene zu retten, ohne sich auf das Thema Sexualität einzulassen. »Erst die körperliche Aneignung macht in der Sepik-Gesellschaft aus den ›Fremden‹ – den erwachsenen Männern der Ethnie und den heranwachsenden Jugendlichen – eine männliche Gruppe, schafft eine kollektive Identität als Männer« (S. 255).[37]

Die von Bosse verteidigte Grundidee einer notwendigen psychosozialen Geburt des Mannes im Männerbund läßt deutliche Züge männertümelnder Größenphantasien erkennen, führt man sich noch einmal die einzelnen Schritte und Maßnahmen dieses »Vermännlichungsprozesses« vor Augen: die Abtrennung aus der feindlich gewordenen mütterlichen Welt; die Überwindung des »starken«, zunächst mörderisch

35 Die jugendlichen Sepiks im kulturellen Übergangszustand hätten diese unbewußten Assoziationen mit den entsprechenden sprachlichen Diskriminierungsformen übernommen und erst damit eine Kultur der Scham entwickelt.

36 In Bleibtreu-Ehrenbergs Untersuchung der institutionellen Päderastie bei Papuas und Melanesiern findet sich ein ähnlicher gedanklicher Spagat: Es sei eine »erhärtete Tatsache«, daß es bei der Initiation nicht um »reine« Homosexualität oder Päderastie gehe; diese Bezeichnung sei Ausdruck der typisch westlichen Ablehnung eines »devianten Sexualverhaltens«; es gehe vielmehr um etwas »Positives«, nämlich die rituelle »zweite Zeugung« und die Vermännlichung der Knaben durch ihre Entgiftung (vom Mütterlichen). Positiv deshalb, weil diese Handlungen die generativen Zwecke der Ethnie erfüllten. Und *weil* das im eigenen Selbstverständnis dieser Kulturen eben als »positiv« gelte, sei die Austreibung des Weiblichen durch rein männlichen Körperaustausch auch nicht »antifeministisch«; »rein sexuell gesehen« gehe es weder um die »Diffamierung des Weiblichen« noch um Homosexualität. Vgl. Bleibtreu-Ehrenberg (1980), *Mannbarkeitsriten*, S. 120–129.

37 Wieso es ein Zeichen von Ethnozentrismus sein soll, wenn das Thema Homosexualität bei der Interpretation der Initiation als »Aneignung des Fremden« unter Männern einbezogen wird, ist rätselhaft. Zum »Fremden am Mann« gehören *auch* seinen homosexuellen Anteile, was besonders in den Erlebnisweisen pubertierender Jugendlicher deutlich wird. Bosse vergibt hier eine wichtige Erkenntnischance, gerade auch im Hinblick auf das Verhältnis von latenter und (in der Regel abgewehrter) manifester Homosexualität bei westlichen Jugendlichen innerhalb ihrer Gruppenbeziehungen.

aggressiven Mannes, um von ihm als »Subjekt des Begehrens« anerkannt zu werden; die (angeblich nur) vorübergehende Abwertung der Weiblichkeit und Gewalt gegen die Frauen; die rituelle (oder besser: die durch das Ritual und seine Deutung verschleierte) Homosexualität; und schließlich die Verschmelzung zu einem männlichen Gesamtkörper von phallisch-narzißtischer Grandiosität.

Bosses Hauptgedanke ist, ohne »starke« Männer könne es keine Männlichkeit geben und deren Herstellung sei bei den Sepiks – und als Vorbild auch für unsere Kultur – an die Verschmelzung zu einem »gemeinsamen Körper-Selbst der Männergruppe« (S. 257) gebunden. Nach diesem Modell erzeugen sich Männer »selbst als Mann« (S. 145) und sind in der Lage, »sich ihre eigene Natur selbst zu erschaffen« (S. 147); das setzt voraus, daß die »Novizen« sterben, »damit sie von den Männern neu geboren werden können« (S. 162 f.). Wenn diese Selbstschöpfung gelingt, dann haben sich die Anstrengungen der vereinten Männerwelt, aus Jungen Männer zu machen, gelohnt (vgl. S. 164)[38]

Diese Idee einer kollektiven Wiedergeburt *ohne* Beteiligung von Frauen, ja notwendigerweise *gegen* sie durchzieht Bosses gesamten Ansatz.[39] Wieso eine solche (wahnhafte) Idee Vorbildcharakter für eine generelle, auch für unsere Gesellschaft anzustrebende »Lösung« des »kindlichen Anerkennungsdramas« von Jungen im Rahmen nicht-antagonistischer Geschlechterbeziehungen haben sollte, bleibt rätselhaft. Bosses Modell der Initiation als einer männlichen, von Weiblichkeit befreiten Selbsterschaffung reproduziert und legitimiert die Asymmetrie der bestehenden Geschlechterverhältnisse.

In Anlehnung an Jessica Benjamin läßt sich mit Gewißheit sagen, das eine der wichtigsten Wurzeln männlicher Herrschaft und Unterdrückung in dem Versuch der Leugnung von Abhängigkeit liegt.[40] Da die Initiation im Kampf um männliche Unabhängigkeit und Herrschaft in gewisser Weise auch den Charakter einer gigantischen Leugnungsma-

38 Bosses bereits erwähnte Faszination und seine Bereitschaft zur Partizipation an dieser erhabenen Selbstschöpfung drückt sich auch in einem kleinen Gegenübertragungsbekenntnis aus: »Ohne ihre Worte, ohne ihren Text bin ich nichts (...). Aber zusammen mit ihren Worten bin ich ein großartiger Autor« (S. 141).

39 Böhme und Böhme (1985) weisen in *Das Andere der Vernunft* diese mythologische Vorstellung auch in der bürgerlichen Aufklärungsphilosophie nach. »Der bürgerliche Mann (...) verdankt sich niemandem als sich selbst – oder er ist nicht. Menschen zu zeugen unter Ausschluß des Weiblichen, ist der heimliche Traum der Aufklärungspädagogik« (S. 435). Und: »Daß das Vernunftsubjekt niemandem und nichts sich verdanken will als sich selbst, ist sein Ideal und Wahn zugleich« (S. 19).

40 Vgl. Benjamin (1990), *Die Fesseln der Liebe*, S. 53.

schine hat, ist die Auseinandersetzung aufschlußreich für eine Analyse der kulturellen Herstellungsprozesse von Männlichkeit. Wie das rituell erzeugte Ergebnis dieses Kampfes in den sexuellen Körper der jungen Initianden eingeschrieben wird und mit welchen Anstrengungen diese Einschreibung erfolgt, um die Sicherung der männlichen Herrschaft durch Austreibung und Denunziation des Weiblichen zu erreichen, soll exemplarisch an Godeliers aufschlußreicher Untersuchung über die *Baruya* weiterverfolgt und vertieft werden.

Zwei Reaktionen werden aus diesem Zusammentreffen hervorgehen, die sich fixieren können und dann jede einzeln oder beide vereint oder zusammen mit anderen Momenten sein Verhältnis zum Weib dauernd bestimmen werden: Abscheu vor dem verstümmelten Geschöpf oder triumphierende Geringschätzung desselben.

Sigmund Freud, Einige Folgen des anatomischen Geschlechtsunterschieds

Die virile Selbsterzeugung des herrschenden Geschlechts

Die Reproduktion der männlichen Überlegenheit und Herrschaft

Die Baruya leben im schwer zugänglichen Hochgebirge Papua-Neuguineas, hatten 1951 erstmals direkten Kontakt mit Weißen und fielen 1960 unter die Kontrolle der australischen Kolonialverwaltung. Von Maurice Godelier, dessen 1967 begonnene langjährige Feldforschung bei den Baruya in der Untersuchung *Die Produktion der großen Männer* dokumentiert ist, erfahren wir, daß die fünfzehn Clans des gesamten Stammes sich (1979) auf siebzehn verstreute Dörfer und Weiler verteilten.[1] Die wichtigsten wirtschaftlichen Tätigkeiten der Baruya waren (und sind) Ackerbau, Schweinezucht und Salzgewinnung, deren besondere Bedeutung aus der Zeit stammt, in der die mühsam gewonnenen Salzbarren das wichtigste Tauschmittel waren. Die Jagd und das Sammeln haben eine gewisse wirtschaftliche, in erster Linie aber eine wichtige zeremonielle Bedeutung für die Baruya-Männer. Alle materiellen Tätigkeiten – dazu zählt außerdem noch die Herstellung von Werkzeugen, Kleidung, Schmuck, Häusern usw. – vollziehen sich nach Godelier »im Rahmen einer gesellschaftlichen Arbeitsteilung, die ganz genau festlegt, was jeder gemäß seinem Geschlecht und Alter tun kann und muß« (S. 22). Die Baruya gelten als eine ausgesprochen militante Ethnie, »deren häufige Überfälle Angst und Schrecken verbreiteten« (S. 19). Gemeinsam mit anderen Stämmen aus der gleichen Region standen (bzw. stehen) sie in dem Ruf, in einem dauernden Kriegszustand zu leben.

Bei den bis 1960 sich selbst regierenden Baruya handelt(e) es sich um eine Gesellschaft, die weder Klassen noch eine zentrale staatliche Macht (Häuptling) kannten, ein Umstand, der jedoch nicht bedeutet, daß es keine sozialen Ungleichheiten gegeben hat. »Ein Teil der Gesellschaft, die Männer, lenkte den anderen, die Frauen; sie regierten die Gesellschaft zwar nicht ohne die Frauen, aber gegen sie« (S. 10). Die Ungleichheit unter den Geschlechtern, die Unterordnung, Unterdrückung und Ausbeutung der Frauen kennzeichnet die *eine*, und zwar die *grund-*

1 Godelier (1987), *Die Produktion der großen Männer. Macht und männliche Vorherrschaft bei den Baruya in Neuguinea.*

legende Seite der gesellschaftlichen Hierarchie der Baruya. Die Frauen sind von allen materiellen Produktionsmitteln ausgeschlossen: vom Eigentum an Boden, der Herstellung und Kontrolle der Werkzeuge, von der Salzproduktion sowie vom Eigentum und der Benutzung der Destruktionsmittel, der Waffen. Jagd und Krieg sind nach wie vor Monopol der Männer. Der Ausschluß der Frauen erstreckt sich (weitgehend) auch auf die Ausübung und Kontrolle der magischen Praktiken des Stammes.

Hinzu kommt die Unterordnung der Frauen bei der Regelung der Verwandtschaftsbeziehungen und der Einhaltung der Heiratsgesetze. Die Praxis des *direkten Frauentauschs* hat weitreichende Konsequenzen, und zwar sowohl für den gesellschaftlichen Gesamtzusammenhang als auch für den Status, den Wert der Frauen und, damit einhergehend, für die bewußte und unbewußte Einstellung der Männer zu ihnen.

In anderen Gesellschaften (nicht nur) Neuguineas, in denen Frauen gegen Waren oder Geld getauscht werden, in denen ein Brautpreis gezahlt wird, hängen Produktion und Eigentum materieller Reichtümer unmittelbar mit der Reproduktion der Verwandtschaftsbeziehungen zusammen. »Hier besteht die Möglichkeit, Güter zu akkumulieren, um Frauen zu akkumulieren, oder umgekehrt Frauen zu akkumulieren, um Güter zu akkumulieren« (S. 49). Dies sei, so Godelier, eine der wesentlichen Voraussetzungen für die Entstehung der Macht eines *Big man,* ja die ökonomische Basis für die Ausbildung politischer Herrschaft überhaupt. Bei den Baruya dagegen werden die Verwandtschaftsbeziehungen und die Gruppenallianzen und damit generell alle gesellschaftlichen Aspekte der Reproduktion des Lebens von einem *matrimonialen Tauschprinzip* beherrscht. Dieses Prinzip besagt, daß »einzig eine Frau eine Frau aufwiegt und daß man sie nicht gegen Schweine oder andere Formen materiellen Reichtums tauschen kann« (S. 11 f.). – Außer dieser gesellschaftlichen Reproduktionsfunktion dient der Tausch von Frauen auch der Herstellung und Aufrechterhaltung der sozialen und politischen Balance zwischen den einzelnen Gruppen und Clans des eigenen Stammes sowie gleichzeitig gegenüber anderen Stämmen. Beim Frauentausch der Baruya also, als einem komplizierten Prozeß wechselseitiger *Gaben* und *Gegengaben* geht es, so Godelier, nicht um die Anhäufung und Einlösung von Schulden, sondern um den Versuch, soziales Gleichgewicht nach innen und nach außen herzustellen. Frauen*geber* sind nach dieser Logik der *Gaben* und *Gegengaben* den *Nehmern* zunächst überlegen. Das Gleichgewicht ist nur dann wieder herzustellen, »wenn die Nehmer ihrerseits zu den Gebern ihrer Geber werden« (S. 47). Dieses Prinzip und die Mechanismen seiner

Realisierung setzen die Unterordnung und Entwertung der Frauen voraus, eine Unterordnung, die durch jeden Tauschakt, inklusive seine kriegerischen Varianten (Frauenraub und Zwangverheiratung von weiblichen Gefangenen), aufs Neue besiegelt wird.

Dieses Tauschprinzip entwickelt und bestätigt ein Grundmuster männlicher Beziehungen. Männer verkehren miteinander auf der Basis der realen Abwesenheit und Abwertung der Frauen während der Initiation, bei der »rituellen« Homosexualität, der Jagd und im Krieg und schließlich auch direkt und indirekt über die Transferierung von Frauen im Rahmen (äquivalenter) Tauschverhältnisse. Frauen werden so zu vermittelnden Objekten von Männerbeziehungen: als Tauschmittel, Gabe, Gegengabe und als Beute. Die Frauen sind gleichwertig, aber nur untereinander, niemals gegenüber den Männern. Die Äquivalenz der Frauen bedeutet prinzipiell, »daß jedes junge Mädchen (...) gegen jedes andere ausgetauscht werden kann. Sie setzt voraus, daß man von den besonderen Merkmalen der einzelnen Frau abstrahiert und sie als abstraktes Tauschmittel betrachtet« (S. 51).[2]

Die Gesellschaftsordnung der Baruya beruht also grundsätzlich auf der »Institution der Gleichheit aller Männer untereinander gegenüber den Frauen« (S. 10). Die Unterordnung der Frauen unter die homogen erscheinende Welt der Männer markiert aber nur die eine Seite der gesellschaftlichen Hierarchie. Die andere Seite drückt sich durch die internen Statusunterschiede *innerhalb* dieser Welt prinzipiell gleicher Männer aus. »Dieselben Mechanismen, die diese Gleichheit begründen, zielen gleichzeitig darauf ab, Männer hervorzubringen, die sich von den anderen unterscheiden und sich über sie erheben« (ebd.). Gemeint sind die »Großen Männer« der Baruya mit ihren unterschiedlichen Funktionen als Krieger, Schamanen, Kasuarjäger und als Salzhersteller.

Daneben, oder vielmehr darüber, stehen die »*kwaimatnié*-Männer«, denen eine besondere soziale Bedeutung zukommt, allerdings ohne Anspruch auf materiellen Reichtum oder politische Macht. Die *kwaimatnié*-Männer und die magischen Gegenstände, auf denen ihre Kraft und ihr Prestige beruhen, haben unterschiedliche Funktionen: Sie sind die Mittler zwischen der Sonne, dem Mond und den Männern; sie

2 Läßt sich hierin die spezifische kulturelle Ausgestaltung eines zentralen Konstitutionselements von Männlichkeit allgemein erkennen, nämlich die bereits erwähnte und noch genauer zu untersuchende Tendenz einer *Depersonalisierung* der Frau? Die Logik männlicher Feindbildung und Kriegsführung beruht (auch) auf dieser Technik gestörter Wahrnehmung. Vgl. zum Verhältnis von Frauenraub, Frauentausch und der Herausbildung des Mannes als Krieger: Meillassoux (1976), *»Die wilden Früchte der Frau«. Über häusliche Produktion und kapitalistische Wirtschaft*, bes. S. 35–45, S. 56–64 und S. 77–95.

sorgen für die Trennung der Knaben von der weiblichen Welt und besiegeln die Einschreibungsprozesse der verschiedenen Initiationsstufen in die Körper der Initianden; sie erfüllen magische Aufgaben vor dem Aufbruch der Männer in den Krieg und bei ihrer Rückkehr usw. Die *kwaimatnié* selbst sind heilige Gegenstände, mit denen Männer die Verbindung zu den Göttern und ihren toten Vorfahren herstellen können. Für die Männer und die Clans, in deren Besitz sich die *kwaimatnié* befinden, bedeutet das, daß sie die »Hüter und Garanten der Gesellschaftsordnung sowie der kosmischen Ordnung sind, daß auf ihnen ein Teil der Reproduktion dieser beiden Ordnungen gründet« (S. 134). Schon hier wird die herausragende Rolle dieser Männer für die Reproduktion der Unterordnung der Frauen und zur Sicherung der Überlegenheit der Männer deutlich. »Denn die *kwaimatnié*-Männer sind zunächst und vor allem die Hüter und Garanten der allgemeinen Herrschaft der Männer über die Frauen. Sie sind es, die sie gesellschaftlich, rituell einsetzen und ideologisch legitimieren« (S. 135).

Der Krieg, die Jagd und die übrigen zeremoniellen Verrichtungen bieten im eigenen Selbstverständnis der Baruya-Männer die Gelegenheit, ihre ständig bedrohte Männlichkeit unter Beweis zu stellen und erneut zu festigen. Der zentrale Ort aber, an dem die Männlichkeit mit all ihren Merkmalen von Überlegenheit hergestellt und ideell abgesichert werden soll, ist die *Initiation.* Daher kreisen die drei Achsen der Untersuchung Godeliers – »die Maschinerie der männlichen Herrschaft, die Produktion der Großen Männer, die ideologische Rechtfertigung dieser Gesellschaftsordnung« (S. 13) – um die Initiation als Zentrum der gesamten Baruya-Kultur.[3]

Die Initiation der Baruya etabliert nicht nur die (vor-)herrschende Logik männlichen Denkens in den Köpfen der Initianden, sondern schreibt, wie wir noch genauer sehen werden, die Bedingungen der objektiven Herrschaftsstruktur in ihre Körper ein. In diesem Sinne bedeutet die Initiation zunächst eine »Einverleibung der Jungen in

3 Die weibliche Initiation der Baruya stellt (nur) eine Ergänzung zur männlichen dar und wird mit wesentlich geringerem Aufwand – ohne sozial arrangierte Brüche, ohne rituelle Wiedergeburtsinszenierungen und -phantasien – durchgeführt. Zur Vorbereitung auf ihre zukünftige Rolle als Frauen müssen die Mädchen vor allem die Bereitschaft zur Unterwerfung unter die Herrschaft der Männer internalisieren (S. 66–80). Das aber gelingt nicht (immer) vollständig. Godelier weist auf die Praxis versteckter und offener Verweigerungen der Frauen hin, die auf ein Widerstandspotential schließen lassen (vgl. S. 192–218). Jeder Ansatz rebellischen Verhaltens wiederum löst heftige Ängste und Aggressionen bei den Männern aus (vgl. S. 77). Vgl. zur weiblichen Initiation der Baruya: Becker-Schmidt (1992), *Verdrängung, Rationalisierung, Ideologie,* S. 99–103.

Männerbünde«.[4] Im Mittelpunkt der Initiations-Zeremonien steht das *Männerhaus*, das als virtueller Gesamtkörper des Stammes die Verbindung aller Männer symbolisiert.[5] Die Initiation sichert als zentrale Sozialisationsinstanz die Basis zur Aufrechterhaltung beider Hierarchien der Baruya-Gesellschaft: sie sorgt für die Produktion der *Großen Männer* und die Reproduktion der *Herrschaft aller Männer über alle Frauen.*

Auch bei den Baruya stehen die strikte Ausgrenzung der Frauen, die rigorose Entwertung ihrer Weiblichkeit und der durch mythische und ideologische Legitimationen begleitete Versuch einer virilen Selbsterzeugung *ohne* und *gegen* sie im Zentrum der Initiation. Godeliers Arbeit über die Baruya macht überzeugend deutlich: Die Entwertung der Frauen und die ihnen gegenüber kollektiv organisierten Feindseligkeiten sind keine temporären Erscheinungen, die sich nur auf die Initiationsphasen erstrecken, um eine anschließende Rückkehr zu den Frauen (Gattinnen) in wechselseitiger Anerkennung zu ermöglichen, wie etwa Bosse behauptet. Das Ziel der Initiation besteht vielmehr darin, die Abwertung der Frauen und das Bewußtsein männlicher Überlegenheit dauerhaft in den männlichen Körpern und den Strukturen ihres Denkens zu verankern.

Um das zu erreichen, werden die Jungen mit ca. neun Jahren aus der weiblichen Welt abrupt gerissen, womit die erste der insgesamt sich über mehr als zehn Jahre erstreckenden Initiationsphasen eingeleitet wird. Selbst nach der Heirat gilt die Initiation als noch nicht endgültig abgeschlossen. Der weibliche Einflusses soll nicht einfach nur ausgelöscht, sondern durch eine männliche Struktur ersetzt werden. Die Substanz der künstlich inszenierten Androgenese besteht in dem Versuch der Baruya-Männer, die als grundlegend empfundenen weiblichen Qualitäten nicht nur symbolisch, sondern auch »real« zu übernehmen. Ziel ist die Verwandlung der wichtigsten weiblichen Funktionen in (scheinbar) genuin männliche. Das drückt sich in einer Reihe von Initiationsritualen und den sie begleitenden mythischen Männerphantasien aus.

Als feierlichen Höhepunkt der Zeremonien beschreibt Godelier, wie ein echter *Baruya* (ein Vertreter jenes Clans, von dem der gesamte

---

4 Becker-Schmidt, a. a. O., S. 88.

5 Das Zeremonienhaus transzendiert als Ort der Gemeinschaft der Männer *aller* Dörfer, Clans und Sippen die kulturellen Unterschiede. »In diesem Sinne ist es wirklich, wie die Baruya sagen, der (symbolische) ›Körper‹ ihres Stammes, die Materialisierung ihrer Einheit gegen die Feinde und ihrer Solidarität gegen die Frauen« (Godelier, a. a. O., S. 58).

Stamm ursprünglich seinen Namen erhalten hat) abseits von den Frauen auf dem Gipfel eines Berges »den Initianden die Symbole männlicher Herrschaft auf den Kopf legt, nämlich einen Rakenvogelschnabel auf einem Binsenring, der in zwei spitzen Schweinshauern endet, die man den Initianden in die Stirn drückt« (S. 59). Im Selbstverständnis der Baruya symbolisiert der Vogelschnabel den *Penis* und der gezahnte Ring die *Vagina* der Frau. Der gesamte Kopfschmuck drückt die *Geschlechtsreife* des (inzwischen ca. fünfzehnjährigen) jungen Mannes und gleichzeitig seinen zukünftigen Status als *Krieger* aus.[6] Bei dieser Gelegenheit wird den Initianden ihr neuer Name enthüllt, der immer eine geheime, den Frauen unbekannte Bezeichnung der Vagina ist. Die Insignien phallischer Größe und (zukünftiger) männlicher Macht erhalten ihre Kraft nicht nur durch die Isolation von den Frauen und die Ausgrenzung aller weiblichen Elemente, sondern gleichzeitig durch die symbolische Vereinnahmung des wichtigsten unter ihnen: der potentiell todbringenden *und* lebenspendenden Vagina.

Zu diesem Höhepunkt der inszenierten »Vermännlichung« gehört eine *Vor-* und eine *Nachgeschichte,* was ihre Bedeutung noch unterstreicht. Zur *Vorgeschichte* gehört neben dem schrittweisen Ablegen der weiblichen Kleidung und der alten, aus der weiblichen Welt stammenden Namen eine rituelle Wiederholung des Geburtsvorgangs: Die Jungen müssen durch den Spalt eines riesigen Felsens kriechen, der einen weiblichen Namen trägt und ebenfalls ein bekanntes Symbol für die Vagina darstellt (vgl. S. 121 u. S. 102). Zur Komplettierung des gesamten szenischen Arrangements, in dem sich die wichtigsten Elemente sowohl des sexuellen als auch des Herrschaftsdiskurses der Baruya symbolisch verdichten, gehört die Sequenz, die der rituellen Inthronisierung der Männlichkeit direkt vorausgeht. Bevor die Initianden ihre magische Kopfbedeckung erhalten, steckt ein älterer, ehemaliger Krieger (nur) den gebogenen Rakenvogelschnabel zwischen ihre Beine und richtet dessen (scharfe) Spitze auf den Bauch der Jungen. »In diesem Augenblick enthüllt man ihnen, daß dieser Schnabel das Bild des männlichen Penis ist, der die gezahnte Vagina der Frau überragt« (S. 123). – Es geht also nicht nur um die bloße Vereinigung männlicher mit weiblichen Machtsymbolen, sondern immer wieder um die machtvolle Demonstration der Überlegenheit des männlichen Geschlechts.

6 Die Jungen müssen den Schmerz der in die Stirn gedrückten Schweinezähne eine ganze Nacht lang ertragen, ehe ihnen das sexualanatomische Geheimnis ihres Kopfschmucks eröffnet wird. Das weibliche Genital und seine Macht kann erst dann (symbolisch) inkorporiert werden, wenn die Gefahren, die für die Männlichkeit von ihm ausgehen, durch harte Prüfungen heroisch überwunden werden.

Nachher, also nach diesem Höhepunkt aller Rituale, werden die Initianden zum ersten Mal männlich eingekleidet und dürfen mit all ihren Insignien der Männlichkeit den Berg herabsteigen und sich in dieser ganzen Pracht von den Frauen und Kindern bewundern lassen. – Das ist die Stunde des Abschlusses der »sozialen« (Wieder-)Geburt als Mann. Derart ausgerüstet und ausstaffiert ist dieser (neue) Mann nicht nur ein potentieller Krieger, sondern auch reif und stark genug für die Wiederannährung an die weibliche Welt. Jetzt wird damit begonnen, ihm eine zukünftige Frau zu suchen, auch wenn bis zur Heirat und den ersten sexuellen Kontakten noch Jahre vergehen werden.

Über den gesamten Initiationsverlauf lassen sich also mehrere Ebenen widersprüchlicher (realer und symbolischer) Bezugnahmen auf Frauen und auf weibliche Fähigkeiten erkennen, deren Integration in den Herstellungsprozeß von Männlichkeit die Überlegenheit der Männer und ihren Herrschaftsanspruch begründet: die Ausschließung und Abwertung der Frauen bei gleichzeitiger Anerkennung der männlichen Herkunft aus der weiblichen Welt; der Versuch, diese Spuren zu tilgen und weibliche Anteile durch die Vereinigung männlicher mit weiblichen Potenzen zu leugnen, gleichsam zu skotomisieren und schließlich die Gestaltung einer zweiten, »rein« männlichen Geburt ohne Beteiligung von Frauen.

An allen Initiationsphasen, besonders aber an den zeremoniellen Übergangspunkten, die jeweils eine Statusaufbesserung der Jungen in Richtung Männlichkeit ermöglichen sollen, sind die »*kwaimatnié*« und die Männer, die über sie verfügen, wesentlich beteiligt. Hier wird klarer, worin die besondere magische Bedeutung liegt. Denn ein *kwaimatnié* ist ein heiliger Gegenstand, der die Entwicklung zur Männlichkeit beschleunigt, »der die Haut der Knaben wachsen läßt, ihre Körper länger macht und sie in Männer verwandelt« (S. 119). Aber nur die Meister der *kwaimatnié* der Sonne, des kosmischen Urvaters aller Baruya, haben das Recht, den Männlichkeitsbeweis (den Rakenschnabel mit Binsenring) zu verleihen. Ähnlich wie dieser Kopfschmuck symbolisieren die *kwaimatnié* die Vereinigung männlicher und weiblicher Anteile, aber mit umgekehrter Priorität; »*alle* kwaimatnié *existieren und funktionieren paarweise: der eine ist männlich, der andere weiblich, und der mächtigere von beiden ist immer der weibliche* kwaimatnié« (S. 135).

Wie läßt sich nun diese Zuschreibung mit dem absoluten Überlegenheitsanspruch der Männer vereinbaren? Die Lösung geben die Baruya selbst, denn es geht ihnen ja offensichtlich nicht nur um die Leugnung, Abspaltung und Verdrängung des Weiblichen, sondern gleichzeitig auch um die Anreicherung und Verstärkung der Kraft des Männlichen durch Übernahme gerade derjenigen weiblichen Funktionen, die als überlegen angesehen werden.

> »In den *kwaimatnié* ist also die ganze soziale und kosmische Kraft verborgen und aufbewahrt, alle Macht der Männer, die aus der Verschmelzung, der Synthese des Männlichen und des Weiblichen besteht. Aber diese Synthese existiert, diese Macht wirkt erst dann, wenn das Weibliche den Frauen entrissen und dem Männlichen, der Macht der Männer hinzugefügt und mit ihr verbunden, vermännlicht worden ist. Die Lektion ist stets die gleiche: das Männliche (die Männer) muß, um herrschen zu können, die Kraft des Weiblichen enthalten, und um sie enthalten zu können, muß es sich ihrer zunächst bemächtigen, sie den Frauen wegnehmen, die ihre ersten, ursprünglichen Träger sind. (...) Die Botschaft ist also klar: es genügt nicht, daß die Männer sie selbst sind, um zu herrschen, die Macht der Frauen muß ein Attribut ihrer eigenen Macht werden, ein männliches Attribut« (S. 135).[7]

Die wichtigsten Funktionen, die den Frauen genommen werden sollen, sind das Gebären, das Stillen und die frühkindlichen Pflegeleistungen. Die allgemeine (symbolische) Entwertung der Frauen – die ihrer realen Erniedrigung und Unterdrückung entspricht – findet ihre Zuspitzung in der männlichen Übernahme ihrer regenerativen Bedeutung. Die Vereinigung der den Frauen entrissenen mit den eigenen männlichen Fähigkeiten macht für Godelier das Geheimnis, die *Formel der Herrschaft* der Baruya aus. Damit ist die Grundlage der Idee einer *virilen Selbstschöpfung* und ihrer rituellen Inszenierung als Akt einer (kollektiven) Wiedergeburt geschaffen.

---

7 Die (männlichen) Schamanen der Baruya illustrieren diese Symbolik des doppelten Ursprungs männlicher Herrschaft: »Die Überlegenheit der Schamanenmänner erwächst aus der Formel der männlichen Herrschaft selbst, aus der Verbindung, welche die Männer mit ihren eigenen Kräften und denen der Frauen, die sie sich aneignen, herstellen. Dank dieser Aneignung der weiblichen Macht können sich die Schamanenmänner als Schamanen ohne die Schamanenfrauen reproduzieren, während die Schamanenfrauen sich nicht ohne die Schamanenmänner reproduzieren können. Die ideologische Grundstruktur, der tiefe Wunsch der Baruya-Männer kommen hier voll zum Ausdruck« (S. 173). – Erst diese Vereinigungsmacht (und das heilige Wissen über die geschlechtsbezogenen Ursprungsmythen) ermöglicht den Schamanen die Erfüllung ihrer kulturellen Aufgaben: Kampf gegen Krankheiten und Tod, magische Vorbereitung von Kriegsexpeditionen, geistiger Krieg gegen Feinde und Korrektur kosmischer Unordnungen, etwa bei Mond- oder Sonnenfinsternis; »man schreibt ihnen die Macht zu, die Sonne wieder anzuzünden und den Mond auferstehen zu lassen« (S. 158).

Auch an diesem Prozeß ist ein *kwaimatnié* als magisches Hilfsmittel beteiligt. Er ist also nicht nur ein Gegenstand, der die männlichen Körper »wachsen« lassen kann, sondern darüber hinaus *das* übernatürliche Mittel des Stammes, »um außerhalb des Bauchs der Frauen Männer hervorzubringen. Er ist Träger der zeugenden Kraft der Männer untereinander, die aufeinander einwirken und, ohne Ende, eine neue Generation nach der anderen entstehen lassen« (S. 119) – dieser *kwaimatnié* ist ein universelles Mittel zur Selbstzeugung des Mannes.[8]

Das Geheimnis der Baruya-Männer über den doppelten Ursprung ihrer Omnipotenz und Größe – die Vereinigung von Männlichem und Weiblichem – liegt nicht nur der »Formel« ihrer Herrschaft über die Frauen zugrunde. Gleichzeitig »lösen« sie damit auf eine spezifische Weise das Rätsel der Geschlechterdifferenz und die für die Selbsterzeugung eines unabhängigen, virilen Geschlechts offenbar zentrale Frage nach seiner kulturellen Bedeutung. Erst durch die symbolische (und körperliche) Aneignung des Weiblichen *und* der realen Entwertung der Frauen ist diese virile Selbstschöpfung möglich geworden.[9]

8 Gibt es in unserer Gesellschaft verwandte Formen solcher *kwaimatnié*, also »heilige« Gegenstände mit ähnlichen magischen Qualitäten, die eine (aus männlicher Sicht erwünschte) Ordnung der Geschlechter herstellen bzw. absichern können? Die jahrhundertelangen Säkularisierungsprozesse haben solche »Gegenstände« – wenn es sie überhaupt einmal gegeben hat – aussterben lassen oder überflüssig gemacht. Rudimentäre Formen lassen sich vielleicht noch in Kirche und Militär auffinden. Es gibt aber einen exquisit männlichen Bereich, der »Gegenstände« benützt, die zumindest Teilfunktionen eines *kwaimatnié* erfüllen: der *Fetischismus* und sein Objekt, das nach Freuds Definition ein symbolischer »Ersatz für den Phallus des Weibes (der Mutter)« ist. Freud (1927b), *Fetischismus*, S. 312. Auch hier geht es um die Anerkennung bzw. Leugnung der an der Anatomie festgemachten Geschlechterdifferenz, um die »Depersonalisierung« der Frauen, sowie um die Aufrichtung einer pseudostabilen männlich-phallischen Omnipotenz. Ob nun die direkt sexuelle (genital verdinglichte) Komponente oder ihre entsexualisierte (destruktive) Variante (etwa beim Waffenfetischisten) im Vordergrund steht, hängt von den jeweiligen Mischungsverhältnissen von Sexualität und Aggression ab, die ihre Bindung an die ambivalenten, mit Haß und Abscheu aufgeladenen Weiblichkeitsrepräsentanzen unschwer erkennen lassen.

9 Dieser Prozeß läßt Parallelen auch zu westlichen Gesellschaften erkennen: Die Produktion und Legitimation geschlechtlicher Hierarchien setzt die Definition des »Anderen« und damit die Anerkennung der Differenz voraus. Erst die Leugnung der Differenz durch Hereinnahme und Kontrolle des (ansonsten unkontrollierbaren) fremden »Anderen« (weiblich) macht die (Selbst-)Erzeugung des eigenen Herrschaftsanspruches und die reale Ausgrenzung des »Anderen« (bis hin zur Auslöschung) möglich. Dieser Prozeß kann niemals vollständig gelingen. Auch die Logik des bei uns vorherrschenden männlichen Denkens ist nicht frei von dieser definitorischen Setzung, die immer Hierarchien produziert, aber aporetisch bleibt. Die Spannungen zwischen den Geschlechtern lassen sich gerade wegen dieser »Setzungen« nicht entschärfen. Verweigerungen und Ansätze zur Selbstorganisation von Frauen verhindern endgültig eine reibungslose Durchsetzung dieses Männlichkeitsmodells und bilden

»Die Mann-Frau-Beziehungen beschränken sich also nicht auf den einfachen und starren Gegensatz zwischen einem positiven und einem negativen Geschlecht« (S. 97). Im Denken der Baruya-Männer geht es um mehr als um den Antagonismus zwischen einer überlegenen (männlichen) Lebenskraft und einer tödlichen (weiblichen) Gefahr, die vom herrschenden Geschlecht unter Kontrolle gebracht werden muß. Männliche Herrschaft legitimiert sich bei den Baruya erst durch die implizite Anerkennung der Kräfte des weiblichen Geschlechts. Die Verunglimpfung und Entwertung der Frauen ist eine Gegenreaktion, die dem Wunsch nach überhöhender Anreicherung des eigenen Selbst folgt. Einmal den eigenen Kräften hinzugefügt und anschließend modelliert, können Männer nun die ›geraubten‹ weiblichen Fähigkeiten – im doppelten Sinn: mit *vereinten Kräften* – als neue, zusätzliche Unterwerfungsmittel gegen die Frauen wenden. Unter kulturvergleichendem Gesichtspunkt betont Godelier besonders den gewaltförmigen Charakter dieser Transformation: »Sich die Macht eines anderen aneignen und gegen ihn kehren, um ihn besser knechten zu können – das nennt man in unserer Kultur einen Akt der Gewalt begehen« (ebd.).

Die Errichtung dieses Typs von Herrschaft basiert somit auf roher Gewalt, und zwar in doppelter Hinsicht. Gewalt steht 1. an ihrem Ursprung und es muß 2. immer wieder auf sie zurückgegriffen werden, um Herrschaft durchzusetzen, zu erhalten und zu erneuern. Parallel dazu ist es notwendig – und das gilt für alle Kulturen mit männlicher Überlegenheit und Herrschaft – den Anspruch auf Herrschaft *ideologisch zu legitimieren.* Wegen der inhärenten Widersprüchlichkeit (Anerkennung *und* Leugnung der Differenz und damit auch der »Macht« des anderen Geschlechts) erfordert das einen erheblichen praktischen und ideologischen Aufwand. Aber, und das soll im nächsten Abschnitt gezeigt werden, selbst die aufwendigste Ideologieproduktion kann diese Aporien nicht vollständig auflösen.

Mythen der Männer – Gewalt gegen Frauen

Die wichtigsten Mythen der Baruya behandeln den Ursprung der Geschlechter und der Geschlechterdifferenz, die damit zusammenhän-

deshalb eine der Quellen für die panische Angst vieler Männer vor dem Feminismus. Für uns (und für die Baruya) gilt, daß die von Männern phantasierte und inszenierte Unterordnung der Frauen weder empirisch vollständig gelingen kann, noch prinzipiell überhaupt möglich ist, »sondern im Gegenteil einen Zustand von Konkurenz und Kampf zwischen den Geschlechtern aufrechterhält«. Godelier, a. a. O., S. 86.

gende Herkunft kultischer und profaner Gegenstände und schließlich die genealogische Basis der kosmischen Ordnung. Immer wieder geht es um die Bestätigung der Formel von der doppelten Herrschaft der Männer und die Rolle, die Gewalt bei ihrer Durchsetzung spielt. Die Kosmologie spiegelt die eine Seite der Formel wider, die Überlegenheit des Mannes gegenüber der Frau, in der Geschichte von der *Sonne,* dem (Ur-)Vater aller Männer, der Licht, Wärme und Stärke bringt, und dem *Mond,* der Finsternis, Kälte und Schwäche repräsentiert. Ursprünglich waren Sonne, Mond und Erde vereint. Erst als sich die Sonne und der Mond von der Erde getrennt hatten und sich die Sonne wiederum über den Mond erhob, entstand aus einem undifferenzierten Zustand, in dem alle Lebewesen zusammen mit den Gesteinen eine graue und trostlose Erde bewohnten, die bis heute gültige Ordnung (Kultur). Die Bedingung dafür war, daß der Mond im Auftrag der Sonne (ein anderer Mythos spricht direkt von der Sonne) die »zugemauerten« Geschlechtsteile der Menschen (und auch der Tiere) durchbohrte und ihnen so erst die Kopulation und die Vereinigung ermöglichte (S. 99).

Die andere Seite der Formel wird in zwei Mythenversionen über das Geschlecht des Mondes ausgedrückt. In der ersten Fassung ist der Mond männlich (ein junger Bruder der Sonne), in der anderen hingegen weiblich (die Gattin der Sonne). Beide Versionen »bringen das Prinzip der männlichen Herrschaft zum Ausdruck, jedoch auf verschiedenen Stufen« (S. 101). In der ersten Version ist der Einfluß des Weiblichen vollständig eliminiert. Es existiert nur eine hierarchische Ordnung unter Männern, die es erlaubt, sich selbst hervorzubringen, wenn auch auf dem (notwendigen) Umweg über die Beherrschung der weiblichen Menstruation, dem Zeichen der Fruchtbarkeit. Die zweite Version, die des übernatürlichen (Ehe-)Paares von Sonne und Mond »zeigt sich als das Paradigma der Beziehungen der Komplementarität und Unterordnung, die die Baruya zwischen Männern und Frauen herrschen sehen möchten, nachdem die Existenz unterschiedlicher und einander ergänzender Kräfte in beiden Geschlechtern anerkannt ist« (S. 100).

Für Godelier zeigt das einen (sich nicht ausschließenden) Widerspruch in den gesellschaftlichen Regelungen der Geschlechterverhältnisse. Die Gegensätze sind in Wirklichkeit nur zwei konvergierende Wege, um zum gleichen Resultat zu gelangen: zur Anerkennung wichtiger weiblicher Fähigkeiten bei gleichzeitiger Bagatellisierung und Leugnung nach deren Übernahme und der anschließenden Zurückführung auf einen rein männlichen Ursprung.

Einige Mythen der Baruya gehen noch weiter zurück und bringen einen weiblichen Ursprung *vor* der Existenz der Männer und eine entsprechende Überlegenheit der Frauen zum Ausdruck. Auch das soll die Notwendigkeit ihrer Unterdrückung und die anschließende Überlegenheit des Mannes dokumentieren. Nach dieser Schöpfungsmythologie verfügten die Frauen als zunächst einzige menschliche Wesen bereits über materielle Grundlagen der Kultur. Die Männer waren dagegen nichts weiter als Kaulquappen, die erst nach ihrer Entdeckung durch die Frauen und nachdem diese Bögen, Pfeile und Kleider in Miniaturgröße ans Ufer gelegt hatten und die Männer sich dieser Gegenstände bemächtigten, in ihre jetzige Gestalt verwandelt wurden.

Weitere Mythen der Baruya bestätigen diese Anerkennung einer ursprünglichen weiblichen Kreativität und Überlegenheit, und zwar auf den Gebieten, die später, einmal dem Einfluß der Frauen entrissen, zu scheinbar genuin männlichen wurden: der Initiation und der Jagd. Die bei der Initiation benutzten und für die Frauen streng tabuisierten *Schwirrhölzer* und *Flöten* waren ursprünglich ebenso in weiblichen Händen wie *Pfeil* und *Bogen.* Erst die Monopolisierung durch die Männer erlaubte es, sich selbst und zukünftige Generationen von Männern als *große Krieger* hervorzubringen. Die von den Frauen erfundenen Flöten standen als Fruchtbarkeitssymbol ursprünglich in Verbindung mit der Menstruation. Nachdem ein Mann das strenge Menstruationstabu durchbrochen und eine Flöte geraubt hatte, konnten die Frauen nur noch gräßliche Töne auf den Flöten hervorbringen, um schließlich ganz auf ihren Gebrauch zu verzichten. Erst jetzt konnten die Männer allein über die Flöten verfügen und sie in eines der Mittel verwandeln, die aus Knaben Männer machen. Die Macht, die den Frauen geraubt wurde, entspringt der Macht ihrer Vagina. Die Flöte repräsentierte früher (und insgeheim auch heute noch, wenn auch entschärft) zweierlei: die Macht der Frauen, Kinder zu gebären und wachsen zu lassen und gleichzeitig das weibliche Geschlechtsorgan mit den von ihm ausgehenden tödlichen Gefahren. »Die Flöte ist die schöpferische und zeugende Macht der Frauen, die endlich ganz und gar positiv geworden ist, und zwar dadurch, daß die Frauen ihrer beraubt wurden« (S. 198).

Auch in der Geschichte von Pfeil und Bogen wird auf den gleichen Mechanismus zurückgegriffen: Ursprünglich von den Frauen erfunden und zur Jagd benutzt, erwiesen sich diese aber als unfähig, vernünftig und ordentlich mit den Waffen umzugehen. Sie hielten sie verkehrt herum, schossen mehr Wild als notwendig und »töteten ins Blaue hinein« (S. 105). Erst die Bemächtigung der Waffen durch die Männer und der »richtige« Umgang mit ihnen sowie das absolute Verfügungsverbot für Frauen machte ein diszipliniertes und kontrolliertes Töten möglich. Das aber bedeutet, daß im projektiven Bild der (männlichen) Schöpfungsmythen den Frauen bereits am Ursprung der Kultur zwar schöpferische Fähigkeiten zugestanden, aber gleichzeitig tödliche Kräfte unterstellt wurden.

Diese Macht der Frauen »mußte« durch einen Enteignungsprozeß gebrochen werden und wurde damit zur (wichtigsten) Quelle der Übermacht der Männer. Diese notwendig gewordene Enteignung aber war ein Akt der Gewalt, der sich immer dann wiederholen darf, wenn Frauen aufbegehren, aus ihrer Rolle der Unterworfenen auszuscheren drohen, wenn sie sich widersetzen und damit die Omnipotenz der Männer in Frage stellen. Gewalt gegen Frauen steht nicht nur am Ursprung der gesellschaftlichen Organisation des Geschlechterverhältnisses, sondern bildet eines ihrer inhärenten Elemente und kann immer wieder hervortreten.

> »Verdächtigungen. Verleumdung. Verleugnung. Enteignung durch Raub, Mord oder andere, imaginäre Gewalttaten. Im Mittelpunkt des Denkens und der symbolischen Praktiken gibt es und reproduziert sich ständig eine ungeheure ideelle und ideologische Gewalt gegen die Frauen.
>
> Eine Gewalt, die im Denken und durch das Denken begangen wird, die jedoch zu anderen, weniger ideellen Gewaltakten hinzukommt, zu physischen Gewaltakten, Demütigungen, Beleidigungen und anderen psychischen Gewaltakten, auch sozialen, wie denjenigen, die darin bestehen, daß man eine Frau dazu zwingt, einen Mann zu heiraten, den sie nicht will, oder sie von ihren Söhnen trennt« (S. 201).

Diese latente, gesellschaftlich strukturelle und ideologisch erlaubte Gewalt gegen Frauen darf (und muß) ausbrechen, wenn die kosmische, die gesellschaftliche oder die innere Ordnung der männlichen Struktur »bedroht« wird.[10]

> »Die ideelle Gewalt dagegen existiert permanent innerhalb der gesamten sozialen Organisation selbst, in jedem Aspekt der Praxis; sie ist um so wirksamer, als zur selben Zeit, wie diese Ideen entste-

10 Dieser Zusammenhang gilt nicht nur für die Baruya, sondern für alle Kulturen und Gesellschaften, in denen es um die Herstellung und Absicherung männlicher Suprematie geht, auch wenn sich das Verhältnis von struktureller (latenter) und faktischer (manifester) Gewalt selbstverständlich nicht allein auf die gesellschaftliche Organisation des Geschlechterverhältnisses zurückführen läßt.

> hen, sie auch ihre eigene Legitimation produzieren und alle anderen Formen physischer, psychischer usw. Gewalt rechtfertigen, die über das Denken hinausgehen, sich jedoch ständig darauf stützen, um zu beweisen, daß sie in der ›Ordnung‹ der Dinge selbst begründet sind« (ebd.).

Damit kommen wir zur ideell produzierten »Ordnung der Dinge«, d.h. auf die Mythen der Baruya über den Ursprung der (kosmischen und gesellschaftlichen) Ordnung, des Geschlechterverhältnisses und ihrer Männlichkeitsmodelle zurück. – Die Geschlechter wirken aufeinander, um sich zu unterscheiden und zu ergänzen. In einer Ordnung mit männlicher Vorherrschaft und der Tendenz zu einer virilen Selbsterzeugung wie bei den Baruya bedeutet das: »Zuerst wirkt die Frau indirekt auf den Mann ein; sodann wirkt der Mann direkt und gewaltsam auf den Körper der Frau ein, um die Verwandlung zu vollenden« (S. 107). Demnach machte erst die Gewalt der Männer die Differenzierung der Geschlechter und ihre (spätere) Vereinigung in den kulturell geregelten Bahnen der Mann-Frau-Beziehungen möglich. Grundsätzlich läßt sich dieses Argument (bei aller Vorsicht) auch auf die bei uns vorherrschenden Regelungen der Geschlechterbeziehungen übertragen. Eine der Hauptquellen männlicher »Omnipotenz« und der sie begleitenden Feindseligkeit und Gewaltbereitschaft gegenüber Frauen besteht in dem Versuch der Männer, die (möglicherweise tödlichen) Gefahren, die vom weiblichen Geschlecht auszugehen scheinen, durch Übernahme spezifisch weiblicher »Potenzen« abzuwehren. Dabei handelt es sich um einen Wechsel von »Projektions-« und »Introjektionsvorgängen«, die ein mehr oder weniger eindeutiges Haßobjekt konstruieren, indem das »Gute« mit dem eigenen Selbst, das »Böse« dagegen mit dem (weiblichen) Feindbild verschmilzt. Dieser Prozeß wird ontogenetisch immer wieder neu hergestellt und reproduziert einen bestimmten Typus männlichen Denkens.

In anderen Mythen der Baruya wird die Rolle der Gewalt gegen Frauen als Voraussetzung für die kulturelle Weiterentwicklung und für die Konstitution von Männlichkeit noch klarer hervorgehoben. Die »Erfindung« des Ackerbaus und der Salzgewinnung wurde der Legende nach erst durch vorangegangene Morde von Baruya-Männern an ihren Ehefrauen möglich. Im ersten Fall führte die Fruchtbarkeit der Erde über dem verscharrten Leichnam der Frau zur Technik der Anpflanzung. »Eine Frau mußte sterben, damit die ihrem Körper entsprossenen Nahrungspflanzen unter den Menschen geteilt werden konnten und damit diese aufhörten, ihr wildes Leben zu führen, nämlich Wurzeln und rohes Fleisch zu essen« (S. 106); im letzteren der abgeschlagene Kopf einer Frau zum Sprudeln einer Quelle, die zukünftig die Salzrohrfelder bewässern sollte. Es gibt also zwei männlich-mythologische Varianten, die den weiblichen Anteil am Kulturprozeß anerkennen und bestätigen: Entweder stehen die kreativen Frauen am Ursprung, dann müssen sie mit Gewalt entmachtet werden; oder sie bewirken die (Er-)Findung wichtiger materieller Voraussetzungen von Kultur – dann allerdings nur als Leiche, als toter oder als zerstückelter Körper. Erst durch einen Gewaltakt, der die reale Tötung von Frauen einschließt, wird der Mann »fruchtbar« und kann sich selbst und die Kultur erzeugen. Die Idee einer »rein« männlichen Selbstsetzung und Kulturzeugung auf der Basis der Tötung von Frauen bzw. von dämonischen Wesen, die mit bedrohlichen Anteilen von Weiblichkeit assoziiert werden, findet sich in den Mythologien vieler Kulturen, auch der abendländischen. Sie steht in Korrespondenz zu den dämonischen Bildern von Weiblichkeit und findet ihre (profane) Entsprechung in der Tabuisierung weiblicher Körperfunktionen und -flüssigkeiten, die ihre Fruchtbarkeit symbolisieren.[11] – Die Mythen erinnern fortwährend an die weibliche Macht und erzwingen gerade deshalb immer neue Gewalt gegen sie. Warum es den Männern nicht möglich zu sein scheint, diesen Kreislauf zu durchbrechen und die Machtverhältnisse ein für alle Mal zu klären, wieso die weibliche Macht und der Anteil der Frauen an der Kultur nicht grundsätzlich unterdrückt und geleugnet werden kann, soll anhand einer differenzierteren Auseinandersetzung mit den Mythen und ihrer Funktion für die ideologische Absicherung der männlichen Herrschaft geklärt werden.

Bei den Baruya existieren *drei Schichten der Mythenproduktion,* die sich auf drei Ordnungssysteme beziehen: auf die *kosmische* Ordnung, auf die *Geschichte* des Stammes und auf die Ordnung der *Gesellschaft.* Alle drei mythologischen Schichten verweisen aufeinander, aber unterscheiden und widersprechen sich auch. In allen geht es um die Klärung der Fragen nach dem Ursprung der jeweiligen Ordnung, den Anteilen der Geschlechter und den daraus resultierenden Konsequenzen für das gesellschaftliche und alltägliche Handeln. Besteht das eigentliche ideologische Ziel jener Mythologien, die die kosmische Ordnung als rein männliche Genealogie bestimmen, darin, die weiblichen Anteile an der Generativität zu »verdrängen« bzw. zu »rationalisieren«? Regina Becker-Schmidts Interpretation des kosmischen Ursprungsmythos

11 Vgl. Kurnitzky (1978), *Ödipus – Ein Held der westlichen Welt. Über die zerstörerischen Grundlagen unserer Zivilisation;* Fischer-Homberger (1984), *Krankheit Frau. Zur Geschichte der Einbildungen.*

der Baruya legt das nahe: »Der Sinn dieses Mythos, demzufolge aller Ursprung in der Maskulinität liegt, ist sonnenklar: Es geht darum, die weibliche Linie in der Stammesgenealogie zu tilgen. Frauen sollen keine Zeugungskraft und keine Zeugenschaft haben.«[12] Sie deutet diesen androzentrischen Ursprungsmythos zu Recht als kollektive Männerphantasie, welche die Etablierung des Bewußtseins einer männlichen Selbstzeugung durch die Initiation begleitet und möglich macht. Aber handelt es sich dabei um einen »Rationalisierungsvorgang«, welcher die Abhängigkeit der Geschlechter voneinander und die besondere Rolle der Frau für die Aufrechterhaltung der Generationenfolge verschleiert, leugnet und schließlich umkehrt? Und vor allem: Liegt, wie Becker-Schmidt behauptet, dieser Rationalisierung eine *Verdrängung* zugrunde, die sich als ein Prozeß gesellschaftlicher Unbewußtmachung auf die Tatsache richtet, »daß die Knaben den Müttern ihr Leben verdanken«?[13]

Dieser These scheinen offensichtlich jene Mythen der Baruya zu widersprechen, die auf der »mittleren« Ebene zwischen der kosmologischen und der gesellschaftlichen Ordnung angesiedelt sind und die die primordiale Bedeutung der Frauen nicht nur zugeben, sondern sogar noch besonders betonen – nach Becker-Schmidt ein Zeichen, daß sich die Gebärfähigkeit und die regenerative Bedeutung der Frau nicht gänzlich verleugnen und verdrängen lassen. »Diese Unstimmigkeiten werden von den Baruya weder geglättet noch unterdrückt. Insofern sind ihre Mythen beides: Mittel des Vergessenmachens und Medien der Spurensicherung für die Erinnerung, Umdeutung und Wiederkehr des Verdrängten« (S. 90).

Wie aber ist es möglich, sich selbst zu erzeugen, diesen Akt gleichsam als mythische Geschichte in den Himmel zu projizieren und gleichzeitig die Herkunft aus einem anderen, nicht »männlichen« Ursprung zu legitimieren, d. h. den weiblichen Anteil sowohl an der Kultur als auch an der Zeugung des Mannes anzuerkennen? – Um die eigenwillige Logik dieses Typs männlichen Schöpfungsdenkens ein wenig zu erhellen,

---

12 Becker-Schmidt (1992), *Verdrängung, Rationalisierung, Ideologie,* S. 89. Nimmt man die verschiedenen Versionen, die sich in diesem Schöpfungsmythos auf den Mond beziehen, hinzu, dann ergibt sich zwar immer noch eine eindeutig männlich dominante Hierarchie in der kosmischen (entsprechend der weltlichen) Ordnung, aber die Verhältnisse erscheinen dann keineswegs mehr »sonnenklar«.

13 Ebd., S. 92. Vgl. auch Becker-Schmidt (2000), *Maskulinität und Kontingenz. Macht als Kompensation eines männlichen Konflikts,* S. 80: »Der Mann ist nicht von seinesgleichen fabriziert, sondern er schuldet sein Dasein einer Frau. Er ist zudem in seinen ersten Lebensjahren von ihr abhängig. ›Mütterlichkeit‹ bindet somit nicht einfach Frauen an ihr Geschlecht, sondern männliche Kinder an die Mutter: das andere Geschlecht. Das männliche Bewußtsein will offensichtlich den Gedanken an diese Abhängigkeit nicht zulassen.«

sollten wir uns die allgemeinen Strukturen und Funktionen von Mythen vor Augen führen. Mythen sind weder lineare Widerspiegelungen gesellschaftlicher Verhältnisse noch deren phantastische Umdichtungen, die sich aus einer ursprünglichen (scheinbar »authentischen«) oder einer verdrängten Wunschproduktion ihrer Produzenten kausal ableiten lassen, was nicht ausschließt, daß beide Ebenen, gesellschaftliche Realität und unbewußte Vorstellungen, an der Konstitution der Mythen beteiligt sind. »Mythen sind Deutungen der Welt; sie berichten über ihren Ursprung und den Ursprung ihrer Ordnung; sie erzählen, wie einzelne auffällige Umstände, die in der Welt vorgefunden werden, entstanden sind und wie bedeutsame Geschehnisse sich zugetragen haben.«[14] – Die Funktion der Mythen besteht in der Sicherstellung der bestehenden Ordnung. »Dazu muß eine Geschichte gefunden werden, die sie aus einem früheren Zustand herleitet« (S. 25). Mythische Erzählungen sind keine Geschichtsrekonstruktionen, kein Bericht über einen Zustand, der einmal war und nicht mehr ist, sondern der Versuch einer deutenden Erklärung der (inneren und äußeren) Verhältnisse. Um den »uranfänglichen Ursprung« dieser Verhältnisse zu erklären, stehen dem Mythos nach Dux zwei strukturlogische Möglichkeiten zur Verfügung:

> »Er kann die Welt in ihrer bestehenden Ordnung und mit ihr das einzelne bedeutsame Geschehen in diesen Ursprung zurücknehmen und letzteren als die in sich ruhende Ordnung begreifen, in dem alles, was ist, so wie es ist, schon beschlossen liegt und aus dem alles, was ist, so wie es ist, hervorgeht. Oder aber er kann den Zustand der Ordnung, wie er mit allen vorfindlichen Einzelheiten sich in der Welt vorfindet, sich erst bilden lassen. Dann wird das Uranfängliche des Ursprungs gedacht als das, was noch nicht ist, wie es sein wird; die Ordnung wird dann aus einem vor ihr gelegenen Zustand der Unordnung und des Chaos hergeleitet. Insgeheim muß dann allerdings an Stelle der Ordnung die Macht, sie zu bewirken, in den Ursprung eingelagert werden. Das aber ist nicht anders denkbar, als die spätere Ordnung der Macht einzuverleiben. Es gibt in der Ursprungslogik einen Vorrang des Seins vor dem Werden. Es ist dieses Verfahren, die Ordnung aus einem Zustand der Unordnung herzuleiten, das wir in einer Vielzahl gerade der Mythen finden, die die konkreten sozialen Verhältnisse im Blick haben« (S. 23 f.).

Die kosmischen Ursprungsmythen der Baruya gehorchen der ersten,

14 Dux (1992), *Die Spur der Macht im Verhältnis der Geschlechter. Über den Ursprung der Ungleichheit zwischen Frau und Mann*, S. 22.

die Mythen der »mittleren« (historischen) Erklärungsebene der zweiten Strukturlogik. Der Widerspruch, der sich hierin ausdrückt, läßt sich selbst wiederum nicht ursprungslogisch auflösen. Die Heterogenität der Ursprünge ist ein struktureller Bestandteil des gesamten mythologischen Denkens der Baruya. Diese logische Widersprüchlichkeit und der Versuch, sie zu homogenisieren werden deutlicher, wenn Dux' Argumentation zusammengefaßt und auf die Baruya bezogen wird: 1. Wenn die Ordnung aus einem Zustand der Unordnung, des Chaos hergeleitet wird, dann muß insgeheim die Macht, die die Ordnung erst hervorbringt (das männliche Prinzip), im Ursprung bereits eingelagert sein. Die Rückprojektion einer »phallischen Macht« erhält möglicherweise erst in der nachträglichen Verbindung mit der realen Mutterfunktion im Bild von der »phallischen Mutter« den Charakter einer existentiellen Bedrohung des Mannes durch die Frau; 2. das Ursprüngliche im mythischen Denken ist immer auch das Mächtigere. Es hat die Kraft, das Nachgeordnete erst entstehen zu lassen, was bedeutet: »Das Nachgeordnete kann nie mehr Potenz haben als das, woraus es herausgeführt wurde« (S. 25 f.). – Die »Potenz« der Männer, und damit ihre »spätere« soziale Vormachtstellung, *muß* bereits als latenter Anteil im ursprünglich Weiblich-Mütterlichen vorhanden sein; 3. zwischen dem konstruierten Ursprung und seinem Gegenstand, der Ordnung der weltlichen Phänomene, besteht ein Verhältnis der *Identität.* »Was am Gegenstand sich zeigt, hat seinen Grund in einem hinter ihm gelegenen Identischen, das es bewirkt« (S. 28). Alles muß seinen Grund in *einem* haben, in einem einheitlich gefaßten Ursprung. »Es ist diese Logik, (...) daß Gleiches nur aus Gleichem entstehen kann« (ebd.). – Das führt im Denken der Baruya zu einem Paradoxon: Die Gleichheit der Gesamtheit der Männer beruht auf einer doppelten »Gleichheit«, einer Gleichheit mit der Frau, des Männlichen mit dem Weiblichen.[15] In der Zeit vor der Ordnung spielten diese Unterschiede keine Rolle, denn die (zugemauerten) Geschlechter bildeten eine Einheit mit der unbelebten Natur und der gesamten »grauen« Erde. Die gleiche Kraft, die die Idee einer virilen Selbsterzeugung und ihre inszenatorische Umsetzung suggeriert, muß mit der weiblichen Schöpfungskraft identisch gesetzt und in den mythischen Ursprung gelegt werden.[16]

15 »Mystik ist die Erfahrung der Einheit mit dem Ganzen.« Böhme (1985), *Anthropologie in pragmatischer Hinsicht*, S. 208. Es handelt sich um die Phantasie über eine anthropologische Ausgangslage, in der die Urgeschichte der Menschheit fiktiv als ursprüngliche Ungeschiedenheit begriffen wird. Das Paradox besteht darin, daß erst die Erfahrung von Trennung und Differenz solche Ursprungsphantasien ermöglicht.

16 Reste dieses identitätslogischen Ursprungsdenkens sind auch in modernen psychoana-

Vielleicht sind es diese ursprungs- und zugleich identitätslogischen Operationen, die es den Baruya erlauben, in einer Reihe von Mythen den Anteil der Frauen an ihrer Existenz als Männer und an der Kulturentstehung ausdrücklich anzuerkennen. »Die Partizipation der Frau an der Kraft der Schöpfung führt nicht so sehr zur Vergöttlichung der Frau (...), als vielmehr dazu, ihre menschlichen Fähigkeiten über die Grenzen der alltäglich beherrschbaren Kräfte hinaus reichen zu lassen« (S. 29). – Der Ursprung ist (in entscheidenden Anteilen) weiblich, die Potenz, daraus etwas zu machen dagegen männlich. Das schließt, folgt man der Argumentation von Dux, die noch unentfaltete Potenz der Männer im Ursprung mit ein. Insofern sei es erträglich, wenn in der mythologischen Deutung des Geschlechterverhältnisses die Frau als die ursprünglich Mächtigere gesetzt werde, denn: »Ihrer Natur nach war die Frau mit der Kraft der Schöpfung: der Schaffung neuen Lebens verbunden« (S. 26). Diese Kraft aber war, auf die (beide Geschlechter einschließende) Substanz der Ursprungslogik bezogen, letztlich mit der Schöpfungskraft des Kosmos vereint.

An dieser Stelle unterläuft Dux bei der Interpretation der logischen und mythologischen Zwänge, die das Denken der Baruya-Männer beherrschen, ein Fehler: Angeblich hätten die Baruya keine allzu großen Schwierigkeiten, den Widerspruch zwischen der anerkannten weiblichen Vormacht im Mythos und der realen Herrschaft des Mannes im gesellschaftlichen Alltag ideologisch zu kitten. Denn wenn sich die weltliche Ordnung aus einem noch ungestalteten Urzustand ergebe, dann sei Kulturarbeit Männersache. Die Beherrschung der Frauen scheint deswegen notwendig zu sein, weil sie meistens diesem noch ungestalteten Bereich einer als Chaos und Bedrohung gefaßten *Natur* zugeschlagen werden.[17] – In den Baruya-Mythen der »mittleren

lytischen Theorien über die als Einheit gefaßte frühe Mutter-Kind-Symbiose enthalten, wenn diese Beziehung als schwankungs- und spannungslose oder als konfliktfreie Sphäre gefaßt wird, in der geschlechtsbezogene Unterschiede (noch) keine Rolle spielen. Vgl. etwa das Modell einer »undifferenzierten und übergreifenden frühesten Matrix der geschlechtlichen Identitätsentwicklung« in: Fast (1991), *Von der Einheit zur Differenz. Psychoanalyse der Geschlechtsidentität,* S. 6–20.

17 An anderer Stelle warnt Dux davor, den Gegensatz von Natur und Kultur aus der Perspektive der eigenen Gesellschaft in die mythischen Vorstellungen anderer hineinzutragen (S. 39); hier aber begeht er genau diesen Fehler. Eine Variante dieses Dualismus macht Kurnitzkys (1978) *Ödipus – ein Held der westlichen Welt* so problematisch: Kurnitzkys Rekonstruktion des gesamten Zivilisationsprozesses als die Geschichte einer zunehmenden Beherrschung und Ausbeutung von (innerer und äußerer) Natur re-mythologisiert die Dialektik von Natur und Kultur und das von ihm als Basis jeder Ökonomie gedachte Geschlechterverhältnis, wenn die Frau mit (unvergesellschafteter) Natur identifiziert wird. – »Tatsächlich sind Frauen aber keine

Eben« aber, die sich auf ihre kollektive Geschichte beziehen, wird die (Vor-)Macht der Frau weder an ihre *Natur* gebunden, noch ihr Status als Teil eines quasi vorgeschichtlichen Naturzustandes definiert.[18]

Godelier bestätigt eindeutig, daß die Baruya sich den »Unterschied zwischen Mann und Frau nicht als Gegensatz zwischen Natur und Kultur vorstellen (dem unsere eigene Kultur eine universelle Tragweite beizumessen neigt, und den sie in verschiedenem Gewand gern überall wiederfindet)«.[19] Noch einmal: Es ist die Frau, die wichtige Voraussetzungen der Kultur erfunden hat, aber erst der Mann kann vollenden, was von ihr begonnen wurde – einschließlich der kollektiven Selbstschöpfung als Mann durch die Initiation unter männlicher Regie.

In dieser Vorstellung steht der Mann der Natur sogar näher als die Frau, denn ausschließlich er gilt als derjenige, der einen Zugang zum »wilden« Teil der Natur, zur Welt des Waldes besitzt, aus dessen Ressourcen er *seine* (männliche) Kraft schöpft. »Ohne das Paradox überstrapazieren zu wollen, könnte man sagen, daß die Frauen in der Baruyagesellschaft deshalb beherrscht werden, weil sie weit mehr auf Seiten der Kultur als der Natur stehen« (S. 108). Nicht die ungezähmte Natur der Frauen, sondern ihre kulturelle Bedeutung »verpflichtet« die Männer also, sie zu enteignen. Expropriation (Enteignung) und Appropriation (Aneignung) weiblicher Kräfte und Fähigkeiten machen die Basis männlicher Kontrolle und Herrschaft aus. Das der anfänglichen Kulturseite der Frauen angedichtete Chaos legitimiert die Gewalt der Männer. Die den Frauen entwendeten Mittel werden dabei direkt gegen sie oder gegen Ersatzobjekte gerichtet: *real,* wenn es »nötig« erscheint, *symbolisch* permanent und bei wichtigen männlichen Aktivitäten temporär.[20] Erst unter diesen Bedingungen können die Kräfte

---

Verkörperung der Natur, auch wenn sie schon lange im Bann dieser Metapher stehen.« Benjamin (1990), *Die Fesseln der Liebe,* S. 80.

18 Freuds Interpretation der kulturellen Bedeutung der Geschlechterpolarität liegt zwischen der üblichen Identifizierung von Frau und Natur und der Auffassung der Baruya, derzufolge den Frauen gerade wegen ihrer (gefährlichen) kulturellen Basiskompetenz die Verantwortung für die Kultur genommen werden müsse. »Ferner treten bald die Frauen in einen Gegensatz zur Kulturströmung und entfalten ihren verzögernden und zurückhaltenden Einfluß, dieselben, die anfangs durch die Forderungen ihrer Liebe das Fundament der Kultur gelegt hatten. Die Frauen vertreten die Interessen der Familie und des Sexuallebens; die Kulturarbeit ist immer mehr Sache der Männer geworden.« Freud (1930), *Das Unbehagen in der Kultur*, S. 463.

19 Godelier, a. a. O., S. 106.

20 »Frauen (...) müssen der Kontrolle des Mannes unterworfen werden; anders entfaltet sich ihre Kraft zur Bedrohung der Menschen, vornehmlich der Männer – versteht sich.« Dux, *Die Spur der Macht im Verhältnis der Geschlechter,* S. 43.

der Frauen als eigentlich überlegene akzeptiert und kulturell fruchtbar gemacht werden. Das ist die Lektion der Mythen und erklärt auch die zunächst so paradox erscheinende Tatsache, daß der mächtigere Teil der doppelgeschlechtlich konstruierten *kwaimatnié* erst *nachträglich*, unter dem Verfügungsmonopol der Männer, als weiblich akzeptiert werden kann.

Was als durchgängiges Merkmal der Geschlechterbeziehungen bleibt, ist eine zutiefst ambivalente Einstellung der Männer zu den Frauen und allen weiblichen Fähigkeiten. Diese Ambivalenz wird in jenen Institutionen rituell zum Ausdruck gebracht, gleichzeitig abgewehrt und zur Begründung des absoluten Herrschaftsanspruches verwandt, in denen die Männlichkeit hergestellt (Initiation) und unter Beweis gestellt wird (Jagd und Krieg). Einer der wichtigsten Großen Männer ist der *Kasuar-Jäger.* Die Jagd selbst hat keinen wichtigen ökonomischen Stellenwert, aber eine große symbolische Bedeutung als Quelle für die Auffrischung von Männlichkeit und zur Rechtfertigung ihrer Herrschaft über die Frauen. Die (straußähnlichen) Kasuare gelten für die Baruya-Männer als Frauen, als weibliche Wesen mit übernatürlicher Macht. »Die Kasuarjagd erhält also unmittelbar den Sinn eines Kampfes gegen die weibliche Welt« (S. 175). Die Frau ist der Feind der Männer. Der Kampf gegen sie ist Basis und Ziel ihrer Gemeinschaft zugleich. Wie schon die Zeremonien während der Initiation im Männerhaus, dem symbolischen Gesamtkörper der Männer, ihre solidarische Einheit gegen die Feinde und die Frauen materialisieren, so stellen Jagd und Krieg die (vermeintlich bedrohte) Männlichkeit immer wieder aufs neue her. Die Initiation richtet sich hauptsächlich gegen die Frauen und erst in zweiter Linie gegen die äußeren Feinde – im Falle eines Krieges ist es umgekehrt. Was sich in den beiden voranstehenden Abschnitten über die kulturelle Konstruktion von Männlichkeit bereits angedeutet hat, wird hier erneut bestätigt und läßt sich über die Baruya hinaus verallgemeinern. Der Krieg dient als Männlichkeitsbeweis und, trotz aller Beteuerungen, gerade nicht der Pflicht zum Schutz der Familie oder zur »Sicherung der ökonomischen Ressourcen« (Gilmore); er ist nicht Ausdruck der tiefen »Sehnsucht nach dem Vater« (Bosse); und er repräsentiert auch nicht den Dienst eines »wilden Mannes« an »einer transzendenten Sache« (Bly). Kriege tragen den Charakter der antifemininen Selbstinszenierung einer rein männlichen Wiedergeburt mit initiationsähnlichen Zügen, die ihre Quelle und ihr eigentliches Objekt im Bild des zu zerstörenden Feindes zu vertuschen sucht. Massenvergewaltigungen unter Kriegsbedingungen enthüllen (ähnlich wie alle Formen »ziviler« sexueller Gewalt) den Schleier dieses Geheimnisses männlicher Kriegslust.[21]

Der permanente Krieg der Baruya findet (zunächst) in ihren Köpfen statt. Er richtet sich gegen einen inneren »Feind« (weibliche Objektrepräsentanz), von dem »tödliche Gefahren« auszugehen scheinen, und der im Außen (weibliches Realobjekt) unter Kontrolle gehalten, notfalls zerstört werden muß, um der drohenden Vernichtung durch ihn zuvorzukommen. Phantasie und Praxis dieser (angeblich) dem Selbstschutz dienenden Zerstörung können (wie ursprünglich) am weiblichen Objekt oder (verschoben) an seinen Surrogaten ansetzen. Die Herstellung dieses andauernden (nach westlichen Kriterien paranoid getönten) Kriegszustandes ist eines der Hauptziele der gesamten Initiation. Die nach den Erfahrungen Godeliers tief verwurzelten Ängste der männlichen Baruya davor, daß die Frauen und Mädchen bei den Gelegenheiten, in denen sie unter sich sind, besonders bei den weiblichen Initiationen, über die Männer herziehen, sie demütigen und »all ihren Schmutz« gegen sie wenden, werden damit noch verstärkt. Hinter der Angst, von Frauen verspottet zu werden, steht, ähnlich wie in westlichen Gesellschaften, die Angst vor weiblichen Autonomieansprüchen. Sie löst regelmäßig Gewaltexzesse männlicher Initianden gegenüber den Frauen und Mädchen aus, deren tödlicher Ausgang nur durch die verheirateten Männer verhindert werden kann. Im Falle eines Krieges kann die mörderische Gewalt auf das Territorium der Feinde verlagert und dort ausgetragen werden. »Krieg gegen die äußeren Feinde, Krieg gegen die Frauen, innere Feinde – nichts veranschaulicht diese beiden Aspekte der Männerherrschaft besser als diese Gewalttätigkeiten« (S. 78).

In diesen Formen der Gewalt der Baruya gegenüber den Frauen finden wir eine aufschlußreiche Variante der für die Männlichkeit allgemein als konstitutiv anzusehenden Legierung von Sexualität und Aggression. Es gibt nämlich »positive« Frauen, denen gegenüber jede Form von Gewalt verboten ist: die Mütter, denen die Männer ihr Leben verdanken, und die Schwestern, die ihnen (als äquivalentes Tauschobjekt) erst ermöglichen zu heiraten. Erlaubt ist die Gewaltausübung allerdings gegenüber den Frauen (bzw. der Frau), die der Mann im Austausch für seine Schwester(n) erhalten hat, »das heißt an der Frau, mit der er legitimer Weise Geschlechtsverkehr haben darf« (S. 208). Diese Version (realer und phantasierter) sexueller Gewalt der Männer gegen die Frauen läßt sich in die Formel fassen: Gewalt ist dann legitim,

21 Siehe Godelier, a. a. O., S. 58, S. 78, S. 245; Vgl. auch Pohl (2002b), *Massenvergewaltigung;* Theweleit (1977/78), *Männerphantasien;* Sombart (1991), *Die deutschen Männer und ihre Feinde.*

wenn Sexualität erlaubt ist, wenn nicht, bleibt auch Gewalt ein Tabu. Diese Formel gilt in den meisten, auch in den westlichen Kulturen. Das allgemeine Inzesttabu, auf dessen Relevanz für die Männlichkeitskonzeption der Baruya noch eingegangen wird, und der männliche Anspruch auf freie Verfügung über die Sexualobjekte innerhalb legitimer Verbindungen wirken zusammen. – Die aktuelle Diskussion über die von Männern ausgeübte sexuelle Gewalt im sogenannten »Nahbereich« weist auf die Tragweite dieser Formel hin: Ein amerikanischer Senator etwa hat in der Debatte über die Strafbarkeit ehelicher Vergewaltigungen in den USA den ersten Teil dieser Formel durch die Frage bestätigt: wenn man schon nicht die eigene Frau vergewaltigen dürfe, wen solle man denn sonst vergewaltigen?

Die Frauen gelten zwar nicht als kultur*un*fähig, aber von ihnen geht eine Bedrohung der Kulturentwicklung und damit der Kulturfähigkeit des Mannes, seines Geschlechts, ja seiner gesamten Existenz aus: durch ihre Gebärfähigkeit (Ursprung), ihre Macht als Mütter (Anfang) und durch die weibliche Sexualität (Zukunft). Diese drei Momente lassen sich nicht voneinander isolieren und die unbewußte Angst der Männer nicht auf eines allein zurückführen bzw. reduzieren. Leider ist, wie wir im ersten Abschnitt gesehen haben, in vielen psychoanalytisch orientierten Ansätzen zur Geschlechterdifferenz der Hang zur Monokausalität weit verbreitet. In diesen Fällen landet die Analyse der allgemeinen Feindseligkeit der Männer in der Regel bei jeweils exklusiv gedachten, kausalen Erklärungsansätzen: *entweder* dem Gebärneid, der Regressionsangst *oder* dem Kastrationskomplex. Die virile Selbsterzeugung der Männer in der (rituell *und* offen) homosexuellen Initiationsgemeinschaft umfaßt alle drei Elemente. Die verbindenden Momente aber sind die projektive Ausgrenzung der weiblichen Sexualität und die angeblich von ihr ausgehenden Gefahren. Diese Gefahren werden als tödlich empfunden und rechtfertigen den strikten Ausschluß der Frauen von der Initiation und die absolute Geheimhaltung ihrer Mittel und Mechanismen.

In den Augen der Baruya liegt die Macht der Frauen in ihrer Möglichkeit und ihrer Fähigkeit, über Leben und Tod zu entscheiden. Die gesellschaftlich erlaubte und hin und wieder praktizierte Kindestötung nach der Geburt scheint als empirische Alltagstatsache diesen projektiven Blick zu bestätigen. Die Frauen bringen die Kinder in einem Raum zur Welt, der für die Männer tabu ist. Sie sind diejenigen, die darüber entscheiden, ob das Neugeborene getötet wird oder nicht. Das komme, so Godelier, im Leben jeder Frau mindestens einmal vor. Aber auch dann, wenn ein Kind von selbst gestorben ist, werden die Frauen nach ihrer Rückkehr zum Mann »sofort verdächtigt, das Kind getötet zu haben, ja, es deshalb getötet zu haben, weil es ein Junge war« (S. 194). Die Praxis der Kindestötung ist ein Realitätsfragment, an das sich projektive Phantasien *anlehnen* können, jedoch nicht die Ursache der ungeheuren Angst der Baruya vor den von den Frauen ausgehenden tödlichen Gefahren.

Die Hauptquelle dieser alle gesellschaftlichen und geschlechtlichen Verhältnisse durchziehenden Angst liegt in der *Sexualität,* in einem zutiefst verunsichernden Bereich, der den Männern größte Anstrengungen abverlangt, um ihre Ängste durch rituelle Inszenierungen zugleich auszutragen, abzuwehren und in ein (weiteres) Mittel zur Sicherung der Herrschaft über die Frauen zu transformieren. Mit der Sexualität ist daher auch eng jenes zentrale Geheimnis der Männer verbunden, das die rigide Ausgrenzung der Frauen während der Initiation begründet und ihre Unterdrückung als absolut überlebensnotwendig legitimiert: die realen und symbolischen *Sperma-Kulte* und *Fellatio-Praktiken* innerhalb und außerhalb der Initiation sowie das exklusive Wissen der Männer über die magische Bedeutung der *genitalen Sekretionen* beider Geschlechter.[22]

An dieser Stelle greifen die Mythologien, die sich auf die gesellschaftliche Ordnung (»untere« Ebene) beziehen, und die gesellschaftliche Organisierung der Geschlechterverhältnisse ineinander und durchdringen als universell gültiges Modell fast sämtliche Bereiche des Denkens und Alltagshandelns aller Angehörigen des Stammes. Die an der Struktur und Funktion der Ursprungsmythen aufgezeigten identitätslogischen Paradoxien, die eine Produktion und Reproduktion überlegener Männlichkeit ohne Berücksichtigung der Dualität der Geschlechter und ohne Anerkennung der Macht der Frau als Mutter durch eine virile Selbstschöpfung ermöglichen sollen, treten im Bereich der Sexualität verschärft zutage.

22 Die Kombination von (ritueller) Homosexualität und Abwehr der Weiblichkeit bildet das Bindemittel aller Männerbünde. Auch Sperma-Kulte und Fellatio-Praktiken gehören zu den Initiationsritualen vieler Kulturen und sind besonders bei den melanesischen verbreitet (und erforscht). Vgl. Herdt (1981), *Guardians of the Flutes;* Lidz/Lidz (1991), *Weibliches in Männliches verwandeln;* Gilmore (1991), *Mythos Mann,* S. 169–173; Bleibtreu-Ehrenberg (1980), *Mannbarkeitsriten,* S. 62–79; S. 124–133; Benz (1989), *Weibliche Unerschöpflichkeit und männliche Erschöpfbarkeit. Gebärneid der Männer und der Myelos-Mythos,* S. 138–147; Bohle (1990), *Ritualisierte Homosexualität – Krieg – Misogynie.* Humorale Theorien im Kontext der kulturellen Deutung des Geschlechterverhältnisses finden sich nicht nur in Stammeskulturen, sondern durchziehen auch die Geschichte des abendländischen (medizinischen) Denkens bis in die Neuzeit und gehören auch gegenwärtig noch zum Bestand von Alltagsmythen. Vgl. Fischer-Homberger (1984), *Krankheit Frau,* S. 34–70; Laqueur (1992), *Auf den Leib geschrieben. Die Inszenierung der Geschlechter von der Antike bis Freud,* S. 49–79.

Auch hier wenden die Baruya-Männer wieder ihren magischen »Trick« an, nämlich die gewaltige und gewalttätige »Formel ihrer Herrschaft« entlang der Kette: Denunziation, Entwertung, Enteignung, Übernahme, Verwandlung und schließlich Wendung gegen die Frau als zusätzliches Mittel ihrer Unterwerfung und Kontrolle. Sowohl die Anerkennung als auch Leugnung der weiblichen Macht über Leben und Tod wird erst durch diesen Vermännlichungsprozeß möglich. Wie schon das Verhältnis der übrigen Mythen zur gesellschaftlichen Praxis gezeigt hat, funktioniert die Umsetzung dieser Formel nicht ohne Reibungen und Widersprüche. Insbesondere aber die Erscheinungsformen der Sexualität – libidinöse Besetzungen entlang der psychosexuellen Entwicklungsstufen, physiologische Vorgänge, Lust-Unlust-Sequenzen sowie typische Phantasien, die gleichfalls nicht ohne Objekte auskommen usw. – machen eine *vollständige* Unterwerfung der Frauen unter die Ordnung der männlichen Herrschaft unmöglich. Im Gegenteil, die Macht-Diskurse der Baruya-Männer selbst verschärfen die Probleme auf dem Gebiet der Sexualität und der Geschlechterbeziehungen und erzwingen deshalb immer wieder neue (verzweifelte) Rettungsversuche, um das Scheitern des Gesamtprojekts – die Leugnung des Dualismus der Geschlechter *und* ihre Neukonstruktion im Rahmen einer streng hierarchischen Ordnung – zu verhindern. Nur eine komplette »Abschaffung« der Sexualität und gleichzeitig eine vollständige Segregation der Geschlechter könnte die Probleme »lösen«, die aus der Zuspitzung des sexuellen Konfliktpotentials erwachsen.[23]

Durch rigide sexuelle Tabus und alltägliche Vermeidungsregeln im Umgang der Geschlechter versuchen die Baruya-Männer diese (noch genauer zu bestimmenden Probleme) weitgehend in den Griff zu bekommen. Die ideologische, symbolische und reale Gewalt der Männer und die zahlreichen Unterwerfungsgesten, die von den Frauen im Alltag verlangt werden (exklusive Aufteilung der Räume und Wege, strenge Vorschriften für Gestik, Mimik und Verhalten), werden durch eine Vielzahl von Beschränkungen und Tabus, denen die sexuellen Kontakte unterworfen sind, ergänzt. Geschlechtsverkehr ist in den Zeiten materieller Tätigkeiten, also während des Ackerbaus, beim Hausbau, vor der Jagd, beim Töten und dem Verzehr von Schweinen und selbstverständlich während der Initiationen untersagt; ebenso nach der Geburt eines Kindes bis zu dem Zeitpunkt, zu dem es seine Zähne bekommt;

23 Virile Selbsterzeugungskonzepte und alle davon geprägten männerbündischen Inszenierungen leben in letzter Konsequenz von dieser Idee, die sich als Illusion entpuppt und deshalb auf ein System mit gewalttätigen Zügen als Ausdruck des Scheiterns hinausläuft.

dazu kommen eine Reihe von Verboten, die sich auf eine Vielzahl von Räumen und Orten erstrecken; in der Öffentlichkeit ist das Reden über geschlechtliche Dinge und erst recht der Austausch von Zärtlichkeiten verpönt, und das versehentliche Enthüllen der sorgfältig verborgenen Genitalien führt häufig zum Selbstmord aus Scham.

Diese Tabuisierungen machen deutlich, wie energisch die Baruya versuchen, körperliche Lust und sexuelles Begehren, und damit die Abhängigkeit vom »Objekt«, zu verhindern bzw. diese Anteile an den Geschlechterbeziehungen auf ein Minimum zu beschränken. Geschlechtsverkehr soll allein der Fortpflanzung dienen und steht im Widerspruch zu allen übrigen nützlichen, der gesellschaftlichen Reproduktion dienenden Tätigkeiten. »Daher muß ein Ehepaar, wenn es zu kopulieren beschließt, eine gewisse Zeit vorher und nachher alle seine Tätigkeiten einstellen« (S. 94). Unter Einhaltung der übrigen restriktiven Auflagen muß das Ehepaar nach Hause gehen, wenn die übrigen Dorfbewohner auf dem Feld arbeiten – kurz: sich gleichsam von der Gesellschaft absondern. »Es zeigt sich also deutlich, daß die Paarung in den Augen der Baruya die Reproduktion der Natur und der Gesellschaft in Gefahr bringt und daß diese Gefahr ihrem Wesen nach mit dem Geschlechtsakt selbst zusammenhängt, da sie aus jedem Geschlechtsverkehr erwächst, mag er noch so legitim sein. Die Verbote, die sich um die sexuellen Beziehungen ranken, können diese Gefahr zwar begrenzen, aber niemals beseitigen« (S. 94).

Die größte Gefahr für die Männlichkeit der Baruya liegt also in der Sexualität, besonders in der weiblichen. Zur Sicherung der männlichen Herrschaft ist deshalb nicht nur eine strenge Geschlechterhierarche, sondern vor allem eine rigide Unterdrückung der Sexualität und der Begierde unabdingbar, da diese den Mann ebenso an die Abhängigkeit von (sexuell erregenden) Frauen erinnert wie an ihre ehemalige und zukünftige Macht: an die Mutter, der er sein Leben verdankt *und* die sein erstes Liebesobjekt wurde, an die Schwestern, mit denen er relativ intim aufgewachsen ist und an die zukünftige Ehefrau. Wenn der heranwachsende Baruya-Mann etwas »verdrängt«, wie von Becker-Schmidt behauptet wird, dann kann es weder die *Tatsache* seiner Abstammung von der Mutter noch die *weibliche* Sexualität sein; abgewehrt und verdrängt werden können nur Anteile der eigenen Sexualität, objektbezogene *Vorstellungen* und *Phantasien,* die allerdings von den Wirkungen, die Frauen in der Vergangenheit auslösen konnten und in der Zukunft noch auslösen werden, nicht zu trennen sind.[24] Daher auch die Wut, die

24 Der paranoide Charakter, der den Einstellungen der Baruya-Männer zur weiblichen

Projektionen und die Gewalt gegen Frauen sowie alle übrigen Versuche der Männer, die Spuren des Weiblichen aus ihrem Unbewußten und ihren Körpern auszutreiben. Aber der imaginäre Versuch der Baruya, die Zeugungskraft den Frauen zu rauben und in eine männliche Kreativität als Zeichen ihrer Unabhängigkeit und Herrschaft umzuwandeln, kann niemals vollständig gelingen, denn Zeugungskraft und Begehren gehören zur Sexualität und lassen sich nicht voneinander trennen – aber die Baruya geben sich bei ihren Versuchen die größte Mühe.

Menstruationsblut und Sperma – Überwindung der weiblichen Todesmacht

Die beiden wichtigsten sexuellen Tabus enthüllen die Abwehr und Angst der Baruya-Männer vor der eigenen und der weiblichen Sexualität: das (in allen Kulturen geltende) *Inzesttabu* und das Tabu des *Menstruationsblutes.* Das schärfste aller Verbote gilt dem prinzipiell legitimen Geschlechtsverkehr während der Menstruationszeit der Frau. Sie muß in eine Menstruations-Hütte abseits des Dorfes umziehen, sich vor ihrer Rückkehr einer aufwendigen Reinigungsprozedur unterwerfen und darf in dieser Zeit keine Speisen zubereiten. »Die Baruya-Männer legen gegenüber dem Menstruationsblut, sobald sie davon sprechen oder daran denken, ein fast hysterisches Verhalten an den Tag, eine Mischung aus Ekel, Widerwillen und vor allem Angst« (S. 89). Das Menstruationsblut ist das sichtbare Zeichen der als tödlich wahrgenommenen weiblichen Sexualität, das sich direkt gegen die Männer richtet, ihre Lebenskraft bedroht, aber auch die Frauen selbst und ihre Kinder schwächt.

Aber es ist nicht nur das Blut, das die Vagina so gefährlich macht. In »diesem Fall würden die Vorsichtsmaßnahmen während der Dauer der Regel genügen, die Gefahren, in die es den Mann bringt, von ihm fernzuhalten« (S. 90). Das zweite Gefahrenmoment liegt in der Beschaffenheit des weiblichen Geschlechtsorgans, denn es ist offen und kann seine Flüssigkeiten, also auch »das Sperma, das der Mann dort deponiert, niemals ganz zurückhalten« (ebd.). Falls Spermatropfen

Sexualität sowie ihren (gewaltbereiten) Schutz- und Gegenmaßnahmen anhaftet, deutet darauf hin, daß es sich bei diesen unbewußten Abwehrprozessen weniger um eine »Verdrängung« im Kontext der ödipalen Problematik handelt als um den Rückgriff auf archaische (präödipale) Spaltungs- und Projektionsmechanismen. Die allgemeine Bedeutung dieses Unterschieds für eine Theorie der männlichen Subjektkonstitution weist über die Baruya hinaus und wird deshalb im zweiten Teil genauer diskutiert werden.

oder Vaginalsekrete auch nur in geringsten Mengen auf den Boden fallen, bemächtigen sich chtonische Wesen dieser Säfte und bringen Krankheit, Tod und Mißernte über den Stamm. Die doppelte Gefahr der Vagina für die Gesellschaftsordnung besteht also einmal in der Organbeschaffenheit und zum anderen im Fluß des Menstruationsbluts, »das die Manneskraft bedroht und damit die Herrschaft der Männer« insgesamt.[25]

Die Haltung der Männer zur Vagina und zu ihren Ausscheidungen spiegelt die ambivalente und feindselige Einstellung zu Frauen und ihren gesellschaftlichen Funktion wider. Das Menstruationsblut als Beleg der Fruchtbarkeit symbolisiert, so Godelier, die lebenspendende Macht und gleichzeitig den Ursprung der eigenen Existenz – aber eben auch, so muß ergänzt werden, die Sexualreife des (möglichen) Sexualobjekts des Mannes. Wie gelingt es nun – nach der Formel der männlichen Herrschaft der Baruya –, auch diese (besonders gefährlichen) Kräfte, die Kräfte der Vagina den Frauen zu entreißen und in eine Waffe gegen sie zu kehren? Zunächst wird durch die *Spaltung der Weiblichkeitskonzeption* die regenerative Bedeutung auf dem Wege der Identifikation übernommen und als integraler Bestandteil der männlichen Initiation den Männern einverleibt, womit nicht nur die Männer selbst, sondern das gesamte Leben und die Gesellschaft (wieder-)erzeugt werden; die tödliche Gefahr dagegen bleibt bei den Frauen und damit ständige Quelle der projektiven Feindseligkeit und Gewaltbereitschaft der Männer, die nun als legitime Abwehrschlacht gegen die vermeintliche Bedrohung erscheint. Die sexuelle Dimension scheint dabei vollständig zu verschwinden.

Als universelles »Gegengift« der Baruya-Männer gegen das Menstruationsblut gilt ihr *Sperma.* Das Zeichen männlicher Omnipotenz ist folglich nicht der *Phallus,* sondern der *Penis* bzw. sein (mit Fortpflanzung *und* Lust verbundenes) Sexualsekret. Die (soziale) Geburt des Mannes aus dem Jungen wird bei den Baruya deshalb nicht, wie in anderen Kulturen mit ausgeprägter männlicher Initiation, durch exzessive Phalluskulte und -symboliken ausgedrückt. Andeutungsweise gibt es sie auch (der große Pfahl in der Mitte des Zeremonienhauses, der Rakenvogelschnabel), aber sie sind längst nicht so zahlreich und wichtig. Auch über ansonsten weit verbreitete Beschneidungsriten wird von Godelier nichts berichtet. Nicht das Symbol des Penis (der väterliche »Phallus«, der womöglich das Erbe des imaginierten mütterlichen an-

25 Ebd., S. 91. – Deshalb ist es der Frau auch unter Todesstrafe verboten, über ein Herdfeuer zu gehen, denn sie könnte die Nahrung vergiften, die der Mann zu sich nimmt.

tritt), sondern dessen Sekretionen, als dem herausragenden Symbol der den Müttern geraubten Fruchtbarkeits- und Ernährungsfunktion, sind das wesentliche Mittel, das die Jungen »wachsen« läßt. In den Augen der Baruya ist das Sperma kein bloßer *Ersatz* für die Milch, sondern eine Lebenssubstanz, die mehrere Kräfte (natürlich auch die der Frauen und ihrer Milch) vereint und deshalb überlegen ist.

In ihren Sperma-Phantasien verdichtet sich der gesamte Machtdiskurs der Baruya-Männer. Die rituelle Umsetzung während der Initiation bringt ein Geheimwissen zum Ausdruck, über das nur die Männer verfügen und das den Initianden symbolisch und buchstäblich in den Körper eingeschrieben wird.

> »Das erste dieser Geheimnisse besteht darin (...), daß das Sperma das Leben, die Kraft ist, die Nahrung, die dem Leben Kraft gibt. Aus diesem Grunde geben die Männer ihren durch die Menstruation oder durch eine Geburt geschwächten Frauen ihr Sperma zu trinken. Aber das Sperma produziert auch die Milch der Frauen, entwickelt ihre Brüste und macht sie zu nährenden Müttern. Deshalb muß der junge Ehemann, bevor er zum ersten Mal mit seiner Frau schläft, ihr sein Sperma zu trinken geben, solange, bis sie stark genug ist, bis der Ruß die Wände ihres neuen Hauses geschwärzt hat« (S. 81).

Das Sperma des Ehemanns macht die Frau im doppelten Sinn zur Mutter. Auf *oralem* Wege stärkt es die nährende Kraft der Frau, indem es ihre Milch überhaupt erst produziert; *genital,* beim Geschlechtsakt, produziert es, angereichert durch die weiblichen Flüssigkeiten (das »Wasser der Frau«) die Schwangerschaft und entscheidet schließlich, falls es den Sieg davonträgt, darüber, ob das Kind ein Junge wird.[26] – Darüberhinaus haben die Sperma-Kulte der Baruya-Männer noch eine weitere Funktion, mit der sie ihre Überlegenheit über alle Frauen abzusichern versuchen:

26 Die männliche Fruchtbarkeit ist von größerem Wert als die weibliche, und solange der Mann Sperma hat, bleibt er fruchtbar. Aber auch hier führt im Denken der Männer die Sicherstellung ihrer Überlegenheit gleichzeitig zu einer Verstärkung der Bedrohung durch die »Niedertracht« der Frauen: »Im übrigen glauben die Baruya, daß das Sperma nur in begrenzter Menge beim Mann vorhanden ist und daß er es maßvoll vergießen muß. Sie verdächtigen die Frauen, ihnen so viel wie möglich davon entlocken zu wollen, um sie zu schwächen und zu beherrschen. Ist der Kasuar nicht das Bild der Frau, die sich im Wald versteckt, um die Initianden und verheirateten Männer sexuell anzugreifen?« (S. 201). Die heranwachsenden Frauen werden in die Geheimnisse des Spermas nicht eingeweiht, aber auf die Fellatio durch rituelles Aussaugen des Saftes vom Zuckerrohr, dem exquisiten Penissymbol der Baruya-Männer, vorbereitet (vgl. S. 70).

»Das zweite Geheimnis, das noch heiliger ist, da keine Frau es kennen darf, besteht darin, daß das Sperma den Männern die Fähigkeit verleiht, die Knaben außerhalb des Bauchs ihrer Mutter, außerhalb der weiblichen Welt, noch einmal zu gebären, diesmal in der Welt der Männer und durch sie allein. Dieses heiligste Geheimnis ist die Tatsache, daß die jungen Initianden, sobald sie das Männerhaus betreten, mit dem Sperma der älteren ernährt werden und daß diese Nahrungsaufnahme viele Jahre lang wiederholt wird mit dem Ziel, sie größer und stärker zu machen als die Frauen, ihnen überlegen, fähig, sie zu beherrschen und zu lenken« (ebd.).

Die Fellatio-Praktiken während der Initiation, die von Godelier als Austausch von Sperma zwischen den Generationen – vergleichbar mit dem Frauentausch, aber »jenseits der Sphäre der durch den Frauentausch gestifteten Beziehungen« (S. 83) – beschrieben wird, unterliegen strengen Regeln. Zunächst fällt auf, daß der Spermatausch kein *direkter* Austausch ist, der analog zum Frauentausch funktioniert.[27] Die Zirkulation von Sperma besteht in einem Wechsel von Geben und Nehmen entlang einer vertikalen Achse zwischen den männlichen Altersklassen. Der Geber kann niemals direkter Nehmer sein und umgekehrt. Aber der Geber, der erwachsene Initiator *war* einmal, als junger Initiand, Nehmer und gibt nun etwas von der Kraft, die er selbst durch das Sperma eines älteren und inzwischen verheirateten Gebers empfangen hatte, an den Neuankömmling aus der Welt der Frauen weiter, um auch diesen »wachsen« zu lassen. Diese Inszenierung ermöglicht nicht nur die lineare Produktion einer endlosen Reihe von Männern; die Exklusivität von Geben und Nehmen in nur einer Richtung entspricht gleichzeitig der Vertikalität der frühen Mutter-Kind-Beziehung beim Stillen.[28]

Eine weitere Regel der Fellatio-Praxis während der Initiation schreibt vor, daß das nährende Werk der Mutter nur von den älteren, aber noch

27 Godelier spricht, vermutlich in Anlehnung an Claude Lévi-Strauss (1981), *Die elementaren Strukturen der Verwandtschaft* (S. 333–430), von einem »Prinzip des verallgemeinerten Tauschs an Lebenssubstanz« innerhalb asymmetrischer Männerbeziehungen (S. 84).

28 Die Fähigkeit zur Spermaproduktion, die von den Baruya selbstverständlich nicht als sexualphysiologischer Reifungsvorgang, sondern als Ergebnis der vorangegangenen, ausreichenden Ernährung durch den Samengeber verstanden wird, bildet die Grenze zwischen Geber und Nehmer. Erst die Erlangung dieses Privilegs – nicht der Besitz des Penis, sondern seine ejakulative Potenz – macht ihn (den Penis) als Fruchtbarkeitssymbol dem weiblichen Körper absolut überlegen und drückt seine besonderte Eignung als nährendes Wachstumsmittel für die Jungen aus.

nicht verheirateten Initianden (als Paten) fortgesetzt und in Eigenregie übernommen werden darf. Verheiratete junge Männer kommen, auch wenn sie noch nicht alle Stufen der Initiation abgeschlossen haben, als Geber nicht mehr in Frage, denn Bedingung für die Geber ist, »daß diese Männer von jeder sexuellen Beziehung zu Frauen unberührt sind« (S. 84).[29] Entlang der Stufen vom ehemaligen Nehmer über den späteren Geber sollen die jungen Männer für den Geschlechtsakt mit ihren zukünftigen Frauen vorbereitet und gleichzeitig gegen die Gefahren, die von ihnen ausgehen, immunisiert werden. Zwischen ihrer Herkunft aus der mütterlich geprägten Sphäre und ihrer Rückkehr in die Welt der Frauen liegt die Herstellung solidarischer, aber hierarchischer Männerbeziehungen auf homosexueller Grundlage.

Auf dieser Grundlage wird versucht, die Angst vor der Weiblichkeit zu bannen und die Wiederannäherung an die Frauen durch alle erdenklichen Stärkungen und Vorsichtsmaßnahmen vorzubereiten. Hauptmittel der Baruya-Männer ist auch hier (und hier ganz besonders) die Anwendung ihres »magischen Tricks«, die systematische Entwertung der Frauen und die Enteignung ihrer Potenzen. Aber weder die Übernahme und Monopolisierung des weiblichen Nährprinzips durch ihre Fellatio-Praxis noch die ständigen Demütigungen und gewaltbereiten Haßausbrüche können die inneren Repräsentanzen von Weiblichkeit ein für alle Mal auflösen. Unbewußt bleibt die Weiblichkeit im doppelten Sinn präsent: als Mütterlichkeit, denn alle Anstrengungen, die weiblichen Pflege- und Ernährungsfunktionen zu kopieren sind Ausdruck starker und dauerhafter *Identifizierungen;* und als Sexualität in Form der alten (inzestuösen) und auch der zukünftigen Objekte des Begehrens.

Diese beiden, doppelt an Weiblichkeit gebundenen Vorstellungen lassen sich auch nicht einfach durch einen Akt der *Verdrängung* zum Verschwinden bringen (und damit tendenziell in eine neurotische Struktur überführen). Gerade die mit dem *magischen Trick* verbundene Überbietung der Frauen auf deren ureigenstem Gebiet zeigt, daß die Baruya-Männer regressiv auf archaische *Spaltungsmechanismen* zurückgreifen, um mit den bedrohlichen Weiblichkeitsbildern fertig zu werden und gleichzeitig die eigene Männlichkeit zu erhöhen. Zunächst wird alles vermeintlich Böse, werden alle als schlimm und verwerflich geltenden Anteile projiziert, gleichsam nach außen auf die Frau und ihr Geschlecht geworfen, um diese dann um so heftiger, im Dienste der

29 Die Penisse, die bereits Kontakt mit dem gefährlichen weiblichen Organ und seinen zerstörerischen Säften hatten, gelten bereits als verdorben. »Das hieße den Mund des Knaben als Vagina behandeln und den gesamten Schmutz des weiblichen Geschlechts in seinen Mund befördern« (S. 83).

Reinhaltung einer überlegenen Männlichkeit, verfolgen zu können. Die Vagina wird in den Reden der Baruya mit analen Konnotationen belegt und abgewehrt. Dem korrespondiert die Tatsache, daß anale (und urethrale) Ausscheidungen bei den Baruya extremen Ekel hervorrufen, der sich in einer ganzen Reihe komplizierter Vermeidungsvorschriften im Alltag ausdrückt. Am verabscheuungswürdigsten aber gelten alle Formen analer Sexualpraktiken. Daher gibt es auch bei den Initiationen der Baruya, im Unterschied zu anderen Kulturen Papua-Neuguineas mit (ritueller) Homosexualität, keinerlei anale Kontakte oder auch nur Andeutungen davon. Jeder Aspekt von Analität bedeutet für die Baruya-Männer Schmutz – und der ist der Vagina und ihren Sekreten vorbehalten.

Darüber hinaus werden diese Projektionen durch Rückgriff auf die im Umgang mit den unbewußten Mutterrepräsentanzen (Introjekten) der oralen Frühzeit gebildeten archaischen Spaltungsvorgänge noch verstärkt. Im Sinne Melanie Kleins läßt sich hier eine Verschiebung der »bösen« Anteile des mütterlichen Introjekts von der (versagenden) Brust auf das weibliche Genitalorgan erkennen. Aber auch die andere, die »gute« (versorgende) Seite des aufgespalteten mütterlichen Introjekts wird vom inneren Bild der Mutter abgelöst, verschoben und in die männliche Welt integriert, wo sie fortan als genuin männlich erscheint. Die den Müttern geraubten »guten« Eigenschaften (Nährfunktion) werden in die männlichen Genitalfunktionen hereingenommen (introjiziert) und durch die Fellatio-Praktiken körpersprachlich ausgedrückt. Von nun an gilt der Penis als die »bessere« Brust und das Sperma als die »bessere Milch« – besser, weil sie den Knaben nährt, reinigt, wachsen läßt und zugleich von den Frauen unabhängig macht. Auch deshalb eignen sich nur diejenigen männlichen Baruya als Geber, deren unbeschmutztes, nur durch die Kraft ehemals ebenso »reiner« Männer produziertes Sperma weder in Verbindung mit den Körpern der Frauen der Vergangenheit (Mütter) noch mit den der zukünftigen Ehefrauen steht. Für den Geber ist diese Phase seiner eigenen Initiation (ca. zwischen seinem 15. und 20. Lebensjahr) die Zeit »reiner« Männlichkeit. Dieser Abschnitt wird durch die Phase des Sperma-Trinkens vorbereitet und erfährt in den oben beschriebenen Ritualen einer männlichen Parthenogenese seinen symbolischen Höhepunkt. Sexualität kann vom älteren Initianden (vielleicht nur) hier ohne Furcht vor weiblicher Kontamination erlebt werden.

Aus der Perspektive des jungen Sperma-Empfängers geraten die Versuche, die Spuren der mütterlichen Macht und ihres körperlichen Einflusses zu tilgen, in Widerspruch zu der Idee einer von weiblichen, auf Pflegeleistung und Sexualität bezogenen Introjekten gereinigten Männlichkeit. Denn in der Vorbereitungsphase auf die virile Neuschöpfung erfolgt eine erzwungene Regression auf die *orale Phase* und damit auf eine Stufe der Sexualorganisation, die zwar ausgesprochen lange andauerte, aber inzwischen längst verlassen worden ist; und das bedeutet auch eine Aktivierung der frühen, an das mütterliche Objekt gebundenen Phantasien, die wiederum neue Formen der Gewalt hervorruft. Diese erzwungene Regression ist ein äußerst gewaltsamer Vorgang in mehreren Akten: 1. die unter einem Hagel von Schlägen der männlichen Krieger erfolgende Trennung von der Mutter (die wahrscheinlich auch deswegen so traumatisch ist, weil der Junge über drei Jahre lang gestillt wurde, lange und intensiven Körperkontakt zur Mutter und ähnlich intensiven Kontakt zu seinen Schwestern – bei fast völliger Abwesenheit des Vaters – hatte); 2. die Durchbohrung der Nase, um zumindest Teile des mütterlich verunreinigten Blutes herausfließen zu lassen; 3. die erzwungene Fellatio mit dem älteren Initianden, seinem zukünftigen Paten für die nächsten Initiationsphasen. Die dabei angewandte Gewalt ist so groß, daß den Jungen beim »Anlegen« an das Surrogat der mütterlichen Brust zuweilen das Genick gebrochen wird.

Auf die gewaltsame Trennung von der realen Mutter folgt ein Kontaktverbot, das erst im Alter von ca. 35 bis 40 Jahren, nachdem der Mann mindestens vier Kinder gezeugt hat, durch ein rituelles Geschenk aufgehoben wird. Vorher darf er weder mit ihr sprechen noch in ihrer Anwesenheit essen. »Die Mutter ist die erste Frau, die ein Baruya in seinem Leben verläßt, und die letzte, die er wiederfindet« (S. 65). Die gleichen Tabus gelten auch für den späteren Kontakt zu seinem Paten, der ihn übrigens nicht nur mit seinem Sperma »nährte«, sondern äußerst fürsorglich wie eine »gute« Mutter für ihn sorgte. Damit wird erneut die These über die Identifikation des Initianden mit Anteilen der Mutter und ihren Funktionen bestätigt.[30]

Zusammenfassend ergibt sich daraus der Schluß: Die Verbindung zwischen den jungen Initianden (Sperma-Nehmern) und ihren Paten (Sperma-Gebern) ist ein künstlich inszenierter Ersatz der Mutter-Sohn-Beziehung auf homosexueller Basis entlang der (regressiven) Achse von der Genitalität zunächst zurück zur Oralität. Anale, und damit auf die zwischen Oralität und Genitalität liegende Stufe der Sexualorganisation zurückgehenden Anteile werden (vermutlich) unbewußt

30 Eigentlich gibt es zwei Paten, die beide das nährende Element der weiblichen Welt verkörpern: einen älteren, schon verheirateten Mentor, der die Mutter, und einen jüngeren Fellator, der die Schwester verkörpert. Beide müssen der mütterlichen Verwandtschaftslinie entstammen (vgl. S. 209).

abgewehrt und mit den durch Spaltung gewonnenen negativen Bildern von Weiblichkeit assoziiert. Das erleichtert den Ausschluß der Frauen und die Dämonisierung ihrer Sexualität. Der Kreislauf der erzwungenen Regression als Basis für die anschließend in umgekehrter Richtung organisierte (progrediente) Entwicklung zu einer »reinen« Männlichkeit findet ihren Umschlag- und Höhepunkt in einer rituellen Neuinszenierung des Anfangs: in der virilen (Wieder-)Geburt als herrschendes Geschlecht.

Die doppelte Richtung dieses Kreislaufs inszenierter Erfahrungen und die dahinterstehende Psychodynamik ermöglicht eine nachträgliche *Umschriftung* (Freud) der inneren Besetzungsvorgänge, um Sexualität und Aggressivität neu zu mischen und in kulturell erwünschter Weise zu kanalisieren. Das Objekt der Sexualität wechselt dabei von einem ersten heterosexuellen Liebesobjekt (Mutter/Schwester) über eine homosexuelle Objektwahl (Paten) zu einer späteren (endgültigen) heterosexuellen Bindung (Ehefrau).[31] – Diese (erneute) Hinwendung zur Heterosexualität wird nur möglich, weil die zwischenzeitlich zugelassene Homosexualität energisch verdrängt wird, was ihrer allgemeinen Tabuisierung in der Baruya-Kultur entspricht.

Das erste Liebesobjekt (nicht nur) des Jungen ist die Mutter. So erfüllt, für Becker-Schmidt, die Initiation der Baruya als künstliche Mutter-Sohn-Beziehung unter Männern die Funktion, das inzestuöse Begehren zu re-aktualisieren, um es anschließend umso wirkungsvoller dem Verbot unterwerfen zu können. Die Objektverschiebungen deuten darauf hin, daß das Geheimnis der Initiation auch darin besteht, das Begehren nie am Objekt ankommen zu lassen, oder vielmehr, ein *Begehren* in Gang zu setzen, das möglichst *ohne Objekt* auskommt – ein Versuch, der grundsätzlich zum Scheitern verurteilt ist.[32]

Das inzestuöse Begehren aber ist unausweichlich und gehört zum genuinen Bestand der unbewußten Mutter-Kind-Dynamik. Es ist unstillbar, denn kein Kind darf seine Mutter sexuell besitzen. Das führt dazu, daß alle späteren Sexualobjekte (auch) den Charakter eines Ersatzes annehmen. Erst die Trennung von der Mutter und das Inzesttabu binden die Sexualität grundlegend an das (vorübergehend verlorene)

31 Zur Bedeutung des psychoanalytischen Konzepts der *Nachträglichkeit* für die Analyse der durch die Initiation angestrebten *Vermännlichung* bei den Baruya vgl. Becker-Schmidt (1992), *Verdrängung, Rationalisierung, Ideologie*, S. 97.

32 »Begierde existiert nur, wenn das Objekt existiert; das Objekt existiert nur, wenn die Begierde existiert; Begierde und Objekt sind ein Zwillingspaar, keines der beiden Elemente kann auch nur einen Moment vor dem anderen die Welt betreten.« Kierkegaard, zit. nach Furth (1990), *Wissen als Leidenschaft. Eine Untersuchung über Freud und Piaget*, S. 11.

weibliche Geschlecht.[33] Das scheint eine für alle Kulturen in ähnlicher Weise geltende Tatsache zu sein. Die Kulturfähigkeit des Menschen erweist sich auch in der Überwindung des Inzestwunsches. In Anknüpfung an einen Satz aus Freuds *Unbehagen in der Kultur* formuliert Erdheim seine These vom fundamentalen Gegensatz von *Familie* und *Kultur.* In der Ordnung der Familie herrsche der Inzest, in der Kultur das Inzestverbot. Das Tabu sei eine Art Transformator, der die Sexualität (die Libido) aus der Familie löse und der Kultur zuführe, um immer größere Gemeinschaften gründen zu können. Für Erdheim bedeutet das: »Die Sexualität wird aus ihrer unmittelbaren Verbindung mit der Fortpflanzung befreit und in den Dienst der Kultur gestellt«.[34]

Erdheims kulturtheoretische Kernthese vom Antagonismus zwischen Familie (weiblich) und Kultur (männlich) ist grundsätzlich problematisch, reproduziert sie doch Freuds androzentristische Überzeugung, Kulturarbeit sei Männersache; eine Anwendung auf die Kultur der Baruya jedenfalls scheint mir unmöglich, denn erstens ist die Voraussetzung der Enkulturation hier keine Familie im klassischen Sinne, sondern eine intensive, nahezu ausschließliche Mutter-Kind-Beziehung, die traumatisch getrennt wird; und zweitens erfolgt die »Kultivierung« der Baruya-Männer gerade nicht durch Lösung der Sexualität von der Fortpflanzung, sondern durch eine künstlich inszenierte Regression hin zum mütterlichen Ursprung, der Übernahme ihrer wichtigsten Funktionen, der Inszenierung einer Wiedergeburt und schließlich der erneuten Unterordnung der Sexualität unter die Fortpflanzungsfunktion, der damit als universellem Modell eine identitätsstiftende Bedeutung zukommt. Der Zusammenhang von Herrschaft, Geschlechterpolarität und Sexualität wird von Erdheims schematisch gefaßtem Antagonis-

33 Vgl. Becker-Schmidt (1992), *Verdrängung, Rationalisierung, Ideologie*, S. 96. Die Faszination des Inzests ist bei den Baruya sehr stark ausgeprägt. Viele heranwachsende Männer äußern den Wunsch, daß sie am liebsten ihre Mütter oder Schwestern heiraten wollen. Auch in ihre Ursprungsmythen geht die Idee des Inzests, und zwar eines mehrfachen, ein: Der Ursprung ist ein ungeordnetes Chaos (realer Inzest), das überwunden werden muß, um eine Ordnung zu etablieren. Das bedeutet, »daß es der Gewalt, der Übertretung bedarf, um eine Ordnung herzustellen, die nicht mehr übertreten werden darf« (Godelier, a. a. O., S. 213). Vgl. Freud (1912–13), *Totem und Tabu.* – Wichtig ist hieran, daß ein Begehren der Mutter anerkannt wird, das vermutlich in der langen und intensiven Mutter-Sohn-Beziehung eine reale Entsprechung findet und sowohl mit dem männlichen Wunsch, der Angst und der Abwehr der gesamten weiblichen Sexualität korrespondiert (vgl. Godelier, a. a. O., S. 308 f.).

34 Erdheim (1991), *Zur Lektüre von Freuds* Totem und Tabu, S. 28. Zur These vom »Antagonismus von Familie und Kultur« vgl. auch Erdheim (1992), *Das Eigene und das Fremde. Über ethnische Identität,* S. 736 f., Erdheim (1993), *Psychoanalyse, Adoleszenz und Nachträglichkeit,* S. 945 f.

mus von Familie und Kultur bzw. Fortpflanzung und Sexualität nicht hinreichend erfaßt.[35] Es ist vielmehr der Antagonismus zwischen Weiblichkeit und Männlichkeit, der sämtliche Bereiche der Baruya-Kultur grundlegend durchzieht und die Männer zu einer ganzen Reihe realer und symbolischer Operationen zwingt, um so die grundsätzlichen Spannungen und Konflikte, die sich aus jenem Dualismus für sie und ihren Herrschaftsanspruch ergeben, wenn nicht zu lösen, so zumindest abzumildern.

Wenden wir uns von der Triebseite den *Objekten* der phasenspezifischen Sexualäußerungen zu, so gelangen wir erneut zur Frage nach dem Inzestwunsch und der kulturellen Bedeutung seiner Eingrenzung.[36] Die Gefahr, der Sog der mütterlichen Introjekte, ist für das Identitätsgefühl des Knaben am stärksten in der pubertären Phase der Sexualreifung, da er jetzt zur geschlechtlichen Vereinigung unter dem Primat der Genitalität und der Fortpflanzungsfunktion imstande ist. Mit den Triebdurchbrüchen der Pubertät werden die inneren Selbst- und Objektbilder aus der infantilen Vorzeit mobilisiert. Gleichzeitig birgt dieser Entwicklungsschub auch die größte Chance, sich endgültig von der Mutter und ihren Introjekten zu befreien. Das scheint nicht nur mit den geheimen Zielen der Initiation übereinzustimmen, sondern auch mit dem, was Lidz und Lidz als wichtiges Kennzeichen melanesischer Ethnien im Unterschied zu westlichen Gesellschaften feststellen: mit dem Versuch einer Vermeidung des ödipalen Konflikts durch die Aufrichtung einer allen Frauen überlegenen Männlichkeit.[37]

Wie wir gesehen haben, versuchen die Baruya-Männer, ihren Herrschaftsanspruch gegenüber den Frauen im Rahmen einer virilen Wiedergeburt zu sichern und organisieren dabei eine heftige Abwehrschlacht gegen alles, was mit Weiblichkeit assoziiert, abgespalten und als das »Bö-

35 Zumal dann nicht, wenn die Betonung des Geschlechtergegensatzes nur als Ablenkung begriffen wird, die den alles entscheidenden Antagonismus zwischen Familie und Kultur verdeckt und zu entlasten sucht. »Zentrale Bereiche dessen, was in einer Gesellschaft als ›männlich‹ bzw. ›weiblich‹ gilt, erscheinen dann als durch Macht- und Gewaltverhältnisse geregelte Versuche, den Antagonismus zu bewältigen und die Position des Mannes auf Kosten der Frau davon zu entlasten.« Erdheim (1987), *Mann und Frau – Kultur und Familie. Beiträge zu einer psychoanalytischen Theorie der Weiblichkeit*, S. 70.

36 Das universell gültige Inzestverbot fordert und sorgt dafür, so Freud (1912–13) in *Totem und Tabu*, daß der Mann an die »Genealogie seiner Liebeswahl« nicht erinnert werde. Die Folge aber davon ist: »Der Weg der Objektwahl hat ihn regulärerweise über das Bild seiner Mutter, vielleicht noch seiner Schwester, zu seinem Liebesobjekt geführt; infolge der Inzestschranke glitt seine Vorliebe von beiden teuren Personen seiner Kindheit ab, um bei einem fremden Objekt nach deren Ebenbild zu landen.« Ebd., S. 23.

37 Lidz und Lidz (1991), *Weibliches in Männliches verwandeln*, S. 120.

se« nach außen projiziert wird. Wir haben weiterhin gesehen, daß die Bedrohung grundsätzlich bestehen bleibt, da die von Angst, Neid und Lust geprägte Bindung an die Frauen durch den »magischen Trick« der Enteignung und Übernahme mütterlicher Funktionen immer wieder aufs neue bestätigt und eher noch verstärkt wird.[38] Schließlich wurde deutlich, wie das verzweifelte Bemühen der Baruya, dieses Dilemma durch komplizierte und gewaltsame Initiationsriten, durch strenge gesellschaftliche Regelungen des Umgangs der Geschlechter sowie mit Hilfe ihre kollektiven Mythen zu »lösen«, letztlich auf den Versuch hinausläuft, die Sexualität insgesamt »abzuschaffen« bzw. die sexuelle Begierde, aufgrund der in ihr permanent lauernden tödlichen Gefahr der Vergiftung, von ihrer Objektgebundenheit zu »befreien«. Da dieser Prozeß zwangsläufig scheitern muß und sowohl Ängste und Minderwertigkeitsgefühle als auch Rachegelüste und eine Verstärkung destruktiver Reaktionsbereitschaften auslöst, werden die Objekte selbst als »Schuldige« an diesem Dilemma ausgemacht und verfolgt.

Alle Versuche der Männer, sich aus der Abhängigkeit vom Objekt, die nirgends deutlicher wird als auf dem Feld der Sexualität, zu befreien, lassen sich triebtheoretisch als dramatische Inszenierungen eines Wechsels von Trennungen, Abspaltungen und Verschiebungen entlang einer Kette von Partialobjekten begreifen, die mit dem Verhältnis von Sexualität und Perversionen in Verbindung gebracht werden können. Der große Raum, den die Mobilisierung »perverser« Anteile der Sexualität am Initiations-Drama der Baruya einnehmen (Fellatio, Sadismus, Masochismus, Voyeurismus, Exhibitionismus, Fetischismus, Transvestismus usw.) bestätigt die sexualwissenschaftliche Erkenntnis, daß in vielen (männlichen) Perversionen die Bindung an das heterosexuelle Objekt sowohl negiert als auch bestätigt wird.[39] Perversionen gelten als »ero-

38 »Die inneren phantasmagorischen Bilder von der Mutter, die im Unbewußten eingesenkt sind, lassen sich nicht tilgen.« Becker-Schmidt (1992), *Verdrängung, Rationalisierung, Ideologie*, S. 96.

39 Die präödipale Sexualität des Kindes kennt diese eindeutige Festlegung noch nicht. Insofern hat Godelier Recht, wenn er die Beschneidung der kindlichen Wünsche »um ihre spontane Polyvalenz, ihren spontanen Polytropismus« (S. 308) unter dem Verdikt des Inzesttabus als ein Entfremdungsphänomen faßt, das diese Wünsche auf »angemessene« Personen und Dinge lenkt. Allerdings können die Begriffe »Polyvalenz« und »Polytropismus« die unbewußte Eigendynamik der infantilen Sexualität nicht hinreichend fassen und sollten um den Freudschen Ausdruck »polymorph-pervers« zur Betonung des sexuellen Charakters dieser kindlichen Wunschbewegungen ergänzt werden. – Die Vorbehalte Godeliers gegenüber der Psychoanalyse erweisen sich an dieser Stelle als Nachteil für seine Analyse. Für ihn ist die Sexualität nur ein Medium, das den Diskurs der männlichen Herrschaft über die Körper zum Ausdruck bringt, selbst aber keinen eigenen Ort außerhalb dieses Diskurses hat.

tische Form von Haß« und dienen in der Regel dem Ziel eines von Racheimpulsen diktierten (manchmal auch gewalttätigen) Triumphes über das differente Geschlecht und können dabei den (zwanghaften) Anspruch auf genitale Befriedigungen nicht aufgeben.[40] Ohne den Vergleich mit (westlichen) Perversionsmodellen zu überdehnen, lassen sich die beiden, nicht voneinander zu trennenden (unbewußten) Hauptthemen der männlichen Perversion auch in den Höhepunkten der Baruya-Initiation wiederfinden: die Fixierung auf das genitale Endziel *und* die feindselige Ausgrenzung der Frauen.[41]

Die Mechanismen dieser spezifisch männlichen Verbindungen von (phallischer) Sexualität und (objektzerstörerischer) Aggression können nicht verstanden werden, wenn das angedeutete *Vorher*, also die frühesten Vorstufen der psychosexuellen Entwicklung entweder *gar nicht* oder *nur* als nachträgliches Konstrukt gesehen wird. Eine der wichtigsten Quellen für die Wahrnehmung und Verarbeitung der Geschlechterdifferenz und vor allem der inhärenten Ambivalenz und Haßbereitschaft gerät dann aus dem Blick. Deshalb ist die These Becker-Schmidts, die traumatisierende Wirkung des Sperma-Trinkzwangs während der Baruya-Initiation bestehe in einer (nachträglichen) *Sexualisierung* der frühen oralen Beziehung zur Mutter, nicht ganz zutreffend.[42] Das Männlichkeitsdilemma beginnt, weil schon die frühe Oralität von Anfang an auch sexuell ist und folglich nicht ohne Objekt des Begehrens und der Befriedigung auskommen kann. Da sich die Sexualität aber bereits während der oralen Phase in Anlehnung an die Nahrungsaufnahme, d. h. an eine *Funktion* (Laplanche) konstituiert und sich erst durch die Separierung von dieser Funktion eigenständig, mit einem (verschobenen) ersten eigenen Objekt äußert, gilt die erzwungene Regression der Baruya dem Versuch, genau an diesen Punkt zurückzukehren, um von da aus die Geschichte als exklusiv männliche neu zu schreiben. Die begleitenden Selbsterschaffungsphantasien beziehen sich weder auf die *biologische* Geburt – insofern trifft der Ausdruck »Gebärneid« nicht die Tiefendimension des Geschehens – noch auf jene Phase der *psychischen* Geburt, die in den meisten psychoanalytischen Ansätzen mit der Auflösung der Mutter-Kind-Symbiose und der beginnenden Individuation verbunden wird. Was die Männerphantasien der Baruya in beiden

40 Vgl. Stoller (1979), *Perversion. Die erotische Form von Haß*, bes. S. 26–33.

41 »Zuallererst ist Perversion das Ergebnis einer notwendigen Wechselwirkung zwischen Feindseligkeit und sexuellem Verlangen«. (ebd., S. 13.) Dieser zentrale, über die Baruya hinausweisende Gesichtspunkt bildet eines der Hauptthemen des zweiten und dritten Teils.

42 Becker-Schmidt (1992), *Verdrängung, Rationalisierung, Ideologie*, S. 98.

Richtungen entlang der Genitalität-Oralitäts-Achse zu re-inszenieren versuchen, ist die »Geburt« einer Sexualität, die eine virile Selbsterzeugung unter einem entscheidenden Kriterium ermöglichen soll: der Befreiung des Triebes von seiner Bindung an das Objekt, insbesondere an das weibliche. – Um diesen Vorgang und seine Bedeutung für eine Analyse allgemeiner Tiefenstrukturen von Maskulinität zu verstehen, ist eine Untersuchung der Konstitution der männlichen Sexualität im Medium primärer Objekterfahrungen unabdingbar.

Zweiter Teil

Zur Konstitution der männlichen Sexualität

Das Sexualleben des Kulturmenschen ist doch schwer geschädigt, es macht mitunter den Eindruck einer in Rückbildung befindlichen Funktion, wie unser Gebiß und unsere Kopfhaare als Organe zu sein scheinen. … Manchmal glaubt man zu erkennen, es sei nicht allein der Druck der Kultur, sondern etwas am Wesen der Funktion selbst versage uns die volle Befriedigung und dränge uns auf andere Wege.

Sigmund Freud, Das Unbehagen in der Kultur

Vom Trieb zum Objekt – Das Dilemma der Sexualität

Die menschliche Sexualität läßt sich weder auf ein biologisches Triebpotential reduzieren noch ist sie das Ergebnis eines mechanischen Niederschlags äußerer Verhältnisse im Subjekt. Von Freud als »Psychosexualität« konzeptionalisiert, bildet sie das Fundament der gesamten Psychoanalyse und macht, neben der Lehre vom Unbewußten, von der Verdrängung und den Annahmen über den psychischen Apparat, die Hauptbezugsachse des Freudschen Denkens aus. Zwar gelten als Pole dieser Achse der zum somatischen Ende hin offene Trieb auf der einen sowie der Einfluß der äußeren Realität auf der anderen Seite; Gegenstand der Psychoanalyse als Theorie des Unbewußten sind jedoch die Verbindungen, die im Spannungsfeld zwischen diesen Polen entstehen und als »Repräsentanzen« auf jener Ebene erscheinen, die Freud »psychische Realität« nennt. Sexualität ist zunächst einmal eine Inszenierung von Phantasie und Einbildungskraft.

Freuds Annahmen über Struktur und Genese der Psychosexualität sind unabgeschlossen, in sich widersprüchlich und können keinesfalls unkritisch als allgemeingültige Lehrsätze übernommen werden. Das zeigt sich in erster Linie an den triebtheoretischen Konzeptionen, die sich auf das Geschlechterverhältnis und seine Verarbeitung beziehen. Kritik, Weiterentwicklungen und auch Neuformulierungen sind unbedingt notwendig, sollten aber auf der Basis einer rekonstruktiven Aneignung der häufig mißverstandenen sexualtheoretischen Grundannahmen Freuds erfolgen.

Die Entwicklung der Psychoanalyse nach Freud hat grundsätzlich zu einer ganzen Reihe wichtiger Ergänzungen und Weiterentwicklungen der metapsychologischen Konzepte geführt. Hinsichtlich des triebtheoretischen Fundaments der Psychoanalyse hat sich allerdings durch die Ich-Psychologie, die Narzißmustheorie, die Selbstpsychologie und schließlich durch die Objektbeziehungstheorie eine paradigmatische Wende vollzogen, in deren Verlauf die Sexualität und die in ihr eingelagerten Konfliktstrukturen immer stärker ins Abseits der psychoanalytischen Theorie gerückt, von entscheidenden Anteilen »gereinigt« oder als Bezugspunkt sogar vollständig preisgegeben worden sind. Diese Entwicklung hat bereits zu Freuds Lebzeiten begonnen und läßt sich z. B. an den Theorien Alfred Adlers, insbesondere aber an den Ansichten seines »Kronprinzen« C. G. Jung dokumentieren. Schon vor dem dramatischen Zerwürfnis mit Freud hat Jung seinen radikalen Schnitt antizipiert, als er nach einer Amerikareise von der freundlichen Aufnahme der Psychoanalyse in der Neuen Welt berichtete und Freud sein Mittel zur Überwindung des einzigen noch spürbaren Widerstandes der Amerikaner verriet: Man müsse nur auf die Sexualtheorie verzichten, dann wären alle restlos begeistert.

Unter dem Stichwort »Verflüchtigung« hat Paul Parin diesen inzwischen zum Mainstream der meisten nach-freudianischen Schulen der Psychoanalyse gehörenden Trend zu einer sexualtheoretischen Selbstreinigung vehement kritisiert: »Die Bedeutung des Sexuellen gehört zu den Entdeckungen, deren ›Verflüchtigung‹ die ganze Wissenschaft ihrer Grundlage berauben würde.«[1] Mit der Preisgabe ihrer materiellen Basis aber ginge der heuristische Wert der Psychoanalyse verloren und ihre Erkenntnismöglichkeiten wären erheblich eingeschränkt. Das beträfe sowohl ihr klinisch-therapeutisches Potential als auch ihre Bedeutung als Instrument einer kritischen Gesellschaftsanalyse. Die scharfe Kritik Adornos am Konformismus der sogenannten »neo-freudianischen« Psychoanalyse (Sullivan, Fromm, Horney u. a.) wies in eine ähnliche Richtung. Insbesondere der Verzicht auf den Libidobegriff und die gesamte »Psychologie der Triebe« laufe auf eine oberflächliche, milieutheoretische Revision der Freudschen Theorie hinaus. »Je mehr die Psychoanalyse soziologisiert wird, um so stumpfer wird ihr Organ für die Erkenntnis der sozial verursachten Konflikte. Die gleiche Tendenz zeigt sich auch im Ausschluß aller eigentlich somatischen Vorstellungen. So wird die Psychoanalyse in eine Art höherer Sozialfürsorge verwandelt.«[2] Am deutlichsten zeige sich diese Revision im Dienste der Forderung nach reibungsloser Anpassung an der Haltung zur Sexualität. Die in Mode gekommene Desexualisierung der Psychoanalyse verharmlose die grundlegenden Konfliktstrukturen im Einzelnen und zwischen Individuum und Gesellschaft, wenn etwa sadistisches Machtbegehren von Karen Horney nur aus »Schwäche, Angst und Racheimpulsen« (ebd.) abgeleitet und jeglicher Zusammenhang mit sexuellen Motiven geleugnet wird.[3] – Es

1 Parin (1986), *Die Verflüchtigung des Sexuellen in der Psychoanalyse*, S. 12. »Gestatten Sie mir einen Vergleich aus der Medizin. Aus der Chirurgie hat sich vor der Jahrhundertwende die antiseptische Methode verflüchtigt und ist durch die aseptische ersetzt worden. Würde sich jedoch die Kenntnis der Anatomie des Menschen verflüchtigen, gäbe es keine Chirurgie mehr« (ebd.).

2 Adorno (1952), *Die revidierte Psychoanalyse*, S. 28.

3 »Als diese Theorie des Sadismus, die ihn zu einer rein gesellschaftlichen Verhaltensweise verdünnt, von Horney aufgestellt wurde, führte die faschistische Ausrottungspolitik

wird sich zeigen, daß dieser inzwischen allgemein verbreitete Hang zur Desexualisierung genuin sexueller Machtverhältnisse auch und gerade für eine Analyse sexueller Gewaltakte und der darin zum Vorschein kommenden Weiblichkeitsabwehr der Männer fatale Auswirkungen hat.

Die Kritik an einer Ent-Sexualisierung der Psychoanalyse trifft auch auf jene Ansätze zu, die zwar von Sexualität reden, dabei aber Freuds Sexualtheorie isoliert in einen der beiden Pole – entweder in das somatische Ende der sexuellen Triebäußerungen *oder* in den Einfluß der äußeren Realität – aufzulösen versuchen. In der jüngeren Diskussion lassen sich diese entgegengesetzten Tendenzen (Trieb versus Umwelt) exemplarisch an den *psychobiologischen* (Sulloway) und den *traumatheoretischen* (Masson u. a.) Rettungsversuchen der Freudschen Lehre ablesen. Sulloway sieht die infantile Sexualität ausschließlich als spontane Triebäußerung, wobei der dabei vorausgesetzte *Trieb an sich* weitgehend mit einem biologischen Instinkt verwechselt wird.[4] Auch die biologistische Verkürzung der Triebtheorie ist nicht neu. Als einer ihrer bekanntesten frühen Vertreter gilt ohne Zweifel Wilhelm Reich, dessen Suche nach den somatischen Wurzeln meßbarer Störungen im Libidohaushalt zunächst in einer heilsversprechenden sexuellen Befreiungsideologie (Sexpol) und schließlich in einer energetischen Kosmologie mit Erlöseranspruch (Orgontheorie) landete. Bei Masson dagegen erscheint die Sexualität ausschließlich als tragischer Niederschlag gewaltsamer Eingriffe von außen, womit die Psychoanalyse letztlich unter das Verdikt einer moralischen Täter-Opfer-Kampagne gestellt wird.[5] Beide Ansätze verfehlen mit ihrer Suche nach einem eindimensionalen Schema mechanisch wirkender Kausalbeziehungen den eigentümlichen (somatopsychischen *und* sozial bestimmten) Hintergrund sexueller Inszenierungen und landen in der Sackgasse reduktionistischer Theorien.

---

den grausamen Beweis für die Identität des angeblich nur gesellschaftlichen Machtstrebens mit sexuellen Impulsen, und gerade die Vernebelung dieser Identität trug nicht wenig zur Entfesselung der Barbarei bei« (ebd). Vgl. auch Jacoby (1990), *Die Verdrängung der Psychoanalyse oder der Triumph des Konformismus*; Gast (1992), *Libido und Narzißmus. Vom Verlust des Sexuellen im psychoanalytischen Diskurs*; Green (1998), *Hat Sexualität etwas mit Psychoanalyse zu tun?* Yorke (2002), *Die Aktualität der Triebtheorie.*

4 Vgl. Sulloway (1982), *Freud. Biologe der Seele. Jenseits der psychoanalytischen Legende.*

5 Masson (1984), *Was hat man dir, du armes Kind getan? Sigmund Freuds Unterdrückung der Verführungstheorie*; Miller (1981), *Du sollst nicht merken. Variationen über das Paradies-Thema.*

Plastizität der Psyche und Haftbarkeit der Libido

Die psychoanalytische Erkenntnis der zentralen Bedeutung der Sexualität für die normale und pathologische Persönlichkeitsentwicklung sowie für die männliche und weibliche Geschlechtsidentität ist untrennbar mit Freuds Entdeckung der infantilen Sexualität und ihrer Konstitution verbunden. Der enge Zusammenhang von *Kindheit* und *Sexualität* bildet eines der tragenden Fundamente der psychoanalytischen Sexualtheorie und damit der Psychoanalyse überhaupt. Diese Verknüpfung des Sexuellen mit dem Infantilen, an der Freud auch in allen Modifikationen und Erweiterungen seiner Theorie festgehalten hat, weist auf zwei somatische Quellen hin: auf die Beschaffenheit des *Körpers* (Leiblichkeit) einschließlich der Prozesse, die von ihm ausgehen bzw. an ihm vorgenommen werden (1); und auf den *Trieb* und seine Abkömmlinge (2).

1. Der Körper und seine Funktionen, d. h. sowohl die inneren Organe als auch seine Hülle (Oberfläche), die Haut – das größte menschliche Organ – bilden die Austauschzonen zwischen Innen und Außen. In den Körper und seine Repräsentationen auf der Ebene der psychischen Realität schreiben sich äußere und innere Einflüsse in einem wechselseitigen Anlehnungsverhältnis ein und tragen als Engramme entscheidend zur Bildung elementarer Persönlichkeitsmerkmale bei. Auch die Anfänge der Ich-Entwicklung sind an diese somatopsychischen, durch die sogenannte »Wahrnehmungs-Bewußtseins-Funktion« (W-Bw) gefilterten und in Gang gesetzten Einschreibungsprozesse gebunden.

> »Es ist leicht einzusehen, das Ich ist der durch den direkten Einfluß der Außenwelt unter Vermittlung von W-Bw veränderte Teil des Es, gewissermaßen eine Fortsetzung der Oberflächendifferenzierung. (...) Der eigene Körper und vor allem die Oberfläche desselben ist ein Ort, von dem gleichzeitig äußere und innere Wahrnehmungen ausgehen können. Er wird wie ein anderes Objekt gesehen, ergibt aber dem Getast zweierlei Empfindungen, von denen die eine einer inneren Wahrnehmung gleichkommen kann. (...) Das Ich ist vor allem ein körperliches, es ist nicht nur ein Oberflächenwesen, sondern selbst die Projektion einer Oberfläche.«[6]

6 Freud (1923), *Das Ich und das Es*, S. 252 f.

Psychische Hülle, Grenze, Membran, Ort der inneren und äußeren Wahrnehmungen sowie Austauschzone zwischen Innen und Außen – all diese körperlichen und psychischen Funktionen am Ursprung der Ich-Entwicklung greift Didier Anzieu auf und weitet sie systematisch zu einer Theorie des *Haut-Ichs* (1991) aus. Nach Anzieu ist die Haut »gleichzeitig eine organische und eine imaginäre originäre Gegebenheit, sie ist Schutzvorrichtung unserer Individualität sowie erstes Instrument und Ort des Austauschs mit dem Andern« (S. 13). Dieses Modell bestätigt, daß »für das Seelenleben eine doppelte Anlehnung besteht: an den biologischen Organismus und an das soziale Umfeld – und eine gegenseitige Anlehnung zwischen beiden« (S. 14). Worin aber besteht nun die biologische Grundlage der frühesten Interaktionen und welche Rolle spielen insbesondere die Triebe und ihre Äußerungsformen für einen Austausch mit der Außenwelt, in dem sich Subjektivität allererst konstituiert?

Auf den Sexualtrieb und seine Derivate bezogen, zeigt sich neben der Reichhaltigkeit und Tragweite dieses Ansatzes gleichzeitig seine Beschränkung, denn die körperlichen Austauschzonen, an die der Sexualtrieb sich heftet und an denen er – phantasmagorisch angelehnt an äußere Einflüsse und ihre psychischen Niederschläge – zur Darstellung kommt, die *erogenen Zonen,* umfassen mehr als die Haut. Anzieu kann den noch genauer zu analysierenden Widerspruch in Freuds ökonomischen Modellvorstellungen zwischen Quantität (Reiz/Reizschutz) und Qualität (Lust/Unlust) und damit zwischen Konstanz-, Nirwana- und Lustprinzip als Organisatoren der Triebbewegung nicht produktiv aufnehmen. Was bleibt, ist sein Zweifel am Sinn der Triebkonzeption überhaupt. In sein Entstehungsmodell der frühesten Ich-Funktionen lassen sich auch eher die Varianten des Selbsterhaltungstriebes – der »Bindungstrieb« (Bowlby), der »Anklammerungstrieb« (Hermann) und der »Bemächtigungstrieb« (Freud) – integrieren als die Manifestationen des Sexualtriebes. Aber mit der sexuellen Dimension verschwindet nicht nur ein fundamentaler Antagonismus innerhalb der psychoanalytischen Theorie, an dem alle dualistischen Triebkonzeptionen Freuds festgehalten haben, sondern darüber hinaus auch ein wesentlicher Bezugspunkt für eine Theorie des Haut-Ichs. Dieses hier nicht weiter zu vertiefende Modell bietet sich jedoch als ein möglicher Erklärungsansatz für die Analyse der Geschlechtsidentitätsentwicklung an, denn mit Anzieu läßt sich festhalten: Die Haut ist die körperliche Einbruchstelle für eine Sexualität, die ihre Entstehung äußeren und inneren Reizen zugleich verdankt. Das wird besonders im Stadium der Oralität deutlich, bestimmt aber die gesamte Achse der psychosexuellen Phasen bis hin zur Genitalität.[7]

Die Widersprüche in Freuds triebtheoretischen Fundierungen der Psychoanalyse, die uns immer wieder begegnen werden, entspringen nicht vorrangig der begrifflichen Not, sondern der ihres Gegenstandes: der Konstitution einer von Anfang an *dilemmatischen Sexualität* im (inneren und äußeren) Spannungsfeld zwischen Reiz, Begierde und Objekt.[8] Um die Erkenntnischancen dieses Ansatzes insbesondere in der Frage nach der psychischen Konstruktion von Männlichkeit, nicht zu verbauen, ist ein differenziertes Festhalten an Freuds dualistischer Triebtheorie unabdingbar.

2. Die häufig geleugnete oder mißverstandene Grundlage der sexuellen Lebensvorgänge sind der *Sexualtrieb* und die *Libidoprozesse*, in denen dieser in Erscheinung tritt. Libido als psychische Energieform läßt sich weder in sexualphysiologische Vorgänge auflösen, noch macht es Sinn, den Ursprung des Sexualtriebes – und wie Wilhelm Reich noch dazu die Möglichkeit seiner vollständigen »Befreiung« – in einem biologischen Substrat zu suchen. Im Zentrum von Reichs sexualpolitischen und vegetotherapeutischen Ansätzen steht die Idee einer ungehemmten Freisetzung gestauter Libido. Seine damit einhergehende Fetischisierung ausschließlich genitaler und heterosexueller Orgasmusfähigkeit reproduziert unter der Hand den Stauungs- und Entladungswahn männlicher Sexualideologie und -praxis.[9]

Die in diesem Zusammenhang immer wieder gestellte Frage nach einem »Trieb an sich« hinter den manifesten Formen von Sexualität ist müßig. Bei Freuds triebtheoretischen Annahmen handelt es sich eingestandenermaßen um nützliche, aber rein spekulative Arbeitshypothesen, denen ein unbestimmter, ja mythologischer Charakter anhaftet. Vom Sexualtrieb, dem Trieb »par excellence« (Laplanche), kann erst gesprochen werden, wenn er erkennbar, aber nicht meßbar auf der

---

7 Interessant ist in diesem Kontext der Versuch Robert Heims, einen adoleszenztheoretischen Ansatz zu entwickeln, der als »Hermeneutik des Leibes« und unter Rekurs auf den Zusammenhang von Körperlichkeit und Sozialität eine Analyse fremdenfeindlicher Gewalt männlicher Jugendlicher erlaubt, ohne dabei triebtheoretische Grundsätze preiszugeben. Vgl. Heim (1999), *»Das Ich ist vor allem ein körperliches«. Jugendliche Gewalt und fragmentiertes Körper-Ich*.

8 »Die Größe Freuds besteht wie die aller radikalen bürgerlichen Denker darin, daß er solche Widersprüche unaufgelöst stehen läßt und es verschmäht, systematische Harmonie zu prätendieren, wo die Sache selber in sich zerrissen ist.« Adorno (1952), *Die revidierte Psychoanalyse*, S. 31.

9 Für Reich gilt als Ursache der Neurosen eine somatische »Libidospannung«, eine übermäßige »Anhäufung physio-chemischer Sexualstoffe«, die sich als Störung der genitalen Orgasmusfähigkeit ausdrückt. Vgl. Reich (1927), *Die Funktion des Orgasmus*, S. 9.

Ebene der psychischen Realität in Erscheinung tritt. Dann aber ist er bereits durch den Austausch mit der Außenwelt überformt, von seinem somatischen Ursprung entfernt und einer (letztlich gesellschaftlich bestimmten) Geschichte unterworfen. Das Entscheidende am Trieb sind also seine vom Lebensschicksal geprägten Äußerungsformen. Was aber ist dann genau unter der psychoanalytischen Konzeption des somatisch verwurzelten Triebes als einer elementaren humanspezifischen Kraft zu verstehen?

> »Unter einem ›Trieb‹ können wir zunächst nichts anderes verstehen als die psychische Repräsentanz einer kontinuierlich fließenden, innersomatischen Reizquelle, zum Unterschied vom ›Reiz‹, der durch vereinzelte und von außen kommende Erregungen hergestellt wird. Trieb ist so einer der Begriffe der Abgrenzung des Seelischen vom Körperlichen.«[10]

Wenn Freud 1915 in *Triebe und Triebschicksale* in einer ähnlichen Formulierung aus (vermeintlich) biologischer Perspektive den Blick auf das Sexualleben wirft, so ist auch an dieser Stelle unter dem Trieb als »Grenzbegriff zwischen Seelischem und Somatischem« letztlich nur eine psychische Erscheinungsform zu verstehen. Schon hier, mit dieser scheinbar noch naturwissenschaftlichen Argumentation lassen sich die Funktionsweisen und Folgen des Triebes genauer bestimmen: Der Zusammenhang mit dem Körperlichen besteht darin, daß der Trieb kontinuierlich Reize aus dem Körperinneren aussendet und damit dem seelischen Haushalt, dessen Hauptfunktion ja zunächst in der Erledigung der inneren und äußeren Reize besteht, ein »Maß der Arbeitsanforderungen« auferlegt.[11] Freud faßt diese Triebreize unter dem Begriff »Drang« zusammen und unterscheidet sie von der »Quelle« und dem »Ziel« des Triebes. Der Ausdruck »Quelle« bezieht sich auf ein Organ oder ein Körperteil, insofern kommen auch hier somatische Vorgänge ins Spiel. Obwohl mit das Wichtigste am Trieb, läßt sich nach Freud der somatische Ursprung der »Quelle« des Triebes jedoch nicht mehr psychologisch untersuchen. Jeder Versuch in diese Richtung verlasse eindeutig den Boden der Psychoanalyse und ihrer Erklärungsmöglichkeiten.

Entscheidend für die Psychoanalyse ist dagegen, daß der somatische Sexualreiz im Seelenleben durch den Trieb *repräsentiert* wird, dessen Ziele erst in und durch diese Repräsentation sichtbar werden. Nach

10 Freud (1905), *Drei Abhandlungen zur Sexualtheorie*, S. 67.
11 Freud (1915b), *Triebe und Triebschicksale*, S. 214.

Robert Heim ist im Sexualtrieb somit eine »Umschlagstelle beschlossen, in der sich die Naturkausalität des biologischen Körpers in die psychische Kausalität von Triebrepräsentanzen transformiert.«[12] Auch André Green hält den Begriff der (psychischen) Repräsentation für den zentralen Terminus der allgemeinen Definition des Triebes, denn er »sagt uns, daß der Trieb bereits dem Bereich des Psychischen angehört *und* daß er Delegierter, Mandatsträger oder Botschafter des Körpers ist. Es handelt sich nicht um rein Somatisches, sondern um die *libidinös besetzte* Körperlichkeit.«[13] Als *Triebrepräsentanz* aber hat sich die Gestalt des Triebes bereits geändert, da der somatische Reiz aus der Quelle keine unmittelbare Umsetzung, keine lineare, biologisch bestimmte Darstellungs- und Befriedigungsform finden kann. Gleichwohl ist, um auf Freuds Argumentation in *Triebe und Triebschicksale* von 1915 zurückkommen, das Ziel des Triebes »nur durch Aufhebung des Reizzustandes an der Triebquelle selber« (S. 215) zu erreichen. Diese Aufhebung der Triebspannung gilt als »Endziel« aller Aktivitäten des Triebes.[14] Aber wie ist dieses Ziel zu erreichen, wenn nicht direkt auf biologischem Wege? Und was bedeutet diese Definition des Triebziels für die beiden Hauptmerkmale der Triebrepräsentanz, die *Vorstellung* und das *Affektquantum*? Hier bringt Freud nun das vierte Qualitätsmerkmal des Triebes ins Spiel, nämlich das *Objekt*, »an welchem oder durch welches der Trieb sein Ziel erreichen kann« (ebd.).

Für unseren Zusammenhang ist das *Objekt* absolut entscheidend, denn die komplexe Dynamik in den Bewegungen zwischen ihm und

---

12 Heim (1993), *Die Rationalität der Psychoanalyse. Eine handlungstheoretische Grundlegung psychoanalytischer Hermeneutik*, S. 452. »Die Triebrepräsentanz bildet die Mitte in jener ›doppelten Realität‹ (Husserl), in der die erste Natur des Körpers in die zweite Natur des soziokulturellen Leibes umschlägt. (...) Die primäre Sozialisation des kindlichen Organismus vollbringt genau diesen Umschlag, indem sie Psychisches als ein System von Triebrepräsentanzen schafft, in denen sich schließlich die menschliche Sexualität als lebensbestimmende Sinnstruktur kristallisiert« (ebd., S. 454).

13 Green (2000), *Geheime Verrücktheit. Grenzfälle der psychoanalytischen Praxis*, S. 78. Vgl. auch eine ähnliche Definition des Zusammenhangs zwischen »Trieb« und »Triebrepräsentanz« im *Vokabular der Psychoanalyse* (1972) von Laplanche/Pontalis: »Die *Beziehung* des Somatischen zum Psychischen wird weder als Parallelismus noch als Kausalität verstanden; sie muß im Vergleich mit der Beziehung verstanden werden, die zwischen einem Delegierten und seinem Mandanten besteht« (S. 442).

14 Freud spricht hier ganz allgemeine Funktionsweisen des Triebgeschehens an, aber schon die Terminologie (»Drang«, »Maß der Arbeitsanforderung«, Erreichen des »Endziels« usw.) läßt unschwer eine männliche Konnotation erkennen, besonders wenn sie im Lichte der zugespitzten Formulierung an anderen Stellen, an denen Freud vom männlichen Genital als dem »Exekutivorgan« der Sexualität spricht, betrachtet wird.

dem Trieb steht im Mittelpunkt der Struktur und Geschichte der gesamten menschlichen Sexualität. Erst durch das Objekt eröffnet sich die intersubjektive Bedeutung der Sexualität, in deren Bestimmung und Ausgestaltung *Trieb* und *Realität* als wechselseitig sich durchdringende Einflußzonen mit eingehen. Für das variantenreiche Wechselspiel von Trieb, Objekt und äußerer Realität hat Freud immer wieder versucht, ein dem jeweiligen Entwicklungsstand seiner Theorie und Praxis angemessenes Erklärungsmodell zu finden, eine mehr oder weniger schlüssige »ätiologische« Formel. Diese Versuche reichen von seinen frühen neurosentheoretischen Ansätzen ab 1893 – als er beginnt, nach dem Verhältnis von Bedingungen, Ursachen und Anlässen neurotischer Erkrankungen auf dem Hintergrund einer spezifischen Erlebnisrealität und Erinnerungsarbeit zu fragen – bis hin zu der Aufstellung eines Schemas von »Ergänzungsreihen« innerer und äußerer Einflußfaktoren in seinen *Vorlesungen* von 1916/17. Demnach findet eine schichtweise Überlagerung von mindestens drei Ebenen statt: eine hereditäre Sexualkonstitution, die von der Triebstärke und der relativen Stärke einzelner Partialtriebkomponenten abhängt; damit zusammenhängend das infantile Erleben, das zu einer bestimmten infantilen Disposition durch Libidofixierungen führen kann; und schließlich das akzidentelle Erleben nach der pubertären Sexualreifung, das im Lichte neuer Ereignisse und unter Rückgriff auf die infantile Disposition nachträglich traumatisierend wirken und auf dem Wege der Verdrängung zu neurotischen Symptombildungen führen kann, aber nicht zwangsläufig führen muß.[15]

Das psychoanalytische Konzept der *Nachträglichkeit* ist elementar und durchzieht Freuds gesamtes Werk. Die neurosenätiologische Bedeutung einer nachträglich pathologisierenden Umarbeitung hat Freud schon früh (1896) erkannt: »Ich arbeite mit der Annahme, daß unser psychischer Mechanismus durch Aufeinanderschichtung entstanden ist, indem von Zeit zu Zeit das vorhandene Material von Erinnerungsspuren eine *Umordnung* nach neuen Beziehungen, eine *Umschrift* erfährt.«[16] Weder die Verdrängungslehre, das Verhältnis von Fixierung und Regression, die psychoanalytische Traumatheorie noch ihre klinische und

15 Freud (1916/17a), *Vorlesungen zur Einführung in die Psychoanalyse*, S. 351–371 und S. 376; vgl. auch Freud (1905), *Drei Abhandlungen zur Sexualtheorie*, S. 141 f.

16 Freuds Brief an W. Fließ v. 6.12.1896, in: Freud (1950), *Aus den Anfängen der Psychoanalyse*, S. 185. Ähnlich wie bei Freud geht es auch in Piagets Modell der kognitiven Entwicklung immer wieder um eine Integration früherer Erfahrungen im Sinne von Umstrukturierungen auf »höherem Niveau«, denn »auf jeder Ebene assimiliert das Kind unbewußt die aktuelle Gefühlssituation an frühere, ja sogar an die frühesten Situationen.« Piaget (1975), *Nachahmung, Spiel und Traum*, S. 237.

nichtklinische Tiefenhermeneutik kann ohne eine systematische Berücksichtigung dieses Nachträglichkeitskonstrukts verstanden werden. Seine ätiologische Bedeutung bezieht sich somit nicht nur auf die pathologische Persönlichkeitsentwicklung, sondern ist allgemeingültig. Der Gesichtspunkt der »Nachträglichkeit« und die Idee der »Ergänzungsreihen« machen einerseits deutlich, daß *endogene* und *exogene* Faktoren nicht voneinander isoliert werden können[17] und zeigen andererseits die Unhaltbarkeit des beliebten Vorwurfs gegenüber der Psychoanalyse, sie würde mit deterministischer Strenge die Kindheit als »unausweichliches Schicksal« begreifen.[18] Ausgangspunkt und Basis der neurotischen Entwicklung liegen in der infantilen Vorgeschichte, aber ihr ätiologischer Kern besteht in einem signifikanten Zusammenhang von Infantilität, Verdrängung und Nachträglichkeit. Die Symptome selbst sind in der Regel »überdeterminiert«, ein Umstand, der über die Neurose hinaus generell für das Verhältnis von Sexualität und Subjektivität gilt.[19]

Der Einbruch der Sexualität in die Lebensordnung konstituiert Subjektivität und bestimmt gleichzeitig die Geschichte des Subjekts. Aber gegenüber allen Ansätzen, die von einem isolierbaren »Ursprung« dieses Konstitutionsprozesses ausgehen, ist Vorsicht angebracht, denn die

---

17 Selbst die moderne Biologie hat nachgewiesen, daß die Beziehung zwischen einem Organismus und der Umwelt eine immanente, d. h. »eine nicht dissoziierbare Interaktion zwischen internen Strukturen und den Stimulationen der externen Umwelt« ist. Piaget zit. nach Furth (1976), *Intelligenz und Erkennen. Die Grundlagen der genetischen Erkenntnistheorie Piagets*, S. 10. Daß sich Entwicklung »niemals auf eine bloße Folge empirischer Erwerbungen reduzieren läßt« (ebd., S. 11), wird auch durch die neuere Säuglingsforschung bestätigt.

18 Vgl. Hemminger (1982), *Kindheit als Schicksal. Die Frage nach den Langzeitfolgen frühkindlicher seelischer Verletzungen*; Nuber (1995), *Der Mythos vom frühen Trauma. Über Macht und Einfluß der Kindheit.* Nicht nur populärwissenschaftliche Verflachungen der psychoanalytischen Theorie, sondern Psychoanalytiker(innen) selbst haben diesem Determinismusvorwurf immer wieder Nahrung gegeben, so leider auch Kurt Eissler: »Es ist die grundlegende Erkenntnis der psychoanalytischen Forschung, daß, eine durchschnittliche Konstitution vorausgesetzt, die Ereignisse der ersten fünf Lebensjahre darüber entscheiden, ob aus dem Kind später ein Verbrecher oder ein Heiliger wird, ein Durchschnittsbürger oder ein Spitzenkönner, ein gesunder, angepaßter Mensch oder einer, den Neurose oder Depression zerreißen.« Eissler, zit. nach Zimmer (1990), *Tiefenschwindel. Die endlose und die beendbare Psychoanalyse*, S. 335.

19 Vgl. Waelder (1930), *Das Prinzip der mehrfachen Funktion. Bemerkungen zur Überdeterminierung.* Zum psychoanalytischen Konzept der »Nachträglichkeit«, das hier nicht weiter ausgeführt werden kann, vgl. Erdheim (1993), *Psychoanalyse, Adoleszenz und Nachträglichkeit*; Kerz-Rühling (1993), *Nachträglichkeit*; Görling (2001), *Eine Maschine, die nächstens von selber geht: Über Nachträglichkeit und Emergenz*; Kettner (1999), *Das Konzept der Nachträglichkeit in Freuds Erinnerungstheorie.* Zur Bedeutung dieses Konzepts für eine sozialpsychologische Erinnerungs- und Gedächtnistheorie; vgl. Rüsen/Straub (1998), *Die dunkle Spur der Vergangenheit. Psychoanalytische Zugänge zum Geschichtsbewußtsein. Erinnerung, Geschichte, Identität 2.*

Sexualität (in der erweiterten Bedeutung, die Freud ihr verliehen hat) ist, sobald sie in Erscheinung tritt, und erst dann ist sie ja der Beobachtung zugänglich, bereits eine zum eigenen Ursprung hin verschobene seelische Ausdrucksform. Die »Entbindung« der Sexualität (Freud) aus einem »ersten« Ursprung heraus läßt sich also nur spekulativ und hypothetisch erfassen. Dieser Vorgang der »Entbindung« aber findet in dramatischer Ausgestaltung im Laufe der Persönlichkeitsentwicklung wiederholt statt und wird im Wechselspiel veränderter endogener und exogener Prozesse modifiziert und neuen Prioritäten unterworfen. Die Erscheinungsformen der Sexualität und ihrer weiteren Schicksale sind individuell verschieden, unterliegen aber gewissen allgemeinen Strukturgesetzen und Prinzipien. Sie weisen vor allem eine Geschichte von Wiederholungen, Verschiebungen und Umschriftungen auf, die weit mehr umfaßt als das häufig zu einem simplen, linearen Schema verdünnte und zum Kredo der gesamten psychoanalytischen Sexualtheorie erhobene Phasenmodell (oral, anal, phallisch). Die Verschränkung von trieb- und realitätsbestimmten Momenten auf der Ebene des Körpers *und* der psychischen Repräsentanzen – und damit die Unmöglichkeit, die psychosexuelle Entwicklung eindimensional biologisch *oder* soziologisch herzuleiten – zeigt sich besonders deutlich an den Bewegungen zwischen *Trieb* und *Objekt*.

Das Objekt im psychoanalytischen Sinn umfaßt mehr als eine bloße Berührungsfläche, als einen Verknüpfungspunkt von somatischem Trieb und faktischer Realität. Ähnlich wie das Unbewußte allgemein fügt sich auch das Objekt keinen eindeutigen Kausalbeziehungen nach einem einfachen »Wenn-dann-Schema«. Das Objekt ist real und imaginär zugleich. Es ist kein direkter Triebabkömmling, denn der Trieb, so betont Freud an vielen Stellen, bringt sein Objekt nicht fertig vorgegeben mit auf die Welt (folglich gibt es auch keine angeborene Heterosexualität mit einer präformierten Objektstruktur); andererseits ist es nicht unbedingt und im strengen Sinn ein Objekt der äußeren Wirklichkeit.[20] Das Objekt des Triebes ist zunächst und in erster Linie ein innerpsychisches, libidinös besetzbares Objekt. Der Sexualtrieb

20 »Das Objekt existiert für das Kind daher weder als Triebobjekt noch als erkanntes Objekt.« Knapp (1988), *Narzißmus und Primärbeziehung. Psychoanalytisch-anthropologische Grundlagen für ein neues Verständnis von Kindheit*, S. 28. Mit dem »erkannten« Objekt bezieht sich Knapp auf das kognitive Vermögen, ein äußeres Objekt perzeptiv vorstellen zu können. Allerdings existieren in der äußeren Realität bereits Personen bzw. materielle Gegebenheiten, von denen eine innerpsychische Wirkung ausgeht und die deshalb als »Objekte« in Frage kommen oder sich bevorzugt anbieten – jene Personen also, um die das Subjekt in der Entfaltung seiner (inneren und äußeren) Beziehungsmuster nicht herum kommt.

erscheint primär in unbewußten Bahnungs- und Besetzungsvorgängen, die allmählich um Objekte (Teilobjekte, Vorstufen des Objekts, ganze Objekte) kreisen, die nicht der Realität *entlehnt*, sondern an sie *angelehnt* gebildet und besetzt werden. Bestimmte »Verlötungen« (Freud) von Trieb und Objekt stehen dabei von Beginn an im Zentrum der Konstitution von Sexualität im Medium der ersten Objekterfahrungen. Den (zweideutigen) Terminus »Verlötung« bezieht Freud stärker noch als die ansonsten synonym verwendeten Begriffe »Mischung« und »Legierung« auf das Verhältnis des Triebes zum Objekt, d. h. auf die objektlibidinöse Besetzungsvorgänge und damit auf die Phantasien, die, angelehnt an die äußere Realität, um die Objekte der Besetzung kreisen und allmählich zu Fixierungen führen.

Dieser Vorgang einer allmählichen Bildung innerer Objekte setzt ein, schon bevor die Wahrnehmungsorganisation ein »Innen« und »Außen« mit Aufmerksamkeit besetzen und deutlich voneinander unterscheiden kann bzw. parallel zum Erwerb dieser Fähigkeit. Das bedeutet nicht, daß zu Beginn der lebensgeschichtlichen Entwicklung kein nach außen gerichtetes, von einem elementaren Reizhunger bestimmtes Wahrnehmungsvermögen existiert. Ein entsprechender Vorwurf der jüngeren Säuglingsforschung an die Protagonistinnen und Protagonisten einer glückseligen Mutter-Kind-Einheit nach dem Vorbild einer exklusiven, fast autistisch abgeschlossenen Symbiose (Mahler u. a.) ist berechtigt. Nur, die Entstehung innerer Objekte der Libido, nach der die (spekulative) psychoanalytische Triebtheorie forscht, erfolgt auf einer Ebene, die nicht empirisch beobachtbar ist. Wahrnehmungsprozesse beim Säugling und Kleinkind können über innere Besetzungsvorgänge und ihre vorangehenden Bahnungsarrangements im Wechsel von Bedürfnis und Befriedigung nichts aussagen. Insofern kann auch keineswegs von einer Widerlegung der Metapsychologie und ihrer triebtheoretischen Grundannahmen durch die Befunde der Säuglingsforschung gesprochen werden. Empirisch gewonnene und überprüfbare Daten können nicht einfach alternativ an die Stelle psychoanalytischer Konzepte treten.[21]

In einem zentralen Punkt stimmen die Positionen der neueren psychoanalytischen Strömungen, insbesondere der unterschiedlichen Richtungen der Objektbeziehungstheorie mit den Auffassungen der Säuglingsforschung überein. Sie alle binden die unterschiedlichen Bezugnah-

21 Ein überzeugendes Plädoyer für die Eigenständigkeit der Metapsychologie gegenüber den unbestreitbaren Verdiensten der empirischen Säuglingsforschung findet sich in Dahl (2001), *Primärer Narzißmus und inneres Objekt. Zum Schicksal einer Kontroverse.*

men des Subjekts auf seine Objekte an die Entwicklung des außengerichteten kindlichen Wahrnehmungsvermögens.

Objektbeziehungstheoretische Ansätze liefern wichtige Beiträge zur psychoanalytischen Erforschung der frühen Mutter-Kind-Interaktionen, insbesondere für die entwicklungspsychologisch relevanten Fragen nach Bindung, Trennung, Individuation und nach der Rolle der emotionalen »mütterlichen Versorgung« (Spitz, Mahler, Bowlby, Balint, Winnicott u. a.); außerdem lassen sich mit diesen Konzepten auch genauere Verbindungen mit kognitionspsychologischen Ansätzen (Piaget, Kohlberg) herstellen und systematisch weiterentwickeln; und schließlich scheinen sie eine stärkere Berücksichtigung sozialer Interaktionsprozesse unter Einbeziehung direkter Beobachtungen zuzulassen. – Allerdings läßt die Orientierung der meisten dieser Ansätze an vorprogrammierten Reifungs- und Anpassungsprozessen und die Zentrierung auf die nach außen gerichtete Wahrnehmungsorganisation das Objekt primär oder sogar ausschließlich als ein äußeres erscheinen. Nach dieser Vorstellung ist das Objekt ein(e) Vertreter(in) der Außenwelt, in der Regel zunächst die pflegende Mutter, die entweder hemmend in kindliche Reifungsabläufe eingreift oder fördernd und tendenziell widerspruchsfrei auf sie einwirkt. Immerhin bezieht sich René Spitz, wenn er vom Objekt spricht, noch auf das Objekt der Libido. Eine libidinöse Besetzung erscheint ihm aber erst dann möglich, wenn das Objekt als ein äußeres, vom eigenen Ich getrenntes wahrgenommen werden kann. Die Anbindung an das Objekt wird dabei an angeborene Ich-Kerne und deren Entwicklung gekoppelt, anstatt die Genese des Ichs selbst aus den primären Konfliktfeldern abzuleiten, die strukturell schon zu den frühesten Konstitutionsprozessen der infantilen Sexualität gehören.

Meiner Auffassung nach stellt nicht ein rudimentär vorhandenes Ich die entscheidende Klammer zwischen den Triebansprüchen und den Anforderungen der äußeren Realität dar, sondern das Objekt bzw. ein Bezug des psychischen Organismus auf das Objekt, aus dem das »Ich« erst allmählich erwächst. – An der Genese des Ichs nach Freuds zweitem topischen Modell (ab 1920) sollte daher festgehalten werden.[22] Man findet in diesem Modell allerdings zwei heterogene Ebenen, auf denen Freud diese Genese ansiedelt: einmal definiert er das Ich als einen adaptiven Apparat, der im Kontakt mit der äußeren Realität aus dem Es entsteht und sich allmählich differenziert; zugleich begreift er das Ich aber auch als Resultat von Identifizierungen, die zur Bildung eines von Es-Energien (Libido) besetzten Liebesobjekts im Innern

22 Vgl. Freud (1923a), *Das Ich und das Es*; Freud (1933), *Neue Folge der Vorlesungen zur Einführung in die Psychoanalyse* (31. Vorlesung).

der Person führen (primärer Narzißmus). Eine Anknüpfung an diese Herleitungen des Ichs (und besonders am Zusammenhang zwischen beiden) ist deshalb wichtig und produktiv, weil so die triebtheoretische Dimension nicht aus dem Blick gerät, wie es bei der vor allem von Hartmann, Kris und Loewenstein u. a. vollzogenen Wende zur Ich-Psychologie und schließlich ihrer Weiterentwicklung zum Narzißmus-Konzept und zur Selbst-Psychologie (Kohut) endgültig der Fall ist. Die Behauptung etwa, das Ich entstamme nicht dem Es, »sondern beide aus der gemeinsamen undifferenzierten Matrix der ersten extrauterinen Phase der Ontogenese«[23], macht den Weg frei für Theorien, die selbst für die Erklärung sexueller Phänomene vollständig ohne Triebbegriff auszukommen scheinen. Gleichzeitig mit dem Trieb wird aber die für die Psychoanalyse so zentrale Dimension des Konflikts tendenziell mit eliminiert. Die Objektbeziehung wird damit um ihre von Anfang an vorhandene sexuelle Bedeutung gereinigt und die Libido letztlich aus dem Kontext des Lustprinzips und seiner frühesten Erscheinungsformen herausgelöst.

Diese Vernachlässigung des (triebtheoretisch) sexuellen zugunsten des (ich-psychologisch) adaptiven Gesichtspunkts gehört zu den gemeinsamen Merkmalen der ansonsten heterogenen Objektbeziehungstheorien. Wenn prinzipiell von einer gelingbaren Anpassung bei einem »Optimum an Versagung« im Rahmen einer »guten« frühen Beziehung ausgegangen wird, wird die eigentümliche Sprengkraft, die durch die Sexualitäts-Dimension wiederholt ins Spiel kommt, begrifflich vollständig beseitigt. Fairbairn, einer der Begründer der Objektbeziehungstheorien, wendet sich entsprechend offensiv gegen die Triebtheorie Freuds und kritisiert dessen angebliche Überbetonung des Sexuellen, sprich Lustvollen. Nach seiner Überzeugung ist das Objekt bereits von Anfang an in den Trieb »eingebaut«; das Ich müsse es nur noch entdecken, also wahrnehmen und diese Wahrnehmung verarbeiten. Das Hauptziel des Triebes und der Libido sei nicht die Erlangung von Lust, sondern liege in diesem »Streben nach dem Objekt«. Lust gilt nicht primär als Ziel, sondern allerhöchstens als Mittel zur Erreichung des »wahren« Ziels: der Herstellung zwischenmenschlicher Beziehungen. Nicht libidinöse Besetzungsvorgänge determinierten die Objektbeziehungen, sondern

23 Rapaport (1960), *Die Struktur der psychoanalytischen Theorie*, S. 59. Vgl. die ich-psychologischen Grundsätze Heinz Hartmanns über primäre, konfliktfreie und autonome Ich-Sphären in: Hartmann (1939), *Ich-Psychologie und Anpassungsproblem*, S. 13 f. u. S. 45; Hartmann (1972), *Ich-Psychologie. Studien zur psychoanalytischen Theorie*; eine kritische Auseinandersetzung mit der Ich-Psychologie findet sich in Drews/Brecht (1975), *Psychoanalytische Ich-Psychologie. Grundlagen und Entwicklung* und in Gast (1992), *Libido und Narzißmus*, S. 191–218.

umgekehrt. Sexualität hänge zwar mit Lust zusammen, weise aber auf etwas ganz anderes, nämlich auf den Bereich der zwischenmenschlichen Beziehung.[24]

Besonders deutlich wird die Problematik einer Revision der psychoanalytischen Triebtheorie in der objektbeziehungstheoretischen Analyse der Geschlechtsunterschiede. In ihrem Buch *Das Erbe der Mütter* versucht Chodorow (1985), die Bedeutung der frühen Mutter-Kind-Interaktion für die Reproduktion der asymmetrischen Geschlechterverhältnisse soziologisch und psychoanalytisch zu erfassen. Das Geheimnis dieser Asymmetrie besteht für sie in der Tatsache, daß nur Frauen muttern und die Väter (in der Regel) abwesend sind. Mütter produzierten Töchter, die aufgrund der Ähnlichkeit mit ihnen Bindungsorientiertheit erwerben und so auf zukünftige Mütterlichkeit hin geprägt würden;[25] und Mütter produzierten Söhne, die aufgrund der Abwesenheit der Väter und daher fehlender (prinzipiell) positiver Identifikationsmöglichkeiten ihr eigenes Geschlecht zunächst zwangsläufig als negatives definierten. Bei der Auflösung der Identifikation mit der Mutter würden Jungen systematisch ihre »mütterlichen« Eigenanteile beschneiden und die Besetzung ihrer geschlechtsbezogenen Differenzmerkmale in überkompensatorischer Weise als Mittel der Abgrenzung benutzen. Die daraus erwachsende Verachtung dem anderen Geschlecht gegenüber befreie den Knaben von der eigenen Weiblichkeit und werde nach der Trennung von der Mutter auf alle Frauen übertragen. Die Mutter allein, insbesondere eine Über-Mutter, könne keine stabile Geschlechtsrollenidentifikation für den Knaben garantieren. Nur die systematische Einbeziehung des Vaters in die frühen Pflegeverhältnisse ermögliche eine Differenzierung der Geschlechter ohne Haß.

Aus der Perspektive des heranwachsenden Kindes gilt auch nach dieser Theorie das Objekt zunächst als ein äußeres, das dann folgerichtig nur über die Mechanismen »Identifikation«, »Introjektion« und »Internalisierung« aufgenommen und im Inneren transformiert werden kann. Die abstruse objektbeziehungstheoretische Formel Chodorows für die-

24 Fairbairn (1952), *An Object-Relations Theory of the Personality*. Ähnlich argumentiert auch Guntrip: Weil die Sexualität (als »instinct«) in den Bereich der Biologie gehöre (wie Hunger, Durst, Atmung, Ausscheidung usw.), sei sie für die Psychoanalyse nicht von Belang. Die Objektbeziehungstheorie habe damit endgültig Freuds Denken von der Knechtschaft der Naturwissenschaft befreit. Vgl. die Kritik an dieser Position in Jacoby (1986), *Psychoanalyse und Sexualität*, S. 128f.

25 Hierin ist nur unschwer eine Variante der im ersten Teil diskutierten Positionen Gilmores und Bosses zu erkennen, nach der Mädchen das Verbleiben bei der Mutter eine quasi-natürliche Übernahme weiblicher Rollenfunktionen garantiert.

sen Vorgang lautet: »Verinnerlichungen passieren in zwischenmenschlichen Situationen« (S. 71). Die Psychodynamik der auf diesem Wege internalisierten Objektbeziehungen kenne zwar auch »libidinöse Besetzungen« von Körpervorgängen; diese dienten aber dem Selbst nur als Mittel, um persönliche Kontakte herzustellen. Erst wenn solche (äußeren) Beziehungen nicht oder nur ungenügend zustande kämen, produzierten Abwehrprozesse sekundär jene Erscheinungen, die zum Bereich der Psychosexualität gehören. Erogene Zonen gelten demnach als Orte, an denen sich die Tragödien unbefriedigender Objektbeziehungen lokalisieren, oder anders, in Übernahme einer These Balints formuliert: Auch der Narzißmus, die Autoerotik und die Aggression entstehen aus gestörten oder verhinderten Objektbeziehungen (vgl. S. 67 f.).

Hinter diesen Theorien steht die Vorstellung vom Säuglings als einem leeren Blatt, das den Wechselfällen empathischer oder weniger empathischer Lebensverhältnisse unterworfen ist und als eigene Orientierung (außer den grundlegenden Lebensbedürfnissen) vor allem den *Hunger nach Objekten* mit auf die Welt bringt. Es gebe zwar auch eine kindliche Sexualität, aber diese sei weder auf Lustgewinn noch auf (physiologische) Spannungsminderung aus. Das Streben nach »reiner Triebbefriedigung um ihrer selbst willen« (S. 68) – was auch immer diese theoretisch unmögliche Konstruktion praktisch bedeuten mag – gilt im Prinzip als pathologisch. Basis dieses von der Sexualität gereinigten Persönlichkeitsmodells ist Chodorows Kritik am (angeblichen) Biologismus in Freuds Modell des Triebes, der hier mit »Instinkt« verwechselt wird. Nach Freud sei die gesamte Persönlichkeitsentwicklung, also auch der Geschlechtsunterschied biologisch, durch einen hereditären Plan determiniert. Diese fundamentale Fehldeutung trennt die Geschlechterdifferenzierung endgültig von der Sexualität und mit dem Trieb die unterschiedlichen Dimensionen der Lust/Unlust und der Spannung/Entspannung komplett von der Beziehung zum Objekt.[26]

Dieser Objektbegriff, der von verschiedenen psychoanalytischen Autorinnen und Autoren, die sich von der Triebtheorie verabschiedet

26 Für eine Untersuchung von Männlichkeitskonzeptionen ist dieser Ansatz daher weitgehend unbrauchbar, auch wenn Chodorow einige auffällige Züge des männlichen Verhaltens zumindest deskriptiv richtig erfaßt: die Neigung zu Polarisierung und Abgrenzung, die Betonung der Differenz, der Überlegenheitsanspruch, die Aufrechterhaltung der Asymmetrien. Aber auch für eine feministische Klärung der Fragen nach den psychodynamischen Reproduktionen der sozialen Geschlechterverhältnisse ist dieses ontologische Modell des »Mutterns« problematisch. Vgl. die Kritik an Chodorows soziologischem Funktionalismus, der mit ihrer entsexualisierten Psychoanalyse-Adaption korrespondiert in: Othmer-Vetter (1989), *»Muttern« und das Erbe der Väter*.

haben, ähnlich verwendet wird, löst die innere Dynamik der spannungsvollen Beziehungen von Trieb und Objekt in ein schematisches Kontinuum von Innen und Außen auf. Aber das erste Objekt im psychoanalytisch relevanten Sinne ist kein äußeres und als solches wahrnehmbares Objekt, kein personaler Vertreter der Außenwelt oder ein Teil von ihm, noch ein vom Bezug auf ihn abgeleiteter Umgang mit der gegenständlichen Welt. Libidovorgänge beziehen sich stets auf die Bildung von inneren Objekten, ihren Vorläufern und einigen ihrer möglichen Teilaspekte bzw. der von ihnen abgeleiteten Ersatzstrukturen. Eine vom Trieb ausgehende Objektbesetzung ist keine Emanation von Energie in die Außenwelt. Dem »realen«, äußeren Objekt kommt nur insofern eine Bedeutung zu, als es im Inneren eine (möglicherweise) folgenschwere Wirkung hinterläßt. Die Außenwelt spiegelt sich nicht mechanisch im inneren Kern unbewußter Strukturen wider, daher können auch abbildtheoretische Modelle die äußerst komplizierte Dynamik von Trieb, Objekt und Realität nicht annäherungsweise erfassen. [27]

Für die Psychoanalyse ist – so Freuds Erkenntnis schon vor der Aufgabe seiner Verführungsthese 1897 – die psychische Realität und die auf dieser Ebene erscheinenden Vorstellungen, Phantasien und Erinnerungen maßgeblicher als die materielle oder faktische Realität. Die Welt ist als psychisch repräsentierte keine Widerspiegelung, sondern ein inneres Bild, eine, an der Realität gemessen, oftmals trügerische Konstruktion, die durch die unbewußten Mechanismen der psychischen Arbeit zustande kommt. Fälschungen, Verzerrungen und Eintrübungen lassen sich an dem Zusammenhang von latentem und manifestem Trauminhalt, besonders aber an jenen Erscheinungen feststellen, mit denen die klinische Psychoanalyse durch die spezifische Erinnerungsarbeit ihrer Patienten konfrontiert wird. Erinnerungen sind im eigentlichen Sinne nicht authentisch, d. h. sie stellen keine bloße Wiederholung von tatsächlich Vorgefallenem dar. Sie sind das Ergebnis subjektiver, interessengeleiteter Neuzusammenstellungen eingelagerter Erinnerungsreste, die reale Kerne aufweisen, aber nicht mit Faktizität schlechthin verwechselt werden dürfen. Es gibt keine Erinnerung *des* Gewesenen, sondern nur eine *an* Vergangenes, und so fragt sich Freud in seiner berühmten frühen Abhandlung *Über Deckerinnerungen* von 1899:

27 »Es gibt eine fast unwiderstehliche Neigung, Erkenntnis als Abbild, als innere Kopie einer Außenwelt zu denken. Dieser Neigung muß man energisch widerstehen, und es gibt gegen sie kein besseres Mittel als die Untersuchung von Kindern« Furth (1990), *Wissen als Leidenschaft*, S. 19. Vgl. Kernberg (1988), *Innere Welt und äußere Realität. Anwendungen der Objektbeziehungstheorie*; Sandler/Sandler (1999), *Innere Objektbeziehungen. Entstehung und Struktur.*

»Vielleicht ist es überhaupt zweifelhaft, ob wir bewußte Erinnerungen *aus* der Kindheit haben, oder nicht vielmehr bloß *an* die Kindheit. Unsere Kindheitserinnerungen zeigen uns die ersten Lebensjahre, nicht wie sie waren, sondern wie sie späteren Erweckungszeiten erschienen sind. Zu diesen Zeiten der Erweckung sind die Kindheitserinnerungen nicht, wie man zu sagen gewohnt ist, *aufgetaucht*, sondern sie sind damals *gebildet* worden, und eine Reihe von Motiven, denen die Absicht historischer Treue fern liegt, hat diese Bildung sowie die Auswahl der Erinnerungen mitbeeinflußt« (S. 553 f.).

Das im Gedächtnis eingelagerte Material, auf das die Erinnerungen zugreifen, sei, so betont Freud schon in seinen frühen Briefen und Aufsätzen, in den meisten Fällen echt, das entstandene Erinnerungsbild aber eben eine Konstruktion, eine Mischung aus Gehörtem, Gesehenem, »Erfundenem« und nur zum Teil selbst Erlebtem. Also noch einmal: Das Material ist nicht Abdruck der Realität, sondern Niederschlag der *Eindrücke*, den jene im Subjekt hinterlassen hat. Das *Motiv* dieser spezifischen Form der Erinnerungsarbeit speist sich letztlich aus dem Triebleben und seinen Abkömmlingen. Das unbewußte Triebgeschehen ist demnach (neben der Realität) das andere, das innerpsychische Ende in der Kette der Elemente, die zur Bildung der Repräsentanzen beitragen.

Psychische Repräsentanzen entstehen, indem sich der sexuelle Trieb mit dem Eindruck, den die Wirklichkeit in den mnestischen Systemen (Gedächtnis) des Unbewußten hinterläßt, verbindet. Dabei ist der Trieb in mehrfacher Hinsicht auf Objekte angewiesen, an die er sich heften kann. Unabdingbare Voraussetzung sowohl für die Wunschbewegung als auch für die Erinnerungstätigkeit des unbewußten Seelenlebens ist in jedem Fall eine libidinöse Besetzung von Objekten. An dieser Stelle stoßen wir nun auf jenes grundlegende, bereits angedeutete *Dilemma der Sexualität*, das der allgemeinen »Lebensnot« entspringt und das sich in Freuds Metapsychologie als theoretisches Problem reproduziert.

»Das *Objekt* des Triebes ist dasjenige, an welchem oder durch welches der Trieb sein Ziel erreichen kann. Es ist das variabelste am Triebe, nicht ursprünglich mit ihm verknüpft, sondern ihm nur infolge seiner Eignung zur Ermöglichung der Befriedigung zugeordnet. Es ist nicht notwendig ein fremder Gegenstand, sondern ebensowohl ein Teil des eigenen Körpers. Es kann im Laufe der Lebensschicksale des Triebes beliebig oft gewechselt werden; (...) Eine besonders innige Bindung des Triebes an das Objekt wird als *Fixierung* desselben hervorgehoben. Sie vollzieht sich oft in sehr frühen Perioden der Triebentwicklung und macht der Beweglichkeit des Triebes ein Ende, indem sie der Lösung intensiv widerstrebt.«[28]

Demnach gibt es keine präformierten oder festen »Verlötungen« von Trieb und Objekt. Als sein variabelstes Moment ist das Objekt für den Trieb einerseits beliebig, unendlich austauschbar, im Grunde sogar unwichtig.

> »Wir werden aufmerksam gemacht, daß wir uns die Verknüpfung des Sexualtriebes mit dem Sexualobjekt als eine zu innige vorgestellt haben. Die Erfahrung an den für abnorm gehaltenen Fällen lehrt uns, daß hier zwischen Sexualtrieb und Sexualobjekt eine Verlötung vorliegt, die wir bei der Gleichförmigkeit der normalen Gestaltung, wo der Trieb das Objekt mitzubringen scheint, in Gefahr sind zu übersehen. Wir werden so angewiesen, die Verknüpfung zwischen Trieb und Objekt in unseren Gedanken zu lockern. Der Geschlechtstrieb ist wahrscheinlich zunächst unabhängig von seinem Objekt und verdankt wohl auch nicht den Reizen desselben seine Entstehung.«[29]

Gleichzeitig fordern die Sexualtriebe nach Freuds Auffassung von vornherein ein Objekt und bereiten so den »Fortschritt« im Seelenleben vor.[30] Ein Trieb ist ohne Objekt überhaupt nicht denkbar, denn einzig durch das Objekt kann der Trieb a) zur Darstellung gelangen, d. h. eine unbewußte Wunschbewegung als Phantasie inszenieren und b) sein primäres Ziel, die Befriedigung an der Quelle des Reizes nach Maßgabe des Drangs (dem »Maß der Arbeitsanforderung«) erreichen. An den Perversionen läßt sich dieses Dilemma besonders deutlich ablesen, was einer der Gründe ist, weshalb Freuds berühmte *Drei Abhandlungen zur Sexualtheorie* mit den »sexuellen Abirrungen« beginnen. Einerseits bestätigt die Bandbreite der unzähligen Perversionen die These von der Variabilität und Beliebigkeit des Objekts; andererseits weisen die einzelnen Perversionen, insbesondere diejenigen, die ausschließlich an *ein* Objekt unter Ausschluß aller übrigen fixiert sind, auf die Starrheit einmal erfolgter Verlötungen von Trieb und Objekt hin.

Das gilt im Prinzip auch für die sogenannte »reife« Ausgestaltung der menschlichen Sexualität, die alle perversen Anteile der infantilen Sexualpositionen (Partialtriebkomponenten) dem Genitalprimat und der

28 Freud (1915b), *Triebe und Triebschicksale*, S. 215.
29 Freud (1905), *Drei Abhandlungen zur Sexualtheorie*, S. 46 f.
30 Freud (1915b), *Triebe und Triebschicksale*, S. 227 (Anm.).

Ausrichtung auf ein einziges (heterosexuelles) Liebesobjekt untergeordnet haben soll. Daher ist auch jeder Versuch einer starren Grenzziehung zwischen der als »normal« geltenden Sexualität und einer perversen Gestaltung des Sexuallebens unsinnig.

»Die perverse Sexualität ist in der Regel ausgezeichnet zentriert, alles Tun drängt zu einem – meist zu einem einzigen – Ziel, ein Partialtrieb hat bei ihr die Oberhand, er ist entweder der einzig nachweisbare oder hat die anderen seinen Absichten unterworfen. In dieser Hinsicht ist zwischen der perversen und der normalen Sexualität kein anderer Unterschied, als daß die herrschenden Partialtriebe und somit die Sexualziele verschieden sind. Es ist sozusagen hier wie dort eine gut organisierte Tyrannis, nur daß hier die eine, dort eine andere Familie die Herrschaft an sich gerissen hat.«[31]

Diese prinzipielle Offenheit des Triebes widerlegt nach Freud auch die gängige Auffassung, bei der Homosexualität handele es sich um eine Abweichung von der biologisch begründeten und zur Norm erhobenen Heterosexualität.

»Die psychoanalytische Forschung widersetzt sich mit aller Entschiedenheit dem Versuche, die Homosexuellen als eine besonders geartete Gruppe von den anderen Menschen abzutrennen. (…) Der Psychoanalyse erscheint vielmehr die Unabhängigkeit der Objektwahl vom Geschlecht des Objektes, die gleich freie Verfügung über männliche und weibliche Objekte, wie sie im Kindesalter, in primitiven Zuständen und frühhistorischen Zeiten zu beobachten ist, als das Ursprüngliche, aus dem sich durch Einschränkung nach der einen oder der anderen Seite der normale wie der Inversionstypus entwickeln. Im Sinne der Psychoanalyse ist also auch das ausschließliche sexuelle Interesse des Mannes für das Weib ein der Aufklärung bedürftiges Problem und keine Selbstverständlichkeit, der eine im Grunde chemische Anziehung zu unterlegen ist.«[32]

Alle Menschen sind prinzipiell der gleichgeschlechtlichen Objektwahl fähig und haben sie real, zumindest aber unbewußt einmal vollzogen. Im Seelenleben spielt die Homosexualität grundsätzlich keine gerin-

31 Freud (1916/17a), *Vorlesungen zur Einführung in die Psychoanalyse*, S. 334.
32 Freud (1905), *Drei Abhandlungen zur Sexualtheorie*, S. 44. Vgl. auch Freud (1925), *»Selbstdarstellung«*, S. 63 f.: »durch Psychoanalyse kann man bei jedermann ein Stück homosexueller Objektwahl nachweisen.«

gere Rolle als die Heterosexualität. In beiden Fällen geht es um die Bildung eines bevorzugten inneren Objekts, auf das die Triebschicksale das Subjekt selektiv festlegen, eine Entwicklung, die in der Regel mit dem Pubertätsverlauf abgeschlossen wird. Diese Vorgänge bestätigen einerseits die prinzipielle Offenheit des Triebes, die durch die »polymorph-perverse« Vielfältigkeit der infantilen Sexualität unter Vorherrschaft der mannigfaltigen Partialtriebe gegeben ist. Spätestens die Beschleunigung der Objekt»wahl« durch eine allmähliche Zentrierung der psychosexuellen Entwicklung bereits während der »phallischen Phase« und unter Einfluß der ödipalen Dramatik bringt jedoch die andere Seite des grundlegenden Dilemmas, die Fixierungsbereitschaft und den Bindungszwang zum Ausdruck. Im Sinne von Freuds Theorie der »Ergänzungsreihe« und der »Nachträglichkeit« wird die pubertäre Ausgestaltung der »reifen« Sexualität und ihrer (meist) endgültigen Objektpräferenz (»sexuelle Partnerorientierung«) sowohl durch die eingelagerten Erfahrungen (Dispositionen) als auch von (akzidentellen) Erlebnissen während der Adoleszenz beeinflußt. Bei dem Versuch der Etablierung einer einigermaßen stabilen Geschlechtsidentität werden dabei viele der perversen Anteile der (normalen) Sexualität unter kulturellem Einfluß unbewußt herausgefiltert bzw. integriert und dem Diktat des (in der Regel heterosexuell ausgerichteten) Genitalprimats untergeordnet.

Dieser Gesichtspunkt ist insbesondere für eine Untersuchung der phallozentristischen Ausrichtung der männlichen Sexualität von zentraler Bedeutung. Die Errichtung des Genitalprimats und die (geforderte) Zentrierung auf ausschließlich heterosexuelle Objekte stellt in gewisser Weise eine Verarmung dar und läßt so die Ausgestaltungen der männlichen Sexualität vielfach als quasi-instinkthaft erscheinen. Die Geschlechtlichkeit der Männer hängt an ihrem Geschlecht, dem zum Vollzugsorgan verdinglichten Ausdrucks- und Sicherungsmittel ihrer Männlichkeit. Die gewöhnliche, von Ambivalenz und Feindseligkeit gekennzeichnete Einstellung zur Weiblichkeit und das gängige Sexualverhalten des Mannes bestätigen in entfremdeter Form den als Triebdilemma beschriebenen Widerspruch zwischen Offenheit und Fixierung der sexuellen Orientierung: Die Bindung an die Frau als Objekt der Phantasie und als Mittel der genitalen Befriedigung korrespondiert mit dem Bild ihrer allgemeinen Austauschbarkeit. – Unter diesem Gesichtspunkt besteht zwischen Don Juan und Jack the Ripper, den beiden nur dem Anschein nach extrem gegensätzlichen Männerfiguren, ein Kontinuum. Beide »lieben« und »hassen« die Frauen unter wechselndem Vorzeichen. Die Serialität ihrer zerstörerischen Bezugnahmen auf bestimmte Frauentypen und auf den zum Mittel ihrer Befriedigung degradierten Frauenkörper bestätigt mit der Austauschbarkeit gleichzeitig ihre Fixierung und Abhängigkeit.[33] Ähnliches gilt für die inszenierte Gier nach dem weiblichen Körper in Prostitution und Pornographie. Auch die uns bekannten kulturellen Erscheinungsformen der sogenannten »normalen« Männlichkeit sind, wie noch zu zeigen sein wird, nicht frei von diesen Zügen.

Fassen wir zusammen: Der Austauschbarkeit des Objekts, in der sich nach Freud die allgemeine Plastizität der Psyche ausdrückt, stehen im Einzelfall mehr oder weniger starre Strukturen gegenüber, die dem Subjekt oft keine große Wahl mehr lassen. Der »freien Beweglichkeit« der Libido steht ihre »Haftbarkeit« bzw. »Klebrigkeit« entgegen. Diese Widersprüchlichkeit ist integraler Bestandteil der Freudschen Triebtheorie *und* ihres thematischen Gegenstandes. – Welches sind nun die Objekte, die im Sinne der psychoanalytischen Sexualtheorie als (beliebige, aber notwendige) Korrelate des Triebes zu fassen sind? Grundsätzlich können sie in Paare eingeteilt werden, deren Zusammenhang von Freud im Rahmen seiner verschiedenen metapsychologischen Konzepte untersucht wird: Objekt der Phantasie – Objekt der Realität; Objekt des Wunsches – Objekt der Befriedigung; Partialobjekt – ganzes Objekt; frühes Objekt – späteres Objekt; ursprüngliches Objekt – Ersatzobjekt; inneres – äußeres Objekt usw. Die Sexualität tritt entlang dieser Kaskade von Gegensätzen als Bewegung zwischen Trieb und Objekt in Erscheinung und ist dabei von Beginn an dem als Dilemma bezeichneten Prinzip von Objektfreiheit und Bindungszwang unterworfen.

Gibt es nun Objekte, die sich bevorzugt für libidinöse Besetzungsvorgänge anbieten, die, im Unterschied zu anderen, geradezu prädestiniert sind, Fixierungen zu erzeugen und Abwehrprozesse in Gang zu setzen? Gibt es Objekte, die sich nach psychischen Abwehrprozessen besonders dazu eignen, als Objekte der Verschiebung oder als Ersatzobjekte zu fungieren? An diese Fragen schließen sich aus *genetischer* Perspektive zwei weitere an: 1. Gibt es eine Art »Geburt«, einen bisher als »Einbruch in die Lebensordnung« angedeuteten »Ursprung« der Sexualität? 2. Welche Rolle spielt die äußere Realität bzw. der Eindruck, den sie innerpsychisch hinterläßt? – Denn die Realität ist ja schon da, ehe es relativ stabile innere (normale oder gestörte) libidinöse Besetzungsstrukturen geben kann. Oder anders gefragt: Was bedeutet es für die Herausbildung der inneren Strukturen und für die Arbeitsweise des

33 Vgl. Jürgens (2003), *Don Juan. Konstruktion und Dekonstruktion eines Männlichkeitsideals in Literatur und Gesellschaft des deutschen Kaiserreichs von 1871.*

(zunächst unentwickelten) psychischen Apparats, wenn die Außenwelt besetzbare Objekte bereithält, noch ehe die Wahrnehmungsorganisation soweit entwickelt ist, daß ein Innen vom Außen, ein fremdes von einem vertrauten Objekt klar unterschieden werden kann?

Die erste Einschränkung der prinzipiellen Freiheit der Objektwahl erfolgt bereits im Rahmen der frühesten (körperlichen und seelischen) Austauschprozesse und hinterläßt ihre Spuren in den archaischen Strukturen des unbewußten Gedächtnisses. Das eigentliche Objekt erscheint gewissermaßen als nachträgliches Konstrukt, obwohl bereits eine (äußere) Objektrealität existiert. – Am Beispiel des Fetischisten zeigt Freud einen über die Perversionen hinausweisenden allgemeingültigen Zusammenhang auf: An der Auswahl und der Bevorzugung eines Objekts zeigt sich der »fortwirkende Einfluß eines zumeist in früher Kindheit empfangenen sexuellen Eindrucks, was man der sprichwörtlichen Haftfähigkeit einer ersten Liebe beim Normalen (›*on revient tojours à ses premiers amours*‹) an die Seite stellen darf«.[34] – Die Objektfindung, so lautet Freuds apodiktische Schlußfolgerung, ist eine *Wiederfindung*. Allerdings, so muß hinzugefügt werden, ist das wiedergefundene Objekt nicht mit dem früheren Vorbild identisch, denn bereits die ersten Bewegungen zwischen Trieb und Objekt am Ursprung der Sexualität unterliegen den Mechanismen der *Bindung*, *Trennung*, *Verschiebung* und *Wiederfindung*. – Die Sexualität konstituiert sich zwischen Trieb und einer im psychischen Binnenraum traumatisierend wirkenden Realität.

Sexualität und Selbsterhaltung – die Anlehnungsthese

Die erste Phase der Entwicklung des psychischen Organismus ist nicht zu verwechseln mit einem Zustand ursprünglicher und vollständiger Objektlosigkeit. Auch der Primärnarzißmus ist keine objektlose Stufe, obwohl das primäre Objekt (noch) kein fixierbares Objekt der Libido ist und vor allem das Ich und das Objekt noch nicht klar voneinander geschieden sind. Die daraus resultierende Verwirrung und Widersprüchlichkeit in der Verwendung der Begriffe Ich und Objekt, Ich-Libido und Objekt-Libido, Primär- und Sekundärnarzißmus usw. durchziehen Freud gesamtes Denken. Seine frühe Fassung des Narzißmus läßt nicht klar unterscheiden, ob das Ich Reservoir oder Objekt der Libidobesetzungen ist. Auch die Einführung der Trennung von Ich-Libido und

34 Freud (1905), *Drei Abhandlungen zur Sexualtheorie*, S. 53.

Objekt-Libido in seiner (späteren) Narzißmuskonzeption löst diesen Widerspruch nicht auf. Mal erscheint das Ich als primäres Objekt, mal als sekundäres, wie etwa beim Vorgang der Trauer. Die Trennung und der Rückzug der Libido vom Objekt ins Ich, um sie zukünftig von dort aus auf neue Objekte richten zu können, könne auch, so Freud, zu einer Besetzung des Ichs, das sich quasi als Ersatzobjekt anbietet, führen. Anstelle der Trauerarbeit entstehe so die Melancholie als eine narzißtische Störung.[35] Was aber sind die Gründe, die entweder zu einer Besetzung anderer, neuer Objekte oder zur Bindung der Libido im Ich führen? Hier wird eine weitere Unklarheit in Freuds metapsychologischen Überlegungen deutlich, die in besonderem Maße die männliche Sexualentwicklung und die Art jener Bezugnahmen vieler Männer auf die Objekte ihres Begehrens betrifft, die in der Psychoanalyse unter dem Stichwort »Typen der Objektwahl« diskutiert werden. Die klare Unterscheidung zwischen der Liebe nach dem *Anlehnungstypus* (zum »nährenden Weib«) und der Liebe auf *narzißtischer* Grundlage (nach dem Vorbild der eigenen Person), die Freud vornimmt, ist bei näherem Hinsehen nicht aufrecht zu erhalten.

Bei der Objektwahl gilt der Anlehnungstypus nach Freud nicht nur als der typisch männliche, sondern auch als der »reifere«.[36] Wieder zeigt sich – auf einer weiteren (späteren) Ebene – das fundamentale Dilemma, dem die männliche Sexualentwicklung unterworfen ist: Durch die (nach)pubertäre Festlegung auf ein prinzipiell heterosexuelles Objekt soll der Mann die inzestuöse Position endgültig verlassen, d. h. die Bindung an sein erstes (mütterliches) Liebesobjekt lösen und seine Begierde nach dem Anlehnungstypus auf eine Frau richten, die nicht »identisch« mit der Mutter und ihrer Bedeutung ist, gleichwohl aber ihrem Vorbild als »nährende Frau« bzw. den davon ausgehenden Ersatzpersonen entsprechen soll. Damit erweist sich der (spätere) »Anlehnungstypus« der Objektwahl im Grunde als der ursprünglichere. Die Doppelbedeutung des Terminus »Anlehnung« bezieht sich sowohl auf das Sexualverhalten des männlichen Erwachsenen als auch auf die in früher Kindheit erfahrenen mütterlichen Qualitäten in der Erfüllung ihrer Ernährungs-, Pflege- und Schutzfunktion. Das, was überwunden

35 Vgl. Freud (1916/17b), *Trauer und Melancholie.*

36 »Die volle Objektliebe nach dem Anlehnungstypus ist eigentlich für den Mann charakteristisch.« Freud (1914), *Zur Einführung des Narzißmus*, S. 154. Bei der Frau, zumindest beim »häufigsten, wahrscheinlich reinsten und echtesten Typus des Weibes« herrsche dagegen ein Narzißmus vor, der insbesondere durch die Pubertätsentwicklung verstärkt wird. Die »normale« Frau liebt nach diesem Modell im Grunde nur sich selbst und ihr Bedürfnis »geht auch nicht dahin zu lieben, sondern geliebt zu werden« (ebd, S. 155).

werden soll (Mutterimago), gilt gleichzeitig als Vorbild für das sexuell befriedigende Wunschobjekt. – Die Unmöglichkeit, dieses Dilemma wirklich zu lösen, wurde bereits im ersten Teil am Beispiel der männlichen Initiationen deutlich. Durch die von Gilmore (fast) allen Kulturen attestierte und von Godelier bei den Baruya detailliert beschriebene reale und symbolische Übernahme der mütterlichen »Nährfunktion« gelingt den Männern weder die geforderte Ent-Identifizierung von der Mutter noch die Entwicklung einer (befriedigenden) Heterosexualität, deren unbewußte Einstellung gegenüber Frauen von der Aufspaltung in Sexualüberschätzung und/oder Erniedrigung frei wäre.

Auch der narzißtische Typus der Objektwahl bietet keine »Rettung« aus dem Dilemma, außer eventuell aus verschiedenen Gründen im Falle der männlichen Homosexualität, die ja nach Freud auf narzißtischer Grundlage erfolgt. Aber selbst eine Form der Homosexualität, die aus dem Wunsch nach Vermeidung dieses Konflikts entsteht, ist keine Garantie für ein erfolgreiches Ausweichen, denn auch so kann eine der Positionen aus der frühen Mutter-Kind-Beziehung identifikatorisch beibehalten werden. Die Frage, »ob in diesem als narzißtisch beschriebenen Fall das Subjekt nicht die Beziehung des Kindes zur nährenden Mutter reproduzieren möchte«, ist deshalb berechtigt.[37] So nähert sich auch dieser narzißtische Typus der Objektwahl wieder dem der Anlehnung an. Narzißmus und Sexualität lassen sich offenbar nicht so strikt voneinander trennen, wie es die Formulierungen der Metapsychologie nahezulegen scheinen. – Dieses (unlösbare) Dilemma findet sich dann auch in Freuds uneinheitlichem Ich-Konzept wieder.

Im Rahmen seiner (späteren) Narzißmus-Konzeption korrigiert Freud zunächst die These von einer anfänglichen (primärnarzißtischen) Libidoanhäufung im Ich. Diese Korrektur entspricht der 1923 in *Das Ich und das Es* vorgenommenen metapsychologischen Ableitung der Genese des Ichs aus dem durch direkten Einfluß der Außenwelt und unter Vermittlung des W-Bw-Systems (Wahrnehmung-Bewußtsein) veränderten Teil des Es. »Zu Uranfang ist alle Libido auf erotische Objektbildungen aus, worauf das erstarkte Ich sich dieser Objektlibido zu bemächtigen und sich dem Es als Liebesobjekt aufzudrängen sucht. Der Narzißmus des Ichs ist also ein sekundärer, den Objekten entzogener« (S. 275). Die ursprüngliche Nähe von Ich und Objekt kann somit durch eine spätere Identifizierung des Ichs mit dem (aufgegebenen) Objekt erneuert und bestätigt werden. »Wenn das Ich die Züge des Objektes annimmt, drängt es sich sozusagen selbst dem Es als Liebesobjekt auf,

37 Laplanche/Pontalis (1972), *Das Vokabular der Psychoanalyse*, S. 350.

sucht ihm seinen Verlust zu ersetzen, indem es sagt: ›Sieh', du kannst auch mich lieben, ich bin dem Objekt so ähnlich.‹« (S. 258). Diese Verwandtschaft zwischen Ich und Objekt zeigt sich auch in der Tatsache, daß, entgegen Freuds Behauptung, die Beziehung zwischen Objektlibido (Fremdliebe) und Ichlibido (Selbstliebe) eben nicht nach dem Modell kommunizierender Röhren funktioniert, wonach die eine Libidoform entsprechend stark abnimmt, wenn die andere die Überhand gewinnt. Gerade in Phasen intensiver Verliebtheit (und bei dauerhafter Liebe) erfährt der Narzißmus eine Aufwertung, auch wenn es partiell zu extremen Ich-Verarmungen im übrigen Verhaltensspektrum kommen kann.

Es gibt offensichtlich libidinöse Besetzungsvorgänge, noch bevor von einem konturierten Ich gesprochen werden kann, und das heißt, es muß bereits vorher Bahnungsvorgänge gegeben haben, aus denen die Objektvorstellungen ja erst entstehen. Das Ich ist also weder erstes Objekt noch uranfänglicher Verwalter der Libido, der sogenannte primäre Narzißmus folglich eine sekundäre Erscheinung. Auch ohne seine Konzeption einer (passiven) »primären Objektliebe« zu übernehmen, ist Michael Balints Kritik an der durch Extrapolation gewonnenen Annahme eines »Primärnarzißmus« zuzustimmen: »Mit all dem will ich also sagen, daß der *primäre Narzißmus klinisch nie beobachtet werden konnte*; was man klinisch zu sehen bekommt, ist immer nur der *sekundäre* Narzißmus, und auch dieser *vermengt* mit Resten einer *verstümmelten Objektliebe*.«[38] – In *Triebe und Triebschicksale* (1915) weist Freud ebenfalls auf einen psychischen Urzustand hin, der bereits von Spannungen zwischen Sexualität und Selbsterhaltung (Ichtrieb) gekennzeichnet ist und daher bereits Objektfragmente aufweist. Auch hier versucht Freud Ich- und Triebentwicklung zusammenzudenken: Das Ich sei selbst triebbesetzt und versuche, seine Triebe an sich selbst zu befriedigen. Auf dieser frühen Stufe scheint der Narzißmus mit der Autoerotik zusammen zu fallen. Aber die Bedürfnisse der Ichtriebe, so Freud weiter, seien sexuell, auf autoerotischem Wege niemals zu befriedigen, da der Sexualtrieb auf die Einhaltung des Lustprinzips dränge und von vornherein ein Objekt erfordere, ein Objekt, ohne das er weder existieren noch funktionieren könne. Wegen dieser Angewiesenheit auf eine zur Befriedigung erforderlichen Objektstruktur »zwinge« die Sexualität den Organismus dazu, noch lockere, ungeordnete Bahnungen innerhalb der unbewußten Niederschriften in feste Besetzungen zu überführen.

38 Balint (1937), *Frühe Entwicklungsstadien des Ichs. Primäre Objektliebe.*

Die Spannung zwischen Selbsterhaltung (Narzißmus) und Sexualität (Autoerotismus) störe den uranfänglichen narzißtischen Zustand und treibe die Entwicklung aus ihm heraus. An dieser Stelle greift Freud auf einen zentralen Gedanken seiner Modellvorstellungen über den Ursprung der psychischen Persönlichkeit zurück, auf den Zusammenhang von anfänglicher Lebensnot (Ananke) und subjektiver Angewiesenheit auf äußere Objekte.[39]

> »Ja, der narzißtische Urzustand könnte nicht jene Entwicklung nehmen, wenn nicht jedes Einzelwesen eine Periode von *Hilflosigkeit* und *Pflege* durchmachte, während dessen seine drängenden Bedürfnisse durch Dazutun von Außen befriedigt und somit von der Entwicklung abgehalten würden.«[40]

Die Formulierung, die primäre Pflege halte das Kind von der weiteren Entwicklung ab, ist merkwürdig. Sie suggeriert einen spannungs- und damit objektlosen Urzustand, in dem Ichtriebe und Autoerotismus gleichsam zur narzißtischen Selbstgenügsamkeit des Kindes zu Beginn seiner Entwicklung beitragen – die Idee einer homöostatischen Verlängerung des intrauterinen Zustands in den psychischen Raum, wie sie u. a. von Béla Grunberger vertreten und hypostasiert wird. Aber ein solcher narzißtischer, ungebundener Gleichgewichtszustand ist fiktiv und folglich unterliegt der (angeblich elementare) Wunsch nach seiner Aufrechterhaltung von Beginn an einer Illusion, denn a) wird ja das rudimentäre Ich zum Objekt der Libido und b) ist, was noch genauer gezeigt werden wird, der Autoerotismus keineswegs eine objektfreie Phase. Der Sexualtrieb verfügt auch im Autoerotismus bereits über Objekte, und zwar sowohl über Objekte der Phantasie als auch über Objekte der konkreten Befriedigung. Seine These von der angeblichen Objektlosigkeit des Autoerotismus belegt Freud ausschließlich mit dem Hinweis, das erste Objekt werde am eigenen Körper und (noch) nicht in einer Person der Außenwelt gefunden.

Die »volle« Objektliebe richtet sich nach Freud auf getrennt erlebte, ganze Objekte der Außenwelt, bzw. auf die psychischen Repräsentanten dieser Objekte. Sie ist erst nach Verlassen des Narzißmus möglich, ein nach Freuds Auffassung unbedingt notwendiger Prozeß, da der

39 Biologisch gesehen, erscheint der Mensch als eine »physiologische Frühgeburt«. Er bleibt lange abhängig von anderen Personen und muß seine Instinktarmut und Unspezialisiertheit durch die Ausbildung einer »zweiten Natur« kompensieren (A. Mitscherlich).

40 Freud (1915b), *Triebe und Triebschicksale*, S. 227 (Anm.).

Mensch irgendwann anfangen müsse »zu lieben«, um nicht zu Grunde zu gehen; diesem Prozeß aber gehen libidinöse Vorgänge an Objekten oder Objektvorläufern bereits voraus und es werden schon Bahnungen festgelegt, von denen sich die spätere Objektliebe nicht unabhängig entwickeln kann. Bereits bei diesen ganz frühen Erfahrungen mit den Beziehungen zwischen Trieb und Objekt läßt sich eine mehrfache Schichtung von früheren und späteren, von ursprünglichen und nachträglich modifizierten Phasen feststellen. Entscheidend beteiligt an dieser linearen und zugleich nachträglich überformten Phasenentwicklung sind jene Einflüsse, die – im Sinne des oben zitierten Gedankens Freuds – die Genügsamkeit des narzißtischen Kindes durch Sicherstellung des äußeren Rahmens absichern: die nährende(n) und pflegende(n) Person(en) der realen Außenwelt.

Ab wann also kann vom Objekt der Libido und damit gleichbedeutend von der Geburt der Sexualität gesprochen werden? Welche Bedeutung kommt in diesem Zusammenhang der Tatsache zu, daß die Sexualität ursprünglich kein äußeres Objekt hat, aber gleichzeitig ein äußeres Objekt existiert, das durch spezifische Aktivitäten über die körperlichen Austauschzonen in das Subjekt eindringt und allmählich ein inneres Objekt entstehen läßt, das von der Konstruktion her beliebig und notwendig zugleich ist? Das Eindringen des äußeren Objekts ist kein Hineingleiten, das zur Aufrichtung einer inneren Kopie führt. Insofern ist der Terminus »Besetzung des Objekts mit Libido« nicht sehr präzise. Besetzungsvorgänge gehen aber in die Herstellung und Weiterentwicklung unbewußter Vorstellungen von Beginn an mit ein, da sich die dahinterstehenden tiefen Wünsche zwangsläufig auf das konstruierte innere Objekt (Imago) richten. Die Idee einer realen Unterbringung sexueller Energie im Rahmen eines einfachen Innen-Außen-Schemas ist somit völlig unbrauchbar.

Der Sexualtrieb wird durch Dazutun von außen angeregt, erscheint zunächst vorrangig auf der Ebene der unbewußten Phantasie und drängt schließlich in die Außenwelt als Suche nach einem realen Liebesobjekt zurück. Anders ausgedrückt: Die Sexualität entsteht im Kind durch den Austausch mit den pflegenden Personen, auf deren Hilfe es wegen der anfänglichen »Not des Lebens« angewiesen ist. Diese Hilfe von außen dient auch (quasi als »Hilfs-Ich«) dem Reizschutz, der Reizminderung und dem Abbau innerer Spannungen, ist aber gleichzeitig die Quelle einer Reizung und Erregung an einem anderen Ort im psychisch-unbewußten Geschehen und produziert eine neue psychische Qualität (Lust). Dieser Konstitutionsprozeß der Sexualität im Medium erster Objekterfahrungen macht den Kern von Freuds »Anlehnungsthese« aus und läßt sich paradigmatisch an der vorbildlichen Bedeutung der Oralität für die gesamte spätere Sexualentwicklung festmachen. Die Sexualität entsteht durch die Anlehnung des Sexualtriebs an die Ichtriebe und ihre Funktionen (Selbsterhaltung) und macht sich erst später von diesen selbständig.[41]

Ursprünglich, während der ersten Zeit der körperlichen Pflege, insbesondere aber bei der Nahrungsaufnahme, bilden beide Triebarten noch eine Fusion, ähnlich wie das noch nicht ausgebildete Ich und das Objekt als deren unbewußt-materieller Träger. Freud spricht hier von einem Zustand der »Vergesellschaftung«, der nicht Einheit im identitätslogischen Sinn, sondern eine Vereinigung von Unterschiedlichem *vor* seiner Trennung meint. »Anfangs war wohl die Befriedigung der erogenen Zone mit der Befriedigung des Nahrungsbedürfnisses vergesellschaftet. Die Sexualbetätigung lehnt sich zunächst an eine der zur Lebenserhaltung dienenden Funktion an und macht sich erst später von ihr selbständig.«[42] – Der Terminus »Anlehnung« meint in diesem Zusammenhang etwas anderes, als es der in den Objektbeziehungstheorien verwendete Begriff »anaklitisch« nahelegt. Nicht das »Sich-Anlehnen« oder »Anklammern« des Subjekts an das erste Objekt der Außenwelt (in der Regel die Mutter) ist primär für die Entstehung der Sexualität verantwortlich, wie Jean Laplanche überzeugend deutlich macht:

> »Man kann sich vorstellen, wie eine ganze Theorie der Mutterbindung einen Begriff umgebogen hat, der dazu bestimmt war, die Sexualität im Augenblick ihres Auftauchens zu erfassen. (...) Was Freud beschreibt, ist das Phänomen der Anlehnung (*appui*) *des Triebs*, die Tatsache, daß sich die Sexualität bei ihrer Entstehung an einen andern – zugleich ähnlichen und tief verschiedenen – Prozeß anlehnt. Der Sexualtrieb lehnt sich an eine nicht-sexuelle, vitale Funktion oder, wie Freud (in Worten, die jeden andern Kommentar verbieten) es formuliert: an eine ›lebenswichtige Körperfunktion‹.«[43]

Nun wird deutlich, warum die Objektwahl nach dem Anlehnungstypus die ursprünglichere ist und in allen späteren Schattierungen auf diesen Ursprung der Sexualität verweist, denn: »die Anlehnung zeigt sich aber noch darin, daß die Personen, welche mit der Ernährung, Pflege, dem Schutz des Kindes zu tun haben, zu den ersten Sexualobjekten

41 Vgl. Freud (1914), *Zur Einführung des Narzißmus*, S. 153.
42 Freud (1905), *Drei Abhandlungen zur Sexualtheorie*, S. 82.
43 Laplanche (1974), *Leben und Tod in der Psychoanalyse*, S. 29.

werden, also zunächst die Mutter oder ihr Ersatz.«[44] Gleichzeitig dient die erste Objektwahl auch dem Narzißmus, der ursprünglich mit der Selbsterhaltungsfunktion zusammenfällt und auch zukünftig eng mit ihr verbunden bleibt. »Die Libido folgt den Wegen der narzißtischen Bedürfnisse und haftet sich an Objekte, welche deren Befriedigung versichern. So wird die Mutter, die den Hunger befriedigt, zum ersten Liebesobjekt.«[45] Demnach entnehmen Kinder und Heranwachsende ihre Sexualobjekte ihren Befriedigungserlebnissen. – Wenn nun der Anlehnungstypus der Objektwahl tatsächlich der »männliche« sein sollte, dann wird mit dieser unausweichlichen Objektwahl die fundamentale Abhängigkeit vom Objekt immer wieder neu inszeniert.

Das Postulat einer ursprünglichen Einheit von Ähnlichem *und* Differentem läßt sich besonders an einem Aspekt der Trieb-Objekt-Relationen und an einem Ort des somato-psychischen Geschehens festmachen: an dem Verhältnis von innerer Reizspannung und äußerem Reizschutz entlang der peripheren Zonen des körperlichen Austauschs. Die Aufgabe des Reizschutzes besteht darin, von innen ankommende Reizspannungen zu minimieren, d. h. einen Ausgleich innerhalb und zwischen den fragilen innerpsychischen Systemen zu schaffen (Homöostase). Dieser Ausgleichsversuch dient den Zielen beider Triebarten, der Befriedigung vitaler Interessen (Funktion) und der Befriedigung sexueller Bedürfnisse (Lust). Die Zonen und Modi des Austauschs auf der Ebene der Selbsterhaltung werden zu erogenen Zonen, oder genauer: Erst die Befriedigung der Selbsterhaltungsinteressen macht die körperlichen Austauschzonen zu Quellen sexueller Erregung und legt die Basis für den Aufbau einer inneren Objektwelt. – Der Ursprung der Sexualität ist eine Potentialität. Die Neugeborenen bringen zwar, so Freud (1905) in seinen *Drei Abhandlungen zur Sexualtheorie*, »Keime von sexuellen Regungen« (S. 77) mit auf die Welt; aber diese Regungen können sich erst dann, angeregt durch »spezifische Aktionen« im Austausch mit der Umwelt, als Sexualität konstituieren, wenn es ihnen gelingt, sich *an* ein Objekt psychisch zu binden (Repräsentanz) und *durch* ein Objekt zu befriedigen.

Die Anlehnung der (zunächst nur virtuell vorhandenen) Sexualität an die Selbsterhaltung ermöglicht durch periphere Reizungen von außen eine »Introjektion neuer Lustquellen« und bringt damit gleichzeitig unausweichlich die Dimension des Objekts ins Spiel. Einmal in Gang gesetzt, bleibt das Lustprinzip zwar mit der Selbsterhaltungsfunktion verbunden, ihr aber nicht mehr unterworfen. – Diese Erfahrungen

44 Freud (1914), *Zur Einführung des Narzißmus*, S. 153 f.
45 Freud (1927), *Die Zukunft einer Illusion*, S. 345 f.

werden zum Ursprung und Vorbild auch für die späteren Stufen der Organisation von *Lust* und *Spannung* während der oralen Stufe.

> »Es ist auch leicht zu erraten, bei welchen Anlässen das Kind die ersten Erfahrungen dieser Lust gemacht hat, die es nun zu erneuern strebt. Die erste und lebenswichtigste Tätigkeit des Kindes, das Saugen an der Mutterbrust (oder an ihren Surrogaten), muß es bereits mit dieser Lust vertraut gemacht haben. Wir würden sagen, die Lippen des Kindes haben sich benommen wie eine *erogene* Zone, und die Reizung durch den warmen Milchstrom war wohl die Ursache der Lustempfindung« (ebd., S. 82).

Nun ist es möglich, das Wesen eines sexuellen Vorgangs entlang seiner einzelnen Elemente genauer zu bestimmen. Dazu gehören: ein Trieb (oraler Partialtrieb), der beginnt, kontinuierliche, auch von äußeren Einwirkungen unabhängige Reize auszusenden; ein Drang zur Erledigung der ankommenden Reizgrößen; ein Ziel (Wiederholung einer lustvollen Erfahrung) und eine Quelle (die erogenisierte Lippenzone) – aber, so muß erneut gefragt werden, existiert auf dieser frühesten Stufe »sexueller« Erfahrungen auch schon ein *Objekt*? – Orale Sexualität entsteht, wenn das Saugen an der Brust *ohne* Nahrungsaufnahme lustvoll erlebt wird und zur Wiederholung drängt. Also ist, so Freuds Schlußfolgerung in seinen *Vorlesungen zur Einführung in die Psychoanalyse*, »das erste Objekt der oralen Komponente des Sexualtriebes die Mutterbrust, welche das Nahrungsbedürfnis des Säuglings befriedigt« (S. 340). – Was aber bedeutet Freuds Hinweis auf den »warmen Milchstrom«, dessen Reizung die Ursache der sexuellen Empfindung gewesen sein soll? In der Phase der anfänglichen Vergesellschaftung von Selbsterhaltungs- und Sexualtrieb gibt es ja bereits ein Objekt, aber eben eines der vitalen Funktion, an das *angelehnt* erst das primäre Objekt der Lust erscheint und besetzt wird. Ein Punkt, der in Laplanches Zusammenfassung der Anlehnungsthese besonders hervorgehoben wird:

> »Entscheidend ist nun, daß in der gleichen Zeit, in der die Nahrung die Ernährungsfunktion zufriedenstellt, ein sexueller Vorgang zu erscheinen beginnt. Parallel zur Ernährung werden die Lippen und die Zunge durch die Brustwarze und den warmen Milchstrom erregt. Diese Erregung bildet sich vorerst auf der Grundlage jener Funktion, so daß sie kaum von ihr unterschieden werden kann. Ihr Objekt wird scheinbar auf der Ebene der Funktion zugeführt. Wir wissen nicht, ob es noch die Milch oder schon die Brust ist. Auch die Quelle

wird von der Ernährung determiniert, da die Lippen ebenfalls ein Teil des Verdauungssystems sind. Und auch das Ziel liegt sehr nahe beim Ernährungsziel. Objekt, Ziel und Quelle lassen sich noch in einem knappen und recht einfachen Satz einbauen, der uns zu sagen erlaubt, was sich ereignet: ›Es tritt durch den Mund ein.‹ ›Es‹ ist das Objekt; ›Eintreten‹ ist das Ziel (ob es sich nun um das sexuelle oder das Ernährungsziel handelt: der Vorgang ist auf jeden Fall ein ›Eintreten‹); ›durch den Mund‹: auch für die Quelle gilt dieselbe Duplizität, der Mund ist gleichzeitig sexuelles Organ und Organ der Ernährungsfunktion.«[46]

Das bedeutet, das erste Objekt der Sexualität ist bereits ein (vom Objekt der Selbsterhaltung) *verschobenes* und setzt eine frühe Form der Trennung voraus. Aufgrund der ursprünglichen Nähe von Selbsterhaltung – die von den Ichtrieben ausgehend, auch den Narzißmus und die in ihm eingelagerten Selbst- und Objektrepräsentanzen umfaßt – und Sexualität ist auch eine umgekehrte Verschiebung entlang der möglichen Objektketten zwischen beiden Triebarten grundsätzlich möglich, da diese Nähe niemals ganz aufgegeben wird.[47] Die weitere Entwicklung der psychischen Persönlichkeit nutzt diese Nähe immer wieder aus. Sie kann spielerisch ausgedrückt, im Fall von Krisen und Konflikten aber auch als Mittel der individuellen und kollektiven Abwehr genutzt werden. Selbsterhaltung, Narzißmus und Sexualität sind keinesfalls identisch und lassen sich nicht aufeinander reduzieren. Aber ihre jeweiligen Objekte können wechselseitig durch Verschiebungen benutzt und manipuliert werden bzw. dasselbe Objekt kann unter wechselnden Vorzeichen mehreren Triebarten gleichzeitig dienen. – Auf diesem Hintergrund ist der unter dem Etikett »Pansexualismus« immer wieder gegen Freud erhobene Vorwurf, er würde alle Erscheinungen des Seelenlebens triebtheoretisch aus sexuellen Vorgängen ableiten, unhaltbar.[48]

46 Laplanche (1974), *Leben und Tod in der Psychoanalyse*, S. 30.

47 Deshalb läßt sich ein dualistischer Gegensatz zwischen Sexualtrieb und Selbsterhaltungstrieb nicht konsequent aufrechterhalten. Möglicherweise liegt hier ein weiterer Grund, weshalb Freud diesen strikten Gegensatz später aufgibt und in seinem letzten großen Triebmodell beide Triebarten gemeinsam den Lebenstrieben (Eros) zuordnet.

48 »In dem Bedürfnis nach volltönenden Schlagworten ist man soweit gegangen, von dem ›Pansexualismus‹ der Psychoanalyse zu reden und ihr den unsinnigen Vorwurf zu machen, sie erkläre ›alles‹ aus der Sexualität. Man könnte sich darüber verwundern, wenn man imstande wäre, (…) die verwirrende und vergeßlich machende Wirkung affektiver Momente selbst zu vergessen.« Freud (1905), *Drei Abhandlungen zur Sexualtheorie* (Vorwort zur vierten Auflage), S. 32. Freuds Betonung der individuellen und kulturellen Bedeutung der Sexualität und die von ihm durch die Analyse von Neurotikern, Kindern und Perversen notwendig gewordene Ausweitung des Begriffes (zu

»Wir denken ja nicht daran, daß sich die libidinösen Interessen einer Person von vornherein im Gegensatz zu ihren Selbsterhaltungsinteressen befinden; vielmehr wird das Ich auf jeder Stufe bestrebt sein, mit seiner derzeitigen Sexualorganisation im Einklang zu bleiben und sie sich einzuordnen.«[49] – Das weitere Schicksal der Objektdimension der Selbsterhaltungs- und Sexualtriebe wird dabei von jenen Mechanismen bestimmt, die Freud unter den Begriffen *Fixierung*, *Verdrängung* und *Regression* zu fassen versucht.

In den hier skizzierten Trieb(ent)mischungen und Objektverschiebungen liegt, um noch einmal auf den ersten Teil zurückzukommen, einer der Schlüssel zum »Geheimnis« der Baruya mit weitreichenden Konsequenzen auch für eine Analyse der hegemonialen Männlichkeitsstrukturen in westlichen Gesellschaften: das inszenierte Zurückgleiten des unbewußten Begehrens entlang der Achse Genitalität – Oralität bis vor die »Geburt« der Sexualität, um im Dienste der Selbsterhaltung, der Selbstbehauptung und schließlich der Selbsterzeugung eines neuen, rein männlichen Geschlechts den in der Sexualität lauernden Gefahren zu entgehen. Auch wenn bei diesem zeitlichen und topischen Ursprung der Sexualität die Geschlechterdifferenz noch keine Rolle zu spielen scheint, so können und werden später erlebte Spannungen, Ambivalenzen und feindselige Regungen nachträglich in diese ursprüngliche Situation, gleichsam rückprojizierend eingesetzt. Die Lust aber bleibt auf entsprechende Objekte der Phantasie und der realen Befriedigung unumgänglich angewiesen, das macht das ganze Dilemma der Sexualität aus. Die bereits angesprochenen (realen und imaginären) männlichen »Devitalisierungstendenzen« gegenüber Frauen sind Ausdruck dieses Dilemmas und Selbstschutzversuch zugleich. Zwischen phallischem Narzißmus und männlicher Destruktivitätsbereitschaft besteht ein enger Zusammenhang, der aus dem Scheitern des Versuchs resultiert, sich als ein Subjekt zu definieren, das den Spannungen des (Gegen-) Geschlechtlichen nicht mehr ausgesetzt ist. – Da sich die Sexualität aber nicht »abschaffen« läßt und auch das Objekt, welches beim Mann eine Mischung nicht-integrierbarer Affekte (Begehren, Neid, Wut und

›Psychosexualität‹) hat »von jeher die stärksten Motive für den Widerstand gegen die Psychoanalyse abgegeben« (ebd.). In seinen Vorlesungen weist Freud zugleich darauf hin, daß auch der zweite Anteil dieses gängigen Vorwurfs, nämlich die Psychoanalyse zeige kein Interesse an nicht sexuellen Anteilen der Persönlichkeit, verkürzt ist: »Gerade die Sonderung von Ich und Sexualität hat uns mit besonderer Klarheit erkennen lassen, daß auch die Ichtriebe eine bedeutsame Entwicklung durchmachen, eine Entwicklung, die weder ganz unabhängig von der Libido, noch ohne Gegenwirkung auf diese ist.« Freud (1916/17a), *Vorlesungen zur Einführung in die Psychoanalyse*, S. 364.

49 Ebd, S. 364.

Haß) auslöst, nicht gänzlich zum »Verschwinden« gebracht werden kann, kann sie, wie es scheint, nur dann ohne zu große Einbußen am Selbstanspruch hegemonialer Männlichkeit ertragen werden, wenn es gelingt, durch Spaltungs- und Projektionsmechanismen das von den Repräsentanzen der weiblichen Sexualität (vermeintlich) ausgehende Bedrohungspotential zu bändigen. – Diese unbewußte Botschaft kann auf eine plakative Formel gebracht werden, die zumindest erahnen läßt, daß und wie sich das *Männlichkeitsdilemma* aus dem allgemeinen *Dilemma der Sexualität* heraus entwickelt: Heterosexualität ja, aber möglichst ohne Frauen und Weiblichkeit, oder anders, in den Worten Ali ibn Abi Talibs, des 4. Kalifen und in den Augen der Schiiten einzig rechtmäßigen Nachfolgers des Propheten ausgedrückt: »Das Weib ist ganz und gar Übel, aber das Übelste an ihr ist, daß man sie unbedingt braucht.«[50]

Selbst die künstlich inszenierten Regressionen nach dem Muster der Initiationspraxis der Baruya können nicht hinter die frühesten Fixierungsstellen von Trieb und Objekt bzw. ihre psychischen »Niederschriften« zurückkehren, die von Beginn an Quelle der Beunruhigung für die Männer darstellen. Unter dem Einfluß der durch wiederholte Angstabwehr erfolgten »Umschriftungen« des unbewußt eingelagerten Materials können nachträglich Wunschphantasien konstruiert werden, die zumindest den Anschein – ähnlich den kollektiven Ursprungsmythen – einer Umgehung des Sexualitätsdilemmas erwecken. Anlaß solcher konstruierenden Rückgriffe auf unbewußt sedimentiertes Erinnerungsmaterial sind nach Freuds Überzeugung zwei Momente: das Maß der *Versagung* der gegenwärtigen und das Maß der *Anziehung* seitens der »inneren« Objekte und ihrer Vorläufer. Die eingelagerten oder »eingekastelten« (Freud) Objekte üben als Niederschläge früher Befriedigungs- und Versagungserfahrungen – gleichsam als »Überlebsel« der Frühzeit des Subjekts – eine Sogwirkung auf das spätere Seelenleben aus, denn auch und gerade hier zeigt sich, »das primitive Seelische ist in vollstem Sinne unvergänglich.«[51]

Daher ist es unzureichend, die von vielen Männern geäußerten (oder als solche von außen so interpretierten) »Verschmelzungsphantasien«, die an der *Mutterleibsexistenz in toto* festzuhalten scheinen, nur als einen durch primärnarzißtische Fixierung motivierten Restaurationsversuch der frühen Mutter-Kind-Symbiose zu deuten. Der dahinterstehende, die realen Objektbeziehungen sowie die sie begleitenden Imaginationen bestimmende Wunsch, homöostatische (»ozeanische«) Gefühlszustände zu erreichen, versucht einen illusionären Bereich *jenseits*

50 Zit. nach *FR* v. 08.03.03

51 Freud (1915a), *Zeitgemäßes über Krieg und Tod*, S. 337.

von Trieb und Objekt (wieder) zu besetzen. Unter Berücksichtigung der geschlechtsspezifischen Trennungs- und Differenzerfahrungen sowie des Gesichtspunkts der Nachträglichkeit ist es fatal, darin einen Beweis zur Widerlegung der Triebtheorie zu sehen, wie es konsequent die auf Kohut zurückgehende Selbstpsychologie nahelegt.[52]

Symbiosewünsche und Mutterleibsphantasien müssen *auch* als ein Ersatz für sexuelle Aktivitäten verstanden werden, denn sie dienen unbewußt der Abwehr des Sexualitätsdramas, dem Ausweichen des bedrohlich aufgeladenen Geschlechtlichen und der Neutralisierung unerträglich gewordener Spannungen zwischen Trieb und Objekt, Begehren und Befriedigung, Angst und Lust. Dieser Typus der Aufhebung der Spannungen zwischen Subjekt und Objekt (des Wunsches, der Angst und der Befriedigung) läuft nicht auf eine (aktive) Zerstörung des Objekts hinaus, um als Subjekt zu überleben, sondern letztlich auf die Herstellung einer Identität von Subjekt und Objekt auf dem Wege »symbiotischer« Verschlingung. Beide Tendenzen, die Verschmelzung mit dem Objekt oder seine Vernichtung, gehören zur Tiefendimension vorherrschender Männlichkeitstypen. Sie implizieren in letzter Konsequenz die phantasmatische, vom Wunsch nach Triebruhe getragene Idee des Todes, der nach Freuds spätem Triebmodell das letzte Ziel des Triebes überhaupt darstellt.[53]

52 Die Entwicklung der metapsychologischen Konzeptdiskussion nach Freud hat zwar zu einer Erweiterung sowohl des klinischen als auch des außerklinischen Erklärungspotentials der Psychoanalyse, insbesondere was den gesellschaftlich bedingten Wandel von Persönlichkeitsstrukturen angeht, geführt; gleichzeitig wird der Blick aber verengt, wenn die komplizierten Prozesse auf der Ebene psychosexueller Konflikterfahrungen nicht mehr angemessen berücksichtigt oder auf zu vernachlässigende Randprobleme reduziert werden. Eine Entwicklung, die sich exemplarisch an Tom Ziehes Modell des »Neuen Sozialisationstyps« (NST) deutlich machen läßt, das die (scheinbar) vorherrschenden adoleszenztypischen Phänomene der 70er Jahre (»Null-Bock-Generation«) auf eine Fixierung an die nicht überwundene Mutter-Kind-Symbiose und eine Störung des in ihr vorherrschenden Primärnarzißmus zurückzuführen versucht. Die isolierte Betonung einer typischen, wenn auch als Zeiterscheinung im Vordergrund stehenden Ausdrucksform der Binnendimension adoleszenter Erlebnisweisen (Konfliktvermeidungsverhalten, Größenphantasien, Verschmelzungswünsche, Trennungsängste usw.) und ihre deterministische Rückführung auf eine nicht gelungene Symbioseauflösung unterschlägt nicht nur den Gesichtspunkt der Nachträglichkeit, sondern vor allem die Brisanz, die sich aus dem Spannungsfeld von Sexualität und Narzißmus ergibt. Damit erscheint dann auch die Frage nach der Etablierung der männlichen Geschlechtsidentität durch spezifische Verarbeitungen der Geschlechterdifferenz marginal. Das NST-Modell bezieht sich unterschiedslos auf beide Geschlechter, deshalb kann Ziehe folgerichtig und lapidar eine »tendenzielle Angleichung der Geschlechter« konstatieren. Vgl. Ziehe (1975), *Pubertät und Narzißmus. Sind Jugendliche entpolitisiert?* S. 131.

53 An der Lebensnot führt nur der Tod vorbei. Vgl. Zagermann (1988), *Eros und Thanatos, Psychoanalytische Untersuchungen zu einer Objektbeziehungstheorie der Triebe*, S. 3.

Zwischen Phantasie und Realität besteht ein ähnliches Anlehnungsverhältnis wie zwischen dem Objekt der Sexualtriebe und dem der Ichtriebe, zwischen Sexualität (Lust) und Selbsterhaltung (Funktion). Die Spannungen, die darin zum Ausdruck kommen und bereits frühe Abwehrprozesse in Gang setzen, gehen auf die »Not des Lebens« und ihre Verarbeitung zurück. Die Sexualität entsteht »zu früh« im Hinblick auf die Entwicklung aufnahme- und verarbeitungsfähiger psychischer Apparate; sie »entfaltet« sich als endgültige Sexualreifung unter dem Genitalprimat wiederum »zu spät«, bedingt durch die »Pubertätsverzögerung«. Dem »zweizeitigen Ansatz der Sexualentwicklung« korrespondiert eine in mehreren Schüben verlaufende Objektfindung und eine (mindestens) zweiphasige Abwehr.

Die frühesten Reizspannungen und ihre Aufhebung als Funktion der Selbsterhaltung produzieren gleichsam als Nebenprodukt einen Reiz ganz neuer Qualität an einem anderen Ort der psychischen Realität – einen Reiz, den das Subjekt nicht adäquat psychisch umsetzen und den es (zunächst) nicht allein »beseitigen« kann. Das bestätigt und verstärkt die Hilflosigkeit und Abhängigkeit von äußeren Objekten, deren Aktivitäten die Sexualität, wie es subjektiv scheint, als eine Art »Fremdkörper« (Freud) im Subjekt allererst entstehen lassen. Die aus den neu introjizierten somatischen Quellen entspringenden Reize kommen nun, ähnlich wie der Hunger, von innen und produzieren eine Spannung, die, um der primären Reizschutzfunktion zu genügen, durch eine vergleichbare »spezifische Aktionen« minimiert oder »beseitigt« werden muß. Da der Trieb wie eine konstante Kraft wirkt und nun periodisch seine Reize auszusenden beginnt, ist (zumindest anfangs) weder eine Flucht noch eine autonome Bewältigung möglich. Da es keine dem intrauterinen Vorbild folgende Einheit von Reiz und Reizbeseitigung geben kann, werden schon die ersten psychischen Repräsentanzen des Triebes von archaischen Abwehrstrukturen begleitet. In *Triebe und Triebschicksale* hat Freud diesen Zusammenhang von Trieb und Reiz zusammenhängend formuliert:

> »Der Triebreiz stammt nicht aus der Außenwelt, sondern aus dem Innern des Organismus selbst. Er wirkt darum auch anders auf das Seelische und erfordert zu seiner Beseitigung andere Aktionen. Ferner: Alles für den Reiz Wesentliche ist gegeben, wenn wir annehmen, er wirke wie ein einmaliger Stoß; er kann dann auch durch eine einmalige zweckmäßige Aktion erledigt werden, als deren Typus die motorische Flucht vor der Reizquelle hinzustellen ist (...). Der Trieb hingegen wirkt nie wie eine *momentane Stoßkraft*, sondern immer

wie eine *konstante* Kraft. Da er nicht von außen, sondern vom Körperinnern her angreift, kann auch keine Flucht gegen ihn nützen. Wir heißen den Triebreiz besser ›Bedürfnis‹; was dieses Bedürfnis aufhebt, ist die ›*Befriedigung*‹. Sie kann nur durch eine zielgerichtete (adäquate) Veränderung der inneren Reizquelle gewonnen werden« (S. 211 f.).

Hier scheint Freud beide Triebarten noch analog gesetzt und der Funktionsweise eines »Instinkts« angenähert bzw. untergeordnet zu haben. Die Triebe unterliegen, woran Freud sein ganzes Werk hindurch festhält, der primären Tendenz des Nerven- und des Seelenapparates, ankommende Reizgrößen zu beseitigen, zumindest aber nach dem »Konstanzprinzip« auf ein gleichmäßiges, möglichst geringes Niveau herabzusetzen.[54] Ungeachtet der Frage, ob der Selbsterhaltungstrieb mit einem biologischen Instinkt identifiziert werden kann, wird an dieser Stelle deutlich, daß die Spezifität der von Freud in *Triebe und Triebschicksale* grundsätzlich unter allgemeine Prinzipien gefaßten Triebentwicklung mehrere Komplikationen mit sich bringt. Zum einen können die von innen ankommenden Triebreize nicht nach einem einfachen physiologischen Reflexschema erledigt werden. Sie stellen höhere Anforderungen (zunächst) an das Nervensystem und produzieren vor allem einen Widerspruch, der besonders für den Sexualtrieb gilt. Der von äußeren Auslösereizen abhängige Trieb wirkt bei dem Versuch, die neu ankommenden und die konstant von innen wirkenden Reize abzuführen, auf die Außenwelt zurück, um günstigere Bedingungen zur Erfüllung dieser Aufgabe zu finden und einzurichten. Dies macht, unter triebtheoretischer Perspektive, die Verschränkung der autoplastischen und alloplastischen Veränderungen (Selbst- und Fremdveränderung) aus. Insbesondere durch ihre Fähigkeit zur Bindung – und das heißt immer Bindung an Objekte oder objektanaloge Strukturen – gelten die Triebe für Freud als »die eigentlichen Motoren des Fortschritts« (ebd., S. 213). Die Triebrepräsentanzen und die Phantasien, die sich an ihnen entzünden, bilden also die Grundlage auch für desexualisierte Phantasietätigkeit, für bewußte Denkprozesse und für andere Sublimierungsleistungen.[55] Gleichzeitig wird hier eine ökonomische

54 Freud greift das Fechnersche »Konstanzprinzip« früh, bereits in seinen voranalytischen Arbeiten auf und kommt spät, besonders im Zusammenhang mit seiner Konzeption der Todestriebes wieder darauf zurück. Vgl. Freud (1920), *Jenseits des Lustprinzips*, S. 5 u. S. 60.

55 Auch Furth hebt die Besonderheit der menschlichen Entwicklung durch die Libido-Symbol-Verknüpfung bei der Besetzung von Objekten hervor. Vgl. Furth (1990),

Besonderheit der ursprünglich vergesellschafteten und nun, nach der Separierung, eigenständig etablierten Triebart deutlich. Denn die Bewegungen des Sexualtriebs lassen – auch wenn Freud immer wieder versucht hat, das mit ihm verbundene Lustprinzip unter die Funktionsweise des Fechnerschen »Konstanzprinzips« einzuordnen – einen Ablauf erkennen, der weder eine Minimierung seiner Organreize noch seine psychische »Befriedigung« analog zur biologischen Funktion erreichen kann. Allein aus diesem Grund ist ein Vergleich mit dem biologischen Instinktmodell nur äußerst begrenzt möglich und verbietet sich eigentlich von selbst.

Eine erfolgreiche Zuordnung des Sexualtriebs zu den Instinkten wäre allerhöchstens dann legitim, wenn die libidinöse Besetzung, also die Wunschbewegung entlang der Triebrepräsentanzen, und der eigentümliche Organreiz auf der jeweiligen Stufe der sich überlagernden Phasen der Sexualorganisation durch die gleiche »spezifische Aktion« abgeführt und das heißt »befriedigt« werden könnten. Hier kommt nun aber ein spezifisches, bereits mehrfach angeklungenes Verhältnis von *Quantität* (der eher physiologischen Reizspannung) und *Qualität* (der psychischen Besetzungsvorgänge) ins Spiel, das dem Versuch einer rein biologischen Fundierung der Triebtheorie endgültig die Basis entzieht, auch wenn Freud immer mal wieder versucht hat, quantitative und qualitative Triebprozesse zusammenfallen zu lassen.

> »Wenn wir dann finden, daß die Tätigkeit auch der höchstentwickelten Seelenapparate dem *Lustprinzip* unterliegt, d. h. durch Empfindungen der Lust-Unlustreihe automatisch reguliert wird, so können wir die weitere Voraussetzung schwerlich abweisen, daß diese Empfindungen die Art, wie die Reizbewältigung vor sich geht, wiedergeben. Sicherlich in dem Sinne, daß die Unlustempfindung mit Steigerung, die Lustempfindung mit Herabsetzung des Reizes zu tun hat« (S. 214).

Im Anschluß muß Freud allerdings die Unmöglichkeit anerkennen, Quantität und Qualität seelischer Vorgänge in einem einheitlichen ökonomischen Modell identisch setzen zu können. Auch an anderen Stellen gibt er ähnliche Versuche beinahe resigniert auf, hält aber zumindest an seiner Hoffnung fest, daß dieses Problem eines Tages, nach

Wissen als Leidenschaft. Eine Untersuchung über Freud und Piaget, S. 131. Erst die Bindung der Energie des Eros durch das Lustprinzip ermöglicht es danach der Lust bzw. der Libido, zum Objekt der Erkenntnis und der Begierde zu werden (vgl. ebd., S. 102).

der Entdeckung eines »Sexualchemismus«, der die Sexualität von den Ernährungsvorgängen unterscheiden ließe, gelöst bzw. vereinfacht werden könnte. Die *Qualität* seelischer Erscheinungen – also energetische Besetzungsvorgänge *und* Lustempfindungen als Kennzeichen der Sexualität – läßt sich nicht in ein fixes oder variables Erregungs*quantum* auflösen. Gerade der sexuelle Reiz und die durch ihn ausgelöste Arbeitsweise des Psychischen zeigen, daß der Zusammenhang von Spannung–Entspannung und Lust–Unlust für Freud ein Rätsel geblieben ist und sich nicht einfach deckungsgleich dem Gegensatzpaar Bedürfnis – Befriedigung zuordnen läßt. Ein Spannungsgefühl, das in einem Organ von einem Reiz ausgelöst wird, ist ebensowenig identisch mit Unlust wie die Reizbeseitigung mit Lust zusammenfällt. Im Gegenteil, die sexuelle Erregung kann im höchsten Grade als lustvoll erlebt werden und das gilt, so Freud, besonders für die Genitalsensationen, was schon im allgemeinen Sprachgebrauch des Wortes »Lust« und seiner Bedeutung mitschwingt. »›Lust‹ ist doppelsinnig und bezeichnet sowohl die Empfindung der Sexualspannung (Ich habe Lust = ich möchte, ich verspüre den Drang) als auch die der Befriedigung.«[56] Der gleiche Vorgang kann also zugleich sexuell erregend und sexuell befriedigend sein. Ebenso rätselhaft bleibt für Freud die Tatsache, daß einmal empfundene Lust das Bedürfnis nach einer noch größeren Lust hervorrufen kann (vgl. S. 111).

Das Problem der Quantität und Qualität der sexuellen Vorgänge, das Freuds gesamte *ökonomische* Überlegungen vom *Entwurf einer Psychologie* bis hin zu *Jenseits des Lustprinzips* durchzieht, zeigt sich auch am Begriff der Libido, der alle energetischen Vorgänge des Triebes umfaßt. Libido ist psychische Sexualenergie, d. h. die dynamische Äußerung des Sexualtriebs im Seelenleben und hat somit als Begriff den gleichen spekulativen und hypothetischen Charakter wie die Trieblehre insgesamt. Libido läßt sich (auch wenn Freud diese Behauptung hin und wieder aufstellt) weder direkt beobachten noch messen oder überhaupt in irgendeiner Form quantitativ bestimmen. Libido ist psychosexuelle Energie und nicht etwas, das biologisch dem Trieb selbst anhaftet. Es ist zwar richtig und notwendig, an den somatischen Quellen der Sexualentbindung und an der Körperlichkeit sexueller Prozesse festzuhalten,[57] aber die Widersprüchlichkeit beider Ebenen, der somatischen

56 Freud (1905), *Drei Abhandlungen zur Sexualtheorie*, S. 114. »Rechnet man aber die Spannung der sexuellen Erregtheit zu den Unlustgefühlen, so stößt man sich an der Tatsache, daß dieselbe unzweifelhaft lustvoll empfunden wird. Überall ist bei der durch die Sexualvorgänge erzeugten Spannung Lust dabei; selbst bei den Vorbereitungsveränderungen der Genitalien ist eine Art von Befriedigungsgefühl deutlich. Wie hängen nun diese Unlustspannung und diese Lustgefühle zusammen?« (Ebd., S. 110).

57 Nur unter der Berücksichtigung dieser (widersprüchlichen) Anbindung der psychi-

Erregungs- und der psychischen Besetzungsebene, macht eine Zuordnung zu einem gemeinsamen energetischen Prinzip hinfällig. Freuds Definition von Triebbefriedigung als Erregungs-, Spannungs- *und* Libidoabfuhr nach dem Lust-Unlust-Prinzip täuscht eine Einheitlichkeit vor, die nicht haltbar ist. Ein (momentanes) »Erlöschen der Libido«, das Freud manchmal unscharf als vorrangiges Sexualziel angibt, kann sich allerhöchstens auf den körperlichen Organreiz, also auf sexualphysiologische Erregungsvorgänge beziehen. Libidinöse Besetzungen, die als psychische Motive (als Drang, als Kanalisierung und als Hemmung von Erregung) hinter den somatopsychischen Vorgängen stehen, lassen sich dagegen nicht spontan oder durch gezielte körperliche Aktionen einfach so auflösen. Sie drücken mögliche Verschiebungen im seelischen Haushalt ebenso wie die Bereitschaft zur Fixierung aus. An den Besetzungsvorgängen wird der Spannungsbogen der menschlichen Sexualität zwischen Flexibilität und Klebrigkeit deutlich.

Der (sexuelle) Wunsch besteht in erster Linie in der Suche nach einer bereits erlebten und erinnerten Lust. Folgt man dieser klaren Auffassung Freuds, dann wirkt seine Bemerkung, der Kern des Unbewußten bestehe aus Triebrepräsentanzen, »die ihre Besetzung abführen wollen, also aus Wunschregungen«[58] umso rätselhafter. Oder besteht das letzte Ziel des sexuellen Triebes in der Aufhebung seiner eigenen Objektbesetzungen? Wo aber bliebe dann das subjektive Befriedigungserlebnis und der damit verbundene (drängende) Wunsch nach Wiederholung? In der Sexualität hat die qualitative Dimension von Lust und Befriedigung offenbar absoluten Vorrang vor einer reinen Triebabfuhr, was auch immer das sein mag. Daher ist die von Freud postulierte »Auf-

schen an somatische Erscheinungsformen der Sexualität bleibt letztlich die Möglichkeit gewahrt, den grundsätzlich sexuellen Charakter der Libido zu erkennen und zu betonen, ohne dabei die Dimension des »Konflikts« aus den Augen zu verlieren. Damit läßt sich auch das Abgleiten in eine monistische, von Sexualität gereinigte Triebkonzeption etwa im Sinne C. G. Jungs vermeiden, wonach unter »Libido« eine ganz unspezifische und allgemeine »seelische Energie« gefaßt wird, »die in allem enthalten ist, was ›Streben nach‹, appetitus ist.« Laplanche/Pontalis (1972), *Vokabular der Psychoanalyse*, S. 284. In Freuds Trieblehre geht es um die Wechselbeziehungen zwischen den somatosexuellen und psychosexuellen Tendenzen, die von Anfang an in Konflikt miteinander liegen. Um in die Realität umgesetzt zu werden, muß der somatischen Erregung die psychische Realität (Phantasie) entgegenkommen und manchmal auch entgegentreten. Es gibt kein Kontinuum, in dem ein biologisch verwurzelter Trieb und die spezifischen Reize eines im Vordergrund stehenden Organs über die Phantasie in die äußere Realität gleitet. Irgend etwas bleibt meist bei der Suche nach Befriedigungsmöglichkeiten auf der Strecke, wenn sich Wunsch und Begierde äußeren »Objekten« zuwenden – im Falle der männlichen (phallozentristischen) Sexualität nicht nur der nichtgenitale Restkörper, sondern vor allem das (weibliche) Objekt.

58 Freud (1915c), *Das Unbewußte*, S. 285.

hebung der Libidospannung« ein äußerst widersprüchlicher Terminus, denn selbst bei dem Prozeß der Reizabhelfung an der erogenen Zone steht die »psychische Befriedigung« im Mittelpunkt und drängt eine als rein somatisch verstandene »Entladung« von Quantität deutlich in den Hintergrund.

Diese Relativierung rein quantitativer durch qualitative seelische Prozesse macht an dieser Stelle eine insbesondere für die männliche Sexualität relevante Zwischenbemerkung notwendig. Eine in den meisten sexualwissenschaftlichen Ansätzen, in den neueren psychoanalytischen Richtungen, besonders aber in der gesamten aktuellen Diskussion über »sexuelle Gewalt« weit verbreitete und hartnäckig wiederholte Kritik an Freuds Triebtheorie sitzt einem grundlegenden Mißverständnis auf.[59] Diese Kritik richtet sich gegen Freuds angebliche Reduktion der Sexualität auf das Modell einer rein biologisch determinierten, »psychohydraulisch« funktionierenden »Dampfkesselsexualität«. Mit unterschiedlichen Konnotationen, aber im Kern übereinstimmend wird behauptet, die klassische Triebtheorie erfasse und überbetone nur die Mechanismen der Anhäufung, Stauung und Entladung der aus dem Körperinnern stammenden Erregungsmengen. Dies hätte im prüden Viktorianismus des ausgehenden 19. Jahrhunderts seine Berechtigung gehabt, besitze aber gegenwärtig angesichts des sexuellen Klimas in der Gesellschaft und des erreichten Entwicklungsstandes der psychoanalytisch-sexualwissenschaftlichen sowie der feministischen Forschung keinerlei Gültigkeit mehr. Insbesondere wird moniert, Freud habe die Indienstnahme der Sexualität durch nicht-sexuelle, besonders narzißtische und aggressive Motive übersehen.

Zweifellos können sich, wie gezeigt wurde, Narzißmus und Sexualität wegen ihres gemeinsamen Ursprungs und ihrer bleibenden Nähe überlagern und für jeweils »eigene« Zwecke nutzen, das aber gilt wechselseitig und nicht ausschließlich in eine Richtung. Bezieht man zusätzlich das Phänomen der Aggression mit in die Betrachtung ein, dann stellt sich verschärft – besonders für sozialpsychologische Untersuchungsansätze – das Problem des Triebdualismus und der Beziehungen zwischen den widerstreitenden Triebarten, ein Problem, das Freud mit den Konzepten der »Triebmischungen«, »Trieblegierungen« und »Triebentmischungen« theoretisch zu fassen versucht hat.[60] Nach Freud

59 So etwa vertreten von Schmidt (1984), *Drang und Lust*; Schorsch (1993), *Die Stellung der Sexualität in der psychischen Organisation des Menschen*; Janshen (1991), *Sexuelle Gewalt*; Lempert/Oelemann (1995), *»... dann habe ich zugeschlagen«*.

60 Nach Alexander Mitscherlich besteht eine der Hauptaufgaben der Sozialisation darin, Apparate (Ich und Über-Ich) zur Bändigung und Kontrolle der prinzipiell unsozialen

kommt im günstigsten Fall ein Kompromiß zwischen den Trieben und ihren Derivaten zustande.

> »Diese Triebregungen sind einander koordiniert, bestehen unbeeinflußt nebeneinander, widersprechen einander nicht. Wenn zwei Wunschregungen gleichzeitig aktiviert werden, deren Ziele uns unvereinbar erscheinen müssen, so ziehen sich die beiden Regungen nicht etwa voneinander ab oder heben sich einander auf, sondern sie treten zur Bildung eines mittleren Zieles, eines Kompromisses, zusammen.«[61]

Im Konfliktfall und in den anschließenden Abwehr-Verdrängungsprozessen können sich die Triebarten gegenseitig aufladen, eventuell sogar »benutzen« und den wechselseitigen Interessen unterordnen. Aggression kann dabei ebenso »libidinisiert«, also zur »Trägerwelle« sexueller Bedürfnisse (Spitz) werden, wie umgekehrt die Sexualität aggressiv aufgeladen werden kann. Diese wechselseitigen Triebverschränkungen werden erst durch die objektbezogenen Triebrepräsentanzen möglich. Allerdings können die Bezugnahmen des jeweiligen Triebes auf das Objekt grundsätzlich voneinander unterschieden werden. Der *Sexualtrieb* produziert Wunschobjekte durch Besetzungsvorgänge und benötigt konkrete Objekte zur Aufhebung der Begierdespannung. Die *Aggression* – zunächst jenseits der Frage, ob es sich um einen vergleichbaren Trieb handelt – ermöglicht eine Bewegung hin zu den Objekten, die den Charakter einer Bemächtigung hat und bis zur Destruktion des Objektes gesteigert werden kann. Der *Narzißmus* wiederum benötigt Objekte zur Darstellung spezifischer Selbstrepräsentanzen, möchte sich

---

Triebe, besonders des anthropologisch verwurzelten »aggressiven Triebüberschusses« zu entwickeln, um eine einigermaßen angepaßte, sozial verträgliche Identität zu etablieren. »Nur unter dieser Voraussetzung kann langsam aus Aggressivität, das heißt ›blindem‹, sozial nicht geprägtem Drang, Aktivität in gekonnter Leistung werden, aus purem Sexualdrang eine liebende mitmenschliche Beziehung.« Mitscherlich (1976), *Auf dem Weg zur vaterlosen Gesellschaft*, S. 33 (vgl. auch ebd., S. 111–141). »Gelungene« Sexualität und »gekonnte« Aggressivität sei nur durch eine Fusion beider Triebarten möglich. – Was aber sind »pure« Sexualität und »unkontrollierte« Aggressivität, wenn sie nicht als vorgesellschaftliche Naturkategorien verstanden werden? Immerhin sieht Mitscherlich auch gefährliche Formen dieser Fusionsmöglichkeit: nämlich eine »Libidinisierung von Aggressivität«, die in Korrelation zur Stärke der »psycho-physischen« Überlegenheitsgefühle zu rücksichtslosem Handeln oder zur »Destruktion des aggressiv besetzten Objektes«, also zu einem archaischen Triebdurchbruch führen könne. Hier drängt sich die Frage auf, ob Männer grundsätzlich über einen höheren Triebüberschuß verfügen oder ob ihre inneren Kontrollapparaturen schwächer ausgebildet sind.

61 Freud (1915c), *Das Unbewußte*, S. 285.

aber in seiner Grandiosität möglichst von dem Objekt und dem Druck, der von ihm ausgeht (Kränkungsgefahren, Minderwertigkeitsängste) befreien. – Innerhalb dieser widersprüchlichen Struktur einen einigermaßen sozialverträglichen Kompromiß zu finden, der weder das eigene Ich noch andere Individuen durch allzu großen Verdrängungsdruck schädigt, d. h. ohne das Objekt im buchstäblichen und alltagsgebräuchlichen Wortsinn zum »Objekt« zu machen, ist schwierig und scheint vor allem in den gesellschaftlich vorherrschenden Formen der männlichen Identitätsbildung kaum zu gelingen.

Sowohl die in der Vergangenheit gebildeten und unbewußt eingeschriebenen als auch die in den aktuellen Objektbeziehungen fortwährend neu entstehenden Objektrepräsentanzen können zur gegenseitigen Funktionalisierung und Unterordnung unter die Wünsche anderer Triebgruppen genutzt werden: zum Abbau scheinbar unaushaltbarer Spannungen im Falle narzißtischer Krisen oder zu einer Zerstörungsbereitschaft gegenüber dem Objekt als vermeintlichem Auslöser, immer mit dem Ziel, eine innere Balance, eine Art »Triebruhe« wiederherzustellen. Im Extremfall erfolgt eine Form der Bezugnahme auf das Objekt, bei der erst seine Zerstörung die Bedingung dafür zu schaffen scheint, sexuelle Lust überhaupt möglich und erfahrbar zu machen.

Die Entscheidung, in welche Richtung sich die Objektbezüge auch immer entwickeln, ist nicht genetisch programmiert, sondern Teil der gesellschaftlich durchgesetzten (hegemonialen) Männlichkeit und der damit einhergehenden Geschlechterkonstruktionen. Zu den vorherrschenden Merkmalen des männlichen Sexualverhaltens gehören (nicht nur) in westlichen Gesellschaften bestimmte, in den unbewußten Repräsentanzen eingelagerte Züge von Ambivalenz, Feindseligkeit und Haß gegenüber dem weiblichen Geschlecht. Diese Einstellungen kennzeichnen die Objektstrukturen und die Bewegungen aller Triebarten beim Mann und machen die angedeuteten gegenseitigen Verschiebungs- und Aufladungsmöglichkeiten, einschließlich der Gefahren destruktiver, gegen Frauen oder mit Weiblichkeit assoziierten »Objekte« gerichteten Durchbrüche real erst möglich. – Auch aufgrund dieses ambivalent bis feindselig gefärbten Charakters der inneren (weiblichkeitsbezogenen) Objektrepräsentanzen des Mannes lassen sich Sexualität, Narzißmus und Aggression nicht derart strikt voneinander trennen, als könnten sie völlig eigenständig, mit ganz unterschiedlichen Quellen, Zielen und Objekten behaftet, unabhängig von den anderen Triebarten gelten und betrachtet werden.

Mit der Verwerfung des Sexualtriebs (in vielen, wenn nicht sogar den meisten Freud-kritischen Ansätzen) geht stillschweigend eine Eliminierung der Objektgebundenheit des Triebes und damit seiner für das Subjekt grundlegend dilemmatischen Struktur einher.[62] Das paradox anmutende Ergebnis ist eine *Entsexualisierung der Sexualität*, ein Versuch, mit der These einer bloß sekundären Sexualisierung nichtsexueller Konflikte diese Struktur theoretisch handhabbarer zu machen und deren Folgen in der Praxis als weniger dramatisch ansehen zu können. Diese Entdramatisierung der Sexualität und ihrer Konfliktstruktur ist illusionär und führt insbesondere zu einer Verharmlosung der in der männlichen Geschlechtsidentität eingelagerten objektgerichteten Legierungen von Sexualität und Aggression.[63]

Die Reduktion des Triebes und der Libido auf rein somatische Quantitäten verkürzt und entdramatisiert auch die Komplexität der Freudschen Konzeption der Psychosexualität. Freuds Suche nach quantifizierbaren energetischen Größen ist eingestandenermaßen immer wieder gescheitert. Aber die Idee der Besetzungsenergie schließt sowohl die narzißtische als auch die Dimension des Hasses mit ein, ohne sie kausal auf sexuelle Vorgänge zurückzuführen. Zwar greift Freud die Idee der Herstellung eines spannungslosen Zustandes nach dem Konstanzprinzip als Ziel des Sexualtriebes, vor allem mit seiner Todestrieb-Konzeption, seinem letzten mythischen Entwurf einer ökonomischen Dualität noch einmal auf; aber selbst hier, in seinen biologischen Spekulationen in *Jenseits des Lustprinzips* geht es immer um die hermeneutische Interpretation *psychischer* Tendenzen und Gegentendenzen. Das ist für eine psychoanalytisch orientierte Untersuchung von Männlichkeitsstrukturen von großer Bedeutung und wird zunächst auch von Eberhard Schorsch so aufgenommen, um dann aber, nach einer mißverständlichen Reduktion des Triebmodells auf ein physiologisches Reiz-Reaktions-Schema als Argument gegen Freud zu kehren: »Wie wenig dieses Dampfkesselmodell der Sexualität gerecht wird, sollte man schon deswegen argwöhnen, weil es offenbar eine spezifisch männliche Sicht von Sexualität darstellt und auf die Sexualität der Frau nicht mehr so recht übertragbar erscheint.«[64] – Das hat schon Freud erkannt und ganz

---

62 Einer der wenigen Versuche, dieser Tendenz von sexualwissenschaftlicher Seite entgegenzutreten, findet sich in Volkmar Sigusch (1984), *Lob des Triebes*.

63 Nahezu alle täterpsychologischen Erklärungsansätze zur (männlichen) sexuellen Gewalt verbindet die absurd anmutende Grundthese, die Taten hätten nichts mit Sexualität zu tun. Häufig wird sogar behauptet, bei Vergewaltigungen, ob unter zivilen oder unter Kriegs-Bedingungen handle es sich um asexuelle, wenn nicht sogar um antisexuelle Handlungen. Auf die Problematik solcher einseitigen Verharmlosungen wird im dritten Teil noch genauer eingegangen werden. Vgl. Pohl (2002a), *Massenvergewaltigung. Zum Verhältnis von Krieg und männlicher Sexualität*, besonders S. 69–73.

64 Schorsch (1978), *Die Stellung der Sexualität in der psychischen Organisation des Men-*

ähnlich formuliert. In seinen *Drei Abhandlungen zur Sexualtheorie* kritisiert er die medizinisch-psychiatrische Lehre über die Anhäufung von Sexualstoffen, nach der diese Stoffe von sich aus Spannungen erzeugten, die sich auf dem Wege der Erregung spinaler und zerebraler Zentren oder aber erogener Zonen erhöhten und schließlich einen so großen Druck ausübten, daß der sexuelle Akt gleichsam automatisch in Gang gesetzt würde.

> »Die Schwäche dieser Lehre (...) liegt darin, daß sie, für die Geschlechtstätigkeit des reifen Mannes geschaffen, auf dreierlei Verhältnisse wenig Rücksicht nimmt, deren Aufklärung sie gleichfalls liefern sollte. Es sind dies die Verhältnisse beim Kinde, beim Weibe und beim männlichen Kastraten. In allen drei Fällen ist von einer Anhäufung von Geschlechtsprodukten im gleichen Sinne wie beim Manne nicht die Rede, was die glatte Anwendung des Schemas erschwert« (S. 115).

Interessant ist hier, wie so häufig bei Freud, die Anordnung und der innere Aufbau seines Textes: Ehe er mit dieser Kritik am *Primat des Männlichen* in der Theorie der Sexualstoffe zum Abschnitt »Libidotheorie« und damit zu einer Bestätigung des *Primats des Psychischen* gelangt, spekuliert er, angelehnt an den endokrinologischen Forschungsstand seiner Zeit, über eine mögliche Aufladung zerebraler Sexualspannung auf chemischem Wege – um diesen Ansatz sogleich als nicht zeitgemäß zu verwerfen. Indirekt aber bestätigt seine biologisch verklausulierte Spekulation an dieser Stelle die oben ausgeführte These von der Infiltration des Körpers und des Seelenlebens durch einen fast toxikologisch wirkenden Fremdkörper (Sexualität), dessen »Giftstoffe« offensichtlich Lust erzeugen können, »wie wir ja solche Umsetzung eines toxischen Reizes in einen besonderen Organreiz von anderen dem Körper als fremd eingeführten Giftstoffen kennen« (ebd., S. 117). Und schließlich: *Vor* seiner Kritik an der Sexualstofftheorie führt er in das Thema der *Sexualerregung* mit einigen Bemerkungen über den Zusammenhang von Samenanhäufung, kurzem Entladungsakt auf halluzinatorischem Wege (Pollution), von Erschöpfbarkeit bei der Entladung des Samenvorrats und der Lust und damit in das Thema eines *Primats der (männlichen) Genitalität* ein.

---

schen, S. 38. Die These Schorschs, daß in »der modernen psychoanalytischen Literatur« das Triebkonzept »bisweilen nicht mehr oder kaum noch« (ebd., S. 37) vorkommt oder explizit abgelehnt wird, kann natürlich nicht als Beweis dafür dienen, daß es falsch bzw. überholt ist.

Weit entfernt, eine Reduktion aufs Biologische zuzulassen, läßt sich Freuds Argumentationskette in dieser Textpassage als Anspielung auf eine (unausgesprochene) Wahrheit verstehen: Richtig gelesen, interpretiert und kritisiert stellen die Trieb- und Libidotheorie, unter Einschluß nicht reduktionistisch verstandener physiologischer Abläufe am Genitalorgan und seiner psychischen Repräsentanzen, ein wichtiges Erklärungsinstrument der männlichen Sexualität dar. Weder die Biologismus- noch die Androzentrismusvorwürfe gegen Freud können dies überzeugend widerlegen. Die Physiologie ist ebensowenig wie die Anatomie Basis oder Ursprung der männlichen wie der weiblichen Sexualentwicklung. Sexualität entsteht in wiederholter Anlehnung an körperliche *und* sozial vermittelte Austauschprozesse. Deren Niederschläge führen nach typischen Verarbeitungen von Trennungs- und Differenzerfahrungen bei Männern zu einer spezifischen Transformation, zur Rückkehr zu einer quantitativ ausgerichteten Physiologie (Zentrierung auf das genitale »Exekutivorgan«), zu einer signifikanten psychischen Realität (Zentrierung auf ein abgewehrtes, gespaltenes und erniedrigtes heterosexuelles Objekt) und schließlich zu einem bestimmten Umgang mit der äußeren Realität (Zentrierung auf Objekte, die eine Umsetzung der beiden anderen Zentrierungen »erlaubt« und fordert). Nach Godenzi gehören zu den typischen Merkmalen, die die Sexualität des Mannes prägen, »die Präferenz optischer Reize, die Fixierung auf Penis und Koitus, das Beharren auf der dominanten Rolle, die Zelebration des Samenausstoßes und das ungeduldige Warten darauf, die Verarmung der Phantasie, der Haß auf die Omnipotenz der Frau, die Angst vor der eigenen Impotenz, die Verneigung vor der Quantität«.[65]

Die Transformation einer anfänglich (wenn auch nur kurz) frei beweglichen, nach Objekten und nach Lust strebenden Sexualerregung in einen sexualphysiologischen Automatismus nach mechanischem Reiz-Reaktions-Muster ist das Resultat komplizierter, noch genauer zu untersuchender Sozialisations- und Entwicklungsprozesse, die unter dem Diktat hegemonialer Vorstellungen von einer sexuell und sozial »vollwertigen« Männlichkeit stehen. Die Triebschicksale der männlichen Sexualität lassen sich weder als Konditionierung nach dem einfachen Modell lerntheoretischer Techniken noch als »Prägung« im Sinne der vergleichenden Verhaltensforschung begreifen, auch wenn die daraus resultierenden typischen Erscheinungsformen durchaus den Eindruck vermitteln, als seien viele Männer direkt aus dem Bilderbuch von Kon-

65 Godenzi (1989), *Bieder, brutal. Frauen und Männer sprechen über sexuelle Gewalt*, S. 157. Vgl. auch Pohl (1996), *Angst, Lust, Zerstörung. Männlichkeit als sozialer und sexueller Analphabetismus*.

rad Lorenz entsprungen. Noch weniger aber sind diese Phänomene eine biologische Grundtatsache, wie es von einigen Medien, reißerisch garniert und in direkter Traditionslinie zur psychiatrischen Sexualwissenschaft des ausgehenden 19. Jahrhunderts, der Öffentlichkeit in regelmäßigen Abständen verkauft wird. Danach entstehen Triebhandlungen bei Mensch und Tier aus jeweils quantitativ unterschiedlichen Mischungsverhältnissen von innerer Triebstärke und äußerem Reiz, nach dem Motto, das sich übrigens bis heute auch in den Gerichtssälen bei Sexualstrafprozessen großer Beliebtheit als Entschuldungsargument erfreut: »Wenn die Triebstärke hoch ist, dann genügt auch ein niedriger Reiz – oder wenn der Reiz hoch ist, dann genügt auch niedrige Triebstärke.«[66] – Die verbreiteten Versuche, die psychoanalytische Triebtheorie in die Ecke einer biologischen Mechanik zu schieben, sind im wesentlichen mit dem Festhalten an gängigen Klischees von der rein quantitativ verstandenen und insgeheim idealisierten (männlichen) Triebstärke verbunden.[67]

Die Beobachtung, daß, zumindest rein deskriptiv gesehen, die »reife« männliche, genital und heterosexuell orientierte Sexualität (oft) an eindimensionalen »Reiz-Reaktionsmechanismen«, an »finalen Ausstoßungsergebnissen« und an »Endlust« fixiert zu sein und damit dem Diktum des »Instinkthaften« zu unterliegen *scheint*, ist ein klärungsbedürftiges Phänomen, das aber nicht der Triebtheorie Freuds und ihrer angeblich »falschen« Vorstellung von Männlichkeit anzulasten ist. Im übrigen führt allein schon eine systematische Betrachtung des *Libidobegriffs* die Versuche einer Desavouierung der Triebtheorie als quantitatives Stauungs- und Entladungsmodell ad absurdum. Der Begriff »Libido« umfaßt nach Laplanche/Pontalis mindestens drei (qualitative) Funktionen: Libido gilt als »Substrat der Umwandlungen des Sexualtriebs im Hinblick auf das Objekt (Verschiebung der Besetzungen), im Hinblick auf das Ziel (z. B. Sublimierung), im Hinblick auf die Quelle der sexuellen Erregung (Vielfalt der erogenen Zonen).«[68] – Mit dieser Libido-Definition wird zunächst die eine Seite der Psychosexualität, ihre potentiell vorhandene freie Beweglichkeit in den Vordergrund gerückt. Aus

66 *Der Spiegel 11/93*, S. 245 in einer Titelgeschichte (»Schwups – schon steht er«) über das industrielle Geschäft mit der wachsenden Impotenzangst bei Männern.

67 Ohne eine Berücksichtigung der Dimension des (inneren) Objekts und der qualitativen Bezüge zu ihm reproduziert dieses Klischee aus der Perspektive der Opfer von Sexualdelikten auf fatale Weise auch das Bild von der Beliebigkeit und der absoluten Bedeutungslosigkeit des männlichen Sexualobjekts, es sei denn, es scheint nachweislich als äußeres Reizobjekt die innere Erregung des Mannes überhaupt in Bewegung zu setzen und damit sozusagen den Übergriff selbst auszulösen.

68 Laplanche/Pontalis (1972), *Das Vokabular der Psychoanalyse*, S. 284.

einer Verbindung der »Libidotheorie« mit der »Anlehnungsthese« ergeben sich auf diesem Hintergrund zwei miteinander zusammenhängende Schlußfolgerungen:

1. Das innere Objekt (Imago) ist nicht (unbedingt) identisch mit dem Befriedigungsobjekt, entsteht aber daran angelehnt. Das hat erhebliche Konsequenzen auch für die Bestimmung von *Ziel* und *Quelle* des Triebes und ihrer regulativen Bedeutung für den seelischen Haushalt: Wenn Wunsch, Begierde und Organreiz auseinanderfallen, ist ihre einheitliche Subsumtion unter die Begriffe Wunscherfüllung, Befriedigung und Lust nicht möglich. Als Folge kann Lust, die auf der einen Ebene entsteht, gleichzeitig Spannung und Unlust auf einer anderen Ebene, an einem anderen Ort des psychischen Geschehens hervorbringen (bzw. voraussetzen). Das ist einer der metapsychologischen Schlüssel etwa zur Erklärung des Masochismus.

2. Wenn mit der frühen Befriedigung vitaler Interessen die Dimension Lust–Unlust eingeführt wird, erfolgen die ersten Niederschriften des Sexuellen, die allmählich zu Objekten der Imagination führen, die nachträglich in bereits gebahnte Strukturen eingesetzt werden. Gleichzeitig entsteht ein Drang nach Abfuhr der nun wiederholt auftretenden Reizspannung (Beseitigung von Unlust) an dem im Vordergrund stehenden Körperorgan, ein Vorgang, der ebenfalls nicht ohne Objekte bzw. Partialobjekte erfolgen kann.

Einmal in Bewegung gesetzt, kann die (erneute) Sexualerregung nun auf verschiedenen Wegen ablaufen: durch periphere Reizung eines Körperorgans von außen, durch die Binnenerregungen eines einmal angeregten Organs oder Körperteils; und schließlich durch Vorstellungen, Phantasien und Erinnerungen an einmal erlebte Lust. »Dieser Apparat soll durch Reize in Gang gebracht werden und nun läßt uns die Beobachtung erkennen, daß Reize ihn auf dreierlei Wegen angreifen können, von der Außenwelt her durch Erregung der uns schon bekannten erogenen Zonen, von dem organischen Innern her auf noch zu erforschenden Wegen und von dem Seelenleben aus, welches selbst eine Aufbewahrungsstätte äußerer Eindrücke und eine Aufnahmestelle innerer Erregungen darstellt.«[69] – Sexuelle »Erregtheit« gibt sich nun durch zweierlei, durch seelische und somatische Zeichen kund. Keiner dieser Erregungsvorgänge ist frei von Bezügen auf Objekte, Teilobjekte und ihre Repräsentanzen. Jede neuankommende Erregung, die

69 Freud (1905), *Drei Abhandlungen zur Sexualtheorie*, S. 109 f. Freud bezieht sich an dieser Stelle auf die Pubertätsvorgänge, d. h. auf die andrängende neue Qualität der Genitalerregung und ihre Majorisierung der gesamten Sexualität. Allerdings gilt auch diese Beschreibung in erster Linie für die männlichen Sexualvorgänge.

den Sexualapparat in Bewegung setzt, führt zu neuen Einschreibungen und Umschriftungen der Erfahrungen und setzt der »potentiell freien Beweglichkeit« der Libido bereits früh ein Ende. Diese Einschränkung der Beweglichkeit ist Triebschicksal, d. h. an die Wechselbeziehung der psychischen und materiellen Realität, von endogenen und exogenen Faktoren gebunden.

Eine zentrale Frage für eine Analyse der männlichen Geschlechtsidentität ist, wann und wie die Wahrnehmung und Verarbeitung der Geschlechterdifferenz aus der Binnenperspektive des Jungen erfolgt und nachträglich in die bereits vorstrukturierten Trieb-Objekt-Bahnungen eingesetzt wird. Für eine triebtheoretische Begründung der zentralen These, daß zum Kernbestand der Tiefenstrukturen von Männlichkeit eine aus verschiedenen Motiven gespeiste Feindseligkeit gegenüber der Weiblichkeit gehört, ist es relevant, zunächst diese bereits früh festgelegten Bahnungen genauer zu verfolgen, die mit den ersten Befriedigungserlebnissen entstehen, von Lust begleitet sind und den Drang nach Wiederholung hervorrufen. Dabei steht die Frage im Mittelpunkt, wie aus der (grundsätzlich) »freien Beweglichkeit« der Sexualität ein (mehr oder weniger) »gebundener Zustand« wird und welchen Einfluß spezifisch männliche Verbindungen von Geschlecht und Körperlichkeit dabei ausüben.

Primärprozeß und Sekundärprozeß – der Mythos von der »freien Sexualität«

Die Wahrnehmung und Verarbeitung der Geschlechterdifferenz spielt in der ursprünglichen Matrix der infantilen Erfahrungswelt zunächst keine deutlich erkennbare Rolle. Erst die Erkenntnis des Geschlechtsunterschieds zwischen dem zweiten und dritten Lebensjahr und die anschließende Einordnung der alten und neuen Erfahrungen nach Maßgabe dieses Unterschieds markiert den Beginn der Geschlechterdifferenzierung. Darauf weist u. a. Irene Fast (1991) in ihrem Buch *Von der Einheit zur Differenz* hin (S. 3). Dennoch, so ihre Ausgangsthese, spiele der Geschlechtsunterschied unter biologischer und sozialer Perspektive, insbesondere durch die immer schon geschlechtsspezifisch differenzierenden Reaktionen der nächsten Bezugspersonen, von Anfang an eine strukturierende Rolle. Aber erst später, nach der Wahrnehmung und Verarbeitung des Unterschieds zwischen den Geschlechtern (»Differenzierungsphase«), würden die früheren Erfahrungen nach Maßgabe der neu entstandenen geschlechtsbezogenen Selbstrepräsentanzen »rekategorisiert«. Die Stärke dieses Rekategorisierungs-Modells liegt in seiner Orientierung an dem bereits mehrfach herausgehobenen psychoanalytischen Konstrukt der »Nachträglichkeit«. Dieser Gesichtspunkt macht deutlich, daß die Entwicklung der Geschlechtsidentität nicht erst mit der Differenzierungsphase beginnt, da durch vorangehende Erfahrungen und deren unbewußte Niederschläge bereits bestimmte Basisvoraussetzungen geschaffen werden, die die Grundlage für die weiter Entwicklung legen. – Worin aber bestehen diese spezifischen Erfahrungen und ihre psychischen Niederschläge noch vor der Geschlechterdifferenzierung?

Im Zentrum des letzten Abschnitts stand das mehrfache Dilemma, dem die Konstitution der Sexualität im Medium erster Objekterfahrungen unterworfen ist: ein *strukturelles* Dilemma (Beliebigkeit versus Notwendigkeit des Objekts; inneres Objekt – äußeres Objekt; Objekt der Funktion – Objekt der Lust, usw.), ein *genetisches* (Nähe der Sexualität zur Selbsterhaltungsfunktion nach der Anlehnungsthese), ein *ökonomisches* (Plastizität und Klebrigkeit der Libido) und schließlich ein *energetisches* Dilemma (Quantität und Qualität von Sexualerregung und -abfuhr; Besetzung und Befriedigung usw.). Betrachten wir jetzt noch einmal den Ursprung der Sexualität, die frühesten Entwicklungsstadien im Spannungsfeld von Trieb und Objekt, die als Übergang vom »Primär-« zum »Sekundärprozeß« bestimmt werden. Die erste »Sexualentbindung« und ihre unbewußten Niederschläge führen zu einer neuen psychischen Qualität, dem *Lustprinzip*, dessen Diktat nun die gesamte Arbeitweise des Psychischen unterworfen wird. Einmal separat in Gang gesetzt und von der Befriedigung der Selbsterhaltungsbedürfnisse getrennt, lösen die neuen Triebreize und die unbewußten Phantasien, die sie repräsentieren, zunächst den Drang nach einer (lustvollen) Triebbefriedigung aus. Aber nicht im Drang zu einem Objekt hin besteht das primäre Ziel des Triebes, sondern im ursprünglichen Wunsch nach Wiederholung einer bereits als lustvoll erlebten und nun erinnerten Lust. Dieser Drang nach Wiederholung führt zu einer *»halluzinatorischen Wunscherfüllung«* – und damit zu einer absolut trügerischen Illusion. Dieser Terminus, den Freud in seinem noch stark am *Entwurf einer Psychologie* von 1895 angelehnten metapsychologischen Versuch in der *Traumdeutung* entwickelt, ist rätselhaft und hat nach Laplanche (mindestens) zwei Bedeutungen:

> »Entweder ist sie *Halluzination der Befriedigung*, d. h. Reproduktion des bloßen Gefühls der Abfuhr, wobei diese selbst nicht stattfindet; oder sie ist *Befriedigung durch Halluzination*, d. h. *durch*

die Tatsache des Halluzinationsphänomens *selbst*. Doch die *Halluzination der Befriedigung* – vorausgesetzt, ein solches Phänomen ist vorstellbar – läßt in ihrem Schoß keinerlei Widerspruch zu, der es erlauben würde, aus ihr herauszufinden. Der Einwand, den Freud selbst vorbringt, gilt also in vollen Umfang: ein solcher Organismus wäre von vornherein und ohne irgendeine Ausweichmöglichkeit der Zerstörung geweiht. Die *Befriedigung durch Halluzination* ist im Gegenteil vorstellbar, etwa nach dem Modell des Traums: dieser *führt* ja nicht eine Befriedigung des Wunsches *herbei*, er *ist* die Wunscherfüllung, allein durch seine Existenz. Doch das Beispiel des Traums läßt, ebenso wie der Ausdruck Wunsch selbst, vermuten, daß die objektive Entsprechung zum Bedürfnis (die Nahrung) bereits umgewandelt sei in ein ›Objekt‹, in ein Zeichen, das anstelle des Bedürfnisse introjiziert werden kann. Von nun an zeigen sich die an der Halluzination beteiligten Elemente in einer Komplexität und in einer Dialektik, zu der die angebliche narzißtische Monade nicht fähig wäre.«[70]

Die Bildung eines inneren Objekts erfolgt als Besetzung der Verbindungen verschiedener miteinander kombinierter, aber auch verschobener Erinnerungsbilder, denen ein durch äußere Objekte ermöglichtes Befriedigungserlebnis vorausgeht. Dies läßt im Wiederholungsfall, bei einem erneuten, aber nicht mehr unmittelbar erfüllten oder erfüllbaren Drangzustand *Unlust* an einem neuen Ort entstehen. Wie gesehen werden durch die Befriedigung der Selbsterhaltungsbedürfnisse nicht nur die Sexualität als Quelle von Lust in das Subjekt introjiziert, sondern gleichzeitig unvermeidbare Unlustspannungen produziert. Der Wunsch hat seinen Ursprung in einem Befriedigungserlebnis, wird also letztlich durch das Lustprinzip geregelt. Er entsteht aus einer Unlust entbindenen Spannung, die zwischen Bedürfnis und Befriedigung liegt und durch die zeitweilige Abwesenheit des Befriedigungsobjektes bedingt ist. Das Dilemma der Sexualität zeigt sich nun in neuer Gestalt in der Bildung einer frühen Spaltung zwischen Lust und Unlust. Jede Wunschbewegung setzt diese archaische Spaltung voraus. »Eine solche, von der Unlust ausgehende, auf die Lust zielende Strömung im Apparat heißen wir einen Wunsch (…). Das erste Wünschen dürfte ein halluzinatorisches Besetzen der Befriedigungserinnerung gewesen sein.«[71] – Trennung, Spaltung und eine grundlegende Mangelsituation markieren die Geburtsstunde der

70 Laplanche (1974), *Leben und Tod in der Psychoanalyse*, S. 107.
71 Freud (1900), *Die Traumdeutung*, S. 604.

Phantasie, deren Vorläufer oder erste Formen sich hier auffinden lassen.

In diesem Zusammenhang führt Freud den Terminus »Wahrnehmungsidentität« als Vorläufer der Phantasietätigkeit ein. Aber handelt es sich dabei schon um eine Erscheinungsform von *Sexualität* im Sinne ihrer grundlegenden Definition als *Bewegung zwischen Trieb und Objekt* auf der Ebene der *psychischen Realität*?

> »Soll das heißen, daß es die frühesten Phantasien sind, die danach streben, die halluzinatorischen Objekte wiederzufinden, die an die allerersten Erfahrungen des Aufkommens und der Lösung der inneren Spannung gebunden sind? Kann man sagen, daß die ersten Phantasien Objektphantasien sind, Phantasieobjekte, nach denen der Wunsch trachtet, wie das Bedürfnis nach seinem natürlichen Objekt?«[72]

Ein konturiertes Objekt ist bei diesem Vorgang noch nicht im Spiel, denn nicht dessen Repräsentanz wird in diesen primären Wunschphantasien nach dem Modus der Wahrnehmungsidentität vorgestellt, sondern, so Freuds Ansicht, Erinnerungsfaszikel, die visuell inszeniert werden und die in erster Linie dem inneren Spannungsabbau – damit gleichzeitig der Vermeidung von Unlust und dem Ziel, Lust zu erreichen – dienen. Die Wunschbewegung erfolgt zunächst entlang dieser szenisch reproduzierten Wahrnehmungen einmal erfahrener Befriedigungszustände (Erinnerungsreste), die erst allmählich Objekte bzw. deren Vorläufer entstehen lassen. Ausgehend von der »Anlehnungsthese«, faßt Freud (1900) in seiner *Traumdeutung* diesen Zusammenhang von Befriedigungserlebnis, Erinnerungsspur und Wahrnehmungsidentität zusammen.

> »In der Form der großen Körperbedürfnisse tritt die Not des Lebens zuerst an ihn heran. Die durch das innere Bedürfnis gesetzte Erregung wird sich einen Abfluß in die Motilität suchen, die man als ›Innere Veränderung‹ oder als ›Ausdruck der Gemütsbewegung‹ bezeichnen kann. Das hungrige Kind wird hilflos schreien oder zappeln. Die Situation bleibt aber unverändert, denn die vom inneren Bedürfnis ausgehende Erregung entspricht nicht einer momentan stoßenden, sondern einer kontinuierlich wirkenden Kraft. Eine Wendung kann erst eintreten, wenn auf irgendeinem Wege, beim Kinde durch fremde Hilfeleistung, die Erfahrung des *Befriedigungserleb-*

72 Laplanche/Pontalis (1972), *Das Vokabular der Psychoanalyse*, S. 392.

> *nisses* gemacht wird, das den inneren Reiz aufhebt. Ein wesentlicher Bestandteil dieses Erlebnisses ist das Erscheinen einer gewissen Wahrnehmung (der Nahrung z. B.), deren Erinnerungsbild von jetzt an mit der Gedächtnisspur der Bedürfniserregung assoziiert bleibt. Sobald dies Bedürfnis ein nächstes Mal auftritt, wird sich, dank der hergestellten Verknüpfung, eine psychische Regung ergeben, welche das Erinnerungsbild jener Wahrnehmung wiederbesetzen und die Wahrnehmung selbst wieder hervorrufen, also eigentlich die Situation der ersten Befriedigung wiederherstellen will. Eine solche Regung ist das, was wir einen Wunsch heißen; das Wiedererscheinen der Wahrnehmung ist die Wunscherfüllung, und die volle Besetzung der Wahrnehmung von der Bedürfniserregung her der kürzeste Weg zur Wunscherfüllung. Es hindert uns nichts, einen primitiven Zustand des psychischen Apparats anzunehmen, in dem dieser Weg wirklich so begangen wird, das Wünschen also in ein Halluzinieren ausläuft. Diese erste psychische Tätigkeit zielt also auf eine *Wahrnehmungsidentität*, nämlich auf die Wiederholung jener Wahrnehmung, welche mit der Befriedigung des Bedürfnisses verknüpft ist« (S. 571).

Jede Wiederholung dieser Erfahrung führt zu einer Differenzierung der (vor)objektalen Struktur und gleichzeitig zur Ausbildung eines Ichs bzw. seiner zunächst unkonturierten Vorformen. Die innere Wahrnehmung liefert also keine ganzen Objekte, sondern reproduziert szenisch eingelagerte Erinnerungsspuren – deshalb kann auch keine als »gut« oder »böse« wahrgenommene Mutter als Repräsentantin der äußeren Realität nach innen gleiten. In seinem Versuch einer Verbindung von Psychoanalyse, Säuglingsforschung und kognitiver Psychologie betont Dornes die entwicklungspsychologische Bedeutung dieses Gesichtspunkts.

> »Sowohl Piaget als auch die Psychoanalyse gehen davon aus, daß die Selbst- und Objektwahrnehmung anfänglich fragmentiert ist. Piagets Säugling bringt Tast-, Seh- und Hörempfindungen, die zunächst voneinander isoliert sind, allmählich miteinander in Beziehung und merkt erst dann, daß der Schnuller, den er sieht, derselbe ist wie der, an dem er saugt. Ähnlich nimmt die Psychoanalyse (...) an, daß Wahrnehmungen und Empfindungen sich in der Psyche anfänglich in Gestalt voneinander isolierter Kerne oder Repräsentanzen niederschlagen, die im weiteren Verlauf integriert oder synthetisiert werden müssen. Der Entwicklungsprozeß verläuft also vom Teil

zum Ganzen, wobei die Teile Schritt für Schritt zu einem Ganzen zusammengebaut werden.«[73]

Die *Wahrnehmungsidentität* und die *halluzinatorische Wunscherfüllung* berühren, so läßt sich schlußfolgern, das Verhältnis zwischen *Primärprozeß* und *Sekundärprozeß* und damit den Unterschied zwischen freiem Abströmen von Erregung und deren Bindung an zunächst unbesetztes, unbewußt eingelagertes (szenisches) Erinnerungsmaterial. Das Vorhandensein eines durch Wahrnehmung innerer und äußerer Reize gebildeten Unbewußten (ein dem Bewußtsein und dem Vorbewußten für immer entzogener Erinnerungsschatz) ist die Vorbedingung für die Entstehung der Sexualität: für die Entwicklung eines Triebes, der mehr als inneren Spannungsabbau erreichen will, für die Aufrichtung eines inneren Objekts, an das der Trieb sich heftet, und für die sich anschließenden oder parallel einsetzenden Abwehrvorgänge. Diese primären Abwehrvorgänge korrespondieren mit den von Dornes erwähnten anfänglichen Fragmentierungen der Selbst- und Objektwahrnehmungen:

> »Aus dem Wunschzustand folgt geradezu eine *Attraktion* nach dem Wunschobjekt respektive dessen Erinnerungsbild, aus dem Schmerzerlebnis resultiert eine Abstoßung, eine Abneigung, das feindliche Erinnerungsbild besetzt zu halten. Es sind dies die primäre *Wunschanziehung* und die primäre *Abwehr*.«[74]

Das ursprüngliche Befriedigungserlebnis wird in bestimmten Begierdezuständen phantasmatisch wiederholt, die sich, so Freud an einer späteren Stelle seines *Entwurfs*, zu Wunsch- und Erwartungszuständen entwickeln. D. h., sexuelle Erregung löst im weitesten Sinn eine allgemeine Begierdespannung aus, in deren Folge allmählich die Vorstellung eines (Teil)objekts entsteht und besetzt wird. Die Wahrnehmung, von der Freud in diesem Zusammenhang spricht, bezieht sich dabei weniger auf konturierte, als getrennt erlebte Objekte, als vielmehr auf deren Schatten im Subjekt, auf die vom Wunsch nach Wiederholung des Befriedigungserlebnisses getragenen phantasmatischen Niederschläge.

73 Dornes (1993), *Der kompetente Säugling*, S. 47. – Dieser in progredienter Entwicklungslinie gesehene Prozeß vom Teil zum Ganzen findet in der infantilen Sexualentwicklung seinen Höhepunkt in der Genitalität. Die genital zentrierte männliche Sexualität und die sie begleitenden Selbst- und Objektrepräsentanzen kehren diesen Prozeß, wie wir noch sehen werden, in eigentümlicher Weise um.

74 Freud (1950), *Entwurf einer Psychologie*, S. 329.

Durch diesen archaischen Wahrnehmungstypus werden gleichzeitig die affektiv aufgeladenen Erlebnisse von Spannung, Schmerz und Unlust allmählich mit diesen Niederschlägen verkoppelt (Freud spricht hier interessanterweise von einem »feindlichen Erinnerungsbild«). Die Mechanismen der *Verschiebung* und *Verdichtung* führen zu sogenannten »falschen Verknüpfungen« (Freud), deren »trügerisches« Moment charakteristischer Ausdruck jeder »halluzinatorischen Wunscherfüllung« ist. – Wahrgenommen wird also in diesen wiederholten Begierdezuständen das einmal gebahnte und eventuell schon besetzte Erinnerungsbild sowie der dazugehörige entsprechende Affektzustand. Die Entwicklung vom (ersten) Befriedigungserlebnis zur (erneuten) Begierdespannung präformiert ein Erinnerungsschema, eine »Architektur des Erinnerns«, die im Zentrum von Freuds Bemühungen um eine Aufklärung der Hysterien steht. Lust wird in der Form einer Erinnerung wahrgenommen. Aus einer frühen *Bahnung* (nach dem Muster einfacher Quantitätsabfuhr bzw. Reizminderung) entsteht durch die Erinnerung an (qualitative) Befriedigungserlebnisse und besonders durch die damit einhergehende Reizung und Introjektion neuer Lust-Quellen allmählich eine *Besetzung* von Wunsch- und Befriedigungsobjekten. Eingelagerte und vorstrukturierte Erinnerungen werden in Vorstellungsrepräsentanzen transformiert und im Wiederholungsfall aktiviert – in diesem Sinne ist der bereits zitierte Satz Freuds zu verstehen: »Der Kern des *Ubw* besteht aus Triebrepräsentanzen, die ihre Besetzung abführen wollen, also aus Wunschregungen.«[75] Nicht die Besetzung wird »abgeführt«, sondern die ausgelöste Erregung.

Der psychische Apparat (Nervensystem) dient vorrangig dem Reizschutz unter Einhaltung des Konstanzprinzips. Aufgrund der spezifischen Eigenschaften der Triebreize kann dies aber nicht nach dem Muster eines einfachen physiologischen Reflexschemas erfolgen. Da der psychische Apparat selbst ein bestimmtes Quantum an Reizzufuhr benötigt, um seinen primären Zielen genügen zu können, stellen die Triebreize weitaus höhere Anforderungen als äußere Reize. Um Reizabfuhr zu erreichen, ist ein gewisses Maß an Bindung von Energie notwendig, auf deren Basis eine weitere Verarbeitung der Unlust auslösenden Erfahrungen erfolgen kann. Dieser Vorgang ist ohne *primäre Hemmung* nicht denkbar und macht das Paradox deutlich, dem die Entstehung und die weitere Entwicklung der Sexualität von Beginn an unterworfen ist: Es müssen *Bindungen* geschaffen werden, um ein *freies Abströmen* der Erregungsquantitäten zu gewährleisten. Das, was

75 Freud (1915c), *Das Unbewußte*, S. 285.

die Psychoanalyse unter dem Begriff *Primärprozeß* faßt, besteht nicht nur aus primären Bahnungsvorgängen, sondern auch aus jenen energetischen Bindungsprozessen, die prinzipiell eine Hemmungs- und Abwehrfunktion erfüllen.

Wie bereits im letzten Abschnitt betont, handelt es sich bei dem sogenannten Primärnarzißmus keineswegs um einen schwankungs- und spannungslosen, ja nicht einmal um einen erinnerungs- und objektfreien Zustand. Symbiotische Verschmelzungsphantasien sind rückwärtsgerichtete Projektionen, die in der Regel aus der Analyse von Erwachsenen extrapoliert werden. Auf einen tatsächlich vorhandenen frühen symbiotischen Zustand zu schließen, wie Mahler und andere, ist höchst problematisch: »Das wesentliche Merkmal der Symbiose ist die halluzinatorisch-illusorische somatopsychisch omnipotente Fusion mit der Mutter und insbesondere die illusorische Vorstellung einer gemeinsamen Grenze der beiden in Wirklichkeit physisch getrennten Individuen. Dies ist der Mechanismus, zu dem das Ich in den Fällen schwerster Störung der Individuation und psychotischer Desorganisation regrediert.«[76] Zweifel an diesem Modell einer ursprünglichen Symbiose und einer ihr vorausgehenden Phase des primären Autismus sind u. a. auch deswegen angebracht, weil stillschweigend vorausgesetzt wird, daß der Säugling bereits eine Repräsentanz von Ununterscheidbarem und Verschwommenem, also die einer primären Einheit bildet. Nach den Erkenntnissen der Säuglingsforschung (Dornes u. a.) ist der Säugling aufgrund des Fehlens der Symbolfunktion in den ersten eineinhalb Jahren aber gar nicht in der Lage, Vorstellungen und Phantasien zu entwickeln.[77]

Auch wenn sich die ersten Niederschriften der Erinnerungsreste ehemals affektvoller Erlebnisse im unbewußten Gedächtnis noch nicht als Vorstellungen oder Repräsentanzen konturierter Objekte charakterisieren lassen, gehen ihnen doch Wahrnehmungsarrangements, und das heißt, eine gebundene Struktur der psychischen Energie voraus. Das macht die Unterscheidung von Primärprozeß und Sekundärprozeß im strengen Sinne nicht einfach, vor allem nicht, wenn man die primäre Abwehr von Unlust und die frühen Gegenbesetzungen mit berücksichtigt.[78] Die bereits angedeutete Transformation von Bahnungen zu

76 Mahler/Pine/Bergmann (1978), *Die psychische Geburt des Menschen, Symbiose und Individuation*, S. 63 f.

77 Vgl. Dornes (1993), *Der kompetente Säugling*, S. 69.

78 Die primäre Abwehr umfaßt, ähnlich wie die aus ihr hervorgehenden, tendenziell pathogenen Verdrängungsvorgänge, einen Mechanismus, der grundsätzlich bereits bei der Bildung unbewußter Vorstellungsgruppen (und deren Vorläufern) beteiligt ist. »In diesem Maße ist die Operation der Verdrängung selbst durch den Primärvorgang

Besetzungen, von der Wahrnehmungswiederholung zur Vorstellung geht mit dieser Entwicklung vom Primär- zum Sekundärprozeß einher. Wenn Sexualität »erscheint«, ist sie bereits »geformt«, d. h. vom Zeitpunkt ihrer Entstehung an nicht frei von Bindungen, Hemmungen und Gegenbesetzungen. Die Sexualität, die mit dem Eintritt des Objekts bzw. seiner Vorläufer im Unbewußten auftritt, ist insofern traumatisch, da nun endgültig kein Weg mehr zur Illusion eines homöostatischen Urzustandes zurückführt. Das durch die »Not des Lebens« bedingte Eindringen der Sexualität als »Fremdkörper«, der Zwang zur Bindung an Objekte und insbesondere die primäre Abwehr machen deutlich: Auch im Primärprozeß gibt es kein restlos freies Abströmen, keine vollständig freie Beweglichkeit der Libido. Typische Elemente des Sekundärprozesses (Bindungen) bestimmen somit bereits die seelischen Abläufe, die dem Primärprozeß unterliegen. Das oben angedeutete Paradox läßt sich so formulieren: Sobald die Dimension der Lust auftaucht, ist eine einfache Erledigung der ankommenden Reize weder nach dem Konstanz- noch nach dem Lustprinzip möglich. Ist deshalb die Idee einer »freien Beweglichkeit« der Libido im Sexualhaushalt nicht überhaupt illusorisch?

Einer der vehementesten Verteidiger der Lehre vom freien Abströmen der (noch) ungebundenen Sexualität im Primärvorgang ist Fritz Morgenthaler, dessen Ansätze zum Verhältnis von Sexualität, Perversion und Psychoanalyse vor allem in der Sexualwissenschaft breite Resonanz gefunden haben.[79] Morgenthaler hält am psychoanalytischen Triebbegriff fest und sieht, ausgehend von den Erscheinungsformen der Sexualität, die tragische Verstrickung mit den Strukturen des Objekts. »Erst jetzt wird deutlich, daß das Erzwungene und Starre, das der Sexualität anhaftet, auf der tief verankerten Verknüpfung von sexueller Objektbeziehung mit der Abhängigkeit vom Sexualobjekt beruht« (S. 148 f.). Das aber weise, so Morgenthaler weiter, auf die Fixierungen und regressiven Wiederholungen hin, mit denen der Sekundärprozeß die Vorgänge des Primärprozesses drossele, einenge oder sogar blockiere (vgl. S. 149). Der Primärprozeß ist für Morgenthaler der Ort des uranfänglichen freien Triebgeschehens, der sich durch eine »ungerichtete potentielle Dynamik« auszeichnet. Die Primärvorgänge unterliegen nach Morgenthaler einem purifizierten Lustprinzip und ließen sich,

gekennzeichnet (...). Schließlich wird die Verdrängung von vornherein als eine dynamische Operation beschrieben, die die Aufrechterhaltung einer Gegenbesetzung einschließt (...).« Laplanche/Pontalis (1972), *Das Vokabular der Psychoanalyse*, S. 585 – ein Gesichtspunkt, der für die primäre Abwehr gleichermaßen gilt.

79 Morgenthaler (1983), *Sexualität und Psychoanalyse.*

ähnlich wie Freuds Versuche, die Vorgänge im unbewußten *Es* zu beschreiben, als zeitlos, frei von Widersprüchen und Moral charakterisieren.[80]

Im Gegensatz zu Freud, der ja durchaus die primären Abwehrvorgänge und eingelagerten Strukturen der Objektvorläufer betont, bestreitet Morgenthaler, daß es bereits in den unbewußten Vorgängen des Es zu Kompromißbildungen der gegensätzlichen Regungen unter dem herrschenden ökonomischen Zwang zur Abfuhr von Energie kommt; vielmehr gebe es innerhalb des Primärprozesses nur eine ungerichtete potentielle (Trieb-)dynamik. Der Primärprozeß erscheint aus dieser Perspektive als Aufbewahrungsort für das ursprünglich »*Sexuelle*«, als quasi-naturhafte, anthropologische Grundbedingung der menschlichen Existenz und Quelle aller Kreativität sowie der Fähigkeit zur Empathie und zur Liebe. Das aber bedeutet nach Morgenthaler, der von den Dramen der späteren Erscheinungsformen der Sexualität ausgeht, daß erst die Lösung ihrer Verstrickung mit dem Objekt die Liebesbeziehungen aus dem Kreislauf von Wiederholungszwang und Abhängigkeit befreien kann.[81]

Den Gegensatz zum primärprozeßhaft bestimmten *Sexuellen* sieht Morgenthaler in der »organisierten Sexualität«, die er mit dem (schematisch abgetrennten) Sekundärprozeß verbindet.

> »Der Primärprozeß ist in erster Linie durch die Ungerichtetheit der dem Es zugehörigen Triebregungen bestimmt, während der Sekundärprozeß alles Triebhafte in Bahnen lenkt, organisiert und nach anzustrebenden Zielsetzungen ausrichtet. Sprechen wir von Sexualität im Gegensatz zum Sexuellen, handelt es sich um das, was der Sekundärprozeß aus den Triebregungen im Es gemacht hat. Denn was heißt das, wenn wir vom Sexualtrieb, von den nach Befriedigung drängenden sexuellen Triebregungen, vom Sexualobjekt, das besetzt wird, sprechen? Ist das etwa Ausdruck der Triebhaftigkeit? Ich meine, das kann es gar nicht sein, sondern darin stellt sich die Diktatur

80 Freud bezeichnet das Es als »Chaos«, als »Kessel voll brodelnder Erregungen«. Zum somatischen Ende offen, unterliegen die Abläufe im Es nur dem einzigen Ziel, Triebbedürfnissen ohne Aufschub eine Befriedigung und Triebbesetzungen auf kürzestem Wege die verlangte Abfuhr von Erregung zu verschaffen. Das Es ist aber gleichzeitig auch der Ort, in den Eindrücke »durch Verdrängung (...) versenkt werden.« Freud (1933), *Neue Folge der Vorlesungen zur Einleitung in die Psychoanalyse*, S. 80.

81 »Die primärprozeßhafte, emotionale Disponibiliät ist für die Gestimmtheit des Individuums verantwortlich. Sie ist humanspezifisch und unabhängig vom sozialen und kulturellen Hintergrund und daher unmittelbar wahrzunehmen und verständlich« (ebd., S. 140).

der Sexualität dar, die von Trieb- und Ichentwicklung mittels der Vorgänge des Sekundärprozesses aufgerichtet wird, um die Bewegung des Primärprozesses aufzufangen, in bestimmte kontrollierbare Bahnen zu lenken und durch Bedingungen einzuschränken. Es besteht eine Disharmonie zwischen den primärprozeßhaften Triebregungen und der sexuellen Diktatur, die den Unterschied zwischen dem, was wir das Sexuelle, und dem, was wir Sexualität nennen, ausmacht« (S. 142 f.).

An diesem Ansatz sind drei Momente problematisch: 1. der strenge Schematismus und das hierarchische Gefälle, in denen Morgenthaler das Verhältnis von Primärprozeß und Sekundärprozeß faßt; 2. der militärische Jargon, mit dem er diesen Gegensatz gesellschaftskritisch, ganz im Sinne der klassischen »Repressionshypothese«, zu belegen versucht: Dem ursprünglich »freien« Sexuellen stünde die usurpatorische Macht einer Diktatur der Sexualität gegenüber.[82] »Im Es werden gleichsam Triebregungen rekrutiert und zu ichgerechten Funktionen diszipliniert. Unter dem Taktschritt der Libido- und Ichentwicklung erlernen sie den Gewehrgriff der Wunschbildung, die nach Befriedigung drängt. Zielscheiben werden aufgerichtet, die anvisiert werden müssen. Das sind die Objekte, die von nun an mit der Energie der Triebe besetzt werden« (S. 143); 3. Die illusionäre Auffassung, beim Primärprozeß handle es sich tatsächlich um ein freies Abströmen von Energie ohne Richtung, ohne Objekt, ohne Ziel – einzig um ein Streben nach Abfuhr auf kürzestem Wege. Morgenthaler negiert, daß auch in den Vorgängen des Primärprozesses Bahnungsarrangements, also bereits Bindungen existieren, daß auch auf dieser genetisch frühen und topologisch tiefen Stufe die Triebe zu ihrer Darstellung und Befriedigung schon Objekte benötigen und schließlich primäre Formen von Abwehr

82 Vertreter dieser klassischen Repressionshypothese, nach der eine in die Nähe von (»guter«) Natur gerückte, triebhafte Sexualität den Apparaturen ihrer gesellschaftlichen Unterdrückung gegenübergestellt wird, sind Wilhelm Reich, van Ussel u. a. Foucault hat sich im ersten Band von *Sexualität und Wahrheit* diskursanalytisch mit diesem Ansatz auseinandergesetzt. Seine grundlegende Herangehensweise, seine Annahmen und Schlußfolgerungen (besonders sein Begriff von Macht und seiner diskursiven Einlagerung) lassen sich zwar nicht ohne weiteres in meinen triebtheoretischen Rekonstruktionsversuch der Konstitutionsgeschichte von (männlicher) Sexualität integrieren. Aber an dieser Stelle liefert sein Modell einen überzeugenden Interpretationsansatz: »Potentialität und Erscheinungsweisen von Sexualität lassen sich nicht einem einfachen Schema von ›freier Entfaltung‹ (innen) und Untersagungsmacht (außen) unterordnen. Das Machtverhältnis ist immer schon da, wo das Begehren ist: Es in einer nachträglich wirkenden Repression zu suchen ist daher ebenso illusionär wie die Suche nach einem Begehren außerhalb der Macht.« Foucault (1977), *Sexualität und Wahrheit I*, S. 101.

sowie Hemmungsfunktionen diese Vorgänge begleiten. Dies als Paradox bezeichnete Phänomen wird von Samuel Weber zusammenfassend formuliert:

> »Denn auch der Primärvorgang setzt notwendig eine gewisse *Hemmung* oder *Bindung* voraus – die für die Entstehung und Wiederholung der *Erinnerungsspur* als Wahrnehmungsidentität unabdingbar ist. (…) Doch damit muß dieser Vorgang genau das voraussetzen, was ihm erst folgen sollte: die Hemmung oder Bindung, die ›Besetzung‹ von Triebenergie, d. h. das Moment, das zum Kern des Sekundärvorgangs wird. Das Primäre setzt also das Sekundäre voraus und damit seine eigene primäre Stellung auseinander.«[83]

Die Konstruktion des »Sexuellen« im Sinne Morgenthalers ist ein reines Postulat, eine idealistische Konstruktion, so die berechtigte Kritik von Peter Passett. Das Paradoxe am Primärprozeß, erst Bindung macht freies Abströmen von Erregung möglich, findet in Morgenthalers Ansatz keine Berücksichtigung. Morgenthaler übersieht die Beteiligung des Objekts bei der Konstitution der Sexualität, weil er mit seiner Idyllisierung des »Sexuellen« einen Bereich persönlicher und politischer Freiheit reklamieren bzw. retten will. Mit Dannecker läßt sich die Kritik an einer prinzipiell gestaltlos gedachten Triebhaftigkeit primärer Seelentätigkeit präzisieren:

> »Die sexuelle Handlung wird vom Suchen nach einer bereits erlebten und erinnerbaren Lust motiviert. (…) Der Trieb an sich hat keine Gestalt [den Trieb »an sich« gibt es nicht und seine Annahme ist reine Fiktion, R. P.]. Er ist Anforderung zur Gestaltung und nicht selbst Gestalt. Deshalb ist auch von der Vorstellung Abschied zu nehmen, es gäbe so etwas wie eine reine Triebhandlung. Eine solche gibt es nur ein einziges Mal, nämlich dann, wenn sich der Trieb zum ersten Mal mit einem Objekt verknüpft. Damit beginnt die Geschichte des Triebes: Es entwickelt sich eine Struktur des Begehrens. Diese zwingt eine bestimmte Erfahrung hervor, die wiederum auf die Wünsche zurückwirkt. (…) Wir produzieren sexuelle Erregung, indem wir gleichsam rückwärts phantasieren. Wir erinnern uns und lassen das Erinnerte als Wunsch Gestalt werden.«[84]

---

83 Weber (1979), *Freud-Legende*, S. 64. Vgl. auch die kritische Auseinandersetzung mit Morgenthalers Ansatz in: Passett (1986), *Die Aufhebung des Widerspruchs in der Bewegung*.

84 Dannecker (1987), *Das Drama der Sexualität*, S. 134 f.

Morgenthalers Modell einer prinzipiell (objekt)freien Triebhaftigkeit leugnet dagegen diese frühe Gestaltung einer Struktur des Begehrens schon im Primärvorgang und damit auch die tiefen Ambivalenzen, die von Anfang an in die Objektbindungen des Triebes eingelagert sind. Zu einer Analyse der Geschlechterverhältnisse und besonders des aggressiven Charakters, der der männlichen Sexualität grundsätzlich anzuhaften scheint, kann es daher nicht viel beitragen. Nach Morgenthaler sind Sexualität und Aggression gleichermaßen im Primärprozeß verwurzelt. Die Polarität der Geschlechter, die ambivalente und feindselige Struktur der unbewußten Weiblichkeitsvorstellungen des Mannes und die entsprechenden typischen Legierungen von Sexualität und Aggression werden auf sekundärprozeßhafte »Strangulierungen« zurückgeführt. Sie stellen nach dieser Theorie eine gesellschaftlich bedingte Überkompensationen der aus dem Gegensatz von Primär- und Sekundärprozeß resultierenden »Verunsicherung der Geschlechtsidentität« dar. Das schließe grundsätzlich die Möglichkeit einer Befreiung des Subjekts durch Überwindung der Geschlechterpolarität unter der Voraussetzung mit ein, daß man die Geschlechtsidentität wieder an ihre primärprozeßhaften Quellen zurückführe – so das utopische Postulat Morgenthalers.

Für Eberhard Schorsch macht gerade dieser utopische, die Geschlechterpolarität (scheinbar) überwindende Zug den besonderen Reiz an Morgenthalers Ansatz aus: »Das Primärprozeßhafte ist der geschlechtsübergreifende Grund, in den die Wurzeln getaucht sind. Daß die weibliche und männliche Sexualität in ihren individualgeschichtlichen und gesellschaftlichen Formungen weit auseinander gehen, ist davon unberührt.«[85] In der sexualisierten Aggression stecke sogar die Chance zur »Befreiung«, da gerade sie durch aufgenötigte sekundärprozeßhafte Strangulierung den verlorenen Zugang zur eigentlichen Quelle von Sexualität und Aggressivität, den Primärprozeß, wieder zu finden erlaube. Damit könnten prinzipiell »neue Zuflüsse von emotionaler Bewegung und Lebendigkeit« geschaffen werden, denn das »Sexuelle und das Aggressive sind im Magma des Primärprozeßhaften zusammengeschmolzen« (ebd). – Dieses Reich scheinbar unbegrenzter Möglichkeiten der Triebfreiheit sei, so die (fast erleichterte) Schlußfolgerung von Schorsch, ein Reich für beide Geschlechter, weshalb auch die gängige Vorstellung, »das Triebhafte als eine Unart der männlichen Sexualität anzusehen« (ebd.), getrost ad acta gelegt werden könne. Die Polarität der Geschlechter entstehe erst später durch die Unterwerfung der geschlechtsbezogenen Phantasien unter den Sekundärprozeß und die

85 Schorsch (1988/89), *Versuch über Sexualität und Aggression*, S. 157.

Geschlechtsidentität des Mannes könne folglich erst dann mit sexueller Aggressivität aufgeladen werden. Sein Fazit: »Die Verankerung im primärprozeßhaft Trieblichen und dessen Strangulierungen in der organisierten sexuellen Diktatur besagen, daß sexuelle Aggression im Prinzip, d. h. als Impuls und Bewegung, ebenso geschlechtsübergreifend ist« (ebd.).

In Morgenthalers Modell wird die Aggression, ihrer Objekt- und Haßdimension beraubt, zu einem Kampfmittel des Es, das sich seine diktatorische Knechtung durch die (gesellschaftlich vermittelte) Sexualität nicht gefallen lassen will. Sie habe ebenso wie das Sexuelle keine eigene »Heimstätte«[86] – und erfülle die Funktion eines (anarchistischen) »Guerilleros«. »Sie erscheint immer dann, wenn irgendetwas stranguliert wird. Die Aggression ist der andere Ausdruck des Primärprozesses, wenn sich die Verhältnisse im Ich so entwickeln, daß die emotionale Bewegung in irgendeiner Weise gehemmt und gestört wird« (S. 150). Ohne Objektbindung umfaßt die Idee der Aggression nicht mehr als die ebenfalls frei flottierende Energie des Primärvorgangs (»verschmolzen mit der Sexualität im Magma des Primärprozesses«). Morgenthaler sieht zwar das eigentliche Problem der Disharmonie zwischen Primärprozeß und Sekundärprozeß in eben jener Aggressionsproblematik (S. 149), aber die spezifische Qualität der Relationen zwischen Subjekt und Objekt und die besondere Rolle der Triebmischungen aus Aggression und Sexualität für das Geschlechterverhältnis kann mit diesem Ansatz nicht erfaßt werden. »Wenn die hauptsächliche Vorstellung einer Theorie im Bildnis einer gestaltlosen Energie besteht, die hierhin und dorthin fließt, dann wird diese Theorie sehr schnell Strukturen in Form von Dämmen, Kanälen und ähnlichem errichten.«[87]

Ähnlich unbrauchbar für eine Analyse der Geschlechterdifferenz aus männlicher Perspektive ist auch Theweleits Erklärungsversuch einer Psychogenese des in den *Männerphantasien* so gründlich dargestellten »soldatischen Mannes«. Die im Klima der strukturalistischen Psychoanalyse-Kritik der siebziger Jahre an Deleuze und Guattaris *Anti-Ödipus* gewonnene Idee einer »frei flottierenden Wunschproduktion«, die

86 Hier steckt zumindest deskriptiv eine auf die männliche Sexualität bezogene richtige Beobachtung in der Feststellung, die »Heimstätte« der organisierten Sexualität sei das Geschlechtsorgan und seine Funktion. Ferenczi spricht sogar von einer »Patriierung« des Wunsches im Zusammenhang mit der Errichtung des Genitalprimats, Freud von der »Exekutive der gesamten Sexualität«. – Allerdings kann Morgenthaler nicht erklären, wie dieser Prozeß erfolgt und warum er für die männliche Sexualentwicklung zentral ist, da diese These ganz allgemein für beide Geschlechter gelten soll (vgl. ebd., S. 144).

87 May (1991), *Männlichkeit aus psychoanalytischer Sicht*, S. 176 f.

mal hierhin mal dorthin fließt, die in die Weite geht, aber im Falle strengster Kanalisierung durch die Errichtung körperbezogener Dämme eine Destruktivität bis hin zur »faschistischen Realität« hervorbringen kann, wird von Theweleit expansiv durchgespielt und auf eine »Grundstörung« zurückgeführt, an der am Ende (wieder einmal) das Verhalten der Frauen und Mütter schuld sein soll. Weibliches Versagen gilt (nicht nur hier) als letzte Ursache der männlichen Gewaltbereitschaft.

Eine eigenständige Sexualität existiert, um es noch einmal zu rekapitulieren, nicht von Anfang an. Ihre modellhafte, notwendig hypothetische Konstruktion läßt sie zunächst nur als eine Potentialität denken, die in die Vergesellschaftung mit den Selbsterhaltungstrieben eingebunden ist. Die Annahme einer vorgeschichtlichen, konfliktfreien, erst durch endogene und exogene Faktoren überformten Sexualität ist fiktiv und falsch.[88] Sexualität »entsteht« zu dem Zeitpunkt, an dem Primärvorgänge in Sekundärvorgänge überführt werden, wo Bindungen entstehen und die Abfuhrbahnen der ankommenden Erregung nach dem Lust–Unlust-Prinzip organisiert werden. Die Aufrichtung eines *inneren Objektes* (bzw. Partialobjektes) entlang der vorstrukturierten Bahnungen sowie seine (Wieder-)Besetzungen markieren sozusagen die Geburtsstunde der Sexualität. Aber die Frage bleibt, ob die beiden Polaritäten *Bindung von Erregung* und *Besetzung eines Objekts* identisch sind oder ob sie nicht zwei unabhängige Schritte während der frühen Entstehungsphase von Sexualität darstellen; d.h. ob jene Tendenzen, die erst später, mit der Bindung von Lust und Befriedigung an ein erstes Objekt den eigentlichen Namen »Sexualität« erhalten, nicht schon früher im Seelenleben, als Gegensatz zum energetischen Konstanzprinzip wirken. »Aber wenn auch Sexualität und Unterschied der Geschlechter zu Beginn des Lebens gewiß nicht vorhanden waren, so bleibt es doch möglich, daß die später als sexuell zu bezeichnenden Triebe von allem Anfang an in Tätigkeit getreten sind und ihre Ge-

88 Der Antagonismus von Triebstruktur und Gesellschaft läßt sich (trieb- und kulturtheoretisch) nicht in den Gegensatz von Natur und Kultur auflösen. Die Unterscheidung in Lorenzers Theorie der symbolischen Interaktion zwischen einem »nicht vergesellschafteten« und einem »vergesellschafteten« Es ist nicht zu halten. Vgl. Lorenzer (1971), *Symbol, Interaktion und Praxis*, S. 42f. – Auch die in einen ganz anderen psychoanalytischen Kontext eingebundene entwicklungspsychologische Theorie von Dornes verkürzt das komplizierte Verhältnis von gesellschaftlicher und vorgesellschaftlicher Sexualität mit der Behauptung, Freuds Triebtheorie gehe von der »asozialen Natur des Menschen« aus. Vgl. Dornes (1993), *Der kompetente Säugling*, S. 161. Der konstruierte Gegensatz zwischen einem Trieb, der das Subjekt durch den Mangel zum Objekt treibe und es erst durch die Lust daran binde, auf der einen und einem primären, psychobiologischen und autonomen Bedürfnis nach (gewünschter) Intersubjektivität auf der anderen Seite ist äußerst fragwürdig (vgl. ebd., S. 161–163).

genarbeit gegen das Spiel der ›Ichtriebe‹ nicht erst zu einem späteren Zeitpunkte aufgenommen haben.«[89]

In der Realität existieren von Beginn an alle drei, den Haupttriebarten zugeordneten Objekttypen bzw. -züge, die gleichzeitig einem realen oder phantasierten Objekt anhaften können: das Objekt der Selbsterhaltung, das Objekt der Sexualität und das Objekt des Hasses. Sie werden erst nachträglich und unter dem Vorzeichen des jeweiligen Affekts spezifisch modifiziert in die präformierten Bahnungen des unbewußten Seeelenlebens eingesetzt. Grundlage und Vorbild dieser Modifikationen sind die primären Abwehrstrukturen gegenüber der (inneren und äußeren) Objektwelt nach Maßgabe des Lustprinzips. Mit der Etablierung des Lustprinzips an einem anderen Ort als dem der Selbsterhaltung aber geht unweigerlich die Erfahrung von Unlust und der daraus resultierende Druck, diese auszuhalten und zu verarbeiten, mit einher.

> »Wir müssen uns fragen, ob eine *reale Genese* der objektalen Beziehung einzig dank dem inneren Druck des Bedürfnisses und einzig auf dem Wege der primitiven Halluzination möglich ist. (...) Halluzination setzt ja voraus, daß es einen minimalen Vorstellungsinhalt und folglich *eine erste* Spaltung gibt – mag diese noch so unvollkommen sein –, eine Spaltung nicht so sehr zwischen dem Ich und dem Objekt oder zwischen inneren Reizen und äußeren Reizen, sondern viel mehr zwischen der unverzüglichen Befriedigung und den Anzeichen, die jede aufgeschobene, unvollkommene, zufällige und mittelbare Befriedigung begleiten, die Befriedigung nämlich, die vom ›anderen Menschen‹ herkommt.«[90]

Aufgrund der anfänglichen Hilflosigkeit gibt es gegenüber den periodisch ausgesandten, auf den beschriebenen Wegen angeregten Reizen des Sexualtriebs kein Entrinnen durch »Reizflucht«. Die von Freud als Folge der allgemeinen »Lebensnot« bezeichneten Konflikte zwischen andauernder Abhängigkeit und Autonomiestreben zwingen das Subjekt im Umgang mit den Trieben und mit der Welt der Objekte daher zur Entwicklung archaischer Spaltungsvorgänge als Mittel der psychischen Abwehr. Nur eine systematische Berücksichtigung dieser unbewußten Spaltungsmechanismen als Hauptmittel der frühesten psychischen Ab-

89 Freud (1950), *Entwurf einer Psychologie*, S. 43. – Das hier von Freud postulierte Nichtvorhandensein des Geschlechtsunterschieds bezieht sich auf seine fehlende psychische Repräsentierung.

90 Laplanche (1974), *Leben und Tod in der Psychoanalyse*, S. 106.

wehr kann die grundlegende Ambivalenz, die den ersten Bezugnahmen auf das Objekt und seinen Vorläufern anhaftet, angemessen begreifbar machen. Bereits an ihrem Ursprung unterliegen die ersten Objektbeziehungen einer Spaltung der affektiven Einstellung in Zuneigung und Feindseligkeit. Primitive Abwehrvorgänge tragen somit schon früh die Empfindungen von Feindseligkeit in die innere Wahrnehmungsorganisation und damit in die Bildung der psychischen Repräsentanzen hinein. Wunsch und Haß – entstanden aus der Empfindung einer grundlegenden Mangelsituation – schließen sich offenbar nicht aus. Beide zielen auf die Herstellung und Beeinflussung einer Realität, die dem Kind die Reproduktion einer als lustvoll erfahrenen Wahrnehmung erlaubt oder verwehrt. – Die Niederschriften dieser Erfahrungen von Ambivalenz und Spaltung im unbewußten Gedächtnissystem werden dann später, nach der Wahrnehmung und Verarbeitung der Geschlechterdifferenz durch geschlechtsbezogene Zuschreibungen mit z. T. fatalen Konsequenzen nachträglich umgearbeitet.

... im oralen Organisationsstadium der Libido fällt die Liebesbemächtigung noch mit der Vernichtung des Objekts zusammen, später trennt sich der sadistische Trieb ab und endlich übernimmt er auf der Stufe des Genitalprimats zum Zwecke der Fortpflanzung die Funktion, das Sexualobjekt so weit zu bewältigen, als es die Ausführung des Geschlechtsaktes erfordert. Ja, man könnte sagen, der aus dem Ich herausgedrängte Sadismus habe den libidinösen Komponenten des Sexualtriebs den Weg gezeigt; späterhin drängen diese zum Objekt nach. Wo der ursprüngliche Sadismus keine Ermäßigung und Verschmelzung erfährt, ist die bekannte Liebe-Haß-Ambivalenz des Liebeslebens hergestellt.

Sigmund Freud, Jenseits des Lustprinzips

Objekt der Liebe – Objekt des Hasses

Frühe Spaltungsvorgänge im Subjekt

Der Vorgang der »halluzinatorischen Wunscherfüllung« gehört für Freud, wie wir gesehen haben, zur ursprünglich im Subjekt vorherrschenden »Wahrnehmungsidentität«.[1] Er besteht in der imaginären Wiederbelebung (und Wahrnehmung) von Gedächtnisspuren bereits erlebter Befriedigungen. Der mit dem Drang nach Wiederholung ausgestattete Triebwunsch mündet also in zwei parallele Bewegungen, in die zu einem *Objekt*, welches für die (erneute) Befriedigung unerläßlich ist und in die zu einem *Erinnerungssymbol*, einem Zeichen eingelagerter Erinnerungsreste. Die sich fortschreitend konturierende Anordnung dieser »Zeichen« bildet das imaginäre Korrelat des Triebwunsches und den Kern der sich immer stärker ausprägenden, zunächst um Teil-, später um ganze Objekte kreisenden Phantasietätigkeit.

Diese archaischen Wahrnehmungsprozesse sind, wie am Ende des letzten Abschnitt gezeigt, bereits früh von Spaltungs- und anderen Abwehrmechanismen als Verarbeitungsmodus unlustvoll erlebter Spannungszustände begleitet. Psychische Spaltungsvorgänge sind für die (frühe) Subjektkonstitution von elementarer Bedeutung und haben spezifische Auswirkungen auch auf die (spätere) Männlichkeitsentwicklung. Daher soll nun der bisher noch unausgeführten These, daß Wunsch und Haß sich grundsätzlich nicht ausschließen und ursprüngliche Keime von Ambivalenz bereits in die frühen Imaginationen eingehen, genauer nachgegangen werden.

Der Zusammenhang von Wunsch und Haß als Ergebnis der Verarbeitung frühkindlicher Ängste und ihrer Abwehr durch unbewußte Spaltungsprozesse steht im Mittelpunkt der Theorien von Melanie Klein, die auf die psychoanalytische Entwicklungspsychologie, die Psychosentheorie und die strukturalistische Psychoanalyse einen bedeutenden Einfluß ausgeübt und zu einer eigenständigen, zuweilen allerdings

1 Auch die Beobachtungen der neueren Säuglingsforschung stützen die These, daß es, entgegen der Annahmen der klassischen Symbiosetheorien (Mahler u. a.) bereits innerpsychische Wahrnehmungsstrukturen auf der Basis von Trieben und ihren Abkömmlingen gibt, ehe ein »Außen« von einem »Innen« abgegrenzt und unterschieden werden kann.

ausgesprochen dogmatischen Schulenbildung geführt haben. Eine besondere Bedeutung kommt ihren Konzeptionen deshalb zu, weil kaum jemand mit einer derart radikalen Klarheit an der inneren Welt der (konstruierten) Objekte *und* ihrem triebtheoretischen Fundament festhält wie sie. Melanie Kleins spekulative Ansätze zählen damit zu den wenigen psychoanalytischen Konzepten, die zeigen, daß Triebtheorie und Objektbeziehungstheorie sehr wohl miteinander vereinbar sind. – Auf den ersten Blick lassen sich besonders zwei Berührungspunkte mit dem hier vertretenen Grundmodell der Konstitution einer von Anfang an dilemmatischen Sexualität im Spannungsfeld von Trieb und Objekt hervorheben: die Bedeutung frühester Bezugnahmen auf vorgängige Objektstrukturen und der sie begleitenden Affektäußerungen sowie die Betonung der Oralität und ihrer Rolle als erster und vorbildlicher Beziehungsmodus des Kleinkindes zur inneren und äußeren Wirklichkeit.

Nach Melanie Klein entstehen die ersten Objektbeziehungen bzw. ihre Repräsentanzen bereits unmittelbar nach der Geburt mit den ersten Erfahrungen des Genährtwerdens beim Stillen. In diesem Kontext teilt sie die Beobachtung mit, daß im inneren Erleben des Säuglings »die Mutter primär als gute und als böse Brust, die beide voneinander abgespalten sind, erscheint und daß bei wachsender Ichintegration innerhalb der ersten Monate die beiden entgegengesetzten Aspekte sich allmählich verbinden.«[2] Die früheste Objektbeziehung richte sich nur auf ein einziges, wenn auch gespaltenes Teilobjekt (die Mutterbrust), das in der Wahrnehmungsorganisation des Säuglings zunächst mit der ganzen Mutter bzw. der gesamten Außenwelt zusammenfalle. Diese ursprüngliche Gefühlsspaltung gegenüber der mütterlichen Brust hält Melanie Klein für so fundamental, daß sie in den Rang einer ontologischen Notwendigkeit erhoben wird, die selbst dann zu beobachten sei, wenn der Säugling überhaupt nicht mit der Brust gestillt werde. Seit Mitte der vierziger Jahre des zwanzigsten Jahrhunderts versucht Melanie Klein diese archaischen Spaltungsvorgängen während der ersten drei bis vier Lebensmonate konzeptionell unter der Bezeichnung »paranoid-schizoide Position« zu fassen (vgl. ebd., S. 30).

Der Affektzustand während dieser ersten organisierenden Position im Seelenleben besteht in einem grundlegenden Angstgefühl, das schon nach einer früheren Auffassung Melanie Kleins (1930) aus einem Übermaß vorherrschender sadistischer Neigungen gegenüber den introjizierten (gespaltenen) Objekten entsteht und archaische Abwehrprozesse

2 Klein (1955), *Die psychoanalytische Spieltechnik: Ihre Geschichte und Bedeutung*, S. 29.

des Ichs in Gang setzt.[3] Die Introjektion der Mutter-Brust ist demnach von einem uranfänglich oral-sadistischen Beziehungsmodus begleitet, dessen Existenz von Beginn an – im Unterschied zur Position ihres Lehrers Karl Abraham, der diesen als sekundäre, erst mit dem Zahnen des Säuglings einsetzende Phase der Oralität auffaßt – unterstellt wird. In einem späteren Text *Über das Seelenleben des Kleinkindes* (1960), komprimiert sie ihre bisherigen Aussagen über die Frühstadien der infantilen Trieb- und Objektentwicklung und spitzt ihre frühe Annahme einer anfänglich reaktiven, aus oral-sadistischen Tendenzen gespeisten Angst in einer theoretisch folgenschweren Weise zu, die ihren ohnehin schwer nachvollziehbaren Ansatz noch problematischer macht. Die ursprüngliche Angst sei eine von innen kommende Vernichtungsangst, die sich nach außen als Verfolgungsangst äußere und ähnlich wie die oral-sadistischen Neigungen ein Derivat des angeborenen Todestriebes sei (S. 141). Die primäre Angst vernichtet zu werden ist demnach Angst vor dem eigenen Zerstörungstrieb, der sich laut Melanie Klein sofort und automatisch an ein Objekt bindet. Damit wird der unbewußte Spaltungsvorgang in eine »gute« und eine »böse«, destruktive Phantasien auslösenden Brust zum Abkömmling eines letztlich biologisch bestimmten unausweichlichen Prinzips erklärt, da paranoide Abwehr und sadistische Antriebe nach Melanie Klein als angeboren gelten.[4]

Im Vordergrund der paranoid-schizoiden Position stehen Verfolgungsängste und destruktive Impulse als Modus der Angstverarbeitung, deren Hauptstreben der Zerstörung des verfolgten und verfolgenden Objekts diene. Als der entscheidende Abwehrmechanismus und Urbild einer aggressiven Objektbeziehung gilt Klein die »projektive Identifizierung«, mit der versucht werde, in das als verfolgend erlebte Objekt, auf das sich die Projektionen der eigenen sadistischen Antriebe richten, einzudringen, um es zu kontrollieren und gegebenenfalls zu zerstören. »Projektive Identifizierung« bedeutet, auf der Basis der Projektion eigener Haßanteile wird das nun verfolgte Objekt mit dem gehaßten Teil des eigenen Selbst identifiziert. Aber auch dieser Mechanismus

3 Klein (1930), *Die Bedeutung der Symbolbildung für die Ich-Entwicklung*, S. 31.

4 »Allem Anschein nach ist aber an der Entstehung der – wie mir meine Erfahrungen zeigen – sehr frühen und intensiven Angst vor dem verinnerlichten Objekt der phylogenetische Faktor mitbeteiligt.« Klein (1932), *Die Psychoanalyse des Kindes*, S. 173. Diesen Faktor bemüht Klein häufiger, z. B. auch, wenn sie von der »phylogenetisch erworbenen Bewunderung für die Macht des Vaters« (ebd., S. 174) spricht; außerdem vertritt sie die fragwürdige Überzeugung, Kinder verfügten über ein angeborenes Wissen über die Genitalien beider Geschlechter sowie über den Geschlechtsverkehr. Vgl. die Kritik an diesen weitreichenden Spekulationen in: Kernberg (1988), *Innere Welt und äußere Realität. Anwendungen der Objektbeziehungstheorie*, S. 47.

garantiert in den Augen Melanie Kleins noch keine Sicherheit, denn die Phantasie, in ein Objekt einzudringen um Kontrolle auszuüben kann eventuell neue Ängste auslösen: Ängste davor, im Innern des Objekts nun selber kontrolliert und erneut verfolgt zu werden. Gleitet diese Phantasie ins Reale, kann dieser Kreislauf aus Angst, Verfolgung und Zerstörung die Basis für eine paranoide Erkrankung legen. Insbesondere die typisch männlichen (imaginären und realen) Bezugnahmen auf den weiblichen Körper sind, ausgehend von der Angst, in seinem Innern bedroht und möglicherweise zerstört zu werden, grundsätzlich von diesem Kreislauf der »projektiven Identifizierung« bestimmt.[5]

An die »paranoid-schizoide Position« schließt sich nach Melanie Klein die sogenannte »depressiven Position« an (vgl. ebd., S. 155–164), die etwa bis zum sechsten Lebensmonat dauert und in der sich allmählich genitale Wünsche in den Vordergrund drängen, auch wenn die orale Libido immer noch die Führung innehat.[6] In ihrer Theorie der Frühstadien des Ödipus-Komplexes (ca. vom sechsten Monat bis zum dritten Lebensjahr) beschreibt Melanie Klein die weitere Entwicklung der inneren Erlebniswelten des Säuglings in folgenden Schritten: die Vervollständigung der wahrgenommenen Objekte zu ganzen Personen (Mutter und Vater), denen nun die deutlich genitalen Strebungen gelten; die Kompensation der durch Verlustangst und Destruktivität ausgelösten Schuldgefühle durch den Aufbau früher Über-Ich-Strukturen und die Zunahme der konstitutionell schon angelegten Leistungen zur Ich-Integration usw. Zusammengefaßt bedeutet dieser Prozeß für das Verhältnis von Liebe, Angst und Haß:

> »Die Aggression und die aus ihr resultierende Angst sind (...) eine der Grundlagen der Objektbeziehung. Zu gleicher Zeit aber ist die Libido am Werke und beeinflußt die Objektbeziehung. Die libidinösen Beziehungen zu den Objekten und die Einflüsse der Realität

5 Zum Stichwort »projektive Identifizierung« vgl. besonders: Hinshelwood (1993), *Wörterbuch der kleinianischen Psychoanalyse*, S. 263–307.

6 Für das Thema Männlichkeit und Geschlechterdifferenz ist von Interesse, daß nach der Auffassung Melanie Kleins in dieser Phase das Übergleiten von einem Teilobjekt zu einem ganzen Objekt stattfindet. Sie erinnert an eine Formulierung Abrahams (1924) aus seinem *Versuch einer Entwicklungsgeschichte der Libido*, die sich auf die regelmäßige Gleichsetzung der weiblichen Brust mit dem Penis oder auch anderer Körperteile als Surrogat entlang der introjizierten Objektketten bezieht (ebd., S. 161). – Darin ließe sich eine ontogenetische Quelle der schon bei den Baruja feststellbaren phantasmagorischen Oralität-Genitalität-Achse (vom Penis zur Brust und zurück) erkennen. Allerdings findet sich in der Säuglingsforschung und der Entwicklungspsychologie keine Bestätigung von Melanie Kleins Behauptung, dieser Vorgang fände schon in der Mitte des ersten Lebensjahres statt.

bilden ein Gegengewicht gegen die Angst vor inneren und äußeren Feinden. Der Glaube an gütige, helfende Gestalten, der auf der Wirksamkeit der Libido beruht, läßt die realen Objekte immer stärker hervortreten und die phantastischen Imagines zurücktreten.«[7]

Bei einem »Gelingen« dieser Entwicklung hat, um es in der Terminologie Freuds auszudrücken, das Realitätsprinzip das Lustprinzip einigermaßen erfolgreich abgelöst.

Eine gelungene Verarbeitung dieser »Frühstadien des Ödipus-Komplexes«, die Melanie Klein zur Vorbedingung für eine »normale« Entwicklung erklärt (S. 163), münde als Zeichen der Reife in einer Tendenz zur »Wiedergutmachung« für die sadistischen, objektzerstörerischen Phantasien auf genitaler Stufe, d. h. mit genitalen und davon abgeleiteten Mitteln. Die der Kompensation dienenden Wiedergutmachungsversuche werden von da an im einigermaßen gelungenen Normalfall mit dem »höchstem Schöpfungsbedürfnis des Menschen« (S. 165) verbunden.[8] Melanie Klein bringt hier interessanterweise die Genitalität mit der geschlechtsbezogen unterschiedlich ausgerichteten Fähigkeit zur Sublimierung in Verbindung. »Genitale Sublimierungen in der weiblichen Position sind mit Fruchtbarkeit – der Kraft, Leben zu geben – verbunden und somit auch damit, verlorene und beschädigte Objekte wieder nachzuschaffen« (ebd.). Allerdings ist bei diesen (realen oder symbolischen) genitalen Rettungsversuchen keine Rede mehr von gesellschaftlichen Rollenzuschreibungen oder geschlechtsspezifischer Erziehung. – »In der männlichen Position wird das Element des Leben-Spendens durch Phantasien der Befruchtung verstärkt, um damit die beschädigte oder zerstörte Mutter wieder herzustellen und zu beleben. Deshalb stellt das Genitale nicht nur das Fortpflanzungsorgan dar, sondern auch das Mittel zur Wiederherstellung und Neuerschaffung« (S. 165 f.). Mit diesem Gedanken nähert sich Melanie Klein der Erkenntnis der Bedeutung phallischer Selbstschöpfungs-Mythen an, übersieht allerdings ihren wahnhaften Charakter und fällt letzten Endes, ähnlich wie Freud, hinter diese Ahnung zurück, denn auch für sie kann in der Frage der Geschlechterdifferenz nur die Anatomie die tragende Rolle spielen.

7 Klein (1932), *Die Psychoanalyse des Kindes*, S. 185.

8 Reicht aber die Entwicklung der frühen Genitalität (neben der ohnehin meist nur fragilen Stabilität eines so frühen Über-Ichs) als Schritt zu einer humanverträglichen Normalisierung wirklich aus, um das Subjekt vor der Psychose und das Objekt vor Gewalt zu retten? Die »Kathexis« (Connell), das emotionale Bindungsverhalten der hegemonialen Männlichkeit ist eher vom Gegenteil bestimmt: Die Genitalität des normalen Mannes garantiert den Libidoobjekten keinen Schutz vor projektiver Haß- und Destruktionsbereitschaft.

Die Andeutung Melanie Kleins über den Zusammenhang zwischen phallischer Männlichkeitskonstruktion und Schöpferwahn läßt sich unter Rückgriff auf den bisherigen Argumentationsgang (insbesondere im ersten Teil) vertiefen: »Typisch« männliche Phantasien, die symbolisch und real am Penis ausgedrückt werden, zielen a) auf die Wiedergeburt des *eigenen Selbst* bzw. des männlichen Geschlechts, der gesellschaftlichen Strukturen oder gar der gesamten Welt und ihrer Ordnung; sie bestehen b) in der Freisetzung der aus verschiedenen Affektlagen und aus den (feindselig ausgerichteten) inneren Objekteinstellungen entstammenden Destruktivitätspotentialen; und das heißt schließlich, sie richten sich c) gegen eingekastelte Objekte, die mit Weiblichkeit assoziiert sind und die sich in einer imaginären und (oftmals) realen Zerstörung der Frau bzw. ihrer »Surrogate« äußern. – Antifeminine Affekte, deren Spuren sich bis in die schöpfungsmythischen Denkfiguren von Männern hinein verfolgen lassen, sind das Ergebnis von (späteren) »Triebschicksalen« unter dem Druck einer Selbstsetzung als überlegenes Geschlecht, nicht aber Ausfluß eines Potentials urwüchsiger Einstellungen gegenüber den rein introjektiv und projektiv aufgerichteten mütterlichen Partialobjekten, wie Melanie Klein annimmt.

Es gibt zwar kaum eine psychoanalytische Theorie, in der die Konstitutionsprozesse von Subjektivität so eng an die grundlegenden Wechselprozesse zwischen der Triebentwicklung und den eingelagerten Objektstrukturen gebunden werden wie die Kleinianische; es gibt aber auch keine, die in ihrer Radikalität gleichzeitig das Erklärungspotential der psychoanalytischen Triebtheorie auf z. T. abenteuerliche Weise desavouiert. Mehrere Aspekte an Kleins metapsychologischen Spekulationen sind besonders problematisch und kaum zu akzeptieren:

1. Die Annahme einer Verdichtung hoch komplexer, vollkommen heterogener seelischer Phänomene – orale Verschlingungswünsche und -ängste; tödliche Verfolgungsangst und Zerstörungswunsch; angeborene Ich-Kerne und frühe Über-Ich-Strukturen; anale, urethrale und schließlich genitale Wünsche und Phantasien gegenüber beiden Elternteilen, sowohl libidinöser als auch aggressiver Natur; Geburts- und Zeugungsphantasien; psychotische Spaltungen und Verlustängste sowie gleichzeitig (phobische) und depressive Affektionen usw. – schon während des *ersten* Lebensjahr bzw. der allerersten Lebenswochen und -monate erscheint völlig abwegig und kaum nachvollziehbar;

2. Kleins deterministischer Standpunkt, der ohne Berücksichtigung der Nachträglichkeit eine linear-progressive Entwicklung von Normalität oder Pathologie hypostasiert, die sich auf eine, wenn auch durch

äußerst komplizierte psychische Mechanismen bestimmte Ursprungserfahrung zurückführen läßt. Die in Erwachsenenanalysen auftauchenden (oral, anal und genital aufgeladenen) sadistischen Phantasien über Zerstörungen und Zerstückelungen des (frühen) mütterlichen Körpers können dagegen auch als nachträgliche Konstruktionen interpretiert werden, ohne daß sie ihre Dignität als Abkömmlinge des Unbewußten verlieren – im Gegenteil. Erst dann ergeben sie einen »Sinn«, der sich als Sedimentierung spezifischer Spaltungs-, Verdrängungs- und anderer Abwehrprozesse analysieren läßt. Ihre Interpretation durch Melanie Klein als »authentische« Erinnerung und ihre Deutung als projektives Derivat angeborener Triebe ist klinisch ebenso problematisch wie eine lineare Rückführung der in der analytischen Kur auftauchenden Erinnerungen auf früheste Realtraumatisierungen, auf den schädlichen Einfluß einer tatsächlich »bösen« Außenwelt;

3. der damit einhergehende Rückfall des psychoanalytischen Denkens in eine ursprungsmythische Ideologie, in der die Triebentwicklung (durch die Bindung an das Konzept des angeborenen Todestriebes) biologisiert und damit der Einfluß der letztlich gesellschaftlich bestimmten Umgebung und der »Objekte«, die sie bereit hält, keine angemessene Berücksichtigung mehr finden kann. *Macht* kommt in diesem Modell nur den destruktiven Triebkräften zu, nicht aber einer bedürfnisspendenden und -versagenden Außenwelt. Die Welt erscheint aus der Perspektive des Säuglings demnach als das Ergebnis reiner Projektionen und Introjektionen von Teilobjekten nach Maßgabe innerer Einstellungen, die direkt und automatisch dem Todestrieb zu entspringen scheinen. Der Trieb bringt seine Teilobjekte (zunächst die »gute« und »böse« Brust) ohne Zutun der Außenwelt mit auf die Welt, in der ursprünglichen Absicht, sie zu zerstören. Liebe und Haß hängen für Melanie Klein zwar auch mit äußeren Einflüssen zusammen, denn »die wiederholten Erfahrungen von Befriedigung und Versagung sind starke Reize für libidinöse und destruktive Regungen, für Liebe und Haß« (S. 145). Aber dieser Gesichtspunkt gilt als sekundär und unwesentlich gegenüber dem angeborenen inneren Mangel und den aus endogenen Quellen gespeisten Spaltungsmechanismen. »Kurz, die bösen und die guten inneren Objekte sind eine direkte Wiederspiegelung der Verlaufsgeschichte angeborener Libido und Aggression«[9] – so Kernbergs pointierte Kritik an dieser Position.

9 Kernberg (1980), *Innere Welt und äußere Realität*, S. 27. Eine Diskussion des kindlichen Wahrnehmungsvermögens und seiner Entwicklung im Wechselspiel endogener und exogener Einflüsse wäre in diesem Zusammenhang notwendig, fehlt aber bei Melanie Klein fast vollständig.

4. Die von Melanie Klein behauptete Kongruenz ihrer Theorie mit direkten Kinderbeobachtungen hält keiner empirischen Überprüfung stand. Auch hier bestätigt sich der ursprungsmythologische Charakter ihrer Theorie, denn ihre Hypothesen sind das Ergebnis rückwärtsgerichteter Spekulationen, die – angelehnt an ähnliche Ansätze von Freud, Abraham, Fairbairn u. a. – aus dem Material von Erwachsenenanalysen gewonnen wurden. Ihre theoretischen Ergebnisse können wohl kaum als »Resultat der direkten Einblicke in die frühesten Entwicklungsvorgänge, die (...) die Analysen kleiner Kinder ermöglichten.«[10] gelten.

Gleichwohl hat die Kleinianische Psychoanalyse metapsychologische Ansätze entwickelt, die für eine trieb- und objekttheoretische Untersuchung der gängigen Männlichkeitskonstruktionen und eine darauf aufbauende sozialpsychologische Analyse der Geschlechterspannungen von grundlegender Bedeutung sind. Am wertvollsten ist sicherlich, wie gesehen, ihre systematische Weiterentwicklung der Freudschen Theorie der archaischen Spaltungsmechanismen zum Konzept einer (normalen) »paranoid-schizoiden Position« und den dort vorherrschenden Ambivalenzen in den unbewußten Gefühlseinstellungen zum primären Objekt. Melanie Kleins Annahme, daß bereits die unbewußten Einstellungen zum Objekt der frühen »halluzinatorischen« Befriedigung von einer Spaltung in eine Idealisierungsbereitschaft und eine Verleugnung gekennzeichnet sind, sind sozialpsychologisch relevant, da diese Spaltung in ihrer extremsten Form die Idee einer Objektzerstörung bereits in sich trägt. Damit ist eine der Hauptquellen für die frühen omnipotenten und, so müssen wir ergänzen, auch für die späteren (exquisit männlichen) Phantasien einer vollständigen Kontrolle und Beherrschung der äußeren und inneren Objektwelt, einschließlich der Bereitschaft, dieses Ziel »notfalls« auch auf destruktivem Wege, durch eine reale Vernichtung des gehaßten Objekts zu erreichen, benannt.

Auf dieser Basis läßt sich erneut die elementare Frage nach den frühen Bewegungen zwischen Trieb und Objekt und den sie begleitenden Affekten aufgreifen. Liebe und Haß müssen als gegensätzlicher *Affektausdruck* ambivalenter Gefühlslagen sowohl von den *Vorstellungen* (Trieb und Objektrepräsentanzen) als auch von ihren jeweiligen *»ener-*

10 Klein (1932), *Die Psychoanalyse des Kindes*, S. 157. Der Ursprung ist immer nachträglich (Gekle), was besonders dann zu einem Erkenntnisproblem wird, wenn er in die vorsprachliche Zeit fällt. »Man sollte sich dabei vor Augen halten, daß alles, was (...) in die psychoanalytische Situation getragen werden kann, symbolisierte Metaphern präsymbolischer Vorgänge sind.« Baumgart (1991), *Psychoanalyse und Säuglingsforschung. Versuch einer Integration unter Berücksichtigung methodischer Unterschiede*, S. 805.

getischen« Grundlagen (Libido und Aggression) unterschieden werden. Auf Männlichkeit bezogen ergibt sich aus dieser Unterscheidung: die Quelle männlicher (sexueller) Gewalt ist keine frei flottierende Aggression, die, beliebig austauschbar, sich auf alles mögliche richtet bzw. richten kann, sondern objektgerichteter Haß. Wie aber hängt dieser archaische Haß, der – so weit ist Melanie Klein zu folgen – aus umgewandelter Angst entsteht, mit dem sexuellen Begehren zusammen, das sich ja auf dasselbe Objekt richtet?

Die Sexualität bricht im Wechselspiel von endogenen und exogenen Prozessen in die frühen Subjektstrukturen ein und macht die Austauschzonen bzw. die daran angelehnten Teile des Körpers zu Brennpunkten des infantilen Begehrens: zu erogenen Zonen und zum Mittel einer abgrenzenden Wahrnehmung der inneren von der äußeren Welt. Dieses Hereinbrechen wirkt quasi wie ein Trauma, allerdings keines, das sich in ein einfaches kausales Wirkungsschema von außen nach innen – »böse« Mütter und Väter oder »Diktatur« des Sozialen – auflösen oder den autonomen Abkömmlingen der angeborenen Triebderivate – »gutes« und »böses« Objekt im Sinne Melanie Kleins – unterordnen läßt.

Die dilemmatischen Zwänge der »Herrschaft des Lustprinzips« als Regulationsmechanismus der sexuellen Erregungen sind durch die anfängliche »Not des Lebens« entstanden. Die Spannung zwischen Autonomie (Objektfreiheit) und Abhängigkeit (Objektbindung) wird zum inhärenten Strukturmerkmal der gesamten Triebentwicklung unter (und nach) dem Lustprinzips. Dieser Vorgang ist aber nicht identisch mit den frühen Spaltungsvorgängen, die Melanie Klein beschreibt und auf ein letztlich biologisches Substrat des (destruktiven) Triebes zurückführt. Der erste traumatische Einbruch besteht, entsprechend der Freudschen Anlehnungsthese, in der Durchbrechung des primären Reizschutzes bei der Befriedigung des Selbsterhaltungstriebes durch die Installierung einer neuen *Qualität* von Reizen (Sexualität). Die Folgen der »Lebensnot« spitzen sich nun zu, da die ausgelösten Triebe zu Erregungszuständen führen, die, wie wir gesehen haben, erstens noch unscharfe Erinnerungsbilder reproduzieren, zweitens einen Zwang zur Anbindung an Objekte (Befriedigung) hervorrufen und drittens zur Bindung von Energie in feste Bahnungen führen, um so die Voraussetzung für die Grundtendenz des Lustprinzips (freies Abströmen von Erregung und Befriedigung) zu schaffen. Erst diese Prozesse führen zu dauerhaften Besetzungen und gleichzeitig zur Bildung früher Ich-Kerne. Um Objektlibido aussenden zu können, muß die Sexualität zunächst als Ichlibido erscheinen (Narzißmus). – Auch hier handelt es sich um eines der frühen Dilemmata, dem die Subjektkonstitution insbesondere auf dem Feld der Sexualität unterworfen ist, denn auch der (primäre) Narzißmus ist ja keineswegs der Prototyp einer objektlosen Stufe, wie oftmals behauptet und bereits im letzten Abschnitt diskutiert. Daher ist der Auffassung Kernbergs zuzustimmen:

> »Im Gegensatz zu der traditionellen psychoanalytischen Auffassung, derzufolge die Libido zuerst in narzißtische Besetzungen eingeht und erst später auch Objekte libidinös besetzt werden (…), vertrete ich die Ansicht, daß die Entwicklung des normalen und des pathologischen Narzißmus stets die Beziehungen des Selbst zu seinen inneren (Objektrepräsentanzen) und äußeren Objekten und immer auch Triebkonflikte sowohl libidinöser wie aggressiver Art mit einbegreift. Von allgemeiner Bedeutung ist, daß das Konzept des ›primären Narzißmus‹ nicht länger mehr gerechtfertigt erscheint, da in metapsychologischer Betrachtung ›primärer Narzißmus‹ und ›primäre Objektbesetzung‹ praktisch in eins zusammenfallen.«[11]

Der primäre Narzißmus, seine spezifische Besetzung und Überbesetzung, sowie die später aus dieser Quelle stammende Formen der aggressivern Überkompensation dienen dem illusionären Ziel einer Selbstsetzung als frei und unabhängig von Objekten, bahnen aber gleichzeitig immer wieder den Weg zu diesen hin. Die Idee einer vollständigen Freiheit vom Objekt ist ebenso eine Fiktion, wie der Glaube an den Primärnarzißmus als spannungslosen, homöostatischen Gleichgewichtszustand. Die bereits hier entstehende »Zwangslage« führt später, in narzißtischen Krisen, d. h. bei Kränkungserfahrungen und Verstärkungen von Minderwertigkeitsgefühlen, zur Aktualisierung dieser frühen Vorgänge und zu einer verstärkten Wiederbesetzung der frühen Spaltungsvorgänge. Ein Prozeß, der neben Trauer auch Wut, Feindseligkeit und gesteigerte Aggressivität auslöst, die in der Tendenz, (reale und imaginäre) Objekte zu zerstören um als Selbst zu überleben oder sich »neu« erschaffen zu können, ganz nach dem Vorbild der archaischen »projektiven Identifizierung« funktioniert. Warum dieser destruktive Mechanismus bei Männern stärker ausgeprägt zu sein scheint, ist noch offen und läßt sich aus dieser frühen Stufe der Identitätsentwicklung sicherlich nicht ableiten. Erst unter der Vorherrschaft der Genitalität scheint der Junge und später der Mann ein (sexuelles, aggressives und narzißtisches) Instrumentarium gefunden zu haben, mit dem das struk-

11 Kernberg (1979), *Borderline-Störungen und pathologischer Narzißmus*, S. 386. Vgl. noch einmal Balint (1937), *Frühe Entwicklungsstadien des Ichs. Primäre Objektliebe* und Dahl (2001), *Primärer Narzißmus und inneres Objekt.*

turelle Dilemma von Freiheit und Abhängigkeit zugleich ausgedrückt, abgewehrt und einer Pseudolösung überführt werden kann.

Die Besetzung des eigenen Organs mit Libido neutralisiert die narzißtische Energie und aggressive Phantasie. So wird aus dem Penis ein Brennpunkt des Begehrens, der Ängste und der Vorstellungen von Omnipotenz und Transzendenz – der Penis wird zum Phallus und bleibt doch gleichzeitig, wie wir noch genauer sehen werden, ein an die Lust gebundenes Partialobjekt. Diese Mischung kann bedrohlich aufgeladen werden, besonders wenn das Amalgam widersprüchlicher Besetzungen nach inneren und äußeren Konflikterfahrungen angereichert wird und sich schließlich nach außen wendet. Möglich wird diese Aufladung als Folge der innerpsychischen psychosexuellen Entwicklung und der Freisetzung des dabei entstandenen inneren Potentials erst, so paradox es klingt, wenn sich die männliche Perspektive auf die, aus unterschiedlichen Quellen gespeiste Zentrierung unbewußter Besetzungen auf des genitale Austragungsorgan *verengt* hat. Zu den Hauptursachen dieses paradoxen Mechanismus gehören sicherlich die gesellschaftlich bestimmten Versprechungen, Angebote, Möglichkeiten und Erwartungen, die diesen symbolischen und körperlichen »Brennpunkt« zu einem realen werden lassen können.

Auf die Bewegungen zwischen Trieb und Objekt zurückkommend, muß noch einmal an die frühen Mechanismen der Trennung, des Verlustes, der Verschiebung, der Spaltung und Ersatzbildung erinnert werden, die von Beginn an die Sexualitätsentwicklung bestimmen. Der Widerspruch, der diese Entwicklung der noch relativ unentfalteten Objektstruktur, ihren »Mangel an Sein« bestimmt, ist ein Mangel bezüglich des Objekts: nicht gebraucht und doch notwendig; schon da und doch verloren; austauschbar und doch bereits eingelagert; abgewehrt und gleichzeitig doch gewünscht.

Das Problem, das so ausgedrückt und zugleich »gelöst« werden soll, hat, wie gesehen, seine Ursachen in der Prävalenz des Lustprinzips und der damit einhergehenden Wahrnehmung von Unlustempfindungen bzw. der dadurch ausgelösten Spannungen. Hier führt Freud den Mechanismus der *Projektion* ein. Erregungen, die den Reizschutz durchbrechen, gelten dann als traumatisch, wenn sie von außen kommend eine Überflutung mit Reizen hervorrufen, die nicht adäquat verarbeitet oder abgewehrt werden können. Der primär von außen angeregte, nun aber auch von innen als Erregung des Seelenapparats wirkende und regelmäßig seine Reize aussendende Sexualtrieb läßt sich nicht ohne weiteres durch äußere Aktionen (Reizabhelfung) »beseitigen«, da, wie bereits angedeutet, bei der Befriedigung der Selbsterhaltungsbedürfnisse neue Erregungsquellen »introjiziert« werden, die gleichzeitig zur Quelle jener neuen (sexuellen) Qualität von psychischen Erregungen werden. Die nicht ausbleibenden Unlustreaktionen führen dazu, so Freuds Vermutung (1921) in *Jenseits des Lustprinzips*, daß der Wahrnehmungsapparat des Organismus bei dem Versuch der Bewältigung von Erregungen, die Unlust hervorrufen oder als Signal aussenden, einer trügerischen Täuschung verfällt. »Es wird sich die Neigung ergeben, sie so zu behandeln, als ob sie nicht von innen, sondern von außen her einwirkten, um die Abwehrmittel des Reizschutzes gegen sie in Anwendung bringen zu können« (S. 29).

Mittel dieses Projektionsmechanismus, der sich generell in allen Entwicklungsstufen und grundsätzlich bei beiden Geschlechter findet wird versucht, Inneres wie Äußeres zu behandeln.[12] Bezogen auf die infantilen Quellen, wird zweierlei deutlich: 1. Das, was durch die Projektion abgewehrt wird, entstammt genau dem Problemkreis des Sexualitätsdilemmas, das mit Freuds Konzept der »Psychosexualität« erfaßt werden kann; 2. Das Dilemma und die Paradoxien, die der Sexualität strukturell anhaften, kommen auch hier zum Ausdruck: Die projektiven Verlagerungen von Unlustregungen nach außen dienen nach Freud der Herstellung einer Illusion von Autonomie und Allmacht, da der (noch unentfaltete) kindliche psychische Organismus nach wie vor auf die ständige Hilfe der primären Pflegepersonen angewiesen ist, die damit die Reizschutzfunktion als eine Art »Hilfs-Ich« übernehmen.

Aus der Binnenperspektive der kindlichen Wunsch- und Wahrnehmungsorganisation wird durch dieses Hilfs-Ich die Abhängigkeit vom »Objekt« noch verstärkt, da es einen Mangel im Inneren produziert und repräsentiert – noch ehe das Objekt als solches wahrgenommen werden kann. Das äußere »Objekt« erfüllt, wie im letzten Abschnitt dargelegt, eine widersprüchliche Funktion: die pflegerischen (»nährenden«) Aktivitäten dienen dem Reizschutz, lassen aber gleichzeitig neue

---

12 Margarete Mitscherlichs Behauptung, daß Männer dieser Neigung stärker verfallen, ist problematisch. Vgl. Mitscherlich (1987), *Die friedfertige Frau. Eine psychoanalytische Untersuchung zur Aggression der Geschlechter*, S. 12. Eine paranoide Tönungen der Projektionsbereitschaft, besonders aber eine erhöhte Aggression nach außen (wobei beides genuin mit den eingelagerten Feindseligkeitseinstellungen zur Weiblichkeit verknüpft ist), läßt sich empirisch zwar häufiger bei Männern nachweisen, bedeutet jedoch nicht, daß Frauen nicht über ähnlich große Aggressionspotentiale, Haßbereitschaften und Projektionsneigungen verfügen. Vgl. zur Auseinandersetzung mit Mitscherlichs Konzept der weiblichen Aggression und der männlichen Projektionsbereitschaft als Ursache von Krieg, Militarismus und Sexismus die gründliche, theorievergleichende Studie von Koher (1992), *Weiblichkeit und Aggression – Eine Auseinandersetzung mit der Theorie Margarete Mitscherlichs und anderen ausgewählten Ansätzen der neueren psychoanalytischen Diskussion*, S. 146–159.

Reize entstehen, die dann wiederum nicht vollständig, nicht immer und manchmal überhaupt nicht befriedigt werden können. Die frühen Pflegepersonen sind also Befriedigungsmacht, Verführungsmacht und Versagungsmacht zugleich.

Um die Dramatik deutlich zu machen, die sich aus dieser mehrfachen Funktion der Pflegepersonen für die psychosexuelle Entwicklung ergibt, ist an dieser Stelle eine Bemerkung zu Freuds »Verführungsthese« notwendig. Die Eltern – insbesondere die Mütter wegen ihrer besonderen Bedeutung als erste und wichtigste präödipale Bezugspersonen – sind auch deshalb eine »Verführungsmacht«, weil sie nicht nur durch die Körperpflege unausweichlich zur Erogenisierung der körperlichen Austauschzonen beitragen und damit den Kreislauf des objektgerichteten Begehrens erst mit ingangsetzen. Sie sind auch im buchstäblichen Sinne eine »Verführungsmacht«, da sie (auch jenseits und unterhalb des sexuellen Mißbrauchs) das Kind mit ihrem ganzen Betrag an elterlicher Liebe und Zärtlichkeit, gleichsam als »erotisches Spielzeug« (Freud) behandeln.

> »Der Verkehr des Kindes mit seiner Bezugsperson ist für dasselbe eine unaufhörlich fließende Quelle sexueller Erregung und Befriedigung von erogenen Zonen aus, zumal da letztere – in der Regel doch die Mutter – das Kind selbst mit Gefühlen bedenkt, die aus ihrem Sexualleben stammen, es streichelt, küßt und wiegt und ganz deutlich zum Ersatz für ein vollgültiges Sexualobjekt nimmt.«[13]

Für die Konstitution der infantilen Sexualität zählt also nicht nur das eigene, noch unentfaltete Begehren des Subjekts im mühevollen Wechselspiel von Trieb, Objekt und Phantasie. Das Kind wird umgekehrt auch zum Brennpunkt des elterlichen und besonders des mütterlichen Begehrens.[14]

Freud kommt immer wieder auf diese elterliche Verführung und die Konfusion, die sie im kindlichen Unbewußten auslösen kann zurück. Deshalb ist es falsch zu sagen, Freud habe die »Verführungsthese« 1897 endgültig aufgegeben, durch das Dogma einer reinen kindlichen Einbildung von sexuellen Kontakten mit den Eltern ersetzt und damit Kinder und Wahrheit auf dramatische Weise verraten, wie es ihm in der sexuel-

13 Freud (1905), *Drei Abhandlungen zur Sexualtheorie*, S. 124.

14 Die teilweise skurrilen Auswüchse, die ein mit der Inzestgrenze spielendes mütterliches Verhalten gegenüber Söhnen und ihren Genitalien manchmal bis hinein in die Pubertät annehmen kann, ist untersucht in Amendt (1993), *Wie Mütter ihre Söhne sehen*.

len Mißbrauchs-Debatte immer wieder anklagend vorgeworfen wird. Freud hat weder die Verführungsthese vollständig aufgegeben, noch vorher die entscheidende ätiologische Kraft der unbewußten Phantasie negiert. Die Prioritäten haben sich zwar verschoben, d. h. die faktische Verführung gilt nicht mehr (außer in Fällen tatsächlicher Übergriffe) als das einzige große Kindheitstrauma hinter den Neurosen, aber weiterhin als eines der zentralen Glieder in der Kette mehrfacher Determinierungen der normalen und der pathologischen Sexualentwicklung. Auch wenn die Umarbeitungen in der unbewußten Phantasie das entscheidende Kriterium sind, so muß anerkennt werden: es gibt keine Sexualität jenseits der Verführung und ähnlicher Einflüsse seitens der Außenwelt, wobei die Verführungssituation von Beginn an gegeben ist und weitgehend mit der Pflege zusammenfällt.

> »Das erste erotische Objekt des Kindes ist die ernährende Mutterbrust, die Liebe entsteht in Anlehnung an das befriedigte Nahrungsbedürfnis. Die Brust wird anfangs gewiß nicht von dem eigenen Körper unterschieden, wenn sie vom Körper abgetrennt, nach *›außen‹* verlegt werden muß, weil sie so häufig vom Kind vermißt wird, nimmt sie als *›Objekt‹* einen Teil der ursprünglich narzißtischen Libidobesetzung mit sich. Dies erste Objekt vervollständigt sich später zur Person der Mutter, die nicht nur nährt, sondern auch pflegt und so manche andere, lustvolle wie unlustige, Körperempfindungen beim Kind hervorruft. In der Körperpflege wird sie zur ersten Verführerin des Kindes.«[15]

Die psychischen Niederschläge dieser Erfahrungen sind für das Sexualitätsdilemma fatal, da sie den Konflikt zwischen Kanalisierung des Begehrens und der Unmöglichkeit seiner Befriedigung verstärken und so eine Zuspitzung des unausweichlichen ödipalen Dramas vorbereiten.

Verführung und körperliche Pflege, die mehr umfaßt als mechanische Fütterungsprozesse und einen ähnlichen Effekt hervorruft wie die Verführung, führen mit der Anregung der dem Lustprinzip unterworfenen Sexualität unvermeidbar und notwendigerweise zu Bindungen, zur Abwehr, zu Unlust und zu der Neigung, die Unlustanteile in

15 Freud (1940a), *Abriß der Psychoanalyse*, S. 115; vgl. Laplanche (1988), *Die allgemeine Verführungstheorie und andere Aufsätze*; Pohl (1986), *Trieb, Objekt, Realität. Eine Untersuchung zur Konstitution der infantilen Sexualität*; Hirsch (1990), *Realer Inzest. Psychodynamik des sexuellen Mißbrauchs in der Familie*; Gekle (1994), *Warum hat Freud die Verführungsthese aufgegeben?* Hegener (2002), *Die Ur-Verführung und das verlorene Objekt – Zum Modell der Einschreibung des Triebs in der Theorie Freuds.*

ein vermeintliches »Außen« zurückzuprojizieren. Selbst die größten Bemühungen aller Pflegepersonen, die Reizschutzfunktion möglichst reibungslos und perfekt zu erfüllen, können diesen Prozeß nicht verhindern, der von unterschiedlichsten Faktoren beeinflußt wird: von der Zeit und der Intensität der Pflege, vom Einfühlungsvermögen und der Identifikationsbereitschaft der Erwachsenen, von der emotionalen und der dahinterstehenden unbewußten Einstellung zum Kind und seinem Geschlecht, von der Stellung und der Rolle des Kindes in der dynamischen Struktur der Familie usw. – nur, gänzlich vermeiden läßt sich die Entstehung einer grundlegenden inneren Mangelsituation bei der Subjektkonstitution nicht.

Es ist sicherlich einseitig und deshalb unzulässig, das phallisch aggressive Verhalten von Jungen und Männern ausschließlich aus der mütterlichen Idealisierung des Männlichen und aus der Abwertung des eigenen Geschlechts herzuleiten. Allerdings erscheinen die Theorien, die den realen mütterlichen Einflusses auf die kindliche Entwicklung unter den Stichworten »richtiges Muttern«, »ausreichend-gute-mütterliche Versorgung« (»goud enough mothering«), »grenzenlose Empathie«, »optimales Bindungsverhalten« usw. diskutieren und dabei die psychosexuelle Dimension nahezu komplett unterschlagen, ebenfalls als problematisch. Diese Konzepte gehen, besonders wenn aus ihnen Rezepte für eine »gute« Entwicklung abgeleitet werden, von der Illusion einer reibungslos gelingbaren Anpassung aus.

Mütterliche (und väterliche) Zuwendung ist überlebensnotwendig. Insbesondere die damit einhergehende (primäre) Abhängigkeit von anderen macht die Tragik der als dilemmatisch skizzierten Sexualentwicklung aus. In seiner Antwort auf den Brief einer besorgten Mutter trifft Freud genau diesen Punkt, auch wenn seine Reaktion für das von pädagogischem Ethos getragene Erzieher(innen)herz vermutlich nur ein schwacher Trost ist: Auf die Anfrage dieser Mutter, wie sie es, nach der Lektüre seiner neurosenätiologischen Schriften, durch Erziehung verhindern könne, daß ihre Kinder später neurotisch würden, schreibt Freud lapidar zurück: Gute Frau, ich kann Sie beruhigen. Sie werden sowieso alles falsch machen. – Eine primäre Feindseligkeit und Projektionsbereitschaft gehören, davon ist Freud überzeugt, wie das libidinöse Triebgeschehen zum konstitutiven Bestand der Bildungsprozesse von Subjektivität.

Bereits die Diskussion von Melanie Kleins Theorie der frühesten Spaltungsvorgänge in der »paranoid-schizoiden Position« und ihrer weiteren Verarbeitung hat deutlich gemacht, daß Introjektions- und Projektionsmechanismen ohne Berücksichtigung der (zunächst) dem

Lustprinzip unterworfenen Relationen von Trieb und Objekt weder angemessen verstanden noch systematisch weiterentwickelt werden können. Erhellend wirken in diesem Kontext die Ausführungen Sándor Ferenczis über die Bezugnahme des Ichs des Paranoikers zu seinen libidinösen Objekten:

> »Auch der *Paranoische* möchte es mit der Entziehung seiner Anteilnahme versuchen, sie gelingt ihm aber nur zum Teil. Ein Teil der Begierde wird glücklich in das Ich zurückgezogen – Größenwahn fehlt in keinem Falle von Paranoia – aber ein mehr oder minder großer Teil des Interesses kann sich von seinem ursprünglichen Gegenstand nicht loslösen oder kehrt zu ihm zurück. Dieses Interesse ist aber mit dem Ich derart unverträglich geworden, daß es (mit Affektverkehrung, d. h. mit ›negativem Vorzeichen‹) objektiviert und so aus dem Ich ausgestoßen wird. Die unerträglich gewordene und dem Objekt entzogene Neigung kehrt also als Wahrnehmung seines Negativs von Seiten des Liebesobjektes zurück. Aus dem Gefühl der Liebe wird die Empfindung seines Gegenteils«.[16]

Ferenczis Formulierungen sollen zunächst nur der weiteren Illustration des Projektions-Introjektions-Mechanismus und dem Beleg der Tatsache dienen, daß dieser Mechanismus nicht unbedingt zur Pathologie führen muß, und bei späteren, regressiven Rückgriffen auch bei »Normalen« (besonders bei »normalen Männern«) einen paranoiden Zug der Abwehrstrukturen ausmachen kann. Paranoide und größenwahnhafte Tendenzen sind mögliche Resultate der archaischen Abwehrprozesse, auf die in Krisenzeiten zurückgegriffen werden kann – archaisch deshalb, weil sie auf ihre infantilen Vorläufer und auf die dahinterstehende Phantasien von Omnipotenz und kindlicher Allmacht verweisen.[17]

---

16 Ferenczi (1911), *Über die Rolle der Homosexualität in der Pathogenese der Paranoia*, S. 73. – Ferenczi führt den paranoischen Mechanismus, ähnlich wie Freud, auf die Abwehr homosexueller Objektwahl zurück und gelangt zu der zugespitzten Schlußfolgerung, »daß die Paranoia vielleicht überhaupt nichts anderes ist als entstellte Homosexualität« (ebd., S. 74); vgl. Freud (1922), *Über einige neurotische Mechanismen bei Eifersucht, Paranoia und Homosexualität*; Freud (1911), *Psychoanalytische Bemerkungen über einen autobiographisch beschriebenen Fall von Paranoia (Dementia paranoides)*. – Dieser Gedanke bezieht sich nicht nur auf die Genese der Paranoia, sondern bezeichnet ein wesentliches Element allgemein gängiger Männlichkeitsstrukturen. Darauf wird noch genauer im Kontext einer Analyse von paranoiden Reaktionsbereitschaften männlicher Jugendlicher im dritten Teil eingegangen werden. Vgl. Pohl (2003b), *Paranoide Kampfhaltung. Über Fremdenhaß und Gewaltbereitschaft bei männlichen Jugendlichen*.

17 Ferenczi führt diese kindliche Allmachtsphantasie auf den Zwang zurück, die auf

Ferenczi geht von einem erwachsenen Paranoiker mit bereits eindeutig konturiert wahrgenommenen (inneren und äußeren) Objekten der Libido aus – eine Eindeutigkeit, die allerdings verschwimmt, läßt man sich auf die Binnendimension der paranoiden Trennung von äußerer und innerer Wirklichkeit ein; durch den Projektions-Introjektionsmechanismus wird aus dem »Gefühl der Liebe« reaktiv die »Empfindung seines Gegenteils«, also *Haß*, mit einer daraus resultierenden Neigung zur Verfolgung oder gar Vernichtung des als »bedrohlich« erlebten Objekts. Ist ein ähnlicher Vorgang schon in den ersten psychischen Operationen denkbar, bei denen a) die Wahrnehmung noch keine fertigen Objektrepräsentanzen liefert und b) das Lustprinzip dem libidinösen »Objekthunger« unterliegt und gleichzeitig versucht, die Abhängigkeit vom Objekt zu vermeiden? Auch hier macht es Sinn, erneut auf Freuds »Anlehnungsthese« zurück zu greifen, wobei insbesondere zu fragen ist, ob der Haß, wie hier von Ferenczi am Beispiel des Paranoikers behauptet, tatsächlich aus umgewandelter Liebe entspringt und diese daher dem Haß vorausgeht. Welche Rolle spielen, so lautet die Hauptfrage der folgenden Ausführungen, primitive seelische Spaltungsvorgänge bei der Genese von Liebes- und Haßregungen?

Die Prävalenz des Hasses

Der Gegensatz von Liebe und Haß wird von Freud vor allem 1915 in *Triebe und Triebschicksale* behandelt. Beide Affekte treten nur selten voneinander isoliert in Erscheinung, da sie (in der Regel) gleichzeitig auf dasselbe Objekt gerichtet sind. Eine vollständige Entmischung ist im Grunde nur durch eine Aufspaltung von Liebe und Haß in extrem polarisierende Einstellungen nach dem Freund-Feind-Schema denkbar. Ihre grundsätzlich objektgerichtete Triebverschränkung macht die Verbindungen von Liebe und Haß zu einer der Hauptbezugsachsen der gesamten Freudschen Triebtheorie. Da der Liebe gewöhnlich immer ein Stück Haß beigemengt ist, nimmt Freud den Begriff der »Ambivalenz«, den Eugen Bleuler für dieses Phänomen eingeführt hat, dankbar auf. »Ambivalenz« meint eine Koexistenz von Gefühlseinstellungen unter wechselnder Vorherrschaft einer der beiden Seiten. Deshalb handelt es

---

Dauer unbefriedigende Position der »halluzinatorischen Wunscherfüllung« mittels der Entwicklung von Signalen und magischen Gebärden allmählich zu verlassen. Dem ginge aber auch schon eine »Störung« in den frühesten Erlebnisweisen voraus, denn die »halluzinatorische Wunscherfüllung« selbst sei schon die Folge einer primären Abwehr der »vermißten Befriedigungssituation«, d. h. der (sich wiederholenden) Spannung aus Bedürfnis und Befriedigung. Vgl. Ferenczi (1913), *Entwicklungsstufen des Wirklichkeitssinnes*, S. 148–156.

sich beim häufig zu beobachtenden Umschlag von Liebe in Haß am Ende einer (ehemaligen) Liebesbeziehung gerade nicht um eine echte Umwandlung, sondern nur um eine Reorganisation der Beziehung unter neuem Vorzeichen. Die immer wieder in die Schlagzeilen geratenen, bis zur Tötung gehenden Angriffe von Männern auf ehemalige Partnerinnen oder auf ausgesuchte Objekte der Begierde, die es wagen die projektiven Liebeswünsche zurückzuweisen, erfolgen meist nicht aus einem »reinen« Haß, sondern, so paradox es klingt, auch aus einem exklusiven, besitzergreifenden Gefühl von Liebe.[18] »Reinen« Haß gibt es ebensowenig wie »reine« Liebe. – Worin aber liegen nun die Triebquellen der beiden konträren Affekte, die zwar gemeinsam auftreten, aber nicht aus einem Urgemeinsamen stammen?

Daß die Liebe ihre primäre Quelle im Sexualtrieb hat, liegt auf der Hand, aber hat der Haß auch einen vergleichbaren Ursprung im Triebleben des Subjekts? Der Haß widersetzt sich einer einfachen Einordnung in die systematische Darstellung der Triebe. Wegen ihrer gemeinsamen Anbindung an ein libidinös besetztes Objekt zweifelt Freud zwar nicht an der Nähe beider Gefühlsgegensätze zum Sexualleben (vgl. S. 225), aber der Haß kann nicht genuin dem Sexualtrieb (bzw. nicht automatisch seiner Unterdrückung) entspringen.

> »Man könnte zur Not von einem Trieb aussagen, daß er das Objekt ›liebt‹, nach dem er zu seiner Befriedigung strebt. Daß ein Trieb ein Objekt ›haßt‹, klingt uns aber befremdend, so daß wir aufmerksam werden, die Beziehungen Liebe und Haß seien nicht für die Relationen der Triebe zu ihren Objekten verwendbar, sondern für die Relation des Gesamt-Ichs zu den Objekten reserviert« (S. 229).

Das aber würde bedeuten, daß der Haß zwangsläufig mit der inneren Objektbildung entsteht und triebtheoretisch eindeutig den Ichtrieben und damit der Selbsterhaltungsfunktion und dem Narzißmus des Ichs zuzuordnen ist: »Mit dem Eintreten des Objekts in die Stufe des primären Narzißmus erreicht auch der zweite Gegensinn des Liebens, das Hassen, seine Ausbildung« (S. 228). – Freud geht hier von einer »psy-

18 Immer wieder kommt es bei Beziehungstaten oder Sexualdelikten zu beschwörenden Liebesgeständnissen der Täter gegenüber ihren Opfern. »Ich liebe dich, werde dich aber trotzdem töten« – mit diesen Worten leitete ein einschlägig vorbestrafter Freier einen Überfall mit schwerer Körperverletzung auf das Objekt seiner Liebesschwüre, eine als »Domina« arbeitende Prostituierte ein. Als es zum Prozeß kam, sah das Gericht vom Tötungsvorsatz ab, denn der Täter habe »nur« an einer »sado-masochistischen Triebanomalie« gelitten, zu dessen Befriedigung es gehöre, andere Menschen durch körperliche und seelische Grausamkeit in Todesangst zu versetzen (*FR* v. 17.02.1993).

chischen Ursituation« aus, in der das Ich bzw. seine Vorformen (mit Ichlibido) triebbesetzt ist und fähig sein soll, sich autoerotisch, also, so seine Vermutung, ohne (äußere) Objekte zu befriedigen. »Die Außenwelt ist derzeit nicht mit Interesse (allgemein gesprochen) besetzt und für die Befriedigung gleichgültig« (S. 227). – Anschließend geht Freud erneut auf den allgemein gültigen ökonomischen Vorgang der ersten Objektfindung ein, der sich aus der Anlehnungsthese ergibt: »Das Ich bedarf der Außenwelt nicht, insofern es autoerotisch ist, es bekommt aber Objekte aus ihr infolge der Erlebnisse der Icherhaltungstriebe und kann doch nicht umhin, innere Triebreize als unlustvoll für eine Zeit zu verspüren« (S. 228). Und er beschreibt vor allem die unbewußten, im letzten Abschnitt bereits diskutierten Spaltungsmechanismen, mit denen das Ichs versucht, diese Unlust erfolgreich abzuwehren:

> »Unter der Herrschaft des Lustprinzips vollzieht sich nun in ihm eine weitere Entwicklung. Es nimmt die dargebotenen Objekte, insofern sie Lustquellen sind, in sein Ich auf, introjiziert sich dieselben (nach dem Ausdrucke Ferenczis) und stößt andererseits von sich aus, was ihm im eigenen Innern Unlustanlaß wird. (Siehe später den Mechanismus der Projektion) (...) Die Außenwelt zerfällt ihm in einen Lustanteil, den es sich einverleibt hat, und einen Rest, der ihm fremd ist. Aus dem eigenen Ich hat es einen Bestandteil ausgesondert, den es in die Außenwelt wirft und als feindlich empfindet« (ebd.).

Mit diesem zentralen Introjektions-Projektions-Mechanismus beim Umgang mit den ersten Objekten wird nicht nur auf eine der archaischen Quellen des projektiven Fremdenhasses hingewiesen, sondern auch erneut die Zwangslage bei der Konstitution der Sexualität in Anlehnung an die Selbsterhaltungsfunktion deutlich hervorgehoben: Das Ich erhält sein Objekt von außen, durch die Befriedigung der Selbsterhaltungstriebe und es ist »nicht abzuweisen, daß auch der ursprüngliche Sinn des Hassens die Relation gegen die fremde und reizzuführende Außenwelt ist« (ebd.). Was aber ist das »Objekt«, das auf diesem Wege ins Spiel kommt? Das erste (lustspendende) Objekt der Sexualität ist offensichtlich die Brust (bzw. deren Surrogat), die mit dem Objekt der Selbsterhaltungsfunktion eng verwandt ist. Dieses primäre Objekt soll anschließend, in der frühen autoerotischen Libidoorganisation durch einen eigenen Körperteil und später, im Primärnarzißmus durch das eigene Ich ersetzt werden. So wird unbewußt die Illusion einer Autarkie, einer Unabhängigkeit vom Objekt erzeugt und eine mögliche Abwendung von der Außenwelt signalisiert.

In diesem Modell ist erst nach der Ablösung des angeblich »reinen« Narzißmus durch die »Objektstufe« eine Beeinflussung der Beziehung des Ichs zum (äußeren) Objekt durch das Lust-Unlust-Prinzip möglich bzw. erkennbar, obwohl schon vorher die Haupttendenz der Ichtriebe in der Sicherung des Ichs vor all jenen Einflüssen, die eine Quelle von Unlust darstellen könnten, bestanden hat. Ähnlich wie bei der Konstitution der Sexualität findet sich auch hier ein triebtheoretischer Widerspruch. Das Objekt (bzw. sein unmerklich verschobener Ersatz) wird dem Sexualtrieb bei der Einhaltung der Selbsterhaltungsfunktion zugeführt, dann auf dem Wege der Introjektion und Projektion aufgespalten, um schließlich zum Objekt des Hasses zu werden – und auch das geschieht wieder im Dienste der Selbsterhaltung, da es in letzter Konsequenz der Aufrechterhaltung des (narzißtischen) Reizschutzes dient. Gleichzeitig wurde das Motiv dieser Abwehr um eine qualitativ neue psychische Funktion, die der Sexualität und dem Lustprinzip entstammt erweitert: der reaktiven Unlustvermeidung bei Erregungen, die traumatisch den Reizschutz durchbrechen.

Der komplizierte und widersprüchliche Spannungsprozeß kann weder durch Reizflucht vermieden noch durch Reizverarbeitung auf der Ebene der psychischen Realität »erfolgreich« gebunden oder ausgeglichen werden. Auch Halluzinationen, Introjektionen und Projektionen können die mit der Entstehung des Lustprinzips unweigerlich hereinbrechenden Reizspannungen nicht bannen. Jeder Versuch, sei es durch die autoerotisch-narzißtische Wendung der Triebreize nach innen, sei es durch eine verstärkte Anlehnung (Anklammerung) nach außen, erhöht den Druck und die Abhängigkeit in beide Richtungen. Innere und äußere Versagungen lassen sich allein deshalb nicht vermeiden oder zur Rettung einer angeblich prästabilierten Harmonie (Homöostase) weiterverarbeiten, da sie, vermittelt durch die widersprüchliche Komplexität der inneren und äußeren Objektstruktur, die Erfahrung eines grundlegenden Mangelzustands immer wieder aufs Neue reproduzieren und damit verstärken.

Bewegungen zu den Objekten hin sind überlebensnotwendig, aber immer von neuen Spaltungen, Trennungen, Verlusten und Verschiebungen begleitet. Im Wiederholungsfall erneut ankommender Reize werden nicht nur vorhandene Bahnungen (Erinnerungsspuren) verstärkt besetzt, sondern durch Verschiebungsvorgänge und Gegenbesetzungen auch neue Strukturen im Bahnungsarrangement gebildet und festgelegt.[19] Für den psychischen Organismus scheint es gleichgültig,

19 Nur die Voraussetzung, daß die drohenden Objektverluste, »die wahrscheinlich jeder

ob dieser Reizzuwachs durch die Pflegeleistung von außen, oder von innen, durch die davon angeregten Triebansprüche und die sie begleitenden Frühformen situationsbezogener, szenischer Imaginationen erfolgt; gleichgültig scheint auch, ob die mit den Reizen einhergehenden Unlustspannungen und Versagungen aus sexuellen oder (daran angelehnten) narzißtischen Quellen entstanden sind. Die Folge ist in jedem Fall die Verstärkung einer grandiosen Haßbereitschaft zur Sicherung der Selbsterhaltung.

> »Das Ich haßt, verabscheut, verfolgt mit Zerstörungsabsichten alle Objekte, die ihm zur Quelle von Unlustempfindungen werden, gleichgültig, ob sie ihm eine Versagung sexueller Befriedigung oder der Befriedigung von Erhaltungsbedürfnissen bedeuten. Ja, man kann behaupten, daß die richtigen Vorbilder für die Haßrelation nicht aus dem Sexualleben, sondern aus dem Ringen des Ichs um seine Erhaltung und Behauptung stammen« (S. 230).

Jetzt wird endgültig deutlich, warum die innerartliche Aggressionsbereitschaft des Menschen nicht als eine im Unbewußten irgendwie frei flottierende Energieform zu verstehen ist. Aggressivität ist die aktiv nach außen (oder nach innen) gerichtete energetische Form von Haß. Das Ich, so Freud an dieser Stelle in *Triebe und Triebschicksale*, haßt und »verabscheut« die introjizierten, aufgespaltenen und projizierten Objekte nicht allein in der Phantasie. Es »empfindet« diesen Haß nicht nur als einen affektiven Gemütszustand, sondern verfolgt die Objekte, die unbewußt als vermeintliche Quellen der Unlust wahrgenommen werden, mit unerbittlicher Härte, die im äußersten »Notfall« bis zur Vernichtungsbereitschaft gesteigert werden kann. Liebe und Haß entstehen nach dem Prinzip von »Anziehung« durch das lustspendende und »Abstoßung« gegenüber dem Unlust bereitenden Objekt. »Wir empfinden die ›Abstoßung‹ des Objekts und hassen es; dieser Haß kann sich dann zur Aggressionsneigung gegen das Objekt, zur Absicht, es zu vernichten, steigern« (S. 229). Das ursprüngliche Ziel des Hasses

---

Entwicklungsfortschritt enthält«, in einer als tendenziell reibungslos verstandenen frühen Mutter-Kind-Symbiose minimale sind, kann zu der Schlußfolgerung führen, daß auch die anschließende Phase der »Trennung und Individuation« vom Kleinkind »reibungslos« vollzogen wird. Vgl. Mahler/Pine/Bergmann (1978), *Die psychische Geburt des Menschen*, S. 94. – Die Rückführung möglicher Störungen dieses Trennungs- und Ablösungsprozesses auf mütterliches Verhalten (»zu viel« oder »zu wenig« Symbiose) löst die Kompliziertheit und die mehrfache Determinierung dieser subjektkonstitutiven Vorgänge monokausal auf und orientiert sich an einem einseitigen Modell linearer Reifungsfortschritte.

ist die Erfüllung eines Paradoxon: Die Hemmung des Lustprinzips, um Unlust und damit einen unbewußt befürchteten Zerfall der fragilen Strukturen des Subjekts dauerhaft zu vermeiden. Der ursprüngliche Haß dient in erster Linie dem narzißtischen Selbstschutz.

In diesen Kontext lassen sich – angesichts des unterschiedlichen metapsychologischen Bezugsrahmens der Selbstpsychologie allerdings nur mit großer Vorsicht – Kohuts *Überlegungen zum Narzißmus und zur narzißtischen Wut* (1975) anfügen. Unter »narzißtischer Wut« versteht Kohut die übermäßig zerstörerische Aggressivität von Individuen, denen es nicht gelungen ist, früheste narzißtische Traumata einigermaßen adäquat, also ich-gerecht zu verarbeiten. Die Erscheinungsformen dieses Phänomens reichen von eher trivial erscheinenden Reaktionen, wie z. B. dem »vorübergehenden Verdruß, wenn jemand versäumt, unseren Gruß zu erwidern oder nicht auf einen Scherz reagiert« (S. 226), bis hin zum Haß des Paranoikers.

Der Narzißmus der zu derartigen Wutreaktionen disponierten Individuen sei äußerst leicht kränkbar. Im Falle tatsächlicher, vermeintlicher oder angstvoll erwarteter Kränkungen könnten sie weder mit »reiner« Aggression noch mit schamerfülltem Rückzug, also mit Flucht reagieren. Mißerfolge und Fehlschläge würden als persönliche Kränkung betrachtet und mit »unersättlicher Wut« beantwortet. Hauptmerkmale dieses Reaktionstyps sind im Unterschied zu anderen Aggressionsarten nach Kohut: »Der Rachdurst, das Bedürfnis, ein Unrecht zu korrigieren, eine Beleidigung auszumerzen, mit welchen Mitteln auch immer, und ein tief eingewurzelter unerbittlicher Zwang bei der Verfolgung all dieser Ziele, der jenen keine Ruhe läßt, die eine narzißtische Kränkung erlitten haben« (S. 227). Die Bereitschaft des narzißtisch Gekränkten zu fanatischem Haß auf alle, die im Wege stehen, und das heißt, deren »bloße Unabhängigkeit, ja schon sein Anderssein, (...) eine Beleidigung für ihn« (S. 233) darstellen kann, ist grenzenlos. Er kann erst wieder zur (vorübergehenden) Ruhe kommen, wenn er »den unscharf wahrgenommenen Beleidiger ausgelöscht hat, der wagte, ihm entgegenzutreten, nicht mit ihm übereinzustimmen oder ihn zu überstrahlen« (S. 232).[20]

20 Der Mechanismus der »narzißtischen Wut« ist auch für eine sozialpsychologische Analyse von Krisen- und Konfliktverhalten brauchbar. Kohut deutet das selbst an verschiedenen Stellen an, unterliegt aber, besonders mit seiner an Adler angelehnten These zur Kompensation von (Organ-)Minderwertigkeit, der Neigung einer naiven Psychologisierung von Geschichte und Gesellschaft (vgl. ebd., S. 218–229). Auch wenn sich mit Kohuts früher Theorie der Zusammenhang von Wahrnehmungsverzerrungen (Skotomisierungen), innerer Feindbildung, projektivem Haß und grenzenloser Destruktionsbereitschaft (ziviler und militärischer) männlicher Gewalt nicht erklären läßt, so doch zumindest deskriptiv genauer erfassen. – Auf Kohuts Interpretation der

Der Feind erscheint für den narzißtisch Gekränkten, so Kohut, als »widerspenstiger Teil seines erweiterten Selbst« (S. 233), als *»Fehler in einer narzißtisch wahrgenommenen Realität«* (ebd.).

Die Bereitschaft zur »narzißtischen Wut« führt Kohut auf eine Fixierung auf das frühe »grandiose Selbst« und auf das »archaisch-allmächtige Objekt« zurück. Die Überbesetzung mit narzißtischer Libido diene dem (vergeblichen) Versuch, die Fragmentierungen eines »kohäsiven Selbst« durch Verschmelzung mit »omnipotenten« und »idealisierten Selbst-Objekten« zu verhindern. Ursprung dieser Tendenz sei die »Matrix des archaischen Narzißmus« der frühen Kindheit, in der Omnipotenz- und Allmachtsgefühle vorherrschten. Kohut ist von der Unabhängigkeit einer separat existierenden narzißtischen und objektgerichteten Entwicklungslinie überzeugt und legt damit den Grundstein zur Überführung der Narzißmustheorie in eine Selbstpsychologie jenseits der klassischen Psychoanalyse und ihrer triebtheoretischen Grundannahmen. Eine eigenständige separate narzißtische Entwicklung kann zwar theoretisch, nicht aber praktisch funktionieren, da die Triebverschränkung aufgrund der objektvermittelten Nähe von Aggression, Narzißmus und Sexualität immer virulent bleibt. Wenn der (Sexual-) Trieb verschwindet, verschwindet auch die Dimension des Objekts bzw. verdünnt sich, wie bei Kohut, zu einem, dem noch instabilen Selbst inhärenten Bild einer Spaltung, die prinzipiell entdramatisiert wird.[21]

Die komplizierte Wechselbeziehung der antagonistischen Verhältnisse von Endogenität und Exogenität wird in der Selbstpsychologie auf eine Beziehung zwischen Selbst und Selbst-Objekten reduziert. Nach Kohut gleitet die fördernde mütterliche Fürsorge schematisch in die Strukturen des »noch verwundbaren kreativ-produktiv-aktiven Selbst«[22] hinein. »Grandiosität« und »Exhibitionismus« gelten als normale und gesunde Erscheinungen, deren Integration in ein »gesundes Selbst« durch Umformung in »realistische Selbstachtung und ein maßvolles, doch freudiges Selbstgefühl« erfolge. Nur bei einer Störung könne ein regressiver Rückgriff auf die Ersatzformen archaischer Lustgewinne erfolgen. Der eigentliche Kern seelischer Erkrankungen liege

---

narzißtischen Überbesetzung des Genitals während der »phallischen Phase« werden wir im nächsten Abschnitt zurückkommen, da sie für die Analyse des phallisch-narzißtischen Exhibitionismus beim Jungen und beim Mann aufschlußreich ist.

21 Damit wäre endgültig das eingetreten, was Freud spätestens ab 1909, im Zuge der Auseinandersetzungen mit C. G. Jung befürchtet hat und was durch die amerikanische Wende zur Ich-Psychologie vorangetrieben wurde: eine Psychoanalyse, die (weitgehend) ohne Sexualität und den daran gebundenen Antagonismus von Trieb und Gesellschaft auskommt.

22 Kohut (1979), *Die Heilung des Selbst*, S. 77.

jedoch in einer Beschädigung des »kohäsiven Selbst«, die auf einen Mangel an mütterlicher Empathie zurückgeführt werden könne. Hemmungen und Störungen träten folglich nur dann auf, wenn in früher Kindheit adäquat bestätigende Reaktionen, z. B. das »freudig wiederspiegelnde Lächeln der Mutter (›Mirroring‹) von der Umgebung versagt wurden« (S. 216). Das Schlüssel- und Zauberwort für Kohut und seine Epigonen heißt »Empathie« und die Garantie für Gesundheit und Kreativität liegt demnach in einer ausreichend empathischen Mutterliebe.

Kohut leitet aus einem einfühlungslosen mütterlichen Fehlverhaltens nicht nur die Pathologien und Perversionen des Einzelnen, sondern auch große historische Ereignisse ab, wie etwa den 1. Weltkrieg, der von Wilhelm II. angeblich zur Kompensation der durch eine fürchterlich unempathische Mutter hervorgerufenen seelischen Schäden angezettelt wurde (S. 218 f.). Einem ähnlichem Muster, wenn auch noch abstruser, folgt der an Kohut angelehnte Versuch Alice Millers, sich mitleidtriefend in das schwere Kindheitsschicksal Hitlers einzufühlen und zu zeigen, daß der arme Adolf seine künstlerische Begabung durch den Aufbau des 3. Reichs kompensieren mußte, da er sich nicht ausreichend im »Glanz des Auges der Mutter« spiegeln konnte. »Jeder große Künstler schöpft aus dem Unbewußten seiner Kindheit, und Hitlers Werk hätte auch ein Kunstwerk werden können, wenn es nicht Millionen das Leben gekostet hätte, wenn nicht so viel Menschen seine ungelebten, in der Grandiosität abgewehrten Schmerzen hätten ertragen müssen.« (!)[23]

Kehren wir zum Phänomen der »Ambivalenz« zurück. Sowohl der Empathie-Begriff in der Selbstpsychologie Kohuts, als auch das Konstrukt der »Verschmelzungsphantasie« in den Theorien der frühkindlichen Mutter-Kind-Symbiose von Mahler u. a. verkennen das frühe Vorherrschen der Ambivalenz und damit auch das der archaischen Haßrelation zu den Objekten. Die Überbetonung des Primärnarzißmus als einer eigenständigen und dominanten Entwicklungslinie vor und neben dem libidinösen Triebgeschehen unterschlägt die feindseligen Züge in den frühesten Einstellungen und Gefühlsäußerungen des Kindes gegenüber seinen »Objekten«. Der Haß erscheint in diesen Ansätzen erst als das Resultat späterer Störungen und Hemmungen eines harmonischen Mutter-Kind-Idylls, das als ein Kontinuum wechselseitiger Austauschprozesse gedacht, die Förderung der persönlichen Entwicklung von einer ausreichenden Zufuhr mütterlicher Fürsorge und Liebe abhängig macht.

Die aus Freuds Triebtheorie gewonnene Gegenthese lautet: Sobald

23 Miller (1980), *Am Anfang war Erziehung*, S. 189.

der Sexualtrieb »erscheint« und *alle* Triebarten der Herrschaft des Lustprinzips unterwirft, tritt mit der Libido die Aggression, mit der Liebe der Haß auf. Allerdings sind sie nicht, wie gesehen, »aus der Spaltung eines Urgemeinsamen hervorgegangen, sondern haben verschiedene Ursprünge und haben ein jedes seine eigene Entwicklung durchgemacht, bevor sie sich unter dem Einfluß der Lust-Unlustrelation zu Gegensätzen formiert haben.«[24] Die Widersprüche der Freudschen Triebtheorie und der darauf aufbauenden metapsychologischen Konstruktionen reflektieren die ihres Gegenstandes: die aus der »Not des Lebens« und dem Einbruch der Sexualität erwachsenen antagonistischen Strukturen der psychischen Persönlichkeit sowie eine grundlegende Ambivalenz in allen ursprünglichen Objekteinstellungen. – Eine der größten Gefahren für das Leben des Subjekts und das Überleben des Anderen (des Objekts), ja der gesamten Kultur geht von dem strukturell in den archaischen Bezugnahmen auf das Objekt eingelagertem Potential an Feindseligkeit aus.[25]

Die Suche nach einem angeborenen Aggressionstrieb und seinen möglichen organischen Quellen ist wenig fruchtbar, solange die Haßrelation zu den Objekten nicht ins Zentrum der Betrachtung gerückt wird. Der Aggressionstrieb, seine Existenz einmal angenommen, bringt seine Objekte ebensowenig fertig mit auf die Welt wie der Sexualtrieb. Erst wenn er sich an Objekte bindet bzw. die Bewegungen des Subjekts zu den Objekten feindselig auflädt, tritt er »in Erscheinung«. Auch hier muß zwischen einem Objekt der Phantasie und dem konkreten Objekt möglicher Triebbefriedigung, zwischen Affekt und energetischer Abfuhr unterschieden werden. Im Unterschied zur Sexualität greift die Aggression jedoch das Objekt mit Bemächtigungsabsicht an und trachtet in letzter Konsequenz danach, es zu vernichten.[26] Ein einfaches ökonomisches Abfuhrmodell nach dem Schema *Reizung, Aufstau* und *Entladung* (bzw. *Befriedigung*), scheint für die Entbindung von Aggression eher zu gelten, als für die Sexualität. Nur wo, an welchem Ort wird bei »gelungener« aggressiver Triebabfuhr Befriedigung erfahren und erlebt? Was bedeutet es, wenn von einer »Lust zu hassen« und einer »Befriedigung durch Zerstörung« gesprochen wird?

---

24 Freud (1915b), *Triebe und Triebschicksale*, S. 230 f.

25 Vgl. Freud (1930), *Das Unbehagen in der Kultur*.

26 Dieser entscheidende Unterschied zwischen Erhalt und Zerstörung des Objekts war einer der Gründe für Freuds Revision seines ersten dualistischen Triebmodells (Sexualtriebe – Selbsterhaltungstriebe) und für die Einführung des Todestriebes. Diese Änderung hat allerdings zu einer neuen Komplikation geführt, da die Aggression nun als Ausdrucksmittel des Todestriebes gilt, während die Quelle des Hasses dagegen im Ringen um Selbsterhaltung liegt. Vgl. Freud (1920), *Jenseits des Lustprinzips*.

Im strengen Sinne ist »Befriedigung« ein Terminus der Psychosexualität und Freud stellt sich deshalb die berechtigte Frage, »ob die Befriedigung rein destruktiver Triebregungen als Lust verspürt werden kann, ob reine Destruktion ohne libidinösen Zusatz vorkommt.«[27] Nach Freuds Überzeugung kann erst die Anbindung der Aggression an die Sexualität die Erlangung einer Lust durch Zerstörung erreichen. Ähnliches gilt wohl auch für die Selbsterhaltung und den Narzißmus: Befriedigungslust ist eine exklusive Qualität der Sexualität. »Pure« Macht allein kann nicht befriedigen, es muß gleichzeitig etwas Sexuelles – in dem weiten Sinne, den die Psychoanalyse der Sexualität gegeben hat – mitbeteiligt sein. Die im Alltag gebräuchlichen Bezeichnungen »Lust an der Macht« oder »Gewaltgeilheit« lassen zumindest ahnen, daß auch entsexualisierte oder narzißtische Libido eben Libido ist, da jede Entwicklung von Lust und jede Erlangung von Befriedigung immer Objekte benötigt. Ohne diesen Libidobegriff lassen sich die komplizierten Vorgänge sexueller und scheinbar de-sexualisierter Gewalt nicht verstehen und weder die männlichen Perversionen, noch die perversen Anteile an der »normalen« männlichen Sexualität erklären. Im Zentrum der Strukturen männlicher Bezugnahmen auf das Objekt stehen Feindseligkeit und Haß auf das differente, sowie auf die damit assoziierten fremden Anteile am eigenen Geschlecht.[28]

Damit aber spitzt sich die These vom dilemmatischen Charakter der Sexualität weiter zu, denn nun scheint es, als stelle der Haß (der bereit ist alles zu zerstören), und weniger die Liebe (die zu erhalten wünscht) das verbindende Element der Triebe und ihrer Objektbezüge dar. Wenn es stimmt, daß der Ursprung des Hasses in der »uranfänglichen Ablehnung der reizspendenden Außenwelt von seiten des narzißtischen Ichs« liegt, überlagert er nicht nur die libidinösen Bindungen, sondern geht ihnen im Prinzip sogar voraus, was in letzter Konsequenz bedeutet: »Der Haß ist als Relation zum Objekt älter als die Liebe«.[29] – Diese zunächst merkwürdig klingende Schlußfolgerung Freuds bedarf auch deshalb einer gründlicheren Erläuterung, da mit dieser Entwicklungsgeschichte von Liebe und Haß ein weiteres Paradox erkennbar wird, dem die Subjektkonstitution von Beginn an unterworfen ist. Es gibt zwar einen

27 Freud (1940a), *Abriß der Psychoanalyse*, S. 76.

28 Eine Überbetonung der Triebseite menschlicher Aggressivität rückt die Psychoanalyse in die Nähe der Ethologie. In diesem Kontext fällt auf, daß etwa Alexander Mitscherlichs anthropologisierende Fassung des »aggressiven Triebüberschusses« beim Menschen an verschiedenen Stellen auf Konrad Lorenz Bezug nimmt. Aber nicht der Überschuß an Triebenergie, sondern ein Überschuß an Haßbereitschaft gehört zu den konstitutiven Merkmalen der *conditio humana*.

29 Freud (1915b), *Triebe und Triebschicksale*, S. 231.

archaischen, objektzerstörerischen Haß, aber keinen ursprünglichen Antrieb zum Töten als Mittel der Objektvernichtung.

Als eine Weiterentwicklung des Freudschen Ansatzes zur Genese von Liebe und Haß läßt sich die Theorie des englischen Kinderanalytikers Winnicotts über den Ursprung der Aggression verstehen.[30] Sein Ansatz knüpft zwar nicht direkt an Freud an, liefert aber einen weiteren Baustein für einen psychoanalytischen Zugang zur Männlichkeitsproblematik, insbesondere zu den darin eingelagerten Haß- und Destruktionsbereitschaften gegenüber weiblichen Objekten (oder ihren Surrogaten).

In seinem Modell über die Entstehung der Aggression unterscheidet Winnicott zwischen »Objektbeziehung« und »Objektverwendung«. Unter »Objektbeziehung« versteht er – im Unterschied zu den meisten Objektbeziehungstheoretikern und -theoretikerinnen – die innere Aufrichtung eines besetzten (ganzen oder Teil-)Objekts im Kernbereich der unbewußten Phantasie. Ähnlich wie in dem hier vertretenden Ansatz bezieht sich Winnicott auf die Übergänge von einem archaischen Bahnungsarrangement im inneren Wahrnehmungsbereich, das bereits von Bindungen und primärer Abwehr gekennzeichnet ist, zu einem Besetzungsvorgang, der allmählich und auch noch nachträglich diesen Bahnungen festere, objektgerichtete Strukturen (Repräsentanzen) verleiht. »Das Objekt hat Bedeutung gewonnen. Projektionsmechanismen und Identifikationen sind wirksam geworden«,[31] aber die Wahrnehmungsorganisation des Subjekts hat noch keine innerpsychische Repräsentanz für den Unterschied von »Innen« und »Außen« gefunden. Das bedeutet, so Winnicott weiter, daß das Subjekt weiterhin »geschwächt« und in hohem Maße von der Außenwelt abhängig bleibt. Aber das Subjekt hält durch die von Introjektions- und Projektionsmechanismen gekennzeichneten objektgerichteten Phantasien die trügerische Vorstellung einer Herrschaft über die (innere und äußere) Objektwelt und damit die Illusion einer *omnipotenten Kontrolle* und Verfügung über die vorwiegend projektiv wahrgenommenen Objekte aufrecht.

Im Unterschied zu der »Objektbeziehung« setzt die »Objektverwendung« nach Winnicott voraus, daß das Objekt, um überhaupt »verwendet« werden zu können, »notwendigerweise im Sinne eines Teils der wahrgenommenen Realität real (...) und nicht etwa ein Bün-

30 Winnicott (1971), *Vom Spiel zur Kreativität*, S. 101–110. Vgl. auch Winnicott (1988), *Aggression. Vom Versagen der Umwelt und antisoziale Tendenz.* Winnicotts theoretisches Rahmenkonzept über Reifungsprozesse und fördernde Umwelteinflüsse läßt sich zwischen Melanie Klein und den Objektbeziehungstheorien einordnen.

31 Winnicott (1971), *Vom Spiel zur Kreativität*, S. 103.

del von Projektionen« (ebd.) sein muß. Diesen Schritt in Richtung Realität verbindet Winnicott mit einem Bereich der subjektiven Erfahrungswelt, den er an anderen Stellen als »Übergangsphänomene« genauer zu bestimmen versucht (vgl. ebd., S. 10–36). Darauf kann an dieser Stelle nicht ausführlicher eingegangen werden, aber wichtig ist, an der generellen Betonung der *eigenaktiven Anteile des Kindes* festzuhalten, die hier schon früh, beim Wechsel der Bezugnahmen auf das Objekt vom Imaginären zum Realen zu beobachten sind. Den grundlegenden Gedanken seines Konzepts der »Übergangsobjekte« und »Übergangsphänomene« formuliert er ganz ähnlich dem Paradoxon, das schon im ersten Abschnitt dieses Kapitels bei der Frage nach der Rolle präexistierender (äußerer) Objektstrukturen für die innerpsychischen Wahrnehmungs- und Besetzungsvorgänge benannt wurde: »das Kleinkind erschafft das Objekt, aber das Objekt war bereits vorher da, um geschaffen und besetzt zu werden« (S. 104).

Das aber setzt laut Winnicott die Entwicklung der Fähigkeit zur »Objektverwendung« voraus, die den allmählichen Übergang vom Lust- zum Realitätsprinzip signalisiere. Durch diese Fähigkeit könne sich das Subjekt in gewisser Weise von seinen projektiven Neigungen befreien und ein besetzbares Objekt »außerhalb des Bereichs seiner eigenen omnipotenten Kontrolle« nicht nur finden, sondern selbst konstruieren und »dort ansiedeln« bzw. erschaffen; »es handelt sich also darum, daß das Subjekt das Objekt als ein äußeres Phänomen und nicht als etwas Projiziertes wahrnimmt, also letzten Endes um die Anerkennung des Objekts als ein Wesen mit eigenem Recht« (S. 105). Hier siedelt Winnicott die früh auftauchende und heftige Destruktivität an, die auch seiner Auffassung nach der Liebe vorausgeht, da das (nach außen projizierte und nun real gefundene) Objekt zunächst in der Phantasie zerstört werden müsse: »Diese Wandlung von der Objektbeziehung zur Objektverwendung bedeutet, daß das Subjekt das Objekt zerstört« (ebd.). – Mit dieser Schlußfolgerung wird Freuds These von der Prävalenz des Hasses gegenüber der Liebe überzeugend bestätigt.

Der Übergang von der Objektbeziehung zur Objektverwendung muß sich notwendigerweise mehrmals wiederholen und gilt als Bedingung für die Entwicklung des als »Übergangsphänomen« gefaßten »intermediären Raums zwischen Mutter und Kind«. Dieser Übergangsraum zwischen Innen und Außen stellt für Winnicott die Quelle der Kreativität und der Entfaltung der kindlichen Spielaktivität dar und markiert den »eigentlichen Anfang« der Phantasietätigkeit (ebd.). In dieser Beschreibung läßt sich eine wichtige Variante der »Anlehnungsthese« erkennen, die Freud vor allem aus dem Vergleich von *Dichtung*,

Tagtraum und *kindlichem Spiel* gewonnen hat.[32] Die Phantasie lehnt sich nach Maßgabe innerer Triebwünsche an die Realität an, entnimmt dieser bzw. den bereits früher an sie angelehnten und inzwischen eingelagerten Erinnerungsresten, das Material zur Umschriftung und drängt schließlich als Aktivität in die Realität zurück. Allerdings handele es sich (noch) nicht um libidinöse Strebungen, die zur Realität und den in ihr (wieder)gefundenen Objekten hindrängten, sondern um eine eigentümliche Vorstufe der Liebe, nämlich eine archaische, aber für eine halbwegs normale Entwicklung notwendige Destruktionsbereitschaft. Erst eine Zerstörung, die eine Trennung und die Verarbeitung von Differenzierungen voraussetzt, ermögliche die Liebe zu Objekten, d. h. zu ganzen Menschen. Nur auf diesem Wege könne sich das Kind von der Illusion omnipotenter Herrschaft lösen und deshalb gilt die anfängliche Destruktivität für Winnicott als ein entwicklungsförderndes Phänomen.

> »Es ist wichtig festzuhalten, daß das Subjekt das Objekt nicht nur deshalb zerstört, weil das Objekt außerhalb des Bereichs seiner omnipotenten Kontrolle steht. Es ist ebenso wichtig, dies auch von der anderen Seite her zu sehen: daß nämlich das Objekt erst durch die Zerstörung in den Bereich außerhalb der omnipotenten Kontrolle des Subjekts gestellt wird. So entwickelt das Objekt seine eigene Autonomie und sein eigenes Leben auf zweierlei Art und steht, wenn es überlebt, je nach seinen eigenen Eigenschaften dem Subjekt zur Verfügung« (S. 105).

Die Zerstörung der Objekte, um sie außerhalb der omnipotenten Kontrolle »neu« erschaffen zu können, findet nach Winnicott vornehmlich im Bereich der Phantasie statt, drängt aber, wie jede von starken Trieben und Wünschen getragene Phantasie im Sinne eines umgekehrten Anlehnungsverhältnisses in die Realität.[33] Im Falle spezifischer Hemmungen könne es aber auch zu einer Fixierung der vorübergehend »notwendigen« Destruktivität, zu einer dauerhaft feindseligen Einstellung des

---

32 Vgl. Freud (1908b), *Der Dichter und das Phantasieren.*

33 Dies ist eine der Quellen für die bei Kindern und Kleinkindern oft zu beobachtende übermäßige Heftigkeit ihrer aggressiven Regungen gegenüber Menschen und Gegenständen. Diese scheinbar grenzenlose, weil in keinem angemessenen Verhältnis zu erkennbaren Anlässen stehende Wut erschreckt und irritiert viele Erwachsene, so daß diese ihrerseits mit Gegenaggressionen oder gekränktem Rückzug reagieren. Der im Alltag gebräuchliche Ausdruck »kindlicher Trotz« erfaßt die destruktive innere Dynamik nur ungenügend. Zur Erklärung dieser Phänomene ließe sich sinnvoll auf Kohuts Konzept der »narzißtischen Wut« zurückgreifen.

Subjekts gegenüber den inneren und äußeren Objekten kommen. Die destruktiven Anteile der Phantasie drohten dann – unter bestimmten Bedingungen, bei oft nur geringfügigen Anlässen – in die Wirklichkeit abzugleiten. Wie aber wird aus einer phasenspezifisch notwendigen und angeblich sinnvollen Potentialität eine dauerhafte Tendenz des Seelischen? Sind feindselige Einstellungen und destruktive Tendenzen gegenüber anderen das Ergebnis von Traumatisierungen und Verdrängungs- bzw. anderen Abwehrvorgängen und von daher Ausdruck einer pathogenen Entwicklung? Und, so muß weiter gefragt werden, läßt sich eine dauerhafte Etablierung von Destruktivität und Feindseligkeit überhaupt verhindern?

Winnicotts Äußerungen dazu sind nicht ganz eindeutig. Einerseits knüpft er das Gelingen dieses paradox erscheinenden Wechsels von der Destruktion zur Liebe an die Fähigkeit des »Objekts«, die zerstörerischen Angriffe zu *überleben* (vgl. S. 105, S. 107 f.), denn erst diese Fähigkeit erlaube es dem Kind, sich als ein »Eigenes« zu setzen und eine Autonomieentwicklung einzuleiten.[34] Andererseits werde dieser frühe Mechanismus nie ganz »verlernt«, also nicht aufgegeben und damit das Destruktionspotential nie vollständig überwunden, im Gegenteil: nach Winnicott ist und bleibt ein Rückgriff auf diesen archaischen (imaginären) Zerstörungsmechanismus weiterhin die notwendige Voraussetzung für eine »positive« Verwendung der Objekte und damit auch für die zukünftige Entwicklung der Fähigkeit zur Objektliebe. »Diese Eigenschaft, ständig wieder zerstört zu werden, macht die Realität des überlebenden Objekts überhaupt erst erlebbar, verstärkt die Gefühlsbeziehung und führt zur Objektkonstanz« (S. 109); und weiter: »Das Objekt wird immer wieder zerstört. Diese Destruktion wird zum unbewußten Hintergrund für die Liebe zum realen Objekt, das außerhalb des Bereichs der omnipotenten Kontrolle des Subjekts steht« (S. 110).

Wenn das Objekt die wichtigsten Anfangsphasen der Subjektkonstitution überlebt habe, könne das Subjekt autonom und kreativ werden und ein »Leben in der Objektwelt beginnen«, allerdings um den Preis, einer fortwährenden Zerstörung der Objekte auch in späteren Objekt-

34 Deshalb sind nicht nur die von Unverständnis getragenen Rückzüge der Eltern, sondern vor allem ihre heftigen Gegenreaktionen, die dem noch instabilen und abhängigen Seelenleben des Kindes als Ausdruck von Rache und Vergeltung erscheinen müssen, gefährlich, denn sie führen zu einer Eskalation der Aggression und Destruktivität. Das Verhalten bestimmter Kinder – die auch im körperlichen Sinn keine »Grenzen« ziehen können, deren Aggressivität und Gier Nähe herstellen will und gleichzeitig zerstört, die nicht richtig spielen können usw. – weist in der Regel auf Probleme in der Autonomieentwicklung hin.

beziehungen nicht ausweichen zu können (vgl. S. 105). Diese Zerstörung gilt nach Winnicott als Zeichen gelungener Reifung, da sie ja nur in der *Phantasie* stattfindet. Das nicht ungefährliche Wechselspiel zwischen Zerstörung und Liebe bleibt erhalten, oder anders ausgedrückt: »Wenn das Kind am Übergang zum Erwachsenenalter steht, wird dieser Schritt über die Leiche eines Erwachsenen vollzogen« (S. 163). Das aber bedeutet: Der Haß ist psychisch und kann sich real ausdrücken, der bis zur Tötungsbereitschaft steigerbare Vernichtungswunsch bleibt dagegen auf der Ebene der psychischen Realität. Damit bestätigt Winnocott die kleine Anmerkung Freuds über das Verhältnis des menschlichen Unbewußten zum Töten. »Unser Unbewußtes führt die Tötung nicht aus, es denkt und wünscht sie bloß. (...) Ja, unser Unbewußtes mordet selbst für Kleinigkeiten.«[35] Wer oder was aber garantiert, daß diese latente Destruktivität die Grenze zwischen Phantasie und Realität einhält und warum scheinen Männer allgemein eher bereit zu sein, nach heftigen, angstauslösenden seelischen Erschütterungen diese Grenze unter dem Vorzeichen des Hasses auf die am eigenen Unglück (vermeintlich) schuldigen Objekte zu überschreiten?

In diesem Zusammenhang fällt an Winnicotts Modell auf, daß in ihm nur der erste konstitutive Akt des Wechselspiels von Zerstörung und Liebe im Rahmen der primären Objektbeziehungen beschrieben und analysiert, die (affektive) Qualitätsäußerung des Destruktionspotentials aber, der Haß und seine Entwicklungsgeschichte, überhaupt nicht weiter erwähnt und untersucht wird. Mit dem weitgehenden Verzicht auf geschlechtsspezifische Differenzierungen verschenkt Winnicott das Erklärungspotential seines Ansatzes insbesondere für eine Analyse der spezifisch männlichen Entwicklungslinie. Nehmen wir als resistenten Kern der männlichen Einstellung zu weiblichen Objekten eine *projektive* Haßbereitschaft an, dann ist entweder Winnicotts Unterscheidung zwischen »reifer« (weil nur latenter) und »gestörter« oder fixierter Destruktivität nicht trennscharf, oder seine Zurückführung der »reifen« Form auf seine Ausgangsbedingung, nämlich auf die Fähigkeit des ersten Objekts, zu überleben, reicht als Erklärung nicht aus. Auf dem Hintergrund der strukturell (mehr oder weniger stark) eingelagerten männlichen Feindseligkeit gegenüber Frauen drohen ja nicht nur in extremen (pathologischen oder sadistischen) Fällen Durchbrüche von der Phantasie zur Realität. Die Umsetzung von Gewaltphantasien gehört zum fast alltäglichen Verhaltensinventar auch scheinbar ganz normaler Männer. Selbst bei einer Betrachtung schwerster sexueller

35 Freud (1915a), *Zeitgemäßes über Krieg und Tod*, S. 351.

und nicht-sexueller Gewalttaten gegen Frauen erschreckt und irritiert immer wieder die vermeintliche »Normalität« vieler männlichen Täter.[36] In allen Varianten und Abstufungen der (nicht nur sexuellen) Gewaltäußerungen von Männern gegen Frauen geht es um Akte der realen Zerstörung und Vernichtung des Objekts, Akte, die (oft lange) vor der Tatausführung in der Phantasie vorbereitet worden sind.

Die Herleitung einer »gelungenen« Integration der Destruktionsbereitschaft aus der Fähigkeit des frühen Objekts (Mutter), die Angriffe zu überleben ist genauso wenig plausibel wie die Herleitung der unterschiedlichen Varianten destruktiven Verhaltens aus dem Fehlen dieser Fähigkeit.[37] – Gewaltausbrüche ließen sich dann nur als Ergebnis (früher) pathologischer Störungen und Fixierungen begreifen, womit die in der normalen Männlichkeit eingelagerten Haß- und Destruktivitätsanteile nicht erklärt werden können. Unbefriedigend bleibt dieses Erklärungsmodell auch noch aus einem weiteren Grund. Mit Winnicotts Positivkatalog reifungsfördernder Umweltbedingungen, in dem es vor allem um die Suche nach einer »ausreichend guten« oder eben »nicht ausreichend guten« (empathischen) Mutter geht, sind wir erneut in der Sackgasse deterministischer Ursachenmodelle angelangt.[38] Auch dieser theoretische Ansatz unterliegt der Gefahr, seinen zentralen Gegenstand, das Verhältnis von »Reifungsprozessen« und »fördernder Umwelt« in ein kausal wirkendes mutterätiologisches Schema zu verdünnen. Dennoch trägt Winnicotts Modell dazu bei, zumindest die *Mechanismen* der zerstörerischen Bezüge zwischen (vorwiegend männlichem) Subjekt und (weiblichem) Objekt im Wechselspiel von Phantasie und Realität besser zu verstehen.

Darüber (hinaus) gibt es implizit einen weiteren Aspekt, der sich als Baustein für eine psychoanalytische Theorie der männlichen Subjekti-

36 Das bedeutet aber nicht, daß alle Männer »potentielle Vergewaltiger« sind, sondern macht deutlich, daß die Grenze zwischen »Normalität« und »Pathologie«, zwischen »Phantasie« und »Realität« nicht so einfach zu ziehen ist, wie es Winnicott nahelegt. Gehört zur Ausstattung von Normalmännlichkeit, wie bereits mehrfach angedeutet, auch ein Stück Pathologie und Sadismus, die sich in einer größeren Gewaltaffinität ausdrücken, jedoch nicht zwangsläufig zum Ausbruch kommen müssen? Unter dieser Fragestellung müßte neben einer gründlicheren Täterpsychologie eine ebenso gründliche Untersuchung der bei vielen – wahrscheinlich sogar den meisten – Männern entwickelten Hemmungen gegenüber faktischer Gewaltanwendung vorgenommen werden. Eine solche Untersuchung gibt es bisher leider nicht.

37 »Ich verwende hier zwar den Begriff Destruktion, dennoch wird deutlich geworden sein, daß diese Destruktion sich eigentlich erst aus der Unfähigkeit des Objekts zu überleben ergibt« (S. 108).

38 »Von dieser Position ist es nur ein kleiner Schritt hin zu Augustinus' berühmten Ausruf: ›Gebt mir bessere Mütter, und ich gebe euch eine bessere Welt‹.« Rohde-Dachser (1991), *Expedition in den dunklen Kontinent*, S. 211.

vität eignet. Nach Winnicott kann die Destruktivität nicht erfolgreich integriert werden, wenn es dem Subjekt nicht gelingt, das Objekt außerhalb der eigenen omnipotenten Kontrolle anzusiedeln. Jenseits der Frage nach »Normalität« oder »Pathologie« und einer eindeutigen Ableitbarkeit von Gewaltbereitschaft aus »richtigem« oder »falschem« mütterlichen Verhalten muß sich an dieser Stelle gefragt werden, ob diese fehlende Bereitschaft bzw. die nicht ausgebildete Fähigkeit, andere Personen als eigenständige wahrzunehmen, als Objekte, die nicht der eigenen Kontrolle und Herrschaft unterliegen, nicht allgemeine Züge von Männlichkeit charakterisiert. Was bedeutet es, wenn in der Zeit früher Schlüsselerfahrungen, also dann, wenn die Integration der Destruktivitätspotentiale und ihre Bindung erfolgen soll, der von außen vermittelte Druck auf die männliche Sozialisation in die entgegengesetzte Richtung einer Ausweitung des Anspruchs auf Fremd- und Selbstkontrolle geht? Die Verarbeitung der Geschlechterdifferenz und die Etablierung einer eigenständigen männlichen Geschlechtsidentität unterliegen dem (letztlich) gesellschaftlichen Druck, sich nicht nur als ein anderes, gleichwertiges, sondern entsprechend der vorherrschenden Hierarchie als ein überlegenes Geschlecht zu setzen und alle vorherigen Erfahrungen unter diesem Dominanzdruck neu zu definieren, oder, mit dem treffenden Begriff von Irene Fast, zu »rekategorisieren«. Dem korrespondiert eine geschlechtsspezifische Sozialisation, die bei Mädchen immer noch stärker die Bindungs- und Beziehungsfähigkeit fördert, bei den Jungen dagegen das allgemein höherbewertete Streben nach Autonomie und körperlichem Durchsetzungsvermögen betont und belohnt.

Auf dem Hintergrund der bisherigen Argumentation läßt sich nun die Bedeutung und Funktion der (frühen) Mutter aus der Binnenperspektive des heranwachsenden Kindes allgemeiner formulieren: Als Verführungs- und Versagungsmacht ist sie erstes Objekt der Selbsterhaltungstriebe, der Sexualtriebe und zugleich erstes feindliches Objekt, was allerdings grundsätzlich für beide Geschlechter in ähnlicher Weise gilt. Die Frage bleibt (noch) ungeklärt, warum die Mutter (und später die Frauen insgesamt) für Männer in dieser mit Haß und Destruktivität aufgeladenen Form ein bevorzugtes Objekt der Projektion und eine allgemeine Projektionsfläche bleibt. Die Frau ist in gewisser Weise für den Mann das, was Winnicott als »Bündel an Projektionen« (S. 103) bezeichnet. Bei vielen Männern genügen z. T. schon leichte Kränkungen und Erschütterungen der Selbststruktur, um entlang der unbewußt bereits gegen Objekte gebahnten, dauerhaft mit Weiblichkeit verknüpften Projektionswege, den darin eingebauten Haß eruptiv ausbrechen zu lassen. Das Bestreben dieses (weit verbreiteten) Typs von Männlichkeit geht dahin, Frauen mit allen Mitteln unter omnipotenter Kontrolle zu halten. – Wie also hängen Weiblichkeitsabwehr und (männliche) Subjektkonstitution unter trieb- und objektbeziehungstheoretischer Perspektive miteinander zusammen?

Männliche Sexualität und Sadismus

Mit der frühen Genese von Liebe und Haß gegenüber dem ersten Objekt wird die triebtheoretische Dimension der Anlehnungsthese wiederholt bestätigt. Der Sexualtrieb erhält seine Liebesobjekte ebenso aus den der Selbsterhaltung dienenden somato-psychischen Austauschvorgängen wie der Aggressionstrieb seine Haßobjekte. Aus der permanenten Nähe beider Triebarten und ihrer Objekte ergibt sich, trieb- und narzißmustheoretisch gesehen, eine paradoxe Einheit gegensätzlicher Motivationen innerhalb der Arbeitsweise des psychischen Organismus. Dieses Paradoxon reproduziert sich in den psychoanalytischen Theorien über die Ambivalenz und ihre Ursprünge. Durch Hervorhebung *einer* der Dimensionen (Narzißmus *oder* Trieb) wird dieser Widerspruch konzeptionell nur scheinbar geglättet. Der Haß ist möglicherweise älter als die Liebe, entsteht aber nicht unabhängig von ihr und somit nicht unabhängig von der Sexualität. Er stellt a) eine Reaktion auf Unlusterfahrungen dar, die bei der »halluzinatorischen Wunscherfüllung« erfolgt, wenn die reale Befriedigung ausbleibt; er erhält b) seine »Arbeitsenergie« zur Abwehr der Unlust aus dem Libido-Reservoir des Es (durch Desexualisierung); und er richtet sich c) immer wieder (in der Regel) auf das gleiche (oder ein leicht verschobenes) Objekt. Berücksichtigt werden muß sicherlich, daß die Objekte nicht einfach deshalb gehaßt werden, weil sie Befriedigung versagen, sondern »weil sie durch Versagung der Befriedigung unseren Objekthunger hervorrufen« – so die treffende Pointierung Ernst Simmels.[39] Objekthunger aber wird nicht allein durch Versagung, sondern auch durch die Befriedigung, als deren Folge sich der Trieb an das Objekt zu binden beginnt, hervorgerufen. Der auf beiden Wegen induzierte Objekthunger bestätigt und verstärkt eine neue Unlust hervorbringende Abhängigkeit vom Objekt (zwischen Reizung, Befriedigung und Versagung), indem er auf die Begrenztheit eigener Allmacht und Omnipotenz verweist.

So erscheint das *Dilemma*, dem die Persönlichkeitsentwicklung unterworfen ist und das bisher an der Konstitution der Sexualität unter verschiedenen trieb- und objektspezifischen Aspekten festgemacht wur-

39 Simmel (1944b), *Selbsterhaltung und Todestrieb*, S. 238.

de, in neuer Form: als Gegensatz von Liebe und Haß, deren vereinheitlichender Begriff der »Ambivalenz« Verwandtschaft und bleibende Nähe beider Affekte zum Ausdruck bringt. Die Liebe als Verbindung von Sexualität, Libido und Lustprinzip ist und bleibt – unter Berücksichtigung der zwangsläufig erfolgenden und strukturell notwendigen Objektanbindung sowie der Unlust, die unausweichlich daraus entsteht – grundsätzlich ambivalent. »Es ist die Anschauung nicht abzuweisen, daß das Lustprinzip dem Es als Kompaß im Kampf gegen die Libido dient, die Störungen in den Lebensablauf einführt.«[40] Libido ist die Besetzungsenergie, die den Trieb an die Objekte bindet. Ziel der Destruktion ist es, diese Bindungen und Besetzungen aufzulösen. Wenn der Trieb und seine somatischen Quellen nicht zerstört werden können – was in Akten von Selbstverstümmelungen bis hin zu Selbstvernichtungen ja durchaus versucht wird –, dann »muß« die Destruktivität an dem (gehaßten) Objekt ansetzen um die erwünschte Triebruhe zu erreichen. Aber wie können das Lustprinzip und das Es in Gegensatz zur Libido treten? Und was haben Haß und Destruktivität mit Sexualität und dem Lustprinzip gemein? Freuds Einführung des »Todestriebes« in diesem Zusammenhang ist der Versuch, die wegen der Anlehnung und wegen des Narzißmus nicht auflösbare Nähe von Sexualität und Selbsterhaltung – beide gehören nach diesem letzten dualistischen Triebmodell zum Eros und versuchen demnach die für das Überleben notwendigen Bindungen an Objekte herzustellen und aufrechtzuerhalten – deutlicher hervorzuheben, in dem er die destruktive Tendenz einschließlich der Haßdimension einer neuen gegensätzlichen Triebtendenz (Thanatos) zuordnet.

Unter Todestrieb ist nicht, wie häufig gemeint, die angeborene Neigung zu verstehen, sich oder andere zu töten – das *kann* eine spätere Erscheinungsform unter dem Einfluß der Lebensumstände sein. Freud begreift den Todestrieb vielmehr als Ausdruck einer Tendenz, unaushaltbare innere Spannungen durch die Zerstörung der Objektbindungen abzubauen bzw. schon im Vorfeld zu vermeiden. Aber auch mit diesem spekulativen, von Kritikern und Anhängern (wie z. B. von Melanie Klein) oft biologistisch mißverstandenen Modell kann Freud matapsychologisch die Widersprüche in den Trieb-Objekt-Verhältnissen nicht ausräumen, im Gegenteil: mal steht der Todestrieb im Dienst der Selbsterhaltung, mal im Dienst der Sexualität und manchmal scheint umgekehrt die Sexualität sogar den Zielen des Todestriebes zu dienen. Damit scheitert Freuds letzter großer Versuch, das Nicht-Identische und doch

40 Freud (1923a), *Das Ich und das Es*, S. 275.

Zusammenhängende der qualitativen und quantitativen Vorgänge im psychischen Haushalt einer einheitlichen ökonomischen Betrachtung zu unterziehen. Mit Beginn des infantilen Seelenlebens ist ein »Jenseits« des Lustprinzips nur noch hypothetisch durch die Wiederherstellung der als spannungsfrei und durch freies Abströmen der Energie gekennzeichneten »Primärvorgänge« denkbar. Somit ist nicht das Sexuelle, wie Morgenthaler annimmt, sondern der Todestrieb der Meister der Primärvorgänge, denn außer im Tod bzw. im Erlöschen aller Bindungen ist ein vollständig freies Abströmen von (Besetzungs-)Energie, wie im letzten Abschnitt aufgezeigt, nicht möglich und so verwundert es nicht, daß Freud den mühsam aufgebauten dualistischen Gegensatz von Lebenstrieben und Todestrieb am Ende von *Jenseits des Lustprinzips* nahezu hinfällig werden läßt, wenn er schlußfolgert, das »Lustprinzip« und damit die Sexualität, »scheint geradezu im Dienste der Todestriebe zu stehen« (S. 69)[41]

Diese Nähe von Todestrieb und Sexualität begründet Freud aus der Tatsache der Unterordnung *beider* Triebgruppen unter das Konstanz- und das Nirwanaprinzip – was nicht dasselbe bedeutet –, um eine »Herabsetzung, Konstanterhaltung, Aufhebung der inneren Reizspannung« (S. 60) möglichst bis hinab zum Nullpunkt zu erreichen. Nach Freud kommt diese als Nirwanaprinzip gefaßte Null-Tendenz des Seelenlebens im Lust- bzw. Unlusprinzip zu Ausdruck. »Das Lustprinzip ist dann eine Tendenz, welche im Dienste einer Funktion steht, der es zufällt, den seelischen Apparat überhaupt erregungslos zu machen, oder den Betrag der Erregung in ihm konstant oder möglichst niedrig zu erhalten« (S. 67 f.). Dies so gefaßte Lustprinzip gilt Freud als das stärkste Motiv, die Existenz eines Todestriebs hypothetisch anzunehmen (S. 60) – eine merkwürdige Ableitung, hat er doch gleichzeitig versucht, den Todestrieb gerade als ein *Jenseits* des Lustprinzips einzuführen.

Eine der Paradoxien dieser ökonomischen Betrachtung liegt darin, daß zur Erfüllung dieser Aufgaben nach dem Nirwanaprinzip wiederum selbst ein Vorrat an Besetzungsenergie erforderlich ist und das ist, wie wir gesehen haben im wesentlichen eine Angelegenheit des Narzißmus im Dienste der Selbsterhaltung. Das Ich strebt nach der

41 Laplanche geht sogar noch weiter, indem er umgekehrt den Todestrieb der Sexualität in ihrer entfesseltsten Form zuschlägt: »der Todestrieb ist die Sexualität unter ihrem am wenigsten zivilisierten, sozialisierten Aspekt, insoweit als sie gemäß dem Prinzip der freien Energie und des Primärprozesses wirkt.« Laplanche (1988), *Die allgemeine Verführungstheorie*. S. 62 f. Vgl. auch Laplanche (1974), *Leben und Tod in der Psychoanalyse*; Zagermann (1988), *Eros und Thanatos*; Pohl (1986), *Trieb, Objekt, Realität*, S. 264–308; Schmidt-Hellerau (1995), *Lebenstrieb & Todestrieb. Libido & Lethe. Ein formalisiertes konsistentes Modell der psychoanalytischen Trieb- und Strukturtheorie.*

Erhaltung seines inneren libidinösen und damit gleichzeitig narzißtischen Gleichgewichts um sich möglichst angstfrei zu halten. Das aber ist ja in letzter Konsequenz nur durch den vom Lustprinzip ingangggesetzten und mit destruktiven Kräften auf das Ziel des Nirwanaprinzips hin arbeitenden Todestrieb zu erreichen. So haben wir alle Triebarten miteinander vereint, denn nun scheint die Zerstörung aller Bindungen, um dem Organismus »Triebruhe« zu verschaffen auch eine Aufgabe der Ich- oder Selbsterhaltungstriebe zu sein. So leuchtet es unmittelbar ein, wenn Ernst Simmel »die destruktiven Kräfte nicht als Äußerungen eines Todestriebes (...), sondern als die Äußerung eines Selbsterhaltungstriebs« auffaßt.[42] Diese Zuordnung ist brauchbar, und wir werden im dritten Teil darauf zurückkommen, da viele extreme Formen objektzerstörerischer Gewalt immer wieder mit dem Selbstschutzargument begründet werden bzw. ausschließlich narzißtischen Machtgelüsten dienen sollen, auch und gerade dann, wenn starke sexuelle Motive unübersehbar mit im Spiel sind. – Wichtig aber ist hier, daß diese zunächst abstrakte Diskussion der triebtheoretischen Modelle nur Sinn macht, wenn die Dimension des Objekts, um das es jedem Trieb, in welcher Form auch immer geht, mitberücksichtigt wird. Deshalb soll das Postulat einer Triebenergie mit rein destruktiver Ausrichtung besonders in seinen Auswirkungen auf die fragile Balance zwischen Liebes- und Haßregungen näher betrachtet werden.

Allen Objektbezügen haftet auf dem Hintergrund der hier angedeuteten ökonomischen Paradoxien, die ja nur Variationen der schon bekannten Unmöglichkeit darstellen, quantitative und qualitative seelische Prozesse in einem einheitlichen Modell zur Deckung zu bringen, der Charakter einer tiefen Ambivalenz an, denn sie »stören« von Beginn an die Triebruhe und erzeugen so unausweichlich bestimmte Zwänge im Spannungsfeld von Bindung und Ent-Bindung. Jede Bindung an Objekte, einschließlich ihrer »Verwendung« im Sinne Winnicotts, geht mit einer affektiven Gegentendenz einher, mit Feindseligkeit bis hin zum Haß, in der sich die Bereitschaft zur Auflösung dieser Bindung ausdrückt. Die von Freud als »Verschränkungen«, »Verlötungen« oder »Legierungen« bezeichneten Verbindungen beider Triebarten und ihrer affektiven Abkömmlinge (Liebe und Haß, Erhalt und Zerstörung) gemeinsam mit *einem* Objekt sind auf diesem Hintergrund nicht mehr verwunderlich. Selbstverständlich gibt es vielfältige, von vielen Menschen wahrgenommene Möglichkeiten, die dramatische Konsequenz dieser Legierungen, die Schädigung oder Vernichtung des Objekts un-

42 Simmel (1944b), *Selbsterhaltung und Todestrieb*, S. 228.

ter Führung der destruktiven Triebe, durch den Aufbau gegenläufiger psychischer Strukturen (reife Ich-Leistungen, die Bildung eines starken Über-Ichs usw.), durch Verschiebungsprozesse und Sublimierungen der aggressiven Anteile einigermaßen erfolgreich zu verhindern. Die jeweilige Bereitschaft zu gewalttätigen oder weniger gewaltbereiten »Lösungen« von inneren Krisen und (vermeintlichen) äußeren Bedrohungslagen ist abhängig von den Lebens- und Triebschicksalen, die wesentlich mehr umfassen, als ausreichende oder nicht ausreichende mütterliche Versorgung.

Zu den äußeren Rahmenbedingungen, die Gewaltaffinität fördern gehören zweifellos auch die vorherrschenden Männlichkeitskonstruktionen, wobei der allgemeine Hinweis auf die Reproduktion des Patriarchats in der Sozialisation des einzelnen Mannes keinen hinreichenden Erklärungsansatz bietet. Noch immer fehlt einer Theorie der Konstitution hegemonialer Männlichkeit eine Analyse der Vermittlungsschritte, die geschlechtsspezifische Motivlagen und Abwehrmechanismen systematisch berücksichtigt. Warum sind, um eine bereits gestellte Frage erneut aufzugreifen, die »Verlötungen« von Liebe und Haß an einem Objekt, unter dem Diktat eindeutig dominierender Destruktionstendenzen, so auffällig ungleich unter den Geschlechtern verteilt? Zum besseren Verständnis muß eine Auseinandersetzung mit dem Konzept des *Sadismus* erfolgen, da sadistische Phänomene zu den typischen, schon bei Kleinkindern zu beobachtenden Begleiterscheinungen der Triebmischungen von Sexualität und Aggression gehören und zudem (zu Recht) eher mit der sexuellen Identität des Mannes in Verbindung gebracht werden.

Bereits die ersten libidinösen Besetzungen sind ambivalent und ihre Erneuerungen (und Verfestigungen) im Fall wiederholter Begierdespannung nicht frei von sadistischen Einschlägen, die ihren typischen Ausdruck in den bekannten Formen kindlicher Grausamkeit finden. Die kindliche »Sucht« etwa, andere Kinder zu »quälen« ist nach Freuds Überzeugung eine sadistische Partialtriebäußerung, die allerdings (in der Regel) auf Demütigungen, Kränkungen und Herabsetzungen beschränkt bleibt und vor der Anwendung physischer Gewalt zurückschreckt. Mit Ausnahme einer durchaus verbreiteten Bereitschaft zur Grausamkeit gegenüber (kleineren) Tieren spiele beim infantilen Sadismus der Drang, anderen Menschen vergleichbare Schmerzen zuzufügen, unter den »ursprünglichen Zielsetzungen des Triebes« überhaupt keine Rolle. Die (normalen) sadistischen Neigungen von Kindern haben eine eindeutige Grenze in der körperlichen Unversehrtheit des Mitmenschen. Kindlicher Sadismus würde zeitweilig nur deshalb (unterhalb dieser Grenze der Unversehrtheit) so ungehemmt auftreten, weil die »Mitleidsschranke« erst später, als Reaktionsbildung gegen die inzwischen verpönten Regungen aufgebaut werde. Erst ein Wegfall dieser hemmenden Mitleidsschranke unter dem Einfluß bestimmter lebensgeschichtlicher Umstände »bringt die Gefahr mit sich, daß diese in der Kindheit erfolgte Verknüpfung der grausamen mit den erogenen Trieben sich späterhin im Leben als unlösbar erweise«[43] und bis zur physischen Vernichtungsbereitschaft gesteigert werden könne.

Auch diese These über die Grenze des kindlichen Sadismus soll zeigen, daß Tötungsbereitschaft und zwischenmenschliche Grausamkeit nicht zu den ursprünglichen Triebanlagen gehören, sondern erst durch bestimmte gesellschaftliche Zurichtungen der Subjekte aus dem Wechselspiel von Trieb und Kultur erwachsen. Die bereits in der Diskussion der Todestriebkonzeption getroffene Feststellung, nicht der Wunsch zu töten sondern die Fähigkeit zu hassen gehöre zum archaischen Inventar menschlicher Entwicklung, wird hier bestätigt. Der Ursprung von Grausamkeit und Gewaltbereitschaft ist Haß, nicht aber eine frei flottierende, aus destruktiven Trieben entsprungene Aggression, die beliebig verschiebbar ist und sich je nach Lebensumständen auf dieses oder jenes richtet. Folglich ist auch der Sadismus keine angeborene Tötungslust. Dem »Todesglauben« kommt nach Freud überhaupt nichts Triebhaftes entgegen und in *Hemmung, Symptom und Angst* heißt es schließlich unmißverständlich: »Im Unbewußten ist (...) nichts vorhanden, was unserem Begriff der Lebensvernichtung Inhalt geben kann.«[44]

Die Entwicklung des Sadismus ist in die Genese von Liebe und Haß eingebunden und gehört auf allen Stufen der psychosexuellen Entwicklung zu den regelmäßig auftretenden Begleiterscheinungen des jeweils vorherrschenden Modus der Objektbeziehungen, auf den (frühe) Fixierungen und (spätere) Regressionen zurückgreifen können. Den Anfang dieser Entwicklung macht bekanntermaßen die Oralität als Vorstufe und gleichsam als Vorbild für die Einheit von Liebe und Haß, der auch der Sadismus entspringt. »Als erstes derselben erkennen wir das sich *Einverleiben* oder *Fressen*, eine Art der Liebe, welche mit der Aufhebung der Sonderexistenz des Objekts vereinbar ist, also als ambivalent bezeichnet werden kann.«[45] Die hier nur vereinfacht dargestellte Anfangsstufe dieser objektgebundenen Entwicklung von Liebe und Haß impliziert immer eine Beseitigung des Objekts (in welcher Form auch

43 Freud (1905), *Drei Abhandlungen zur Sexualtheorie*, S. 94.

44 Freud (1926), *Hemmung, Symptom und Angst*, S. 160; vgl. auch Freud (1915a), *Zeitgemäßes über Krieg und Tod*, S. 350.

45 Freud (1915b), *Triebe und Triebschicksale*, S. 231.

immer) und findet sich anschließend in anderer Gestalt und unter der Vorherrschaft neuer körperlicher (erogener) Austauschzonen auch in der sogenannten »Analphase« wieder. »Auf der höheren Stufe der prägenitalen, sadistisch-analen Organisation tritt das Streben nach dem Objekt in Form des Bemächtigungsdranges auf, dem die Schädigung oder Vernichtung des Objekts gleichgültig ist« (ebd.). Auch auf dieser Stufe entsteht ein (sexueller) Beziehungsmodus, der Liebe und Haß auf sadistische Weise an einem Objekt vereint, auch hier geht es gleichzeitig um die Aneignung und Auslöschung des Objekts. Alle prägenitalen Stufen, in denen sich frühe Spaltungsvorgänge (Klein) und destruktiv aufgeladene Projektionen (Winnicott) im Umgang mit dem Objekt von Lust und Unlust (Freud) auffinden lassen, bestätigen die in der Anlehnungsthese gefaßte widersprüchliche Einheit von Bindung und Zerstörung, von Liebe und Haß, von Eros und Thanatos.

Diese Prozesse und damit auch die bisherigen Ausführungen zum Sadismus gelten grundsätzlich für beide Geschlechter in gleicher oder ähnlicher Weise. Eine geschlechtsspezifische Differenzierung der Sadismus-Konzeption ergibt sich erst, wenn die Frage nach dem Mischungs- bzw. Entmischungsverhältnis der sexuellen und aggressiven Triebabkömmlingen diskutiert wird. Aus dem Auftreten der ersten Verbindungen von Aggression und Sexualität im oralsadistischen Stadium ergibt sich für Freud: »Wir begründen das Recht, die aggressiven Strebungen unter der Libido anzufügen auf die Auffassung, daß der Sadismus eine Triebmischung von rein libidinösen mit rein destruktiven Strebungen ist, eine Mischung, die von da an nicht aufhören wird.«[46] – Sadismus ist die Bezeichnung für die Lust an der Grausamkeit gegenüber einem gemeinsamen Objekt von Libido und Aggression. In der Grausamkeit des Menschen verschränken sich Sexualität und Destruktivität mit Machtdiskursen, denn der Sadismus ist »Gewalttätigkeit, Machtbetätigung gegen eine andere Person« (Freud) und seine Grausamkeit läßt sich am Beispiel der Vernichtungswut gegenüber Schwächeren treffend als »Lustgewinn aus den Leiden der Gefolterten« (Mitscherlich) definieren.

Die Bandbreite sadistischer Ausdrucksformen schwankt von einer »bloß aktiven, sodann gewalttätigen Einstellung gegen das Sexualobjekt bis zur anschließenden Bindung der Befriedigung an die Unterwerfung und Mißhandlung desselben.«[47] An anderer Stelle nun sieht Freud im Sadismus als einer Form der *Perversion* das Vorbild einer extremen Trieb*entmischung* – was zunächst merkwürdig klingt, denn wo bliebe

46 Freud (1940a), *Abriß der Psychoanalyse*, S. 76.
47 Freud (1905), *Drei Abhandlungen zur Sexualtheorie*, S. 57.

dabei die (sexuelle) Dimension der Lust? –, allerdings, so schränkt er ein, einer »nicht bis zum äußersten getriebenen Entmischung.«[48] Eine bis zum äußersten reichende Entmischung hieße die vollständige Lösung der Verbindung von Sexualität und Aggressivität, denn, so fassen Laplanche/Pontalis Freuds nicht systematisierten Gedanken zusammen: »die Triebentmischung bezeichnet einen Vorgang, dessen vollständige Durchführung zu einem getrennten Funktionieren der beiden Triebarten führt, wobei jede ihr eigenes Ziel auf eine unabhängige Weise verfolgt.«[49] – Das aber ist beim Sadismus als Perversion gerade nicht der Fall, denn der aggressive Akt gegen das Objekt dient, zumindest beim Mann, der sexuellen, letztlich sogar der genitalen Befriedigung.

Demnach ist der Sadismus also doch der Prototyp für eine spezifische Trieb*mischung*, die von Laplanche/Pontalis als »eine wirkliche Vermengung, in der jede der beiden Komponenten in variablen Positionen enthalten sein kann« (ebd.) definiert wird. Nach Freud gehören zu jeder normalen Sexualtriebäußerung gewisse aggressive (sadistische) Anteile und spätestens hier lassen sich geschlechtsspezifische Unterschiede nicht mehr übersehen, denn diese destruktiven Aufladungen gelten überwiegend oder sogar ausschließlich für die *männliche Sexualität.* Diese »normale« sadistische Komponente des Sexualtriebs sei ein klassisches Beispiel für eine gelungene, weil »zweckdienliche« Triebmischung. Erst wenn sich dieser sadistische Anteil der »normalen« Sexualität verselbständige, d. h. durch Übertreibung der aggressiven Komponenten des Sexualtriebes die Hauptrolle spiele, komme der Sadismus in Form einer sexuellen Perversion zustande. Das aber bedeutet im »normalen« Fall, der Sexualtrieb benötigt ein Stück Aggressivität, um seine Ziele verfolgen und erfüllen zu können. Damit ist aber nicht jenes allgemeine Aktivitätsmoment gemeint, das im Sinne der ursprünglichen Wortbedeutung eine relativ harmlose energetische Form der Bewegung (hin zu einem Objekt) kennzeichnet; Freud versteht unter Sadismus zunächst eine leichte, vollkommen übliche und sogar zweckdienliche Überbesetzung von Aggression, dessen »normaler« Charakter von ihm unkritisch mit (angeblich) biologischen Grundlagen der männlichen Sexualität in Verbindung gebracht wird.

In seinen *Drei Abhandlungen zur Sexualtheorie* (1905) glaubt er die Wurzeln des männlichen Sadismus leicht nachweisen zu können: »Die Sexualität der meisten Männer zeigt eine Beimengung von *Aggression*, von Neigung zur Überwältigung, deren biologische Bedeutung in der Notwendigkeit liegen dürfte, den Widerstand des Sexualobjektes noch

48 Freud (1923a), *Das Ich und das Es*, S. 270.
49 Laplanche/Pontalis (1972), *Das Vokabular der Psychoanalyse*, S. 529.

anders als durch die Akte der *Werbung* zu überwinden« (S. 57). – Der Weg zu der Analyse eines deskriptiv richtig beschriebenen Phänomens wird von Freud wie üblich, wenn es um Fragen der Geschlechtsunterschiede geht, biologisierend oder durch Rückgriff auf das phylogenetische Erbe verstellt. »Die Aktivität und ihre Nebenäußerungen, stärkere Muskelentwicklung, Aggression, größere Intensität der Libido, sind in der Regel mit der biologischen Männlichkeit verlötet (S. 121)«.[50] Das gelte zwar nicht in der gesamten Biologie, denn es gebe zumindest einige Tierarten, bei denen die Verhältnisse anders geartet seien, treffe aber auf den Menschen (sprich: den Mann) mit Sicherheit zu. Sogar das berühmte, immer wieder bemühte Verhältnis von Ei und Samenzelle wird von Freud zur Erhärtung dieser Behauptung bemüht. »Die männliche Geschlechtszelle ist aktiv beweglich, sucht die Weiblichkeit auf und diese, das Ei, ist unbeweglich, passiv erwartend. Dies Verhalten der geschlechtlichen Elementarorganismen ist sogar vorbildlich für das Benehmen der Geschlechtsindividuen beim Sexualverkehr.«[51] Varianten dieser Ableitung der bis zum offenen Sadismus steigerbaren sexuellen Aggressionsbereitschaft des Mannes aus der Bewegung der Gameten tauchen bis in die Gegenwart auf, waren aber in den (männlichen) medizinischen und philosophischen Geschlechterdiskursen zu Beginn des zwanzigsten Jahrhunderts am stärksten verbreitet. So ergibt sich für den misogynen und antisemitischen Otto Weininger aus dem aggressiven, »aufsuchenden« Verhalten des Samenfadens gegenüber der Eizelle, »daß M [der Mann, R. P.] in sexueller Beziehung das Bedürfnis hat, *anzugreifen* (im wörtlichen *und* im übertragenen Sinne), W [das Weib, R. P.] das Bedürfnis, *angegriffen zu werden.*«[52]

Auffallend (und aufschlußreich) ist, daß Freud in seinen geschlechtsspezifischen Erörterungen immer wieder in einen militärähnlichen Jargon verfällt und damit, ohne es zu ahnen, reproduziert, was er theoretisch verdinglicht beschreibt. »Das Männchen verfolgt das Weibchen

50 Freud folgt damit den gängigen Klischees von Männlichkeit und ihrer Konzeptionalisierung in der (vorwiegend) psychiatrisch ausgerichteten Sexualwissenschaft seiner Zeit: »Im Verkehr der Geschlechter kommt dem Manne die aktive, selbst aggressive Rolle zu, während das Weib passiv, defensiv sich verhält. Für den Mann gewährt es einen großen Reiz, das Weib sich zu erobern, es zu besiegen, und in der Ars amandi bildet die Züchtigkeit des in der Defensive bis zum Zeitpunkte der Hingebung verharrenden Weibes ein Moment von hoher psychologischer Bedeutung und Tragweite. Unter normalen Verhältnissen sieht sich also der Mann einem Widerstande gegenüber, welchen zu überwinden seine Aufgabe ist und zu dessen Überwindung ihm die Natur den aggressiven Charakter gegeben hat.« Krafft-Ebing (1886), *Psychopathia Sexualis*, S. 73.

51 Freud (1933), *Neue Folge der Vorlesungen zur Einführung in die Psychoanalyse*, S. 122.

52 Weininger (1903), *Geschlecht und Charakter*, S. 111.

zum Zwecke der sexuellen Vereinigung, greift es an, dringt in dasselbe ein.«[53] Verfolgen, angreifen, eindringen – so lautet kurz und knapp der sexuelle Marschbefehl für den Mann. Zumindest vom empirisch beobachtbaren Verhalten ausgehend bestätigt sich auch hier, daß männliche Sexualität auch im Normalfall nicht ohne eine Beimengung von Aggression, nicht ohne sadistische Züge und, so muß, bezogen auf die zugehörigen seelischen Objektrepräsentanzen ergänzt werden, nicht ohne Abwehr des Weiblichen auszukommen scheint.

Daraus läßt sich schlußfolgern – und sowohl Freud als auch Krafft-Ebing teilen diese Auffassung –, daß der Sadismus in unterschiedlicher Stärke auch zur Ausstattung normaler Männlichkeit gehört und erst als Fixierung einer selbständig gewordenen Tendenz zu einer sexuellen Perversion im engeren Sinne führt.[54] Die Triebschicksale der (nahezu ausschließlich) männlichen sexuellen Perversionen erscheinen als besondere Varianten einer Mischung aus Angst, Flucht und Zerstörungsbereitschaft gegenüber Frauen und den mit Weiblichkeit assoziierten Imagines. Diese spezifischen, von Stoller als »erotische Form von Haß« gefaßten Triebschicksale, verweisen auch auf eine Aufladung der Sexualität mit Haß und Aggressivität. Ganz ähnliche Mechanismen wie in der Perversion werden, wenn auch in anderen Ausgestaltungen und mit anderen typischen Fixierungsstellen in der sogenannten »normalen« Männlichkeit ausgebildet. Der spezifischen Männlichkeitsproblematik des Perversen entsprechen die perversen Anteile in der Persönlichkeitsstruktur des normalen Mannes, was bedeutet, daß Destruktionsbereitschaft, Haß und Sadismus zu den regelmäßigen Begleitern der männlichen Liebe und Sexualität gehören.

Die unterschiedlichen Mischungsverhältnisse von Aggression und Sexualität bringen also keine prinzipiellen, sondern nur graduelle, wenn auch folgenreiche Unterschiede hervor. »In den biologischen Funktionen wirken die beiden Grundtriebe gegeneinander oder kombinieren sich miteinander. So ist der Akt des Essens eine Zerstörung des Objekts

---

53 Freud (1933), *Neue Folge der Vorlesungen zur Einführung in die Psychoanalyse*, S. 122.

54 »Dieser aggressive Charakter kann aber unter pathologischen Bedingungen gleichfalls ins Maßlose wachsen und zu einem Drange werden, sich den Gegenstand seiner Begierden schrankenlos zu unterwerfen, bis zur Vernichtung, Tötung desselben (...) Sadismus ist also nichts anderes als eine pathologische Steigerung von – andeutungsweise auch unter normalen Umständen möglichen – Begleiterscheinungen der psychischen Vita sexualis, insbesondere der männlichen, ins Maßlose und Monströse. (...) Wenn die Assoziation zwischen Wollust und Grausamkeit vorhanden ist, so weckt nicht nur der wollüstige Affekt den Drang zur Grausamkeit, sondern auch umgekehrt: Vorstellung und besonders der Anblick grausamer Handlungen wirken sexuell erregend und werden in diesem Sinne vom perversen Individuum benutzt.« Krafft-Ebing, (1986), *Psychopathia sexualis*, S. 73f.

mit dem Endziel der Einverleibung, der Sexualakt eine Aggression, mit der Absicht der innigsten Vereinigung. Dieses Mit- und Gegeneinanderwirken der beiden Grundtriebe ergibt die ganze Buntheit der Lebenserscheinungen.«[55] Auch das scheint zunächst allgemein für beide Geschlechter zu gelten, aber schon einige Zeilen später folgt der bemerkenswerte Zusatz: »Veränderungen im Mischungsverhältnis der Triebe haben die greifbarsten Folgen. Ein starker Zusatz zur sexuellen Aggression führt vom Liebhaber zum Lustmörder, eine starke Herabsetzung des aggressiven Faktors macht ihn scheu oder impotent« (ebd.). – Nun wird klar, eine aggressiv ausgerichtete Sexualität gehört zu den konstitutiven Grundelementen männlicher Geschlechtsidentität im Rahmen (und unter dem Einfluß) der gesellschaftlich vorherrschenden Regelung der Geschlechterverhältnisse. Die häufig auftretende Steigerung dieser aggressiven Aufladung bis hin zur Grausamkeitsbereitschaft wird allerdings erst begreifbar, wenn die Analyse der *Trieb*seite um die der *Objekt*dimension erweitert wird. Der (männliche) Sadismus bzw. die sadistischen Einsprengsel in den normalen Tiefenstrukturen von Männlichkeit zeigen neben der »Beimengung« (Freud) von Aggression in der Sexualität auch eine mehr oder weniger paranoid getönte Feindseligkeit, die sich besonders deutlich in der unbewußten Einstellung zur Weiblichkeit und im Umgang mit Frauen ausdrückt.

Damit läßt sich eine Verbindung von der Bedeutung archaischer Haßpotentiale und früher Spaltungs- und Projektionsmechanismen zu der am Beginn des ersten (kulturanthropologischen) Teils aufgeworfenen Frage nach den möglichen Gefahren der männlichen Regressionsvorgänge (bzw. deren Abwehr) herstellen. Die typischen »Regressionsgefahren« (Gilmore) bestehen für den Mann weniger in einer Re-Identifizierung mit der Mutter der frühen Kindheit, einem Rückfall in den Schoß der Symbiose, sondern vielmehr in der Freisetzung archaischer Haßpotentiale durch die Mobilisierung primitiver Spaltungs- und Projektionsmechanismen mit einem klaren inneren (weiblichen bzw. davon abgeleiteten) Feindbild. Die psychischen Mechanismen, auf die zur Abwehr existentieller Ängste regressiv zurückgegriffen wird, sind zwar eng mit bestimmten seelischen Krankheiten, insbesondere mit der Paranoia verbunden, führen aber nicht zwangsläufig zu einer Pathologie. Auch zur Ausgestaltung der Normalstrukturen hegemonialer Männlichkeit gehören sowohl perverse (Sadismus) als auch pathologische (Paranoia) Einsprengsel, die sich in der Einnahme

55 Freud (1940a), *Abriß der Psychoanalyse*, S. 71.

einer abwehrbereiten Kampfhaltung gegenüber bedrohlich erlebten (weiblichen) Haßobjekten ausdrückt.

Diese vom Haß als Mittel der Angstabwehr diktierte gewaltbereite Haltung kann durch spezifische psychische Mechanismen bei Einzelnen auftreten und im Extremfall zu einer Paranoia, einer Perversion und zu Sexualstraftaten, aber auch zur militanten Kriegsbegeisterung oder zu fremdenfeindlicher Gewalt führen. Besonders häufig aber werden Kollektive – von jugendlichen Gruppen bis hin zu großen politischen Massen – vom Virus dieser paranoiden Abwehr-Kampf-Haltung befallen. Daher kommt diesen gruppen- und massenpsychologischen Mechanismen eine besondere sozialpsychologische Bedeutung zu, deren Analyse durch den Rückgriff auf einschlägige psychoanalytische Untersuchungen vertieft werden sollte, in der die irrationale Haß- und Gewaltbereitschaft, die bislang kaum oder gar nicht in Verbindung mit der Männlichkeitsproblematik gebracht wurde, thematisiert wird.

So hat Ernst Simmel am Beispiel des Antisemitismus als einer sozialen Geisteskrankheit untersucht, wie ein regressiver Rückgriff auf archaische Spaltungsvorgänge massenpsychologisch funktioniert und welche destruktiven Folgen daraus erwachsen können, wenn unter staatlicher Regie und im Zeichen eines kollektiven Wahns die »Triebkräfte des Hasses und der Zerstörung«[56] entfesselt werden. Der bereits bekannte Spaltungsmechanismus im Triebhaushalt, in der inneren Objektwelt und in der Wahrnehmungsorganisation greift auch hier und läßt einen ähnlichen Verlauf der »Erkrankung« erkennen; die Wahrnehmung einer angstauslösenden Bedrohung, die Aufspaltung archaischer Liebes- und Haßregungen durch Triebentmischungen und neue Triebmischungen; die Konstruktion und Wahrnehmung eines äußeren Feindes auf dem Weg der »projektiven Identifizierung«; und schließlich die Bereitschaft zur Verfolgung und Vernichtung des als Bedrohung erlebten Haßobjekts aus Selbstschutz bzw. aufgrund einer (vermeintlichen) Notwehrsituation. Da diese Prozesse stark dem innerpsychischen Geschehen bei paranoiden Erkrankungen ähneln, geht Simmel von einem klinischen Vergleich mit dieser Psychose aus, um die spezifischen individuellen und kollektiven Regressionsprozesse, die beim Antisemitismus eine

56 Simmel (1946), *Antisemitismus und Massen-Psychopathologie*, S. 64; vgl. Pohl (2000), *Normalität und Massenpathologie – Ernst Simmel*. Auch wenn Simmel seine Untersuchung nicht ausdrücklich auf den Haß gegen Frauen bezieht, so ist sein Erklärungsmodell massenpathologischer Phänomene auch für die Frage nach der Genese des (männlichen) Sadismus und seinen destruktiven Durchbrüchen in die Realität aufschlußreich. Selbstverständlich geht es dabei nicht um die Bestätigung der (absurden) These Margarete Mitscherlichs, beim Antisemitismus handle es sich um eine »Männerkrankheit«.

Rolle spielen, sozialpsychologisch zu untersuchen. Das der Antisemitismus wahnhafte Züge trägt ist (nicht nur) für Simmel unbestreitbar. »Dieses klinische Syndrom *uneingeschränkter, aggressiver Destruktivität im Banne eines Wahns* bei vollständiger Verleugnung der Realität ist uns als *Psychose* wohlbekannt, und zwar als paranoide Form der Schizophrenie« (ebd., S. 64).

Der einem Massenwahn unterliegende Einzelne verhält sich ähnlich *wie* ein Psychotiker, genauer, wie ein paranoider Wahnkranker. Zu den individuellen Dispositionen, die den Ausbruch eines Massenwahns entgegenkommend begünstigen gehören ein relativ unreifes Ich sowie ein schwach ausgebildetes, hohles, wenn auch rigides Über-Ich. Eine damit verbundene Schwäche der Identität und des psychischen Apparats erleichtere das Hereinbrechen einer psychotisierenden Massenrealität ins Subjekt und verhelfe latent vorhandener Destruktivität zum Ausbruch. Dennoch handele es sich klinisch gesehen bei den Antisemiten – zumindest bei den meisten, denn natürlich gibt und gab es unter ihnen pathologische Fälle, und solche, die sich an der Grenze zur Psychose bewegen – gerade nicht um Paranoiker, im Gegenteil. Der Anschluß an eine dem antisemitischen Wahn folgende Masse ermöglicht dem einzelnen Antisemiten, seine Normalität einigermaßen erfolgreich aufrechtzuerhalten, da der kollektive Wahn als allgemein akzeptiertes Zeichen von Normalität gilt und dem einzelnen Mitglied der Masse ermöglicht, eigene, bisher unterdrückte Potentiale von Haß-, Projektions- und Zerstörungsbereitschaft nachträglich umzubauen und nicht nur straflos, sondern auch ohne an einer klinischen Psychose zu erkranken, auszuleben. Diese nachträgliche Umformung unterliegt dann jenen Mechanismen, die im Mittelpunkt der diskutierten Ansätze von Freud, Klein und Winnicott stehen und die beim antisemitischen Massenwahn zu einer radikalen Trennung zwischen Liebe (in die »Volksgemeinschaft«, den Führer und die von ihm repräsentierte Idee) und Haß (auf den zu absoluten Feinden deklarierten Juden) führt.[57]

Ähnlich wie Freud setzt auch Simmel die Destruktivität mit dem Selbsterhaltungstrieb in Beziehung (S. 65) und stellt sie der Sexualität gegenüber. »Zwei Triebe beherrschen unser Leben – ein erotischer

57 Die kollektiven Regressionen in einer psychotischen Masse mit klaren Feindbildern – und jede totalitäre Masse ist eine quasi-psychotische Masse – können drohende Identitätseinbrüche oder gar -verluste durch die Übernahme einer kollektiven Ersatz-Identität verhindern, ohne allerdings die inneren und äußeren Konflikte auch nur annähernd zu lösen. In diesem Sinne übernehmen die Massenbildungen ähnlich wie die Kirchen und religiösen Sekten nach Freud die Funktion von »Schiefheilungen«. Vgl. Freud (1921), *Massenpsychologie und Ich-Analyse*, S. 159. Auf diesen sozialpsychologischen Zusammenhang wird im anschließenden dritten Teil noch genauer eingegangen.

Liebestrieb mit dem Ziel der Arterhaltung und ein destruktiver Verschlingungstrieb des Hasses mit dem Ziel der Selbsterhaltung« (ebd.). Und auch die These Freuds von der Vorgängigkeit des Hasses vor der Liebe und der Existenz primärer Spaltungs- und Abwehrvorgänge wird von Simmel bestätigt: »Bevor das kindliche Individuum die Fähigkeit zu lieben erwirbt, wird es von einer primitiven Haßbeziehung zu seiner Umwelt beherrscht (...). Aggressive Destruktion ist der primitive Vorläufer des psychischen *Verdrängungs*-Vorgangs« (S. 65 f.). Die in der ersten Stufe der Wahnbildung liegende Tendenz der *Einverleibung* (Introjektion) des »äußeren« Objekts dient dem Ziel, es der Wahrnehmung des Subjekts zu entziehen. Objektlibido wird in Ichlibido umgewandelt, d. h. der Narzißmus überbesetzt. Das Ergebnis ist die Entwicklung einer megalomanen Haltung, welche die Realität partiell oder auch vollends verleugnet. Damit, so Simmels weitere Ausführungen, gehe die Regression an der Schranke der Verdrängung vorbei, bis zum *Primärnarzißmus* (bzw. bis zum *Primärvorgang*) und unterwerfe das Subjekt den dort vorherrschenden zerstörerischen Aggressionen, die nun nach außen projiziert werden. Dieser Weg zurück verfestige die Verkennung der Realität, insbesondere die der Realität des Objektes und erleichtere durch innere und äußere Feindbestimmungen der destruktiv aufgeladenen Phantasien einen aggressiven Durchbruch in die Wirklichkeit. – Was bedeuten nun diese sozialpsychologischen Erweiterungen der Freudschen Modellvorstellungen über die Genese von Liebe und Haß für die »normale« bzw. »abweichende« Entwicklung der männlichen Geschlechtsidentität?

Die von Simmel beschriebenen Regressionsvorgänge und die sie beherrschenden Spaltungsmechanismen führen, wie bereits engedeutet, zu einer Art paranoid getönter Abwehr-Kampf-Haltung, die in unterschiedlichem Ausmaß die männlichen Einstellungen zur Weiblichkeit und den Umgang von Männern mit Frauen bestimmt. Der Sprung der objektgerichteten Destruktionsbereitschaft von der unbewußten Phantasie zur Realität läßt sich unschwer in Fällen sexueller Gewalt und bei vielen Perversionen beobachten. Durch Wahrnehmungsverzerrungen und -verleugnungen (Skotomisierungen) erscheint in bestimmten Situationen bei Männern (ähnlich wie bei Psychotikern) »die Objektwelt in Gestalt der irrationalen Bilderwelt seines Unbewußten« (S. 67). Simmels Erklärung eines darin zum Ausdruck kommenden Zerfalls eines prämorbiden Ichs kann allerdings nur eingeschränkt zugestimmt werden. Richtig ist, daß frühe, nicht gelöste Ambivalenz-Konflikte zwischen Liebe und Haß den Ausgangspunkt bilden, es also zu keiner, auch nicht nachträglich durch Regression »gelungenen« Legierung von Sexualität und Aggression gekommen ist bzw. alte Legierungen unter dem Druck der Verhältnisse zusammengebrochen sind. Auch ist die von Simmel postulierte Umgehung des Über-Ichs beim Regressionsvorgang sicherlich möglich und läßt sich gerade bei Psychotikern klinisch deutend erschließen. Aber bei einer solchen Deutung handelt es sich immer um eine nachträgliche Konstruktion, d. h. sie darf nicht als Beleg eines eindeutigen Beweises für die Authentizität der im *Primärnarzißmus* vorherrschenden oralsadistischen Destruktivität und ihrer psychischen Repräsentanz gelten. Simmel beschreibt nur eine Variationsmöglichkeit nachträglicher Regressionsprozesse, erklären kann er den rätselhaften Vorgang eines partiellen psychotisierenden Einbruchs der Realität in die psychische Organisation nicht, da die *Qualität* der Bezugnahmen auf das Liebes- und Haßobjekt und deren Geschichte nicht weiter differenziert wird. Für unsere Untersuchung der Einlagerung von Feindseligkeit in den Geschlechterbeziehungen bleibt es weiterhin offen, worin der abgrundtiefe Haß von Männern auf Frauen genau besteht, aus welchen Quellen er seine Aufladungen und durch welche Mischungs- und Entmischungsverhältnisse von äußeren und inneren Einflüssen er seine Hartnäckigkeit erhält. Sicherlich liegen einige Quellen in der Oralität, im frühen Sadismus und in einer »defekten« narzißtischen Struktur, auf die in Krisenzeiten zurückgegriffen werden kann, eine hinreichende Erklärung für das *Feindbild Frau* liefern sie jedoch nicht.[58] Selbst ein destruktiver, seine Objekte »verschlingender« Haß, kann weder linear aus einem oralsadistischen Frühstadium abgeleitet, noch deterministisch auf einen dahinterstehenden oralen Verschlingungstrieb zurückgeführt werden.

Problematisch ist auch Simmels Rückgriff auf den frühen, als Kannibalismus gefaßten Oralsadismus, aus dem, ähnlich wie beim Psychotiker, ein späteres Destruktionsverhalten *direkt* abgeleitet und am Beispiel von Hitlers bekannten Wutausbrüchen in skurriler Form illustriert wird.

58 Von Christian David wird ein vergleichbarer Versuch unternommen, die feindselige Einstellung zur Weiblichkeit aus der Ambivalenz des frühen Oralstadiums herzuleiten. »Ich vermute, daß diese verzerrte Vorstellung von den Frauen und ihrer Sexualität, von dem, was sie sind und sozusagen sein müssen, (...) auf das Überdauern eines frühen oralen stark von Ambivalenz gekennzeichneten Beziehungsmodus, in dem die libidinösen und aggressiven Impulse nicht klar unterscheidbar sind, zurückzuführen ist. David (1974), *Zu einer männlichen Mythologie über die Weiblichkeit*, S. 72 f. Aber ohne geschlechtsspezifisch zu differenzieren wird auch hier die antifeminine Aggression auf reales mütterliches Verhalten zurückgeführt. »Diese Einstellung wäre also eine Art Rache dafür, daß Knaben und Mädchen durch die Mutter und die Säuglingssituation eine starke narzißtische Kränkung erfahren« (ebd.).

»Der erwachsene Psychotiker ist nicht mehr allein auf die eine schwache Waffe des Kindes, die es von seinen tierischen Vorfahren ererbt hat, angewiesen: die Zähne. Er kann sein Aggressionsarsenal durch seine Hände erweitern und deren Zerstörungskraft durch Messer, Gewehre und moderne Erfindungen – etwa Raketen – steigern. Wenn ich meine Hypothese veranschaulichen sollte, daß der Psychotiker regrediert – auf die urtümliche Form des aggressiven Beißens –, würde ich ein Bild Hitlers zeigen, der, wenn er sich in seinem Verlangen nach Zerstörung der Introjekte beeinträchtigt fühlt, auf dem Fußboden liegend wie ein Kind tobt und *in einen Teppich beißt*, weil kein Jude zur Hand ist, in den er seine Zähne schlagen kann.«[59]

Das ist eine *Assoziation* (und sicherlich keine gelungene), aber keine analytische Erklärung des objektzerstörerischen Hasses und seiner Genese. Die Vernachlässigung der Qualität anfänglicher Trieb-Objekt-Beziehungen führt zu einer geschlechtsunspezifischen Anthropologisierung der menschlichen Aggression und Haßbereitschaft. Allerdings berührt Simmels Beschreibung der sexuellen Bedeutungsaufladungen des Hasses durch die Wahl der Waffen einen grundsätzlich nicht von der Hand zu weisenden und für die Frage nach der Spezifität männlicher Haß- und Gewaltbereitschaft relevanten Gesichtspunkt, nämlich den Zusammenhang von männlicher Sexualität, Gewaltbereitschaft und Waffenfaszination. Aber die gewählten, im Rückgriff auf militärische Waffenarsenale endlos erweiterbaren Beispiele (Messer, Gewehre, Raketen usw.) weisen weniger auf den Oralsadismus, als vielmehr auf die Genitalität des Mannes und ihrer symbolischen Aufblähung zu einem Zeichen realer Zerstörungsmacht. Simmels Modell einer individuellen und kollektiven Regression zu einer »kannibalistischen« Frühstufe geht dagegen zielstrebig an der Genitalität vorbei zum (vermeintlich ausschließlich) oralen Ursprung der männlichen Destruktionslust zurück.

Damit stellt sich nun die Frage, wann und wodurch das in den frühen (ambivalenten) Stufen der Sexualorganisation entstandene, zunächst noch geschlechtsunspezifische Haß- und Gewaltpotential mit Männlichkeit »verlötet« wird. »Erst mit der Herstellung der Genitalorganisation« – so schließt Freud 1915 in *Triebe und Triebschicksale* seine kleine Vorgeschichte über das Verhältnis von Sexualität und Aggressivität – »ist die Liebe zum Gegensatz von Haß geworden« (S. 231). Das bedeutet aber keine vollständige *Entmischung* der Triebarten beim Mann – nach dem Muster: die Liebe gehört den Frauen (bzw. anderen Sexualob-

59 Simmel (1946), *Antisemitismus und Massen-Pathologie*, S. 67.

jekten), der Haß aber, wenn erforderlich, den »wirklichen« Feinden –, sondern eine dramatische Zuspitzung des allgemeinen Sexualitätsdilemmas durch die Aufrechterhaltung und Verstärkung der Bindung *beider* Affekte an ein (geliebtes und gehaßtes) Objekt. Unter dieser Objektperspektive wird deutlich, daß radikale Trieb*entmischungen* und (neue) Trieb*mischungen* zum Kennzeichen der aus spezifischen Verarbeitungen der Geschlechterdifferenz erwachsenen sexuellen Identität des Mannes gehören. Signifikante (nahezu ausschließlich) männliche Legierungen von Sexualität (Eindringen), Narzißmus (Triumph) und Aggression (Zerstörung), die paranoid getönte Wahrnehmungsverzerrungen, Grausamkeits- und Gewaltbereitschaft voraussetzen und verstärken, sind eng an die Zentrierung der gesamten Psychosexualität des Mannes und ihre Unterordnung unter das Diktat des Genitalprimats, gebunden – an die Transformation des *Penis* zum *Phallus*.

Der Hauptcharakter dieser ›infantilen Genitalorganisation‹ *ist zugleich ihr Unterschied von der endgültigen Genitalorganisation der Erwachsenen. Er liegt darin, daß für beide Geschlechter nur* ein Genitale, *das männliche, eine Rolle spielt. Es besteht also nicht ein Genitalprimat, sondern ein Primat des* Phallus. *Leider können wir diese Verhältnisse nur für das männliche Kind beschreiben, in die entsprechenden Vorgänge beim kleinen Mädchen fehlt uns die Einsicht.*

Sigmund Freud, Die infantile Genitalorganisation. — Die fehlende Einsicht Freuds in das »Rätsel« der Weiblichkeit ist eine Folge des phallischen Monismus, der seine gesamten Ansätze zum Geschlechtsunterschied und seiner Verarbeitung durchzieht.

Penis und Phallus. Primat der männlichen Genitalität

Autoerotismus und Objektliebe

Die Erfahrungen der Oralität sind vorbildlich für die gesamte Sexualität und für die Trieb-Objekt-Beziehungen auf den verschiedenen, in Schüben verlaufenden Entwicklungsstufen. Grundsätzlich unterliegt die Entstehung aller späteren Äußerungsformen des Sexualtriebes den gleichen Mechanismen, so daß sich nach Freud bereits am Übergang vom Saugen (Selbsterhaltung *und* Sexualität) zum »Wonnesaugen« (Sexualität) drei wesentlichen Merkmale jeder infantilen Sexualäußerung feststellen lassen: »Dieselbe entsteht in *Anlehnung* an eine der lebenswichtigen Körperfunktionen, sie kennt noch kein Sexualobjekt, ist *autoerotisch*, und ihr Sexualziel steht unter der Herrschaft einer *erogenen Zone*«.[1] Der Mund (genauer: die Mundschleimhaut) wird erkennbar zur erogenen Zone, wenn sich die sexuelle Befriedigung aus der Vergesellschaftung mit der Befriedigung des Nahrungsbedürfnisses gelöst, sich also das Bedürfnis nach Wiederholung der sexuellen Befriedigung von der Selbsterhaltungsfunktion getrennt hat.[2]

Der nun separate Sexualtrieb, so Freuds zentrale These, wird zunächst autoerotisch, macht sich von der Außenwelt unabhängig und kennt noch kein Sexualobjekt. Am Beginn des Sexuallebens steht also mit der Trennung vom allerersten (oralen) Objekt eine Verlusterfahrung. Was aber meint Freud mit seiner Behauptung, der Autoerotismus und damit die primäre Äußerungsform der gesamten kindlichen Sexualität kenne noch kein Sexualobjekt und käme gänzlich *ohne* Objekte aus? Widerspricht diese Aussage nicht der These von der notwendigen Objektgebundenheit jeder Sexualäußerung?

An gleicher Stelle in den *Drei Abhandlungen* findet sich eine Formulierung, mit der Freud versucht, diesen »Widerspruch« zwischen

1 Freud (1905), *Drei Abhandlungen zur Sexualtheorie*, S. 83.

2 In seinem Buch *Biologie des Begehrens. Wie Gefühle entstehen* beschreibt der Neurophysiologe Jean-Didier Vincent (1992) den Hunger als »Archetyp aller Leidenschaften« (S. 256), den Mund als »Planungsbehörde für unsere Bedürfnisse« (S. 281) und insgesamt gilt nach Vincent: »Ernährung, Sprache, Erotik – all das trifft in der Zunge zusammen, der Verkörperung der Oralität« (S. 274).

Unabhängigkeit und Angewiesensein auf ein Objekt während der autoerotischen Phase zu lösen: »Eines fremden Objektes bedient sich das Kind zum Saugen nicht, sondern lieber einer eigenen Hautstelle, weil diese ihm bequemer ist, weil es sich so von der Außenwelt unabhängig macht, die es zu beherrschen noch nicht vermag, und weil es sich solcherart gleichsam eine zweite, wenngleich minderwertige erogene Zone schafft« (S. 82 f.). Zumindest der letzte Teil des Satzes bleibt unklar: Welche »minderwertige« erogene Zone ist gemeint, wenn nicht die Mundpartie selbst? Deutlich wird hier allerdings auch, daß die Autoerotik sehr wohl eines Objektes bedarf, um zur Befriedigung zu gelangen: es ist aber nicht mehr die Brust, wie noch zur Zeit der Anlehnung an die Nahrungsaufnahme, sondern nun ein verschobenes Objekt, das am eigenen Körper gesucht und gefunden wird. Aber Freud spricht nicht von einem Ersatzobjekt, sondern von einer Vertauschung der erogenen Zonen, demnach von einer Verschiebung der *Quelle* des Sexualtriebes. Nicht die primäre Quelle, die Mundzone, wird aus dem Empfindungsbereich der Lust herausgedrängt, sondern das *Objekt* wird mit der *Quelle* der (oralen) Partialtriebäußerung vertauscht. Das primäre (Ersatz)objekt der oralen Befriedigung, ein Teil des eigenen Körpers, eine Hautstelle, der Daumen o. ä. wird zur Quelle einer neuen und eigenständigen lustvollen Empfindung. Als Charakteristikum der autoerotischen Sexualfunktion gilt daher: »ihr Objekt verschwindet gegen das Organ, das ihre Quelle ist, und fällt in der Regel mit diesem zusammen.«[3] Erst jetzt wird der erste Teil der Aussage Freuds, das Kind bediene sich nicht mehr eines fremden Objekts zur oralen Befriedigung, wirklich verständlich. Autoerotismus bedeutet nicht, daß der Sexualtrieb zu Beginn seiner Entwicklung gänzlich ohne Objekte auskommt, sondern: nur ohne fremde, äußere und ganze Objekte. – Das Sexualleben beginnt also keineswegs mit einem kompletten Objektverlust, sondern mit einer Objektverschiebung im Zeichen einer autoerotischen Wende.

Der Autoerotismus darf aus zwei Gründen nicht mit einer Phase allgemeiner Objektlosigkeit verwechselt werden: 1. gab es ja bereits ein Objekt, nämlich das einer Funktion der Selbsterhaltung (Milch), das un-

3 Freud (1915b), *Triebe und Triebschicksale*, S. 225. Das Zusammenfallen der Quelle (der Erregung) mit dem Objekt (der Befriedigung) in einem eigenen Körperorgan gilt ähnlich auch für die phallisch ausgerichtete Genitalität, mit der sich der Mann zwar notwendigerweise real und in der Phantasie äußeren Objekten zuwendet, aber ein Stück weit am autoerotischen Befriedigungsmodus festhält. Die Erniedrigungstendenz, die Aufspaltung des Körpers der Frau in der Phantasie und ihre »reale« Reduktion auf den Status eines prägenitalen Teilobjekts deuten darauf hin, daß Männer sich (auch) auf heterosexuell-genitalem Wege quasi autoerotisch befriedigen.

merklich und leicht verschoben zum Objekt der Oralität wurde (Brust), dann verloren ging und mehr oder weniger schmerzhaft aufgegeben werden mußte; 2. das fremde Objekt wird jetzt durch körpereigene Objekte ersetzt, die erogenisiert zu Quellen neuer Erregungsempfindungen werden.

Die weitere Entwicklung charakterisiert Freud durch zwei Ziele, »erstens den Autoerotismus zu verlassen, das Objekt am eigenen Körper wiederum gegen ein fremdes Objekt zu vertauschen, und zweitens: die verschiedenen Objekte der einzelnen Triebe zu unifizieren, durch ein einziges Objekt zu ersetzen. Das kann natürlich nur gelingen, wenn dies eine Objekt wiederum ein ganzer, dem eigenen ähnlicher Körper ist.«[4] – Die spätere Objektfindung ist demzufolge eine Wiederfindung nach dem Prinzip der Ähnlichkeit. Das dann »real« gefundene (vorbereitend zunächst in der Phantasie aufgerichtete) Objekt erweist sich als fast identisch mit dem ersten, durch Anlehnung gewonnenen Objekt des oralen Lusttriebes. »Es ist, wenn auch nicht die Mutterbrust, so doch die Mutter. Wir nennen die Mutter das erste *Liebes*objekt« (ebd.). Die Wiederfindung des Objektes erfolgt (vermutlich) zu dem Zeitpunkt, an dem das Kind beginnt, eine Gesamtvorstellung der Person, zu der das befriedigungsspendende Organ gehört, auszubilden.

Schauen wir uns die autoerotische Phase zwischen dem frühen oralen Modus der Objektbeziehung und den späteren libidinösen Objektfindungen genauer an, dann läßt sich zu dem spezifischen Verhältnis von Trieb, Objekt und Realität feststellen: Der kindliche Autoerotismus ist nur eine partielle und vorübergehende Abkehr des praktisch-erotischen Interesses von der Außenwelt, nicht aber eine grundsätzliche Abkehr von der Objektgebundenheit der Sexualität überhaupt. Für Michael Balint gelten die autoerotischen Betätigungen zwar als »verkrüppelte Überbleibsel einer mißglückten Objektliebe«, keineswegs aber als objektlos. Mit Balint kann man in der autoerotischen Befriedigung vielmehr eigenständige »Trost- oder Trotzmechanismen für verlorengegangene oder konfliktuös gewordene Objektbeziehungen«[5] erkennen, die nicht ohne eigene Objekte auskommen kann.

Die Autoerotik verschafft dem Kind somit die Möglichkeit, sich selbst für den Verlust des Primärobjekts zu entschädigen. Freuds Hinweis, der fast so klingt als unterstelle er dem Unbewußten eine logisch-intentionale Handlungsweise, das Kind werde autoerotisch, weil dies bequemer sei und es sich dadurch von der Außenwelt, die es noch nicht

---

4 Freud (1916–17a), *Vorlesungen zur Einführung in die Psychoanalyse*, S. 341.

5 Balint (1935), *Zur Kritik der Lehre von den prägenitalen Libidoorganisationen*, S. 60 u. 63.

zu beherrschen gelernt habe, unabhängig machen könne, ist durchaus ernst zu nehmen. Vor allem ermöglicht die Autoerotik dem Kind jetzt, ausgehend von einem bisher eher passiv-rezeptiven Umgang mit der Erregung und den dadurch ausgelösten inneren Reizen, eine aktivere Rolle einzunehmen und sich selber zu befriedigen. »In der autoerotischen Aktivität des Finger- oder Daumenlutschens könnte man dann den Gewinn einer neuen Dimension vermuten; man kann sie als die aktive Wiederholung eines passiv Erlebten begreifen. Wenn das Kind den Finger oder Daumen in den Mund einführt, dann verschafft es sich eine Sinneserfahrung, die es von der Mutter übernommen hat« – so die treffende Formulierung von Ernst Kris, einem der Mitbegründer der Ich-Psychologie.[6]

Schon während des frühen Autoerotismus ist der sexuelle Partialtrieb auf Objekte angewiesen, einerseits auf Objekte des eigenen Körpers, um zur Befriedigung zu gelangen, andererseits auf Objekte in der Phantasie, um die Triebwünsche überhaupt psychisch repräsentieren zu können. Von der Realität abgelöste Phantasien aber können Lust weder erzeugen noch befriedigen, wenn sie nicht gleichzeitig an körperliche Erregungszustände geknüpft sind. Hier wird erneut der Einfluß der Realität und der »Objekte«, die sie für das Subjekt bereithält (Personen der frühen Pflegesituation) sichtbar: Der innere Zustand der Libido, also das, was Freud später als Umsetzung der somatischen Sexualerregung ins Psychische bezeichnet, entsteht erstens durch periphere Reizung der erogenen Zonen (an den Sexualorganen), zweitens durch die dadurch ausgelöste und separierte Binnenerregung (Anlehnung) und drittens durch die Erinnerungsspuren auf dem Wege der Nachträglichkeit. Der Mechanismus der Nachträglichkeit gilt also bereits für die ersten Manifestationen der kindlichen Sexualität.

Wie wir gesehen haben, werden die körperlichen Austauschzonen durch die Pflege erogenisiert und als neue Lustquellen ins Subjekt introjiziert. Es bilden sich Objektvorläufer durch die Speicherung lustvoller Erfahrungen im unbewußten Gedächtnis und so wird die Sexualität fast nebenbei, überschießend und traumatisierend erzeugt bzw. angeregt. Diese »Geburtsstunde« der Sexualität zwischen Trieb und Realität ist kein einmaliger Vorgang. Solange das Kind abhängig von der Umgebung ist, bleibt die Körperpflege weiterhin Quelle bereits bekannter, aber auch neuer lustvoller Erfahrungen und Empfindungen und liefert gleichzeitig einen Anreiz zur Differenzierung der inneren Besetzungsvorgänge.[7] In diesem modifizierten Sinne gilt Freuds Verführungsthese,

6 Kris (1979), *Psychoanalytische Kinderpsychologie*, S. 93.

7 Eine grundlegende Erfahrung, die zur Subjektkonstitution gehört und den Menschen

die er nie ganz aufgegeben hat, also weiter. Das reale, äußere (stimulierende) Objekt verschwindet nicht und taucht daher auch nicht am Ende der autoerotischen Phase gleichsam aus dem Nichts wieder auf. Als reales Objekt der sexuellen Befriedigung geht es im Autoerotismus vorübergehend verloren, nicht aber als faktisches in der Sicherung der Selbsterhaltung und noch viel weniger als Objekt der Phantasie auf der Ebene der psychischen Realität. – Auch (und gerade) der Autoerotismus bestätigt erneut die Notwendigkeit, in der Welt der Objekte genau zu unterscheiden: zwischen Partialobjekt und ganzem Objekt, zwischen körpereigenem und fremdem Objekt, vor allem aber zwischen dem Objekt der Erregung, dem Objekt der Befriedigung und dem Objekt der bewußten und unbewußten Phantasie.

Die kindliche Onanie bewegt sich im Spannungsfeld von Phantasie und Realität und besteht aus einer spezifischen Aktion zur Beseitigung des Triebdrucks an jenen Quellen, von denen der Reiz ausgeht sowie zum Abbau der Triebspannungen, die gleichzeitig von den unbewußt eingelagerten sexuellen Vorstellungsgruppen ausgehen. »Die unbewußte Phantasie steht nun in einer sehr wichtigen Beziehung zum Sexualleben der Person; sie ist nämlich identisch mit der Phantasie, welche derselben während einer Periode von Masturbation zur sexuellen Befriedigung gedient hat. Der masturbatorische (im weitesten Sinne: onanistische) Akt setzte sich damals aus zwei Stücken zusammen, aus der Hervorrufung der Phantasie und aus der aktiven Leistung zur Selbstbefriedigung auf der Höhe derselben.«[8] – Beide Prozesse verstärken unvermeidbar die Objektbindung und damit die Abhängigkeit.

Aber nicht nur die Phantasie, die sich nun allmählich auf immer stärker konturierte, wahrnehmbare äußere Objekte richtet und dabei gleichzeitig auf eingelagerte Erinnerungsreste zurückgreift, bindet das Subjekt an das Objekt. Neben den periodisch auftretenden Erregungen direkt aus den somatischen Quellen kann auch von den Erinnerungsspuren eine Sexualerregung ausgehen und der Wunsch nach Reizabfuhr an der Quelle hervorgerufen werden. Was aber versteht Freud unter der Beseitigung des Reizes (Quantität) und der Erlangung von Befriedigung (Qualität) durch eine »spezifisches Aktion« an der erogenen Zone selbst? Da in den erogenen Zonen Objekt und Quelle zusammenfallen, sie aber weiterhin Zonen des körperlichen Austauschs mit der

einzigartig macht: »Wir wurden zu Menschen, das heißt Personen, als wir in unserer Kindheit unsere sexuellen Energien beim Aufbau einer symbolischen Welt übten, wobei die vorangehenden befriedigenden Erfahrungen von interpersonellem Körperkontakt als Grundlage dienten.« Furth (1990), *Wissen als Leidenschaft*, S. 128.

8 Freud (1908a), *Hysterische Phantasien und ihre Beziehung zur Bisexualität*, S. 193.

Umgebung bleiben und damit jede spezifische Aktion zur Quelle neuer Sexualentbindungen werden kann, macht das Kind wiederholt die Erfahrung eines Objektverlustes, eines Mangels, für den es sich dann erneut auf autoerotischem Wege zu entschädigen sucht. – Befriedigung und Mangel sind in der Subjektkonstitution untrennbar miteinender verbunden.

Die erfahrenen Objekttrennungen und -verluste, die durch die reale Abwesenheit der Pflegepersonen noch verstärkt werden, nötigen das Subjekt zu Abwehrprozessen und zwingen es gleichsam, ein Ich als Zentrum dieser Abwehrorganisation und als Träger der Verarbeitung dieser fundamentalen Verlusterfahrungen aufzubauen. Im Mittelpunkt steht jedoch nicht der Umgang mit der faktischen An- und Abwesenheit der Mutter oder der zu ihr gehörenden, Befriedigung spendenden Partialobjekte, sondern die Verarbeitung der innerpsychischen Vorgänge, die durch reale Aktivitäten am Körper des Kindes erzeugt, aber nicht befriedigt werden.

Das Ich soll die periodisch ausströmenden von der Außenwelt unabhängigen Reize endogenen Ursprungs aufnehmen, verarbeiten und muß nach Unterbringungsmöglichkeiten der Libido in der Phantasie und der Realität suchen. Die Befriedigungsqualität der Autoerotik ist aber letztlich ähnlich begrenzt, wie die der »halluzinatorischen Wunscherfüllung«. Irgendwann muß der Mensch, so Freuds feste Überzeugung, real lieben, um nicht zugrunde zu gehen. Dem dient, als unerläßliche Voraussetzung, die allmählich entstehende Wahrnehmungsfähigkeit, Innen und Außen voneinander unterscheiden zu können. Erst diese perzeptive Unterscheidungsfähigkeit ermöglicht mit der Verarbeitung des äußeren Objektverlustes die Anerkennung des Endes der permanenten Verfügbarkeit über das ursprüngliche Objekt der Befriedigung (an das der Trieb allerdings in der Phantasie hartnäckig in einer Weise festhält, die den Eindruck einer »Prägung« im Sinne der vergleichenden Verhaltensforschung erweckt).

> »Der Säugling sondert noch nicht sein Ich von einer Außenwelt als Quelle der auf ihn einströmenden Empfindungen. Er lernt es allmählich auf verschiedene Anregungen hin. Es muß ihm den stärksten Eindruck machen, daß manche der Erregungsquellen, in denen er später seine Körperorgane erkennen wird, ihm jederzeit Empfindungen zusenden können, während andere sich ihm zeitweise entziehen – darunter das Begehrteste: die Mutterbrust – und erst durch ein Hilfe heischendes Schreien herbeigeholt werden. Damit stellt sich dem Ich zuerst ein ›Objekt‹ entgegen, als etwas, was sich ›außerhalb‹

befindet und erst durch eine besondere Aktion in die Erscheinung gedrängt wird.«[9]

Die primären Mangelerfahrungen verstärken somit nicht nur das allgemeine Sexualitätsdilemma, den unaufhebbaren Widerspruch der objektgerichteten Triebbewegungen zwischen Abhängigkeit und Autonomie, sondern legen mit dem entstehenden Ich gleichzeitig auch den Grundstein für Fortschritte in der Persönlichkeitsentwicklung durch wachsende Motilitätskontrolle und die Entstehung der Symbolbildung.[10]

Wie aber entsteht das Ich, wenn eine vergleichbare Organisationseinheit im Inneren der Gesamtpersönlichkeit nicht von Anfang an vorhanden ist? Und was hat das Ich mit dem frühen Autoerotismus zu tun? »Das Ich muß entwickelt werden. Die autoerotischen Triebe sind aber uranfänglich; es muß also irgend etwas zum Autoerotismus hinzukommen, eine neue psychische Aktion, um den Narzißmus zu gestalten«.[11] Das Ich ist demnach über den Narzißmus definiert und eng mit dem Autoerotismus verbunden, also nicht primär, uranfänglich und schon gar nicht objektlos. Auch die Ich-Bildung ist unter topologischem Gesichtspunkt dem strukturelle Dilemma unterworfen. Das Ich entsteht, wie wir gesehen haben, ähnlich wie ein Objekt im unbewußten Kernbereich aus Bahnungs- und Besetzungsvorgängen, die von primären Abwehroperationen (Verschiebungen und Verdichtungen) beeinflußt werden, wird dann im Narzißmus zum ersten Objekt der Libido und soll gleichzeitig das allgemeine Libido-Reservoir verwalten und nach Überprüfung der Realitätszeichen die Außenwelt nach Befriedigungsmöglichkeiten abtasten und, wenn nötig und möglich, auf alloplastischem Wege verändern.

In Freuds späterer Narzißmuskonzeption schiebt sich der *Narzißmus* also zwischen die Autoerotik und die Objektliebe. Zu diesem Zeitpunkt lassen sich die Ichtriebe und die libidinösen Wünsche (Triebbesetzungen) noch nicht voneinander trennen, sie haben sich erneut aneinander angelehnt und sind miteinander vergesellschaftet. In diesem narzißtischen Zwischenstadium haben sich die vereinzelten Sexualtriebe bereits zu einer Einheit zusammengesetzt und auch ein Objekt

9 Freud (1930), *Das Unbehagen in der Kultur*, S. 424.

10 Die spezifische Erfahrung eines fundamentalen Mangels von Jungen während ihrer Ablösung von der frühen Mutter bezeichnen Hudson und Jacot als »männliche Wunde«, aus der sie sowohl die Neigung der Männer zur Frauenverachtung, als auch ihre besonderen Fähigkeiten zu Kreativität und abstraktem Denken ableiten. Hudson/Jacot (1993), *Wie Männer denken. Intellekt, Intimität und erotische Phantasien.* Dieser nicht unproblematische Ansatz wird uns noch genauer beschäftigen.

11 Freud (1914), *Zur Einführung des Narzißmus*, S. 142.

gefunden, »dies Objekt ist aber kein äußeres, dem Individuum fremdes, sondern es ist das eigene, um diese Zeit konstituierte Ich.«[12] Auch die frühe Ichentwicklung macht die prinzipielle Nähe und Austauschbarkeit des Objekts und der Quelle des Sexualtriebs, die für die autoerotische Befriedigungsformen typisch sind, deutlich. Das erste ganze Objekt ist das Ich und es scheint gleichzeitig die Quelle zu sein, von der die Libidobesetzungen vorgenommen werden. Als Objekt des Autoerotismus steht das Ich unter der Herrschaft des Lustprinzips, als Instanz der Wahrnehmung, der Hemmung, der Abwehr und der Realitätsprüfung aber soll es den Übergang zum Realitätsprinzip und damit den Übergang von der Wahrnehmungs- zur Denkidentität ermöglichen und absichern.

Die (narzißtische) Autoerotik bindet nun das Ich in doppelter Funktion an die onanistische Aktivität und hemmt, erschwert und gefährdet damit seine Aufgabe, sich der Außenwelt zuzuwenden. Das Ich ist als Objekt (der Phantasie und der Befriedigung) und als Subjekt (der bewußten Phantasie und der spezifischen autoerotischen Aktivität) zugleich von Anfang an einem Paradox unterworfen, das sich im weiteren Entwicklungsverlauf noch verstärkt: das Ich ist Träger der primären Abwehrleistungen, denen es seine Existenz überhaupt erst verdankt. Diese Abwehr erfolgt, um die Auswirkungen dieses Paradoxon abzumildern. Das Ich soll hemmen und ist gleichzeitig selbst gehemmt bzw. das Resultat spezifischer Hemmungen, es ist – so die berühmte Formulierung Freuds – nicht »Herr im eigenen Haus«, und das gilt nicht erst nach Etablierung des Realitätsprinzips und der späteren Errichtung des Über-Ichs. Das Ich ist von Beginn an zerklüftet, gespalten und widersprüchlichen Einflüssen ausgesetzt: den anströmenden Triebreizen aus den Quellen der erogenen Zonen, den Erregungen, die von den eingelagerten Erinnerungen ausgehen und gleichzeitig den Reizungen der Außenwelt, die immer neue Erregungsquellen entlang der Körperperipherie entstehen lassen.

Diese Spaltung und Zerklüftung des Ichs bereits am Ursprung seiner Entwicklung wird niemals vollständig überwunden, auch (und erst recht) nicht in der Wahrnehmung seiner späteren Funktion als zentrale Vermittlungsinstanz zwischen den Triebansprüchen des Es, den unerbittlichen Normen des Über-Ichs und den Anforderungen der Außenwelt. Große Teile der eigenen Funktionen und Tätigkeiten des Ichs als der abwehrenden Instanz, die selber das Resultat eines primitiven unbewußten Abwehrvorgangs ist, sind unbewußt, das gilt für

12 Freud (1912–13), *Totem und Tabu*, S. 109.

die kognitiven Fähigkeiten ebenso wie für die psychischen Leistungen. Das schränkt die »Reichweite des Bewußtseins« (A. Mitscherlich) ein und erweist die Idee einer mit Gesundheit verwechselten Ich-Stärke als reine Illusion, was von Adorno zu Recht immer wieder kritisch angemerkt wird.

> »Obwohl selber ein ursprünglich Seelisches, soll es dem seelischen Kräftespiel Einhalt gebieten und es kontrollieren an der Realität: das ist ein Hauptkriterium seiner ›Gesundheit‹. (...) Von den Widersprüchen ist der eklatanteste, daß das Ich zwar einschließt, was das Bewußtsein vollbringt, seinerseits aber wesentlich als unbewußt vorgestellt wird. (...) Der Widerspruch resultiert aber darin, daß das Ich sowohl als Bewußtsein der Gegensatz zur Verdrängung sein soll wie als selbst unbewußtes die verdrängende Instanz. (...) Im Freudschen System fehlt es insgesamt an jedem ausreichenden Kriterium für die Unterscheidung der ›positiven‹ und ›negativen‹ Ichfunktionen, zumal der Sublimierung und der Verdrängung. Statt dessen wird von außen her der Begriff des gesellschaftlich Nützlichen oder Produktiven einigermaßen vertrauensselig herbeizitiert.«[13]

Das Ich muß also viele gegensätzliche Leistungen erbringen und an vielen Stellen seiner metapsychologischen Schriften hebt Freud daher sehr deutlich die auch in der halbwegs normalen Seelentätigkeit nicht zu verhindernden grundsätzlichen Ichspaltungen hervor. Das Ich ist für ihn ein »armes Ding«, das angstbereit zwischen verschiedenen »Dienstbarkeiten« zerrieben wird und dessen Rolle kaum über die des dummen August im Zirkus hinausgeht. Ein »normales« Ich ist für Freud wie die Normalität überhaupt eine Idealfiktion. »Jeder Normale ist eben nur durchschnittlich normal, sein Ich nähert sich dem des Psychotikers in dem oder jenem Stück, in größerem oder geringerem Ausmaß (...).«[14] Insbesondere am Beispiel der Träume und Fehlleistungen weist Freud auf die grundsätzliche Übereinstimmung zwischen normalen und pathologischen Mechanismen in der Arbeitsweise des Psychischen hin. Psychotiker gelten für ihn als Träumer im Wachzustand – ein Vergleich von Wahn und Traum, der die fließende Grenze zwischen Normalität und Pathologie vor allem hinsichtlich der unbewußten Verankerung von Spaltungsmechanismen bestätigt. Entgegen der har-

13 Adorno (1955), *Zum Verhältnis von Soziologie und Psychologie*, S. 70.

14 Freud (1937), *Die endliche und die unendliche Analyse*, S. 80. Vgl. auch Freud (1923a), *Das Ich und das Es*, S. 285–289; Freud (1933), *Neue Folge der Vorlesungen zur Einführung in die Psychoanalyse*, S. 82–86.

monistischen Auffassung der Ich-Psychologie, die von einer prinzipiell gelingenden Ausgleichsfunktion angeborener Ich-Kerne im Interesse einer reibungslosen Anpassung ans Bestehende ausgeht, überzeugt Freuds Modell einer grundlegenden Spaltung frühester Ich-Funktionen im Zeichen unbewußter Abwehr auch unter einer bereits in der Diskussion der Triebtheorie am Ende des letzten Abschnitts angeschnittenen sozialpsychologischen Perspektive. Die Entwicklung individueller und kollektiver Wahrnehmungsstörungen bis hin zu einer von paranoider Haß- und Zerstörungsbereitschaft zur Abwehr vermeintlicher Gefahren gekennzeichneten Realitätsverzerrung ist möglich, ohne daß die von einem derartigen Massenwahn befallenen Einzelnen die Schwelle zur klinischen Psychose überschreiten.

Die Überbesetzung des Ichs und seiner Tätigkeit im Falle des Narzißmus kann nur als Kompensationsversuch der aus den widersprüchlichen Aufgaben erwachsenen Konflikte und nicht als authentische Phantasie eines faktisch spannungsfreien, primärnarzißtischen Zustandes interpretiert werden. Die Abhängigkeit von den Personen der äußeren Pflege bleibt in dieser frühen Entwicklungsphase weiter erhalten und verstärkt, trotz des Bemühens um autoerotische Abfuhrwege, die Erregbarkeit, die nun allmählich zu einer neuen Qualität der seelischen Konflikte führt.

> »Jede Erziehung arbeitet – prinzipiell betrachtet – nur mit zwei Arten von Mitteln. Einerseits wird das Kind liebevoll behandelt, d. h. in ökonomischer Hinsicht libidinös belastet. Hierher gehören: Streicheln, Schaukeln, Umarmen, Küsse, Auf-den-Schoß-Nehmen usw.. Andererseits aber werden ihm gewisse Vorlustwege abgesperrt, bei der Entwöhnung, dem Verbot des Lutschens, der Reinlichkeitsgewöhnung, dem Einhalten von festen Terminen usw. Die Erziehung bedroht also gleich von zwei Seiten das ohnedies labile Libido-Gleichgewicht des Kindes: es werden sowohl die aktuellen Erregungen gesteigert als auch die Abfuhrwege beschränkt.«[15]

Die autoerotische Phase ist folglich kein Idyll befriedigender und ambivalenzfreier Selbstgenügsamkeit. Jede erprobte Quelle der Beruhigung ist zugleich Quelle neuer Traumatisierungen. Nimmt man die Versuche der rudimentären Vorformen des Ichs, die ankommenden Erregungsquantitäten und -qualitäten zu bewältigen hinzu, wird deutlich, warum

15 So Balints (1936) Zusammenfassung des Zusammenwirkens der endogenen und exogenen Faktoren bei der Konstitution der infantilen Sexualität in: *Eros und Aphrodite*, S. 90.

bei der Hinwendung zur Realität beim Verlassen der autoerotischen Phase ein bedrohliches, regressiv aufgeladenes Potential, eine Mischung aus Erwartung, Wunsch und Abwehr gegenüber dem Objekt im Vordergrund steht, d. h.: mit der Differenzierung der (äußeren) Wahrnehmung gehen Ausblendungen und Verzerrungen bis hin zu kompletten Realitätsverleugnungen mit projektiven Anteilen (Skotomisierungen) einher. Die notwendige Hinwendung zum Objekt ist also keinesfalls ausschließlich libidinös getönt, sondern von Beginn an ambivalent, mit aggressiven bis hin zu destruktiven Tendenzen projektiv aufgeladen. Aber erst durch die Ausweitung des Autoerotismus zur *Genitalität* erfährt die Entwicklung der männlichen Sexualität jene dramatische Zuspitzung, die die Ambivalenz von Liebe und Haß dauerhaft mit der Polarität der Geschlechter »verlötet« und das fragile männliche Ich in der unbewußten Selbstwahrnehmung gleichsam mit dem Penis zusammenfallen läßt.

Mit der Errichtung des Genitalprimats wird die gesamte männliche Sexualität mit nachhaltigen Folgen für die Identitätsbildung gewissermaßen *penifiziert* und *phallokratisiert*. »Der Penis wird zum Zentrum nicht nur der männlichen sexuellen sondern auch der sozialen Identität, die alle sozusagen ›penifiziert‹ werden. Der Penis ist außerdem auch Angelpunkt eines Rettungsversuches für Machtphantasien, Einfluß und Bedeutung.«[16] – und, so muß ergänzt werden, zugleich Träger aggressiver Aufladungen, ein waffenähnliches Instrument, das gegen introjizierte und gegen re-externalisierte Haßobjekte gerichtet werden kann. Mit dem Genitalprimat wird für den Mann

> »der Besitz des Penis zum Hauptgegenstand stolzer und aggressiver Gefühle und sexueller Wünsche. Die obszöne Umgangssprache sowie die Assoziationen unserer Patienten unterstreichen das Ausmaß, in dem der Penis mit Qualitäten wie Macht und Selbstangriff ausgestattet ist. Hilflosigkeit hingegen wird mit seinem Gegenteil, nämlich Bildern von Impotenz und Kastration assoziiert. Weil das Organ als solches so exponiert ist, lädt es geradezu dazu ein, an ihm Größe und Erfolg zu messen, was den rivalisierenden Konflikt der Männer untereinander verstärkt.«[17]

Um die mehrfach determinierten Männlichkeitsstrukturen psychoanalytisch zu verstehen, darf keine der drei Dimensionen *Sexualität*, *Narzißmus* und *Aggression* vernachlässigt oder in jener Form geleugnet

16 Benz (1989), *Weibliche Unerschöpflichkeit und männliche Erschöpfbarkeit*, S. 137.
17 May (1991), *Männlichkeit aus psychoanalytischer Sicht*, S. 186.

werden, die in vielen Theorien zur männlichen Geschlechtsidentität unter einem meist absurden Prioritätenstreit (Narzißmus statt Trieb; Macht statt Sexualität o. ä.) vorherrscht. Dabei ist Folgendes unbedingt zu beachten: Die Entwicklung dieses mit Überlegenheitsansprüchen ausgestatteten männlichen Genitalprimats ist sicherlich keine naturgegebene Entwicklungskonstante, sondern das Ergebnis einer mehrschichtigen Überlagerung der psychosexuellen Reifungsvorgänge mit den Reproduktionserfordernissen einer männlich-hegemonialen Kultur und ihren körperlichen Einschreibungsprozessen. »Die jeweilige geschlechtliche Körperlichkeit ist (...) immer schon gesellschaftlich-kulturell *über- oder geformt*, und zwar sowohl was die Außen- als auch was die Innen- bzw. Selbstwahrnehmung anbetrifft« – so Andrea Maihofer in einem Aufsatz über das Geschlecht und den Geschlechtsunterschied als eine gesellschaftlich-kulturelle Existenzweise.[18] Aus ihrer Grundthese folgt: »(...) sowohl unser Verständnis wie unser Verhältnis zum geschlechtlichen Körper sind in einem ganz grundsätzlichen Sinne fiktional, illusionär und imaginär. (...) Der ›Penis‹ ist immer schon durch den ›Phallus‹ konstituiert« (ebd., S. 177). – Die damit verbundene Behauptung, der Penis habe außerhalb des Phallus weder Bedeutung noch Realität, muß allerdings stark bezweifelt werden und wird noch genauer zu diskutieren sein.

Wie die bisher dargestellten einzelnen Elemente der Tiefenstrukturen von Männlichkeit und ihre entwicklungspsychologischen Voraussetzungen gebündelt und unter die Herrschaft eines Genitalprimats geraten, das unter den gegebenen kulturellen Bedingungen mit dem Primat des Phallus identisch ist und welche (neuen) Erscheinungsformen männlicher Sexualität und Geschlechtsidentität schließlich unter diesen prägenden Erfahrungen auftreten, soll im folgenden Abschnitt untersucht werden.

Genitale Sexualität und phallischer Narzißmus

Die genitale Zentrierung der gesamten männlichen Psychosexualität erfolgt in mehreren zeitlichen Schüben und wird erst nach der Pubertät endgültig abgeschlossen. Wiederholt gilt das Prinzip der Nachträglichkeit, denn die Eindrücke, die die einzelnen Entwicklungsphasen und ihre psychische Verarbeitung in den mnestischen Systemen des Unbewußten hinterlassen, überlagern sich durch mehrfache Schichtungen

18 Maihofer (1994), *Geschlecht als Existenzweise*. S. 175.

und werden unter dem Einfluß neuer Erfahrungen häufig umgearbeitet. Dieses periodische Umarbeiten des eingelagerten Erinnerungsmaterials wird nach Laplanche und Pontalis »durch unvermutet eintreffende Ereignisse und Situationen oder durch eine Organreifung« beschleunigt, »die es dem Subjekt ermöglichen, eine neue Bedeutungsstufe zu erreichen und seine früheren Erfahrungen wieder durchzuarbeiten«.[19]

Schon vor der Errichtung des männlichen Genitalprimats, beim Übergleiten der infantilen Sexualität vom prägenitalen Autoerotismus zur »phallischen Phase« treten sowohl neue prägende Erfahrungen als auch eine physiologisch bedingte Organreifung auf. Für den Jungen bezieht sich das in erster Linie auf den Penis und seine Entdeckung als ein *Lustorgan*, das zunächst der autoerotischen Befriedigung dient, aber bereits auf dieser Stufe zwangsläufig auf andere *Lustobjekte* verweist. Denn Lust, die sich als »Organlust« direkt aus der Physiologie ableiten ließe, ist ja ebenso illusionär wie die Idee einer »objektfreien« Autoerotik. Im Penis und seiner Besetzung beginnen sich allmählich alle widersprüchlichen, mit dem Sexualitätsdilemma verbundenen quantitativen (Spannung, Entspannung) und qualitativen (Lust, Unlust, Befriedigung) Anteile der Sexualökonomie zu sammeln und auf unlösbare Weise zu verdichten.

Diese mehrschichtige Entwicklung der männlichen Trieb- und Objektstrukturen unter dem Diktat des Genitalprimats soll in den folgenden Ausführungen genauer erläutert werden. Im Mittelpunkt steht die unübersehbare und folgenreiche Reifungstatsache, daß der Penis, sobald er als besetztes Zentralorgan der Sexualität in Erscheinung tritt und unter männlicher Vorherrschaft »gebieterisch« (Freud) zum äußeren Objekt drängt, nicht unabhängig von seiner *phallischen Bedeutung* betrachtet werden kann. Jeder Versuch, den Phallus zu einem einfachen und handhabbaren Instrument der Sexualtechnik zu banalisieren und so die mit ihm verbundenen Herrschaftsverhältnisse in den Geschlechterbeziehungen zu verschleiern oder ihn zu entsexualisieren und seine angeblich mythische Größe noch weiter zu einer überlegenen Seinsweise des Männlichen zu stilisieren, wird apologetisch und wirkt zuweilen äußerst skurril.

Beispiele für eine numinose, fast immer mit einer Abwertung der Frauen verbundenen Erhöhung des Phallus lassen sich vor allem in kulturhistorischen Untersuchungen finden, die an der Archetypenlehre C. G. Jungs orientiert sind. So versucht etwa Monick, die historischen,

19 Laplanche/Pontalis (1972), *Das Vokabular der Psychoanalyse*, S. 314. »Die Entwicklung der Sexualität begünstigt durch die zeitlichen Schübe, in denen sie beim Menschen erfolgt, das Phänomen der Nachträglichkeit in hohem Maße« (ebd., S. 315).

kulturellen und psychischen Wurzeln »archetypischer Männlichkeit« freizulegen, um sie von ihrem patriarchalen Zwangskorsett befreien zu können: im Zentrum stehe dabei der Phallus, dessen Sinnbild und Maßstab im *erigierten Penis* zu finden sei. »Sehnige Kraft, Entschlossenheit, Effektivität, Eindringungsvermögen, Direktheit, Härte, Stärke« usw.[20] Alles weise auf eine innere Wirklichkeit des Mannes hin, die sich z. T. seiner Kontrolle entziehe und die nicht zu verwechseln sei mit »bewußtem Verlangen« – offensichtlich ein Versuch, die Tatsache, daß Erektionen auch durch Erregungen, die von Frauen ausgehen, entstehen können, zuzugestehen und gleichzeitig zu leugnen. Der Phallus, so Monick weiter, stelle sich dabei dar *wie ein Gott*. Erst diese Erkenntnis mache den erigierten Penis des Mannes immun und unabhängig von der Weiblichkeit. Ein Mann, der dies nicht erkenne, sei kein wahrer Mann. »Die Männer müssen ihre Quelle der Macht erkennen und ihr heiliges Symbol ehren. Der Phallus öffnet die Tür zur Tiefe der Männlichkeit« (ebd.). – Jetzt endlich wird klar, was Robert Blys mythopoetische Schwärmerei in Wirklichkeit unter dem Schwert versteht, das die Männer zur Abtrennung von der mütterlichen Welt in der Tiefe ihrer Seele zu entdecken hätten.

Aufschlußreich ist in diesem Zusammenhang auch Monicks gegen die Psychoanalyse gerichtete Vorstellung, erst die Entdeckung des Phallus als Quelle der Männlichkeit könne endlich den Fehler beseitigen, der Mutter eine Vormachtstellung als Ursprung allen Lebens einzuräumen. Die Idee einer männlichen Selbstschöpfung, die uns schon in verschiedenen Zusammenhängen begegnet ist, taucht hier mit dem phallischen Bewußtsein des »Transpersonalen« z. B. in Form einer abenteuerlichen Phantasie von der Entstehung des Mannes durch das Geschlechtsorgan des Vaters wieder auf (S. 14).

Eine ähnliche Kombination aus Phalluszentrierung und Abwehr des Weiblichen finden wir in Evolas hypervirilem Entwurf einer metaphysischen Geschichte des Eros, dessen »intellektualistische« bzw. »animalische« Verdünnung zu »profanem Sex« als Zeichen des kulturellen Verfalls beklagt wird.[21] Evola preist allerdings eine etwas andere ursprungsmythische Herleitung männlicher Herrschaftsansprüche an: die Rückkehr aus Polarität und Dualität zu einer ursprünglichen Einheit zweier komplementärer Wesen. Die Frauen verschwinden hier zwar nicht, werden aber auf eine Ursubstanz reduziert und schließlich zur Beute des männlichen Sadismus. »Man will die okkulte Frau, die absolute Frau, die in jeder weiblichen Person vorhanden ist, in

20 Monick (1990), *Die Wurzeln der Männlichkeit*, S. 10.
21 Evola (1983), *Metaphysik des Sexus*.

einem vergeblichen Sadismus des ›Besitzergreifens‹ ›töten‹« (S. 275). Insbesondere das Unergründliche, das Unerschöpfliche an der Frau reize den Mann und errege seine tiefste Begierde. Dabei handle es sich keineswegs um einen profanen Sadismus im sexologischen Sinne, der aus einer Ambivalenz herrühre, sondern um eine tiefere Grausamkeit und Wildheit[22], welche »die Begierde zum Paroxysmus« treibe, »bis der priapische Mann bei der subtilen und saugenden Ekstase der bewegungslosen Frau zusammenbricht« (S. 274). Jeder Mann kenne die Lust an der Defloration und der »Vergewaltung« (!) der Frau, aber das sei eben Ausdruck männlicher Tiefe und habe nichts mit einem profanen Trieb oder mit Besitzerstolz zu tun (ebd.). – Vermutlich handelt es sich hier um einen Druckfehler, aber um einen sehr aufschlußreichen, der den assoziativen Zusammenhang mehrerer Modi der psychischen Abwehr des Weiblichen und der realen Unterwerfung der Frau erkennen läßt. Evola war ein fanatischer antisemitischer Vordenker des historischen und des Neofaschismus in Italien. Seine hypervirilen und gewaltverherrlichenden Schwärmereien belegen den engen Zusammenhang von militanten sexistischen und rassistischen Einstellungen. Die Kombination von Antisemitismus und Antifeminismus ist eine typische Begleiterscheinung visionärer Männlichkeitsentwürfe und taucht regelmäßig in philosophischen, psychologischen und politischen Ansätzen auch außerhalb faschistischer Bewegungen bzw. der organisierten politischen Rechten (z. B. bei Hans Blüher, Otto Weininger u. a.) auf.

Auf der anderen Seite, in scheinbarem Gegensatz zur gewaltaffinen Verklärung des männlichen Genitalsymbols stehen die Versuche, das Verhältnis von Penis und Phallus durch seine Banalisierung zu entschärfen. Auch für diese Tendenz gibt es neuere Beispiele, so etwa jene, die in der Nachfolge der Sexualforscher Kinsey und Masters/Johnson versuchen, die Sexualität insgesamt zu entdramatisieren und auf ein bloßes Anhängsel der Physiologie und der durch sie bestimmten Prozesse zu reduzieren. Einer dieser Versuche ist Franks Kulturgeschichte des Phallus, mit der das Ziel verfolgt wird, den Mißbrauch des Phallus als ein erhöhtes Symbol männlicher Macht und Aggressivität dadurch abzuschaffen, indem z. B. phallische aufgeladene »Raketen« wieder entsymbolisiert und in »erigierte Pimmel« zurückverwandelt werden.[23] Ein ähnlich vulgärer Jargon durchzieht absichtlich das gesam-

22 Diese bilden für Evola das Gegenstück »zur transzendenten Empfindung der magischen Unantastbarkeit, die ›Kälte‹, der Unerfüllbarkeit der weiblichen Ursubstanz« (S. 275).

23 Frank (1989), *Der Phallus. Von der Magie der Männlichkeit im Wandel der Epochen.*

te Buch, denn so soll metaphorisch das Zurückschrauben der magischen Übersymbolisierung des Phallus auf seine Gebrauchsgegenständlichkeit nach dem Motto: »Überschätzt ihn nicht! Macht ihn nicht kleiner, als er ist! Nehmt ihn einfach, wie er ist = er ist nicht die Stütze der Welt (dazu wird er zu schnell schlapp), aber er ist ein bedeutendes Detail (tail = engl. Schwanz)« (S. 237) zum Ausdruck gebracht werden.

Als ein letztes Beispiel für die Tendenz, männliche Genitalität und Macht, Penis und Phallus voneinander zu isolieren, sei der Versuch von Zilbergeld erwähnt, die Männer und ihre Sexualität von den kulturellen Mythen über die vermeintlichen Unterschiede zwischen den Geschlechtern mit einem verhaltenstherapeutischen Selbsthilfeprogramm zu befreien.[24] Omnipotenzgebaren und Destruktivität in den männlichen Einstellungen zu Frauen würden erlernt und verhinderten ein befriedigendes und lustvolles Geschlechtsleben des Mannes auf der Basis seines »wahren sexuellen Ichs« (S. 7). Dieses »wahre Ich« liege »im wahren Wesen des menschlichen Penis« (!) (S. 75). – Der »menschliche Penis« soll offenbar geschlechtsübergreifend eine höhere Stufe der Humanität symbolisch zum Ausdruck bringen. Dieses Etikett nimmt dem Penis jeden Rest eines vom Autor als bedrohlich empfundenen Verweises auf die Geschlechterdifferenz, bestätigt mit der Gleichsetzung Mensch = Mann aber unterschwellig eines der gängigen Topoi männlicher Machtdiskurse.

Der Penis könne aber, so Zilbergeld weiter, nicht die ganze Last der Befreiung von seinen Zwängen selber tragen. »Er wurde zum Sex geschaffen, und er mag Sex (...). Wenn Sie befriedigenderen Sex wollen, müssen Sie beginnen, die Botschaften ihres Penis zu entschlüsseln« (S. 77). Sex sei eben nichts anderes als Sex und der Penis habe darüber hinaus nur einen begrenzten Nutzwert. Als Organ des »wirklichen Sex« habe er keine magischen Kräfte und diese auch nie besessen (vgl. S. 254). Die Parole lautet daher: Weg von der magischen Phallizität, weg von einer Ankoppelung der Lust an die Macht, weg von der unerträglichen Geschlechterspannung hin zu einer Beziehung, »die von Mensch zu Mensch gemeint ist, nicht mehr vom Mann zum Weib« (S. 266). Zilbergelds psychotechnisches Trainingsprogramm zur Steigerung des allgemeinen sexuellen Wohlbefindens ist der Versuch, die männliche Sexualität von ihren symbolischen und gesellschaftlichen Bedeutungsaufladungen und insbesondere ihren gegen die Weiblichkeit gerichteten Ambivalenzen zu befreien – ein entdämonisierender

24 Zilbergeld (1983), *Männliche Sexualität. Was nicht alle schon immer über Männer wußten.*

Versuch, den Phallus ausschließlich in seine Funktion als Penis, in ein (angeblich) kontrollierbares Lustorgan aufzulösen. Gleichzeitig aber bestätigt und verstärkt diese Abkoppelung der genitalen Sexualität des Mannes vom Geschlechterverhältnis die im männlichen Autonomiewahn enthaltene Idee einer unabhängigen und vollkommenen Kontrolle über den eigenen Körpers.

Trotz aller vermeintlichen Unterschiede und Gegensätze verbindet eine unterschwellige bis offene Feindseligkeit gegenüber dem Weiblichen die dargestellten Rettungsversuche der männlichen Genitalität. Sie bestätigen damit eindringlich, daß ein einigermaßen angemessenes Verständnis des Verhältnisses von Penis und Phallus nicht möglich ist, wenn die Wechselbeziehungen zwischen den unbewußten Trieb- und Objektstrukturen des Mannes und den herrschenden Regelungen des Geschlechterverhältnisses unberücksichtigt bleiben. Dazu gehört auch die Anerkennung der Tatsache, daß sich in der symbolischen Aufladung des männlichen Genitals gleichzeitig sexuelle, aggressive und narzißtische Bedeutungen mit gravierenden Folgen für die Einstellung zum »anderen« Geschlecht verdichten. – Wie aber läßt sich die Entwicklung vom Penis zum Phallus triebtheoretisch begreifen, ohne eine dieser Strebungen zu vernachlässigen?

Der Penis wird in der Phase des Autoerotismus zunächst als Lustorgan entdeckt und dabei gleichzeitig narzißtisch bis hin zu einem Gefühl von Grandiosität besetzt. Er wird gleichsam zum Brennpunkt des eigenen Begehrens und zum Austragungsorgan der nun verstärkt auftretenden Wünsche nach Autonomie und Kontrolle über das Selbst, den Körper und die Umgebung. Die an somatische Vorgänge gebundene Erregung des Penis »funktioniert« dabei nach dem gleichen Muster wie die vorangegangenen Erotisierungen anderer Körperzonen auch. Es wird eine somatische und libidinöse Spannung erzeugt, die nach Abfuhr und Befriedigung verlangt und damit immer wieder auf (äußere) Objekte, von denen die Erregung ausgehen und die für die Befriedigung sorgen sollen, zurückweist. Dieses Angewiesensein auf Objekte setzt den Autonomiebestrebungen beim »Erwachen der Männlichkeit« (Freud) allerdings zwangsläufig eine Grenze.

> »Wenn der Knabe (von 2 bis 3 Jahren an) in die phallische Phase seiner Libidoentwicklung eingetreten ist, lustvolle Empfindungen von seinem Geschlechtsglied empfängt und gelernt hat, sich diese durch manuelle Reizung nach Belieben zu verschaffen, wird er quasi zum Liebhaber der Mutter. Er wünscht, sie körperlich zu besitzen in den Formen, die er durch seine Beobachtungen und Ahnungen

vom Sexualleben erraten hat, sucht sie zu verführen, indem er ihr sein männliches Glied zeigt, auf dessen Besitz er stolz ist«.[25]

Die Mutter wirkt »erregend« und soll gleichzeitig dem Triebdruck, ähnlich wie vorher bei der Befriedigung der Selbsterhaltungsbedürfnisse, abhelfen. So symbolisiert der Penis den Wunsch nach Ablösung und Unabhängigkeit und ist zugleich Träger einer neuen ziel- und objektgerichteten Qualität sexueller Strebungen. Die Unmöglichkeit, diese zu realisieren verstärkt nun das Sexualitätsdilemma für den Jungen auf eine entscheidende Weise, ohne daß der narzißtischen Besetzung des Genitals ein Ende bereitet werden könnte – im Gegenteil.

Greifen wir der späteren Entwicklung des typisch männlichen Triebgeschehens einmal vor, dann erweist sich der (normale und der als Perversion fixierte) phallische Exhibitionismus des erwachsenen Mannes als klassisches Beispiel für eine »Schiefheilung« dieses als Zwangslage empfundenen Sexualitätsdilemmas. Er bestätig die fundamentale Abhängigkeit des Mannes vom (weiblichen) Objekt und ist zugleich der Versuch, diese z. B. durch kulturell-magische Inszenierungen mit Drohcharakter zu überwinden. Hier liegt eine der Wurzeln für den von Freud beobachteten Phalluskult bei sogenannten »fremden Völkern«. »Auch das erigierte männliche Glied dient als Apotropaeon [magisches Mittel zur Abwehr von Unheil, R. P.], aber kraft eines anderen Mechanismus. Das Zeigen des Penis – und all seine Surrogate – will sagen: Ich fürchte mich nicht vor dir, ich trotze dir, ich habe einen Penis. Das ist also ein anderer Weg zur Einschüchterung des bösen Geistes.«[26] In der Kulturgeschichte gibt es unzählige Belege für eine ähnliche apotropäische Zurschaustellung des Penis, die z. B. von Duerr unter dem Titel *Obszönität und Gewalt* dokumentiert sind. Beim (klassischen) Exhibitionisten steht neben der Lust auch das unbewußte Ziel im Mittelpunkt, Angst und Entsetzen bei Kindern und besonders bei jenen Frauen zu erzeugen, »von denen sie annehmen, daß sie sexuell unerfahren und deshalb leichter zu schockieren sind.«[27] Der zur Schau gestellte erigierte Penis soll gleichzeitig stimulieren, abschrecken und zur Flucht treiben – eine merkwürdige Mischung als Bedingung für sexuelle Lust und Befriedigung. »Ich mag es«, so gibt Duerr den Bericht eines Exhibitionisten wieder, »wenn ich diesen Ausdruck der Angst auf ihrem Gesicht entdecke. In diesem Augenblick kommt es mir« (ebd.). Offensichtlich geht es beim Exhibitionismus also nicht um eine rein narzißtische Be-

25 Freud (1940a), *Abriß der Psychoanalyse*, S. 116.

26 Freud (1940b), *Das Medusenhaupt*, S. 48.

27 Duerr (1993), *Obszönität und Gewalt. Der Mythos vom Zivilisationsprozeß 3*, S. 158.

friedigung neben oder sogar jenseits der Sexualität, wie in den meisten gängigen Erklärungsansätzen zur männlichen Perversion behauptet.

Zu dieser untrennbaren Mischung aus narzißtischer Befriedigung und genitaler Endlust gehört auch ein perverses Macht-Ohnmacht-Spiel mit der Erregung des Opfers, wie von Andreas Benz festgestellt wird. »Der Exhibitionist genießt es, zu sehen, wie der Anblick seines entblößten Genitales beim weiblichen Zuschauer eine sichtbare heftige Erregung in Form des Errötens, Schwitzens, Schreiens oder Wegrennens auslöst. (...) Der Exhibitionist kehrt im Akt der Exhibition das alte Ohnmachtstrauma mit der Frau um: Jetzt ist er es, der phantasiert, unkontrollierbare Erregung bei der Frau auszulösen.«[28] Diese Umkehrung der alten Ohnmachtserfahrungen unter dem Druck der genitalen Triebanforderungen bestätigt alle Hauptelemente des männlichen Sexualitätsdilemmas, denen der Exhibitionist unbewußt gerade zu entkommen sucht. Bereits die libidinösen und narzißtischen Penisbesetzungen zu Beginn der phallischen Phase stehen ja unter dem Einfluß dieses unlösbaren Dilemmas, das durch die (unausweichlichen) Wiederholungen ähnlicher Ohnmachtserfahrungen zu einer nie versiegenden Quelle immer neuer Aggressionen – als Gegenmaßnahmen zum Schutz des fragilen Autonomieanspruchs – wird. Die Grenzen zwischen Narzißmus und Aggression sind immer dann fließend, wenn es mit der genitalen Sexualität auch um die Abwehr der als Bedrohung erlebten weiblichen Mächte geht. – Wenden wir uns nun aber wieder dem lebensgeschichtlichen Ursprung dieser trieb- und objektpsychologischen Entwicklung zu, der Entdeckung des Penis als Lustorgan und seiner narzißtischen Besetzung am Beginn der phallischen Stufe.

Die libidinöse Hinwendung des Jungen zu dem als ganz, real und äußerlich erkannten mütterlichen Objekt am Ende der frühen autoerotischen Phase, markiert den Umschlag der männlichen Sexualentwicklung von ihrer ursprünglichen Anlehnung an die Selbsterhaltung in die Ausbildung des Anlehnungstyps der Objektwahl, den Freud, wie wir gesehen haben, zwar für den »reifen« und männlichen hält, der aber zugleich deutliche Züge des narzißtischen Typus aufweist.[29] Die mit

28 Benz (1989), *Weibliche Unerschöpflichkeit und männliche Erschöpfbarkeit*, S. 157 f.

29 In dem auf Stoller (u. a.) zurückgehenden Modell der »Geschlechtsidentität« und ihrer Entwicklung gehört dieser Anlehnungstypus der Objektwahl zur »sexual partner orientation«, bzw. der »choice of love object« (Geschlechtspartnerorientierung), mit welcher das Kind in die »phallisch-ödipale« Phase eintritt, die aber erst durch den Pubertätsverlauf ihre endgültige Gestalt erhält. Eine stabile geschlechtsbezogene Selbstrepräsentanz ist nach diesem Modell bereits mit den beiden anderen Faktoren der Geschlechtsidentität, der »core gender identity« und der »role gender identity«, ausgebildet worden. Vgl. Mertens (1994), *Entwicklung der Psychosexualität und der*

der Penisbesetzung verbundenen Objekteinstellungen des phallischen Exhibitionismus sind mehrfach determiniert und bestätigen die Unmöglichkeit, Verschmelzungswünsche, Identifizierungen und Objektliebe als zeitliche Abfolge strikt voneinander zu trennen. Der Junge liebt in der ödipalen Einleitungsphase einerseits nach dem »narzißtischen« Typus das, was er »selbst ist«, was er »war«, was er »sein möchte« als auch die Person, die »Teil des eigenen Selbst« war; er liebt aber andererseits nach dem »Anlehnungstypus« die »erregende« Mutter und mit ihr auch immer noch die »nährende Frau«. – In erster Linie beginnt er jedoch, durch die autoerotischen Erfahrungen befördert, im Penis den narzißtisch besetzten Brennpunkt seines eigenen Begehrens und seiner Aufmerksamkeit zu lieben und nährt damit seine unbewußte Illusion, im Besitz eines kontrollierbaren Instruments zur erwünschten Triebabfuhr zu sein. Nach Béla Grunberger besetzt der Mann »die Triebabfuhr selbst, nicht die Beziehung zu seinem Ich und dem Objekt, das die Triebabfuhr ermöglicht« – eine seltsame Art der Liebe, die allererst durch die »narzißtische Besetzung seines eigenen Triebsubstrats sowie durch den Besitz eines adäquaten Objektes, das die Abfuhr erlaubt« möglich wird.[30]

Mit der beginnenden narzißtischen Besetzung des Penis und seiner Exponiertheit wird eine neue Qualität der Verbindung von Sexualität, Selbsterhaltung und Narzißmus sichtbar. Der Penis hat als Differenzmerkmal einen eigenen »exklusiven narzißtischen Wert« (Chasseguet-Smirgel) gegenüber der Mutter und scheint die Ablösung von ihr und die damit verbundene Setzung als ein eigenständiges Subjekt zu erleichtern. Die Masturbation verstärkt diesen Narzißmus des Jungen, da im Penis das Objekt (der Befriedigung) zunächst mit der Quelle (der Erregung) des genitalen Partialtriebes zusammen zu fallen scheint. Nach Ferenczi gelten deshalb Autoerotismus und Narzißmus gemeinsam als das vorbildliche »Allmachtsstadium der Erotik« mit lebensgeschichtlich

Geschlechtsidentität I, S. 24–29.

30 Grunberger (1974), *Beitrag zur Untersuchung des Narzißmus in der weiblichen Sexualität*, S. 112. Angesichts der gleichzeitigen Aufladungen des Penis mit sexueller *und* narzißtischer Energie ist es allerdings höchst problematisch, hierin eine männliche Unterordnung des Narzißmus unter den »eigentlichen Triebfaktor« im Unterschied zum angeblich typischen Narzißmus der Frau zu sehen. Spezifische Ängste der Männer vor Potenzverslust, ihre ebenso hohe Kränkbarkeit wie (sexuelle) Erregbarkeit, ihre phallisch-exhibitionistischen Neigungen sowie ihr bis zum Blutopfer bereiter Kampf um fragwürdige Ehrbegriffe usw. zeigen: hinsichtlich der Besetzung des eigenen Geschlechtsorgans und der ihm angedichteten grandiosen Qualitäten erweist sich die These von der narzißtischen Frau im Gegensatz zum rein triebbestimmten Mann als eine beliebte psychoanalytische Legende. Vgl. Gast (1992), *Libido und Narzißmus*, S. 397 ff.

weitreichenden Konsequenzen, denn weil »der Narzißmus überhaupt nie aufhört, sondern nebst der Objekterotik immer auch erhalten bleibt, so kann man sagen, daß – insofern man sich darauf beschränkt, sich selber zu lieben – man sich die Illusion der Allmacht in Sachen der Liebe zeitlebens bewahren kann.«[31] In der autoerotisch-narzißtischen Phase stellt die Besetzung des Penis die omnipotente Kontrolle über die introjizierte Objektwelt sicher und erzeugt und verstärkt eine (trügerische) Illusion von Selbständigkeit und Unabhängigkeit. Gleichzeitig weist der Penis mit unausweichlichem Drang auf das neu wahrgenommene mütterliche Sexualobjekt in der Hoffnung auf Erfüllung der sowohl regressiven (symbiotischen), als auch prospektiven (genitalen) Wünsche. »Die hohe narzißtische Einschätzung des Penis kann sich darauf berufen, daß der Besitz dieses Organs die Gewähr für eine Wiedervereinigung mit der Mutter (dem Muttterersatz) im Akt des Koitus enthält.«[32]

Der phallische Narzißmus erlangt also seine widersprüchliche Bedeutung aus dem Konflikt zwischen Autonomie und Abhängigkeit in der Beziehung zur realen Mutter und dem imaginären Mutter-Objekt. Die weiterhin geltende Mischung aus mütterlicher Pflege und Verführung heizt diesen Konflikt zweifellos noch weiter an, »denn es war wirklich die Mutter«, so Freud, »die bei den Verrichtungen der Körperpflege Lustempfindungen am Genitale hervorrufen, vielleicht sogar zuerst erwecken mußte.«[33] Der Wunsch des Jungen nach Wiedervereinigung löst gleichzeitig Verschlingungsängste, der Inzestwunsch dagegen Angst vor Zurückweisung und Bestrafung (Kastration) aus. Beide Ängste aber führen auf eigene Weise zu einer Einbuße an Souveränität und gefährden die fragile und noch ungesicherte Autonomie. Gleichwohl drängen die Triebansprüche weiter unerbittlich auf Erledigung, auf Spannungsabfuhr *und* auf Befriedigung durch das ausgewählte Objekt der Begierde.

Dieser Trieb-Objekt-Autonomie-Konflikt verstärkt die Feindseligkeit, die Aggression und die Haßbereitschaft, wobei auf den klassischen Introjektions-Projektions-Mechanismus im Umgang mit dem unbewußt für das erlebte Dilemma verantwortlich gemachten Objekt zurückgegriffen wird. Hier fügt sich nun Kohuts Modell der »narzißtischen Wut« ein, das allerdings geschlechtsspezifisch genauer differenziert werden muß. Die narzißtische Wut ist ein möglicher Verarbeitungsmodus von Minderwertigkeitsgefühlen und Scham, die durch die exhibitionistische Aufladung der Genitalien in der beginnenden

31 Ferenczi (1913), *Entwicklungsstufen des Wirklichkeitssinnes*, S. 161.
32 Freud (1926), *Hemmung, Symptom und Angst*, S. 169.
33 Freud (1933), *Neue Folge der Vorlesungen zur Einführung in die Psychoanalyse*, S. 129.

phallischen Phase entstehen. »Die Genitalien stellen während der Dauer der phallischen Phase die *leitende Zone des (körperlichen) Narzißmus des Kindes* dar – sie sind nicht nur Instrumente intensiver (phantasierter) *objektlibidinöser* Interaktionen, sondern sie tragen auch enorme *narzißtische* Besetzungen«.[34]

Kohut kommt in seiner Analyse ohne Bezug auf den (männlichen) Kastrationskomplex aus, beschränkt sich ausschließlich auf den Exhibitionismus und seine scham- und wutauslösenden Bedeutungen und scheint damit ein Modell für beide Geschlechter gefunden zu haben. Minderwertigkeitsgefühle entwickelten sich bei Kindern allgemein aus der Wahrnehmung der »Kleinheit ihrer Genitalien (beim Jungen im Vergleich mit dem Penis des erwachsenen Mannes, beim Mädchen im Vergleich mit dem Organ des Jungen)« (ebd.). Offensichtlich aber ist dieser Ansatz affirmativ an der männlichen Entwicklungslinie ausgerichtet, denn der »phallische Narzißmus« entzündet sich nach Kohuts Modell erst an der Sichtbarkeit des exponierten (männlichen) Genitals und damit am Schnittpunkt der Transformation des Penis zum Phallus. Auch Jungen entwickelten eine Art *Penisneid*, nämlich gegenüber dem Vater, eine Tatsache, die in die Überlegungen über die mehrfach determinierte Bedeutung des Penis mit einbezogen werden müsse; allerdings erhielte der phallische Narzißmus des Jungen in der Regel genügend mütterliche Wiederspiegelung und als Trost für seine organbedingte Minderwertigkeitsgefühle das Versprechen, diese durch das baldige Wachsen des Penis zu überwinden. – Demzufolge müßten Mädchen einen doppelten Penisneid entwickeln: Gegenüber dem Jungen (kleiner Penis) und gegenüber dem Vater (großer Penis). Wieso es für Mädchen dann ein Trost sein soll, wenn es erklärt bekommt, »daß ein komplexer aber unsichtbarer Apparat heranreifen wird, der es befähigen soll, Kinder in die Welt zu bringen« (S. 221) bleibt rätselhaft.

Die phallische Phase (bzw. Stufe) gilt in ihrer ganzen Dramatik also auch unter narzißmustheoretischer Perspektive eher für den Jungen. Empfindlichkeiten und Ängste gegenüber den eigenen Genitalien stellen für Kohut Residuen dar, die auch später, besonders während der Pubertät, immer wieder auftreten. Das könnte eine, wenn auch von Kohut uneingestandene, Erklärung für die größere narzißtische Kränkbarkeit von Männern sein, die direkt oder indirekt mit der selbstüberhöhenden Besetzung des eigenen Genitals und seiner Funktionen zusammenhängt. Dem kindlichen Exhibitionismus und den schamauslösenden Minderwertigkeitsgefühlen korrespondiere eine Einheit von Potenzgehabe und

34 Kohut (1971), *Überlegungen zum Narzißmus und zur narzißtischen Wut*, S. 220.

Impotenzangst, von Größenphantasien und sozialen Minderwertigkeitsängsten. Ein interessanter Gedanke, denn es ist nicht von der Hand zu weisen, daß die unbewußten Phantasien hegemonialer Männer über ihre sexuelle und sozialer Potenz bzw. Impotenz symbolisch an die Größe und die Funktion ihres Genitals gebunden werden. Aber läßt sich dieser körpersprachliche Effekt direkt aus der Anatomie und die Verengung der sexuellen und sozialen Selbstdefinition von Männern wirklich linear aus der phallischen Phase ableiten?

Kohuts Modell liefert die narzißmustheoretische Ergänzung zur androzentristischen These Freuds, die (männliche) Anatomie sei allgemeines Schicksal. Bei Kohut spielen allerdings Triebschicksale und objektgerichtete Phantasien für die sexuelle Identität des Mannes keine Rolle, außer in seinem Hinweis auf die zentrale Bedeutung der Mutter für den »Erfolg« des frühen und späteren männlichen Exhibitionismus durch ihre unterstützende oder versagende Wiederspiegelungsfunktion. Ohne eine systematische Berücksichtigung des (realen und imaginären) Objekts der Sexualität aber kann, wie wir gesehen haben, weder die narzißtische Wut von Kindern, noch der Haß und die Aggression von Männern verstanden werden. Die Ableitung dieser Affekte aus den Enttäuschungen des kindlichen Exhibitionismus allein ist sicherlich verkürzt. Eine triebtheoretische Rückbindung fällt bei Kohut bekanntermaßen weg, gleichwohl bestätigt er schon durch die gewählte sprachliche Metaphorik, in der er die Wutausbrüche nach Kränkungen des Exhibitionismus beschreibt, ohne es zu ahnen (und zu wollen), die Existenz des genitalen Sexualtriebs: Normalerweise herrsche ein »gleichmäßiger Fluß der exhibitionistischen Libido« vor, der das Körper-Selbst mit einer »milden Glut (...) durchwärmt« (S. 243). Im Falle von Kränkungen werde »exhibitionistische Libido« mobilisiert, »in einen Entladungszustand gebracht« (S. 244) und drohe, wenn die entsprechende Reaktion der Umgebung ausbleibe, die Dämme des Ichs zu überfluten. – Was, außer die notorische Triebblindheit der Selbstpsychologie macht es möglich, in diesem Zusammenhang den Penis oder den Phallus überhaupt nicht zu erwähnen?

Bei Kohut übernimmt stattdessen die Haut, die »Oberfläche des Körper-Ichs«, die Rolle des »Exekutivorgans« des Exhibitionismus. Aber warum erkennt er dann die sexuelle Bedeutung der Oberfläche des Körper-Ichs als Brennpunkt aggressiver Aufladungen nicht? In seiner Beschreibung der drohenden Überflutung des desorganisierten Selbst durch die narzißtische Wut verwendet er jedenfalls signifikante Begriffe, die auf die Kombination aggressiv aufgeladener Genitalität mit narzißtischen Größenphantasien hinweisen: »Massive Entladung

(Spannungsabnahme)«, »Blockierung (Spannungszunahme)«, »Omnipotenz«, »Machtausübung und Gewalt« und eine Aggression, die in »unmittelbarer Erwartung der totalen Herrschaft über das Selbst-Objekt zum Einsatz bereitgestellt« wird usw.[35] Dort, wo Kohut sich auf genitale Vorgänge bezieht, fehlt mit der sexuellen Dimension auch das Objekt der Aggression; wo er eindeutige, für die männliche Sexualität typisch verdichtete »Entladungsvorgänge« beschreibt, ist dagegen von Genitalität und Geschlechtlichkeit nicht mehr die Rede. – Dieses Beispiel zeigt: Eine metapsychologische Ablösung des Narzißmus vom Sexualtrieb ist grundsätzlich problematisch und kann zum Verständnis der besonderen Formen männlicher Aggressivität und Feindseligkeit nichts beitragen.

Béla Grunberger dagegen versucht, Narzißmus und Sexualität auf triebtheoretischer Basis zu integrieren. Ihm geht es insbesondere auch um eine Analyse der grundsätzlichen und permanenten Verschränkung von (sexuellem) Penis und (narzißtischem) Phallus. Nach Grunberger ist diese Verschränkung notwendig, »denn die Triebe müssen narzißtisch besetzt werden, und umgekehrt kann die narzißtische Komponente nur auf einer realen Triebgrundlage existieren.«[36] Allerdings wird letztlich auch hier, ähnlich wie in Kohuts strikter Trennung von Narzißmus und Trieb, der Narzißmus durch eine androzentristische Verklärung des Phallus und seiner symbolischen Kraft entsexualisiert. Grunberger nennt den Narzißmus ein erhabenes Glücksgefühl, das tief in der vorgeburtlichen Mutterleibsexistenz verwurzelt ist und das sich im Bild des »vollkommenen Phallus« verdichtet. Da der Phallus immer an den Penis gebunden bleibt, aber nur Männer über den materiellen Träger dieses Zeichens von erhabener Größe und Ruhe verfügen, kann der phallische Narzißmus folglich auch nur die Männer einzigartig, autonom und nahezu vollkommen machen. Die Sexualität und sexuelle Erlebnisqualitäten werden dieser grandiosen Erfahrung untergeordnet, denn nur der Phallus »verwirklicht die narzißtische Vollkommenheit und vereinigt beide Partner im Koitus. Er stellt die Möglichkeit zur Vereinigung wie auch die Verwirklichung *der narzißtischen Integrität*

35 Vgl. ebd., S. 243. Diese Metaphorik erinnert an den militaristischen Jargon, den Theweleit anschaulich an den Texten der von ihm untersuchten Freikorpssoldaten herausgestellt hat. Deren phallisches Abwehrgebaren interpretiert er als sexuell motivierten und aggressiven Haß gegen alles Weibliche. Theweleits Theorie der »Grundstörung« des soldatischen Mannes steht allerdings Kohuts kausalem Erklärungsmodell der »nicht genügend empathischen« Mutter nahe. Vgl. Theweleit (1977–78), *Männerphantasien*. 2 Bände (passim).

36 Grunberger (1976), *Vom Narzißmus zum Objekt*, S. 236 f.

dar, deren Symbol und Bild er ist.«[37] Der sexuelle Penis und der narzißtische Phallus gingen dabei ineinander über und machten aus diesem »Penis-Phallus« das einzige Objekt, »dessen Besitz dem Individuum allein die fragliche Integrität sichert, während der andere Partner davon ausgeschlossen ist« (ebd.). – Diese Behauptung erinnert in fataler Weise an jene, die der antisemitische Frauenhasser Otto Weininger mit einer Vielzahl misogyner Zeitgenossen teilt, der Mann sei »Etwas«, die Frau aber »Nichts«.[38]

Mit der Sexualität verschwindet bei Grunberger auch die Dimension der Objektbindung bzw. der Lust und selbst die »triebhafte Betätigung« des Penis wird narzißtisch aufgebläht und mit dem Phallus gleichgesetzt: »Der Penis ist (…) das Bild der durch Objektbeherrschung erreichten Vollkommenheit« (S. 233). – Endlich kommt nun auch das Objekt des genitalen Triebes in seiner doppelten Bedeutung ins Spiel, weshalb der Satz eigentlich genauer heißen müßte: Der Penis-Phallus ist das Bild der durch Beherrschung des männlichen Genitals und des weiblichen Objekts erreichten Vollkommenheit des Mannes. Die Frau fällt aus diesem Konstrukt grandioser Männlichkeit zwangsläufig heraus, da sie eben nicht im Besitz des »adäquaten Objektes« zur Triebabfuhr ist. Der »wundervolle narzißtische Phallus« (Grunberger) soll zwar für beide Geschlechter die Funktion einer Leitidee übernehmen, aber die Frau hat offensichtlich nur die Chance, an den Segnungen dieses Heilsbringers zumindest indirekt zu partizipieren, wenn sie bereit ist, seine Unerreichbarkeit für sich und damit jene Tatsache zu akzeptieren, die Weininger auf die berüchtigte Formel brachte: »Der Phallus ist das, was die Frau absolut und endgültig unfrei macht« (S. 339).

Ein derartig fetischistisch auf den Phallus zentriertes Modell der Geschlechterbeziehungen könnte ohne neue Anfeindungen für den Mann nicht funktionieren und in letzter Konsequenz ist die von Grunberger propagierte, dem intrauterinen Vorbild als Zustand höchster Glückseligkeit folgende »Ruhe« nur vorstellbar (und erreichbar) im Tod. Grunberger unterschlägt mit diesem Bogen der (regressiven) Wünsche nach Vollkommenheit zwischen Fötalexistenz und phallischer

---

37 Ebd., S. 208. Grunberger kürt den Phallus, so die treffende Anmerkung Lilli Gasts, »zum gleichsam *natürlichen* und ahistorisch-universellen, ja nachgerade prä-kulturellen Zeichen einer verlorenen pränatalen narzißtischen Vollkommenheit und Ruhe sui generis im Unbewußten (…) und repliziert damit (…) ein Phantasma der Intrauterinexistenz, ohne dieses auf seinen phantasmatisch projektiven Gehalt zu befragen.« Gast (1992), *Libido und Narzißmus*, S. 399.

38 »Und so erklärt sich auch jene tiefste Furcht im Manne: die Furcht vor dem Weibe, das ist die Furcht vor der Sinnlosigkeit: das ist die Furcht vor dem lockenden Abgrund des Nichts.« Weininger (1903), *Geschlecht und Charakter*, S. 399.

Allmacht alle spannungs- und konfliktreichen Zwischenstadien seit dem Beginn der Sexualentwicklung und bestätigt unterschwellig die bereits angedeutete Affinität von Männlichkeit und dem Prinzip des Todestriebes, der einen ähnlichen Zustand der Triebruhe, »notfalls« durch die Vernichtung des Objekts, herbeisehnt. Sein Modell der Unterordnung der Sexualität unter den Narzißmus unterliegt somit selbst jenen Fallstricken des Sexualitätsdilemmas (Autonomie/Abhängigkeit; Liebe/Haß; Bindung/Objektfreiheit usw.), denen seine Idealisierung des Phallus gerade zu entgehen trachtet.

Es gibt keine »reine« Macht und keine »pure« Gewalt ohne Sexualität, folglich keinen Narzißmus ohne Trieb. Jedesmal, wenn der Narzißmus in Reinform aufzutreten scheint, steht ihm die Sexualität mit ihrer dilemmatischen Trieb-Objekt-Dynamik im Wege. Die Hintergründe dieses Dilemmas können weder Kohuts noch Grunbergers Narzißmustheorie erfassen oder verstehen: nicht die komplizierte Anbindung der Triebe an Objekte und nicht die damit gleichzeitig verstärkte Tendenz zur Auflösung dieser Bindung (gegebenenfalls) durch die Zerstörung des Objekts im Dienste der Selbsterhaltung und des Narzißmus; nicht die Dualität der Triebe, nicht das Verhältnis von Phantasie und Realität und auch nicht den Unterschied zwischen Quantität (Abfuhr von Erregung) und Qualität (Befriedigung, Lust/Unlust) in der ökonomischen Arbeitsweise des Seelenlebens.

All diese komplizierten Prozesse überlagern sich, sind aber nur in den seltensten Fällen zur Deckung zu bringen, geschweige denn widerspruchsfrei unter die Matrix eines narzißtischen Gleichgewichtszustands subsumierbar. Unter ökonomischem Blickwinkel wurde die Entwicklung der psychischen Persönlichkeit, jenseits linear fortschreitender »Reifungsprozesse« als eine dilemmatische, von antagonistischen Tendenzen und Gegentendenzen bestimmte, interpretiert. Die Entwicklung verläuft über sich wiederholende Neuauflagen der ursprünglichen Mangelerfahrungen unter veränderten Vorzeichen (Enttäuschungen, Trennungen, Verlusten und Wiederfindungen) entlang der alten, eingelagerten oder der neuen, inneren und äußeren Objektketten.[39] In äußeren und inneren Krisenzeiten kann zum Zwecke der Abwehr und als kompensatorischer Restitutionsversuch mittels archaischer Spaltungs- und

39 Auch für den Neurobiologen Vincent sind der Trieb und seine Äußerungsformen mit einer allgemeinen Mangelsituation verbunden. »Das Begehren liegt zwischen Genuß und Bedürfnis, Gewinn und Verlust. Die Befriedigung eines Bedürfnisses führt zur Verstärkung (...). Doch wichtiger noch als das Bedürfnis dürfte der Mangel, die Vorwegnahme oder Simulation des Bedürfnisses, für das Begehren sein. Der Mangel verleiht dem Begehren Dauer.« Vincent (1992), *Biologie des Begehrens*, S. 168.

Projektionsmechanismen auf die eingelagerten Potentiale der narzißtischen Wut und Zerstörungsbereitschaft gegenüber einer als feindlich und bedrohlich erlebten Objektwelt zurückgegriffen werden. Dieses in unterschiedlichen Mischungsverhältnissen zusammengesetzte Potential läßt sich von der ambivalenten (begehrenden und feindseligen) Einstellung des Mannes zur Weiblichkeit und zu den Frauen nicht abkoppeln. Eine Reihe empirisch beobachtbare Tatsachen zeugen davon, daß es im Verlauf der lebensgeschichtlichen Entwicklung tatsächlich bei vielen Männern zu eindeutigen »Verlötungen« ihrer Männlichkeit mit einer paranoid getönten Abwehrhaltung, mit Haß und Zerstörungsbereitschaft kommt, worauf im dritten Teil an ausgewählten Beispielen männlicher Gewalterscheinungen noch genauer eingegangen werden wird.

Weitgehend ungeklärt bleiben aber noch die Mechanismen und Hintergründe der Einlagerung dieses bedrohlichen Potentials in die Tiefenstruktur von Männlichkeit genauso wie die Abhängigkeit ihrer Sprengkraft von der Wahrnehmung und Verarbeitung der Geschlechterdifferenz unter dem Diktat des Genitalprimats. In der phallischen Stufe, die Freud seit 1923 als wichtigste Phase der präödipalen psychosexuellen Entwicklung beschreibt, werden alle prägenitalen Partialtriebe und die sie begleitenden objektgerichteten Phantasien der Herrschaft des Phallus, d.h. dem männlichen Genital und seinen sexuellen, aggressiven und narzißtischen Aufladungen unterworfen. Die gesamte sexuelle Erregung wird gebündelt und an einem Ort des körperlichen Geschehens zentriert. Diese in zwei zeitlich versetzten Schüben (zunächst in der phallische Stufe und später in der Pubertät) erfolgende Zentrierung des *Triebes* und die Unifizierung seiner realen und imaginären *Objekte* bilden triebtheoretisch gesehen den Kern dieses Prozesses.

Freuds Konstruktion der »phallischen Stufe« unterliegt bekanntermaßen zwei Irrtümern, die in den zu Beginn dieses Abschnitts behandelten, mit Weiblichkeitsabwehr einhergehenden Glorifizierungen bzw. Banalisierungen des Phallus und implizit auch in Grunbergers Ansatz reproduziert werden: 1. geht Freud davon aus, daß nur *ein* Geschlecht, das männliche für beide Geschlechter als Orientierungspunkt und Leitorgan fungiert (phallischer Monismus); und 2. bindet er diese angeblich empirisch immer wieder bestätigte »Tatsache« strikt an die Anatomie. Damit erweist sich seine Theorie der Geschlechterdifferenz und der Geschlechterverhältnisse, was ja insbesondere in der Frauen- und Geschlechterforschung seit vielen Jahren hinlänglich kritisiert wird, auf eine (anscheinend) biologistische Weise als androzentristisch. Die Theorie des »phallischen Monismus« wiederholt einen zentralen Aspekt ihres »Gegenstandes« (die Idealisierung des Penis-Phallus), unterliegt der Tendenz zur Re-Mythologisierung der männlichen Geschichte und leugnet den Anteil und die Bedeutung einer eigenständigen, nicht vom Mann ableitbaren Weiblichkeit. »Man hat oft den Eindruck, mit dem Peniswunsch und dem männlichen Protest sei man durch alle psychologische Schichtung hindurch zum ›gewachsenen Fels‹ durchgedrungen und so am Ende seiner Tätigkeit. Das muß wohl so sein, denn für das Psychische spielt das Biologische wirklich die Rolle des gewachsenen Felsens. Die Ablehnung der Weiblichkeit kann ja nichts anderes sein als eine biologische Tatsache, ein Stück jenes großen Rätsels der Geschlechtlichkeit.«[40] Freud ist davon überzeugt, daß sich der »morphologische Unterschied« zwischen den Geschlechtern zwangsläufig auch in »Verschiedenheiten der psychischen Entwicklung« äußeren muß und glaubt, mit der Kastrationsdrohung und ihrer Rolle für den Untergang des Ödipuskomplexes nicht nur die Ursache für den Penisneid des Mädchens, sondern auch für die bei Männern und in männlich dominierten Kulturen allgemein verbreitete Abwehr der Weiblichkeit und der Homosexualität gefunden zu haben.[41]

Nach dieser Auffassung Freuds löst erst die unbewußte Verbindung der (aktuellen) Kastrationsdrohung mit dem (erinnerten oder erneuerten) Anblick des weiblichen Genitals nachträglich jenen »fürchterlichen Affektsturm« aus, der schließlich in die typisch männliche Haltung und Einstellung zu den Frauen einmündet. »Zwei Reaktionen werden aus diesem Zusammentreffen hervorgehen, die (...) sein Verhältnis zum Weib dauernd bestimmen werden: Abscheu vor dem verstümmelten Geschöpf oder triumphierende Geringschätzung desselben.«[42] Die Kombination dieser bis zum Abscheu reichenden Geringschätzung des Weibes mit der »Hochschätzung des männlichen Organs« habe einen »regelmäßigen Anteil an der Charakterbildung« das Mannes und mache seinen gewöhnlichen »*horror feminae*« aus.[43]

---

40 Freud (1937), *Die endliche und die unendliche Analyse*, S. 99. Vgl. Schlesier (1981), *Konstruktion der Weiblichkeit bei Sigmund Freud*; Schmauch (1987), *Anatomie und Schicksal. Zur Psychoanalyse der frühen Geschlechtersozialisation*; Rohde-Dachser (1991), *Expedition in den dunklen Kontinent*; Alpert (1992), *Psychoanalyse der Frau jenseits von Freud*.

41 Freud (1924a), *Der Untergang des Ödipuskomplexes*, S. 400. An dieser Stelle finden wir auch jenen berühmten Satz Freuds über die Penislosigkeit des Mädchens, der lange Jahre im Mittelpunkt der feministischen Psychoanalyse-Kritik gestanden hat: »Die Anatomie ist das Schicksal« (ebd.). – Übrigens wäre es interessant, der Frage nachzugehen, warum Freud bei der Beschreibung des weiblichen Penisneides und seiner Ableitung aus der Überlegenheit des männlichen Genitals ausgerechnet Napoleon eingefallen ist.

42 Freud (1925b), *Einige psychische Folgen des anatomischen Geschlechtsunterschieds*, S. 24.

43 Freud (1922), *Über einige neurotische Mechanismen bei Eifersucht*, S. 204 ff.

Freuds Vorstellung von der Frau und ihrer (angeblichen) Wahrnehmung bei beiden Geschlechtern als ein »verstümmeltes Wesen« ist natürlich indiskutabel und macht sein Geschlechtermodell nahezu unbrauchbar für eine Psychoanalyse der Weiblichkeit. Auch seine monokausale Ableitung der phallozentristischen Weiblichkeitsabwehr aus dem Kastrationskomplex ist höchst problematisch. Dennoch zeigt sich auch hier, daß Freuds Annahmen zur Psychologie des Mannes und der Männlichkeit von der genauen Beobachtung einer auffälligen empirischen (und klinisch bestätigten) Tatsache ausgehen und zu einer Analyse der Tiefenstrukturen von Männlichkeit wichtige Ansätze liefern können. Christa Rohde-Dachser ist eine der wenigen Psychoanalytikerinnen, die mit der Kritik an Freuds Weiblichkeitskonstruktionen ausdrücklich auch auf die Entsprechungen zwischen den typisch männlichen Wahrnehmungen und Verarbeitungsmustern der Geschlechterdifferenz und dem vom phallischen Monismus geprägten Modellen Freuds hingewiesen hat. Insbesondere die Triebtheorie liefert, trotz anthropologisierender Verkürzungen, mit ihrer grundlegenden Objektdimension einen wichtigen metapsychologischen Beitrag zu einer Theorie der kulturell konstruierten männlichen Geschlechtsidentität und ihrer Anbindung an die Anatomie und Physiologie. Freuds Modell bietet die Chance, der falschen aber verbreiteten Alternative: soziale Konstruktion *oder* biologischer Determinismus durch einen »richtig« verstandenen Triebbegriff zu entgehen.

Wenn aber, um auf die Frage nach den geschlechtsspezifischen Ursachen der feindseligen Einstellung zur Weiblichkeit zurückzukommen, das allgemeine »Grausen« des Mannes vor der Frau nicht ihrer Penislosigkeit entspringt, worin liegt dann die Quelle seiner antifemininen Affekte und mit welchen psychischen Mechanismen erfolgt deren Anbindung an den anatomischen Geschlechtsunterschied? Wie schreibt sich das Verhältnis von Penis und Phallus über die Körperwahrnehmungen in die Trieb- und Objekt- bzw. Selbst- und Fremdrepräsentanzen der hegemonialen Männlichkeit ein?

Der Penis als »Exekutivorgan« der männlichen Sexualität

Die Anatomie ist nicht die primäre Quelle der Macht und Hierarchie zwischen den Geschlechtern, Machtstrukturen aber besetzen und nutzen die Anatomie, um sich in der Konstitution der Geschlechter durchzusetzen. Die hierarchische Beziehung der Geschlechter ist also kein *direkter* Effekt der primären Geschlechtsmerkmale, aber die Durchsetzung von Macht, Überlegenheit und Größenansprüchen läßt sich ohne eine systematische Berücksichtigung der genitalen Lustdimension auch nicht auf den kulturellen Symbolwert des Phallus allein reduzieren. Becker-Schmidt und Knapp weisen in diesem Zusammenhang auf die doppelte Bedeutung des (über-)besetzten Phallus hin. »Zum einen symbolisiert er die Distanz zum Weiblichen, zur Mutter. Zum anderen ist der Penis für den Mann sein ›alter ego‹: er ist etwas, was als Selbständiges begriffen werden kann. Daran heften sich – neben Ängsten vor Impotenz oder Verselbständigung, die mit der Unwillkürlichkeit der Erektion zusammenhängen – Phantasien von Transzendenz und Übermacht.«[44] Der Phallus wird vom Mann also doppelt fetischisiert: als Mittel der Separierung und Konfliktlösung in der Beziehung zur Mutter – auch wenn Verschmelzungsangst und Abwehr des Inzestwunsches zwei verschiedene Prozesse sind, so hängen sie doch eng miteinander zusammen – und »zum zweiten als Beweis männlicher Potenz, die mehr umfaßt als reine Genitalität. Diese ist stark narzißtisch gefärbt: Der Phallus als Spiegel des Selbst und Symbol der Zeugung und Zeugenschaft« (ebd.) – aber eben auch, und dieser Aspekt wird von Becker-Schmidt und Knapp vernachlässigt, als erotisches Zentralorgan und Träger sexualphysiologischer Reaktionen.

Der Penis wird und bleibt dauerhaft auch Phallus, und diese Doppelbedeutung macht eines der zentralen Dilemmata der männlichen Sexualität aus. Welche Rolle spielt nun bei dieser Transformation die genitale Sexualität, die in diesem Prozeß von der narzißtischen Dimension des Phallus in den Hintergrund gedrängt zu werden scheint? An Lacans strukturalistischer Psychoanalyse orientiert, beschreibt Cornell die unbewußten Prozesse des »Auslöschens des Weiblichen aus der symbolischen Ordnung«, die vom »Auslöschen der Bedeutung der Mutter« nicht zu trennen seien.[45] Die Errichtung des Phallus gelinge nur, wenn der Junge sich nicht nur von der Mutter gelöst, sondern eine Geschlechtsidentität unter Ausschluß und Abwertung des Weiblichen etabliert habe. Das Resultat dieses Prozesses sind dann genau jene männlichen, vom Wunsch nach Autonomie bestimmten Selbsterzeugungsmythen, die ihr Fundament in der vollständigen Ausgrenzung von Frauen und der Abwertung von Weiblichkeit haben, denn: »Die grandiose Phantasie des Phallus liegt darin, daß er sein anderes nicht braucht« (S. 137).

44 Becker-Schmidt/Knapp (1987), *Geschlechtertrennung – Geschlechterdifferenz. Suchbewegungen sozialen Lernens*, S. 59.

45 Cornell (1993), *Die Zeit des Feminismus neu gedacht*, S. 135 f.

Mit der Errichtung des Phallus und seiner Herrschaft verschärft sich das allgemeine Sexualitätsdilemma (Trieb versus Objekt) ebenso wie das Männlichkeitsdilemma (Autonomie versus Abhängigkeit). Einerseits ist die endgültige Durchsetzung des Genitalprimats in der Adoleszenz die kulturelle Bedingung, die die symbolische Überbewertung des Sexualorgans erst möglich macht; andererseits bleibt auf der Ebene der Sexualität die Lust weiterhin an ein Organ gebunden, das eine(n) andere(n) zur Erlangung des Triebziels braucht, ein grundsätzlich zwar austauschbares, aber für die Phantasie und die reale Befriedigung unerläßliches Objekt. Daraus folgt ein Paradoxon: in ihrer phallischen Gestalt bedarf die männliche Sexualität *keine(n)* »andere(n)«, in ihrer genitalen Lustdimension dagegen um so mehr.[46] Dieses widersprüchliche, nicht integrierbare oder gar auflösbare Spannungselement spielt eine zentrale Rolle bei der Entwicklung der spezifisch männlichen Neigung, zur Abwehr von (realen oder vermeintlichen) angstauslösenden Bedrohungen der Integrität auf frühe Spaltungsmechanismen zurückzugreifen. Diese archaischen Spaltungen bilden in Freuds (unentwickelter) Männlichkeitskonzeption die wichtigsten Fixierungsstellen für die typischen Weiblichkeitseinstellungen des Mannes: die Aufspaltung des Frauenbildes, die Unfähigkeit, Zärtlichkeit und Sinnlichkeit zusammenzubringen und eine allgemeine Erniedrigungstendenz gegenüber Frauen.[47] Hinzu kommt die Suche nach einer »Lösung« des Dilemmas, die durch ihr regelmäßiges Scheitern die Neigung zu destruktiven Durchbrüchen, verbunden mit einer Tendenz zur »Devitalisierung« des Objekts in der Wahrnehmung, die Neigung zur Perversionsbildung und einen allgemeinen Haß auf Frauen verstärkt. Diese »Devitalisierungstendenz« gegenüber (weiblichen) Objekten, die sich bei allen Perversionen und, wenn auch weniger radikal, in der »normalen« männlichen Sexualität auffinden läßt, kann unter bestimmten inneren und äußeren Bedingungen in offene Destruktivität umschlagen. Die Quellen dieser Neigung, Frauen wie Gegenstände zu behandeln, lassen sich bereits in den frühen Bezugnahmen der Sexualität auf weibliche Objekte und ihrer Verarbeitung auffinden. – Bevor darauf näher eingegangen wird, soll zumindest kurz die Entstehung und Entfaltung der männlichen Genitalität aus Sicht der psychoanalytischen Entwicklungspsychologie behandelt werden.

---

46 »Darin liegt die Wurzel der Angst und des Begehrens. An der Schwelle der ›zweiten Geburt‹ liegt das Trauma, sich selbst gegeben zu sein durch ein Anderes.« Böhme/Böhme (1992), *Das Andere der Vernunft. Zur Entwicklung von Rationalitätsstrukturen am Beispiel Kants*, S. 155.

47 Vgl. Freud (1910/1912), *Beiträge zur Psychologie des Liebeslebens.*

Die (infantile) männliche Genitalität entsteht bereits vor Erreichen der »phallischen Phase«, entwickelt sich in mehreren Schritten und geht mit der Ausbildung einer sexuellen, wenn auch vorläufigen und fragilen Identität einher.[48] Die einzelnen Stufen dieser Identitätsbildung lösen sich nicht nach einem einfachen linearen Schema ab, sie überschneiden sich und werden, wie bereits mehrfach betont, unter dem Eindruck neuer, organisierender Erfahrungen nachträglich umgearbeitet.

Eine spielerische Entdeckung des Penis findet in der Regel bereits in den letzten Monaten des ersten Lebensjahres statt, wenngleich noch nicht als intentional gerichtete Handlung. Diese genitalen Explorationen werden zweifellos durch die »körperlichen Empfindungen, die Erfahrungen lustvoller Befriedigung während des Körperkontaktes, des Gestilltwerdens, beim Windeln« usw. (modifizierte Verführung) angeregt und befördert und bilden zusammen mit den spielerischen Aktivitäten »die sensomotorische Grundlage von späteren, in den darauffolgenden Lebensjahren sich allmählich entwickelnden, symbolisch organisierten Phantasien, die (...) eine Fokussierung der psychosexuellen und aggressiven Strebungen darstellen.«[49] Zu diesen Fokussierungen gehört, wie gezeigt, in erster Linie die (notwendige) Anbindung dieser Strebungen an die frühen Libidoobjekte bzw. deren Vorstufen.

In einer ersten *genitalen Phase* erfährt und erlebt der Junge etwa in der Mitte des zweiten Lebensjahren den Penis in Verbindung mit anderen körperlichen und psychischen Reifungsprozessen sowie mit der beginnenden Wahrnehmung des Geschlechtsunterschiedes. Dem Zuwachs an motorischer Aktivität (Krabbeln, aufrechter Gang) korrespondiert, wie wir gesehen haben, eine zunehmende narzißtische und libidinöse Besetzung des eigenen Körpers und seiner Funktionen. Nach Mahler (u. a.) erlebt der Junge in dieser als »eigentliche Übungs-Subphase« bezeichneten Stufe seinen Penis als »ein exquisit sinnliches lustspendendes Organ, dessen Bewegung jedoch nicht vom Ich beherrscht wird« (ebd.). – Die Parallelität von zunehmender willkürlicher Körperbeherrschung und unwillkürlichen nichtkontrollierten Penisbewegungen (Erektion, Abschwellen) führe zu einer Verschärfung des Gegensatzes von *Aktivität* und *Passivität* und, so müssen wir ergänzen,

48 »Das Konzept der Geschlechtsidentität umfaßt bewußte Vorstellungen und unbewußte Phantasien einer individuellen Kombination von Männlichkeit und Weiblichkeit, wie sie aufgrund biologischer, psychologischer, sozialer und kultureller Faktoren zustande gekommen sind.« Mertens (1994), *Entwicklung der Psychosexualität und der Geschlechtsidentität I*, S. 23. Vgl. Stoller (1968), *Sex and Gender*; Tyson (1991), *Männliche Geschlechtsidentität und ihre Wurzeln in der frühkindlichen Entwicklung*.

49 Mertens (1994), *Entwicklung der Psychosexualität und der Geschlechtsidentität I*, S. 62.

zu Problemen bei dem Versuch einer eindeutigen geschlechtsbezogenen Zuordnung dieses Gegensatzes. Auch dies bestätigt die grundsätzliche Zwangslage, die durch die narzißtisch-exhibitionistische Besetzung des Penis noch verstärkt werden kann. Je stärker die Gefühle der Allmacht und der omnipotenten Kontrolle, desto größer auch die Gefahr von Kränkung und Kontrollverlust mit den bekannten, vermeintlich Selbsterhaltungszwecken dienenden Ausbrüchen von Haß und Destruktivität.

Auf dem Hintergrund des von Beginn an spürbaren gesellschaftlichen Zwangs, sich als des hegemoniale Geschlecht zu konstituieren und zu beweisen, erscheint die Annahme von Mahler u. a. naiv, die »Wiederannäherungskämpfe« des heranwachsenden Jungen mit der Mutter verliefen weniger stürmisch und seine »geschlechtliche Bedingtheit« setze sich konfliktloser durch, »wenn die Mutter die Phallizität des Jungen auf der ganzen Linie achtet und sich darüber freut, insbesondere in der zweiten Hälfte des 3. Lebensjahres« (ebd., S. 268). Denkt man Penis und Phallus zusammen, so ist diese Annahme allerdings nicht haltbar. Die Angst des Jungen, die Bewegungen seines lustspendenden und gleichzeitig narzißtisch aufgeladenen Genitals nicht kontrollieren zu können, steigert sich unweigerlich mit der Zentrierung objektgerichteter genitaler Regungen zu Beginn der phallischen Phase. Das Dilemma drückt sich durch die (nicht mehr aufzulösende) wechselseitige Überlagerung von Narzißmus und Exhibitionismus (Phallus) und genitalem Triebdruck (Penis) in *einem* Organ und entlang *einem* (phantasierten und realen) Objekt aus. Je stärker dabei die Gefühle von Allmacht und Omnipotenz ausgeprägt sind, desto größer die mit der Sexualität gegebenen Gefahren von Enttäuschung, Kränkung und Kontrollverlust. Das von Mahler als »alterentsprechende«, aber vorübergehende »Stimmungslage« gekennzeichnete »quasi wahnhafte (...) Gefühl von Größe, Omnipotenz und Sieghaftigkeit« (ebd., S. 266) bleibt erhalten und wird zusammen mit der Neigung, im Falle vermeintlicher Gefahren destruktiv zu reagieren, zu einem dauerhaften Bestandteil der unbewußten männlichen Selbstrepräsentanzen.

Lillian Rotter führt in ihrem außerordentlich wertvollen Beitrag zur Erkenntnis dieser männlichen Zwangslage[50] die spezifischen Ohnmachtsgefühle von Jungen und Männern auf die bereits früh erlebte Erfahrung zurück, daß optische und taktile Reize, die von Mädchen und Frauen ausgehen, Erregungen und Erektionen hervorrufen können. So werde das Gefühl verstärkt, nicht mehr Herr über den eigenen Penis

50 Rotter (1989), *Sexappeal und männliche Ohnmacht.*

zu sein und damit die Kontrolle über den ganzen Körper bzw. das Selbst verloren zu haben. Später, wenn Männer diese Reize selbst suchten, würden die Frauen auf diese Funktion der Reizstimulation und -abhelfung reduziert, ansonsten aber, wenn präferierte körperliche Merkmale fehlen, abgewertet. Für die unbewußte Selbstwahrnehmung des Mannes heißt das, »daß der Penis, als einzig sichtbarer körperlicher Unterschied zu Mädchen und damit Symbol seiner Männlichkeit, nicht ihm gehört, sondern der Kontrolle eben jener Frauen zu unterstehen scheint, von denen er sich deutlich abgrenzen möchte.«[51] Die widersprüchliche und für viele Männer nicht auflösbare, aber schlecht aushaltbare emotionale Spannung zwischen Abhängigkeit und Autonomie, Macht und Ohnmacht wird auch von Andreas Benz eindrücklich beschrieben und am Umgang mit der Genitalität festgemacht. »Aus dieser Perspektive erscheinen auch die sexuellen Praktiken des Exhibitionismus, des Voyerismus, der Onanie unter Verwendung von Pornobildern in einem neuen Licht. Alle drei Praktiken erfordern eine notwendige Distanz zur sexuell erregenden Frau« (S. 157).[52]

Das Erleben dieser disjunktiven Spannung zwischen Autonomie und Abhängigkeit und seine phallisch-aggressiven »Lösungsversuche« lassen sich nicht einfach kausal auf die von Mahler (u. a.) beschriebenen frühen genitalen Erfahrungen im Spiel des Jungen mit seinem Penis zurückführen. Diese Erfahrungen machen nur *eine* der Quellen aus, die durch spätere, für das geschlechtsbezogene Macht-Ohnmachtsgefälle relevantere Erfahrungen, überlagert und dann nachträglich aktiviert werden können. Erst die Erkenntnis und Verarbeitung des anatomischen Geschlechtsunterschieds mit seinen dramatischen Folgen legen die Basis für regressive Rückgriffe auf das endogen eingelagerte Potential in späteren Krisenfällen. Auch für die von Mahler beobachtete frühe, bereits im ersten Lebensjahr erfolgende Entdeckung des Penis als exklusives Lustorgan gilt mit Irene Fast, »daß das geschlechtsrelevante Erleben der Kinder in einer ganz bestimmten Hinsicht zunächst undifferenziert ist. Die Entwicklung des Jungen, wie auch des Mädchens verläuft aufgrund sozialer und biologischer Einflüsse in vorwiegend geschlechtsadäquater Richtung (...). Das heißt, daß die Kinder

---

51 Benz (1989), *Weibliche Unerschöpflichkeit und männliche Erschöpfbarkeit*, S. 169.

52 Genitale Lust macht abhängig und bringt die Männer in eine Zwangslage, die offenbar schon Platon zur Verzweiflung trieb: »Darum versucht die, gleich einem der Vernunft nicht gehorchenden Tiere, zu einem Ungelenksamen und selbstherrisch Gebietenden gewordenen Natur der männlichen Geschlechtsteile, ihren wütenden Begierden alles zu unterwerfen.« Zit. nach Stopczyk (1980), *Was Philosophen über Frauen denken*, S. 19.

selbst ihre Erfahrungen nicht geschlechtsbezogen kategorisieren.«[53] Die sozialisatorischen Wirkungen von Müttern, Vätern und anderen Bezugspersonen hinterlassen in den unbewußten Wahrnehmungs- und Gedächtnissystemen zwar schon geschlechtsbezogene Eindrücke, die daraus gewonnenen Selbst- und Objektrepräsentanzen sind ist jedoch noch nicht vergleichend auf die Geschlechterdifferenz gerichtet.

Die Entwicklung der männlichen Kerngeschlechtsidentität (core gender identity),[54] die allmählich durch die Erfahrungen der eigenen Genitalität ausgedrückt und verstärkt wird, ist vor allem Ergebnis der Verarbeitung geschlechtsrollenstereotyper Zuweisungen seitens der Eltern, die bereits nach der Geburt, möglicherweise sogar schon davor einsetzen, aber erst nachträglich Wirkung entfalten – soweit die wohl zutreffende Feststellung von Mertens. Daß sich aber die Kerngeschlechtsidentität »gegen Ende des zweiten Lebensjahres als (relativ) konfliktfreie Gewißheit etabliert« (ebd.), ist angesichts der beschriebenen Konstitutionsprozesse der Sexualität stark zu bezweifeln. Die frühe und unter wechselnden Vorzeichen wiederholt auftretende Erfahrung des unlösbaren Dilemmas zwischen Autonomie und Abhängigkeit führt zur Bildung eines Konfliktpotentials im psychosexuellen Kernbereich, das, verschärft durch das gesellschaftliche Ideal männlicher Unabhängigkeit, durch spätere Rückgriffe mobilisiert und nach neuen Abwehrgesichtspunkten gemischt, ausbrechen kann. Auch wenn diese Grunderfahrung nicht von Beginn an als geschlechtsspezifische erlebt wird, bleibt sie nicht ohne Folgen für die Entwicklung des Hauptmerkmals der Kerngeschlechtsidentität: die unabänderliche Gewißheit, ein Mann zu sein, eine Gewißheit, die später, unter dem Druck geschlechtsbezogener Anforderungen und Erwartungen unlösbar mit der Unsicherheit und Angst auslösenden Vorstellung, ein »richtiger« Mann zu sein, verknüpft wird.

Die nachträgliche Kodierung der als sexuelles Dilemma erlebten Konfliktstruktur der Subjektkonstitution mit der Geschlechterpolarität »männlich« oder »weiblich« gehorcht weder einem Naturgesetz noch einem entwicklungspsychologischen Zwang. Freud betont an vielen Stellen, wie die frühen Gegensätze des unbewußt-bewußten Seelenlebens erst mit der Geschlechterdifferenzierung dem geschlechtsbezogenen Dualismus zugeordnet und umgewertet werden, auch wenn diese

53 Fast (1991), *Von der Einheit zur Differenz*, S. 3.

54 Die Kerngeschlechtlichkeit »stellt das primordiale, bewußte und unbewußte Erleben dar, entweder ein Junge oder ein Mädchen bezüglich seines biologischen Geschlechts (im Englischen ›Sex‹ im Unterschied zu ›gender‹) zu sein.« Mertens (1994), *Entwicklung der Psychosexualität und der Geschlechtsidentität I*, S. 24.

Erkenntnis durch seine monistische Theorie der »phallischen Stufe« wieder verstellt wird. Theoretisch sind Formen der Geschlechtsidentität denkbar, die nicht einem »Überdeckungsfehler« (Freud) durch Unterordnung der antagonistischen Gegensätze des Psychischen unter das vorherrschende geschlechtsbezogene Diktat unterliegen. Gänzlich vermeiden allerdings lassen sich weder die Trieb-Objekt-Konflikte, noch die dran entzündeten Geschlechterspannungen – nur der Umgang damit ist variabel. Daher ist Mertens Idee, der polare Gegensatz der Geschlechter könne in einem »ganzheitlich« verstandenen, »psychisch gesundem und ausgewogenem« Menschen, der »männliche und weibliche Anteile integriert«[55] aufgehoben werden, ein utopisches Ideal, das trösten soll, aber ebenso illusorisch ist, wie die Idee einer »freien« Sexualität.

Die Verarbeitung der Geschlechterdifferenz geht einher mit der Zentrierung der männlichen Sexualität auf das Genital und ihrer Ausrichtung auf ein einheitliches (in der Regel heterosexuelles) Objekt. Nun erst bilden sich die typischen Merkmale der männlichen Geschlechtsidentität heraus. Nach Mahler (u. a.) geschieht das am Ende der sogenannten »Wiederannäherungsphase« etwa ab Mitte des zweiten Lebensjahres und leitet die »phallische Phase« ein, die schließlich in die »Verdüsterung der phallisch-ödipalen Periode einmündet«.[56] Nach den Theorien zur Geschlechtsidentität wird in dieser Periode die »Geschlechtsrollen-Identität« (role gender identity) ausgebildet, die schließlich in die »Geschlechtspartner-Orientierung« (sexual partner orientation) bzw. in den »reifen« Objektwahltypus (Freud) überführt wird: beim Jungen in eine genital zentrierte Heterosexualität mit einer (zunächst latent) destruktiv und sadistisch aufgeladenen Abwertung von Weiblichkeit (Ambivalenz). »Es kann die abwehrhafte Fassade einer Männlichkeit entstehen, die durch eine aggressive Sexualität und eine entwertende oder chauvinistische Einstellung Frauen gegenüber, einem offensichtlichen Bestandteil des ausgeprägten Machocharakters, gekennzeichnet ist.«[57] Das biologische Geschlecht wird mit den als ein-

55 Ebd., S. 29.

56 Mahler/Pine/Bergmann (1978), *Die psychische Geburt des Menschen*, S. 272; vgl. S. 135–139 u. S. 266–273.

57 Tyson (1991), *Männliche Geschlechtsidentität und ihre Wurzel in der frühkindlichen Entwicklung*, S. 9. »Mängel bei der Integration von sexuellen und aggressiven Impulsen in eine wertvolle Sicht des Selbst vermindern das Selbstvertrauen, erhöhen die Angst vor Bestrafung, und die projizierte Aggression verstärkt ferner die Kastrationsangst« (ebd.). – Leider führen diese Integrationsmängel und ihre männertypische Abwehr zu einer Phallizität, die zur allgemeinen Grundausstattung der vorherrschenden Männlichkeitsformen gehört. Zwischen Sadisten, Machos und »normalen Män-

deutig männlich geltenden Qualitätsmerkmalen attribuiert, ein Vorgang, der, darauf weist Mertens zu Recht hin, wesentlich mehr beinhaltet als soziales Rollenlernen.[58]

Der physiologischen und psychischen Genitalzentrierung folgt ca. am Ende des dritten Lebensjahres die kognitive *Erkenntnis* des (zunächst noch nicht antagonistisch wahrgenommenen) Geschlechtsunterschieds und seiner (vermeintlichen) Bedeutungen. Das Bewußtsein hinkt gewissermaßen der unbewußten (bzw. vorbewußten) Wahrnehmung und ihrer Verarbeitung hinterher. Nach Irene Fast ermöglicht erst das Erreichen dieser kognitiven Entwicklungsstufe den Beginn der Geschlechterdifferenzierung.

> »Die Kinder ordnen ihre Erfahrungen nunmehr im Hinblick auf die Verschiedenheit der Geschlechter ein. Hierbei handelt es sich v. a. um die Gewahrwerdung von Grenzen und um die Erkenntnis, daß bestimmte sexuelle und geschlechtliche Merkmale, die das Kind unkritisch für sich beansprucht hat, tatsächlich Personen des anderen Geschlechts zugehören. Diese Erkenntnis ist sowohl für Mädchen als auch für Jungen mit Verlustgefühlen, Verleugnung, Neid usw. verbunden. In den anschließenden Differenzierungsprozessen, die die psychoanalytische Psychologie als ödipale Phase bezeichnet, entwickeln die Kinder in Identifizierungen und gleichgeschlechtlichen Beziehungen zu dem einen Elternteil, in gegengeschlechtlichen zum anderen, ihre eigene, spezifische Geschlechtsidentität. (...) Diese Parameter der Geschlechterdifferenzierung, die für Mädchen wie für Jungen gelten, werfen für beide Geschlechter unterschiedliche Entwicklungsprobleme auf und haben auch unterschiedliche Verlaufsformen, u. a. deshalb, weil in unserer Gesellschaft die Mutter, also eine Frau, die Hauptbezugsperson für Jungen ebenso wie für Mädchen ist.«[59]

Die Verlusterfahrung des Jungen bezieht Fast auf die von diesem bisher auch sich selbst zugerechneten (»attribuierten«), jetzt als exklusiv weiblich erkannten Gebärfähigkeit. Der mit der Geschlechterdifferenzierung auftretende Neid richtet sich demnach beim Jungen auf die Gebärfähigkeit der Frau, der Neid des Mädchens dagegen auf den Penis

---

nern« besteht hinsichtlich der Einstellung zum eigenen und vor allem zum anderen Geschlecht kein grundsätzlicher Unterschied.

58 Vgl. Mertens (1994), *Entwicklung der Psychosexualität und der Geschlechtsidentität I*, S. 25.

59 Fast (1991), *Von der Einheit zur Differenz*, S. 3 f.

des Knaben, aber, ist diese Entwicklung wirklich selbstverständlich und zwangsläufig?

Denkbar ist auch die Möglichkeit einer erst später erfolgenden nachträglichen Fetischisierung der Autonomiewünsche und einer jeweils spezifischen Verarbeitung der Abhängigkeitsproblematik, die während der Differenzierungsprozesse selbst noch nicht im Mittelpunkt der psychischen Selbstrepräsentierungsprozesse stand. Zudem ist eine Analogisierung von *Penishaben* oder *Gebärenkönnen* problematisch: Aufgrund der kulturellen Hochschätzung der phallischen *und* sexuellen Bedeutung der männlichen Genitalität sollte ein Unterschied in der allgemeinen Bewertung dieser beiden geschlechtsbezogenen Elemente gemacht und berücksichtigt werden. Für Mädchen bedeutet der Hinweis auf die Gebärfähigkeit ein Versprechen auf eine Potentialität, auf eine erst *zukünftig* erreichbare Fähigkeit, die ein Trost sein mag, aber dem gegenwärtigen Mangel, wenn denn tatsächlich einer da sein sollte, nicht abhilft.

Die Selbstvergewisserung und die narzißtische Unterstützung des Jungen als Penisträger verstärkt wiederum die Besetzung seines Organs als Zentrum seiner gesamten psychosexuellen Aktivitäten. Zwischen dem Versprechen auf eine zukünftige Fähigkeit und der Anerkennung einer gegenwärtigen Tatsache besteht aber ein grundsätzlicher Unterschied. Irgendwann einmal ein Kind im eigenen Bauch wachsen lassen zu können, hat keine, oder wenn, nur eine geringe sexuelle Bedeutung, sicherlich aber keine, die aktuelle psychosexuelle Konflikte lösen bzw. dem Triebdruck in der phallischen Phase abhelfen könnte.

Festzuhalten aber ist der bereits erwähnte Mechanismus einer geschlechtsspezifischen »Rekategorisierung« bislang geschlechtsunabhängig wahrgenommener Erfahrungen nach der Erkenntnis der Geschlechterdifferenz. Der Junge bringe so die dauerhaft mit Weiblichkeit verknüpfte Gebärfähigkeit *nachträglich* mit seinem eigenen Geschlecht in Verbindung, müsse sich nun von dieser Vorstellung wieder trennen, die Erfahrung dieses »Nicht-« und »Niemals-Könnens« verarbeiten und darauf eine männliche Geschlechtsidentität aufbauen, die unter Anerkennung der eigenen Grenzen auf diese (weiblichen) Anteile verzichtet. »Den Kindern wird bewußt, daß die Vorstellung, daß ihnen sämtliche sexuellen und geschlechtlichen Möglichkeiten offenstehen, nicht mit der Vorstellung von einem Selbst als Mädchen oder Junge vereinbar ist und sie deshalb darauf verzichten müssen« (S. 110). Aus dieser notwendigen Anerkennungspraxis könnten, so betont Fast immer wieder, die bekannten Erscheinungen von Neid, Haß und Sadismus des Mannes gegenüber dem weiblichen Geschlecht entstehen, allerdings nur, wenn die

Entwicklung der Geschlechterdifferenzierung nicht »optimal« verlaufe. Mit dem leider nicht systematisch entwickelten, nur auf den Zeitpunkt der Verarbeitung der Geschlechterdifferenz bezogenen Modell der »Rekategorisierung« könnte der Gebärneid des Jungen aber auch als eine *sekundäre*, durch spätere Einflüsse gebildete und nachträglich eingesetzte psychische Bildung begriffen werden. Der Gebärneid wäre dann ein Kompensationsversuch, der durch eine Verschiebung die aus anderen Konfliktfeldern stammenden Defizite der Männlichkeitsentwicklung remythologisierend verschleiert.

Die Vorstellung Fasts, die durch eine »Rekategorisierung« der Erkenntnis eigener Grenzen und Möglichkeiten entwickelte Männlichkeit könne über neue Identifikationen mit dem Vater in die ruhigen Bahnen einer optimal gelungenen Geschlechtsidentitätsentwicklung einmünden, verkennt und verkürzt die Dramatik der phallisch-genitalen Sexualität des Mannes und stilisiert den Vater zum Retter vor einer allmächtig verschlingenden Mutter. Nur eine Überbetonung der *kognitiven* Anteile an der psychischen Reorganisation früherer Erfahrungen macht diese Vorstellung einer erfolgreichen und endgültigen Überwindung des sexuellen Narzißmus und des darin eingelagerten antifemininen Haßpotentials möglich. Unter dem Vorzeichen des Phallus-Primats ist eine gelungene Integration von Sexualität und Aggression nicht, bestenfalls annähernd, niemals aber konfliktfrei zu erreichen. – Die regelmäßig auch die »normale« männliche Sexualität begleitenden sadistischen Züge können daher mit diesem Differenzierungsmodell ebensowenig hinreichend erklärt werden, wie der Sadismus in Form einer manifesten Perversion.

Fast muß die Perversionen pathologisieren, da sie deren sadistische Grundlage und den in ihnen zum Ausdruck kommenden Haß auf die Frauen als Folge einer Störung der prinzipiell gelingbaren Differenzierung und ihrer Verarbeitung ansieht. Sie verengt die gesamte Theorie des männlichen Sadismus durch die kausale Rückführung auf einen nicht verarbeiteten bzw. nach der Geschlechterdifferenzierung nicht aufgegebenen männlichen Gebärneid. »Der ursprüngliche sadistische Impuls kann dann als Wunsch verstanden werden, die Frau zu demütigen und ihr Schmerz zuzufügen, und zwar im Zusammenhang mit ihrer Fähigkeit, schwanger zu werden und Kinder zu gebären« (S. 62). Allein dieser Neid sei die Quelle des Hasses auf Frauen, das gelte allerdings nur für Männer, die ihre eigenen Grenzen nicht erkennen und verarbeiten konnten, möglicherweise weil kein Vater als Vorbild für eine »ich-synthone Männlichkeit« und damit als »Schutzwall gegen die regressiven Tendenzen, mit der Mutter zu verschmelzen« (S. 155) zur

Verfügung gestanden habe. Denn erst die Vateridentifikation eröffne dem Jungen einen Fluchtpunkt, »um sich nicht ganz und gar in sein Verlustgefühl, seinen Haß und seine Abneigung zu verstricken, die ihn Frauen gegenüber zu überwältigen drohen« (ebd.). Dieses einfache Modell blendet die sexuelle Dramatik ebenso aus wie die narzißtischen Konflikte, die sich für den Jungen aus der Zentrierung seiner polymorph-perversen Anlagen unter dem Diktat des phallisch aufgeladenen Genitals ergeben.

Für Edith Jacobson scheint dagegen die Weiblichkeitsabwehr eine ganz normale Begleiterscheinung und Folge der Entwicklung der männlichen Geschlechtsidentität zu sein. Im Unterschied zu Fast bindet sie die Geschlechterdifferenzierung des Jungen ausdrücklich an die narzißtische Besetzung seines Genitals als Mittel im Ablösungskampfes gegen die Mutter. Dieser Vorgang muß nach Jacobson, außer in Fällen eindeutiger Entwicklungsstörungen, nicht weiter hinterfragt werden. Die genitale Stufe festige für den Knaben das Gefühl, etwas Eigenes, Unterschiedliches und Besonderes zu sein. Ähnlich wie bei Freud führen nach Jacobson erst die späteren (unausweichlichen) Kastrationsängste zu einer Abwertung der Weiblichkeit und zu einer Identifizierung mit den angebotenen stereotypen Rollenmustern, die es Jungen erlaubt, sich von Mädchen abzugrenzen, um nicht als »Waschlappen« oder »Schwächling« zu gelten. Die faktische Abhängigkeit von der Mutter, die Jacobson immerhin als Problem anerkennt, stehe im Gegensatz zu diesem idealisierten Selbstbild und müsse vom heranwachsenden Jungen zwangsläufig immer stärker verleugnet werden. »Sein wachsendes Selbstbewußtsein und sein männliches Überlegenheitsgefühl gegenüber dem anderen Geschlecht fördern im Verein mit seinen heterosexuellen Strebungen eine phallisch-maskuline Haltung gegenüber der Mutter und anderen weiblichen Wesen.«[60] Sie liefern damit gleichzeitig, so muß ergänzt werden, die Basis einer »zunehmenden Differenzierung und hierarchischen Gliederung der zwischenmenschlichen Beziehungen des Kindes« (ebd.) unter geschlechtsbezogenen Gesichtspunkten. – Sind derartige Hierarchisierungen im Geschlechterverhältnis tatsächlich »normal«, weil unausweichlich und wirklich für eine »gesunde« psychische Entwicklung des Jungen erforderlich?

60 Jacobson (1964), *Das Selbst und die Welt der Objekte*, S. 87. In der Binnenhierarchie der Männlichkeitsbilder stehen die »verweichlichten« Männer ganz unten, ja eigentlich bereits außerhalb der rein männlichen Ordnung. »Darum gilt mit Recht nichts für gleich verächtlich, als der Weib gewordene Mann, und wird ein solcher Mann geringer geachtet als selbst der stumpfsinnigste und roheste Verbrecher.« Weininger (1903), *Geschlecht und Charakter*, S. 398 f.

Die scheinbare Normalität dieses Verlaufs läßt auch dessen spätere Folge, den männlichen Haß auf Frauen in allen Schattierungen, als automatisch auftretendes, eben ganz normales Phänomen erscheinen. Dieses Beispiel zeigt, ähnlich wie das Differenzierungs-Modell Fasts: Ohne eine kritische Auseinandersetzung mit den gesellschaftlich vorherrschenden Regulierungen des Geschlechterverhältnisses, sind die als »normal« beschriebenen Hierarchisierungen der Selbst- und Fremdzuordnung geschlechtsdifferenter Merkmale nicht zu verstehen. Erst der Druck auf Jungen, der durch die bestehenden sozialen Asymmetrien verstärkt wird, sich nicht nur als ein anderes, sondern als das überlegene und unabhängige Geschlecht zu setzen und zu behaupten, löst das innere hierarchische Gefälle bei der Verarbeitung der Geschlechterdifferenz aus.[61] Das unbewußt gebildete und eingelagerte Erinnerungsmaterial aus den (erworbenen) Mechanismen der Konfliktverarbeitung, aus Abwehr gegen alles, was Unlust bereitet sowie der Bereitschaft zu projektivem, von inneren Fremdrepräsentanzen ausgehendem Haß und zu aggressiver Wut gegenüber den Unlustquellen, gegenüber narzißtischer Kränkung und (vermeintlich) sexueller Bedrohung, wird nach Entdeckung des Geschlechtsunterschiedes unter klaren hierarchischen Bewertungen des eigenen und anderen Geschlechts nachträglich, unter Rückgriff auf bereits erprobte Mechanismen wie der Idealisierung (des Eigenen) und Abwertung (des Fremden) gedeutet und umgeschriftet.

Während der Pubertät erfolgt dann ein erneuter und verstärkter Zugriff auf die infantil vorstrukturierten und im unbewußten Gedächtnis eingeschriebenen Erfahrungen, aber ebenso auf die archaischen Bestandteile der konstitutiven Grundstruktur der Sexualität, worauf im dritten Teil noch genauer eingegangen wird. Die Pubertät und die durch sie in Gang gesetzte Adoleszenz ist die Phase, in der die Bedeutung der Nachträglichkeit am größten und am deutlichsten zu erkennen ist. Die Adoleszenz kann deshalb als eine »zweite Chance« (Eissler, Erdheim u. a.) angesehen werden, da sie durch einen Vorgang eingeleitet wird, den Freud schon 1895 treffend charakterisiert hat: »*Die Pubertätsverspätung ermöglicht posthume Primärvorgänge.*«[62] Damit ist in erster Linie die Entbindung einer (nur vorübergehend) frei flottierenden, aber keinesfalls einer »freien«, objektlosen Sexualität gemeint. Auch

61 Zum Problem der Identitätsbildung unter dem Druck gesellschaftlicher Hierarchisierungen des Geschlechterverhältnisses merkt Böhme an: »Natürlich könnte man sagen, daß dieses Dilemma gelöst wäre, wenn eine wirklich reziproke, also herrschaftsfreie kulturelle Ausprägung der Geschlechtsdifferenz verfügbar wäre. Aber in dieser Situation befinden wir uns leider nicht.« Böhme (1985), *Anthropologie in pragmatischer Hinsicht*, S. 91.

62 Freud (1895), *Entwurf einer Psychologie*, S. 359.

hier erfolgt die Hinwendung zum neuen Objekt symbolisch über die »Leiche« des alten (Winnicott), durch eine (notwendig) aggressive Auflösung libidinöser Bindungen, um neue objektgerichtete Phantasie- und Handlungsspielräume zu erlangen. Dieser mehr oder weniger aggressive Ablösungskampf kann sowohl an der Besetzung selbst, als auch am Objekt mit folgenschwerer Wirkung für die zukünftigen Libidopositionen ansetzen. Die neuen Beziehungsmuster bleiben so gewissermaßen dauerhaft von diesem Erbe des Todestriebes überschattet.

Der »zweizeitige Ansatz der Sexualentwicklung« (Freud) öffnet bzw. »verflüssigt« die vorläufige feste Struktur der Sexualität durch die pubertäre Genitalreifung. Triebtheoretisch bedeutet das: 1. wird der Penis nun endgültig zur zentralen Leitzone der männlichen sexuellen Lust und der reaktiven Abwehr gegen das Objekt und die Ängste, die mit diesem verbunden werden – gegen Weiblichkeit und gegen Homosexualität; 2. die narzißtischen Dimensionen (Größenvorstellungen und Minderwertigkeitsgefühle) spielen eine noch größere Rolle als bisher; und 3. wird die Aufladung des Penis mit aggressiven und sadistischen Triebanteilen erhöht und drückt sich nicht nur symbolisch gegenüber den Objekten der Phantasie, sondern auch in den körperlich-genitalen Aktivitäten aus.

Das Ergebnis ist eine mit starken narzißtischen und exhibitionistischen Neigungen einhergehende phallische Aggressivität, die in unterschiedlich ausgeprägter Form allen vorherrschenden Modellen von Männlichkeit anhaftet und die insbesondere auf dem Feld der Sexualität Ausdruck von Angstabwehr und Überlegenheitsbedürfnissen ist. Diese Ausrichtung des männlichen Verhaltens entspricht jenem Typus, den Wilhelm Reich als »phallisch-narzißtischen Charakter« bezeichnet und analysiert hat. Ein wesentliches Element einer derart phallisch-narzißtisch armierten Männlichkeit ist der unbewußte Zwang, anderen, besonders den Frauen die eigene soziale und sexuelle Potenz unter Beweis zu stellen. Damit schließt sich erneut der Bogen von der narzißtischen Wut zu der mehrfach angesprochenen Abwehr-Kampf-Bereitschaft im Falle vermeintlicher Bedrohungen. »Solche Männer pflegen im gewöhnlichen Leben jedem erwarteten Angriff mit einem Angriff ihrerseits vorzubeugen«[63], d. h. sie reagieren auf tatsächliche oder imaginierte Kränkungen und Zurücksetzungen mit zerstörungsbereiter Wut und Aggression.

Phallisch aggressive Männer neigen zur kompensatorischen Überbetonung von Überlegenheit, Härte und gesteigertem Selbstbewußtsein.

63 Reich (1933), *Charakteranalyse. Technik und Grundlagen für Studierende und praktizierende Analytiker*, S. 227.

Ihr Narzißmus erscheint als eine Art maskuliner Haltung und ihr Gesamt-Ich, so Reich weiter, sei gleichsam mit dem Phallus identifiziert und trage sich entsprechend selbst zur Schau. Der Liebesakt bedeute, und hier weicht die klinische Beschreibung des phallischen-narzißtischen Charakters nur graduell von einer Analyse der Normalmännlichkeit ab, immer auch ein »Durchbohren«, ein »Vernichten«, zumindest aber ein »Erniedrigen« der Frau. »Die Beziehungen zu Frauen«, so die lapidare Feststellung Reichs, »sind durch die gewöhnlich vorhandene Geringschätzung des weiblichen Geschlechts gestört« (ebd., S. 229).

Weder Jacobsons Rechtfertigung der Rolle des phallischen Narzißmus für die Ablösung von der frühen Mutter, noch Fasts Geschlechterdifferenzierungsmodell können die Verbindungen von Phallizität und Weiblichkeitsabwehr begreifbar machen. Insbesondere mit ihrer weitgehend monokausalen und entsexualisierten Ableitung der männlichen Entwicklung aus der Auflösung der frühen Mutterbindung nähern sich diese Ansätze an die bereits diskutierte objektbeziehungstheoretische Position Chodorows an, nach der eine humanverträgliche Entwicklung des Jungen erst durch eine Beendigung der unproduktiven Identifizierung mit der Mutter durch die Beziehung zu einem sich aktiv einbringenden Vater möglich wird. Nicht nur diese Autorinnen sehen in der frühen Identifikation des Jungen mit der Mutter offensichtlich keine Entfaltungschance für seine Männlichkeit und übersehen dabei, daß hier überhaupt erst die Basis für die Subjektbildung des Jungen gelegt wird. Damit reproduzieren sie, zusammen mit fast allen Anhängerinnen und Anhängern der Ent-Identifizierungstheorie Greensons die im männlichen Autonomiewahn unbewußt enthaltene Idee, eine eigenständige männliche Identitätsentwicklung könne erst jenseits der Mutter und verbunden mit einer Abwertung des Weiblichen einsetzen.

Ent-Identifizierung und männlicher Autonomiewahn

Theorien der Geschlechtsidentitätsentwicklung, die sich unter weitgehender Ausblendung der sexuellen Dimension ausschließlich auf frühe Identifikationsprozesse und ihre notwendige Überwindung berufen, können die Probleme, die sich für den Jungen aus seiner genitalzentrierten Sexualentwicklung ergeben nicht erklären, wenn die Struktur und Genese der objektlibidinösen Beziehungen unterschlagen bzw. nur als späteres Resultat der Geschlechterdifferenzierung gesehen werden. Der männliche Haß auf Frauen läßt sich nicht aus *einer* isolierbaren Quelle herleiten – auch nicht aus einer mißlungenen »Ent-Identifizierung« von der Mutter, die den Kern des Ablösungs-Paradigmas im Mainstream der neueren psychoanalytischen Gender-Forschung ausmacht. Die durch die Anlehnung der Sexualität an die Selbsterhaltung etablierte Objektstruktur innerhalb der frühen Mutter-Kind-Interaktion und die dadurch ausgelöste Dramatik, kann mit dem Begriff der »Identifikation« ebensowenig erfaßt werden, wie mit einer ontologischen Symbiose-Theorie.

Man muß sich die Frage stellen, ob die Männlichkeitsentwicklung überhaupt mit der Theorie der Identifizierung, Ent- und Gegen-Identifizierung und ihrer exklusiven Beschränkung auf die prägende Kraft der präödipalen Frühphase angemessen begriffen werden kann. Sicherlich ist die Mutter *neben* ihrer Funktion als erstes Liebes- und Haßobjekt *auch* das Objekt der primären Identifikation, daraus folgt aber nicht zwingend, daß der Identifikationsmechanismus *zeitlich* auch der frühere und *strukturell* der bedeutsamere im Vergleich zur libidinösen Objektbeziehung für das unbewußt-bewußte Seelenleben ist.[64] Die grundlegende Bedeutung der Identifizierungsprozessen für die Konstitution des menschlichen Subjekts ist in Freuds Werk in erster Linie mit der strukturierenden Wirkung des Ödipus-Komplexes verbunden, wird aber später auch auf die präödipale Entwicklung ausgeweitet. Die Annahme einer primären Identifizierung *vor* allen Objektbeziehungen ist jedoch nicht plausibel, denn selbst der ersten möglichen Erscheinungsform, der Identifikation mit dem verlorenen Objekt der oralsadistischen (kannibalistischen) Stufe geht bereits, wie im Zusammenhang mit der Anlehnungsthese und der Genese früher Liebe-Haß-Beziehungen aufgezeigt, eine affektgeladene Geschichte psychosexueller Objektbezüge voraus. Als Erbe der oralen, untrennbar an die archaischen Spaltungsvorgänge gekoppelten Einverleibung ist dieser primäre Identifikationstypus das »Vorbild einer aggressiven Objektbeziehung« und deshalb eher im Sinne einer »projektiven Identifizierung« (Melanie Klein) zu begreifen, anstatt als universelle Bindungsform einer identitätslosen und spannungsfreien frühen Dualunion zwischen Mutter und Kind. Aus diesem Grund ist Vorsicht gegenüber der Behauptung angebracht, die Ausbildung einer eigenständigen Geschlechtsidentität könne *nur* über den Weg einer radikalen, als Auflösung der

64 Vgl. im Gegensatz dazu Becker-Schmidt, die den Vorgang der Identifikation als zeitlich und qualitativ primäres Charakteristikum der Mutter-Kind-Beziehung interpretiert. Becker-Schmidt (1995), *Von Jungen, die keine Mädchen und von Mädchen, die gerne Jungen sein wollten. Geschlechtsspezifische Umwege auf der Suche nach Identität*, S. 227.

Mutter-Kind-Einheit (miß-)verstandenen Ent-Identifizierung erfolgen.

Die verschiedenen theoretischen Ansätze zur »Ent-Identifizierung« gehen auf die Arbeiten von Ralph Greenson zurück, der die Hauptaufgabe des Jungen so beschreibt: »Der Knabe muß einen schwierigen und weit unsichereren Pfad einschlagen. Er muß die Identifizierung mit der Mutter beenden und sich mit einer männlichen Person identifizieren, wenn er eine männliche Geschlechtsidentität erwerben will.«[65] Die »Befreiung« aus der Symbiose erfolgt nach diesem Modell in zwei Schritten: Nach der Trennung von der Mutter (Ent-Identifizierung) folge die Identifizierung mit dem Vater, die von Greenson als »Gegen-Identifikation«, d. h. *gegen* die Mutter und die von ihr ausgehende regressive Sogwirkung bezeichnet wird. Der erste Teil dieses Prozesses etabliere die Trennungserfahrung, deren Verarbeitung aber erst durch den zweiten Schritt gelingen, d. h. zur Ausbildung einer am Vater orientierten Männlichkeit führen könne.

Hudson/Jacot bezeichnen das, was im Unbewußten des Jungen beim Übergang von der ersten zur zweiten Form der Identifikation ausgelöst wird, als einen »existenziellen Abgrund«, eine nur für Jungen geltende typische »Wunde«, die für die Entwicklung der männlichen Identität Defizite, aber auch Stärken beinhalte. Ent-Identifizierung und Gegen-Identifizierung machten aus der Trennungs-Wunde eine imaginäre Energiequelle, aus der »männliche« Männer ihre individuelle Handlungsfähigkeit und gleichzeitig eine Neigung zum Unbelebten, zur Dingwelt, zur Technik und zu abstrakten Ideen schöpften. Aus dieser »Stärke« leiten die Autoren die Fähigkeit zur Kreativität (Künste) und zum objektivierbaren Denkvermögen (Wissenschaft und Technik) ab; auf der Basis eines »Engagements« und eines »leidenschaftlichen Feuers«, das sie allerdings üblicherweise Menschen gegenüber kaum zu entwickeln imstande seien – insbesondere Frauen gegenüber nicht, da diese, mit der Mutter verbunden, in imaginärer »Gegenbesetzung« gleichfalls mit abgewehrt werden müßten. Die »Schwäche« dieser Wunde werde daher vor allem in der allgemeinen Feindseligkeit und in dem Haß der Männer gegenüber Frauen sichtbar.

Befriedigend können für den Mann nach dieser Auffassung nur abstrakte Leidenschaften sein, die von realen Personen abgelöst sind; umgekehrt bleiben alle Beziehungen zu realen Personen von einer Ten-

65 Greenson (1968), *Die Beendigung der Identifizierung mit der Mutter und ihre besondere Bedeutung für den Jungen*, S. 261. Vgl. auch ähnlich Fast (1991), *Von der Einheit zur Differenz*, S. 51; Hudson/Jacot (1993), *Wie Männer denken*, S. 58–67; Jacobson (1973), *Das Selbst und die Welt der Objekte*, S. 82.

denz zur Devitalisierung bestimmt. Im Grunde handele es sich dabei um die Folge einer Kombination von Gefühlen des Verlusts, des Ressentiments und der Angst vor Rache, die den Austritt des Jungen aus der »warmen, symbiotischen Präsenz seiner Mutter« begleiteten.

> »Infolgedessen gibt es in der männlichen Psyche häufig untergründige Strömungen stark negativer Gefühle; diese werden sich wahrscheinlich in einigen Fällen in symbolischer Form, weit entfernt von ihrer Quelle, manifestieren, aber in anderen Fällen zielen sie direkt auf das weibliche Geschlecht und auf den weiblichen Körper. Wir sind deshalb geneigt zu behaupten, daß der erwachsene Mann unter seiner oberflächlich erkennbaren Einstellung zum anderen Geschlecht häufig sehr stark frauenfeindliche Haltungen und Phantasien verbirgt. Frauen und die Vorstellung des sexuellen Zugangs zu ihnen werden möglicherweise idealisiert. Aber zugleich existiert – vielleicht gerade noch oberhalb, vielleicht auch unterhalb der Bewußtseinsschwelle – eine Vorstellung von Frauen als Wesen, die beschmutzen, köpfen und kastrieren, als Kreaturen also, die man fürchten muß und in denen, allem Anschein zum Trotz, finstere Kräfte am Werk sind.«[66]

Die Beschreibung dieser feindseligen Ressentiments gegenüber Frauen deckt sich zumindest auf deskriptiver Ebene mit unserem Ausgangspunkt: Der ubiquitäre Frauenhaß von Männern ist nach Hudson/Jacot weder ein geistiges Konstrukt oder die Nebenfolge einer sexistischen Erziehung, noch »ein fester Bestandteil der männlichen Psyche« (S. 67). Die dahinterliegenden Ängste strukturierten einen Bereich, in dem »Vorstellungen von Trennung und Verschlungen-Werden, erotischer Erregung und Abscheu sich vermischen« (ebd.). Die Ängste könnten in verschiedenen Formen ausgedrückt und abgewehrt werden, als Entsetzen vor der Frau, Abscheu vor dem heterosexuellen Geschlechtsverkehr und anschließende Panik, wenn intimer Kontakt »nicht zu verhindern war« (!) usw. Diese Gefühle müßten irgendwie unter Kontrolle gehalten werden, da sonst, insbesondere bei narzißtischen Kränkungen oder in schweren äußeren Krisen, die Gefahr destruktiver Ausbrüche des inneren Potentials bestünde. – Dies entspricht ziemlich genau der Idee eines, als Disposition angelegten, mehrschichtigen Mischungsverhältnisses anti-femininer Potentiale, die entweder in feste Strukturen gegossen zu Perversionen führen, oder, mehr oder weniger ich-synthon

66 Hudson/Jacot (1993), *Wie Männer denken*, S. 65.

weiterentwickelt, letztendlich aber nur notdürftig in Schach gehalten werden können. Überzeugen kann Hudsons und Jacots Erklärungsmodell der allgemein verbreiteten Neigung zur Misogynie allerdings nicht, da auch von ihnen die archaischen Ängste der Männer *direkt* aus der »Wunde«, dem notwendigen Übergang zwischen Identifikation, Ent-Identifizierung und Gegen-Identifikation hergeleitet werden.

Außerdem ist das Bild, das demgegenüber von der Entwicklung der Mädchen entworfen wird, zumindest unter zwei Gesichtspunkten fragwürdig: Zum Einen landet diese Theorie der »Wunde« bei einer weiteren Variante der Tendenz vieler Erklärungsansätze, Geschlecht als eine kulturelle Konstruktion zu definieren, die die weibliche Entwicklung unter dem Gesichtspunkt der Identifizierung mit der Mutter als »leichter« beschreibt. »Für das kleine Mädchen ist es leicht zu erkennen, worum es geht. Es bleibt mit seiner Mutter identifiziert« (S. 59). Auch nach Greenson hilft dem Mädchen die primäre Identifizierung mit der Mutter bei der Entwicklung ihrer Geschlechtsidentität. »Seine Weiblichkeit ist praktisch sichergestellt, wenn es von einer weiblichen Person bemuttert wird.«[67] Auf der anderen Seite wird den Mädchen damit implizit die Fähigkeit zu leidenschaftlichem und abstraktem Denken sowie zur künstlerischen Kreativität mehr oder weniger deutlich abgesprochen und geschlechtsstereotype Klischees auch in entwicklungspsychologischen Theorien noch reproduziert. Zudem besteht ja bei jeder rekonstruktiven Deutung früher Entwicklungsphasen – vor der Erkenntnis der Geschlechterdifferenzierung – aus verschiedenen Gründen die Gefahr einer *Re-Mythologisierung*. Erfahrungen aus den vorsprachlichen Entwicklungsphasen, die später sprachlich ausgedrückt werden, müssen immer als nachträgliche Konstruktionen, nicht aber als authentische Erinnerungen gewertet werden. Die in der psychoanalytischen Literatur verbreitete Verklärung der frühen Mutter-Kind-Beziehung zu einer idyllischen Einheit ist ein typisches Beispiel einer solchen Re-Mythologisierung.

Elementare Mangelsituationen, Erfahrungen von Trennungen, Differenzierungen, und von Verlusten mit einschneidenden dramatischen Folgen gehen der Ent-Identifizierung bereits voraus. Das gilt, wie wir gesehen haben, auch für die Vorgeschichte von Haßgefühlen, sadistischen Tendenzen und für die Projektionsneigungen, die erst nach der Erkenntnis der Geschlechterdifferenz geschlechtsbezogen rekategorisiert werden, d. h. keine *direkte* Folge einer »Differenzierungswunde«

67 Greenson (1968), *Die Beendigung der Identifizierung mit der Mutter und ihre besondere Bedeutung für den Jungen*, S. 261; vgl. auch Jacobson (1964), *Das Selbst und die Welt der Objekte*, S. 83.

bzw. anderer ähnlich traumatischer Einschnitte sein können. Karen Horney nennt diesen frühen Einschnitt für den Jungen in ihrem Aufsatz *Die Angst vor der Frau* von 1932 eine »narzißtische Narbe«, aus der sie, ähnlich wie Hudson/Jacot, den Hang von Männern zur Erniedrigung ihrer Sexualobjekte ableitet. Die frühen Kränkungen ihres Selbstgefühls durch die Mutter »nötigten« die Jungen förmlich, die daraus entstehende Angst vor ihr mit einem Rückzug der Libido und ihrer Konzentration auf das Genital als narzißtisches Differenzmerkmal zu überwinden. Als Konsequenz, die Freuds Ableitung der Weiblichkeitsabwehr des Mannes aus der unvermeidbaren Verarbeitung der anatomischen Geschlechterdifferenz unter dem Eindruck der Kastrationsdrohung in nichts nachsteht, ergibt sich für Horney eine quasi anthropologische Tatsache: »Nun bringen es die biologischen Geschlechtsunterschiede mit sich, daß der Mann sich wirklich immer wieder vor der Frau beweisen muß« (S. 93). Nach dieser Auffassung wurzeln psychische Reaktionen letztendlich eben doch in den biologischen Gegebenheiten (vgl. S. 95).

Eine ähnliche, aber noch deutlichere deterministische Rückführung der »maskulin-aggressiven (sadistischen)« Neigungen auf die unvermeidbare Auflösung der frühen Mutter-Bindung findet sich in Reimut Reiches theoretischem Entwurf zur *Geschlechterspannung*. Der Junge müsse die Identifikation mit der Mutter viel radikaler beenden als das Mädchen, um sich aus der Symbiose mit ihr zu lösen. »Das ist aus vielerlei Gründen ein sehr schmerzhafter Vorgang. Er hinterläßt sehr viel Haß und Wut und ist nach meinem Dafürhalten für den besonders starken, verdeckten Neid des Mannes auf die Frau verantwortlich.«[68] Auch Reiche bezieht sich hier ausdrücklich auf Greensons Ent-Identifizierungs-Konzept und hebt, gleichsam als psychoanalytische Ergänzung zu der im ersten Teil diskutierten These des Kulturanthropologen Gilmore über die aus Regressionsangst geborene Fragilität des männlichen Status, hervor, »daß sich Männer im allgemeinen ihrer Männlichkeit unsicherer sind als Frauen ihrer Weiblichkeit« (S. 44).

Auch nach diesem Erklärungsansatz scheint eine mehr oder weniger ausgeprägte, den universellen Geschlechterverhältnissen angemessene Abwehr des Weiblichen sowie eine generell höhere Aggressionsbereitschaft des Mannes und des männlichen Kindes unausweichlich zu sein – so unausweichlich, daß Reiche im männlichen Sadismus die Erfüllung eines Gesetzes der »allgemeinen bipolaren Zweigeschlechtlichkeit« (S. 44 f.) sieht. Ulrike Schmauch kritisiert zu Recht den Fatalismus einer

68 Reiche (1990), *Geschlechterspannung. Eine psychoanalytische Untersuchung*, S. 43.

solchen Ableitung der männlichen Aggression und Frauenverachtung aus der Trennungswunde und insistiert darauf, »daß kein gesetzmäßiges Müssen den kleinen Jungen in eine sadistische Bewegung weg von der Mutter treibt, sondern eine Summe von kulturtypischen Besonderheiten in der bewußten und unbewußten Interaktion zwischen ihm als männlichem Kind und seinen Erwachsenen.«[69] – Diese Interaktionen aber werden unterschlagen, wenn die Mutter-Kind-Dyade vor ihrer aggressiv-sadistischen Auflösung durch den Jungen zu einem relativ spannungsfreien Raum intimer Sicherheit verklärt und die Aufgabe der Mutter vor allem darin gesehen wird, in einer »warmen, symbiotischen Präsenz« (Hudson/Jacot) über Frustrationen tröstend hinwegzuhelfen.[70]

Viele der hier nur lose miteinander verbundenen Ansätze reproduzieren einen ähnlichen mutterätiologischen Schematismus nach dem Motto: Wer sich nicht (aggressiv und sadistisch) aus der umklammernden Symbiose zu lösen vermag, droht in mütterlicher Verschlingung unterzugehen. Heißt das, ein Festhalten auch an Erfahrungen, die aus der Identifikation mit der Mutter stammen, ist grundsätzlich immer schädlich für die Geschlechterdifferenzierung und die mit ihrer Verarbeitung verbundenen Identitätsentwicklung? Sind der Neid und die Wut des Jungen gegenüber allen mit Weiblichkeit in Verbindung gebrachten Eigenschaften wirklich zwangsläufige Begleiterscheinungen und dauerhaftes Ergebnis der Differenzierungsprozesse, eine kulturübergreifende Notwendigkeit, die deshalb etwa von Gilmore auch zu den Hauptursachen der männlichen Initiation gezählt wird?[71] Die Glorifizierung der Symbiose und die aufwertende Betonung der frühen mütterlichen Rolle mündet in einer (häufig anzutreffenden) Dämonisierung der Frau und Mutter als Verhinderin der freien Entfaltung der männlichen Subjektivität, begleitet von einer Idealisierung des Vaters und seiner Rolle als Retter vor der drohenden Verschlingung – eine Vorstellung, die den Phallus und seine somatopsychische Basis, die

69 Schmauch (1987b), *Über Frauen und Männer. Eine Entgegnung auf Reimut Reiches »Mann und Frau«*, S. 442.

70 In Anlehnung an Béla Grunberger bezeichnen Hudson/Jacot die Mutter-Kind-Symbiose als die Aufrechterhaltung der vorgeburtlichen »Erfahrung einer vollkommenen körperlichen Intimität« (S. 57). Vgl. Grunberger (1971), *Vom Narzißmus zum Objekt*, S. 25–39.

71 Vgl. Becker-Schmidt (1995), *Von Jungen, die keine Mädchen und von Mädchen, die gerne Jungen sein wollten*, S. 231. In diesem Kontext müssen auch Theorien hinterfragt werden, die behaupten, der Junge könne bei abwesenden oder schwachen Vätern seine Geschlechtsidentität automatisch nur negativ als Abgrenzung gegen die Mutter definieren und dann die Feindseligkeit und Abwehr gegenüber der Weiblichkeit aus phallisch kompensiertem Trotz ableiten. Vgl. Chodorow (1990), *Das Erbe der Mütter*.

genitale Sexualreifung des Mannes, komplett aus den Augen verloren hat.

Lilli Gast kritisiert zu Recht die Ansätze aus der französischen psychoanalytischen Tradition, deren Betonung der Präödipalität und ihrer Bedeutung für die Geschlechterentwicklung von einer Entwertung des Mütterlichen (damit auch des Weiblichen) und einer Idealisierung der durch den Vater repräsentierten phallischen Ordnung begleitet werden.

> »So ist es allenthalben der Vater (bei Lacan, Grunberger und Chasseguet-Smirgel: der Phallus), dem nun die libidinöse und narzißtische Sehnsucht gilt, wohingegen die Sphäre des Mütterlichen den malignen, furchterregenden, versagenden und traumatisierenden Momenten vorbehalten bleibt – die kontemporären Ansätze der Weiblichkeitstheorie lassen somit die metatheoretische Entmythologisierung des Vaters mit seiner Remythologisierung als rettender Märchenprinz angesichts einer Hexenmutter mit dämonischen und aber auch verachtenswert ohnmächtigen Zügen Hand in Hand gehen.«[72]

Eine ähnliche Skepsis gegenüber einer mit Abwehr des Mütterlich-Weiblichen verbundenen Ent-Identifizierungstheorie läßt sich aus dem Ansatz Jessica Benjamins über die Sozialisationsfolgen der geschlechtsspezifischen Arbeitsteilung herauslesen. Benjamin verweist hier insbesondere auf die gängige Assoziation von Autonomie mit Väterlichkeit, der frühen Objektliebe und des gegenseitigen Anerkennungsvermögens dagegen mit dem Mütterlichen und stellt fest, daß der Tribut für die angestrebte und idealisierte Autonomie nach der Ablösung von der präödipalen Mutter in der Preisgabe des Liebesobjektes liegt, womit das Objektstreben überhaupt zurückgewiesen bzw. entwertet wird. »Verbindungen, die über Pflege und Liebe definiert sind, werden der Aktivität, Autonomie und Selbstbehauptung untergeordnet«, wobei der springende Punkt der »Identifikationsbruch mit der Mutter« ist, die nun aufhört, »der Spiegel der eigenen Subjektivität und damit die Bestärkerin der eigenen Autonomie zu sein.«[73]

Diese Hinweise sollen die Relevanz der Identifizierungs- und Ent-Identifizierungsprozesse für die Entwicklung der Geschlechtsidentität nicht in Frage stellen. Die sich darin ausdrückende Verarbeitung der Erfahrungen von Einheit, Ähnlichkeit, Differenz und Gleichheit weist aber auf eine hier genauer beschriebene Vorgeschichte eingelagerter

---

72 Gast (1992), *Libido und Narzißmus*, S. 414.

73 Benjamin (1995), *Anerkennung und Zerstörung. Die Dialektik von Autonomie und Bezogenheit*, S. 261.

Wahrnehmungsstrukturen und sich allmählich herausbildender Trieb- und Objektrepräsentanzen hin, deren Komplexität und Bedeutung von den Vertreterinnen und Vertretern der in Mode gekommenen Ent-Identifizierungs-Modelle mehr oder weniger unterschlagen werden. Neue psychosexuelle Qualitäten, die aus der Erkenntnis des Geschlechtsunterschieds und aus der anschließenden Geschlechterdifferenzierung entstehen, erzwingen, wie wir gesehen haben, eine Zentrierung der Erotik und der Aufmerksamkeitsbesetzung des Jungen auf seine – durch den Penis und den Phallus zugleich repräsentierte – genitale Sexualität. Die damit verbundene Einleitungsphase des Ödipuskomplexes wird durch das identifikationstheoretische Ablösungsparadigma aber entweder übersehen oder mißgedeutet.

Der Inzestwunsch ist nicht die erste sexuell getönte Objektbeziehung des Jungen,[74] weshalb die Kastrationsdrohung, an der der Ödipuskomplex eigentlich zerschellen soll, erst nachträglich auf dem Hintergrund der bereits vorher entstandenen narzißtischen, objektlibidinösen und aggressiven Besetzungen und Phantasien eine so immense Bedeutung für den Knaben erlangt. Seine aktuellen Ängste speisen sich (auch) aus der Quelle früher Erfahrungen und seine später erfahrenen sexuellen und sozialen Kränkungen werden dann nachträglich im Lichte dieser Drohungen gedeutet. Auf der neuen genitalen (»phallischen«) Stufe, die der Entdeckung des Geschlechtsunterschiedes folgt, wird der Penis auch als körperliches Differenzmerkmal *gegenüber* der Mutter (und *gegen* sie) besetzt. Der Penis ist nun etwas *Eigenes*, eine Erkenntnis, die mit dem stärkeren Hervortreten genitaler Partialtriebe zur ersten, (zunächst) heterosexuellen Objektwahl beiträgt und in der Regel zu einer narzißtisch-exhibitionistischen Penisbesetzung, zu einem Gefühl von Besonderheit und Größe bis hin zur Kultivierung geschlechtsbezogener Allmachtsphantasien führt.

Unter dem Diktat der zunehmenden Genitalzentrierung kommt es in der ödipalen Phase nun zu einer weiteren Verschärfung des männlichen Sexualitätsdilemmas: das sexuelle Begehren gegenüber der Mutter wird durch die beginnende Identifikation mit dem Vater bestätigt, erleichtert und intensiviert, wenn der Junge mit dieser Identifikation unbewußt auch die Richtung der väterlichen Objektwahl übernimmt; umgekehrt aber führt die verbleibende (in einigen Fällen sogar noch verstärkte) Identifizierung mit der Mutter auch zu einer libidinösen Hinwendung zum Vater. Betrachtet man die Rivalitätskonflikte, die Autonomiewünsche und Ablösungsversuche sowie die Facetten des »negativen Ödipus-

---

74 Vgl. Becker-Schmidt (1995), *Von Jungen, die keine Mädchen und von Mädchen, die gerne Jungen sein wollten*, S. 231.

Komplexes« (Freud), so werden die neuen Komplikationen deutlicher. Jede Objektwahl in eine Richtung (Mutter oder Vater) verstärkt die Identifikationsbereitschaft in die andere und umgekehrt.

Es muß in diesem Kontext noch einmal daran erinnert werden, daß die Bezeichnung »objektlibidinös« eine mehrfache Disjunktion der Sexualität umfaßt: Bedürfnis/Befriedigung auf der Ebene des sexuellen Verlangens und Wunsch/Wunscherfüllung auf der Ebene der unbewußten Phantasie. Diese Polaritäten sind, wie gesehen, nicht zur Deckung zu bringen, zumal sie unter der Herrschaft des Lustprinzips neue Spannungen (Unlust) und damit weitere Ambivalenzen, Abwehrmechanismen und Spaltungsvorgänge hervorrufen. Die Verschärfung der ambivalenten Strebungen im Zusammenhang mit der nun geschlechtsbezogenen differenzierten Wahrnehmung neuer, stärker genital ausgerichteter Neigungen macht die eindeutige Zuordnung – entweder Identifikations- *oder* Liebesbereitschaft – zu *einem* Objekt, schwierig, d. h.: im Grunde geht es schon auf der »phallisch-exhibitionistischen« und »phallisch-ödipalen« Stufe um die zentrale, endgültig allerdings erst nach der Pubertät entschiedene Wahl zwischen heterosexueller und homosexueller Orientierung. Möglich, daß Keime der homosexuellen Objektwahl die Identifikationsbereitschaft des Knaben mit der Mutter und damit die (unter dem Druck gesellschaftlicher Konventionen) gegen sie gerichtete Abwehr noch verstärken. – Alle diese Vorgänge und Mechanismen können jedoch, insbesondere isoliert für sich genommen, die für die männliche Geschlechtsidentität bedeutsame Frage nach der Verknüpfung von Sexualität und Narzißmus mit einer tiefsitzenden Angst und einer destruktiven Haßbereitschaft gegenüber Frauen, nicht klären, wenn die widerspruchsvolle Einheit von Penis und Phallus aus dem Blick gerät.

Wenn wir uns noch einmal vor Augen führen, was die Zentrierung der sexuellen Erregung im Genital aus der Binnenperspektive des Jungen auslöst, dann stellt sich die Frage nach der Integration dieses mehrfach besetzten und aufgeblähten Organs in das männliche Körperselbstbild und der Bedeutung dieser Integration für eine Theorie der Männlichkeit: Christa Rohde-Dachser weist in ihrer Auseinandersetzungen mit mythologischen Tendenzen in verschiedenen psychoanalytischen und kognitionspsychologischen Ansätzen zur Geschlechterdifferenz darauf hin, wie (zumindest in der phallischen Phase) in männlichen Phantasien über das eigene Geschlecht die Gesamtperson regelmäßig durch den Penis (als Partialobjekt) vertreten wird. »Man könnte auch sagen, daß es sich hier um pars-pro-toto-Strukturen handelt, wie sie uns ähnlich auch in fetischistischen Perversionen begegnen, die man vielleicht doch nicht rein zufällig fast ausschließlich bei Männern antrifft.«[75] Dem entspricht in der kognitiven Entwicklung das »präoperative Denken« (Piaget), das durch »Egoismus« und die Zentrierung auf *ein* hervorgehobenes Merkmal (eines Gegenstandes oder einer Person) unter Vernachlässigung anderer Merkmale gekennzeichnet ist.

> »Die untersuchten kindlichen Phantasien über die Geschlechterdifferenz lassen sich zumindest in der ›männlichen Version‹ eindeutig dieser Entwicklungsstufe zuordnen (...). Die Zentrierung des männlichen Phantasiedenkens auf den Penis als einziges und wesentliches Unterscheidungsmerkmal zwischen den Geschlechtern wäre hier geradezu prototypisch (S. 206).

Auch betont Rohde-Dachser in diesem Zusammenhang besonders die Invarianz der sich darin (bzw. in den darauf bezogenen Theorien) ausdrückenden Denk- und Abwehrstrukturen und hebt besonders die Mechanismen der frühen »*Spaltung*, der *Projektion*, der *Verleugnung* ebenso wie der *Idealisierung* und *Abwertung*« (S. 205) hervor, die erst ab Ende des dritten Lebensjahres allmählich durch eindeutige Verdrängungsprozesse ersetzt werden (S. 206). Die frühen und frühesten Abwehrvorgänge liefern demnach also die Basis für die Verarbeitung des Geschlechtsunterschiedes und lassen in der männlichen Entwicklung das Festhalten an projektiven Feindbildern in Verbindung mit einer tendenziell fetischistischen Repräsentation des Penis, nach dem Muster einer »pars-pro-toto-Struktur« erkennen.

Die Geschichte des psychoanalytischen Denken ist von einem extremen Pendeln zwischen Aufklärung und Mythologisierung gekennzeichnet, und das gilt nicht nur für die Weiblichkeit, sondern auch (und gerade) für die männliche Sexualität und die Folgen des Genitalprimats.[76] Ein Beispiel aus der frühen Geschichte der Psychoanalyse für eine solche (Re-)Mythologisierung ist Ferenczis *Versuch einer Genitaltheorie* von 1924, das sich gut an Rohde-Dachsers pars-pro-toto-

---

75 Rohde-Dachser (1989), *Unbewußte Phantasie und Mythenbildung in psychoanalytischen Theorien über die Differenz der Geschlechter*, S. 208.

76 Vgl. Schlesier (1981), *Konstruktionen der Weiblichkeit bei Sigmund Freud*. Im Zusammenhang ihrer Diskussion der Freudschen Weiblichkeitstheorie weist Rhode-Dachser auf Mythologisierungen in der Wissenschaftssprache, auf eine unbewußte »Konkretisierung von Metaphern« hin. »Bei Freud und seinen orthodoxen Nachfolgern findet man in diesem Kontext v. a. ein charakteristisches Driften zwischen Metapher und Wesensaussage, Phantasie und Realität. Der Ebenenwechsel erfolgt unbemerkt, ohne daß die damit erzeugte Widersprüchlichkeit des Diskurses auffällig würde und nach Klärung verlangte.« Rohde-Dachser (1991), *Expedition in den dunklen Kontinent*, S. 72.

Idee anschließt. »Man muß sich das Zustandekommen des Genitalzentrums gleichsam pangenetisch im Sinne Darwins vorstellen, das heißt: es gibt keinen Teil im Organismus, der nicht im Geschlechtsteil durch einen Beitrag vertreten wäre, so daß das Genitale, gleichsam als Prokurist, das Lustabfuhrgeschäft für den ganzen Organismus besorgt.« (S. 331) – Auch die naturwissenschaftlichen Anleihen können den ideologischen Charakter von Ferenczis Formulierungen, die das buchhalterische Selbstverständnis genitaler Männlichkeit auf den Punkt bringen, nicht verschleiern.

Der Penis fungiere, so Ferenczi weiter, als Verkörperung des Lust-Ichs. Das Ich habe sich sozusagen im Penis verdoppelt und stelle die Grundlage der narzißtischen »Ichliebe« dar. – Warum aber sollte von dieser Selbst-Besetzung mit einer Idealisierung der Penisfunktion ein Wechsel zu einer Libidoposition erfolgen, in der äußere Objekte bereitwillig als eigenständige Subjekte wahr- und angenommen werden? Wieso sollten die Objekte nicht weiterhin der erwünschten, am Genital festgemachten sexuellen und narzißtischen Befriedigung unterworfen bleiben? Das männliche Glied ist, so Ferenczis bemerkenswerte Schlußfolgerung aus seiner »Pangenesis der Genitalfunktion«, eine »Miniatur des ganzen Ichs« (ebd.). – So erscheint der Restkörper und die Persönlichkeit des Mannes nur noch als bloßes Anhängsel seines Geschlechtsorgans.[77]

Der narzißtischen Erhöhung des Genitals entspricht eine Genitalisierung des gesamten Mannes. Mit der Errichtung des Genitalprimats geht eine Verarmung sämtlicher anderer (nicht nur sexueller) körperlicher Vorgänge einher. Das männliche Geschlecht hängt an seinem Geschlecht, einem zum »Vollzugsorgan« sexueller, narzißtischer und schließlich aggressiver Wünsche verdinglichten Teil des Körpers. Das dort beheimatete »Mini-Ich« betreibt das »Lustabfuhrgeschäft« für den gesamten Organismus. Unter Beibehaltung der autoerotischen Befriedigungsform fallen das Ich, das Objekt, die Quelle, das Ziel und schließlich auch der ansonsten anästhetisierte Restkörper gewissermaßen in diesem einen Organ zusammen. – Die daran geknüpfte Illusion von Freiheit und Unabhängigkeit verschleiert die Tatsache, daß dieses mehrfach aufgeladene Organ auch weiterhin unabdingbar auf alte und neue (»frische«) Objekte (auf mehreren Ebenen) angewiesen ist, nur unzureichend.

77 Ein ungemein lustiges Rätsel aus dem amerikanischen Sprachraum bringt diese Unterordnung des männlichen Gesamtkörpers unter den Penis auf seinen paramilitärischen Begriff: »What is a soldier? A hard cock with a man at the end of it.SZit. nach Monick (1990), *Die Wurzeln der Männlichkeit*, S. 26.

Im Zusammenhang mit dem triebtheoretischen Grundwiderspruch zwischen der »Klebrigkeit der Libido« und der »Plastizität der Psyche« wurde schon zu Beginn des zweiten Teils auf eine gängige männliche Sexualpraxis hingewiesen, mit der versucht wird, dem Dilemma von Triebfreiheit und Objektbindung zu entgehen. In der *Pornographie* (und in gewisser Weise auch in der Prostitution) korrespondiert die (serielle) Bindungen an die Frau als Objekt der sexuellen Phantasie und als Mittel der genitalen Befriedigung dem Bild ihrer allgemeinen Austauschbarkeit. Die gesamte Pornographieindustrie lebt sowohl auf der Seite ihrer industriellen Fertigung, als auch auf der des Konsumentenverhaltens von der Indienstnahme, der Inszenierung und der Verschleierung dieses genital verdinglichten Entladungspotentials. Sie dient der Illusion einer ungehemmten Entfaltung genitaler Lust durch kontrollierte Angstabwehr mittels technischer Beherrschung des eigenen und vor allem des weiblichen, auf Stimulation und die Funktion eines Behälters reduzierten Körpers.

Die in den männlichen Kontroll- und Autonomiewahn einmündende Phallizität ist Ausdruck und Kompensationsversuch des Transformationsprozesses des Penis zum Phallus. Alle genannten Probleme, die sich bei der Untersuchung des Zusammenhangs von hegemonialer Männlichkeit und Frauenverachtung aus der Bedeutung des grundsätzlichen Dilemmas der Sexualität für die Subjektkonstitution ergeben haben, tauchen bei der Errichtung der Herrschaft des Phallus in neuer Gestalt wieder auf. Das bedeutet nicht, die Aufrichtung des Genitalprimats als *direkten* Effekt aus dem gesellschaftlichen Machtgefälle zwischen den Geschlechtern abzuleiten. Das wäre ebenso falsch, wie die Ableitung des psychosozialen Geschlechtsunterschiedes aus den anatomischen Gegebenheiten. Analysen des Genitalprimats und seiner Auswirkungen auf die Weiblichkeitseinstellungen des Mannes sind aber ohne systematische Berücksichtigung der gesellschaftlichen Geschlechterhierarchien wenig brauchbar.[78] – Für eine (notwendig) tentative Annäherung an einen psychoanalytischen Erklärungsansatz zur Bedeutung von Penis und Phallus für das *Feindbild Frau* des ganz gewöhnlichen Mannes ergibt sich aus den hier unter verschiedenen theoretischen Blickwinkeln gewonnenen Bausteinen zusammenfassend:

Durch die Probleme, die sich aus der anfänglichen »Not des Lebens« ergeben, insbesondere aufgrund der Angewiesenheit auf primäre

78 Vor allem von feministischer Seite gibt es eine breit und kontrovers geführte Diskussion über das Verhältnis von männlicher Herrschaft, Macht und Geschlechterdifferenz. Vgl. Knapp (1992), *Macht und Geschlecht. Neuere Entwicklungen in der feministischen Macht- und Herrschaftsdiskussion*, S. 287–325.

Pflege- und Bezugspersonen, entsteht eine Struktur von Zwängen, der das Subjekt nicht entrinnen kann. Darin liegt die besondere psychische Bedeutung der körperlichen Vorgänge und Austauschprozesse,[79] die ja nicht in einem gesellschafts- und kulturfreien Raum stattfinden, der frei von diesen existentiellen Zwängen wäre. Das bedeutet aber auch, daß genitale Orientierungen und Zentrierungen im Laufe der Sexualentwicklung weder verhindert, noch einfach abgeschafft oder durch Verharmlosung relativiert werden können[80] – die aufgezeigten Grundprobleme in der Konstitution der menschlichen Sexualität bleiben, wenn auch in Abhängigkeit von den gesellschaftlichen Strukturen, unausweichlich den phasenspezifischen Einflüssen der Sexualorganisation unterworfen.

Anders verhält es sich mit der psychischen Verarbeitung dieses allgemeinen *Sexualitätsdilemmas* und insbesondere mit dem Übergang zum *Männlichkeitsdilemma*. Unter dem Druck, sein Geschlecht als hegemoniales setzen und beweisen zu müssen und sich gleichzeitig dem Kampf um Hegemonie innerhalb der Gruppe der Männer nicht entziehen zu können, führt die Entwicklung des Genitalprimats beim Jungen durch mehrfache Determinierungen, kulturelle Repräsentationen und nachträgliche Umschriftungen zur Entfaltung einer Phallizität, die nur den Schein von Unausweichlichkeit annimmt. Diese Prozesse werden durch den gesellschaftlich vorherrschenden Leistungsdruck verstärkt, der das männliche Sexualverhalten normativ an jenen analog geltenden Kriterien ausrichtet, denen die Organisation der gesellschaftlichen Arbeit unterworfen ist. Dabei wird Lust weitgehend mit Leistung identisch gesetzt. Sowohl in der Sexualität als auch in der Arbeit stehen eine gegenüber sozialen Austauschprozessen gleichgültige, auf Effektivität zielende Orientierung am (doppeldeutigen) ökonomischen »Ausstoß« im Vordergrund, die sich mit der herrschenden Männlichkeitsideologie gut verträgt. Die geforderte, technisch verkürzte Leistungsfähigkeit verdichtet sich im Bild des Mannes und seines hochbesetzten Organs in dauerhafter erektiver und ejakulativer Potenzbereitschaft. Die dar-

79 »Der Kampf des Kindes um Autonomie spielt sich in der Sphäre des Körpers und der körperlichen Lust ab.« Benjamin (1990), *Die Fesseln der Liebe*, S. 97.

80 Inakzeptabel sind Theorien zur soziokulturellen Konstruktion und Dekonstruktion von Geschlechtlichkeit, die die ›Materialität des Körpers‹ unterschlagen. »Ich denke, wir begreifen ›Geschlecht‹, ›Frau‹ oder ›Mann‹ sein nur, wenn wir einen Begriff entwickeln, der sowohl das Imaginäre dieser Existenzweise, also Geschlechtlichkeit, Subjektivität, Identität und Körperlichkeit als gesellschaftlich-kulturell produzierte historisch bestimmte Selbstverhältnisse reflektiert, als auch die Realität dieser Existenzweise als gelebte Denk-, Gefühls- und Körperpraxen.« Nicholson (1994), *Was heißt »gender«?*, S. 185.

an angelehnten und industriell gefertigten technischen Hilfsangebote reproduzieren die gängigen phallischen Mythen, d. h. sie »suggerieren dem Mann die überwertigen Ideen vom Phallus als standfestem Monument seiner Potenz, Macht und Herrlichkeit.«[81]

In einer solchen Kultur bleibt das Genitalprimat immer mit dem Primat des Phallus identisch, unter dessen Herrschaft alle bisherigen sexuellen, narzißtischen und aggressiven Äußerungsformen der männlichen Geschlechtsidentität fast zwangsläufig in die exekutiv ausgerichtete »Heimstätte« der Genitalität einmünden. Dieser Prozeß *scheint* nach einem vorprogrammierten, genormten Schema abzulaufen und dient angeblich sowohl dem ontogenetischen Reifungsprozeß, dem gesamten Kulturfortschritt als auch dem Erhalt der Gattung. Diese Unifizierungstendenz auf der Trieb- und Objektseite heftet sich an den Penis und an die sich daran entzündenden Phantasien und Ideen. Im Kern ist dieser scheinbar lineare Entwicklungsfortschritt gleichzeitig auch ein Rückschritt, da der Knabe die gesamte polymorphe Vielfältigkeit seiner infantilen Sexualität in einem Organ und seiner Repräsentanz unterbringen muß. Ohne Abwehrformen, ohne Verdrängungsleitungen, insbesondere aber ohne Rückgriffe auf Spaltungsmechanismen, die wiederum die latente Haßbereitschaft stärken, kann dieser Prozeß nicht »erfolgreich« ablaufen. An diesem Entwicklungsfortschritt entzündet sich einer der wesentlichen Widersprüche in Freuds Persönlichkeitsmodell und seiner Kulturtheorie: was das Subjekt und die Kultur gewissermaßen »stärkt« macht gleichzeitig schwach, krank und abhängig.

Die theoretische »Lösung«, die Freud für dieses Problem vorschlägt, ist ein Kompromiß: Die (polymorph-perversen) Partialtriebanteile der Sexualität sollen in der »reifen« genitalen Sexualbetätigung wenigstens als Vorlustmechanismen zugelassen werden – aber nicht zu stark, da bei Dominanz einzelner Partialtriebe die Entwicklung einer Perversion drohe. Die Gefahren für das Subjekt liegen also einerseits in einer pathogenen Verdrängung bzw. Spaltung und andererseits in der Ausbildung

81 *Der Spiegel*, Heft 11/93, S. 236 in seiner Titelgeschichte »Schwups – schon steht er« (noch vor der flächendeckenden Einführung von Viagra) über männliche Impotenzängste und das Anwachsen einer ganzen Industrie medizinischer, psychologischer und technischer Behandlungsangebote wie Penisprothesen, Saugpumpen, Therapiekonzepte usw. Der erigierte Penis ist ein Fetisch, der durch Leistungsdruck und Technifizierung zunehmend in Gefahr zu geraten scheint. Der bedrohte Phallus ist ein Ergebnis der im allgemeinen Männlichkeitswahn enthaltenen Identifizierung von Lust, Leistung und kontrollierter Machbarkeit; »Männer wollen immer. Männer können immer. Beim Sex zählt Leistung. Keine Liebe ohne Erektion. Kein Sex ohne Orgasmus« (ebd.).

manifester Perversionen. Bezogen auf die Objektseite bringt Freud diese Extreme mit der »Flucht vor dem Weibe«, der Leugnung der Geschlechterdifferenz oder anderen, mehr oder weniger gewaltbereiten Kompensationsversuchen in Verbindung. – So bleibt denn nur der Ausweg, jenem Männlichkeitsbild zu huldigen, das schon der griechische Philosoph und Naturforscher Demokrit als Heil gegen die Gefahr einer als »äußerste Vergewaltigung« empfundenen Beherrschung durch das »Weib« gepriesen hat: »Mannhaft ist nicht nur wer seine Feinde, sondern auch wer seine Lüste überwindet.«[82]

Mit dem Erreichen der genitalen Endstufe läßt sich nun die Widersprüchlichkeit der dilemmatischen männlichen Sexualentwicklung zusammenfassend kennzeichnen: Zunächst wird der Penis als narzißtisch besetztes exhibitionistisches Organ zum zentralen Differenzmerkmal und dient der Abwehr und Abgrenzung der Weiblichkeit. Er untersteht aber weder der vollständigen Kontrolle durch das eigene Ichs noch kann er sich als dessen Miniaturausgabe »selbst verwalten«. Der Penis wird zum organischen Träger von Minderwertigkeitsgefühlen, von Kleinheits- und Auflösungsängsten. Gleichzeitig sind, damit zusammenhängend, der Penis und seine Besetzung Träger einer (gesellschaftlich und kulturell massiv verstärkten) Illusion von Autonomie, Unabhängigkeit und Selbstkontrolle. Diese Omnipotenzillusion verschärft, aufgrund der bleibenden Abhängigkeit von Reizen, Erregungen und Befriedigungen (Funktion der »Reizabhelfung«) durch äußere Objekte die Minderwertigkeitsproblematik und damit die Angst vor sexuellem und sozialem »Versagen«. Je überhöhter dieses Potenzgehabe auftritt, desto bedrohlicher sind die Auswirkung auf die männliche Integrität.

Mit Beginn der phallischen Phase liegt diese Gefährdung der Männlichkeit also hauptsächlich darin, daß Genitalzentrierung gleichzeitig und notwendigerweise Objektzentrierung und nicht Objektunabhängigkeit bedeutet, wobei die dadurch entstehende narzißtische Kränkung durch den somato-psychischen »Mangel« verstärkt wird: Neben dem Inzestverbot verunmöglicht die relative Unentwickeltheit des Organs und seiner sexualphysiologischen Funktion zusätzlich die Realisierung des unbewußt gewünschten Aktes (Koitus). Da der Penis in erster Linie ein sexuelles Lustorgan ist (und bleibt) und damit zugleich ein Empfänger von Unlusterfahrungen, die das Ich als Signal aufnimmt, weiterverarbeiten und die dabei entstehende Angst binden muß, wird die Neigung verstärkt, für die nicht zu vermeidenden Lust-Unlustspannungen ein imaginär gebildetes und im Außen gesuchtes Objekt

82 Zit. nach Stopczyk (1980), *Was Philosophen über Frauen denken*, S. 16.

verantwortlich zu machen. Der Junge greift daher erneut auf die archaischen, bereits erprobten und unbewußt eingelagerten Introjektions- und Projektionsmechanismen aus der Frühzeit der Konstitution der Sexualität zurück. Die Mutter und später die Frauen als Erregungsobjekt und kränkende Versagungsmacht bleiben somit erstes Haßobjekt, eine unbewußte Einstellung, die wohl nie ganz aufgegeben wird.

Folgt man den Ent-Identifizierungs-Theorien, signalisieren Besitz und Bedeutung des Penis eine eigenständige Identität, die zudem noch gesellschaftlich als überlegene gewertet wird. Das Hegemonieversprechen ist an den Verlust der mit Weiblichkeit assoziierten Qualitäten und Fähigkeiten gebunden. Der im »Gebärneid« verdichtete allgemeine Neid des Jungen auf spezifisch weibliche Fähigkeiten ist keine kurzzeitige Phantasie ausschließlich vor und während der Differenzierungsphase, sondern (auch) ein noch später gebildetes Phantasma, das nachträglich in die eigene Geschichte hineinmontiert wird.[83] Auf jeden Fall unterliegt der Penis weiterhin den widersprüchlichen Besetzungen als Symbol für Autonomie und als abhängiges Organ sexueller Lust. Diese Abhängigkeit vom Objekt wird noch verstärkt, da der Penis als zentrales Mittel der »Ent-Identifizierung« gleichzeitig die ödipale Zwangslage einleitet und nicht nur zum real erlebten oder unbewußt phantasierten Brennpunkt des mütterlichen, sondern auch des väterlichen Begehrens wird. Damit entsteht eine Spannung zwischen hetero- und homosexuellen Orientierungen, die beide mal gewünscht, mal abgewehrt werden, wobei nun gesellschaftliche Normierungen eine immer größere Wirkung entfalten und sich bis hin zu homophobischen Gegenreaktionen durchzusetzen beginnen. Dieser Druck zur Durchsetzung des Genitalprimats führt außerdem dazu, daß auch alle übrigen »perversen« Anteile der Sexualität herausgefiltert oder untergeordnet werden müssen. Wenn das nicht gelingt, d. h. sich die perversen Anteile verselbständigen und später zu einer manifesten Perversion führen, wird das männliche Subjekt einer unerbittlichen Zwangsstruktur unterworfen. Der manifest Perverse erkauft sich seine Unabhängigkeit von dem bedrohlichen »Objekt« Frau durch eine »Verlötung« des Begehrens mit einem, die Weiblichkeit unbewußt repräsentierenden Teilobjekt und bestätigt so erneut, inzwi-

83 Ergänzen läßt sich dieser Punkt durch einen Gedanken, den Judith Le Soldat in diesem Zusammenhang entwickelt: Die Mangelsituation des Knaben könne sich auch in einem Neid auf den immer stärker als passiv-rezeptiv wahrgenommenen und bewerteten weiblichen Körper beziehen, denn dem »Knaben fehlt die erogene Zone für den genuin passiv-genitalen Wunsch.« Le Soldat (1989), *Freiwillige Knechtschaft. Masochismus und Moral*, S. 271. Ein Gedanke, der nicht auf die Reduktion von Weiblichkeit und der weiblichen Genitalität auf passive Rezeptivität zielt, sondern auf eine männliche Wahrnehmungstendenz und ihre affektive Aufladung.

schen unter erheblichem Zwang, seine Abhängigkeit vom weiblichen Objekt.

Die auf diesem Wege entstehenden Spannungen erinnern den Mann unbewußt immer wieder an die fundamentalen Mangelerfahrungen am Ursprung seiner Sexualität. Das Konstitutionsdilemma der Sexualität wiederholt sich so als ein Paradox auf komplexerer Stufe. Die Genitalität soll eine Identität begründen und absichern, die gleichzeitig durch sie bedroht ist![84] Auf den narzißtisch überbesetzten Penis bezogen, lautet dieses Paradox: Als Faszinosum von Größe und Vollkommenheit soll der Phallus eine Lücke schließen, einen Riß im Subjekt kitten, in den er durch die Form seiner Inszenierung selbst zurückfällt.

Weder die ersehnte und oft verzweifelt gesuchte Autonomie, noch die »versprochene« Vormachtstellung kann durch diese widersprüchliche und gegensätzliche Mehrfachdeterminierung auch nur annähernd reibungslos etabliert werden. Jeder Schritt in Richtung Autonomie verstärkt auf sexuellem Gebiet die Erfahrung seines Gegenteils. Die Ausbildung einer hierarchischen geschlechtsbezogenen Wahrnehmung und des dazugehörenden Bewußtseins ist der für den Jungen gesellschaftlich und sozialisatorisch vorgegebene Weg zu einer Pseudo-Lösung, einer »Schiefheilung« seiner Konflikte. Eine Lösung des männlichen Autonomie-Abhängigkeits-Dilemmas soll durch die (gesellschaftlich geförderte) Mobilisierung und Verstärkung der Macht gegenüber den Objekten, die unbewußt für sein Dilemma verantwortlich gemacht werden, erreicht werden. Die Konfliktlösungsstrategie der hegemonialen Männlichkeit liegt nach Benjamin »in dem Versuch, Macht über den Anderen zu gewinnen. Das geschieht dadurch, daß er/sie so negiert und unterworfen wird, daß die Abhängigkeit vor ihm/ihr verborgen bleibt.«[85] – Die Männer in westlichen Gesellschaften greifen zu ähnlichen Mechanismen wie wir sie im ersten Teil dieses Buches an den ideologischen und praktischen »Tricks« der Baruya zur Eindämmung der angstauslösenden Gefahren, die von den Frauen und ihrer Sexualität scheinbar ausgehen gefunden haben. Die Unterschied sind entsprechend der jeweiligen kulturellen Traditionen graduelle, aber keine grundsätzlichen.

---

84 Auch deshalb ist es verkürzt, die Grundkonflikte der Identitätsbildung nur am Problem der »Kohäsion des Selbst« und ihres drohenden Zerfalls, ohne systematische Berücksichtigung der trieb- und gleichzeitig objekttheoretischen Dimension festzumachen.

85 Benjamin (1995), *Anerkennung und Zerstörung*, S. 260. Nach Benjamin gilt dieser grundlegende Mechanismus für beide Geschlechter. In diesem Zusammenhang kann er aber, und das folgt ihrer Analyse, eindeutig dem männlichen Geschlecht zugeordnet werden. Vgl. Benjamin (1990), *Die Fesseln der Liebe*.

Unter dem Druck des gesellschaftlichen Autonomieideals müssen die Kompensationsversuche, die als Kompromißbildungen alle Anteile des Abhängigkeitsdilemmas zu verbergen suchen, sie aber in entfremdeter Form zugleich verraten, als tendenziell gewaltförmige Ausbrüche der fixierten, in den Tiefenstrukturen von Männlichkeit eingelagerten, ambivalenten bis feindseligen Einstellungen zur Weiblichkeit betrachtet werden.[86] Der Preis, den Jungen und Männer für diese Autonomie zu bezahlen haben, liegt in der »Aufgabe des Liebesobjekts« (Benjamin). Das aber ist, wie wir gesehen haben, grundsätzlich unmöglich bzw. in letzter Konsequenz nur durch eine De-Humaniserung oder gar die Zerstörung des Objekts zu erreichen. Prinzipiell ist daher in der ambivalenten bis feindseligen Einstellung des Mannes zu seinen weiblichen Sexualobjekten die Idee der Vernichtung des Objekts und seiner Surrogate unbewußt immer enthalten. Die negative Einstellung zu den Frauen kann im »Notfall« unter dem Druck innerer und äußerer Krisen mittels einer »projektiven Identifikation« der Frau mit der Erregung, die angeblich von ihr in seinem Innern ausgelöst wird, verstärkt und bis zur offenen Feindseligkeit kanalisiert werden. Eine der Hauptquellen für Frauenhaß wäre dann der Haß auf das eigene (sexuelle) Begehren, für das die Frau verantwortlich gemacht und deshalb bestraft wird – oder, ein letztes Mal in den, diesmal weitsichtigen Worten Otto Weiningers: »Der Haß gegen die Frauen ist immer nur noch nicht überwundener Haß gegen die eigene Sexualität.«[87]

Gerade die durch Frauen ausgelöste Erregung zeigt, daß die im männlichen Autonomiewahn enthaltene Idee einer vollkommenen Beherrschung und Kontrolle eine Illusion ist. Das Ich ist nicht Herr im eigenen Haus, schon gar nicht über die eigene Sexualität und den eigenen Körper. Das (männliche) Subjekt ist an dieser Stelle abhängig und scheint es dauerhaft zu bleiben. Mit einer Zerstörung des Bedrohlichen kann versucht werden, den Kontrollverlust auszugleichen und bisweilen sogar eine bis in göttliche Transzendenz entrückte Idee von Autonomie als Herrscher über Leben und Tod zu retten – aber auch diese Versuche

86 »So gesehen wäre es also der *Abwehrmodus der Aggressivierung* zusammen mit der radikalen *Transformation des Weiblichen ins Bild*, wo es gleichzeitig konserviert und unschädlich gemacht werden kann, der hinter der Kreation der ›früh‹ oder ›archaisch‹ anmutenden Mutterbilder des Knaben/Mannes steckt und diese fortbestehen läßt.« Rohde-Dachser (1991), *Expedition in den dunklen Kontinent*, S. 228 f.

87 Weininger (1903), *Geschlecht und Charakter*, S. 626. Für Cornelia Klinger trennt der Mann imaginär »seine eigene Naturhaftigkeit in Gestalt der Sexualität von sich ab und lastet seine eigenen Triebe, Wünsche, Begierden der ewigen Verführerin ›Eva‹ als Schuld an.« Klinger (1995), *Beredtes Schweigen und verschwiegenes Sprechen: Genus im Diskurs der Philosophie*, S. 45.

einer Selbstrettung vor den Anfeindungen der Objektbindung sind mehr oder weniger zweck- aber keineswegs folgenlos. Die wiederholten Erfahrungen von Abhängigkeit und des vergeblichen Bemühens um Autonomie können, besonders in Zeiten zugespitzter innerer und äußerer Krisen, zu einer Verstärkung der bereits als Disposition eingelagerten Potentiale von Wut, Haß und Gewaltbereitschaft führen. Dabei wird aus Gründen der (vermeintlichen) Selbsterhaltung ein in dessen frühem Geltungsbereich gebildeter Mechanismus auf regressivem Wege reaktiviert und verstärkt: die Abspaltung, Projektion, Verfolgung und Vernichtung all dessen, was als Quelle von »Unlust« erscheint und Angst, Wut und Bedrohungsgefühle auslöst.

Das grundsätzliche Paradox in der gesamten Konstruktion der Sexualität, insbesondere aber in der Herstellung der männlichen Geschlechtsidentität ist nicht auflösbar und kommt in männlich hegemonialen Kulturen immer wieder durch Gewalt und Zerstörung zum Ausdruck. Im Selbstverständnis des vermeintlich starken, autonomen und überlegenen Geschlechts ist alles, was Quelle von sexueller Lust und Befriedigung ist, gerade *weil* es das ist, zugleich die größte Quelle von Unlust, Angst und Abwehr. – Vielleicht hat Freud diesen Zusammenhang geahnt, als er nach der analytisch so reinen Unterscheidung zwischen Lebenstrieben (Sexualität und Selbsterhaltung) und Todestrieben dann doch nicht klar entscheiden konnte, welches der beiden Prinzipien in den Dienst des jeweils anderen gestellt wird. In unserer Kultur jedenfalls kann der Todestrieb und der ihm inhärente Wiederholungszwang als exquisit männliches Prinzip gelten.

Dritter Teil

Männliche Feindbilder und die Verfolgung des begehrten Geschlechts

Das Männliche faßt das Subjekt, die Aktivität und den Besitz des Penis zusammen, das Weibliche setzt das Objekt und die Passivität fort. Die Vagina wird nun als Herberge des Penis geschätzt, sie tritt das Erbe des Mutterleibes an.

Sigmund Freud, *Die infantile Genitalorganisation*

Hinter diesem Moment verbirgt sich ein anderes von ganz besonderer Stärke oder es fällt vielleicht mit ihm zusammen: die Hochschätzung des männlichen Organs und die Unfähigkeit, auf dessen Vorhandensein beim Liebesobjekt zu verzichten. Die Geringschätzung des Weibes, die Abneigung gegen dasselbe, ja der Abscheu vor ihm, leiten sich in der Regel von der früh gemachten Entdeckung ab, daß das Weib keinen Penis besitzt.

Sigmund Freud, *Über einige neurotische Mechanismen bei Eifersucht, Paranoia und Homosexualität*

Vorbemerkung

Männlichkeit ist ein kulturelles Konstrukt und wird in einem komplizierten Sozialisationsprozeß immer wieder aufs neue hergestellt und bestätigt. Wenden wir den Blick von dem (psychosexuellen) Männlichkeitsdilemma auf die Auseinandersetzung des Kulturanthropologen Gilmore mit der kulturellen Konstruktion dieses Dilemmas zurück, dann werden die Mängel des auch von ihm als Erklärungsansatz favorisierten Ent-Identifizierungs-Modells nun noch deutlicher. Das Paradigma einer weitgehend entsexualisiert und monokausal verstandenen Mutterablösung als Grundlage der männlichen Subjektkonstitution fügt den psychoanalytischen Mythologisierungen eine weitere Legende hinzu: die Legende des naturwüchsig von mütterlich-weiblicher Verschlingung bedrohten Phallus. Die rituell als Preis gewonnene oder durch Kampf errungene Maskulinität ist grundsätzlich instabil, unsicher und brüchig (Gilmore), aber nicht in erster Linie (und erst recht nicht ausschließlich) aufgrund einer existenzbedrohenden Regressionsangst als automatische Folge des Identifikationsbruchs mit der frühen Mutter, sondern aufgrund der unausweichlichen Aporien, denen die Entwicklung der genitalzentrierten männlichen Geschlechtsidentität zwischen Autonomie (Objektfreiheit) und Abhängigkeit (Objektgebundenheit) in einer männlich-hegemonialen Kultur unterworfen ist. Durch die systematische Ausblendung der objektgerichteten Sexualitätsdimension können weder die unbewußten Tiefenstrukturen dieses Dilemmas noch die individuellen und kollektiven Abwehrmechanismen gegen die damit verbundenen Gefahren für die männliche Integrität und Souveränität begriffen werden, ohne in der Analyse der Geschlechterverhältnisse, wie wir gesehen haben, erheblichen Verkürzungen zu unterliegen.

Die unbewußte Grundangst der Männer entspringt ihrer gesamten psychosexuellen Ausstattung und besteht hauptsächlich in der Angst vor bedrohlich erlebten Autonomie- und Kontrollverlusten. Unter gesellschaftlichem und kulturellem Druck wird diese Angst nach der Verarbeitung der Geschlechterdifferenz (z. T. erst nachträglich) dauerhaft mit Weiblichkeit und den damit assoziierten Eigenanteilen in Verbindung gebracht. Die Angst vor der Frau gehört zu den regelmäßigen Begleiterscheinungen einer sexuellen Identität, in der die Vorstellungen von sozialer und sexueller Potenz wechselseitig verschiebbar (real und symbolisch) an ein funktionstüchtiges männliches Genital gebunden sind und bleiben. Die idealisierende Verklärung des Penis zum »wundervollen narzißtischen Phallus« (Grunberger) kann die mit ihr einhergehenden sexualphysiologischen und sexualpsychologischen Probleme nicht »lösen«, ohne neue Unlust zu erzeugen und damit reaktiv die Angst vor der Weiblichkeit und den Haß auf die Frauen noch zu verstärken.[1]

Die ständigen Zweifel, ein »echter«, »wahrer« oder »richtiger« Mann zu sein, sind an diese unbewußte Angst gebunden und sollen im Falle persönlicher (innerer) und kollektiver (äußerer) Krisen durch ausgeklügelte Rituale und Praktiken, »notfalls« auch durch Anwendung von Gewalt, beseitigt, zumindest aber in Schach gehalten werden. Im Mittelpunkt dieses bis zur Todesangst steigerbaren antifemininen Affekts steht die Sorge um die Unversehrtheit des männlichen Genitals. Dabei wird der Penis nicht nur zum zentralen Fokus und Austragungsort dieser Virilitätsangst, sondern gleichzeitig zum Objekt und Instrument der rituellen Rettungsversuche einer »beschädigten« Männlichkeit.

Ein typisches Beispiel, an dem sich dieser Mechanismus kulturspezifisch festmachen läßt, ist das »Koro«-Phänomen, das in verschiedenen Abstufungen und Variationen insbesondere in Kulturen des süd- bzw. südostasiatischen Raumes einschließlich der vorgelagerten Inselgruppen vorkommt. Am stärksten ist dieses Phänomen, nach Auskunft Gilmores, in Süd- und Ostchina bzw. in Taiwan verbreitet, tritt aber hin und wieder auch in Thailand, Indonesien sowie in Indien auf. Für den Ethnopsychoanalytiker Devereux ist Koro, ähnlich dem malaiischen »Amok«, eine »ethnische Neurose«, die es den davon befallenen (vorwiegend oder ausschließlich) Männern erlaube, ihrer Kultur die Mittel zu entlehnen, »ihre subjektive Störung in konventioneller Weise zu demonstrieren, wenn auch nur um zu vermeiden, mit Kriminellen oder Zauberern verwechselt zu werden«.[2] Worin besteht nun die Spezifität dieser subjektiven Störung, die sich im Bereich des kulturell und persönlich Normalen zu bewegen scheint? Gilmore bezeichnet

1 Die Glorifizierung des Penis-Phallus macht (besonders in Frankreich) nicht vor der psychoanalytischen Theorie und Therapie halt. Auf einem Seminar in Paris auf dem Höhepunkt der Rezeption von Lacans strukturalistischer, der »phallischen Ordnung« in besonderer Weise verpflichteten Freud-Rezeption Ende der siebziger Jahre wurde einem eingeladenen Lacanianischen Therapeuten von einer deutschen Studentin die naive Frage gestellt, was denn nun der Phallus, jener oberste Signifikant der »symbolischen Ordnung« eigentlich *sei*, worauf der Analytiker den glänzenden Zellophanstreifen einer gerade geöffneten Gauloise-Schachtel mit einer gleichsam magischen Geste durch die Finger zog und die bemerkenswerte Antwort gab: »Der Phallus ist alles was glänzt!«

2 Devereux (1982), *Normal und anormal. Aufsätze zur allgemeinen Ethnopsychoanalyse*, S. 62.

Koro als eine »männliche Hysterie«, die aus der Angst entsteht, den kulturell vorherrschenden Virilitätsvorstellungen nicht zu genügen. Die Betroffenen zerbrechen in letzter Konsequenz am eigenen und fremden Erwartungsdruck an eine intakte, eine »wahre« Männlichkeit.[3]

Neben einer ganzen Reihe psychosomatischer Beschwerden (Herzstörungen, Schwächegefühle, akute Angstzustände usw.) zeigt sich diese Virilitätsangst vorrangig als tiefe Furcht davor, die eigene Männlichkeit könne sich gleichsam buchstäblich verflüchtigen, indem der Penis schrumpft und sich in den Bauch zurückzieht, was im schlimmsten Fall sogar zum Tod führen könne. Der eigentliche Auslöser des Koro aber ist nicht in erster Linie diese Furcht, sondern die ihr vorausgehende »reale« körperliche Wahrnehmung des tatsächlich verschwindenden Genitals. Dem Psychoanalytiker und Augenzeugen Alf Gerlach verdanken wir die genaue Beschreibung des Ausbruchs und Verlaufs eines typischen Koro-Anfalls während der letzten dokumentierten Epidemie auf der südchinesischen Insel Hainan im Jahre 1985, die insgesamt ca. zweitausend Inselbewohner erfaßte:

> »Ein junger Mann ist mit Freunden unterwegs zum nächsten Dorf. Er muß beiseite gehen, um Wasser zu lassen, und plötzlich überkommt ihn Panik: Sein Glied erscheint ihm verkleinert, geschrumpft auf die Hälfte, und ihm fallen die Gerüchte wieder ein, daß in anderen Dörfern der Insel Koro aufgetreten sei und einige Menschen schon daran gestorben sein sollen. Er ruft um Hilfe, und die Freunde finden ihn zitternd, schwitzend, mit Angst im Gesicht. Alle sind sofort überzeugt, daß die Geister nun auch hier ihr erstes Opfer gefunden haben; die ängstliche Vorstellung, daß es um Leben und Tod geht, erfaßt alle unmittelbar.«[4]

Die Wahrnehmung des geschrumpften Genitals und die mit ihr einhergehenden Affekt (Furcht) lösen eine tiefe Verzweiflung und eine ansteckende Panik aus, die auf der Stelle dramatische Rettungsaktionen erfordern.

---

3 Vgl. Gilmore (1991), *Mythos Mann*, S. 190 ff. u. S. 200 f. Gilmore deutet dieses Phänomen in gewohnter Weise als Ausdruck der männlichen Regressionsangst, als Angst vor der Verschlingung durch eine der mächtigen Frauen der Kindheit – in strikter Abgrenzung zu der von ihm abgelehnten Kastrationsangst.

4 Gerlach (1995), *Kastrationsangst und oraler Neid im Geschlechterverhältnis. Analytische Arbeiten mit einer ethnologischen Beobachtung*, S. 967 f.; vgl. auch Gerlach (2003), *Von der Ohnmacht des Mannes. Ethnopsychoanalytische Erfahrungen mit Geschlechterverhältnis und Geschlechterspannung in China.*

»Als erste Hilfsmaßnahme wird ein Seil um den Penis geschlungen, das zwei der Kameraden straffhalten, damit sich das Glied nicht noch weiter zurückziehen kann. Dann wird der junge Mann, der inzwischen über Schwächegefühle klagt und nicht mehr gehen kann, auf eine schnell improvisierte Bahre gelegt und aufgeregt ins Heimatdorf zurückgebracht. Dort nimmt die inzwischen alarmierte Großmutter, die als erfahrene Frau gilt, die Angelegenheit in die Hand und ordnet weitere Maßnahmen an: Sie reibt Glied und Genitalregion mit scharfer Pfefferpaste ein, läßt Verwandte und Nachbarn vor dem Haus Feuerwerkskörper anzünden, Gongs und Trommeln schlagen und versucht mit lautem Geschrei, den Dämon zu vertreiben, der ihren Enkel befallen hat. Sie wickelt ihn in ein Fischernetz, in dem sich der böse Geist verfangen soll, und schlägt auf den Körper des Betroffenen ein, damit der Geist daraus weicht« (S. 968).

Nach allgemeiner Überzeugung in den von Koro heimgesuchten Gebieten Südchinas wird die ansteckende Plage von weiblichen Fuchsgeistern verursacht. In den überlieferten Sagen haben es diese Fuchsfrauen, entweder in der Gestalt alter oder aber junger und verführerischer Frauen immer schon auf die Geschlechtsteile der Menschen, vor allem aber auf die der Männer abgesehen, da die Geister der Toten durch abgeschnittene und gesammelte Penisse ihr inneres Gleichgewicht wiedererlangen und in menschliche Wesen zurückverwandelt werden könnten.

Die Trennung in »alte« und »junge« Frauen bestätigt die nahezu universell verbreitete Tendenz, Frauen zu einem ganzen Bündel männlicher Projektionen zu machen und erinnert deutlich an die in westlichen Kulturen offensichtlich unausrottbare Tradition der Aufspaltung des Frauenbildes in »Mutter« und »Hure«. Generell besteht, neben ihrer kastrierenden Potenz, die todbringende Hauptgefahr der Frauen eben auch in der Macht ihrer sexuellen Verlockungen. Dieses mythische Doppelbild von der verführerisch-kastrierenden Frau bietet den südchinesischen Männern für Gerlach »eine Möglichkeit zur Projektion und Symbolisierung der gefürchteten Aspekte einer von allen Zwängen befreiten weiblichen Sexualität« (S. 974). Im Glauben der Landbevölkerung erscheinen die weiblichen Fuchsgeister vor allem in der Gestalt »schöner«, »erregender« Frauen, die sich insbesondere nachts »an die Seite der Männer schleichen und diese zu verführen und sexuell zu erschöpfen trachten« (ebd.). Exzessive Sexualität unter der Initiative und Regie von Frauen ist für den Mann anscheinend mit großen existentiellen Gefahren verbunden.

Neben der brachialen Kastration bildet also das perfidere Erregen, die Verführung und das anschließende Aussaugen der Manneskraft die Hauptwaffe der unbewußt als allmächtig phantasierten Frauen gegen die Männer. Aus der projektiven männlichen Sicht aber steht diese Macht der Frauen nicht nur symbolisch für den Tod, sondern kann, etwa in Gestalt des Koro, sogar »real« zum Tode führen. Gerlach interpretiert diese Gefährdung des Geschlechtsteils, der Manneskraft und schließlich des gesamten Lebens im Zusammenhang mit der chinesischen Tradition der polaren Entsprechungsreihen und dem zugrunde liegenden philosophischen Grundkonzept, dem Gegensatz von Yin und Yang (vgl. S. 972 ff.). Das nicht nur von den mythischen Fuchsfrauen, sondern von allen Frauen verkörperte Yin repräsentiert das Dunkle, Feuchte, Kalte und generell das Negative, woraus der weibliche Drang und die Notwendigkeit abgeleitet wird, sich mit dem männlich konnotierten Yang die Helligkeit, den Sonnenschein und die Hitze anzueignen. »Entsprechend wird beim Koro das Kältegefühl in den Genitalien als Symptom gedeutet, das ein Schwinden der Lebensenergie anzeigt; heiße, scharf gewürzte Getränke sollen das Kältegefühl vertreiben und die notwendige Hitze wieder zuführen« (S. 974 f.). Das ist wahrscheinlich auch der Grund, warum es zweckmäßig zu sein scheint, den Penis bei einem Koro-Anfall nicht nur festzuhalten, sondern auch mit einer scharfen Pfefferpaste einzureiben.

Die (befürchtete) Macht und Überlegenheit der Frauen zeigt sich hier in der Vorstellung, die Yin-Essenz und damit die weibliche Sexualität sei unerschöpflich, die des männlichen Yang hingegen zwar äußerst wertvoll, insgesamt aber quantitativ begrenzt. Nicht erst die Kastration, sondern bereits jeder Samenerguß bedeutet einen Verlust an Yang und damit tendenziell einen Verlust an männlicher Lebenskraft schlechthin. Gleichwohl ist der Koitus unverzichtbar, da die männliche Lebenssubstanz ihre befruchtende Wirkung auch für den Mann nur durch die Vereinigung mit den weiblichen Elementen entfalten kann. Eine Anreicherung und Stärkung der männlichen Vitalität kann dabei sogar durch die Aufnahme der weiblichen Yin-Essenz erfolgen, allerdings nur dann, wenn es dem Mann gelingt, die Ejakulation entweder zu verhindern, oder ihren punktuellen Einsatz zielgenau zu beherrschen:[5]

5 Diese Vorstellung liegt den mannigfaltig beschriebenen (und erlernbaren) östlichen Techniken des Sexualverkehrs zugrunde. Das Ziel der sexuellen Vereinigung ist, im Gegensatz zu der westlichen Vorstellung vom Orgasmus als Endlust, nicht am finalen Ausstoß orientiert, sondern liegt als Vereinigung des Männlichen mit dem Weiblichen (allerdings unter kontrollierter Herrschaft der Yang-Essenz, die nicht verschwendet werden darf) in sich selbst. Männliche Ejakulationen sollen nur in Ausnahmefällen zugelassen werden, gehören also nicht notwendig zum Geschlechtsverkehr. – Auch diese kulturelle Vorstellung, die an einer »ganzheitlichen Seinsweise« ausgerichtet

»Der Mann sollte nur auf dem Gipfel seiner Yang-Anreicherung auch zur Ejakulation kommen, um dann möglichst gesunde und gut ausgestattete Nachkommen zu zeugen. Um sein Yang anzureichern, mußte er den Akt möglichst lange hinausziehen, mit einem ausgedehnten Liebesvorspiel und einer lang andauernden Vereinigung, und auch häufigen Verkehr mit verschiedenen Frauen ohne Ejakulation pflegen. Zur Vermeidung der Ejakulation wurden geistige Disziplin und die manuelle Kompression der Harnröhre empfohlen (eine Technik, die zur retrograden Ejakulation in die Harnblase führt). Die Vorstellung war, daß dann die Yang-Essenz entlang des Spinalkanals hochfließe und das Hirn wie die gesamte psychophysische Existenz stärke. Entsprechend war Selbstbefriedigung für den Mann verboten, und natürliche Samenergüsse wurden als von bösen Geistern verursacht angesehen, die es auf die Lebensessenz der Männer abgesehen haben« (S. 976).

Die Angst der Männer vor den Frauen treibt im Bereich kollektiver Phantasmen und Praxen seltsame Blüten, wobei es häufig zu erstaunlichen interkulturellen Ähnlichkeiten und Übereinstimmungen kommt. Andreas Benz untersucht z. B. jenen universell verbreiteten, als »Myelos-Mythos« bezeichneten Aberglauben, der eine Analogisierung von weißlichen Körpersubstanzen (Gehirn, Rücken- und Knochenmark) mit dem Sperma als dem Sinnbild der männlichen Vitalität vornimmt.[6] Dabei gilt der Kopf als »der Sitz der Fruchtbarkeit des Mannes und das Reservoir seines Samens«[7] und damit als Zentrum der gesamten Männlichkeit einschließlich seiner genitalen Potenz. Männliche Lebenskraft selbst kann nur in Form von Sperma nach außen gelangen, das bösartige Frauengestalten bis zur Erschöpfung des Mannes aus ihm aussaugen. Da die Menge des Samens begrenzt ist, muß die Gefahr der vitalen Erschöpfung durch eine regelmäßige Auffrischung der männlichen Lebenssubstanz eingegrenzt werden. Das kann z. B. wie bei der von Gilbert Herdt als »Sambia« bezeichneten Ethnie in Neuguinea durch das Trinken von Samen während der Initiation oder durch das Einverleiben von Gehirnteilen des getöteten Feindes bei der Kopfjagd geschehen.

---

ist und in einigen (westlichen) psychologischen Ansätzen sowie im Bereich der Alternativmedizin als überlegenere, reifere gilt, verschleiert die männliche Angst vor weiblicher Macht durch diesen Kontrollwahn nur vordergründig.

6 Myelin ist eine weiße Substanz verschiedener Lipoproteine, die die Nervenfasern im Rückenmark und im Gehirn umhüllen.

7 Benz (1989), *Weibliche Unerschöpflichkeit und männliche Erschöpfbarkeit: Gebärneid der Männer und der Myelos-Mythos*, S. 166.

Zur Abwehr der (tödlichen) Bedrohung durch die weibliche Sexualität müssen von den Angehörigen der Sambia ähnliche Tabus und Beschränkungen eingehalten werden, wie wir sie schon bei den Baruya gründlich kennengelernt haben, d. h.: »Die Männer haben eine panische Angst vor weiblicher Kontamination, die vor allem von der Vagina und ihren Ausflüssen ausgeht.« Die kontaminierende Macht der Frauen ist so groß, daß Waffen, denen auch nur ein weiblicher Geruch anhaftet, »auf einem Kriegszug die Pfeile des Feindes wie ein Magnet anziehen« können (ebd.) – was im Grunde bedeutet: Geht ein Krieg verloren, können die Frauen und ihr negativer Einfluß dafür verantwortlich gemacht werden. Sexualkontakte finden bei den Sambia ebenfalls ähnlich wie bei den Baruya eher kurz, hastig und heimlich statt, wobei die Männer versuchen, »weder Luft einzuatmen noch Speichel zu schlucken«, selbstverständlich nur aus dem einzigen Grund, »die Kontaminierungsgefahr minimal zu halten« (ebd.).

Mit diesen kulturspezifischen Beispielen, deren Schilderung einschließlich der der abendländischen Traditionen endlos fortgesetzt werden könnte, wird eines der zentralen Elemente des allgemeinen (psychosexuellen) Männlichkeitsdilemmas erneut bestätigt: die Bedrohung des männlichen Überlegenheits- und Herrschaftsanspruchs durch das ständige Umschlagen von sexuellen (und sozialen) Potenzbeweisen in die Erfahrung von Abhängigkeit von der Frau und einer bis an die Grenze körperlicher Unversehrtheit reichenden Ohnmacht gegenüber ihrer als feindliche Bedrohung erlebten Sexualität. Gerlach belegt die nahezu universelle Gültigkeit dieses Herrschafts-Ohnmachts-Dilemmas auch für die südchinesische Heimatregion des Koro und weist in diesem Zusammenhang auf eine Untersuchung von Hua Shaoxiang hin, in der anhand einer Auswertung (historischer) chinesischer Handbücher zur Liebeskunst das Geschlechterverhältnis im alten China mit dem des antiken Griechenlands verglichen wird. Entgegen der eher metaphysischen Auffassung vom »geschlechtlichen Zweikampf« in Griechenland wurde in China besonders unter dem daoistischen Einfluß der Sexualverkehr auch praktisch vom Geschlechterkampf geprägt. Die Angst vor einer substantiellen Schwächung durch die weibliche Sexualität scheint dabei die im Unbewußten der Männer verankerte Idee eines »Triumphes des männlichen Körpers über den der Frau« im Sexualverkehr immer wieder aufs neue in Frage gestellt zu haben.

»Die Angst, daß der Mann in der Sexualität mit der Gefahr der körperlichen Schwächung und mit dem Tod konfrontiert wurde, brachte das wichtige Argument seiner Herrschaft zum Wanken. Der Mann konnte auf einmal der Verlierer des sogenannten ›Zweikampfes‹ sein. Die sexuelle Schwäche war von der Angst begleitet, den patriarchalischen Überbau, das männliche Machtbewußtsein und das Bewußtsein der männlichen Überlegenheit einzubüßen. Die Hochschätzung des Samens als Argument der männlichen Macht sowie die Schwächung und sogar der Zusammenbruch der männlichen physischen Existenz erzeugten eine Spaltung zwischen der Behauptung der männlichen Herrschaft, die in dem sexuellen Verhalten und der Potenz ihre Legitimität fand, und der Angst, diese Legitimität durch die tatsächliche Schwäche und die beschränkte Fähigkeit bei der sexuellen Betätigung zu verlieren.«[8]

Mit dieser auf die chinesische Geschichte und Tradition bezogenen Beschreibung des sexuellen Kampfes der Geschlechter erfaßt Hua Shaoxiang genau jenen zentralen, in männlich-hegemonialen Kulturen universell geltenden Mechanismus des allgemeinen Männlichkeitsdilemmas. Zusammen mit den anschaulichen Facetten des Koro-Phänomens wird damit eine der Grundannahmen der Ethnopsychoanalyse, daß gewisse unbewußte Phantasmen eine transkulturelle Gültigkeit besitzen, bestätigt. Das an die Angst des Mannes vor der Frau und der weiblichen Sexualität geknüpfte Bild des bedrohten Phallus ist zweifellos ein solches Phantasma, das in unzähligen mythischen Variationen, bis hinein in die gängigen psychoanalytischen Gender-Theorien, zum Ausdruck gebracht wird.[9]

Dieses Phantasma erscheint, wie im zweiten Teil ausführlich besprochen, als die von Freud als gewöhnlichen »horror feminae« gekennzeichnete Haltung des Mannes, in der sich die »Hochschätzung des männliches Organs« und die bis zum Abscheu reichende »Geringschätzung des Weibes« wechselseitig durchdringen. Trotz erheblicher Unterschiede zwischen den jeweiligen Gesellschaftsstrukturen, den geschlechtsbezogenen Sozialisationsformen und den entsprechen-

8 Zit. nach Gerlach (2003), *Von der Ohnmacht des Mannes*, S. 112.

9 Gerlach deutet das gesamte Koro-Phänomen nach dem Modell einer kulturtypischen Verbindung von Kastrationsangst und dahinter stehendem Gebärneid, womit sicherlich zwei zentrale Elemente des komplizierten ätiologischen Zusammenhangs dieser »Störung« aufgeführt werden. Besonders hervorzuheben ist die Betonung der von den Betroffenen regressiv vorgenommenen »Oralisierung« der Genitalität, ein Mechanismus, der genau unserer Analyse der Oralitäts-Genitalitäts-Achse bei den Baruya im ersten Teil entspricht. Vgl. Gerlach (1995), *Kastrationsangst und oraler Neid im Geschlechterverhältnis*, S. 977 ff. Weniger überzeugend ist Gerlachs abschließende kurze Herleitung des männlichen Gebär- bzw. Geschlechterneides, wie allgemein üblich, aus der Ent-Identifizierungs-Theorie nach Greenson.

den Männlichkeitsideologien gibt es in allen männlich-hegemonialen Kulturen Überschneidungen zwischen den vorherrschenden Männlichkeitsmodellen, die auf bestimmte Grundmuster der individuellen und kollektiven (unbewußten) Einstellungen zum »eigenen« und zum »fremden« Geschlecht hinweisen.

Blicken wir auf die Ausführungen des ersten und des zweiten Teils zurück, dann lassen sich die wichtigsten Elemente dieses Musters folgendermaßen zusammenfassen: Zu den gemeinsamen, in kulturell unterschiedlich starken Ausprägungen und Mischungsverhältnissen angelegten Grundmerkmalen der männlichen Tiefenstruktur und ihrer im *Feindbild Frau* verdichteten Erscheinungsformen gehört in erster Linie eine ambivalente, aus Lust, Angst, Neid und Wut gespeiste Einstellung zu Frauen und zur weiblichen Sexualität. Die individuell und kulturell unterschiedlich verbreitete Neigung zur Abwehr und Abwertung der als bedrohlich erlebten Weiblichkeit geht dabei mit einer bis zum Selbsthaß reichenden Feindseligkeit gegenüber den als weiblich assoziierten »fremden« Anteilen am eigenen Geschlecht einher.[10]

In der männlichen Subjektkonstitution bilden Sexualität und Aggression – entlang unbewußter Bahnungsarrangements aus eingelagerten Erinnerungsresten und eingekastelten Objektbesetzungen – spezifische Legierungen, die von Beginn an mit projektivem Haß und einer virulenten Gewaltbereitschaft aufgeladen werden. Diese Legierungen drücken sich körpersprachlich durch eine Zentrierung der sexuellen, aggressiven und narzißtischen Persönlichkeitsanteile im Genital (Penis-Phallus), der unter dem Genitalprimat gewissermaßen mit dem Gesamt-Ich zusammenfallenden Exekutive der männlichen Psychosexualität aus. Der Penis ist als entscheidendes Distinktionsmittel gegenüber der Mutter symbolischer Brennpunkt der Autonomiewünsche und als Instrument der Sexualität (»Lustabfuhrgeschäft«) gleichzeitig der Garant für eine Verstärkung der libidinösen Abhängigkeit vom weiblichen Objekt. Der als Phallus idealisierte Penis bleibt auch als Insignium von Macht, Größe und Vollkommenheit (Narzißmus) nach wie vor wichtigstes Lustorgan (Sexualität) und kann im existentiellen »Notfall« als sexualisierte Waffe (Aggression) eingesetzt werden.

Auf das Sexual- und Haßobjekt Frau bezogen, erhält eine derart genital zugerichtete männliche Sexualität hauptsächlich den Charakter eines (gewaltsamen) »Eindringens«, der Narzißmus den eines (erwünschten) »Triumphes« und die Aggression den einer »Zerstörung« des Objekts

10 So heißt es in Hermann Hesses Roman *Demian:* »Wenn wir einen Menschen hassen, so hassen wir in seinem Bild etwas, was in uns selbst sitzt. Was nicht in uns selber ist, das regt uns nicht auf.«

(um Triebruhe zu erreichen). Dieses Potential ist Ausdruck des als unlösbare Spannung zwischen Objektfreiheit und Objektgebundenheit charakterisierten Männlichkeitsdilemmas. Als Konsequenz ergibt sich ein auch zur unbewußten Ausstattung von »normaler« Männlichkeit gehörendes (latentes) Potential aus sadistischen und paranoiden Reaktionsbereitschaften. Den meisten Männern gelingt zwar eine einigermaßen sozialverträgliche Umwandlung dieses gefährlichen Potentials, was aber bleibt und von vielen »gewöhnlichen« Männern immer wieder bestätigt wird, ist die grundsätzliche Anfälligkeit für innere und äußere Krisen, die eine als Infragestellung der Männlichkeit erlebte Erschütterung ihrer narzißtischen Grundstruktur hervorruft.

Auch die im Koro-Phänomen materialisierte Virilitätsangst wird durch eine solche Mischung aus äußeren (gesellschaftlichen) und inneren (reifungsbedingten) Krisen ausgelöst. Die von Gerlach beschriebene Epidemie auf der Insel Hainan brach in einer Atmosphäre von Gerüchten und einer allgemeinen ängstlichen Gestimmtheit aus, die u. a. durch einen Wahrsager hervorgerufen wurde, der 1985 »ein schlechtes Jahr mit vielen Krankheitsfällen vorhergesagt hatte«.[11] Der *innere* Krisenanteil bezieht sich auf die grundsätzlich für Verunsicherungen und fragwürdige Lösungsversuche anfällige männliche Adoleszenz, denn dreiviertel der Betroffenen waren laut Gerlach zwischen zehn und fünfundzwanzig Jahre alt, wobei die Fünfzehn- bis Neunzehnjährigen den Hauptanteil ausmachten (vgl. ebd.). Auch Gilmore weist auf die durch psychiatrische Untersuchungen bestätigte empirische Tatsache hin, daß die Anfälligkeit für Koro bei bestimmten Kategorien von Männern größer ist. »Das übliche Opfer ist ein junger Mann oder ein Jugendlicher mit schwacher oder abhängiger Persönlichkeitsstruktur, der an seiner Fähigkeit zweifelt, den strengen Normen zu entsprechen, die ihm seine Kultur vorschreibt.«[12] – Diese besondere Anfälligkeit für eine Erschütterung der fragilen Männlichkeitsstruktur ist grundsätzlich typisch für das von existentiellen Krisen begleitete Jugendalter. Auch in westlichen Gesellschaften stellt die Adoleszenz die durch innere (hormonelle und sexuelle) Reifungsvorgänge in Gang gesetzte Krise der (hegemonialen) Männlichkeit par excellence dar.

Bevor wir uns nun dieser Adoleszenzkrise sowie dem weiteren Schicksal (und den Auswüchsen) des Männlichkeitsdilemmas in anderen männlich bestimmten Konflikt- und Praxisfeldern zuwenden, soll noch einmal an den entscheidenden Abwehrmechanismus von Jungen und Männern gegen die (psychosexuellen) Fallstricke ihres Auto-

11 Gerlach (1995), *Kastrationsangst und oraler Neid im Geschlechterverhältnis*, S. 969.
12 Gilmore (1991), *Mythos Mann*, S. 191.

nomie-Abhängigkeits-Dilemmas erinnert werden: Im Mittelpunkt der individuellen und kollektiven Gegenmaßnahmen zum Schutz vor den Frauen und den (vermeintlichen) Gefahren der weiblichen Sexualität für die (narzißtische) Integrität des Mannes steht der Rückgriff auf archaische Spaltungs- und Projektionsmechanismen aus der infantilen Frühzeit. Mit ihnen kann die elementare Angst, wie wir gesehen haben, in Haß und in eine zerstörerische Gewaltbereitschaft gegenüber den primären und den verschobenen Objekten der unbewußten Feindseligkeit umgewandelt werden. Die Einnahme einer *paranoid getönten Abwehr-Kampf-Haltung* gehört neben der Mobilisierung sadistischer Persönlichkeitsanteile zu den wesentlichen Hauptmerkmalen männlicher Reaktionen auf narzißtische Kränkungen und Krisen. Die von diesen Mechanismen bestimmten Abwehrschlachten der Jugendlichen und jungen Männer dienen unbewußt in erster Linie der Reparierung ihrer »beschädigten« Männlichkeit und der Wiederherstellung einer aus den Fugen geratenen Geschlechter-Ordnung unter dem Diktat hegemonialer Männlichkeitsvorstellungen.

Das bislang eher abstrakt entwickelte trieb- und objekttheoretische Männlichkeitsmodell soll nun in den folgenden Abschnitten exemplarisch auf drei prototypische Erscheinungen von Männlichkeitskrisen und ihre Bewältigungsversuche angewandt werden: auf die (normale) männliche Pubertät und Adoleszenz, auf die männlichen Perversionen sowie auf den (paranoiden) Furor männlicher Soldaten. Dabei wird auch weiterhin die Frage nach der Sexualität und ihrer in den meisten einschlägigen (gesellschaftspolitischen und wissenschaftlichen) Diskursen vernachlässigten Rolle im antifemininen Kampf um männliche Hegemonie im Mittelpunkt stehen. Bei allen drei Themen geht es damit gleichzeitig auch um die Evidenz psychoanalytischer Sexualitätskonzepte und ihren Aufklärungswert für eine sozialpsychologische Analyse von drei gesellschaftlich (und politisch) brisanten Problembereichen: *Fremdenfeindlichkeit* und *Gewaltbereitschaft* bei männlichen Jugendlichen, männliche *Sexualdelinquenz* und *Sexualstraftäterschaft* und schließlich *Massenvergewaltigungen* unter Kriegs- oder kriegsähnlichen Bedingungen.[13]

13 Gewisse Wiederholungen einzelner Aspekte der in den beiden ersten Teilen entwickelten Ansätze sind dabei beabsichtigt. Sie sind Ausdruck einer tentativen, manchmal kreisförmigen Annäherung an ein psychoanalytisches Modell des (sexuellen) Männlichkeitsdilemmas und seiner antifemininen Lösungsversuche von verschiedenen, im Folgenden stärker anwendungsbezogenen Seiten und Perspektiven.

Die in der Kindheit abgebrochene Genitalorganisation setzt nun mit großer Kraft wieder ein. Wir wissen aber, daß die Sexualentwicklung der Kinderzeit auch für den Neubeginn der Pubertätsjahre die Richtung vorschreibt. Es werden also einerseits die aggressiven Regungen der Frühzeit wieder erwachen, andererseits muß ein mehr oder minder großer Anteil der neuen libidinösen Regungen – in bösen Fällen deren Ganzes – die durch die Regression vorgezeichneten Bahnen einschlagen und als aggressive und destruktive Absichten auftreten.

Sigmund Freud, Hemmung, Symptom und Angst

In den unverhüllt hervortretenden Abneigungen und Abstoßungen gegen nahestehende Fremde können wir den Ausdruck einer Selbstliebe, eines Narzißmus, erkennen, der seine Selbstbehauptung anstrebt und sich so benimmt, als ob das Vorkommen einer Abweichung von seinen individuellen Ausbildungen eine Kritik derselben und eine Aufforderung, sie umzugestalten, mit sich brächte.

Sigmund Freud, Massenpsychologie und Ich-Analyse

Die paranoide Abwehr-Kampf-Haltung bei männlichen Jugendlichen

Jungen und Männer gelten im Vergleich zu Mädchen und Frauen gemeinhin als aggressiver. Obwohl sich diese Feststellung durch empirische Anschauung leicht verifizieren läßt, ist Vorsicht gegenüber einer pauschalen Verallgemeinerung angebracht. Neuere Untersuchungen belegen, daß spezifisch weibliche Aggressionen – wenn sie denn überhaupt Frauen zugestanden werden – sich eben nicht nur verdeckt oder indirekt (delegierend) äußern bzw. nach innen, gegen den eigenen Körper und Seelenzustand (Süchte, Depressionen, Eßstörungen usw.) richten, sondern verstärkt auch als Gewalt nach außen auftreten. Es sei erst einmal dahingestellt, ob daraus sogleich ein Trend nach dem reißerischen Medien-Motto »die Mädchen schlagen zurück« abgeleitet oder gar von einer Neupositionierung der Frauen im Geschlechterverhältnis ausgegangen werden kann.[1]

Auf jeden Fall ist die umgekehrt am Konfliktverhalten und an der spezifischen Über-Ich-Struktur der Frauen festgemachte Idee einer prinzipiellen weiblichen Friedfertigkeit (Margarete Mitscherlich) mit Sicherheit ein Mythos. Eine mit dieser Idee verknüpfte, als Automatismus gedachte Anbindung gesellschaftlicher und persönlicher Emanzipationshoffnungen an die Frauen stellt mithin eine friedenssehnsüchtige Projektion dar, die allzu häufig auf eine pauschale Gleichsetzung von Mann = Krieg und Frau = Frieden hinausläuft. Ähnlich wie die lange aufrechterhaltene Überzeugung von der angeblich größeren Naturnähe der Frauen, die den gebrauchswertorientierten, vorgesellschaftlichen und symbiotisch-idyllischen Raum der Familie repräsentierten, fügt auch dieses Bild den unbewußten Einstellungen zur Frau als einem Bündel von Projektionen ein weiteres Klischee hinzu. Es ist eine törichte Illusion, zu glauben, Frauen seien grundsätzlich entschieden weniger als Männer zu Haß und zu spezifischen Formen von Gewalt als (bevorzugtem) Austragungsmodus von Konflikten bereit.[2]

1 Unter dem schlagkräftigen Titel *Auch Frauen sind zu allem fähig* behauptet Sabine Etzold in der *ZEIT* v. 08.11.01 sogar, daß in westlichen Gesellschaften »die Geschlechtsunterschiede in aggressivem Verhalten nahezu irrelevant« seien (S. 40). Vgl. auch Bruhns (2003), *Gewaltbereitschaft von Mädchen und jungen Frauen – Ausdruck einer Neupositionierung im Geschlechterverhältnis?*

2 Über die Frage einer spezifisch weiblichen Aggression und ihrer Anteile an kollektiven Gewalthandlungen von einer einfachen Duldung über unterschiedliche Formen

Das historische Beispiel der KZ-Aufseherinnen aus der jüngeren deutschen Vergangenheit zeigt, daß Frauen in ähnlicher Weise wie Männer selbst zu einer extrem menschenverachtenden Gewalt und Grausamkeit unter Wegfall der Tötungshemmung imstande sind bzw. gebracht werden können.[3] Auch die weniger exponiert am Massenmord beteiligten Frauen im Dritten Reich haben in erschreckend hohem Ausmaß mit der nationalsozialistischen Ideologie übereingestimmt und als Akteurinnen, Mitläuferinnen und Nutznießerinnen an der Vernichtungspolitik des totalitären NS-Regimes partizipiert. Deshalb ist die These Margarete Mitscherlichs, beim Antisemitismus handle es sich aufgrund der besonderen Genese und Struktur des weiblichen Über-Ichs eher um eine »Männerkrankheit«, unsinnig. Frauen sind ebenso wenig prinzipiell friedfertig und daher nicht immer nur Opfer von Gewaltverhältnissen, wie umgekehrt nicht alle Männer pauschal zu Angehörigen eines universellen Tätergeschlechts gestempelt werden können. Eine Demaskierung der Männer etwa als »potentielle Vergewaltiger«, wie in der Frauenbewegung der achtziger Jahre des letzten Jahrhunderts zeitweilig in Mode, verdünnt die Komplexität der Geschlechterbeziehungen und der jeweiligen Anfälligkeit für gewaltsame Lösungsformeln in persönlichen Krisensituationen auf ein verallgemeinerndes eindimensionales Täter-Opfer-Schema mit klaren Schuldzuweisungen.

Gleichwohl muß festgehalten werden, daß diese Beispiele weiblicher Aggression und Grausamkeit, die um zahlreiche historische und aktuelle Fälle ergänzt werden könnten, klare Ausnahmen darstellen. Angesichts der nach wie vor auffällig ungleichen Anteile am faktischen Gewalthandeln ist die von vielen Seiten vertretene These von der tendenziellen Angleichung der Geschlechter im Bereich des manifest aggressiven Verhaltens nicht aufrechtzuerhalten. Laut Kriminalstatistiken bewegt sich der Anteil von Frauen an körperbezogenen Gewaltverbrechen (Körperverletzungen und Tötungshandlungen) im Durchschnitt weit unter zehn Prozent, bei den Fällen typisch jugendlicher Gewalt beträgt er sogar nur ca. zwei Prozent. Deliktspezifische Ausnahmen

---

der Mittäterschaft bis hin zur eigenverantwortlichen Tat bzw. Tatbeteiligung hat in den letzten Jahren eine intensive Diskussion in der psychoanalytischen, insbesondere aber in der feministischen Geschlechterforschung begonnen. Vgl. Mitscherlich (1987), *Die friedfertige Frau*; Koher (1992), *Weiblichkeit und Aggression*; Micus (2002), *Friedfertige Frauen und wütende Männer?* Koher (2003), *Friedfertige Mädchen? Psychoanalytische Diskurse über Geschlecht und Aggression in der Adoleszenz.*

3 Vgl. Ebbinghaus (1996), *Opfer und Täterinnen. Frauenbiographien des Nationalsozialismus*; Koonz (1991), *Mütter im Vaterland. Frauen im Dritten Reich*; Müller-Münch (1982), *Die Frauen von Majdanek. Vom zerstörten Leben der Opfer und der Mörderinnen.*

bilden familien- und partnerschaftsbezogene Fälle (Partnertötungen, Kindesmißhandlungen und Kindestötungen), aber auch hier liegt der Frauenanteil insgesamt deutlich niedriger als der der Männer.[4]

Nicht nur die generelle Bereitschaft zur Anwendung von physischer Gewalt als Mittel der Konfliktaustragung, sondern auch jene subjektiv als ausweglos empfundenen Situationen, aus denen häufig Gewalttaten entstehen, weisen auf eindeutig geschlechtsspezifische Unterschiede hin, die sich insbesondere an folgenden Hauptmerkmalen männlicher Aggressionsäußerungen festmachen lassen: 1. am Grad und an der Qualität der Gewaltaffinität und einer nach außen gerichteten Zerstörungsbereitschaft sowie an der prinzipiell größeren Durchlässigkeit der Grenzen zwischen Gewaltfaszination, Gewaltbereitschaft und faktischer Gewaltausübung bei Jungen und Männern; 2. am Anteil sadistischer Impulse an der männlichen Aggression und an der Verbindung von Gewalt und Zerstörungsbereitschaft mit sexuellen Motiven (sexuelle Gewalt ist grundsätzlich männlich, was besonders an einem extremen Beispiel deutlich wird: Massenvergewaltigungen durch Frauen im Krieg oder unter kriegsähnlichen Bedingungen sind undenkbar); und schließlich 3. am Vorherrschen einer *paranoid getönten Abwehr-Kampf-Haltung*, deren psychische Mechanismen zur inneren Ausstattung von Normalmännlichkeit unter den vorherrschenden Bedingungen männlich-hegemonialer Kulturen gehören.

Nicht alle Männer sind zu jeder Zeit grundsätzlich auf Kampf programmiert, aber im Konfliktfall, insbesondere unter extremen Belastungen, wie etwa bei Soldaten während der Militärausbildung und in massive Angst freisetzenden Kriegseinsätzen, wird eine derartige Haltung gleichsam künstlich erzeugt bzw. verstärkt. Der Ausdruck paranoide Abwehr-Kampf-Haltung« ist verschiedenen Berichten des US-amerikanischen Psychiaters Chaim Shatan über seine Arbeit mit traumatisierten Vietnam-Veteranen entnommen.[5] Shatan bezeichnet damit die Überlagerung eines weitgehend zivilen durch ein militärisches Realitätsprinzip, das von Wahrnehmungsverzerrungen, projektivem Haß und Vernichtungsbereitschaft gekennzeichnet ist und im Kriegsfall angesichts der Allgegenwart des Todes eine notwendige Überlebensfunktion besitzt. Die reflexhafte Einnahme dieser Haltung in angstauslösenden

4 Weibliche Delinquenz stellt insgesamt ein Randphänomen dar. So lag der Frauenanteil an der Gesamtkriminalität von Erwachsenen Mitte der neunziger Jahre bei ca. dreizehn Prozent und an der Zahl der Inhaftierten sogar nur bei fünf Prozent. Vgl. Möller (1996), *Kriminalität: ein männliches Problemlösungsmuster?*, S. 11.

5 Vgl. Shatan (1981), *»Zivile« und »militärische« Realitätswahrnehmung. Über die Folgen einer Absurdität*, S. 564 f. sowie Shatan (1983), *Militarisierte Trauer und Rachezeremoniell.*

Situationen erfolgt häufig aber auch außerhalb der militärischen Wirklichkeit als Mittel einer putativen (vermeintlichen) Notwehr gegen tatsächliche bzw. subjektiv empfundene Bedrohungen. Beim Militär und im Krieg zeigt sich, worauf wir im übernächsten Abschnitt noch genauer eingehen werden, wie die Mechanismen dieser paranoiden Abwehr-Kampf-Haltung auch kollektiv mobilisiert und – einmal in Gang gesetzt durchaus *auch* unter einer möglichen Beteiligung von Frauen – zur Entfesselung von Gewalt und Grausamkeit bis hin zum Wegfall der vom Individuum offenbar nur mühsam aufgebauten Tötungshemmung geführt werden können. Ein anderes (massenpsychologisches) Beispiel sind politische Strategien, die eine solche paranoide Abwehrbereitschaft künstlich erzeugen bzw. manipulativ, durch angstschürende Bedrohungsszenarien einsetzen.[6]

Die individuellen psychischen Wurzeln dieser projektiven Kampfhaltung aber liegen, wie im zweiten Teil aufgezeigt, in der frühen Kindheit, an der Nahtstelle zwischen Selbsterhaltung und Sexualität, wobei die Selbsterhaltungsfunktion im Dienste des narzißtischen Bestrebens des Ichs steht, sich möglichst angstfrei zu halten.[7] Der spezifische Pubertätsverlauf der Jungen in männlich-hegemonialen Gesellschaften führt zu einer erheblichen Zuspitzung des psychosexuellen Männlichkeitsdilemmas und damit regelmäßig zu einer Reaktivierung und Verstärkung dieses selbsterhaltenden, nun vorwiegend gegen Frauen und andere »Feinde« gerichteten Krisen-Reaktionstypus bei männlichen Jugendlichen als Mittel der Angstbewältigung. In den Diskussionen über das Verhältnis von männlicher Adoleszenz und Gewaltbereitschaft wird diese projektive (nicht-pathologische) Kampfhaltung und ihre gleichermaßen entwicklungspsychologische *und* sozialpsychologische Bedeutung bislang nicht systematisch berücksichtigt. Sie soll deshalb, ohne damit den Anspruch eines neuen, umfassenden Erklärungsmodells über das Verhältnis von Jugend und Gewalt zu verbinden, im Mittelpunkt der folgenden Überlegungen über das pubertäre Schicksal des männlichen Autonomie-Abhängigkeits-Dilemmas und über den Umgang mit

6 Auch die politische Loyalitätsbindung von Bevölkerungsmassen unterliegt häufig diesem Mechanismus. Während des letzten Irak-Krieges haben T-Shirts und Plakate in den USA mit einem Bild von George W. Bush in Seemannsuniform im Vordergrund vor den verschwommenen Konterfeis von Saddam Hussein und Osama bin Laden diesen Tatbestand ironisch mit dem Spruch zum Ausdruck gebracht: »Be afraid! Because paranoia is patriotic«.

7 Damit ist – um es gegen mögliche Mißverständnisse noch einmal zu betonen – nicht die deterministische Herleitung eines aktuellen Problemlösungsverhaltens aus einer isolierten frühkindlichen Ursache, sondern der unbewußte Rekurs auf einen archaischen (modifiziert eingesetzten) psychischen Abwehrmechanismus gemeint.

der ihm inhärenten zentralen Angst des Mannes vor der Weiblichkeit stehen.

Fremdenhaß, Gewaltbereitschaft und politische Paranoia

Der Amerikaner Bill Buford bewegte sich mehrere Jahre lang in den inneren Zirkeln der berüchtigten Fußballfangruppen von Manchester United, um zu verstehen, wie eine militante Hooligan-Szene massenpsychologisch funktioniert. Sein Buch liest sich streckenweise wie ein ethnographischer Bericht über das Innenleben von Männerbünden an der unteren Schwelle der Zivilisation. Konstitutiv für den Zusammenhalt der aus ganz unterschiedlichen Individuen zusammengesetzten Gruppen ist neben den ritualisierten Sauforgien und der Lust an Gewalt besonders die Abscheu gegenüber anderen, die nicht so sind wie sie selbst zu sein glauben.

> »Was sie nicht mochten, war (von Tottenham Hotspur mal abgesehen) nur eines: der Rest der Welt. Der Rest der Welt ist ein großes Land, und sein hauptsächlicher Bewohner ist der Fremde. Den Fremden mochten die Fans überhaupt nicht. Der Fremde – ein Ladeninhaber, der Angestellte der Londoner U-Bahn oder der britischen Eisenbahn, der alte Mann, der auf der Rolltreppe vor dir steht, jemand, der dich nach dem Weg fragt, jemand, der bei einer Wahl deine Stimme will, der Busschaffner, die Kellnerin, das Mitglied der Labour Party, der Mann, der neben dir sitzt, kurz, alle, die *im Weg sind* – ist verabscheuungswert. Und kein Fremder ist so fremd und daher so verabscheuungswert wie der Ausländer. Dem Ausländer galt ihr echter Haß (...). Das Schlimme an den Ausländern war, daß ihnen etwas fehlte. Aus irgendeinem Grund waren die Ausländer niemals alle Sprossen der Evolutionsleiter hinaufgeklettert, und darum war an Ausländern immer ein bißchen *weniger* dran – besonders den dunkelhäutigen Ausländern, ganz zu schweigen von dunkelhäutigen Ausländern, die auch noch versuchten, einem etwas zu verkaufen. Das waren die schlimmsten.«[8]

An diesem, in seiner ganzen Banalität und (möglichen) Brutalität anschaulich geschilderten Gefühl von Fremdheit und Feindseligkeit fällt psychoanalytisch zunächst ein affektives Verarbeitungsmuster auf, das

8 Buford (1992), *Geil auf Gewalt. Unter Hooligans*, S. 107 f.

Freud als »Narzißmus des kleinen Unterschieds« bezeichnet. Gerade geringe, nur punktuelle Unterschiede zwischen Menschen und Menschengruppen scheinen bei sonstiger Ähnlichkeit bzw. Übereinstimmung ungeahnte narzißtische Kränkungen hervorzurufen, die (typischerweise) eher von Männern, insbesondere von Männern, die in Rudeln auftreten, unbewußt als Beleidigung, als »Ehrverletzung« oder gar übersteigert als existentielle Bedrohung für Leib und Leben empfunden werden. Auch hier finden wir die irrationale Verbindung von Narzißmus und Aggressionsbereitschaft zum Zwecke des Selbstschutzes bestätigt, d. h. in den »unverhüllt vortretenden Abneigungen und Abstoßungen gegen nahestehende Fremde können wir den Ausdruck einer Selbstliebe, eines Narzißmus, erkennen, der seine Selbstbehauptung anstrebt (...).«[9] Prototypisches Beispiel für diesen Mechanismus und damit gleichzeitig eine der Hauptquellen (bzw. wesentlicher Verstärker) für Fremdenfeindlichkeit ist die männliche Wahrnehmung und Verarbeitung des anatomischen Geschlechtsunterschieds, aus der Jungen und Männer, wie wir gesehen haben, in einer von der Herrschaft des Phallus diktierten kulturellen Ordnung immer wieder eine narzißtische Aufwertung ihrer grandiosen Männlichkeit ziehen.

Auch auf sozialpsychologischem Gebiet lassen sich für Freud mit dem Narzißmus der kleinen Differenz« Fälle von Fremdenfeindlichkeit und Aggressionsbereitschaft zumindest oberflächlich erfassen, so vor allem die historisch immer wieder bestätigte rätselhafte Tatsache, daß gerade nahestehende oder benachbarte Gemeinschaften so häufig und mit lustvoller Begeisterung übereinander herfallen. – Wie aber läßt sich der dahinterstehende tiefe Haß und die bis zur Vernichtungsbereitschaft gehende Grausamkeit erklären, die die kollektiven Aggressionsausbrüche regelmäßig vorbereiten und begleiten? Freud weist hier mit der unbewußten Spaltung im Affekthaushalt zwischen der Liebe zur Eigengruppe und der Aggression gegen die Fremdgruppe auf eine der tieferen Ursachen dieser fremdenfeindlichen Gewaltbereitschaft, auf den Versuch einer radikalen Triebentmischung, hin. »Es ist immer möglich, eine größere Menge von Menschen in Liebe aneinander zu binden, wenn nur andere für die Äußerung der Aggression brig bleiben.«[10] Es geht allerdings um mehr, als bloß um eine bequeme Abfuhr überschüssiger Aggressionen Einzelner oder ganzer Gemeinschaften. Exzesse von Haß und Zerstörung scheinen offensichtlich auf ein erst zum Fremden, dann zum Feind und schließlich zum Opfer gemachtes »Objekt«

9 Freud (1921), *Massenpsychologie und Ich-Analyse,* S. 111; vgl. zum »Narzißmus der kleinen Differenz« auch Freud (1918), *Das Tabu der Virginität,* S. 169.
10 Freud (1930), *Das Unbehagen in der Kultur*, S. 473.

unabdingbar angewiesen zu sein. Ähnlich wie in der Sexualität sind auch aggressive Triebäußerungen weder in der Phantasie noch in der Praxis ohne die Anbindung an Objekte denkbar.

Die realen Objekte der Destruktivität müssen mit den Haßobjekten der fremdenfeindlich vergifteten Phantasie nicht unbedingt identisch sein. Hauptsache, es lassen sich assoziativ gewisse Ähnlichkeiten feststellen oder schlicht künstlich konstruieren, um das ausgesuchte Opfer vorab als Feind wahrnehmen und damit in ein »geeignetes« Objekt der Zerstörungswut verwandeln zu können. Die für den zerstörungsbereiten Haß notwendige Objektfindung und Objektanbindung kann an einem aktuellen Fall deutlich gemacht werden, der sich im Juli 2002 im Dorf Potzlow in der seit langem für ihren jugendlichen Rechtsextremismus berüchtigten Uckermark (Brandenburg) zugetragen hat. Drei junge Skinheads haben den siebzehnjährigen Marinus S. offensichtlich in dem Wahn, eine legitime Aktion zur »Vernichtung unwerten Lebens« zu unternehmen, verschleppt, gefoltert, mit einem Stein erschlagen und anschließend in einer Jauchegrube versenkt. Im Laufe eines vorangegangenen Saufgelages beschlossen die Täter den anwesenden Marinus, dessen Aussehen ihnen irgendwie – möglicherweise wegen einer »undeutschen« Blondfärbung seiner Haare oder seiner weiten, als »links« geltenden »Hip-Hop-Hose« – nicht paßte, als nicht lebenswert« *anzusehen.* Um das Objekt an ihre rassistische Wahrnehmungsstruktur nach NS-Vorbild »anzupassen«, versuchten sie Marinus zu dem Eingeständnis zu zwingen, daß er Jude sei, was nicht zutraf. »Die Angeklagten wollten sich ein Feindbild schaffen«, sagte der Anwalt der Eltern des Opfers während des Strafprozesses, womit er psychologisch aber nur zum Teil recht hat: die Täter hatten bereits ein mehr oder weniger konturiertes Feindbild (Objekt des Hasses) im Kopf, nur noch kein »passendes« konkretes Feindobjekt in der Nähe ihrer kurz vor dem Ausbruch stehenden Grausamkeitsbereitschaft (vgl. *FR* v. 20.11.02, 15.02.03 u. 27.05.03).

An diesem Fall und an dem von Buford beschriebenen Hooligan-Beispiel fällt noch etwas auf, das mit dieser abgrundtiefen Feindseligkeit zusammenhängt: Der Haß auf Fremde bei gleichzeitiger Selbstdefinition durch die Zugehörigkeit zu einer »überlegenen« Rasse, Gruppe oder Nation trägt in seiner Primitivität wahnhafte Züge. Dahinter stehen diffuse Ängste und Wahrnehmungsverzerrungen, die bis zum Realitätsverlust reichen können. Das innere Bild des Fremden, das von der Psychoanalyse treffend als *Fremdenrepräsentanz* gefaßt und immer in Verbindung mit den *Selbstrepräsentanzen* zu sehen ist, entsteht nach dem Muster eines (verfolgenden) frühen und nun nach außen verlagerten (unassimilierten) Introjekts. Das im Innern abgespaltene und als fremd und bedrohlich empfundene Eigene wird auf äußere Feinde projiziert und stellvertretend an ihnen zerstört. Erst die projektive Identifizierung der ausgesuchten Opfer mit dem eigenen Haß gibt sie potentiell der Vernichtung preis. Eine aktuelle Mobilisierung von Haß und Gewaltbereitschaft gegenüber dem Fremden greift regressiv auf diese lebensgeschichtlich frühen Erfahrungen und ihre Niederschläge zurück. Diese Erfahrungen und ihre typischen Verarbeitungsmechanismen (Isolierungen, Spaltungen, Verschiebungen und Projektionen) sind aus dem psychiatrischen Krankheitsbild der Paranoia bekannt, gehören aber auch, so eine meiner an Freuds Theorie des Liebe-Haß-Gegensatzes und Melanie Kleins Modell der paranoid-schizoiden Position angelehnten Hauptthesen, zur archaischen Grundausstattung von Normalität im Rahmen halbwegs gelungener Sozialisationsverläufe. – Schauen wir daher, was eine genetische, am Lebenslauf orientierte Analyse des wechselvollen Spannungsverhältnisses zwischen Normalität und Pathologie für die Erforschung der Ursachen von Fremdenhaß und Gewaltbereitschaft, zunächst jenseits der Geschlechterproblematik, beitragen kann.

Die früheste Erfahrung mit dem Fremden macht der Einzelne bereits im letzten Drittel des ersten Lebensjahres. Mit dem Unterscheidungsvermögen von Ich und Nicht-Ich, von vertrauten und unvertrauten, eben fremden Personen, entsteht die Neigung, Spannungen, Frustrationen, Ängste und auch Aggressionen bis hin zum Haß mit dem Eindruck zu verbinden, den die »fremden« Vertreter der Außenwelt in der unbewußten Wahrnehmungsorganisation hinterlassen. Mario Erdheim weist darauf hin, daß Fremde sich deshalb besonders gut als Verschiebungsobjekte eignen, weil die Wahrnehmung ihrer Anwesenheit die beunruhigende Abwesenheit der vertrauten Person, von der noch keine schmerzhafte Trennung erfolgt und verarbeitet ist, signalisiert. »Das Bild dessen, was fremd ist, entsteht im Subjekt schon sehr früh, fast gleichzeitig mit dem Bild dessen, was uns am vertrautesten ist, der Mutter. In seiner primitivsten Form ist das Fremde die Nicht-Mutter, und die bedrohliche Abwesenheit der Mutter läßt Angst aufkommen.«[11] Die Entwicklungspsychologie spricht bei diesem Phänomen von »Achtmonatsangst«, der Volksmund vom »Fremdeln«.

Die klassische Untersuchung zu diesem Phänomen stammt von René A. Spitz aus dem Jahre 1965, der über den Zusammenhang von Affekt (Angst) und Wahrnehmung (vertraut/fremd) feststellt: »Das Kind

11 Erdheim (1992), *Das Eigene und das Fremde. Über ethnische Identität,* S. 732.

unterscheidet jetzt deutlich zwischen ›Freund‹ und ›fremd‹. Nähert sich dem Kind ein Fremder, so löst dies ein unverkennbares, charakteristisches und typisches Verhalten in ihm aus; es zeigt individuell verschiedene Grade der Ängstlichkeit, ja sogar Angst und lehnt den Fremden ab.«[12] Die »Achtmonatsangst« entsteht aber nicht, so wird von Spitz betont, als Reaktion auf die Erinnerung an eine unangenehme Erfahrung mit einem »Fremden«, sondern vielmehr als eine »Reaktion auf die Wahrnehmung, daß das Gesicht des Fremden nicht mit den Gedächtnisspuren vom Gesicht der Mutter übereinstimmt« (S. 172). Nimmt man diese Unterscheidung ernst, dann folgt daraus: Es ist weder möglich, späteren Fremdenhaß als unausweichlichen Automatismus entwicklungspsychologisch aus der frühen Kindheit abzuleiten, noch ist es legitim, die »Fremden« in irgendeiner Form selbst für diesen Haß verantwortlich zu machen.[13] Die abstruse Rechtfertigungsfunktion einer Haltung, die den ausgesuchten Opfern (überindividuell) die Schuld an ihrer Verfolgung zuschreibt, läßt sich am Beispiel eines Skinheads veranschaulichen, der, so wird von Christiane Tramitz berichtet, den Ursprung seiner Ausländerfeindlichkeit schlicht ins Säuglingsalter zurückdatiert: »Ich habe schon als Baby die Krise geschoben, wenn irgend so ein Fidschi seine Rübe in den Kinderwagen gesteckt hat.«[14]

Die Angst wird aus Gründen des Selbstschutzes veräußerlicht und am Bild des bedrohlichen Fremden festgemacht. Beides, Wahrnehmung und Affekt werden als Erinnerungsspur in die Gedächtnissysteme des Unbewußten eingeschrieben. Erdheim sieht hier eine der archaischen Quellen, auf die im Falle späterer Fremdenfeindlichkeit und Gewaltbereitschaft unbewußt zurückgegriffen wird. »Angst wird immer, mehr oder weniger, mit dem Fremden assoziiert bleiben, und es bedarf stets einer Überwindung der Angst, um sich dem Fremden zuzuwenden. Diese Angst bildet sicher auch eine der Wurzeln für spätere Gewalttätigkeiten, denn das, wovor man Angst hat, wird leicht zum Bösen, das man – solange man schwach ist – fliehen, später aber, wenn man sich stark fühlt, bekämpfen muß« (ebd.). – Ausländer, Juden, Behinderte,

12 Spitz (1965), *Vom Säugling zum Kleinkind. Naturgeschichte der Mutter-Kind-Beziehungen im ersten Lebensjahr*, S. 167.

13 Damit läßt sich auch entwicklungspsychologisch bestätigen, was Adorno im Zusammenhang mit der Aufarbeitung der NS-Verbrechen als »Wendung aufs Subjekt« eingefordert hat. »Die Wurzeln sind in den Verfolgern zu suchen, nicht in den Opfern, die man unter den armseligsten Vorwänden hat ermorden lassen (...). Nicht die Ermordeten sind schuldig (...). Schuldig sind allein die, welche besinnungslos ihren Haß und ihre Angriffswut an ihnen ausgelassen haben.« Adorno (1967), *Erziehung nach Auschwitz*, S. 87.

14 Zit. in: Tramitz (2001), *Unter Glatzen. Meine Begegnungen mit Skinheads*, S. 311.

Obdachlose, Schwule zu verfolgen und gegebenenfalls zu vernichten gilt nach dieser irrationalen Logik als Notwehr. Dem korrespondiert die massenpsychologisch wirksame Beschwörung eines kollektiven nationalen Notstands (nicht nur) in rechtsradikalen Ideologien und Gruppierungen.

Dieser Mechanismus erfüllt eine nahezu identische Funktion wie die ursprünglichen Haßregungen zu Beginn der unbewußten Seelentätigkeit. Auch der erste Haß entspringt der Angst vor dem Zerfall der fragilen Subjektstruktur und damit dem Ringen um narzißtischen Selbstschutz. Daher handelt es sich beim späteren Fremdenhaß im Prinzip um die nachträgliche Mobilisierung dieser lebensgeschichtlich frühesten Form der psychischen Abwehr. Die Entbindung von destruktivem Fremdenhaß stellt den irrationalen Versuch einer externalisierten »Lösung« der nach dem Muster frühester Angstbewältigung ablaufenden Krisen der Selbsterhaltung dar. Da wir uns im letzten Teil gründlich mit diesem Vorgang auseinandergesetzt haben, hier nur eine kurze Erinnerung: Um dem Ziel des Lustprinzips, also dem Wunsch Lust zu erreichen und Unlust zu vermeiden, uneingeschränkte Geltung zu verschaffen, werden vom frühen, noch unentfalteten Ich unangenehme innere Reize und Empfindungen nach außen, auf dafür »geeignete« Objekte projiziert, gleichzeitig aber als angenehm empfundene äußere Lustquellen über einen Introjektionsvorgang verinnerlicht.

Dieser Vorgang hat erhebliche Konsequenzen für den Affekthaushalt und die Wahrnehmungsorganisation des Ichs, denn nach Freud zerfällt die Wahrnehmung der Außenwelt nun in einen Lustanteil, den sich das Subjekt quasi einverleibt hat, und einen Rest, der ihm fremd ist. »Aus dem eigenen Ich hat es einen Bestandteil ausgesondert, den es in die Außenwelt wirft und als feindlich empfindet« (Freud). Dieser »primitive« Spaltungsmechanismus legt die Basis für eine anfänglich vorherrschende Haßrelation gegenüber den äußeren Objekten aus der frühen Pflegesituation, denn das Ich, so Freuds Überzeugung, haßt und verabscheut alle Objekte, die ihm zur Quelle von Unlustempfindungen werden und verfolgt sie mit einer Zerstörungsabsicht, die »real« und »symbolisch« (noch) nicht unterscheidet. Das Ergebnis dieses Spaltungs- und Projektionsvorgangs ist dann eine Umwandlung der Fremdenangst in Fremdenhaß, der gleichsam das Erbe der archaischen Haßregungen gegenüber der primären Bezugsperson antritt.

Dieser »primitive« Mechanismus gehört zur Subjektkonstitution *beider* Geschlechter und steht im Mittelpunkt jener frühen Entwicklungsprozesse, die wir unter dem Stichwort »allgemeines Sexualitätsdilemma« zusammengefaßt haben. In diesen frühen, zeitweilig zum normalen Umgang mit der Realität gehörenden Introjektions- und Projektionsvorgängen liegt der wichtigste psychische Ursprung für die ambivalenten Gefühlseinstellungen gegenüber den »fremden«, aber gleichzeitig auch gegenüber den »vertrauten« Vertretern der Außenwelt. Aber auch die vorübergehende Entmischung der Triebarten (Sexualität/Aggression) und die entsprechende Spaltung der Objekte (Haßobjekt/Liebesobjekt) kann unter dem Einfluß neuer innerer und äußerer Erfahrungen die Entstehung ambivalenter Gefühlseinstellungen gegenüber *einem* Objekt und damit erneute Triebmischungen nicht verhindern.[15]

Daraus folgt aber auch: Die Bereitschaft (und Neigung) zum Fremdenhaß ist kein unausweichliches Schicksal, das sich automatisch aus den frühen Introjektions- und Projektionsvorgängen ableiten läßt. Sogar eine nachträgliche Korrektur der frühen und unbewußt eingelagerten Fremdenrepräsentanzen ist möglich, da auch in der frühen Kindheitsentwicklung nicht ausschließlich ablehnende und feindselige Einstellungen gegenüber dem Fremden dominieren. Einmal gebahnt, sammelt sich im Bild des Fremden zwar auch in der weiteren Entwicklung alles an, was (noch) nicht ins eigene Selbst integriert werden kann: innere Triebanforderungen, Größen- und Allmachtsphantasien und der realitätsanpassende Zwang diese aufzugeben, sowie »unerwünschte« Züge von Eltern und Geschwistern. Aber es finden sich erhebliche Abstufungen und Abweichungen, je nach der Gestaltung der äußeren Umgebung sowie nach dem Grad der gleichzeitig entstehenden Neugier gegenüber fremden Personen und Verhältnissen. »Die Angst vor dem Fremden kann auch überwunden werden dank der Faszination, die das Fremde ebenfalls ausübt. Unser Verhältnis zum Fremden ist nämlich immer ambivalent: Wir haben Angst vor ihm, und gleichzeitig vermag er uns auch zu faszinieren.«[16] Normalität bemißt sich dann daran, ob und wie weit es gelungen ist, Fremdenangst und damit einhergehende Spaltungs- und Projektionsneigungen einigermaßen sozialverträglich in die weitere Persönlichkeitsentwicklung zu integrieren.

Was aber bleibt, ist eine gewisse Ambivalenz, die in bestimmten Lebensphasen, abhängig vom traumatisierenden Charakter innerer und äußerer Erfahrungen, mobilisiert werden und einen regressiven Druck entfalten kann. In den späteren Formen von Fremdenhaß und Gewaltbereitschaft wird dieser frühe Mechanismus reaktiviert und die Betroffenen fallen zurück auf jene »primitive« Sicht von sich selbst und einer Welt, mit deren Bedrohungen sie nicht anders umgehen zu kön-

15 Vgl. hierzu die Ausführungen in *Objekt der Liebe – Objekt des Hasses* im zweiten Teil.

16 Erdheim (1992), *Das Eigene und das Fremde*, S. 732.

nen glauben als durch vermeintliche Notwehraktionen. Im extremeren Fall kann es zu einer nachträglichen Pathologisierung einer ursprünglich »normalen« Erscheinung kommen, deren Spuren nie vollständig ausgelöscht wurden. – Diese Kombination aus projektiver Fremdenfeindlichkeit und Gewaltbereitschaft unter Rückgriff auf paranoide Abwehrmechanismen aber ist stärker unter Jungen (und Männern) verbreitet, weshalb es an dieser Stelle notwendig ist, die bisher eher geschlechtsneutrale Rekonstruktion der psychischen Genese der Fremdenfeindlichkeit (vorübergehend) zu verlassen.

Nach der Wahrnehmung und Verarbeitung der Geschlechterdifferenz und unter dem beginnenden Diktat des Genitalprimats wandelt sich das allgemeine Sexualitätsdilemma bereits während der präödipalen Kindheitsphasen (»phallische Stufe«) in das spezifische, mit neuen (paradoxen) Belastungen verbundene Männlichkeitsdilemma und erhöht damit den Druck auf den Jungen, sich (notfalls auch mit Gewalt) als ein autonomes, seiner zukünftigen Männlichkeit versicherndes Subjekt zu setzen. Aber wie wir festgestellt haben, scheitern alle diese Versuche spätestens mit der Transformation des Penis zum Phallus, die den Jungen auf unlösbare Weise in eine Abhängigkeit vom Objekt seines Begehrens verstrickt, aus der er sich gerade energisch zu lösen versucht. Die gewöhnlich einsetzende (normativ verstärkte) heterosexuelle Orientierung erhöht mit der beginnenden sexuellen Faszination des Weiblichen das männliche Fremdheitsgefühl (auch sich selbst, seinem eigenen Begehren gegenüber) und verstärkt mit der Grundangst gleichzeitig die psychische (und physische) Abwehrbereitschaft.[17] Die Verarbeitung der Geschlechterdifferenz und die nachträgliche Aufladung dieser Grundangst mit projektiven Weiblichkeitsbildern tritt gewissermaßen die Nachfolge des »Fremdelns« an. Fremdenangst und Fremdenhaß richten sich nun paradoxerweise und verstärkt auf jene Person, die eigentlich vor den (potentiellen) Gefahren des Fremden schützen sollte. Der Haß von Jungen (und Männern) ist spätestens seit diesen unbewußten Erfahrungsverarbeitungen auf eigentümliche Weise zwischen verpönten Eigenanteilen, weiblichen Objekten und dem Fremden verschiebbar.

Die wichtigste Phase nun, in der alters- und reifungsbedingt diese frühen Spuren erneut in den Vordergrund treten, ist das durch die Pubertät

17 »Der kleine Knabe fühlt zweifellos, daß mit ihm ohne sein Dazutun, ja entgegen seinem Willen, etwas geschieht. Das Weib, das mit seiner Berührung, seiner Nähe, ja durch sein bloß phantasiertes Bild eine Erektion erregen kann – das ist die zauberhaft-unheimliche Wirkung, die im Märchen und Mythos, in Dichtung und Geschichte immer wiederkehrt: die Hexen und Nixen, Feen, Sirenen, das dämonische Weib – kulturell abgeschwächt ist es der Sex-Appeal.« Rotter (1989), *Sex-Appeal und männliche Ohnmacht*, S. 28.

eingeleitete Jugendalter. Die *Adoleszenz* wird von Peter Blos (1962) in seinem psychoanalytischen Standardwerk als die Gesamtsumme aller Anpassungsversuche der Pubertät an die neuen inneren und äußeren – endogenen und exogenen – Zustände angesehen, denen das Individuum gegenübersteht« (S. 24). Sie stellt für ihn eine »zweite Ausgabe der Kindheit« dar, in der durch neue innere und äußere Anforderungen auch die Niederschläge früherer Erfahrungen und die Muster ihrer Verarbeitung an die psychische Oberfläche gelangen. In dieser Phase treten »all die Formen der Erregung, Spannung, Befriedigung und Abwehr auf den Plan, die je in früheren Jahren – d. h. während der psychosexuellen Entwicklung der Säuglingszeit und frühen Kindheit – eine Rolle gespielt haben« (ebd.). Dieses Wiederaufleben unter neuen Vorzeichen gilt für alle zentralen Bereiche der psychischen Persönlichkeit, deren Integration zu den vordringlichsten Aufgaben der Adoleszenz gehört: für die *Sexualität* (Libidoablösung und neue Objektwahl), die *Aggression* (Umgang mit alten und neuen Haßregungen) und den *Narzißmus* (Verarbeitung von Kränkungserfahrungen und megalomanen Größen- und Allmachtsphantasien). Eine sehr treffende Charakterisierung des damit einhergehenden Chaos in der emotionalen Erlebniswelt pubertierender Jugendlicher, die an Aktualität nichts eingebüßt hat, stammt von Anna Freud aus dem Jahre 1936.

> »Der Jugendliche ist gleichzeitig im stärksten Maße egoistisch, betrachtet sich selbst als den Mittelpunkt der Welt, auf den das ganze eigene Interesse konzentriert ist, und ist doch wie nie mehr im späteren Leben opferfähig und zur Hingabe bereit. Er formt die leidenschaftlichsten Liebesbeziehungen, bricht sie aber ebenso unvermittelt ab, wie er sie begonnen hat. Er wechselt zwischen begeistertem Anschluß an die Gemeinschaft und unüberwindlichem Hang nach Einsamkeit; zwischen blinder Unterwerfung unter einen selbstgewählten Führer und trotziger Auflehnung gegen alle und jede Autorität. Er ist eigennützig und materiell gesinnt, dabei gleichzeitig von hohem Idealismus erfüllt. Er ist asketisch, mit plötzlichen Durchbrüchen in primitivste Triebbefriedigungen. Er benimmt sich zuzeiten grob und rücksichtslos gegen seine Nächsten und ist dabei selbst für Kränkungen aufs äußerste empfindlich. Seine Stimmung schwankt von leichtsinnigstem Optimismus zum tiefsten Weltschmerz, seine Einstellung zur Arbeit zwischen unermüdlichem Enthusiasmus und dumpfer Trägheit und Interesselosigkeit.«[18]

18 A. Freud (1936), *Das Ich und die Abwehrmechanismen,* S. 319 f. Vgl. die Ergänzung

An anderer Stelle vergleicht Anna Freud diese charakteristischen Einzelheiten des Pubertätsverlaufs mit dem Anfangstadium eines psychotischen Schubes, ein Vergleich, der insbesondere die bereits mehrfach betonten regressiven Rückgriffe auf archaische Abwehrmechanismen hervorhebt. »Die besondere Ähnlichkeit zwischen dem Pubertätsverlauf und psychotischen Schüben scheint nebenbei noch in dem Hervortreten primitiver Abwehrhaltungen zu liegen, die der Angst des Ichs vor der Triebstärke zugehören, also einer Angst, die älter ist als alle Real- und Gewissenangst« (S. 351). Nach der hier vertretenen Auffassung handelt es sich bei den reaktivierten frühen Abwehrmechanismen allerdings nicht um eine »Angst des Ichs vor der Trieb*stärke*«, sondern vielmehr um eine archaische Angst, die sich aus der notwendigen und zugleich bedrohlichen Anbindung des Triebes an die Objekte ergibt und die im Falle der Männlichkeitsentwicklung mit Hilfe des sexuell, narzißtisch und aggressiv aufgeladenen (phallischen) Genitalorgans besonders energisch gesucht *und* gleichzeitig bekämpft wird. Weder der (starke oder schwache) Trieb oder das Ich noch die gesellschaftliche *Unterdrückung* der Sexualität, sondern die aus der unausweichlichen Trieb-Objekt-Bindung des sexuellen Begehrens resultierende Zwangslage bildet die Basis für die Mobilisierung paranoider und aggressiver Abwehrtendenzen und übt damit, zusammen mit den gesellschaftlichen Bedingungen, einen entscheidenden Einfluß auf den (halbwegs »normalen«, pathologischen oder in eine Perversion mündenden) Ausgang des männlichen Pubertätsdramas aus.[19] – Je größer dabei die aus verschiedenen (alten und neuen) Quellen gespeiste Angst, desto stärker die im Jugendalter (regelmäßig von außen verstärkte) Tendenz zu projektiven und gewaltsamen »Lösungen« des Dilemmas.

Ausgelöst werden die Adoleszenz und die typischen Jugendkrisen durch die Tatsache der Sexualreifung, die weit über hormonell gesteuerte physiologische Veränderungen hinausgeht. Die Pubertät stellt die Heranwachsenden vor drei Hauptaufgaben, deren Bewältigungsversuche den Verlauf der gesamten Adoleszenz entscheidend bestimmen werden: die Unterordnung aller Sexualerregungen unter das Genitalprimat, die Wahl des »geeigneten« Liebesobjekts (»sexual partner orienta-

---

dieser Charakterisierung der dramatischen inneren Umstrukturierungen während der Adoleszenz in Bohleber/Leuzinger (1981): *Narzißmus und Adoleszenz. Kritische Bemerkungen zum »Neuen Sozialisationstyp«*, S. 125 f.

19 Auch Siegfried Bernfeld betont die innere Angst der männlichen Jugendlichen vor ihrer eigenen Sexualität, leitet diese aber zusammen mit den in der Kindheit wurzelnden, der Angstbewältigung dienenden Abwehrmechanismen aus der Hemmung und Unterdrückung der infantilen Sexualität durch ein repressives Familienklima ab. Vgl. Bernfeld (1935), *Über die einfache männliche Pubertät*, S. 308.

tion«) und die Ablösung von den frühen Bezugspersonen (Eltern und Geschwister). Auffällig ist in diesem Zusammenhang, aus welch klarer Geschlechterperspektive Sigmund Freud die beiden ersten, angeblich für beide Geschlechter verbindlichen Aufgaben in seiner Abhandlung über die Pubertät beschreibt: »Während durch die Pubertätsvorgänge das Primat der Genitalzonen festgelegt wird und das Vordringen des erigiert gewordenen Gliedes beim Manne gebieterisch auf das neue Sexualziel hinweist, auf das Eindringen in eine die Genitalzone erregende Körperhöhle, vollzieht sich von psychischer Seite her die Objektfindung, für welche von der frühesten Kindheit an vorgearbeitet worden ist.«[20] In der Pubertät rückt also die Genitalität – in der von Freud beschriebenen Form allerdings nur beim männlichen Jugendlichen – endgültig in den Vordergrund, wobei gleichzeitig die Liebesobjekte, d.h. die als Erinnerungsspuren im unbewußten Gedächtnis eingelagerten Vorstellungsbilder (Imagines) dieser Objekte aus den psychosexuellen Stufen der infantilen Vorzeit wieder auftauchen. Freud spricht in diesem Zusammenhang zu Recht von einer »Zweizeitigkeit der menschlichen Sexualentwicklung«. Dazu gehört eine in zwei Schüben erfolgende psychosexuelle Objektwahl, in der die infantilen Neigungen, sowohl auf der Trieb- als auch auf der Objektseite, durch somatischen Nachdruck verstärkt, die Pubertätserscheinungen zeitweilig massiv beeinflussen. »Die Ergebnisse der infantilen Objektwahl ragen in die spätere Zeit hinein; sie sind entweder als solche erhalten geblieben oder sie erfahren zur Zeit der Pubertät selbst eine Auffrischung« (S. 101).

Heterosexuelle *und* homosexuelle, zärtliche *und* sinnliche Strömungen sowie andere Varianten der vielfältigen sexuellen (genitalen und prägenitalen) Erscheinungen der Kindheit tauchen nun, unter dem Diktat der genitalen und damit zwangsläufig phallischen Zentrierung, wieder auf. »Gleichzeitig mit der Überwindung und Verwerfung dieser

20 Freud (1905), *Drei Abhandlungen zur Sexualtheorie,* S. 123. Aufschlußreich ist an dieser Stelle, daß Freud anschließend direkt auf die Entstehung der frühesten (oralen) Sexualtriebäußerungen zurückkommt und seine These von der späteren Objektfindung als einer Wiederfindung, am »Saugen des Kindes an der Brust der Mutter« (ebd.) als Vorbild für jede Objektbeziehung festmacht. Wenn das heißt, der Penis – und nicht die Vagina, die ja vom Mann »gebieterisch« gesucht wird – tritt (regressiv) das Erbe der Mutterbrust an, dann hätte Freud mit der Komposition seiner Abhandlung (quasi kulturell-unbewußt) die Bedeutung der von uns bei den Baruya, den Sambia, aber auch im südchinesischen Koro-Phänomen festgestellte Oralitäts-Genitalitäts-Achse bestätigt. In seiner Analyse des Koro weist Gerlach auf einen berühmten Spruch aus der klassisch-chinesischen Literatur hin, der die genitale Befriedigung eng mit einer rückblickenden Idealisierung des mütterlichen Versorgungsprinzips verbindet: »Die Bewegung des Penis sollte an ein Kind erinnern, das sich an Mutters Brust nährt.« Gerlach (1995), *Kastrationsangst und oraler Neid im Geschlechterverhältnis,* S. 976.

deutlich inzestuösen Phantasien« als dritte Hauptaufgabe der Pubertät, »wird eine der bedeutsamsten, aber auch schmerzhaftesten, psychischen Leistungen der Pubertätszeit vollzogen, die Ablösung von der Autorität der Eltern, durch welche erst der für den Kulturfortschritt so wichtige Gegensatz der neuen Generation zur alten geschaffen wird« (S. 128). – Schwärmerische Verliebtheiten und Treueschwüre bei gleichzeitig starker Wechselbereitschaft in der Partnerwahl, aber auch Trauer, Wut, Angst und Abwehr sind Ausdruck dieser Ablösung bzw. Neuorientierung und typisches Kennzeichen der Phantasie und des Verhaltens von pubertierenden Jugendlichen. Den notwendigen Trennungsprozeß von den alten Objekten und ihren psychischen Repräsentanzen innerlich zu vollziehen und nach außen zu organisieren ist eine der schwierigsten Entwicklungsaufgaben, bei der es ja vor allem darum gehen muß, Partnerinnen und Partner zu finden, die nicht mit den (geliebten und gehaßten) Objekt-Vorbildern aus der Kindheit identisch sind.

Aber auch die neuen Beziehungen bleiben wie die alten grundsätzlich ambivalent, und da die Erwachsenenwelt nun zusätzlich neue Frustrationen bereithält, werden bereits vorhandene Feindseligkeiten und (verschiebbare) Haßbereitschaften eher noch verstärkt. Hinter den rebellierenden Formen des Jugendverhaltens lauert auch eine aus Enttäuschungen und Ängsten gespeiste grandiose Wut, die der narzißtischen Wut« (Kohut) der Kindheit in nichts nachsteht. Das Jugendalter ist *die* narzißtische Krise par excellence, und die aggressiv getönte Neigung zu ungerechten Werturteilen und stereotypem Schwarz-Weiß-Denken ist erst auf diesem Hintergrund verstehbar. Extremer Narzißmus und die Bereitschaft, mit Wut und Aggression (»destruktiver Narzißmus«) auf tatsächliche oder vermeintliche Kränkungen zu reagieren, gehören zu den normalen Begleiterscheinungen der Adoleszenz. Die zum Teil frei flottierenden, den alten Objekten entzogenen und/oder durch deren Einwirkungen sogar angeheizten Aggressionen können dabei sowohl auf äußere Objekte als auch selbstdestruktiv, wie im Fall »typisch« weiblicher Adoleszenzverläufe, eher gegen das eigene Selbst und den eigenen Körper gerichtet werden.

Neben dem Umgang mit Sexualität und Aggressivität besteht somit die zentrale Herausforderung der Pubertät in der Verarbeitung von jugendtypischen Krisen des Narzißmus, der eine erhebliche Verstärkung erfährt und dazu führt, daß das jugendliche Selbstwertgefühl für Außenstehende kaum berechenbar zwischen extremen Minderwertigkeitsgefühlen und Größenwahn hin und her pendelt. Diese Verstärkungen des Narzißmus ergeben sich vor allem für den Jungen aus der Anbindung seiner Ablösungsprozesse und Autonomiebestrebungen an die genitale

Sexualentwicklung. Die den alten Objekten partiell oder vollständig entzogene Libido wird vorübergehend (manchmal auch dauerhaft) ins Ich zurückgezogen und zur Besetzung des Ichs, das sich als passageres Ersatzobjekt anbietet, genutzt. Diese Umwandlung von Objektlibido in (narzißtische) Ichlibido gilt grundsätzlich für beide Geschlechter, aber im Unterschied zum Mädchen führt die endgültige Errichtung des (phallischen) Genitalprimats beim Jungen zu einer Zentrierung weitgehend aller von Anna Freud beschriebenen, teilweise extremen und gegensätzlichen Pubertätserscheinungen in dem mit seinem Gesamt-Ich gewissermaßen zusammenfallenden Geschlechtsorgan. Das Genital wird zum Zentrum des männlichen Narzißmus. Ohne diese libidinöse Dimension kann auch das Geschlechterverhältnis nicht angemessen verstanden werden, insbesondere nicht von sozialisationstheoretischen Ansätzen, die den jugendlichen Narzißmus als angeblich zeitgeisttypisches Phänomen zum Paradigma einer vollständig entsexualisiert und weitgehend geschlechtslos begriffenen Jugend erheben. Problematisch sind diese, spätestens seit der Erfindung des »Neuen Sozialisationstyps« (Ziehe) gängigen Ansätze besonders dann, wenn dieser Narzißmus ausschließlich als »Verschmelzungssehnsucht« gedeutet und linear aus einer (pathologischen) Fixierung an die nicht überwundene, weil entweder nie beendete oder zu früh aufgelöste Mutter-Kind-Symbiose der primärnarzißtischen Vorzeit hergeleitet wird.[21]

Kehren wir zur allgemeinen, geschlechtsübergreifenden Rekonstruktion der weiteren psychosozialen Entwicklung von Fremdenfeindlichkeit und Gewaltbereitschaft im Jugendalter zurück, dann folgt aus der angedeuteten Verstärkung der die Jugendphase ohne Zweifel zeitweilig dominierenden narzißtischen Phänomene: Im Vordergrund ihrer

21 Vorbild ist hier der Ansatz in Ziehe (1975), *Pubertät und Narzißmus* gewesen. Aktuelle Nachahmung hat diese deterministisch verkürzte Herleitung z. B. in verschiedenen psychoanalytischen Deutungsversuchen der Jugendgewalt gefunden. So wird die Gewalt an Schulen (bequem) etwa daraus abgeleitet, daß die Täter entweder »zu früh aus dem Zeitalter der Symbiose mit der Mutter vertrieben oder von narzißtisch bedürftigen Müttern in symbiotischer Gefangenschaft gehalten« worden sind. Eisenberg/Gronemeyer (1993), *Jugend und Gewalt. Der neue Generationenkonflikt oder der Zerfall der zivilen Gesellschaft*, S. 112 vgl. S. 74; ähnlich wird jugendlicher Amok sowie der Frauenhaß männlicher Jugendlicher auf die gleichen trüben Quellen gestörter mütterlicher Fürsorge nach dem Muster zurückgeführt: »Je nach Gelingen oder Mißlingen der Auflösung der Symbiose wird der männlichen Sexualität eine mehr oder weniger große Dosis von Haß beigemischt sein, der als Abwehr von Symbiosefurcht zu deuten ist.« Eisenberg (2000), *Amok – Kinder der Kälte. Über die Wurzeln von Wut und Haß*, S. 168. Vgl. die kritischen Auseinandersetzungen mit dem konjunkturellen Aufschwung des Modells vom »Neuen Sozialisationstypus« und anderer narzißmustheoretischer Ansätze in: Psychoanalytisches Seminar Zürich (1981), *Die neuen Narzißmustheorien: zurück ins Paradies?*

Verarbeitung steht das Ziel, alte und neue Größenphantasien ebenso zu integrieren wie die damit einhergehenden Gefühle von Kleinheit, Minderwertigkeit und Selbstverlust. Das pubertierende Ich ist verletzbar und pendelt zwischen diesen Extremen seines Gefühlshaushalts.

Die Erwachsenen, die Jugendliche nach dem Motto »nicht mehr Kind – aber auch noch nicht erwachsen« behandeln, reagieren im allgemeinen mit vollkommenem Unverständnis auf die Verhaltensschwankungen und verschärfen damit die Situation zusätzlich. Für Anna Freud liegt die Ursache für dieses Unverständnis in einer Erinnerungstrübung der Erwachsenen, die durch eine inzwischen errichtete Verdrängungsschranke von wesentlichen Bereichen ihrer eigenen Pubertät abgesperrt werden. Es gebe zwar viele bewußte Erinnerungen an Tatsachen und Ereignisse der Jugendzeit, weniger aber an die typischen Affektlagen und emotionalen Konflikte, die hinter diesen Tatsachen stehen. Die erzählten Geschichten aus der Jugendzeit dienen häufig auch dazu, die früheren, nun (oft) Schamgefühle auslösenden Affekte unbewußt zu »verdecken«.

> »Was sich in der Regel nicht erwecken läßt, ist die Gefühlsatmosphäre des jugendlichen Alters, die Ängste, die Spannung zwischen Hoffnung und Verzweiflung, Begeisterung und Hoffnungslosigkeit, die intensiven – oft unfruchtbaren – Grübeleien und philosophischen Spekulationen, der Freiheitsdrang, die tiefe Einsamkeit, die Auflehnung gegen den Druck des Elternhauses, die ohnmächtige Wut oder der aktive Haß gegen die Erwachsenenwelt, die erotischen Schwärmereien für Gleich- oder Andersgeschlechtliche, die Selbstmordphantasien usw.«[22]

Diese partielle Amnesie der Erwachsenen ist wahrscheinlich einer der Gründe für den zumeist projektiven Umgang der Gesellschaft mit dem ewigen Reizthema »Jugend« und erhöht beispielsweise die Schwierigkeiten von Lehrerinnen und Lehrern, einer Horde pubertierender Jugendlicher einigermaßen gerecht zu werden. Das Problem liegt dabei weniger im Narzißmus der Jugendlichen als in dem der Erwachsenen, wenn sie sich durch die lärmenden Pubertätserscheinungen in ihrem pädagogischen Ethos verletzt fühlen und angesichts dieser Infragestellung ihres mühsam errungenen Status mit Kränkungsbereitschaft reagieren.

22 A. Freud (1958), *Probleme der Pubertät*, S. 1745.

Der psychische Umbau von einem ursprünglich narzißtischen in ein (relativ) reifes Ich sollte während des »psychosozialen Moratoriums« (Erikson) des Jugendalters vorwiegend in der Phantasie geschehen, dennoch kommt es immer wieder zum realen Ausagieren der Konfliktpotentiale, in denen sich Wunsch und Abwehr zugleich ausdrücken. Die Adoleszenz ist generell eine labile Suche nach sozialer, persönlicher und sexueller Identität, die durch alte innere Zustände und neue Erfahrungen ständig bedroht ist. Der Wechsel zwischen regressiven und progressiven Lösungsversuchen führt häufig zu einer Wiederauflage des alten Freund-Feind-Denkens mit dem Ziel, durch Abgrenzung vom Fremden die eigene Identität und Grenze abzusichern. Darin besteht auch die besondere, phasenspezifisch verstärkte Anfälligkeit von Jugendlichen für Ideologien der Ungleichheit und Gewalt und markiert die innerpsychische (unbewußte) Nahtstelle für eine rechtsradikale Politisierung der diffusen, mit Gewaltbereitschaft aufgeladenen Fremdenfeindlichkeit.

Wenn spezifische Traumatisierungen in der Vorgeschichte und in der Gegenwart zu einem Anwachsen von nicht integrierter Kränkungsbereitschaft, Haß und ohnmächtiger Wut geführt haben[23], und wenn aktuell die Möglichkeit kultiviert und von außen gefördert wird, Gewalt gleichsam als »Plombe« zur Kittung tiefer Risse im Selbstwertgefühl zu verwenden, dann wird deutlich, welche Gefahr Erikson unter dem Stichwort »jugendliche Identitätsdiffusion« im Auge hat: »Hieraus erklärt sich wohl auch der Anreiz, den primitive und grausame totalitäre Doktrinen auf das Denken von Jugendlichen ausüben.«[24] Intoleranz und Gewaltbereitschaft lassen sich in diesem Sinne auch als Abwehrversuche gegen dieses typische, in der Adoleszenz verstärkt auftretende Gefühl der Identitätsdiffusion begreifen. Für Anna Freud gehört hierzu auch das Ausleben zuvor verdrängter (bzw. abgespaltener) sexueller und aggressiver Wünsche. Aus der innerpsychischen pubertären Disposition zieht sie, gleichsam in adoleszenztheoretischer Anwendung des

23 Mit dieser Disposition ist eine entgegenkommende (innere) Bereitschaft, keinesfalls aber eine zwingende Notwendigkeit gemeint, die, deterministisch verkürzt, aus jugendlichen Gewalttätern mit oder ohne rechtsextremistischem Hintergrund die (bedauernswerten) Opfer frühkindlicher Schädigungen macht, die nur das wiederholen, was ihnen selbst Böses angetan worden ist, seien es nun Schläge, Mißbrauch oder die emotionale Vernachlässigung einer »nicht ausreichend empathischen Mutter«. Trotz erheblicher Vorbelastungen liegt der subjektive Ausgang des Pubertätsdramas weitgehend in der Hand der Jugendlichen selbst, weshalb in den meisten Fällen auch von einer Selbstverantwortung für das eigene Tun auszugehen ist – so weit sollte man den Autonomieanspruch männlicher Jugendlicher, trotz seiner wahnhaften Übertreibungen, ernstnehmen.

24 Erikson (1959), *Identität und Lebenszyklus*, S. 111.

massenpsychologischen Ansatzes ihrer Vaters, eine ähnliche Schlußfolgerung: »Die Ideale eines Führers, die sozialen oder asozialen Ziele einer Jugendgruppe werden im allgemeinen enthusiastisch und kritiklos übernommen.«[25] Allerdings warnt Anna Freud an dieser Stelle eindringlich davor, die Rolle der innerpsychischen Befindlichkeit der Jugendlichen für das weitere Schicksal deterministisch zu überschätzen. »Ob dieses Ausleben harmlose, idealistische, asoziale oder gar kriminelle Formen annimmt, hängt gewöhnlich nicht von dem Jugendlichen selbst ab, sondern von den neuen Objekten, an die er sich angeschlossen hat« (ebd.) – und damit selbstverständlich auch, so müssen wir ergänzen, vom Zustand der Gesamtgesellschaft. Es macht einen großen Unterschied, ob grundsätzlich ein allgemeines Klima der Toleranz gegenüber dem Abweichenden und dem Fremden oder eher eine Bereitschaft zur Akzeptanz bzw. sogar zu einer Übernahme sozialer Pathologien und ihrer projektiven Deutungsmuster vorherrscht.

Die unbewußten Strategien zur Bewältigung dieser jugendtypischen Identitätsdiffusion lassen nun deutliche geschlechtsspezifische Unterschiede erkennen, mit deren Präzisierung die These, Jungen seien grundsätzlich empfänglicher für eine zerstörungsbereite, paranoid gefärbte Abwehr-Kampf-Haltung bestätigt werden kann. Die Bereitschaft zum Minderheitenhaß und eine allgemeine Anfälligkeit für fremdenfeindliche Ideologien ist zwar kein ausgesprochenes Monopol männlicher Jugendlicher und junger Männer, mit Sicherheit aber die Neigung zu gewaltsamen Lösungsversuchen der darin zum Ausdruck kommenden Identitätskrisen. Jugendgewalt, ob mit oder ohne rechtsextremistischem Hintergrund, ist nahezu ausschließlich Jungengewalt. Eriksons allgemeines, geschlechtsneutrales Modell der gewaltsam und ideologisch aufgeladenen Verarbeitung der Pubertätsprobleme übersieht, daß im Vordergrund des jugendlichen Ringens um soziale und persönliche Identität eindeutig die »Klärung« der Geschlechterfrage steht.

Durch die Umgestaltungen in der Pubertät werden beim Jungen die alten Muster der Wahrnehmung und Verarbeitung der Geschlechterdifferenz aktualisiert und unter neuem Vorzeichen, der Errichtung des (phallischen) Genitalprimats und dem daran gekoppelten Autonomieversprechen, endgültig abgeschlossen. Nun bestimmen verstärkt die Sexualität und ihre Ausgestaltung durch neue Qualitäten (und Quantitäten) der objektgerichteten Begierdespannung die Umgangsweise

25 A. Freud (1958), *Probleme der Pubertät,* S. 1759; nach Freuds libidotheoretischer »Formel« gilt eine Masse als »eine Anzahl von Individuen, die ein und dasselbe Objekt an die Stelle ihres Ichideals gesetzt und sich infolgedessen in ihrem Ich miteinander identifiziert haben«. Freud (1921), *Massenpsychologie und Ich-Analyse,* S. 128.

mit dem beunruhigenden und haßauslösenden Fremden. Die Abhängigkeit vom eigenen Begehren und seinen (bevorzugten) Objekten löst bei männlichen Jugendlichen auf spezifische, mit der genitalen Sexualreifung verbundene alte und neue Ängste aus.[26] Die anschließende Mobilisierung archaischer Abwehrmechanismen als Modus der Angstverarbeitung richtet sich nun in besonderem Maße auf die (vermeintlichen) Gefahren, die den hochbesetzten männlichen Autonomiewünschen durch diese sexuellen Abhängigkeiten drohen. Mädchen (und Frauen) sollen durch unbewußte Aufspaltungen und Entwertungen depotenziert, auf den Status eines wirklichen »Objekts« der genitalen Befriedigung reduziert und so die eigene Sexualität (und die der Frau) kontrollierbar gemacht werden.

Aber auch dieser Versuch löst das Dilemma für den Jungen nicht, denn die geradezu fetischistische Zentrierung der gesamten sexuellen Phantasien, Erregungen und Aktivitäten auf das männliche Genital erhöht die Abhängigkeit von den Frauen auf eine dramatische Weise. Die damit sich erneut (massiv) verstärkenden männlichen Grundängste werden als vorerst letzter Akt des Abwehrvorgangs in (zusätzlichen) Haß umgewandelt und nun, mehr oder weniger dauerhaft mit Weiblichkeit bzw. der Repräsentanz des Fremden verbunden, Teil einer äußeren Realität, die man (notfalls) bekämpfen kann. – Die individuelle Ausprägung der männlichen Affinität zu Fremdenhaß und Gewaltbereitschaft ist somit abhängig vom Ausmaß und der Qualität dieser Verbindungen von Selbst- und Fremdrepräsentanzen mit dem unbewußten, auf das eigene und das andere Geschlecht bezogenen Vorstellungen und Affekte sowie der Einlagerung der paranoiden Abwehr-Kampf-Mechanismen als typische Reaktionsbereitschaft in die »normale«, um den Penis-Phallus zentrierte männliche Geschlechtsidentität.

Alle vorherrschenden Formen der männlichen Subjektkonstitution in männlich-hegemonialen Gesellschaften sind in unterschiedlichem Ausmaß anfällig für die Entwicklung derartiger paranoider, gewaltbereiter Reaktionsmuster. Reale oder angebliche Bedrohungen, die mit narzißtischen Kränkungen, Verletzungen des Selbstwertgefühls und der Ehre usw. einhergehen, Erlebnisse, die eine vermeintliche »Notwehrsi-

---

26 Die männlichen Jugendlichen unterliegen dabei in gewisser Weise, und unter dem massiven Einfluß der kulturell vorherrschenden (projektiven) Weiblichkeitsbilder, der gleichen unbewußten Logik wie der »Wilde« oder »Primitive«, über dessen »animistische Weltauffassung« Freud feststellte: »Andererseits aber ist er gewohnt, seine eigenen inneren Regungen von Feindseligkeit in die Außenwelt zu projizieren, sie also den Objekten, die er als unliebsam oder auch nur als fremd empfindet, zuzuschieben. Als Quelle solcher Gefahren wird nun auch das Weib erkannt.« Freud (1918), *Das Tabu der Virginität,* S. 170 f.

tuation« ergeben, lassen Gegenmaßnahmen zur Sicherung der eigenen Integrität legitim, ja zwingend erscheinen. Dabei wird versucht, der befürchteten Zerstörung der eigenen Identität durch die Verfolgung und »notfalls« durch die Vernichtung des als Quelle der Bedrohung konstruierten äußeren Feindes zuvorzukommen. Jugendliche Gewalttäter argumentieren immer wieder mit solchen prophylaktischen Notwehrsituationen. Eine häufig wiederkehrende typische Begründung in diesem Zusammenhang lautet: »Ich muß den so niedermachen, daß er nie auf den Gedanken kommt, mich anzugreifen« (*FR* v. 1. 1. 1996).

Paranoid getönte Abwehr-Kampf-Haltungen finden sich in unterschiedlichen kollektiven (massenpathologischen) und individuellen Abstufungen und Varianten. Im (männlichen) Jugendalter verbinden und überlagern sich individuelle Verarbeitungsmuster regelmäßig mit ähnlichen kollektiven Lösungsversuchen der reifungsbedingten Krisenerfahrungen. Die Mechanismen der paranoiden Kampfhaltung bestimmen insbesondere den inneren Zusammenhalt fremdenfeindlicher und gewaltbereiter *Gruppen* männlicher Jugendlicher.[27] Das martialische Auftreten sowie die Zelebrierung von »Kriegsritualen« und anderen Formen (pseudo)männlicher Härte tragen Züge der virilen Inszenierung eines militanten Phalluskultes und bestätigen den männerbündischen und damit antifemininen Charakter gewaltbereiter (homosozialer) Jugendbanden. Auf die meisten von ihnen trifft das zu, was der Jurist Fritz Bauer einmal fast lapidar über die allgemeine Psychologie von Gruppen und ihr politisches Gefahrenpotential anmerkte:

> »Menschen leben in Gruppen. Wesensmerkmal jeder Gruppe ist das ›Wir‹-Gefühl, durch das sie sich von anderen distanziert. Die Eigengruppe – ›in-group‹ – hat die Tendenz, die eigenen Mitglieder gleich zu bewerten, wogegen sie die Fremdgruppe – ›out-group‹ – abwertet; ihre Mitglieder sind minderwertig. Jede Gruppe zeigt und zeugt Eigen-Liebe und Fremden-Haß. Der Fremdenhaß verstärkt wieder die ›Wir‹-Gefühle. Das Spannungsverhältnis zwischen ›in-‹ und ›out-group‹ kann alle Grade menschlicher Ablehnung aufweisen; extrem ist der Gegensatz Freund–Feind mit einem Kampf auf Leben und Tod; die Ermordung der Fremdgruppe hebt die Spannung auf.«[28]

27 Nur wenige jugendtypische peer-groups erfüllen übrigens (wenn überhaupt) die Funktion eines »sozialen Uterus« (Ziehe), in denen sich narzißtisch gestörte, symbiosefixierte Jugendliche beiderlei (oder richtiger: keinerlei) Geschlechts ihren gemeinsamen Verschmelzungswünschen hingeben.

28 Bauer (1965a), *Genocidium (Völkermord)*, S. 67 f.

Hier finden wir die Idee hinter Freuds Ausführungen zum »Narzißmus der kleinen Differenz« wieder: Die irrational gesteuerte Wahrnehmung des *Eigenen* und des *Fremden* verbindet sich offenbar eng und nur schwer auflösbar mit dem Gegensatz von *Liebe* und *Haß*. Die Liebe gilt dabei der Eigengruppe, der Haß den Fremden. Diese projektiven Spaltungsvorgänge sind eine notwendige Bedingung für die Entwicklung kollektiver Gewaltbereitschaft. Bauers gruppenpsychologische Hinweise beziehen sich in erster Linie auf die NS-Verbrechen, auf den bis zur Massenvernichtung gesteigerten antisemitischen und rassistischen Wahn im nationalsozialistischen Deutschland, aber auch auf andere historische Fälle von Völkermord. Die mit einem kollektiv ausgebrochenen Wahn verbundene paranoide Feindwahrnehmung entspricht dem Mechanismus der »pathischen Projektion« im Sinne Horkheimers und Adornos und bildet den psychosozialen Ausgangspunkt für die Gewaltverbrechen. »Stets hat der blind Mordlustige im Opfer den Verfolger gesehen, von dem er verzweifelt sich zur Notwehr treiben ließ, und die mächtigsten Reiche haben den schwächsten Nachbarn als unerträgliche Bedrohung empfunden, ehe sie über ihn herfielen.«[29] Dem irrationalen, als Notwehr deklarierten Zuschlagen geht eine kollektive Wahrnehmungsstörung voraus, d. h.: Der als Feind erwählte wird schon als Feind wahrgenommen« (ebd.).

Dieser Mechanismus der »pathischen Projektion« steht im Zentrum der politischen Paranoia und ihrer ideologischen Rechtfertigungen etwa im Stil der »politischen Theologie« von Carl Schmitt. Die paranoide Konstruktion eines (absoluten) äußeren Feindes ist auch nach der Logik dieses Denkens die Vorstufe seiner Vernichtung. »Die Begriffe Freund, Feind und Kampf erhalten ihren realen Sinn dadurch, daß sie insbesondere auf die reale Möglichkeit der physischen Tötung Bezug haben und behalten.«[30] Diese Feindbild-Konstruktion rechtfertigt für Carl Schmitt die staatliche Ermächtigung, »Blut« zur Abwehr vermeintlicher Bedrohungen »zu vergießen« und damit den »totalen Krieg«

29 Horkheimer/Adorno (1944), *Dialektik der Aufklärung. Philosophische Fragmente*, S. 196; vgl. ebd. S. 201. Vgl. Pohl (2002b), *Gewalt und Grausamkeit. Sozialpsychologische Anmerkungen zur NS-Täterpsychologie.*

30 Zit. nach Sombart (1991), *Die deutschen Männer und ihre Feinde. Carl Schmitt – ein deutsches Schicksal zwischen Männerbund und Matriarchatsmythos*, S. 79. Friedrich Balke hat kürzlich darauf hingewiesen, daß in den meisten Auseinandersetzungen mit Schmitts Freund-Feind-Theorie vergessen wird, daß selbst die Konstruktion des »Freundes« in diesem Modell nicht frei vom Makel des Feindlichen ist, denn: »Über die *Freunde* liest man bei Carl Schmitt nichts (oder jedenfalls so gut wie nichts), weil auf ihnen der Verdacht lastet, die eigentlichen, die verborgenen Feinde zu sein.« Balke (2003), *Politische Existenz und »bloßes Leben«. Zur Selektivität des Politischen am Beispiel Carl Schmitts*, S. 53.

als »Zustand« und als »Aktion« automatisch von selbst. Aber nicht nur totalitäre Ideologien und der durch sie legitimierte politische und militärische Terror sind durch diese destruktive Freund-Feind-Logik gekennzeichnet, sondern jeder Typus einer Politik (zumeist) männlicher Machteliten, die überzeugt sind, die Inszenierung einer aggressiven, mit einem wahnhaften Weltbild gekoppelten Verteidigungsbereitschaft sei zum Zwecke der inneren und äußeren Gefahrenabwehr nicht nur notwendig, sondern auch »normal« und rational begründbar.

Die nach dem 11. September 2001 verkündete amerikanische Doktrin des »pre-emtive strike«, die aus selbstdefinierten Gründen der nationalen Sicherheit präventive militärische Erstschläge auf der ganzen Welt legitimiert, ist das zur Zeit schlagkräftigste Beispiel für die Ausweitung eines militanten, abwehrbereiten Privatwahns zu einer imperialen Strategie permanenter Kriegsbereitschaft. An die Stelle des überkommenen und obsolet gewordenen antikommunistischen Affekts ist der als »Krieg gegen den Terrorismus« deklarierte Kampf gegen den islamistischen Fundamentalismus getreten, der nach den Worten Richard Perles, eines der wichtigsten Vordenkers dieser neuen Sicherheitsdoktrin, mit einer »für den Feind verblüffenden Härte und Entschlossenheit« geführt werden müsse. Der von einem religiösen Sendungsbewußtsein bestimmte »Kreuzzug« gegen das »Böse« weiß nicht nur, wo die »Schurken« sitzen und wer die »Achse« zwischen diesen bildet, sondern fühlt sich dazu berufen, sie nach dem Prinzip »search and distroy« zu vernichten. – Das Fatale an einem von dieser Logik bestimmten Weltbild ist, wie kürzlich Michael Mayer in der *Frankfurter Rundschau* schrieb, daß es »seinem Pendant, dem fundamentalistischen Islamismus, auf beklemmende Weise ähnelt« (*FR* v. 23.07.03).[31] In dem Artikel wird die Reaktion der amerikanischen Führung auf den 11. September mit einem »Amoklauf«, mit einer theopolitisch durch manichäistische Vorstellungen vom »Guten« und vom »Bösen« aufgeladenen Raserei verglichen, die nach dem Kollaps der scheinbaren Unverwundbarkeit die Wiederherstellung von Potenz und Größe durch eine entschlossene Tat zu erzwingen versucht. »Und diese Tat war der Angriff auf Irak, der in

31 Otto Kernberg hat als typische paranoide Züge an fundamentalistischen Ideologien hervorgehoben: »Sie teilen die Menschen in gute und schlechte ein, alle anderen sind definitionsgemäß Feinde. Wenn die ›Guten‹ triumphieren, dann bestehe, so die Ideologie, die Möglichkeit des Glücks, des Paradieses für die Menschheit. Wenn aber die ›Bösen‹ triumphieren, dann bestehe die Gefahr von Zerstörung, Zersetzung, Tod, Katastrophe. Deshalb müßten die bösen Kräfte eliminiert oder entwertet, entmenschlicht und zerstört werden, denn nur dies ermögliche es, die Zukunft glücklich und zufriedenstellend zu gestalten.« Kernberg (2001b), *Wie entsteht gesellschaftliche Gewalt? Eine psychoanalytische Betrachtung*, S. 85.

seinem innersten Motivgrund mit Geostrategie und Taktik, mit Weltmachtpolitik und Ressourcensicherung weniger zu tun hatte, als mit der Fatalität einer Psycho-Logik, die den Schock der eigenen Verletzbarkeit in offene Aggression verwandelt. Und diese Aggression brauchte ein Ziel« (ebd.).

Nachdem sich die angegebenen Kriegsgründe als eine Mischung aus Lügen, Halbwahrheiten und Spekulationen herausgestellt hatten gestand Donald Rumsfeld nachträglich den Mangel an neuen Kenntnissen über den Irak vor dem Streitkräfteausschuss durchaus ein und bemerkte dazu bezeichnenderweise: »Wir haben gehandelt, weil wir die Beweise in einem völlig neuen Licht gesehen haben – durch das Prisma unserer Erfahrungen mit dem 11. September« (ebd.). Ein mit Wahrnehmungsverzerrungen einhergehendes kriegsbereites Abwehrverhalten gegenüber vermeintlichen Bedrohungen aber entspricht, bis in die Sprachregelungen hinein, der Logik eines männlichen Denkens, das mit angeblichen Bedrohungen der eigenen Souveränität nicht anders umgehen zu können meint, als mit der Bereitschaft zu zerstörerischer Aggression gegen die als Feind wahrgenommenen und identifizierten Verursacher der tiefen Risse im eigenen Identitätsgefühl.

Fragen der männlichen Ehre sowie Strategien zu ihrer Wiederherstellung haben eine lange Tradition auch in westlich-bürgerlichen Gesellschaften und sind keineswegs grundsätzlich auf mediterrane oder islamische Kulturen beschränkt.[32] Die Reichweite dieses Phänomens wird exemplarisch an den gängigen Metaphorisierungen im Abwehrkampf gegen politische Gegner deutlich. So hatte sich beispielsweise Richard Perle bereits als Staatssekretär im Pentagon unter Präsident Reagan für das satellitengestützte Raketenabwehrprogramm SDI mit der Begründung stark gemacht, mit ihm könne es gelingen, jede sowjetische Rakete »impotent« zu machen. Ein anderes Beispiel ist die von Horst-Eberhard Richter erinnerte Reaktion des amerikanische Außenministers Powell Ende des Jahres 2002 auf die Bedenken seines französischen Amtskollegen gegen den geplanten Irak-Krieg, die in dem Vorwurf gipfelte, »der Kollege führe sich schwächlich und weibisch auf« (*FR* v. 04.12.02). Auch die Diffamierung demokratischer US-Politiker, die sich gegen den Krieg ausgesprochen hatten, als »weichliche Europhile« (ebd.), paßt in diesen Zusammenhang usw.

Der in diesem kleinen Exkurs vorgenommene Vergleich der »großen« Politik mit den paranoiden und destruktiven Strukturen männlich-ju-

32 Vgl. zum Verhältnis von Männlichkeit, »Ehre« und »Tod« in der Geschichte der bürgerlichen Gesellschaft: Frevert (1995a), *Ehrenmänner. Das Duell in der bürgerlichen Gesellschaft.*

gendlicher Fremdenfeindlichkeit soll die amerikanische Sicherheits- und Außenpolitik natürlich nicht auf die Bewältigung einer Männlichkeitsproblematik reduzieren. Dieser Vergleich dient lediglich der Analyse der *Mechanismen* eines irrationalen Denkens und seiner Logik, die allerdings so tief in den hegemonialen Männlichkeitskonstruktionen eingegraben ist, daß eine von ähnlichen Mechanismen bestimmte Politik (und Kriegsführung) ohne eine Berücksichtigung dieser virilen (xenophoben und antifemininen) Haltung nicht angemessen erklärt werden kann.

Damit kommen wir noch einmal zum Ausgangspunkt, zur Rolle der Fremdenfeindlichkeit und Gewaltbereitschaft für die männliche Geschlechtsidentität zurück. Zu den hier im Mittelpunkt stehenden gewaltvorbereitenden Mechanismen der Spaltung und Projektion gehören auch verschiedene Techniken der Entmenschlichung, wie die aus Sexualabwehr gespeiste Herabsetzung der Feinde zu niederen Tieren, die allgemein Abscheu und Beseitigungswünsche erregen. Das ist aus der Geschichte des Antisemitismus und der NS-Propaganda leidvoll bekannt, taucht immer wieder auf und kommt auch in aktuellen Ausbrüchen (nicht nur) jugendlicher Fremdenfeindlichkeit deutlich zum Vorschein: »Ausländer sind 2.-Klasse-Menschen, Ungeziefer zum Ausmerzen«, so die entsprechende Parole eines rechtsradikalen Skinheads im Originalton, deren Fortsetzung allerdings bestätigt, daß bis zum Haß steigerbare Gefühle von Fremdheit nicht vor Angehörigen der Eigengruppe, den Frauen, haltmachen: »Frauen sind 1-B-Menschen, mit denen man nicht viel anfangen kann.«[33] Nicht nur Skinheads, auch viele andere männliche Jugendliche fühlen sich subjektiv von Fremden *und* von Frauen mehr oder weniger stark existentiell bedroht. Die in der paranoiden Abwehr- und Kampfhaltung eingelagerte Suche nach dem »bösen« Verfolger bleibt auch weiterhin zwischen der als fremd erlebten Frau und dem äußeren Feind verschiebbar. Mit Peter Riekers Untersuchung über ethnozentristische Einstellungen junger Männer läßt sich diese These auch empirisch stützen. »Es kann hier festgehalten werden, daß sich bei den meisten Befragten mit deutlich ethnozentristischer Orientierung (...) deutliche Abwertungstendenzen gegenüber Frauen finden. Es kann vermutet werden, daß die Frauen dabei in ähnlicher Weise als Fremdgruppe konstruiert und diffamiert werden wie an anderer Stelle die Aus-

33 Streeck-Fischer (1992), *Geil auf Gewalt. Psychoanalytische Bemerkungen zu Adoleszenz und Rechtsextremismus*, S. 759. »Man betrachte sie als Kaugummi, Zigarettenpapier, Klopapier, das man benutzt und wegschmeißt.« Hans-Jürgen Wirth, zit. nach Streeck-Fischer, ebd.

länder.«[34] Aus unserer bisherigen Analyse läßt sich zusammenfassend schlußfolgern: Die aus tiefen Ängsten vor Sexualität und Weiblichkeit entspringende Frauenverachtung stellt gleichsam den Prototyp und das Vorbild für die nach außen gelenkte Feinderklärung, -verfolgung und -vernichtung dar. In Vergewaltigungen unter zivilen und unter Kriegsbedingungen wird die Gemeinsamkeit der untereinander verschiebbaren Feindbilder besonders deutlich und zeigt ihren eigentlichen Kern, nämlich den Wunsch nach Wiederherstellung einer beschädigten Männlichkeit, worauf wir im übernächsten Abschnitt noch genauer eingehen werden. In der Sprache eines Vietnam-Veteranen kommt diese Verschiebung in dem Motto zum Ausdruck: »ficken wie'n Mordskerl, macho-dreckig – als ob man 'ne Frau bestraft; oder den Feind.«[35]

Weiblichkeitsabwehr und Homophobie bei männlichen Jugendlichen

Die Adoleszenz ist eine Statuspassage zwischen der Kindheit und dem Erwachsenenalter, deren Hauptfunktion im Erwerb einer einigermaßen gesicherten, in der Regel heterosexuell ausgerichteten Geschlechtsidentität liegt. Für den Jungen bedeutet das zugleich die feste Anbindung seines Selbstbildes und seiner Zukunftserwartungen an seine Rolle als Repräsentant der gängigen und von ihm selbst mehr oder weniger idealisierten Form von Männlichkeit. Neben der Binnenhierarchie innerhalb der Gruppe aller Männer ist die Erlangung des männlichen Status an eine zentrale, alle Männer verbindende und aufwertende Bedingung geknüpft: an die strikte Abgrenzung von den Frauen. Der mit dem männlichen (phallischen) Autonomieanspruch verbundene Zwang, Unterschiede und Ungleichheiten zu betonen sowie stets bereit zu sein, die eigene Überlegenheit unter Beweis zu stellen – wenn es »hart auf hart kommt«, gilt es, so die klischeehafte Sprache des Volksmundes, »seinen Mann zu stehen« – steht im Widerspruch zu den Erfahrungen von Hilflosigkeit, Schwäche und Abhängigkeit gegenüber den Frauen, die nachträglich das Erbe der frühen (weiblichen) Pflege- und Bezugspersonen angetreten haben. Dieser hier als *Männlichkeitsdilemma* bezeichnete Widerspruch zwischen Autonomie und Abhängigkeit ist eine permanente Quelle von Angst und Unsicherheit, die sich am stärksten auf sexuellem Gebiet zeigt.

34 Rieker (1997), *Ethnozentrismus bei jungen Männern. Fremdenfeindlichkeit und Nationalismus und die Bedingungen ihrer Sozialisation*, S. 211.

35 Shatan (1983), *Militarisierte Trauer und Rachezeremoniell*, S. 222.

Spätestens mit der pubertären Sexualreifung wird die Aussichtslosigkeit aller Bemühungen, diesem Dilemma zu entkommen, deutlich. Daher wird im Jugendalter versucht, durch kulturell spezifische (im neumodernen Jargon der Geschlechterforschung »doing masculinity« genannte) Inszenierungen und Praktiken eine Männlichkeitsstruktur zu etablieren, zu deren Inventar vor allem unbewußte Abwehrtechniken gehören, mit denen die Gefahren für den männlichen Narzißmus zumindest in Grenzen gehalten werden sollen. Die soziale und sexuelle Geschlechterpraxis während der Adoleszenz erfüllt damit eine ähnliche Funktion wie die männlichen Initiationsriten, mit denen wir uns unter ethnologischen und kulturvergleichenden Gesichtspunkten bereits ausführlich auseinandergesetzt haben.

Das wichtigste Medium traditioneller Kulturen für die Produktion und Reproduktion erwünschter Männlichkeit ist, wie im ersten Teil an ausgewählten Beispielen erläutert, die klassischen Initiation, deren Grundschema trotz aller kulturellen Abweichungen und Besonderheiten dem allgemeinen Dreiphasenmodell van Genneps von *Trennung* (séparation) – *Umwandlung* (marge) – *Angliederung* (agrégation) folgt.[36] Nach einer radikalen, häufig gewaltsamen Trennung von der weiblichen Welt werden die Initianden komplizierten, mythologisch begründeten symbolischen und realen Inszenierungen und Prüfungen unterworfen, um alle Spuren des Weiblichen aus ihrem Geist und Körper auszutreiben. Erst nach der Inszenierung eines symbolischen Todes und einer sich anschließenden »zweiten« Geburt, einer sozialen Wiedergeburt in der exklusiven Gruppe erwachsener Männer, ist eine Rückkehr in die weibliche Welt, nun als Mann und d. h. (meistens) auch als Krieger, möglich. Diese Verbindung von Mannsein mit kriegerischen Elementen variiert von Kultur zu Kultur, ist aber elementar und findet sich als mehr oder weniger durchgängiges Merkmal in allen männlich dominierten Gesellschaften. In manchen Ethnien erfordert die Besiegelung des Erfolges der Initiation sogar die Tötung eines Feindes (»Erst wenn ich einen Mann getötet habe, bin ich ein richtiger Mann«). In weniger kriegerischen Kulturen tritt an die Stelle der Tötung eines Menschen häufig die Erlegung eines Tieres von hoher symbolischer Bedeutung oder ein anderer, als besonders mutig anerkannter Männlichkeitsbeweis.

Das allgemeine Verlaufschema ritueller Initiationen läßt durchaus Parallelen zu westlichen, angeblich höherentwickelten Zivilisationen erkennen. Wie in jeder Initiation und jedem initiationsähnlich organi-

36 Vgl. Gennep (1909), *Übergangsriten (rites des passage).*

sierten Übergang steht auch bei den in industrialisierten Gesellschaften vorherrschenden kollektiven Anstrengungen zur Bewältigung der männlichen Pubertätskrise die Frage nach der Rivalität der Geschlechter und die Suche nach Beweisen von Überlegenheit und Dominanz der Männer im Mittelpunkt der Versuche zur Überwindung der im Rückblick als schwach *weil* weiblich rekategorisierten Kindheit. Dabei erfüllen, neben der Militärausbildung (und manchmal auch dem Krieg), insbesondere die homosozialen männlichen Jugendcliquen mit ihren Selbstritualisierungen, ihren Zelebrierungen von Waffenfaszination, den typischen Mutproben und einem allgemeinen, mit der Idee der Gewalt mehr als nur spielendes Risikoverhalten auf der Suche nach dem ultimativen »Kick« usw. eine ähnliche Funktion wie die Institutionen der klassischen Initiation. Auch hier geht es letzten Endes um den Versuch der (realen) Inszenierung einer (symbolischen) rein mann-männlichen Wiedergeburt unter antifemininem Vorzeichen und damit auch um die Reproduktion und Legitimierung der bestehenden asymmetrischen Geschlechterverhältnisse.

Einschlägige ethnologische und kulturvergleichende Untersuchungen belegen, daß die mit den unterschiedlichen Formen männlicher Pubertätsriten verbundene abgrenzende Herabsetzung von Frauen keine vorübergehende, nur der notwendigen Ablösung von der Mutter dienende Begleiterscheinung der Initiationsphasen ist, sondern dauerhaft mit der brüchigen männlichen Identität verbunden bleibt. Durch destruktive Akte (Schläge, gewaltsames Fellationieren, Beschneidungen und andere Blutrituale usw.) in den Körper eingeschrieben, wird die Sexualität der Knaben in die mit starken Affekten aufgeladene Trieb-Objekt-Struktur einer kulturell vorgezeichneten Geschlechtsidentität verwandelt. Das Ziel der Initiation unter Ausschluß der (verachteten) Frauen ist und bleibt also die Herstellung einer (mehr oder weniger) kriegerischen Männlichkeit, in der eine phallisch-aggressive Sexualität und eine sexuell aufladbare Tötungsmacht dauerhaft dominieren. Die erneute Zuwendung zu den Frauen bleibt folglich zutiefst ambivalent, zugleich von Angst, Lust und Feindseligkeit geprägt und kann unter bestimmten Umständen verschiedene Formen sexueller und nicht-sexueller Gewalt annehmen. – Dies gilt grundsätzlich auch für Gesellschaften ohne ausgeprägte Initiation und bestimmt auch hier in ähnlicher Form die rituelle und die praktische Umsetzung der geltenden Männlichkeitsideale.

Erikson sieht in den spontanen Ritualisierungen im Sozialverhalten altershomogener Jugendgruppen in westlichen Gesellschaften zwar generell *auch* die Chance einer verstärkten Ausbildung von kollektiven (politischen, kulturellen, sportlichen) Interessen, warnt aber gleichzeitig vor den Gefahren einer solchen (männlichen) Sehnsucht und Suche nach gemeinschaftsbildenden Ritualen, denn diese Suche kann auch »zu einer fanatischen Teilnahme an militanten Ritualismen führen, die sich in *totalitärem Denken* ausdrücken«.[37] Hier zeigt sich erneut eine Verbindung zwischen den virilen Selbstschöpfungs- und Wiedergeburtsphantasien in der Gruppe und den zerstörerischen Folgen einer (individuellen und kollektiven) paranoiden Abwehr-Kampf-Haltung: »Damit ist eine totalitäre Weltvorstellung gemeint, die so illusionär ist, daß ihr die Kraft der Selbsterneuerung fehlt und die infolgedessen fanatisch destruktiv werden kann« (ebd.).

Eine Gefahr, die es zu beachten gilt, auch gegenüber der immer wieder aufkommenden Forderung nach einer Re-Ethnisierung des entritualisierten männlichen Übergangs als Heilmittel für entgleiste Jungenhorden, insbesondere wenn diese Forderung allzu unbedarft mit einer Idyllisierung »fremder Kulturen« einhergeht und an die Präsentation »neuer« männlicher Vorbilder und Mentoren (als Ersatz für den fehlenden oder schwachen Vater) gekoppelt wird. Eine (neue) strikte Segregation der Geschlechter mit pädagogischen und sozialpädagogischen Angeboten ausschließlich für Jungen mögen wichtige Versuche zur Gewaltprävention sein, bergen aber die (alte) Gefahr einer Aufrechterhaltung der zum Autonomiewahn gehörenden Illusion von einer männlichen Welt ohne, über und gegen die Frauen. Wenn diese Gefahr nicht reflektiert wird, können entsprechende Ansätze zur Rettung gefährdeter Jungen (und Männer) über scheinbar harmlose, rein-männliche Abenteuer- und Survival-Trainings (mit oder ohne gemeinsame Schwitzhütte und Feuertaufe) bei der unsäglich tristen Wiederentdeckung des Kriegers im Manne landen. Wie wir gesehen haben, zeigt sich die Fragwürdigkeit und Trostlosigkeit eines solchen mann-männlichen Krieger-Modells in einer seiner schwülstig-pathetischsten Formen in Robert Blys *Eisenhans,* der als neue männlich-heroische Lichtgestalt im Dienste der Transzendenz eines »wahren Königs« lange Zeit von der sogenannten »Männerbewegung« als Alternative jenseits von Macho und Softie gefeiert wurde (und zum Teil noch wird). – Die Umsetzung solch eines heroischen Männlichkeitsbildes hat katastrophale historische Vorläufer, z. B. in Form der homoerotischen Männerbündelei Blüherscher Prägung mit antifeministischem und antisemitischem Einschlag bei einem großen Teil der Wandervogelbewegung am Vorabend des deutschen Faschismus.[38]

---

37 Erikson (1988), *Der vollständige Lebenszyklus*, S. 89.

38 Vgl. Völger/Welck (1990), *Männerbande – Männerbünde. Zur Rolle des Mannes im*

Eine Segregation der Geschlechter, verbunden mit einer Marginalisierung der Mädchen durch die immer stärker in geschlechtshomogenen Gruppen zusammengeschlossenen Jungen, findet brigens schon zu Beginn der Adoleszenz bzw. noch vor dem Ausbruch der stürmischen Pubertätsphasen regelmäßig und fast automatisch statt.[39] Die wachsende Neigung zu einer Abwertung der Mädchen sollte daher nicht auch noch unreflektiert in der geschlechtsbezogenen Jugendarbeit reproduziert und möglicherweise (unterschwellig) honoriert werden. Dieser Segregationsprozeß und seine Bedeutung für die geschlechtsbezogene Wahrnehmung des Jungen und seine Einstellung zu Mädchen wird von Louise Kaplan sehr anschaulich und drastisch beschrieben:

> »Der Prolog zur männlichen Vorpubertät ist eine heftige Abwendung von weiblichen Wesen. Mit der überhandnehmenden Liederlichkeit und ungebärdigen Angriffslust des elf- bis dreizehnjährigen Jungen gehen aggressive Verhaltensweisen von alarmierendem Ausmaß einher: ständige Beschäftigung mit militärischen Szenen und Objekten, Herumzappeln, Ruhelosigkeit, ordinäre Sprache, Vandalismus, Diebstahl, Bandenkonflikte, Angriffe auf ›Schwule‹ und andere sexuell bedrohliche Gruppen. Jungen dieses Alters scheinen entschlossen, den Eros zu verbannen. Sie betrachten Mädchen als gemeine, verlogene, unzuverlässige Hexen.«[40]

Diese chronische Abwertung der Mädchen durch die (vorpubertären) Jungen hängt eng mit der Abwehr ihrer Erinnerungen an die *nachträglich* (und nun endgültig) mit Weiblichkeit und »Schwäche« assoziierten früheren Erfahrungen – auf sämtlichen Stufen ihrer bisherigen Entwicklung – zusammen. »Die Erinnerung an die Zeit seiner Abhängigkeit und die Versuchung, sich Liebkosungen, Zärtlichkeiten, liebevollen Empfindungen hinzugeben, versetzen ihn in Alarmzustand« (ebd.). Daher bilden Ausgrenzung und Diffamierung des Weiblichen den Prototyp für zukünftige Beweise einer Männlichkeit, die in diesem Entwicklungs-

---

Kulturvergleich; Geuter (1994), *Homosexualität in der deutschen Jugendbewegung. Jugendfreundschaft und Sexualität im Diskurs von Jugendbewegung, Psychoanalyse und Jugendpsychologie am Beginn des 20. Jahrhundert;* Reulecke (2001), *»Ich möchte einer werden so wie die ...«. Männerbünde im 20. Jahrhundert;* Blazek (1999), *Männerbünde. Eine Geschichte von Faszination und Macht.*

39 Peter Blos unterteilt die Adoleszenz in fünf allgemein anerkannte Phasen, auf die ich hier nicht näher eingehen werde: Präadoleszenz, Frühadoleszenz, eigentliche Adoleszenz, Spätadoleszenz und Postadoleszenz. Vgl. Blos (1962), *Adoleszenz. Eine psychoanalytische Interpretation,* S. 66–193.

40 Kaplan (1988), *Abschied von der Kindheit. Eine Studie über die Adoleszenz,* S. 198.

stadium »im besten Fall durch Ungezogenheit, im schlimmsten Fall durch Gewalttätigkeit verkündet« wird (S. 198 f.).

Kaplan ergänzt diese genaue Beschreibung noch um eine Beobachtung, die das hier herausgestellte psychosexuelle Dilemma der Männlichkeit aus der Binnenperspektive heranwachsender Jungen widerspiegelt und auf den Punkt bringt: »Alles wäre vollkommen, wenn zum Mannsein nicht auch der Kontakt zu den Frauen und Mädchen gehörte, die einen in die Falle locken wollen, deren bloße Existenz eine ständige Bedrohung der Männlichkeit darstellt« (S. 199). Diese Einstellung wird nach der Auffassung Kaplans (in der Regel) allmählich durch das (erneut) beginnende sexuelle Interesse für Mädchen abgemildert. »Wenn seine männlichen Eigenschaften deutlicher und verläßlicher hervortreten, kann sich der Junge erlauben zuzugeben, daß die Merkmale des anderen Geschlechts einen gewissen Reiz haben« (ebd.). Was aber bleibt, ist eine grundlegende ambivalente bis feindselige Einstellung gegenüber dem weiblichen Geschlecht, die von Kaplan in der weiteren Darstellung allerdings geglättet wird und schließlich in einer zivilisierenden Fortsetzungsgeschichte mit einem harmonischen Ende verschwindet: Der zunächst in Gruppen auftretende und sich »ruppig«, »räuberisch« und »grobschlächtig« den »faszinierenden, verführerischen Geschöpfen« nähernde Junge würde allmählich bezaubert, überwältigt und fortgerissen und durch freiwillige Kapitulation vor dem Eros überhaupt erst »zum Geschenk der Liebe« befähigt (vgl. S. 201 f.).

Nach unserer bisherigen Argumentation ist in männlich-hegemonialen Kulturen ein derart harmonischer Ausklang der pubertären Umgangsweisen der Jungen mit ihren weiblichen Liebesobjekten prinzipiell kaum möglich und daher praktisch auch nicht zu erwarten. Im Unterschied zur (frühen) Fremdenangst, die ja durch die gleichzeitige Faszination des Fremden und die faktische Erfahrung mit ihm abgemildert und deren Transformation in Feindseligkeit und gewaltbereiten Haß verhindert werden kann, bleibt die Faszination des Jungen und des Mannes gegenüber dem weiblichen Geschlecht eine ständige Quelle neuer und damit eine Bestätigung alter Ängste vor einem Kontroll- und Autonomieverlust. Da mit der pubertären Sexualreifung und der Errichtung des phallischen Genitalprimats eine »Flucht vor dem Weibe« im gewöhnlichen (heterosexuellen) Fall nicht möglich ist, wiederholt sich das Drama der männlichen Subjektkonstitution auf neuem Niveau.

Selbst eine gemeinschaftlich in der »Männergruppe« inszenierte symbolische Wiedergeburt kann weder eine Kontrolle über die Frauen noch eine Immunisierung gegen ihre »gefährliche« Sexualität garantieren. Die unbewußte Einstellung von Jungen und Männern zu Frauen bleibt dauerhaft von einer Mischung aus Lust, Neid, Angst und Haß gekennzeichnet, die im Falle subjektiv als Infragestellungen ihrer Integrität erlebter Krisen und Kränkungen in objektzerstörerische Gewalt überführt werden *kann.* Dieses Potential wird als eine mehr oder weniger stark ausgebildete und durch gesellschaftliche Einflüsse noch verstärkte »phallische Aggressivität« in den männlichen Habitus übernommen und von Männern für den Versuch benutzt, ihre »Härte« und ihren Anspruch auf Anerkennung ihrer Überlegenheit auch auf sexuellem Gebiet durchzusetzen.

Nun wissen wir, daß ein auf phallischer Größe und Ungebundenheit errichtetes Selbstbewußtsein wegen der grundsätzlichen Abhängigkeit der »penifizierten« Sexualität vom Objekt des Triebes (als Objekt der Phantasie und der Befriedigungspraxis) erst recht anfällig für krisenbedingte Erschütterungen ist und deshalb noch ausgeklügeltere Schutzmaßnahmen entwickelt werden »müssen«, um Sexualität einerseits zu ermöglichen, andererseits aber die damit einhergehenden »Gefahren« in Schach zu halten. Eine der häufigsten unbewußten Strategien ist die bereits mehrfach angesprochene Tendenz zur Entmenschlichung, zu einer de-humanisierenden Reduktion der Frau nicht nur auf den Status eines bloßen »Objekts« der männlichen Begierde, sondern die Reduktion ihrer Gesamtpersönlichkeit auf jenen Körperteil, auf den »das Vordringen des erigiert gewordenen Gliedes beim Manne gebieterisch« (Freud), zwecks Erledigung des »Lustabfuhrgeschäfts« (Ferenczi) zielt: die *Vagina* der Frau, eine aus männlicher Perspektive die »Genitalzone erregende Körperhöhle«, die, als »Herberge« geschätzt, nach Freud das »Erbe des Mutterleibes« antritt.

Die unbewußte Fixierung des an finalem Ausstoß orientierten Mannes auf die Vagina als »Behälter« für seine »Genitalprodukte« (Freud) trägt fetischistische Züge. Diese Fixierung äußert sich auf der Ebene der sexuellen Phantasie, der psycho-physiologischen Erregung sowie auch in der Befriedigungserwartung und schafft eine endgültige »Verlötung« von Trieb und Objekt, der fortan nicht oder nur schwer zu entrinnen ist. In ihr zeigen sich sowohl die mehrfach festgestellten perversen Anteile an der »normalen« männlichen Sexualität als auch die im nächsten Abschnitt noch genauer zu untersuchenden Grundlagen für die Ausbildung einer »echten« sexuellen Perversion, je nach Grad der Fixierung an eine der Partialtriebäußerungen. Das spezifische Schicksal der (heterosexuellen) männlichen Genitalität erzeugt (und verstärkt) eine dauerhafte Abhängigkeit vom Objekt der Begierde, weshalb der Mann sich folglich nirgends »schwächer« und »angreifbarer« erweist als auf dem Feld der Sexualität.

Die sich daran entzündenden Strategien der Weiblichkeitsabwehr hängen eng mit einem weiteren Gebiet zusammen, auf dem der männliche Kampf um Hegemonie und gegen Abhängigkeit und die Erfahrungen von »Schwäche« regelmäßig ausgetragen wird. Auch dieser Kampf wird bereits in der Kindheit vorbereitet, bricht aber im Jugendalter mit der Herstellung einer »normalen«, genitalzentrierten und heterosexuellen Männlichkeit explosionsartig hervor und führt zu einer massiven Verstärkung der Haß- und Gewaltbereitschaft. Die unbewußte Abwertung der Frau geht, wie mehrfach betont, mit einer bis zum Selbsthaß reichenden Feindseligkeit gegenüber den als »fremd« erlebten und mit Weiblichkeit identifizierten Anteilen am eigenen Geschlecht einher. Das neue »Schlachtfeld« richtet sich auf eine Gefahr, die von außen *und* von innen kommt: auf den Umgang mit der eigenen und der fremden *Homosexualität,* was sich an den dramatischen Zuspitzungen des männlichen Pubertätsverlaufs sowie an den spezifischen, der virilen Selbstvergewisserung dienenden Inszenierungen der Heranwachsenden zur Abwehr dieser Gefahr deutlich ablesen läßt.

Eine der wichtigsten Quellen und gleichzeitig Verstärker der paranoiden Wahrnehmungsbereitschaft männlicher Jugendlicher und ihres subjektiv daraus abgeleiteten Rechts auf Gewaltanwendung ist demnach auch die weit verbreitete und tiefsitzende Angst vor Homosexualität. Homophobie gehört ebenso zum integralen Bestand hegemonialer Männlichkeit wie die Überbetonung von Heterosexualität bei gleichzeitiger Verachtung und Abwertung der Frauen. Dieser Zusammenhang zwischen der psychischen Abwehr von Homosexualität und von Weiblichkeit geht über ein bloßes Komplementaritätsverhältnis hinaus. »In der homophoben Ideologie verschwimmt die Grenze zwischen ›normal‹ und ›schwul‹ mit der Grenze zwischen männlich und weiblich, wobei Schwule als verweiblichte Männer und Lesben als vermännlichte Frauen betrachtet werden.«[41] Die Abwehr der Homosexualität verkörpert die mit den unbewußten Weiblichkeitsvorstellungen elementar verbundene Angst vor dem Verlust von Autonomie, Selbst- und Fremdkontrolle. Ein grundlegender Unterschied besteht allerdings zwischen beiden Abwehrformen, denn bei der Frauenverachtung wer-

41 Connell (1999), *Der gemachte Mann,* S. 60; vgl. auch Böhnisch/Winter (1993), *Männliche Sozialisation. Bewältigungsprobleme männlicher Geschlechtsidentität im Lebenslauf,* S. 72. Aus männlicher Sicht gilt weibliche Homosexualität als weniger verwerflich, auch wenn die gespürte Ablehnung der eigenen Sexualität eine Kränkung des männlichen Egos darstellt. Lesbische Frauen gelten längst nicht als so gefährlich wie schwule Männer. Typische Vorstellungen über lesbische Sexualpraktiken üben zudem auf die erotischen Phantasien heterosexueller Männer einen Reiz aus, der von der pornographischen Industrie aufgegriffen und bedient wird.

den angstauslösende innere *Objekte* (Vorstellungsbilder) projiziert und im Außen verfolgt, im Falle der Homophobie jedoch eigene verpönte *Triebregungen* abgewehrt. Frauen repräsentieren das Fremde, Schwule dagegen (zunächst) das Eigene.

Da homoerotische Neigungen mit den Triebdurchbrüchen des Pubertätsalters verstärkt auftreten und ähnlich wie schon in den vorpubertären Phasen zeitweilig sogar zugelassen und befriedigt werden, stellt die (männliche) Homosexualität für heranwachsende junge Männer eine besondere Herausforderung und zugleich eine außerordentliche Bedrohung dar. »Welche Liebeswahl sie auch schließlich treffen mögen«, merkt Louise Kaplan zu dieser unausweichlichen Situation an, »alle Jugendlichen müssen mit ihren homoerotischen Strebungen kämpfen.«[42] Vielleicht bleibt das Thema auch deshalb so virulent, weil die Homosexualität zu den grundlegenden emotionalen Bindemitteln der an Bedeutung zunehmenden Jungenfreundschaften und männlichen Gruppenbildungen gehört. »Nach der Erreichung der heterosexuellen Objektwahl werden die homosexuellen Strebungen nicht etwa aufgehoben oder eingestellt, sondern bloß vom Sexualziel abgedrängt und neuen Verwendungen zugeführt.«[43] Nach Freud bildet diese zielgehemmte Verwendung der Homosexualität den erotischen Hintergrund der (männlichen) Freundschaft, Kameradschaft und der männerbündischen Gesellungsformen. Aber gerade *wegen* dieser unbewußten homoerotischen Aufladung der Binnenbeziehungen in gleichgeschlechtlichen Jungengruppen distanzieren sich ihre Mitglieder umso mehr von der (manifesten) Homosexualität und wenden sich häufig mit Grausen von ihr ab. Die (latente) homoerotische Männerbündelei verstärkt automatisch die mit Homosexualität assoziierte Angst vor Schwäche und fehlender Härte an der Schwelle zur »reifen« Männlichkeit. »Schwäche« und Weichheit gelten in Jungengruppen ebenso als »uncool« wie Mädchen, die häufig als blöd, zickig, zumindest aber als fremdartige Wesen betrachtet werden. Auf dem Hintergrund der ambivalenten bis feindseligen Einstellung zum Weiblichen müssen alle Tendenzen strikt unterdrückt werden, die eine Gefährdung der hypervirilen Selbststilisierung bedeuten. »Übersetzen wir zudem das Angstbekommen vor Frauen in ein Angst bekommen, wie eine Frau zu werden, so wird deutlich, daß schwule Männer vor allem als verweiblichte, weichliche Männer dargestellt werden.«[44]

42 Kaplan (1988), *Abschied von der Kindheit*, S. 197.

43 Freud (1911), *Psychoanalytische Bemerkungen über einen autobiographisch beschriebenen Fall von Paranoia (Dementia paranoides)*, S. 297.

44 Weber (2001), *Rechte Männer. Eine sozialpsychologische Studie zu Rassismus, Neofaschismus und Gewerkschaften*, S. 129.

Das Selbstbild eines zwar frauenverachtenden, aber dennoch heterosexuell ausgerichteten männlichen Geschlechts wird durch eigene homosexuelle Regungen und allein durch den Anblick (vermeintlicher) Schwuler bis in die Grundfesten erschüttert. In allen männlich-hegemonialen Kulturen existiert nach Connell ein gesellschaftlich verstärkter »Antagonismus zwischen ›normalen‹ und schwulen Männern, verbunden mit der Angst, für homosexuell gehalten zu werden«.[45] Die Angst, homosexuell zu sein, steht zusammen mit der Angst, als schwul zu gelten und diffamiert zu werden als Haßquelle ganz oben in der Hierarchie jungentypischer Gewaltbereitschaften. Bereits die Kommunikation unter Jungen im Grundschul-, häufig sogar schon im Kindergartenalter ist von deutlicher Abwehr geprägt. Nicht nur in diesen Altersgruppen gilt das Etikett »schwul« als ausgrenzendes Schimpfwort. So wird Homophobie schon früh eingeübt und in den (pseudo)männlichen Habitus übernommen.

Schwule gelten nicht als »richtige«, »männliche« Männer und ihre sexuellen Neigungen und Praktiken werden als pervers und widernatürlich empfunden. Das klingt nach klischeehafter Übertreibung, aber diese Einstellung ist trotz offizieller Liberalisierungen im gesellschaftlichen Umgang mit Homosexualität nach wie vor gängiges Merkmal der maskulinen Selbstinszenierungen von männlichen Kindern und Jugendlichen.[46] Homophobie aber ist mehr als bloß eine *Einstellung*, mehr als ein kognitives Vorurteil, das sich zwar hartnäckig behauptet, aber durch Aufklärung und pädagogische Überzeugungsarbeit aus den Köpfen zu verbannen wäre. Ursprünglich eigene Wünsche erzeugen Angst, die in Haß umgewandelt und schließlich in eine Gewaltbereitschaft überführt wird, die scheinbar automatisch, wie ein bedingter Reflex funktioniert. Die Existenz von Homosexuellen an sich stellt für viele junge Männer und in den von ihnen dominierten Cliquen eine derartige Bedrohung dar, daß in Befragungen regelmäßig und offen die Bereitschaft geäußert wird, Schwule und die (für viele unaussprechliche) »Sache«, für die sie stehen, bis zum Letzten zu bekämpfen.[47]

So kommt es immer wieder zu Verfolgungen und Gewaltausbrüchen, die im jugendtypischen Szenejargon als »Schwulenticken« oder »Schwu-

45 Connell (1999), *Der gemachte Mann*, S. 155.

46 Ob die in den letzten Jahren stattgefundenen Versuche, eine »Normalisierung« der Situation für die Homosexuellen und eine längst überfällige Änderung der gesellschaftlichen, politischen und rechtlichen Bewertung zu erreichen, zu einem wirklichen Wandel der inneren (unbewußten) Einstellung oder eventuell zu einer Verstärkung der homophoben Gegenwehr insbesondere bei männlichen Jugendlichen führt, bleibt abzuwarten.

47 Vgl. Weber (2001), *Rechte Männer*, S. 125.

lenklatschen« euphemistisch umschrieben und selbstheroisierend gefeiert werden. Überfälle auf Schwule gelten im Selbstverständnis der Täter als kollektive Männlichkeitsrituale, durch die unter Beweis gestellt werden soll, was »richtige« Männer auszeichnet. Neben der allgemeinen Betonung heterosexueller Potenz und der Dominanz über Frauen stellt für Findeisen und Kersten die Homophobie das gemeinsame Verbindungsglied zwischen ansonsten heterogenen, oft sogar verfeindeten Jungencliquen dar, besonders bei jenen, die überdurchschnittlich stark von Gewaltaffinität und maskulinen Ehrbegriffen geprägt sind.[48] »Und trotz gegenseitiger Frontstellung und Bandenkriegen verstehen sich deutsche *underclass kids,* ›Russen‹ und Migrantenjugendliche, insbesondere muslimischer Herkunft, in einem Punkt: Homosexuelle sind Haßobjekte, die jederzeit erniedrigt, angegriffen und niedergemacht werden dürfen« (S. 146).[49] Es scheint, als würde hier ein besonderer innerpsychischer Kriegsschauplatz nach außen gekehrt, indem eine ursprüngliche innere Bedrohung als äußerer Feind perzipiert und mit Zerstörungsabsicht bekämpft wird. Dazu noch einmal Klaus Weber aus seiner sozialpsychologischen Untersuchung von rechtsextremistischen Tendenzen bei männlichen Gewerkschaftsmitgliedern: »Die fehlende logische Begründung, warum der schwule Mann und seine Praktiken abgelehnt werden, korrespondiert mit dem Wunsch, seine Existenz ungeschehen machen zu können. Ob er ›kein Mann sein‹ kann, ob er ›bis zum Letzten bekämpft‹ werden muß, das Ziel der Redeweisen über ihn ist seine Auslöschung im Realen, der die sprachliche Auslöschung vorausgeht.«[50]

Auch beim inneren und äußeren Abwehrkampf gegen die Homosexualität dominieren die Mechanismen der paranoiden Feinderkennung mit den destruktiven Folgen für die ausgewählten Opfer dieser sub-

48 »In der Praxis steht die Ehre für ein normatives Referenzsystem, aber vor allem für einen Anspruch auf ›Respekt‹. Verweigerter Respekt wird als Kränkung von Selbstwert empfunden und muß geahndet werden (...). Ein derart gewalttätig erzwungener ›Respekt‹ gilt als maskuline Bestätigung (...) und verschafft situativ einen Gegenwert zur chronisch angegriffenen Ehre, zum strukturell schwachen Selbstwertgefühl vieler Cliquenmitglieder.« Findeisen/Kersten (1999), *Der Kick und die Ehre. Vom Sinn jugendlicher Gewalt,* S. 142.

49 In den neunziger Jahren wird von einem dramatischen Anstieg gewalttätiger Übergriffe auf homosexuelle Männer mit durchschnittlich dreißig Mordopfern pro Jahr berichtet. Bei der überwiegenden Mehrzahl der Täter handelt es sich um männliche Jugendliche und junge Männer zwischen vierzehn und fünfundzwanzig Jahren, die in der Regel in Gruppen und zunehmend bewaffnet über ihre Opfer herfallen (vgl. *FR* v. 12.03.96). Vgl. auch Dobler (2003), *Antischwule Gewalt: Hintergründe und Gegenperspektiven.*

50 Weber (2001), *Rechte Männer,* S. 127. Vgl. Sombart (1991), *Die deutschen Männer und ihre Feinde,* S. 222.

jektiven Wahrnehmungsverzerrung. Sándor Ferenczi faßt den Ablauf dieser projektiven Transformation eigener homosexueller Anteile unter dem Druck gesellschaftlicher Tabuisierung und persönlicher Abwehr in zwei Schritten zusammen. Zunächst wird die verpönte Neigung mit negativem Vorzeichen objektiviert und aus dem Ich ausgestoßen. »Die unerträglich gewordene und dem Objekt entzogene Neigung kehrt also als Wahrnehmung seines Negativs von seiten des Liebesobjektes zurück. Aus dem Gefühl der Liebe wird die Empfindung seines Gegenteils.«[51] Auf der Basis dieser Projektion des eigenen homosexuellen Begehrens mit negativem Vorzeichen (Haß statt Liebe) erfolgt dann die Suche »geeigneter« Objekte, die mit der konstruierten Verfolgungsabsicht identifiziert werden können. »Seine aus dem Ich ausgestoßene Begierde kehrt als Wahrnehmung der Verfolgungstendenz seitens der Objekte seines unbewußten Gefallens ins Bewußtsein wieder (...). Nun kann er in Form des Hasses seine eigene Homosexualität ausleben und zugleich vor sich selbst verstecken« (S. 86). – Damit schließt sich die Kette der irrationalen Begründungen für destruktiven, bis zum Verfolgungswahn steigerbaren Haß: Gezielte Menschenvernichtung erscheint so als legitimes Notwehrhandeln.

Ähnlich wie Ferenczi vertritt auch Freud die Auffassung, daß die Paranoia aus der Abwehr homosexueller Regungen hervorgeht.[52] Insbesondere der Kampf gegen ein *verstärktes* Auftreten dieser Regungen gehöre zur Pathogenese des Verfolgungswahns. Eine solche Verstärkung aber ist, wie wir gesehen haben, eines der typischen Merkmale des normalen Pubertätsverlaufs männlicher Jugendlicher und folglich auch eine der Ursachen für das Anwachsen ihrer nach paranoidem Muster ablaufenden Reaktionsbereitschaften.

Dieser Zusammenhang von (adoleszenter) Homosexualitätsabwehr und Paranoia ist deutlich erkennbar, wirft aber unweigerlich die schon mehrfach angeschnittene Frage nach der grundsätzlichen Vergleichbarkeit psychiatrischer Krankheitsbilder mit »normalen« Wahrnehmungs- und Reaktionsweisen auf. Ist es überhaupt legitim, die unbewußte Bereitschaft von Jungen und Männern zur Einnahme einer Abwehr-Kampf-Haltung in den Kategorien einer Psychose zu beschreiben und zu erklären? Die offensichtlichen Übereinstimmungen, die inneren und

51 Ferenczi (1911), *Über die Rolle der Homosexualität in der Pathogenese der Paranoia,* S. 73.

52 Freud (1911), *Psychoanalytische Bemerkungen über einen autobiographisch beschriebenen Fall von Paranoia (Dementia paranoides),* S. 295 ff.; vgl. auch Freud (1922), *Über einige neurotische Mechanismen bei Eifersucht, Paranoia und Homosexualität,* S. 200.

äußeren Auslöser (spezifische Krisen und Kränkungen), die typischen Quellen (Fremdenangst, Frauenverachtung, Homophobie), vor allem aber die bevorzugten Abwehrmechanismen (Spaltung und Projektion) machen diesen Vergleich nicht nur möglich, sondern sinnvoll. Teile des in der klinischen Paranoia zum Ausdruck kommenden pathologischen Potentials gehören, worauf bereits im zweiten Teil hingewiesen wurde, als ehemals normale Begleiterscheinungen frühkindlicher Umgangsweisen mit der Realität zum psychischen Inventar auch der »normalen« Persönlichkeit, auf das besonders von männlichen Jugendlichen in ausweglos erscheinenden Krisen der persönlichen, sozialen und sexuellen Identität mit erhöhter Gewaltbereitschaft zurückgegriffen wird. Sie bedienen sich damit auf regressivem Wege einer primitiven Weltsicht, die anscheinend nur unzureichend überwunden wurde.

Normale und pathologische Erscheinungen des Seelischen können weder in klinischer, noch weniger aber in sozialpsychologischer Hinsicht strikt voneinander getrennt betrachtet werden.[53] Um dieses Verhältnis von Normalität und Pathologie genauer zu bestimmen, ist an zwei grundlegende Erkenntnisse Freuds zu erinnern, die in der psychoanalytischen und sozialpsychologischen Geschlechterforschung eine stärkere Berücksichtigung finden sollten: Erstens weist Freud am Beispiel der Träume und Fehlleistungen auf die grundsätzliche Übereinstimmung zwischen normalen und pathologischen Mechanismen in der Arbeitsweise der psychischen Persönlichkeit hin. Diese Kongruenz entkräftet den pauschalen Vorwurf an die Psychoanalyse, sie würde Phänomene außerhalb ihres klinisch-therapeutischen Rahmens in unzulässiger Weise pathologisieren. »Man kann der Psychoanalyse nicht vorwerfen, daß sie am pathologischen Material gewonnene Einsichten auf das normale überträgt. Sie führt die Beweise hier und dort unabhängig voneinander und zeigt so, daß normale, wie sogenannte pathologische Vorgänge denselben Regeln folgen.«[54] Zu diesen Mechanismen der seelischen Tätigkeit gehören auch die uns hier in

53 Vgl. Bach/Heine (1981), *Pseudonormalität und »Normalpathologie«;* eine klassische Arbeit über das Verhältnis von Normalität und Pathologie in der Medizin und den Verhaltenswissenschaften ist Canguilhem (1974), *Das Normale und das Pathologische;* eine ethnopsychoanalytische Untersuchung der kulturellen Dimensionen psychischer Erkrankung findet sich in Devereux (1974), *Normal und anormal. Aufsätze zu einer allgemeinen Ethnopsychiatrie* und eine diskursanalytische Auseinandersetzung mit der sozialwissenschaftlichen Bedeutung des Begriffs »Normalität« in Link (1999), *Versuch über den Normalismus. Wie Normalität produziert wird;* vgl. auch Gruen (1987), *Der Wahnsinn der Normalität. Realismus als Krankheit: eine grundlegende Theorie zur menschlichen Destruktivität;* Pohl (2004), *Normalität und Pathologie. Sozialpsychologische Anmerkungen zur Psychogenese von Massenmördern.*

54 Freud (1913), *Das Interesse an der Psychoanalyse*, S. 392.

besonderem Maße interessierende Isolierung, die Abspaltung und die Projektion. Sie dienen der Abwehr unlustvoller oder psychisch nicht integrierbarer innerer oder äußerer »Reize« und gelten in der Frühzeit der lebensgeschichtlichen Entwicklung, wie gesehen, als durchaus normaler Modus im Umgang mit der Wirklichkeit. Diese archaischen Abwehrmechanismen sollten im Laufe der Persönlichkeitsentwicklung einigermaßen erfolgreich in sozialverträgliche Wahrnehmungs- und Interaktionsmuster überführt werden, was offenbar vielen Männern nur annäherungsweise gelingt.

An dieser Stelle fügt sich die zweite Erkenntnis Freuds über die Verbindung des Pathologischen mit dem Normalen ein: »Das Ich (...) muß ein normales Ich sein. Aber ein solches Normal-Ich ist, wie die Normalität überhaupt, eine Idealfiktion. Das abnorme, für unsere Absichten unbrauchbare Ich ist leider keine. Jeder Normale ist eben nur durchschnittlich normal, sein Ich nähert sich dem des Psychotikers in dem oder jenem Stück, in größerem oder geringerem Ausmaß (...).«[55] Die Grenze zwischen Normalität und Pathologie ist demnach fließend. Auch mit dieser zunächst neurosenätiologischen These läßt sich die Behauptung stützen, daß pathologische Einsprengsel bis hin zu Elementen psychotischer Reaktionsbereitschaften als latentes Potential auch zur Binnenausstattung von »Normalmännlichkeit« gehören können.

Trotz dieser fließenden Grenze zwischen Normalität und Pathologie ist allerdings an einer entscheidenden Differenz festzuhalten, die sich auf das Verhältnis von *Wahn* und *Gewalt* bezieht: die Feindbildung der paranoiden Abwehr-Kampf-Haltung trägt zwar wahnähnliche Züge, darf aber mit einer echten Wahnkrankheit nach den Kriterien psychiatrischer Diagnostik und Erfahrung nicht verwechselt werden. Anstelle eines die innere psychische Realität und das gesamte alltägliche Umfeld bestimmenden (echten) Wahns steht bei der paranoiden Haltung eine entschlossene Kampfbereitschaft nach außen im Vordergrund. Haß und Zerstörungswünsche gehören sicherlich auch zum klinischen Bild der Paranoia, aber selbst extreme Gewaltausbrüche einzelner Wahnkranker eingerechnet, erreicht das umgesetzte Aggressionspotential der Paranoiker nicht annähernd die Dimension und das Ausmaß der Orgien von Haß und Zerstörung wahnähnlicher Abwehrschlachten zur angeblichen Sicherung der eigenen Selbsterhaltung auf zivilem und militärischem Gebiet, wofür männliche Jugendliche in besonderem Maße prädestiniert sind.

Damit läßt sich abschließend noch einmal auf die gruppenpsychologi-

---

55 Freud (1937), *Die endliche und die unendliche Analyse,* S. 80.

schen Anmerkungen Fritz Bauers und ihre Bedeutung für die Analyse der subjektiven Bedingungen massenpathologischer Gewaltverbrechen zurückgreifen. Ein kollektives Wahnsystem entsteht demnach auf ähnlichen Wegen wie der Wahn des einzelnen Paranoikers. Das Beispiel des nationalsozialistischen Vernichtungsantisemitismus zeigt, wie wir schon in der Auseinandersetzung mit Ernst Simmel gesehen haben, daß regressive Rückgriffe auf archaische Spaltungs- und Projektionsmechanismen, ohne die eigene »Normalität« zu gefährden, erleichtert werden, wenn das gesellschaftliche oder das Gruppen-Klima von einem Denken bestimmt ist, das selbst wahnähnliche Züge trägt. Hat ein kollektiver Verfolgungs- und Größenwahn erst einmal die Massen ergriffen und ist zur Handlungsnorm geworden, so erlaubt die akzeptierte und geforderte Umsetzung des ihm innewohnenden Vernichtungspotentials eine Beteiligung der Massenindividuen an Grausamkeiten in einem Ausmaß, das die Gewaltbereitschaft einzelner Wahnkranker weit übersteigt. Zugespitzt bedeutet das: ein »echter« Wahn kann durch ideologisch legitimierte Gewalt ersetzt und so der Ausbruch einer individuellen Psychose verhindert werden.[56]

Für die sozialpsychologische Jugendforschung folgt daraus, daß die männlich-jugendliche Affinität zu Fremdenfeindlichkeit und Gewalt nicht alleine (und schon gar nicht automatisch) durch den Anschluß an paranoid ausgerichtete peer-groups verstärkt und in eine reflexhafte Zerstörungsbereitschaft gegen ausgesuchte Feindobjekte überführt wird. Die größeren Gefahren gehen von einer gesellschaftlichen und politischen Entwicklung aus, die es in Zeiten objektiver Krisen zuläßt und fördert, daß paranoide Reaktionsbereitschaften und projektive Lösungsformeln zunehmend das Alltagsleben beherrschen und damit den Haß- und Gewaltausbrüchen der dafür anfälligen Jugendlichen den Anschein eines legitimen Widerstandshandelns gegen vermeintliche Feinde der Gesellschaft verleiht. Die Erscheinungsformen jugendlicher Gewalt sind besonders dann gefährlich, wenn die Ausführenden (bewußt oder unbewußt) annehmen können, im stillschweigenden Konsens mit großen Teilen der Bevölkerung und wichtigen Vertretern politisch-öffentlicher Meinungsbildung zu handeln. Bei gezielten öffentlichen (verbalen) Tabubrüchen werden insbesondere im Umgang mit Fremden paranoide Spielmarken eingesetzt und so zu psychosozialen Wegbereitern rechtsradikaler Gewalt.

Da der gewaltbereite Wahn seine Wurzeln im »Normalen« hat, birgt eine Bagatellisierung seiner Ausbrüche, eine schleichende Gewöhnung

56 Vgl. Simmel (1946), *Antisemitismus und Massen-Psychopathologie;* Pohl (2000), *Normalität und Massenpathologie – Ernst Simmel*, bes. S. 256–268.

oder ein Wegsehen die Gefahr, daß sich ein solcher (nicht-pathologischer) Wahn tiefer in den gesellschaftlichen Alltag eingräbt und schließlich zum Zeichen von Normalität selbst wird. Wenn es also dem sozialen Umfeld nicht gelingt, so lautet die allgemeine, aber richtige Schlußfolgerung Eriksons, den Jugendlichen »lebensfähige Alternativen anzubieten, kann dies alles zu einer plötzlichen und manchmal ›borderline-artigen‹ Regression zu den Konflikten der frühesten Erfahrungen des ›Ich‹-Gefühls als geradezu verzweifeltem Versuch einer Wiedergeburt des Selbst führen«.[57] In diesem Sinne ist der immer wieder beschworene Präventionsgedanke gegenüber jugendlicher Gewalt und Fremdenfeindlichkeit in letzter Konsequenz weder psychologisch noch sozialpädagogisch, sondern politisch zu begreifen und umzusetzen. Die Gewaltspirale ist in erster Linie nicht der (normalerweise punktuellen und vorübergehenden) paranoiden Abwehr-Kampf-Haltung männlicher Jugendlicher geschuldet, sondern einem gesellschaftlichen Klima, das den fremdenfeindlichen, sexistischen und homophoben Auswüchsen dieser Haltung nach wie vor nicht nur ambivalent, sondern zum Teil mit kaum verhohlener Sympathie gegenüber steht.

57 Erikson (1988), *Der vollständige Lebenszyklus*, S. 96 f.

Sowie die Bedingung der Erniedrigung erfüllt ist, kann sich die Sinnlichkeit frei äußern, bedeutende sexuelle Leistungen und hohe Lust entwickeln … ; perverse Sexualziele sind bei ihnen erhalten geblieben, deren Nichterfüllung als empfindliche Lusteinbuße verspürt wird, deren Erfüllung aber nur am erniedrigten, geringgeschätzten Sexualobjekt möglich erscheint.

Sigmund Freud, Beiträge zur Psychologie des Liebeslebens

Was die perverse Betätigung trotz aller Fremdheit des Objektes und der Ziele zu einer so unverkennbar sexuellen macht, ist der Umstand, daß der Akt der perversen Befriedigung doch zumeist in vollen Orgasmus und in Entleerung der Genitalprodukte ausgeht.

Sigmund Freud, Vorlesungen zur Einführung in die Psychoanalyse

Männlichkeit, Perversion und destruktive Sexualität

Unter dem doppelten Diktat des Penis-Phallus und der daran gebundenen vorherrschenden Männlichkeitskonstrukte erfolgen mit dem Adoleszenzverlauf die entscheidenden Weichenstellungen für die sexuelle und soziale Ausrichtung der männlichen Geschlechtsidentität. Noch einmal zur Erinnerung: Diese im zweiten Teil entwickelte These vom »doppelten Diktat«, dem die männliche Subjektkonstitution unterworfen ist, bezeichnet den unlösbaren Widerspruch zwischen den objektgebundenen Zwängen einer quantitativ auf Spannungsreduktion durch Entladung und qualitativ auf Erlangung von Lust und Befriedigung zielenden genitalen Sexualität und dem Anspruch auf Unabhängigkeit und Autonomie unter der kulturell geprägten Herrschaft des Phallus. Mit der endgültigen Errichtung des Genitalprimats und der von ihm bestimmten weiteren Verarbeitung der Geschlechterdifferenz werden als Folge des psychosexuellen Männlichkeitsdilemmas neben paranoiden Reaktionsbereitschaften auch »perverse« Bestandteile der »normalen« männlichen Sexualität verstärkt.[1] Diese Entwicklung kann unter bestimmten Umständen zu einer krisenanfälligen Verbindung von entgegenkommenden Bereitschaften (Disposition) und aktuellen Konflikterfahrungen (»akzidentelle Momente«) führen und bis zum Ausbruch manifester sexueller Perversionen gesteigert werden. Perversionen und (paranoide) Psychosen sind, bei aller (psychiatrisch und kriminologisch) notwendigen differentialdiagnostischen Unterscheidung, in mehrfacher Hinsicht miteinander verwandt und können bei Männern in unterschiedlichen Stärken, Variationen und Mischungsverhältnissen auch gemeinsam auftreten.[2] Eine Verbindung

1 Für die Entwicklung insbesondere der männlichen Geschlechtsidentität gilt, was Otto Kernberg allgemein über die Rolle der Perversionen angemerkt hat: »Polymorph perverse Phantasien, Aktivitäten und Fähigkeiten bilden auf allen Ebenen der Pathologie und Normalität einen wesentlichen Bestandteil der menschlichen Sexualität.« Kernberg (1997), *Wut und Haß. Über die Bedeutung von Aggression bei Persönlichkeitsstörungen und sexuellen Perversionen,* S. 321.

2 Nach Freud entfernen sich zwar manche der »sexuellen Abirrungen« weit von der Normalität, aber eine pauschale Zuordnung der Perversionen zur Pathologie, wie unter seinen ärztlichen und psychiatrischen Kollegen üblich, lehnt er ab und findet auch hier eine empirische Bestätigung für seine These von der fließenden Grenze zwischen Normalität und Pathologie: »Die alltägliche Erfahrung hat gezeigt, daß die meisten

beider Störungen und ihre möglichen katastrophalen Auswirkungen auf das männliche Sexualverhalten stehen ebenso wie die paranoide Abwehr-Kampf-Haltung bei männlichen Jugendlichen in einem engen Zusammenhang mit der spezifischen Bereitschaft, Gewalt zur Sicherung oder Wiederherstellung der »beschädigten« Männlichkeit anzuwenden,. Dieser Vergleich zwischen (männlicher) Psychose, Perversion und Gewalt dient nicht der unzulässigen Pathologisierung bzw. einer pauschalen Entlarvung der Männer als paranoide und perverse Gewalttäter. Von Interesse sind vielmehr die grundsätzlichen Übereinstimmungen zwischen diesen drei Phänomenen und ihre jeweilige Rolle im Abwehrkampf gegen die angstauslösenden Krisen der Männlichkeit. Die insbesondere für eine Analyse der unbewußten Weiblichkeitseinstellungen relevanten Gemeinsamkeiten beziehen sich in erster Linie auf die bereits mehrfach angesprochenen psychischen Mechanismen sowie auf die *Funktionen* der jeweils im Vordergrund stehenden Abwehrformen.

Diese vergleichbaren Mechanismen und Funktionen des männlichen Abwehrkampfes gegen innere und äußere Krisen sollen daher im Fokus der folgenden Ausführungen stehen. Ausgangspunkt bildet die Überzeugung Freuds, ein Verständnis auch der normalen Sexualität sei unmöglich, wenn »wir diese krankhaften Gestaltungen der Sexualität nicht verstehen und sie nicht mit dem normalen Sexualleben zusammenbringen können«.[3] Diese Aussage Freuds gilt zwar der Verbindung von Perversion und Normalität, trifft im Kern aber in ganz ähnlicher Weise auch auf das Verhältnis bestimmter Wahnkrankheiten und ihrer realitätsangemessenen (»normalen«) Anteile und den wahnhaften Elementen in den Wahrnehmungsstrukturen des »Normalen« zu und macht deren Einbeziehung in eine psychoanalytische Untersuchung der normalen und der perversen männlichen Sexualität daher unter bestimmten Prämissen sinnvoll. Wo nun berühren sich Psychose und Perversion und worin liegt der besondere Erklärungswert eines solchen Vergleichs für die Analyse der Normalmännlichkeit? Nähern wir uns der Beantwortung dieser Fragen zunächst über zwei ausgewählte Fallbeispiele aus der psychiatrischen Praxis.

Überschreitungen, wenigstens die minder argen unter ihnen, einen selten fehlenden Bestandteil des Sexuallebens der Gesunden bilden (...). Bei keinem Gesunden dürfte irgendein pervers zu nennender Zusatz zum normalen Sexualziel fehlen (...).« Freud (1905), *Drei Abhandlungen zur Sexualtheorie*, S. 59 f.

3 Freud (1916–17a), *Vorlesungen zur Einführung in die Psychoanalyse*, S. 317.

Wahn, Perversion und Gewalt – Elemente der männlichen Geschlechtsidentität

Die französische Psychoanalytikerin Gisela Pankow berichtet von der Behandlung eines zweiundzwanzigjährigen homosexuellen Studenten aus Paris, dessen schwere Psychose von Wahnbildungen und einem perversen Agieren seiner (verkümmerten) genitalen Sexualität gekennzeichnet ist.[4] Das effeminierte und äußerst ungeschickt wirkende Auftreten des Patienten drückt eine retardierte Konstitution und Körpermotorik aus und ist geprägt von einem absoluten Desinteresse an »greifbaren« Dingen, vor allem an denen des eigenen Körpers. Weitgehend lustlos, impotent und unfähig sich selbst sexuell zu berühren, pflegt er sich mit trippelnden Schritten und nach außen gedrehten Armen in öffentliche Bedürfnisanstalten zu begeben, um auf die Hand eines anonymen Mannes als exklusiven Garanten für die Erregung seines Genitals zu warten. »Nichts kam aus der eigenen Libido des Patienten, alles kam von außen« (S. 99) – so faßt Pankow diesen nahezu vollständig abgesperrten Zugang zum eigenen Geschlechtsorgan und zu der damit verknüpften sexuellen Erlebniswelt zusammen.

Die Analyse bringt diese Form der kompletten Abspaltung (Dissoziation) des exponierten Genitals vom männlichen, aber kaum als männlich empfundenen Restkörper und das für Männer allgemein nicht untypische fremde Eigenleben des abgespaltenen Geschlechtsorgans in diesem besonderem Fall mit zwei familiären Traumatisierungen in Verbindung. Der sexuelle Erregung und narzißtische Bewunderung suchende, seinem Körper aber entfremdete (aliénation) und von der Realität abgewandte Patient versucht zum einen den seine gesamte Kindheit prägenden Sinnspruch seiner tyrannischen Großmutter: »Wer sich nicht erhebt, ist nichts wert!« auf das Feld des sexuellen Erlebens zu übertragen und buchstäblich in einer Weise zu verkörpern, die erneut zeigt, daß auch die sexuellen Abweichungen die grundsätzliche Genitalfixiertheit der männlichen Sexualität bestä-

4 Vgl. Pankow (1984), *Familienstruktur und Psychose*, S. 97–192. Nicht die Homosexualität an sich macht den Kern dieser Perversion aus, sondern die (ausschließlich) rituelle Erzeugung nicht-integrierter genitaler Erregungszustände. Otto Kernberg läßt daher grundsätzlich, im Gegensatz zur psychoanalytischen Traditionslinie von Freud bis hin zum *Vokabular der Psychoanalyse* von Laplanche/Pontalis (1972, S. 378), die allgemeine Definition von »Perversion« nicht für die Homosexualität (als Abweichung vom »normalen« Sexualobjekt) gelten, »sondern nur für fixierte, repetitive, zwanghafte Verhaltensweisen, die zur Erlangung sexueller Befriedigung notwendig sind«. Kernberg (1997), *Wut und Haß*, S. 307 f.

tigen. Gleichzeitig stellt die perverse Sexualgewohnheit dieses Patienten die fast zwangsläufige psycho-logische Folge des übertriebenen, pseudo-fürsorglichen Interesses seines Vaters für seinen Körper und seine Genitalfunktionen dar. Für Pankow besteht die größte Schwierigkeit der Behandlung in den Folgen dieser (perversen) Besessenheit des Vaters, »in diesem zwanghaften Interesse für den Unterleib seines Sohnes, der Berichte über ›sexuelle Fortschritte‹ geben« (S. 100 f.) und sich einer ständigen, bis ins Erwachsenenalter andauernden Kontrolle über die ausreichende Waschung seines Genitals unterziehen mußte.

Selbstverständlich kann es hier nicht um eine umfassende Fallanalyse oder den Versuch einer Erklärung der Ursachen dieser psychischen Erkrankung und ihres spezifischen Verlaufs gehen. Der vorliegende Fall soll ausschließlich der Illustrierung des für die Verbindung von Psychose und Perversion typischen Scheiterns der Integration der Genitalität in das männliche Körperselbstbild dienen. Unter dieser eingeschränkten, für unsere Frage nach der Psychodynamik der unbewußten, im *Feindbild Frau* verdichteten Männlichkeitsproblematik jedoch zentralen Perspektive bietet sich der Vergleich mit einem weiteren Fall aus der klinischen Praxis an. Es handelt sich um die Erkrankung des Senatspräsidenten Daniel Paul Schreber an einer Paranoia, die nicht nur wegen der zahlreichen psychiatrischen und psychoanalytischen Interpretationsversuche, sondern vor allem wegen der Selbstdarstellung Schrebers in seinen 1903 erschienenen *Denkwürdigkeiten eines Nervenkranken* als berühmtester Fall der gesamten Psychiatriegeschichte gilt.

Mehrere Aspekte dieser Krankengeschichte können weiteren Aufschluß über die möglichen Verknüpfungen von psychotischen und perversen Persönlichkeitsanteilen zur Abwehr der elementaren Bedrohungen einer genitalisierten männlichen Identität geben: Schreber erkrankt, wie unter Hinweis auf den von Freud entdeckten Zusammenhang von Paranoia und verdrängter bzw. abgespaltener und projizierter Homosexualität bereits angedeutet, an seinem aussichtslosen Kampf gegen genitale Erregungen und die mit ihnen verbundenen Masturbationszwänge und deren homosexuelle Begleitphantasien. Jenseits der müßigen und für unseren Untersuchungsansatz wenig relevanten Frage nach dem direkten Real-Anteil des tyrannischen, häufig als sadistischen Exponenten der »Schwarzen Pädagogik« demaskierten Vaters an der Verursachung von Schrebers Krankheit muß festgehalten werden, daß der vom Kranken autobiographisch geschilderte Abwehrkampf durch väterliche Reglementierungen und die gesellschaftlichen Konventionen im ausgehenden neunzehnten Jahrhundert sicherlich erheblich verstärkt worden sind. Aber auch in diesem Fall geht es uns nicht um die Frage, ob wir es entweder mit einer »Mutterätiologie« zu tun haben oder ob wir uns auf dem »vertrauten Boden des Vaterkomplexes« (Freud) bewegen. Ebensowenig vertreten wir den Standpunkt, beim Wahn handele es sich um Wiederholungen frühkindlicher Realtraumatisierungen, dessen Inhalte als getreue Widerspiegelungen dessen zu verstehen sind, was dem Patienten in und seit frühester Kindheit angetan worden ist. Wie schon mehrfach betont, werden die Wahninhalte in einer phantastischen Umdichtung der Wirklichkeit gestaltet und entstehen nach Maßgabe der innerpsychischen Realität und ihrer Störungen in *Anlehnung* an die Niederschläge äußerer Erlebnisse und innerer Erfahrungen.

In Schrebers *Denkwürdigkeiten* lassen sich mehrere Schlüsselerfahrungen aus seiner prä-psychotischen Zeit ausmachen, die für den Ausbruch der Krankheit und die weitere Entwicklung seines Wahns bestimmend werden sollten: seine morgendliche Vorstellung im Halbschlaf, »daß es doch eigentlich recht schön sein müsse, ein Weib zu sein, das dem Beischlaf unterliege« (S. 95), die vorübergehende Wahrnehmung seiner Frau nicht mehr als reale Person, sondern als »flüchtig hingewunderte Menschengestalt« sowie insbesondere eine Häufung von sechs irritierenden, aber Seligkeit verheißenden nächtlichen Pollutionen, die Schreber in erster Linie für seinen »geistigen Zusammenbruch« verantwortlich macht (S. 101). Die Grundidee in seinem daran entzündeten Verfolgungswahn, dessen weitere Ausgestaltung von gewissen perversen (masochistischen, transvestistischen, exhibitionistischen u. a.) Inszenierungen begleitet wird, besteht in der Notwendigkeit der eigenen »Entmannung« und der damit gleichgesetzten »Verwandlung in ein Weib« zur »Läuterung« der eigenen Seele und zur Rettung der gesamten bedrohten Menschheit. Diese megalomane Vorstellung Schrebers spielt sicherlich auch mit der Kastrationsproblematik, wobei die damit verbundene Bedrohung des Leibes und der Männlichkeit durch Umkehrung der affektiven Bedeutung ins Gegenteil – an die Stelle der Angst vor einer Bestrafung der verbotenen Sexualregungen tritt hier die Wunscherfüllung zur Sicherung der sexuellen Lustempfindungen – entschärft und abgewiesen wird. Wichtiger aber ist, daß es Schreber mit seinem florienden Wahnsystem erfolgreich gelingt, einer Verdrängung der verpönten sexuellen Aktivitäten, mit der in der Regel auf die Kastrationsangst reagiert wird und damit einer klassischen Neurosenbildung zu entgehen und sich in gewisser Weise, wenn auch weniger »erfolgreich«, auf Kosten eines Zusammenbruchs des Normal-Ichs sowie eines

Bruchs mit der Realität, selbst zu »heilen«.[5] Schreber will, so läßt sich die paradoxe Botschaft seines unbewußten Plans zusammenfassen, an der bis zum Orgasmus gehenden seelischen und somatischen »Wollust« festhalten, aber auf genitale Verrichtungen als Mann dabei zukünftig verzichten.

Die Geschlechtsumwandlung selbst wird von Schreber daher nicht befürchtet, sondern herbeigesehnt, wobei interessanterweise die dafür erforderliche »Entmannung« von ihm ähnlich, wenn auch unter umgekehrten affektiven Vorzeichen wahrgenommen und beschrieben wird, wie das Koro-Phänomen von den davon befallenen männlichen Opfern in Südostasien. Auch für Schreber geht die allmähliche Verweiblichung »in der Weise vor sich, daß die (äußeren) männlichen Geschlechtswerkzeuge (Hodensack und männliches Glied) in den Leib zurückgezogen« werden (S. 108 u. S. 186 f.). Auf dem Weg zu diesem Ziel sorgen die ihm »angewunderten Strahlen« für ein »Ding zwischen den Beinen (...), das einem normal gebildeten männlichen Gliede kaum noch ähnlich« sieht (S. 113). Auf der Basis dieser Wahrnehmung betrachtet Schreber es als notwendige Aufgabe, seine zukünftige Rolle als Frau durch die »Pflege der weiblichen Gefühle« einzuüben und durch die Ausstaffierung mit »weiblichem Aufputz« (S. 291 f.) vor dem Spiegel exhibitionistisch zu demonstrieren. Sein erklärtes Ziel ist eine dauerhafte sinnlich erregende Umarmung mit sich selbst. Schreber wendet sich mit einer als absolute Pflicht verstandenen Pflege seiner Wollust ausdrücklich gegen eine »geschlechtliche Begehrlichkeit gegenüber anderen Menschen (Frauenspersonen)« oder gar einen »geschlechtlichen Umgang« mit ihnen. Sein narzißtisches Ideal einer weltordnungsgemäßen Sexualität basiert darauf, sich »als Mann und Weib in einer Person,« mit sich selbst »den Beischlaf vollziehend, vorzustellen« (S. 293 u. S. 295).

Da aber auch Schreber die Unmöglichkeit einer rein narzißtischen Wollust unbewußt anerkennen muß, sieht er zur Erfüllung seiner solipsistischen Weltrettungsidee keinen anderen Weg, als mit allen erdenklichen Mitteln, mit Verstand und Einbildungskraft zu versuchen, eine Kopulation mit Gott – in dessen Körperlosigkeit seine besondere Attraktivität als »Sexualobjekt« zu bestehen scheint – und schließlich eine Schwängerung durch die Wunderkraft seiner »Strahlen« zu erreichen.

5 Der Wahn dient nach Freud der Restitution einer Welt, die für das Subjekt nach einer inneren (und äußeren) Katastrophe untergegangen ist. »Und der Paranoiker baut sie wieder auf, nicht prächtiger zwar, aber wenigstens so, daß er wieder in ihr leben kann. Er baut sie auf durch die Arbeit seines Wahnes. Was wir für die Krankheitsproduktion halten, die Wahnbildung, ist in Wirklichkeit der Heilungsversuch, die Rekonstruktion.« Freud (1911), *Psychoanalytische Bemerkungen über einen autobiographisch beschriebenen Fall von Paranoia (Dementia paranoides)*, S. 308.

Diese »Strahlen«, in denen für Schreber das »Wesen des göttlichen Schaffens« überhaupt liegt, sollen daher möglichst fortwährend »den Eindruck eines in wollüstigen Empfindungen schwelgenden Weibes« (S. 292) von ihm empfangen, und die gespürten »hüpfenden Bewegungen im Leib« werden als erste embryonale Anzeichen für das Gelingen dieses Plans einer göttlichen Schwängerung interpretiert. Alle Entbehrungen, Verfolgungen und Qualen haben sich gelohnt – und Schreber sieht überhaupt keinen Grund, sein Martyrium nicht mit dem Kreuztod von Jesus zu vergleichen –, wenn es auf diesem Wege einer göttlichen Befruchtung gelingt, ein neues Geschlecht, »neue Menschen aus Schreber'schem Geist« (S. 158) zu erzeugen. Die sexuelle Wollust eines kastrierten und verweiblichten Märtyrers, der sich berufen fühlt, von Gott geschwängert zu werden, um die aus den Fugen geratene Weltordnung durch die Erzeugung eines neuen Menschengeschlechts wiederherzustellen – welch eine phantastische, fast an die Dramen der griechischen Mythologie heranreichende Karikatur des männlichen Schöpferwahns, auf den unsere Untersuchung der variantenreichen Lösungsversuche psychosexueller Männlichkeitskrisen immer wieder stößt!

Aber Schrebers Selbstrettungsversuch bleibt letztendlich, nicht nur aufgrund der Krankheit, die er sich einhandelt, vergeblich, denn auch die Identifizierung mit dem angestrebten weiblichen Geschlecht löst seine Ambivalenz gegenüber der Sexualität und der imaginierten neuen (göttlichen) Geschlechterordnung nicht auf. So versinkt er zwar in Selbstbewunderung angesichts seiner zurückgehenden Körperbehaarung, der Ansätze zur Bildung weiblicher Brüste und der zunehmenden Weichheit seiner Haut, setzt aber aus einer zugleich aufrechterhaltenen männlichen Perspektive Weiblichkeit mit den üblichen Eigenschaften der Passivität und (gewaltsamen) Verführbarkeit gleich. Die Hauptgefahr seiner Entmannung sieht er folglich darin, daß ein Festhalten an den idealisierten nicht-genitalen Wollustgefühlen eine Anziehung ausübt, die von seinen Feinden schamlos, mit eindeutig genitalen Absichten ausgenützt werden kann. Insbesondere sein behandelnder Psychiater Prof. Flechsig, verschiedene Pfleger, ja selbst das wahre Objekt seiner feminisierten Begierde, ein von ihm als gespalten wahrgenommener Gott, der eben nicht nur sein wichtigster Bundesgenosse ist, sondern sich gleichzeitig auch als Mitwisser, ja sogar als Anstifter des Komplotts gegen ihn entpuppt, verüben mittels schädlicher, in seinen Körper eindringender Strahlen einen gigantischen »Seelenmord« zu eindeutig »weltordnungswidrigen Zwecken«.

Eine der unlösbaren Aufgaben, die Schreber unbewußt zu erfüllen sucht, die ihn aber immer tiefer in seinen Wahn verstrickt, besteht in der

Suche nach einer »sanften« Selbstbefriedigung ohne Erektionen und ohne Samenerguß, d. h. nach einer narzißtischen, aber hochgradig sinnlichen Lust, ohne Genital und ohne reales Objekt. Schreber verfolgt das Ziel, durch die Aufrechterhaltung des höchsten sexuellen Erregungszustandes vor der »Entladung« einen orgastischen Dauerzustand ohne Orgasmus zu erzeugen.[6]

Der paranoide Wahn verlagert die an die innerpsychische Begehrensstruktur gebundene Objektperspektive gleichsam nach außen und verwandelt das ursprünglich begehrte (homosexuelle) Objekt in ein persekutorisches (verfolgendes). Nach Freud erfolgt dieser Vorgang, wie die Symptombildung der Paranoia generell, in erster Linie über den Abwehrmechanismus der *Projektion.* »Eine innere Wahrnehmung wird unterdrückt und zum Ersatz für sie kommt ihr Inhalt, nachdem er eine gewisse Entstellung erfahren hat, als Wahrnehmung von außen zum Bewußtsein. Die Entstellung besteht beim Verfolgungswahn in einer Affektverwandlung; was als Liebe innen hätte verspürt werden sollen, wird als Haß von außen wahrgenommen.«[7] – Allerdings verbleibt in diesem Fall der wahrgenommene Haß der Verfolger auf dem Gebiet der Sexualität und erweckt so den Anschein, als würde Schreber mit der identifikatorischen Übernahme der weiblichen Position auch die für Frauen immer bestehende Gefahr, Opfer einer sexuellen Gewalttat zu werden, antizipieren und abwehren. Er teilt die abstruse, aber verbreitete männliche Auffassung über die weibliche Geschlechtslust, wie sie etwa der Ethnopsychoanalytiker Devereux vertritt, offenbar nicht, nach der eine Vergewaltigung bei der Frau durchaus »starke Wollust« auslösen und damit zur Annahme ihrer »natürlichen Sexualität« als ein »brünstiges Weibchen« führen könne, das ständig »in seiner Vagina ein Glied spüren will« (!).[8] Also üben objekt- bzw. partialobjektbezogene sexuelle Gewaltphantasien keinerlei katalysatorische Wirkung auf Schrebers zunehmende Kultivierung weiblicher Lustgefühle aus. Die Nachstellungen Gottes und der mit ihm verbündeten Männer werden zum Symbol für den vehement abgelehnten Geschlechtsverkehr

6 Für den Psychoanalytiker Katan ist Schrebers Vorstellung seiner Verwandlung in eine Frau an die Fähigkeit zu einer »gottgefälligen Masturbation« gebunden, wobei diese Masturbation ein sonderbares Merkmal aufweist: »Schreber beschrieb es als sanft und angenehm. Genitale Sensationen – also Erektion und Emission – blieben aus. Man kann daraus schließen, daß er mit der Annahme der femininen Rolle schließlich erreichte, seine maskulinen genitalen Funktionen zu unterdrücken, wenn er erregt war.« Katan (1949), *Schrebers Wahn vom Weltuntergang,* S. 164.

7 Freud (1911), *Psychoanalytische Bemerkungen über einen autobiographisch beschriebenen Fall von Paranoia (Dementia paranoides),* S. 302 f.

8 Devereux (1981), *Baubo. Die mythische Vulva,* S. 92 u. S. 105.

und insbesondere Prof. Flechsig wird als Verführer zur verpönten und zwanghaft bekämpften Masturbation erlebt. An die Stelle des begehrten, nun aber aufgegebenen Sexualobjekts ist eine destruktive Objektwelt voller Haß und sexueller Verfolgungsabsicht getreten.

Der befürchtete »Seelenmord« nimmt auf diesem Hintergrund für Schreber immer bedrohlichere Züge an, denn er wird von seinen Feinden nicht nur als »Miß Schreber«, als »Luder« oder gar als »Dirne« verhöhnt; es droht auch die endgültige Zerstörung seines Verstandes und die seines Körpers, falls die Versuche, ihn »geschlechtlich als Dirne zu mißhandeln« und ihn dann einfach liegen und schließlich der »Verwesung anheim« fallen zu lassen, tatsächlich gelingen sollten. Als einziges Gegenmittel sieht Schreber nur die Möglichkeit – und hier wird die Paradoxie und Ausweglosigkeit seines Wahns deutlich –, sich als einen »in weiblicher Ängstlichkeit zitternden Menschen ›darzustellen‹« und sich gleichzeitig durch die Aufbietung seines ganzen »männlichen Ehrgefühls« sowie durch die »Heiligkeit der religiösen Vorstellungen« (S. 170) gegen den drohenden Mißbrauch, den er durch die Pflege seiner Wollust während seiner Geschlechtsumwandlung allerdings selbst zu provozieren scheint, energisch zur Wehr zu setzen.

Zu diesen widersprüchlichen geschlechtsbezogenen Phantasien Schrebers gehört auch seine Überzeugung von einer hierarchischen Unterteilung der sexuellen Lustempfindungen unter der ehemals intakten Weltordnung, womit die angestrebte weibliche Lösung der Menschheitsprobleme im Grunde unmöglich wird. Denn für Schreber war die »männliche Seligkeit« immer höherwertiger als die »weibliche Seligkeit«, welche »vorzugsweise in einem ununterbrochenen Wollustgefühle bestanden zu haben scheint« (S. 80). Die Läuterung der »geprüften Seelen« dient somit dem paradoxen Ziel, eine männliche »Seligkeit« in einem weiblichen Körper zu erlangen, indem die (weibliche) Fähigkeit zum permanenten Genießen mit der (männlichen) Kontrolle und Beherrschung der Genitalität legiert wird. Der Preis, den Schreber für dieses unmögliche, zum Scheitern verurteilte Projekt zu entrichtet hat, ist ein psychotischer Bruch mit der Realität und die Entwicklung eines paranoiden Wahns, dem die perversen Bestandteile seines Sexuallebens weitgehend untergeordnet bleiben.

Eine der Auffälligkeiten, die beide Fälle, den perversen Pariser Studenten und den Paranoiker Schreber verbindet und sie für unsere Untersuchung der Bedeutung von Penisfixierung und Objektgebundenheit für die sexuelle Identität des Mannes interessant macht, ist die offensichtlich nicht gelungene Integration der Genitalität in das männliche Körperselbstbild. Gisela Pankow sieht in diesem Bruch (Hiatus) zwischen männlichem Genital und dem Restkörper den Ausdruck eines »Spaltungsphänomens von Leiblichkeit« und interpretiert ihn als Störung der »räumlichen Ordnung des Körpers«.[9] Sie unterscheidet dabei zwei »Grundfunktionen des Körperbildes«, die sich auch auf das Verhältnis des Mannes zu seinem exponierten Genitalapparat außerhalb der von ihr behandelten Geisteskrankheiten anwenden lassen: »Die erste Grundfunktion des Körperbildes hat es mit der räumlichen Ordnung zu tun und untersucht von der Form her die Beziehungen oder, besser gesagt, die Dialektik zwischen dem Teil und dem Ganzen« (S. 19). Mit diesem Modell kann der Zusammenhang der genitalbezogenen Wahrnehmungen und der unbewußten Besetzungen des männlichen Genitals mit denen des Gesamtkörpers genauer erfaßt und in Verbindung mit den hinter den sexuellen Phantasien stehenden Objektrepräsentanzen gebracht werden.

»Die zweite Grundfunktion des Körperbildes« hat es nach Pankow mit dem »Bild als Abbild im Sinne seines Inhalts zu tun« (S. 20). Damit ist u. a. die Fähigkeit gemeint, die Einheit des Leibes zwar von der Form her zu erfassen, ohne jedoch den einzelnen Körperteilen ihre je spezifische Funktion zuordnen zu können. Bei dem jungen Studenten aus der Praxis von Gisela Pankow handelt es sich offensichtlich um eine Störung dieser zweiten Funktion des Körperbildes, denn trotz »des Bruches, der den Kranken von seinem Geschlecht trennt, ist die Einheit des Leibes nie in Frage gestellt worden«, und das Geschlecht als »Form und Teil des Körpers konnte anerkannt werden« (S. 100).

Nun müssen wir allerdings fragen, worin denn die »spezifische Funktion« des männlichen Genitals und insbesondere die von Pankow konstatierte grundlegende Störung der »Differenzierung der Geschlechtsfunktion« eigentlich bestehen. Auf dem Hintergrund unserer Befunde aus dem zweiten Teil muß diese differenzierende Funktionszuordnung als mehrfach bzw. als überdeterminiert angesehen werden. Denn der Penis ist exklusives Distinktionsmittel gegenüber der Weiblichkeit als Miniatur-Ich Träger grandioser narzißtischer Idealisierungen, er kann im Konfliktfall in ein waffenähnliches Instrument der Aggressionsabfuhr transformiert werden und soll gleichzeitig (in erster Linie) Ort und Mittel sexueller Erregung und Lustabfuhr sein – und über allem thront symbolisch der Phallus, dessen selbstherrliches Ringen um Macht und Autonomie niemals vollständig abgelöst vom Penis als seinem stofflichen Träger betrachtet werden kann. Angesichts dieser Kombination aus Bedeutungsschwund und Bedeutungsüberlagerung

9 Pankow (1984), *Familienstruktur und Psychose*, S. 11; vgl. auch Pankow (1974), *Gesprengte Fesseln der Psychose. Aus der Werkstatt einer Psychotherapeutin*, S. 7–22.

durch Übertragung anderer Funktionen aus genuin nicht sexuellen Bereichen müssen die Erscheinungsformen der »normalen« sowie der »perversen« männlichen Genitalität (auch jenseits der Psychosen) sowohl als Störungen der ersten als auch der zweiten Grundfunktion des Körperbildes betrachtet werden: Denn beim ersten Auftreten sexueller Erregung wird dem männlichen Genital unter dem Diktat des (bedrohten) Phallus keine klare spezifische Funktion zugewiesen und es mutiert als Teil gleichzeitig zu einem identitätsstiftenden Repräsentanten des Ganzen.

Die sozialpsychologische Relevanz dieser »Spaltungsphänomene von Leiblichkeit« (Pankow) und damit der für die phallisch ausgerichtete Männlichkeit typischen Identifizierungen des Gesamt-Körpers mit den sexualphysiologischen Vorgängen am Genital (Erregung, Aufrichtung, Versteifung, Kontraktion, Entladung) soll an zwei Phänomenen und den sie behandelnden Ansätzen verdeutlicht werden: zum einen an Theweleits Modell des »Körperpanzers« militarisierter Männlichkeiten am Beispiel der Freikorpssoldaten nach dem Ersten Weltkrieg und an Robert Heims aktuellerem Versuch einer tiefenhermeneutischen Analyse des Zusammenhangs von männlicher Jugendgewalt und fragmentiertem Körper-Ich.[10] Theweleit beschreibt in seinen *Männerphantasien* das durch militärischen Drill in den Kadettenanstalten des deutschen Kaiserreiches erzeugte Ich des Soldaten als das Ergebnis einer symbolischen Abtrennung einzelner Glieder vom männlichen Körper und ihre künstliche Zusammensetzung zu einer neuen (individuellen und kollektiven) Ganzheit eines militärisch formierten Gesamtkörpers. Der Körperpanzer dieser soldatischen, im Krieg endgültig mit den Kameraden zusammengeschweißten »Stahlgestalten« (Jünger) dient unbewußt vor allem einer Abwehr der Angst vor der weiblichen Sexualität und einem damit verbundenen Ausschluß der Frauen, deren Nähe allein schon die Kohärenz des Ichs und des Leibes zu fragmentarisieren droht. Dieses »Erstarren vor der erotischen Weiblichkeit« kann als eine »Dauererektion des ganzen Leibes« (Theweleit) aufgefaßt werden und das Ich scheint, unter Ausklammerung der objektgerichteten Genitalfunktion, durch eine Genitalisierung des gesamten Körpers vollständig mit dem Phallus identifiziert zu sein. Die militärische Deformation des Leibes zu einer kriegstauglichen erektiven, starr aufgerichteten Gestalt entlädt sich schließlich während des Kampfeinsatzes eruptiv in einem »Blutrausch«, der von Ernst Jünger emphatisch als eine virile, ohne Beteiligung von Frauen erfolgende Wiedergeburt beschriebenen wird.

10 Theweleit (1977–78), *Männerphantasien Band 1 und 2;* Heim (1999), *»Das Ich ist vor allem ein körperliches« – Jugendliche Gewalt und fragmentiertes Körper-Ich.*

Kriegerische Auseinandersetzungen unter Männern können durchaus, worauf im nächsten Abschnitt noch genauer eingegangen wird, als eine Pervertierung des sexuellen Erregungs- und Befriedigungsablaufs, als destruktiver Ersatz für den genitalen Orgasmus durch die Zerstörung des feindlichen (und insgeheim weiblichen) Objekts aufgefaßt werden. Aber auch in dieser mehr als nur metaphorisch zu verstehenden Überidentifikation des männlich-kriegerischen Gebarens mit dem ähnlich mechanischen Ablaufcharakter der gewöhnlichen genitalen Sexualpraxis des Mannes verschwindet die Sexualität nicht einfach durch die stählerne Maschinisierung des soldatischen Körpers. Im genitalisierten Körperpanzer kommt ein Kompromiß aus sexueller Erregung und Abwehr zum Ausdruck. Der Phallus wird und bleibt auch hier, allen körpersprachlichen, der Angstabwehr dienenden Verschiebungen zum Trotz, Träger des zentralen Erregungs- und Entladungsorgans des Mannes, wenn auch nun unter destruktivem Vorzeichen, was am Beispiel der Massenvergewaltigungen im Krieg oder unter kriegsähnlichen Bedingungen im nächsten Abschnitt noch genauer gezeigt werden wird.

Robert Heims Untersuchung über das Körper-Ich rechtsextremer jugendlicher Gewalttäter knüpft direkt an Theweleits Modell des phallischen Körperpanzers des soldatischen Ichs an. Sicherlich muß vor einer enthistorisierenden, pauschalen Verallgemeinerung dieses Modells gewarnt werden, aber die typisch männlichen *Mechanismen der Abwehr* von Fragmentarisierungsängsten durch eine Genitalisierung des gesamten Körpers und die Aggressivierung der genitalen Sexualität lassen sich in der Körpersprache von rechtsradikalen Skinheads und ihren demonstrativen phallischen Kulten und Emblemen (Glatzen, Bomberjacken, Stiefel, Waffen, Sauf- und Prügelorgien usw.) wiederfinden. Auch hier geht es um eine fetischistische Reparatur des bedrohten Phallus und damit um die Sicherung der körperlichen Kohärenz einer labilen männlichen Identität durch kollektive Rituale, »notfalls« eben auch durch direkte physische Gewaltanwendung.[11]

Die Angst vor einer Fragmentierung des Ichs und des Körpers ist in spezifischer Weise in die männliche Identitätsbildung eingelassen und kann bei reifungsbedingten (inneren) und gesellschaftlich induzierten (äußeren), als Beschädigungen des Narzißmus und der körperlichen Unversehrtheit erlebten Krisen mobilisiert und durch Gewaltanwendung

11 Heim (1999), *»Das Ich ist vor allem ein körperliches«*, S. 269; vgl. auch Streeck-Fischer (1992), *»Geil auf Gewalt«*, auf die sich Heim an dieser Stelle bezieht. Weder Heim noch Streeck-Fischer bringen allerdings die phallische Aggressivität männlicher Adoleszenter systematisch mit der Abwehr von Weiblichkeitsängsten in Verbindung.

abgewehrt werden. Auf diesem Hintergrund haben wir die besondere Anfälligkeit männlicher Jugendlicher für projektiv aufgeladene Gewalt als Versuch einer phallizistischen »Schiefheilung« (Freud) bestimmt und ähnlich werden auch von Robert Heim die alloplastischen Attacken »auf den anderen, fremden Körper« interpretiert:

> »Dessen Verletzung und Vernichtung verhilft ihm zur illusionären Stütze seines fragmentierten Körper-Ichs. Die Zerstörung des anderen Körpers wird ihm zur Plombe eines Hochgefühls narzißtischer Integrität, das ihm die Bürde der sexuellen Differenzierung abnimmt und bei ihm die Fiktion eines idealisierten organischen Körperbildes aufrechterhält. Das Stigma des auserwählten Opfers und dessen physische Vernichtung errichten spiegelverkehrt eine prothesenhafte Phallizität für ein fragmentiertes Körper-Ich, das nicht (mehr) über die für die Adoleszenz typischen Integrations- und Symbolisierungsfähigkeiten verfügt« (S. 273).

Die Aufrechterhaltung bzw. (Wieder-)Herstellung der männlichen Integrität »erfordert« in der vom phallischen Monismus und von sozialen Hegemonieansprüchen dominierten männlichen Welt Anstrengungen, die offensichtlich gegen die Anerkennung des (bzw. »der«) Anderen, als Folge der Wahrnehmung des Geschlechtsunterschiedes, gerichtet sind. Der Hiatus zwischen dem Genital und dem Restkörper, die Identifizierung des Gesamt-Ichs mit dem Penis sowie die Genitalisierung des gesamten Mannes schließen sich dabei, wie wir gesehen haben, grundsätzlich nicht aus. Alle drei körpersprachlichen Phänomene bringen den prototypischen Kern der männlichen Angst vor Zerstückelung und Auflösung zum Ausdruck. Als Hauptquelle der männlichen Fragmentierungsängste haben wir die unbewußte Angst vor der Weiblichkeit identifiziert, eine Angst, die mit der weiteren Verarbeitung der Geschlechterdifferenz nach der endgültigen Errichtung des Genitalprimats entsteht, in Krisenzeiten verstärkt wird und in den Versuch einmünden kann, diese Differenz zu leugnen oder gar gewaltsam rückgängig zu machen.

Die *Verleugnung* gehört zweifellos zu den wichtigsten Abwehrmechanismen, muß aber strikt von der weitaus bekannteren *Verdrängung* unterschieden werden, mit der das Ich vor allem die innere Realität der Triebanforderungen und ihre Derivate bekämpft. Die *Verleugnung* läßt sich als ein möglicher Abwehr-Modus im Umgang mit der äußeren Realität grundsätzlich eher mit der typisch männlichen Verarbeitung der angstauslösenden Wirklichkeit des Geschlechterverhältnisses und damit auch mit der Einlagerung antifemininer Haß- und Gewaltpotentiale in die männliche Sexualität in Verbindung bringen. Diese antifemininen, von Robert Heim nur geahnten, bei Theweleit dagegen im Mittelpunkt stehenden Ängste bzw. die mit ihnen verbundenen unbewußten Vorstellungen einer den Mann bedrohenden Weiblichkeit können nicht einfach »verdrängt« werden. Infolgedessen können die Perversion, der Wahn und die zerstörerische Gewalt, wie im Falle einer klassischen Neurose, nicht als symptomhafter Ausdruck einer »Wiederkehr des Verdrängten« gedacht werden.

Der Verdrängungsmechanismus richtet sich nach Freud hauptsächlich auf die prägenitalen Partialtriebkomponenten, also auf die polymorph-perversen Anteile der Sexualität. Die Ausbildung einer manifesten sexuellen Perversion erspare den Menschen dagegen, ähnlich wie die Psychose, den Einsatz neurotogener Verdrängungen. Freuds darauf bezogene Formel, die Neurose stelle das »Negativ der Perversion« dar, läßt sich aber nicht einfach umkehren (Perversion als Negativ der Neurose), denn das würde darauf hinauslaufen, so wird von Laplanche und Pontalis (1972) in ihrem *Vokabular der Psychoanalyse* zutreffend angemerkt, »aus der Perversion die unbearbeitete, nicht verdrängte Manifestation der infantilen Sexualität« zu machen (S. 381). Aber die manifesten Perversionen sind komplexe und hochdifferenzierte psychische Gebilde, die man mit der Befreiung vom Stigma der Neurose nicht jenseits massiver Störungen bei den nicht-pathologischen Sexualäußerungen ansiedeln kann. »Gewiß, Freud stellt sie wegen des fehlenden Verdrängungsmechanismus oft der Neurose entgegen, aber er versucht zu zeigen, daß andere Abwehrformen wirksam sind (...): Verleugnung der Realität, Ichspaltung etc., die übrigens eine gewisse Verwandtschaft mit denen der Psychose aufweisen« (ebd.).[12]

Also gehört auch die Verleugnung zu den primitiven, zur Subjektkonstitution des Mannes beitragenden Abwehrmechanismen und steht, neben den Spaltungs- und Projektionsphänomenen, im Mittelpunkt der Entwicklung des dynamischen Prozeßgeschehens männlicher Perversionen. Für Freud stellt insbesondere eine bereits in der phallischen Phase erfolgende Verleugnung anatomischer Geschlechtsmerkmale eine wichtige Quelle des Fetischismus dar. Mit der Infragestellung der

12 Vgl. auch Chasseguet-Smirgel (1989), *Anatomie der menschlichen Perversion,* S. 313: »Wenn wir Freud richtig verstehen, scheint uns, daß (...) die Perversion von ihm als ›partieller Wahnsinn‹ aufgefaßt wird, beschränkt auf einen Sektor des Ich, wobei die Abspaltung dem übrigen Ich gestattet, seine Beziehung zur Realität aufrechtzuerhalten. Von der Angleichung der Perversion an die psychische Gesundheit sind wir weit entfernt!«

angstauslösenden Geschlechterdifferenz unter dem Diktat des Phallus wird die Realität und deren Wahrnehmung z. T. verleugnet, wobei die dabei isolierten, abgespaltenen und projizierten Teile in der inneren Wahrnehmungswelt einen Riß hinterlassen, der in »geeigneter« Form kompensiert werden muß.

Mit der Psychose betreten wir für Gisela Pankow eine innere Welt, in der wir es primär nicht mehr mit Verdrängungen und den damit zusammenhängenden (klassisch ödipalen) Konflikten zu tun haben, sondern mit einer Welt der *Verwerfung*, die den Vorgang der »Verleugnung« noch radikalisiert, und einer archaischen Logik der *Zerstörung*.

> »Bei unseren Kranken geht es um eine Welt, in der die *Verwerfung des Partners* als Sexualobjekt zu tieferen Zerstörungen geführt hat. (...) Wie dem auch sei, in dieser Welt blinder Unterwerfung und Perversion ist die Wunschwelt, die für den erwachsenen Menschen das genitale Wünschen umfaßt, kurzgeschlossen. (...) Der Wunsch als genitaler, auf den Partner gerichteter Wunsch, wird ausgerottet und pervertiert.«[13]

Bei männlichen Psychotikern kann der Mechanismus der Verwerfung, ähnlich dem der in den Perversionen auftretenden Verleugnung, als zerstörerischer Versuch gewertet werden, den objektgebundenen Fallstricken der Sexualität und damit den Folgen des Männlichkeitsdilemmas zu entgehen. Ebenso wie in Schrebers verzweifeltem Bemühen, den Anfeindungen der Sexualität durch die Paradoxie eines männlich kontrollierten weiblichen Dauerorgasmus zu begegnen, finden wir auch am Beispiel der männlichen Jugendgewalt als Lösungsversuch der mit der Sexualität verbundenen narzißtischen Krisen keine endgültige und nachhaltige Rettung aus dem Dilemma von Autonomie und Abhängigkeit. Im Unterschied zur Schreberschen Wahnbildung mündet die Suche nach Auswegen aus den Krisen der männlichen Adoleszenz allerdings häufig in der Entbindung manifester, objektzerstörerischer Gewalt nach außen.

Die von Robert Heim gewählte Metapher der *Plombe* als funktionellem Hauptkennzeichen des Kampfes um die Erzeugung eines »Hochgefühls« körperlicher Ganzheit und »narzißtischer Integrität« durch die Zerstörung eines anderen Körpers läßt sich, mit aller Vorsicht, d. h. ohne die klinisch strikt einzuhaltende Unterscheidung zwischen einer

13 Pankow (1984), *Familienstruktur und Psychose*, S. 118. Die »Ausrottung« des genitalen, auf den Partner gerichteten Wunsches bedeutet insbesondere für die Perversionen nicht, daß die Genitalität keine Rolle mehr spielt.

psychotischen Erkrankung und der Gewaltbereitschaft männlicher Jugendlicher aufzuheben, auf den paranoiden Wahn anwenden. Auch der Wahnkranke versucht in gewisser Weise einen Bruch zu kitten, eine tiefe Kluft innerhalb des Subjekts bzw. zwischen Subjekt und äußerer Realität zu füllen und damit einen Prozeß der Selbstheilung in Gang zu setzen. Diese Funktion des Wahns ist schon von Freud erkannt und besonders betont worden. »Über die Genese der Wahnbildungen haben uns einige Analysen gelehrt, daß der Wahn wie ein aufgesetzter Fleck dort gefunden wird, wo ursprünglich ein Einriß in der Beziehung des Ichs zur Außenwelt entstanden war.«[14] An die Stelle der normalerweise bestehenden Besetzung der Außenwelt mit »subjektiver Verbindlichkeit«, d. h. mit Libido und Interesse tritt, wie wir bei Schreber gesehen haben, der Versuch, durch die Konstruktion und die Besetzung eines ausgeklügelten Wahnsystems die Welt neu aufzubauen, um einen kompletten Zerfall des »intentionalen« Ichs zu verhindern.

Auf diesen Zusammenhang hat der Psychiater Erich Wulff in einer Abhandlung über den »paranoischen Verschwörungswahn« dezidiert hingewiesen und zur Charakterisierung der Funktion des Wahns interessanterweise ebenfalls auf die Metapher der *Plombe* zurückgegriffen. Nach Wulff zielen diese Plomben beim Wahnkranken auf ein krankheitsspezifisches »Besetzungsloch« zwischen innerer und äußerer Wirklichkeit, worunter mit Freud zu verstehen ist, daß »nicht nur die Annahme neuer Wahrnehmungen verweigert«, sondern »auch der Innenwelt, welche die Außenwelt als ihr Abbild bisher vertrat, die Bedeutung (Besetzung) entzogen« wird.[15] Die an die Stelle der alten Besetzungen getretenen Wahnbedeutungen, mit denen die Kranken nach Wulff »gerade noch leben können«, erfüllen die Funktion einer solchen »Realitätsplombe«, wobei die Form der Plombe selbst dem jeweiligen (narzißtischen) »Besetzungsloch« angepaßt sein muß, um dieses einigermaßen erfolgreich schließen zu können.[16]

14 Freud (1924b), *Neurose und Psychose,* S. 389. Angesichts des Scheiterns der Bemühungen des Ichs, erfolgreich zwischen der Innenwelt (den Triebwünschen und Über-Ich-Anforderungen) und der Außenwelt zu vermitteln, beschreibt Freud den Zusammenhang von Psychose, Normalität und Perversion: »Es wird dem Ich möglich sein, den Bruch nach irgendeiner Seite dadurch zu vermeiden, daß es sich selbst deformiert, sich Einbußen an seiner Einheitlichkeit gefallen läßt, eventuell sogar sich zerklüftet oder zerteilt. Damit rückten die Inkonsequenzen, Verschrobenheiten und Narrheiten der Menschen in ein ähnliches Licht wie ihre sexuellen Perversionen, durch deren Annahme sie sich ja Verdrängungen ersparen« (ebd., S. 391).

15 Ebd., S. 389.

16 Wulff (1987), *Der paranoische Verschwörungswahn,* S. 20. Das restitutive Ziel der wahnhaften »Plombierung von Löchern in der Besetzungsdecke« läßt sich in der Sprache einer eher phänomenologischen Psychiatrie mit Wulff beschreiben als: »Wiederher-

Diese »Anpassung« einer Plombe muß als Prozeß verstanden werden, was auch das Phänomen der fortlaufend komplettierenden Arbeit des Kranken an seinem Wahnsystem erklärt, das sich am Beispiel der pathologischen, aber auch an den sich noch im »Normalen« bewegenden paranoiden Verschwörungsideen sehr gut nachvollziehen läßt. Für unsere Diskussion der fließenden Grenze zwischen Normalität und Pathologie ist übrigens der Hinweis von Wulff ausgesprochen hilfreich, bei manchen, »durchaus sonst ›gesunden‹ Menschen« könne es unter dem Einfluß bestimmter persönlicher und gesellschaftlicher Veränderungen ebenfalls zu »Besetzungsdefiziten« kommen, wenn auch nicht im Sinne eines kompletten, in den Wahnsinn treibenden Realitätsverlusts, sondern zu »regionalen, sektorisierten Plombenbildungen durchaus irrationaler Art, von manchmal wahnähnlichem Charakter« (S. 21).[17] Diese Erkenntnis wahnhafter Einsprengsel in der Normalität führt Freud umgekehrt zu der Überzeugung von einer halbwegs »normalen« Realitätsanpassung selbst der psychiatrisch auffälligsten Wahnkranken. Die Ablösung des Ichs von der Wirklichkeit erfolgt in der Psychose niemals restlos, und selbst im Fall extremer Formen »erfährt man durch die Mitteilung der Kranken nach ihrer Genesung, daß damals in einem Winkel ihrer Seele, wie sie sich ausdrücken, eine normale Person sich verborgen hielt, die den Krankheitsspuk wie ein unbeteiligter Beobachter an sich vorüberziehen ließ.«[18]

Die strukturelle Nähe zwischen einem Wahn mit »normalen« Anteilen und einer »wahnhaften« Normalität weist auf eine anscheinend zur conditio humana gehörende Fähigkeit und Neigung der Menschen hin, zur Abwehr existentieller Gefahren auf die archaischen Abwehrmechanismen der lebensgeschichtlichen Frühzeit zurückzugreifen. Die von Freud an dieser Stelle im *Abriß der Psychoanalyse* besonders hervorgehobene »Ich-Spaltung im Abwehrvorgang« erfüllt dabei eine ähnliche Funktion wie die bereits diskutierte »Verleugnung«. Beide bezeichnen einen primitiven Abwehrmechanismus, der »im kindlichen Seelenleben weder selten noch sehr gefährlich zu sein scheint, der aber beim Erwachsenen eine Psychose einleiten würde«,[19] oder aber, so muß ergänzt

---

stellung des raumzeitlichen Zusammenhangs als Bedingungsmöglichkeit des Erscheinens von Wirklichkeit« und als »Verhinderung der Intentionalitätsumkehr mit ihren auch ichdestituierenden Folgen (d. h. zugleich: Erhaltung des Ich als privilegiertes, besetztes Intentionalitätszentrum)« (ebd., S. 20 f.).

17 Die Aufrechterhaltung der Normalität schließt, wie wir mehrfach festgestellt haben, eine partielle bzw. passagere Wahnbildung ebensowenig aus wie eine Affinität zu gewaltbereiten Einstellungen gegenüber dem Fremden und der Weiblichkeit.

18 Freud (1940a), *Abriß der Psychoanalyse,* S. 132.

19 Freud (1925b), *Einige Folgen des anatomischen Geschlechtsunterschieds,* S. 24.

werden, zu einer Perversion führen kann. Was aber versteht Freud genau unter dem psychischen Vorgang der *Spaltung*, der für ihn in signifikanter Weise die Normalität (frühe Kindheit) und die Perversion (Fetischismus) mit den Wirklichkeitseinstellungen der Psychose verbindet? Durch die Spaltung bilden sich »zwei psychische Einstellungen anstatt einer einzigen, die eine, die der Realität Rechnung trägt, die normale, und eine andere, die unter Triebeinfluß das Ich von der Realität ablöst. Die beiden bestehen nebeneinander.«[20] – Auch diese Spaltung zwischen wahnhaften und normalen Persönlichkeitsanteilen erfordert eine »Plombe«, um die fragile Balance aufrechtzuerhalten bzw. in eine einigermaßen stabile Struktur zu gießen.

Die in der psychoanalytischen und sexualwissenschaftlichen Diskussion häufigste Verwendung der Plomben-Metapher findet sich in Fritz Morgenthalers narzißmustheoretischer Auseinandersetzung mit den Perversionen und ihren psychischen und intersubjektiven Funktionen. »Diese Funktion läßt sich am besten als Plombe, Pfropf, als ein heterogenes Gebilde beschreiben, das die Lücke schließt, die eine fehlgeschlagene narzißtische Entwicklung geschaffen hat. Dank dieser Plombe wird die Homöostase im narzißtischen Bereich ermöglicht und aufrechterhalten.«[21] Nun haben wir Morgenthalers Modell der narzißtischen Homöostase bereits im zweiten Teil ausführlich diskutiert und die Ausblendung der geschlechtsbezogenen Objektdimension als mythische Propagierung einer »freien«, im Primärprozeß wurzelnden Sexualität kritisiert. Insbesondere die von Kohut übernommene Auffassung, ein »gesunder« Narzißmus könne durch die ausreichende Fürsorge einer genügend empathischen Mutter erzeugt werden, erschien uns unter geschlechtertheoretischer Perspektive unzureichend. Die Bedeutung der sexuellen Trieb-Objekt-Verschränkungen für die männliche Subjektkonstitution wird in diesen Ansätzen zwar verkannt, gleichwohl ist Morgenthalers Bestimmung der Plombenfunktion der Perversion für eine Analyse der psychischen Mechanismen, welche die Abwehr sexueller Ängste zwecks Erhalt der Männlichkeit bestimmen, von Bedeutung. Die allgemeine Feststellung, die Perversionen dienten vorwiegend der Kompensation narzißtischer Risse und Einbrüche in der Subjektstruktur, wobei regressiv auf Elemente der polymorph-

---

20 Freud (1940a), *Abriß der Psychoanalyse*, S. 133. »Der Ausgang hängt von ihrer relativen Stärke ab. Ist oder wird die letztere die stärkere, so ist damit die Bedingung der Psychose gegeben. Kehrt sich das Verhältnis um, so ergibt sich eine anscheinende Heilung der Wahnkrankheit« (ebd.).

21 Morgenthaler (1974), *Die Stellung der Perversionen in Metapsychologie und Technik*, S. 31.

perversen Sexualäußerungen der prä-ödipalen Vorzeit zurückgegriffen wird, stellt eine wichtige Erweiterung der Untersuchungsperspektive dar.[22] Erinnern wir uns an eine der Schlußfolgerungen der Überlegungen zum Verhältnis von Penis und Phallus am Ende des zweiten Teils, die nun bestätigt werden kann: Der Phallus soll eine Lücke im Subjekt schließen, in die er durch die Form seiner Inszenierung selbst zurückfällt, da mit der Genitalität eine sexuelle Identität begründet und abgesichert wird, die gleichzeitig durch sie bedroht ist. Die angstabwehrenden und gleichzeitig lustsichernden Inszenierungen des Penis-Phallus sind sowohl Ursache als auch wichtigstes Instrument des Mannes zur Plombierung der Lücke zwischen innerer Wunschwelt und den Gegebenheiten der äußeren Realität.[23]

Auch im Prozeßgeschehen der Perversionen existiert eine »verwirrende Kluft« zwischen Phantasie und Realität, aber im Unterschied zur Wahnbildung bleibt die Realitätstüchtigkeit und damit die soziale Angepaßtheit weitgehend erhalten. Die Deformation besteht nach Morgenthaler allerdings in der Entwicklung einer mehr oder weniger stabilen »polymorphen Struktur«, wobei die Plombenfunktion entweder bei einer labilen Struktur und/oder einer stärkeren seelischen Erschütterung von außen versagen kann und es zu mehr oder weniger heftigen *aggressiven Durchbrüchen* kommt.

Damit ist neben dem Vorherrschen primitiver Abwehrmechanismen das wichtigste Kriterium für die Perversionen überhaupt benannt, nämlich die bei der je nach »gewählter« Perversionsform spezifische Legierung genitaler Libido und objektgerichteter Aggression, die in der jeweiligen Umsetzung der sexuellen Phantasien bis zur physischen Verletzung oder gar Tötung des Sexualobjekts gesteigert werden kann. An dieser Stelle können wir bereits eine auffällige Korrelation festhalten, auf die wir noch genauer eingehen werden: Je intensiver die reale Nähe zum Objekt der perversen Phantasie gesucht und je stärker ausgewählte Techniken der genitalen Befriedigungslust im Vordergrund stehen, desto zerstörerischer ist in der Regel das Ausmaß der manifesten Gewalt. Die mit der männlichen Sexualität und Geschlechtsidentität

22 Eine endgültig störungsfreie »narzißtische Balance« entspricht jenem Zustand, den wir mit Freud als »Triebruhe« bezeichnet haben. Da sich der Trieb nicht abschaffen läßt, kann dieses Ziel in letzter Konsequenz nur im Tod, d. h. durch Selbstvernichtung oder durch Beseitigung des Objekts, an das der Trieb gebunden ist, erreicht werden.

23 Auch hier wird die Nähe der Perversionen zur Psychose erkennbar. »In der Tat kann der Perverse leicht an die Grenze der Psychose gelangen, wenn äußere oder innere Bedingungen ihn daran hindern, seinen sexuellen Drang zu befriedigen.« Eissler (1966), *Bemerkungen zur Technik der psychoanalytischen Behandlung Pubertierender nebst einigen Überlegungen zum Problem der Perversion,* S. 860.

eng verknüpfte Neigung zur Aggressivierung der Genitalität ist, bei allen deliktspezifisch unterschiedlichen Hintergründen und Verlaufsformen, die wichtigste gemeinsame Voraussetzung für die Entstehung von Sexualdelinquenz überhaupt.

Auch dieser Sachverhalt kann zur Verdeutlichung (zumindest kursorisch) an einem Fallbeispiel demonstriert werden, das allerdings nicht der psychiatrischen Praxis, sondern der Medienberichterstattung entnommen ist. Es handelt sich um einen der spektakulären Fälle der nicht abreißenden Kette von Sexualstraftaten, der in den 90er Jahren des letzten Jahrhunderts großes öffentliches Aufsehen erregte. Ende 1992 wurde in Potsdam der sechsundzwanzigjährige ehemalige Volkspolizist Wolfgang S. zu fünfzehn Jahren Freiheitsstrafe verurteilt und zur Sicherungsverwahrung in ein psychiatrisches Krankenhaus eingewiesen. Er hatte zugegeben, zwischen 1989 und 1991 fünf Frauen (und ein Baby) erschlagen, erdrosselt, erwürgt oder erstochen zu haben. Drei weitere Frauen überlebten ähnliche Überfälle schwer verletzt. Zu den Taten kam es, nachdem Wolfgang S. auf der zwanghaften Suche nach Damenunterwäsche in die Häuser und Wohnungen der Frauen einbrach und von ihnen erwischt wurde. Nach der Tötung wurden mehrere der Opfer von dem Täter sexuell mißbraucht. Als Wolfgang S. verhaftet wurde, lieferte sich die Boulevardpresse einen regelrechten Schlagzeilenkrieg um seine Person. Als »Bestie von Beelitz«, als »Tier in Menschengestalt« oder als »Ausgeburt der Hölle« etikettiert, avancierte er nach der deutschen Vereinigung zu einer der Hauptfiguren bei der Einführung des ostdeutschen Publikums in das reißerische Genre von »sex & crime«.[24]

Die forensische Begutachtung des Täters ergab eine sexualpathologische Vorgeschichte, deren infantile Wurzeln in einer nicht gelungenen Verarbeitung früher Traumatisierungen und Kränkungen zu erkennen waren. In den Äußerungen zu seinen Motiven wurde deutlich, daß sich Wolfgang S. mit seinen Taten vor allem für die Demütigungen und kontrollierenden Verfolgungen durch seine Mutter gleichsam an Ersatzobjekten rächen wollte. Nach Stoller handelt es sich bei allen Perversionen psychodynamisch um in die Tat umgesetzte, von großen sexuellen Erregungen begleitete Rachephantasien, die dazu dienen, »ein

24 Vgl. *FR v. 21. 10. 92.* Die typische Reaktion der Öffentlichkeit auf Sexualmorde weist neben der Empörung charakteristische Züge auf, die mit der Irrationalität und den Perversionsanteilen der Taten selbst verwandt sind (morbide Faszination, Voyeurismus, Vergeltungswünsche, Rachemotive, sadistische Zerstörungsphantasien). Vgl. Schorsch/Becker (1977), *Angst, Lust, Zerstörung. Sadismus als soziales und kriminelles Handeln. Zur Psychodynamik sexueller Tötungen,* S. 16.

Kindheitstrauma in den Triumph des Erwachsenen zu verwandeln«.[25] Allerdings kann dieser Hinweis allein die Frage nach den psychischen Ursachen sexualdelinquenten Verhaltens weder in diesem Einzelfall noch generell restlos klären. Auf dem Hintergrund unseres bisher entwickelten Ansatzes überzeugt insbesondere die Hypothese Stollers, das durch die perverse Handlung (scheinbar) überwundene Kindheitstrauma habe sich »tatsächlich ereignet« und würde »in den Einzelheiten der Perversion abgebildet« werden, kaum.[26] Denn bei Sexualmördern handelt es sich wie bei allen Sexualstraftätern um Einzelfälle, deren Besonderheiten sich aus der jeweiligen Lebensgeschichte erschließen lassen, aber es gibt weder hier noch grundsätzlich eine mechanisch wirkende Kausalität, die es gestatten würde, aus prägenden Kindheitserfahrungen ein exklusives deterministisches Prinzip abzuleiten. Wolfgang S. ist weder ein »abnormer« Triebtäter noch das milieugeschädigte Opfer einer grausamen Mutter, dessen Taten sich mechanisch-linear aus einer dieser frühen Prägungen ableiten ließen. Aber seine Biographie zeigt beispielhaft, zu welchen Störungen der männlichen, genital- und weiblichkeitsfixierten Geschlechtsidentitätsentwicklung es durch spezifische innere und äußere Umstände kommen kann, nicht aber zwangsläufig kommen muß.[27]

Wolfgang S. entwickelte schon früh, im Alter von sechs bis sieben Jahren eine sexuelle Abweichung, die ihn mehr und mehr zwanghaft beherrschte: einen Wäschefetischismus mit ausgeprägten koprophilen, transvestistischen und sadistischen Elementen. Die überwältigenden Lustgefühle, die Wolfgang S. beim Anziehen der Unterwäsche

25 Stoller (1979), *Perversion. Die erotische Form von Haß*, S. 26. Interessant ist für uns der von Stoller in den Mittelpunkt gerückte Aspekt der Feindseligkeit und die damit verbundene Nähe von Perversion und Normalität: »Die Feindseligkeit der Perversion (und ihre mildere Spielart beim ›Normalen‹) ist eine Reaktion auf das Trauma, eine Wendung nach außen, um ein Opfer für die Rache zu finden« (ebd., S. 196).

26 Ebd., S. 29. Stoller erwähnt zwar kurz, daß die infantilen Traumata möglicherweise nicht faktisch erlebt, sondern das »erlebnishafte Mißverständnis« (ebd.) eines realen Geschehens darstellen könnten, aber seine Überzeugung vom Ungeschehenmachen *realer* Traumatisierungen bleibt unerschüttert.

27 Es ist grundsätzlich problematisch, isoliert von einer durch reale Demütigungen gestörten Mutterbeziehung als ausschlaggebende »Triebfeder« von Sexualstraftaten zu reden, von den Sexualtrieben und ihren objektbezogenen Schicksalen aber weitgehend, wie auch im vorliegenden Fall zu schweigen. Nach dem Urteil der forensischen Begutachtung habe bei Wolfgang S. eine »unausweichliche Verstrickung in Triebe« angeblich keine Rolle gespielt. In diesem allgemein verbreiteten Ausspielen realer Traumatisierungen gegen triebhafte Sexualität drückt sich die Überzeugung aus, die uns noch genauer beschäftigen wird, männliche Perversionen hätten wenig oder sogar überhaupt nichts mit Sexualität, und Sexualität nichts mit den Äußerungsformen eines spezifisch menschlichen Triebgeschehens zu tun.

seiner Mutter empfand, »steigerten sich noch, wenn er diese Wäsche beschmutzte, also naß machte und einkotete wie ein Baby«.[28] Die perverse Struktur, die sowohl den Objektbeziehungsmodus der sexuellen Phantasie als auch das reale Sexualverhalten bestimmt, ist in diesem Fall Ausdruck eines Kompromisses aus einer unbewußt fixierten Abhängigkeit an die als omnipotent erlebte Mutter bzw. an die ähnlich erlebten anderen weiblichen Objekte und dem Versuch der gewaltsamen Überwindung dieser Abhängigkeit, ohne auf genitale Aktivität zu verzichten. Das daraus entstandene bzw. an der Unmöglichkeit einer Lösung dieses Dilemmas sich entzündende ritualisierte Verhaltensschema bestimmte zusehends seine sexuellen Phantasien und verschärfte den Drang, sie in reale Inszenierungen umzusetzen. Das zentrale Thema war, ähnlich wie bei vielen anderen gewaltförmigen Perversionen, die Vorstellung, »einmal ›alles‹ machen zu können, also eine Frau voll verfügbar zur Erfüllung der besonderen Wünsche zu haben« (ebd.). Wolfgang S. gehört offensichtlich zu jener Gruppe von Sexualstraftätern, die Eberhard Schorsch und Nikolaus Becker in einer älteren, aber aufschlußreichen und nach wie vor aktuellen Untersuchung sexueller Tötungsdelikte als »sadistisch Deviante« gekennzeichnet haben. »Das deviante Thema: Vorstellungen von Überwältigen, Schlagen, Foltern und Quälen, ist das eigentlich Erregende und das, was sexuelle Befriedigung ermöglicht. Andere sexuelle Befriedigungsformen sind entweder gar nicht möglich oder bleiben vergleichsweise reizlos und blaß.«[29]

Das Erreichen eines »point of no return« (Mitscherlich) in den Ausuferungen der zwanghaften, sich mehr und mehr einschleifenden Phantasie und der darauf folgende, fast unausweichlich erscheinende destruktive Ausbruch ist bei vielen devianten und sexualpathologischen Karrieren ähnlich. Diese destruktiven Durchbrüche erfolgen oftmals unter Bedingungen, die nur geringfügige Erschütterungen der fragilen Strukturen des männlichen Selbst als Auslöser erkennen lassen. Schorsch und Becker beobachten bei Vertretern dieser Gruppe sexueller Sadisten, »wie das bloße Phantasieren immer weniger Entspannung und Befriedigung gibt und die devianten Impulse immer vehementer auf Verwirklichung drängen« (S. 222). Die typische Progredienz dieses Verlaufs ergibt sich nicht allein aus dem Anwachsen der narzißtischen Spannung und ihrer Verschärfung durch (vermeintliche) aktuelle Kränkungen, sondern auch aus dem Versprechen von Lust und der Bestätigung genitaler Vollwertigkeit. »Die Taten selbst laufen ritualisiert ab, wirken wie ein unmittelbares Eindringen von irrealen Phantasi-

28 So Gerhard Mauz in seinem Prozeßbericht im *Spiegel*, Heft 50/92, S. 99.
29 Schorsch/Becker (1977), *Angst, Lust, Zerstörung*, S. 221.

en in die Realität und sind mit orgastischer Befriedigung verbunden« (ebd.). Nach dem Zusammenbruch der als Bewältigungsstrategie nur notdürftig funktionierenden Abwehrstrukturen »erfordert« das praktizierte und mit der Periodizität der Sexualerregung auf Wiederholung drängende Ritual das Einbinden von Personen, an denen die perversen Phantasien (im Falle von Wolfgang S.: Fellatio, Analverkehr, Einkoten, Nekrophilie usw.) real ausgelebt werden können.[30] Das entsprechende »Verfügbarmachen« von Frauen als Objekte der imaginären und realen Wunscherfüllung und zugleich als Objekte des Hasses setzt sowohl eine sexuelle *Fixierung* an sie als auch ihre *Dehumanisierung* voraus und kann, wie im vorliegenden Fall, zu ihrer realen Zerstörung führen.[31]

Die individuellen Verläufe von Sexualstraftaten und ihre jeweilige Vorgeschichte unterscheiden sich z. T. erheblich, aber die Dynamik des Tatgeschehens und seiner Vorbereitung sowie das Auftreten der Täter vor Gericht – falls es denn zu einer Verhandlung kommt – und in der Öffentlichkeit weisen erstaunliche Übereinstimmungen und Ähnlichkeiten auf. Auffallend ist zunächst der äußere Anschein von Normalität und Freundlichkeit, den die meisten Sexualstraftäter hinterlassen. Auch der höfliche und schüchterne Wolfgang S. wirkte auf die Beteiligten wie der »nette Junge von nebenan«. Diese Außenwirkung sexueller Gewalttäter löst immer wieder Irritationen und ein ungläubiges Staunen gleichsam über die Biederkeit des Bösen aus. Umfassende Täterprofil-Überblicke bestätigen diese Übereinstimmung im Erscheinungsbild. Selbst bei extremen Fällen mit eindeutig pathologischen und sadistischen Deformationen der Persönlichkeit erwecken die Täter oft einen ähnlichen Eindruck: Sie wirken häufig wie durchschnittliche, ganz gewöhnliche Männer, sind sozial meist wenig auffällig, sind häufig Familienväter und stammen aus allen gesellschaftlichen Schichten. »Die Lebensgeschichte der *sadistischen Devianten* läßt erkennen, daß sie, äußerlich betrachtet, sozial gut integriert sind, wenn auch ihre sozialen Beziehungen auffallend farblos, unlebendig, undynamisch und

30 Schorsch beschreibt diese Zusammenbrüche als das »Einstürzen der Trennwand, mit deren Hilfe der Deviante bemüht ist, seine soziale Realität gegen die imaginäre, magische Welt der Deviation abzuschirmen«. Schorsch (1978), *Die Stellung der Sexualität in der psychischen Organisation des Menschen,* S. 42.

31 Die These von Schorsch und Becker (1977) in *Angst, Lust, Zerstörung,* es würden beim Ausleben der sadistischen Phantasie »jegliche objektbezogenen Affekte« (S. 222) fehlen, leuchtet allerdings, angesichts der von uns als dilemmatisch gefaßten Trieb-Objekt-Verschränkungen der normalen und der perversen Sexualität, nicht ein. Auch wenn das Tatgeschehen selbst in einem Zustand »narzißtisch-rauschhafter Ichfremdheit« (ebd.) abläuft, läßt sich weder die objektgerichtete Dimension der Lust noch die des Hasses ignorieren.

wenig intensiv erscheinen.«[32] Dieses Phänomen läßt sich weitgehend mit dem diskutierten Mechanismus der nichtpathologischen »Ich-Spaltung« (Freud) und der »sektorisierten Plombenbildung« (Morgenthaler u. Wulff) erklären. Ähnlich wie bei den Wahnkrankheiten kann es auch bei den Perversionen zur Sedimentierung bloß partieller Störungen und wie bei Wolfgang S. zu einem verheimlichten Doppelleben mit einer »normalen« und einer mörderischen, an das süchtige Ausleben perverser Phantasien gebundenen Existenz kommen.[33]

Angesichts der »impulsiven Explosionen in einer Perversionsentwicklung« warnt Eberhard Schorsch unter forensischem Blickwinkel berechtigterweise eindringlich vor undifferenzierten Pauschalurteilen, denn auch »wenn der Unterschied von ›Normalität‹ und ›Pathologie‹ ein gradueller ist, gibt es (...) einen Umschlagpunkt, an dem die graduellen Unterschiede zu qualitativen Differenzen werden. Wird dies nicht beachtet, dann gibt man das Konzept des Pathologischen preis und verwechselt es mit einer Allerweltsproblematik.«[34] Unter trieb- und objekttheoretischer Perspektive allerdings verbindet der mehr oder weniger aggressiv aufgeladene Zusammenhang von Objektbindung und Genitalorganisation die schweren, mörderischen Sexualverbrechen mit den leichteren Fällen männlicher Sexualdelinquenz und schließlich auch mit den Erscheinungsformen der »normalen« männlichen Sexualität. Auch Otto Kernberg sieht in der aggressiven Ausrichtung der (männlichen) Sexualität eine der wichtigsten Gemeinsamkeiten zwischen Normalität und Perversion, denn die »Aggression spielt bei Perversionen eine erstaunlich ähnliche Rolle wie bei normalen Liebesbeziehungen«.[35] Gerade die Perversionen bestätigen die häufig verkannte und verleugnete Tatsache, daß die Fähigkeit zur destruktiven Aggression zusammen mit einer paranoid getönten Feindseligkeit gegenüber

---

32 Ebd., S. 218. In einer Studie des Bundeskriminalamtes (BKA) von 2004 wird am Beispiel von Vergewaltigern und Sexualmördern erneut der Mythos vom triebhaften »Monster« durch den Hinweis auf die immer wieder zu gelingen scheinende Errichtung einer Fassade äußerlicher Angepaßtheit widerlegt. Vgl. *Hannoversche Allgemeine Zeitung (HAZ) v. 20. 08. 04.*

33 Das Konzept einer (nichtpathologischen) Ichspaltung, mit der z. B. das gleichzeitige Auftreten von Sadismus und Mitmenschlichkeit erfaßt werden kann, hat auch sozialpsychologisch eine große Bedeutung. So versucht Mitscherlich mit seiner Idee vom »Ego-Split« das Funktionieren eines »Grausamkeitsarbeiters« wie des Auschwitz-Kommandanten Rudolf Höß als »Mörder und liebenden Vater und Ehemann« zu erklären und Lifton, daran anknüpfend, das Phänomen der »Dopplung« bei NS-Ärzten in ein »normales« und ein »Auschwitz-Selbst«. Vgl. Mitscherlich (1969a), *Zwei Arten der Grausamkeit* u. Lifton (1986), *Ärzte im Dritten Reich.*

34 Schorsch (1988/89), *Versuch über Sexualität und Aggression,* S. 153.

35 Kernberg (1997), *Wut und Haß,* S. 313.

Frauen zu den integralen Bestandteilen der gewöhnlichen männlichen Sexualität gehören.

Die Perversionen und damit auch die perversen Anteile der »normalen« sexuellen Geschlechtsidentität des Mannes zeugen von dem als »Männlichkeitsdilemma« bezeichneten unaufhebbaren Gegensatz von Autonomiewunsch und Abhängigkeitsangst in der Einstellung zum (begehrten und abgewehrten) Sexualobjekt. Dramatische Zuspitzungen dieses Dilemmas stellen eine der wichtigsten Quellen für den (möglichen) Ausbruch antifemininer Gewalt dar. Kernberg bezeichnet daher auch »die Umformung von Abhängigkeitsbeziehungen in aggressiv-destruktive Beziehungen« als Hauptkennzeichen perverser Bezugnahmen auf das Objekt der männlichen Begierde (S. 310). Der entscheidende Austragungsort dieses Konflikts aber ist die phallisch-genitale Sexualität, die aus der Unlösbarkeit des Konflikts ihre stärksten aggressiven bis destruktiven Aufladungen erfährt. Die objektbezogenen Legierungen sexueller Begierde und angstabwehrender Aggression werden (und bleiben) unter Beteiligung der archaischen Abwehrmechanismen (Spaltung, Introjektion-Projektion, Verleugnung) an die genitale Ausrichtung aller Erscheinungsformen der männlichen Sexualität gebunden. Louise Kaplan folgt zwar der Annahme der meisten neueren psychoanalytischen Ansätze zur Entstehung der Perversionen und glaubt, zwischen den Zeilen des jeweiligen perversen Szenarios wichtige Mängel im Körperbild des Mannes, gravierende Störungen seiner frühkindlichen Beziehungen sowie grundlegende Defekte in den männlichen Selbst- und Identitätsgefühlen erkennen zu können. »Trotzdem«, so stellt sie unmißverständlich fest, »ist die Energie, welche die männliche Perversion antreibt, genitale Erregung.«[36] Eine Tatsache, die im Mainstream der gängigen Perversionstheorien mit einem modernistischen Abrechnungsgestus gegenüber triebtheoretisch fundierten Sexualitätsannahmen zumeist geflissentlich übersehen oder zu einer nicht-sexuellen Angelegenheit heruntergespielt wird.

Rufen wir uns daher noch einmal die klassische Sexualitätsauffassung der Psychoanalyse in Erinnerung: Nach Freuds fester Überzeugung ist die sexuelle Lust sowohl der »normalen« als auch der perversen (männlichen) Erwachsenen grundsätzlich genitalzentriert. Für ihn folgt daraus, wie es in einem der beiden Kopfzitate zu diesem Abschnitt heißt, daß der angestrebte Befriedigungsakt auch bei den Perversionen »zumeist in vollen Orgasmus und in Entleerung der Genitalproduk-

36 Kaplan (1991), *Weibliche Perversionen. Von befleckter Unschuld und verweigerter Unterwerfung*, S. 89.

te ausgeht«.[37] Eine Bestätigung und gleichzeitig eine Differenzierung dieses engen Zusammenhangs von Genitalität und Perversion finden wir in Otto Fenichels Hauptwerk, seiner *Psychoanalytischen Neurosenlehre.* Fenichel spricht hier einen scheinbaren Widerspruch bei den Perversionen an: Einerseits sei deren ganze Sexualenergie in einem der prägenitalen Partialtriebe zentriert und stünde daher in Konkurrenz zum Genitalprimat; andererseits bestätige der Perverse das Genitalprimat wiederum durch seine Fixierung auf das Endziel der Ejakulation. »Ist der perverse Akt vollendet, erreicht die betreffende Person einen genitalen Orgasmus. Daher wäre es eine zu einfache Formel, festzustellen, daß diesen Patienten ein Genitalprimat fehlt.«[38] Fenichel geht von einer spezifischen Blockierung der Fähigkeit zum genitalen Orgasmus durch psychische Hindernisse aus, die durch den perversen Akt (mehr oder weniger) überwunden werden könnten. Aus dieser Perspektive erscheint die Perversion sogar erst als der Garant für die eigentlich angestrebte genitale Befriedigung. »Die perverse Sexualität«, so lautet seine auch für unsere Untersuchung außerordentlich interessante Schlußfolgerung, »ist daher nicht einfach unorganisiert, wie die Sexualität polymorph perverser Kinder und infantiler Persönlichkeiten. Sie ist eher unter der Vorherrschaft eines Partialtriebes organisiert, dessen Befriedigung einen genitalen Orgasmus wieder möglich macht« (ebd.).

Bei der Ausgestaltung der Begehrensstruktur der männlichen Sexualität handelt es sich offensichtlich sowohl beim Normalen als auch beim Perversen um die Überlagerung mehrerer zusammenhängender, aber nicht identischer physiologischer und psychologischer Vorgänge, in deren Zentrum eine von Begierde und Abwehr, von Anziehung und Abstoßung gegenüber dem bevorzugten Sexualobjekt bestimmte Verbindung von genitaler »Organlust« und phallischem Herrschaftsanspruch steht. Um die Perversionen und die daraus entspringenden Sexualstraftaten auf diesem Hintergrund genauer zu verstehen, müssen wir bei der Frage nach dem eigentlichen Sexualziel des Mannes immer zweierlei im Auge haben: sowohl die sexualphysiologischen Erregungs- und Abfuhrvorgänge (Quantität) als auch die libidinösen

37 Freud (1916–17a), *Vorlesungen zur Einführung in die Psychoanalyse,* S. 333. Vgl. auch Schwarz (1935), *Über das Wesen der Perversionen,* S. 229: »Jeder Perverse strebt zum physischen Orgasmus (...) und die seltenen Fälle, in denen das nicht der Fall ist, sind keine echten Perversionen, sondern neurotische Impotenzen unter der Maske der Perversion. (...) Die Sexualität des Perversen unterscheidet sich von der des Normalen also nicht durch das Ziel, sondern zunächst durch die Handlungen, durch die es erreicht wird.«

38 Fenichel (1945), *Psychoanalytische Neurosenlehre Bd. 2,* S. 188. Vgl. auch Laplanche/Pontalis (1972), *Das Vokabular der Psychoanalyse,* S. 380.

und aggressiven Trieb-Objekt-Verschränkungen (Qualität) mit ihrer richtungsweisenden Bedeutung für die »reife« sexuelle Objektwahl des Mannes nach der endgültigen Durchsetzung des Genitalprimats.

Die Penifizierung der Sexualerregung und die Dehumanisierung der Frau

Der Paranoiker Daniel Paul Schreber hatte eine ziemlich genaue Vorstellung über die Unterschiedlichkeit der männlichen und der weiblichen Sexualerregung. Seine imaginierte Geschlechtsumwandlung ließ ihn »vom Scheitel bis zur Sohle« spüren, daß bei der erwachsenen Frau der gesamte Körper von »Wollustnerven« durchzogen ist, »während beim Mann (...) Wollustnerven nur am Geschlechtsteile und in unmittelbarer Nähe desselben sich befinden«.[39] Selbstverständlich spricht Schreber hier keine neurologische, sondern eine psychologische, seine subjektiv gespürte »Wahrheit« über körperliche Sexualvorgänge an. Aber spätestens seit den bahnbrechenden, wenn auch methodisch fragwürdigen Forschungen von Masters und Johnson zum sexuellen Reaktionszyklus hat sich in der Sexualwissenschaft eine Auffassung über die Physiologie der Sexualempfindungen von Mann und Frau durchgesetzt, die Schrebers Ahnung bestätigt.[40] Danach unterliegt die sexuelle Erregungskurve des Mannes nach »geeigneter« Stimulierung durch zumeist äußere Reize einem mechanischen und von einem bestimmten Zeitpunkt an sogar automatisch ablaufenden Schema. Die sexuelle Erregung äußere sich (in der Regel, d. h. außer in Fällen erektiver Dysfunktion) in einer Erektion, die wiederum eine »propriozeptive« (von inneren Organen ausgehende) Stimulierung und damit eine »Intensivierung der Empfindungen im Beckenbereich« (S. 178) auslöse. Diese vorübergehende Ausbreitung der Empfindungen werde allerdings mit dem weiteren Ansteigen der Erregung gebündelt und wieder in den Penis als der eigentlichen »Heim-

39 Schreber (1903), *Denkwürdigkeiten eines Nervenkranken*, S. 287.

40 Masters/Johnson (1975), *Die sexuelle Reaktion*. Ausgehend von der Vorstellung, die menschliche Sexualität ließe sich am besten durch die Erforschung der Physiologie verstehen (vgl. ebd., S. 183 f.), versuchten Masters und Johnson unter Laborbedingungen, d. h. mittels direkter Beobachtungen und durch Messungen von Vasokongestionen (Blutstauungen) und Myotonien (Muskelspannungen) während Masturbationen, »normalem« Geschlechtsverkehr und »artifiziellem Koitus« (z. B. durch elektrische, beleuchtete und durchsichtige Plastik-Penisse), exakte naturwissenschaftliche Erkenntnisse über das menschliche Sexualverhalten zu gewinnen. Ihre Fixierung auf mechanische Reiz-Reaktions-Vorgänge trug insbesondere durch den normativen Gebrauch ihrer experimentell gewonnenen Orgasmuskurven nicht unerheblich zu einer allgemeinen Fetischisierung sexueller Leistungsfähigkeit bei.

stätte« der männlichen Sexualität zurückgeholt, denn im Unterschied zur Frau, deren Klitoris die »Wärme der Vasokongestion« (Blutstauung) auf alle Beckenorgane projiziere, richte sich »die Empfindung des Mannes allein auf die Fülle und Spannung des erigierten Gliedes« (ebd.).

Der Penis dient dem Mann somit, in der sexualmedizinischen Sprache Masters' und Johnsons, zunächst als »Rezeptor« sexueller Erregung und anschließend als »psychophysiologischer Transformator sensueller Stimuli, die durch die propriozeptive Reizung infolge der Erektion zustande kommen« (ebd.). Die genitale Konzentration der sexuellen Empfindungen werde dann zumeist durch Berührungen, durch manuelle, orale, vaginale oder andere Umschließungen und Manipulationen des Penis weiter angeregt und verstärkt. Dagegen erfolge eine wirksame sexuelle Stimulation seltener durch die Reizung des Skrotums (Hodensacks) bzw. der Hoden, was im Unterschied zum weiblichen Erregungsablauf auf eine deutliche Zentrierung sämtlicher Erregungen auf ausschließlich *ein* ausführendes Sexualorgan hinweist. »Es ist offensichtlich«, so fassen Masters und Johnson diesen Unterschied zusammen, »daß die sexuellen Empfindungen beim Mann auf den Penisschaft und die Glans penis konzentriert sind, im Gegensatz zur Frau, die nicht nur eine große Empfindlichkeit des Corpus und der Glans clitoridis besitzt, sondern auch der Labien, des Introitus vaginae und der Vagina« (S. 181). Auch diese sexualphysiologischen Befunde bestätigen unsere aus psychoanalytischen Ansätzen gewonnene These, die sexuelle Erregung, Lust und Befriedigung des Mannes hingen weitgehend an seinem zum bloßen Vollzugsorgan verdinglichten Genital. Allerdings entstehen, so muß gegenüber Masters und Johnson einschränkend hinzugefügt werden, sexuelle Empfindungen nicht als direkte Effekte einer von vorgegebenen Reifungsprozessen geprägten Sexualphysiologie, und die kulturellen und psychosozialen Bedingungen dieser zentrischen Verengung können mit diesem weitgehend biologischen Modell nicht einmal annähernd erfaßt werden.

Wenden wir uns abschließend einem weiteren Unterschied im sexuellen Erlebnisverlauf zwischen Männern und Frauen zu, der von Masters und Johnson während der sogenannten nachorgastischen »Rückbildungsphase« beobachtet und festgehalten wird. Mit den letzten »austreibenden Kontraktionen der Ejakulation« sinkt die Erregung relativ schnell auf das ursprüngliche Ausgangsniveau ab und es kommt es (in der Regel) beim Mann zur sogenannten »Refraktärperiode«, zu einer manchmal bis zu einigen Stunden, Tagen oder sogar Wochen anhaltenden Phase sexueller Reizunempfindlichkeit. Masters und Johnson sprechen sogar von einem »psychophysiologischen Widerstand« gegen eine erneute Stimulierung, wobei die psychischen Anteile dieses Widerstands schlicht als Folge des physiologischen Erregungsabfalls interpretiert werden. Vernachlässigt werden alle geschlechtsbezogenen Wahrnehmungsprozesse und Interaktionsformen und damit die von starken Affekten begleiteten Einstellungen zum eigenen und zum anderen Geschlecht, eine Verkürzung, die die Grenzen einer rein naturwissenschaftlichen Herangehensweise erneut deutlich werden läßt.[41]

Angesichts der von Freud für beide Geschlechter beschriebenen, aber eindeutig nur für den Mann geltenden Tatsache, »daß normalerweise allein die Entlastung von den Sexualstoffen der Sexualerregung ein Ende macht«, ist er zwar ebenfalls in ähnlicher Weise von einer »Erschöpfbarkeit des sexuellen Mechanismus« überzeugt: »Bei entleertem Samenvorrat ist nicht nur die Ausführung des Sexualaktes unmöglich, es versagt auch die Reizbarkeit der erogenen Zonen, deren geeignete Erregung dann keine Lust hervorrufen kann.«[42] Auf dem Hintergrund von Freuds auf spezifische Trieb-Objekt-Verschränkungen zielender Sexualitätsauffassung stellt sich aber die Frage, ob es sich bei der »Refraktärzeit« allein um ein quantitativ-physiologisches Phänomen handeln kann oder ob nicht auch hier qualitative, zum Umgang mit dem Männlichkeitsdilemma gehörende Abwehrvorgänge von Bedeutung sind. Spielt hier nicht auch der von Freud als »Erlöschen der Libido«, als »Abfuhr der Libidobesetzung« oder als »Aufhebung der Libidospannung« bezeichnete, von vielen Männern ersehnte Zustand einer spannungsfreien Triebruhe eine Rolle, auf den unsere Diskussion der Wunschökonomie des Todestriebes gestoßen ist und der wohl die Grundlage für die Bezeichnung des Orgasmus als »le petit mort« im französischen Volksmund bildet? »Die Abstoßung der Sexualstoffe im Sexualakt entspricht gewissermaßen der Trennung von Soma und Keimplasma. Daher die Ähnlichkeit des Zustandes nach der vollen Sexualbefriedigung mit dem Sterben, bei niederen Tieren das Zusammenfallen des Todes mit dem Zeugungsakt.«[43]

Interessant ist hier Freuds assoziative Verbindung von Orgasmus, Tod und Geburt: Die Männchen einiger Tierarten müßten nach der Begattung sterben, damit von den Weibchen neues Leben erzeugt werden kann. »Diese Wesen sterben an der Fortpflanzung, insofern nach

41 Lebensumstände sowie psychosexuelle Verhaltensweisen besitzen für den physiologischen Forschungsansatz von Masters u. Johnson eingestandenermaßen keine Relevanz. Sie seien »zwar interessant, aber statistisch wertlos« (ebd., S. 98).

42 Freud (1905), *Drei Abhandlungen zur Sexualtheorie*, S. 114 f. Vgl. zu diesem Problem insbesondere auch Benz (1989), *Weibliche Unerschöpflichkeit und männliche Erschöpfbarkeit: Gebärneid der Männer und der Myelos-Mythos.*

43 Freud (1923a), *Das Ich und das Es*, S. 276.

der Ausschaltung des Eros durch die Befriedigung der Todestrieb freie Hand bekommt, seine Absichten durchzusetzen« (ebd.). Freuds Einführung der spekulativen Todestrieb-Konzeption verdankt sich aber u. a., wie in dem Abschnitt *Vom Trieb zum Objekt* ausführlich behandelt, der Unmöglichkeit, widersprüchliche quantitative und qualitative seelische Prozesse (Besetzung, Erregung, Lust und Befriedigung) in einem einheitlichen triebökonomischen Modell zur Deckung zu bringen. Erregungslust und Libidobesetzungen sind nicht identisch und können daher auch nicht gemeinsam durch die »Entladung der Genitalprodukte« abgeführt und damit aufgehoben werden. Aus diesem Grund lassen sich die energetischen Vorgänge im unbewußten Seelenleben des Mannes auf keinen Fall auf die Regulierung (physiologischer) Quantitäten reduzieren und z. B. in die rationale Haushaltsführung einer Samen-Ökonomie auflösen.[44]

Natürlich gibt es auf dem Feld der Sexualität bedeutsame Korrespondenzen zwischen psychischen und physiologischen Abläufen, für die Erkenntnis der spezifischen Ausrichtung der männlichen Geschlechtsidentität aber sind die Besetzungen unbewußter Vorstellungen mit objektgerichteten sexuellen und aggressiven Affekten bzw. ihre Aufladung mit narzißtischen Bedeutungen von größerer Bedeutung als eine (direkte) Ableitung seelischer Gefühlszustände aus der Anatomie oder Physiologie. Insbesondere die offensichtliche Tatsache der für das Sexualverhalten des Mannes typischen Zentrierung nahezu aller sexueller Erregungen und subjektiver Empfindungen ausschließlich im Penis, obwohl, wie Masters und Johnson festgestellt haben, auch beim Mann nachweislich der gesamte Körper und in hohem Maße (zunächst) auch die anderen Beckenorgane in die Reaktion auf sexuelle Stimuli einbezogen sind, kann nicht ausschließlich physiologisch erklärt werden. Wir haben es hier vielmehr mit den somatischen Begleiterscheinungen und Ausdrucksformen einer allgemeinen (kulturellen und lebensgeschichtlichen) Unterordnung der gesamten männlichen Sexualität und damit der sexuellen Erregungsbereitschaft unter das mit der Adoleszenz endgültig aufgerichtete Genitalprimat zu tun.

44 Für virilitätsorientierte Anhänger eines quantitativen Stauungs- und Entladungsmodells ergeben sich offenbar ungeahnte Erklärungsmöglichkeiten auch sozialer und politischer Phänomene. So hat der Journalist Peter Scholl-Latour einmal die Aufstände männlicher Jugendlicher in Algerien und ihre Affinität zu radikal-islamischen Bewegungen auf einen »Samenkoller« zurückgeführt, dem die jungen Männer wegen der einschränkenden Sexualtabus und vor allem wegen der beengten Wohnverhältnisse in der Kasbah (Altstadt) von Algier unterworfen seien. Auch hier handelt es sich um eine fetischistische Übertreibung der Kraft und der Macht, die vom Samen und seinem männlichen Spender auszugehen scheinen.

Unter Freuds triebtheoretischer Perspektive haben wir die Sexualreifung des Jungen wiederholt als einen Genitalisierungsprozeß im Zeichen des Phallus beschrieben, der in zwei Schüben verläuft und mit der definitiven Gestaltung des Sexuallebens nach der Pubertät seinen durch eine widersprüchliche Einheit von Quantität und Qualität geprägten Abschluß findet. »Nun wird ein neues Sexualziel gegeben, zu dessen Erreichung alle Partialtriebe zusammenwirken, während die erogenen Zonen sich dem Primat der Genitalzone unterordnen.« Dieses neue Sexualziel aber, so Freuds bündige Formulierung einige Zeilen weiter, »besteht beim Manne in der Entladung der Geschlechtsprodukte«.[45] Diese an finalen Ausstoßungsergebnissen ausgerichtete Penifizierung der gesamten männlichen Sexualität wird von spezifischen inneren Wahrnehmungs- und libidinösen Besetzungsvorgängen begleitet, die sich bei jedem neuen Sexualvorgang ein Stück weit wiederholen. Anna Freud faßt diese Prozesse als einen Abzug der »Libidobesetzungen von den prägenitalen Regungen« und ihre anschließende Konzentration »auf die genitalen Gefühle, Ziele, Objektvorstellungen« zusammen.[46] Gibt es auch hier eine Korrespondenz oder gar eine Homologie zwischen Physiologie und Libidoökonomie?

Angesichts der Befunde von Masters und Johnson über eine zumindest temporäre Beteiligung anderer, insbesondere innerer Organe am Vorgang der männlichen Sexualerregung muß allerdings eine strikte Abgrenzung der »rein« genitalen, an den Penis gebundenen von den prägenitalen Lustgefühlen ernsthaft bezweifelt werden. Bestätigt werden diese Zweifel durch Judith Kestenbergs, durch Beobachtungen gestützten psychoanalytischen Theorie der »innergenitalen«, auf die innerkörperlichen Bestandteile des gesamten Sexualapparats (Hoden, Prostata, Samenbläschen, Rektum usw.) bezogenen Empfindungen, die in doppelter Weise an dem männlichen Sexualgeschehen beteiligt sind[47]: Einerseits werden diese innergenitalen Empfindungen, neben anderen viszeralen (von inneren Organen ausgehenden), vom Mann in der Endphase des Sexualaktes kurzfristig zugelassen; sie setzen, von einem Gefühl der Unausweichlichkeit begleitet, den Ejakulationsprozeß mit in Gang, verschwinden aber (in der Regel) anschließend sofort wieder und werden durch eine endgültige und

45 Freud (1905), *Drei Abhandlungen zur Sexualtheorie,* S. 108f.

46 A. Freud (1936), *Das Ich und die Abwehrmechanismen,* S. 329.

47 Kestenberg (1975a u. 1975b), *Außen und Innen, Männlich und Weiblich* (Teil I u. II). »Männer sprechen gewöhnlich nur unwillig über ihre Hoden (...), aber noch unwilliger wird die Bedeutung der Prostata, der Samenbläschen oder der Samenstränge anerkannt. Ängste und Phantasien bezüglich analer Penetration finden gewöhnlich ihren Ausdruck in weiblichen Identifikationen und Kastrationsangst« (Teil II, S. 42).

ausschließliche Konzentration auf die vaskulären (die Blutgefäße betreffenden) und muskulären Veränderungen im Penis ersetzt. Dieser zentralisierenden Besetzungsverschiebung entspricht zum anderen eine lebensgeschichtliche Erfahrung, aus der Kestenberg eine Variation des klassischen Phasenschemas der Sexualentwicklung ableitet. Sie geht von einer vorübergehenden Dominanz innergenitaler Empfindungen im Laufe der zweizeitigen Ausprägung des Genitalprimats aus und postuliert als Übergang eine »innergenitale Phase« sowohl zwischen der infantilen Prägenitalität und der phallischen Stufe als auch zwischen der Latenzzeit und den ersten, hormonell ausgelösten Pubertätsschüben.

Nach Kestenberg werden während des dritten Lebensjahres in einer ersten »innergenitalen Phase« prägenitale und frühe genitale Impulse miteinander verbunden und zur Zeit der Vorpubertät wiederbelebt und damit die zweite Stufe dieser Phase eingeleitet. Diese innergenitalen (und anderen viszeralen) Empfindungen treten zunächst bei beiden Geschlechtern auf, im Unterschied aber zu Mädchen und heranwachsenden Frauen werden diese Empfindungen von Jungen und Männern weitgehend abgewehrt und anschließend externalisiert. »Die sexuelle Erfahrung des Mannes ist nach außen orientiert und richtet sich mehr auf äußere, phallische Empfindungen als auf die rein viszeralen, innergenitalen, die die Ejakulation in Gang setzen« (Teil I, S. 156). Die von uns als Ergebnis der Transformation vom Penis zum Phallus gekennzeichneten Fixierung des Mannes an ein mit narzißtischen und aggressiven Besetzungen aufgeladenes Lustorgan, das seinen »Lustabfuhrgeschäften« außengerichtet und produktorientiert nachgeht, läßt sich mit Kestenbergs These von der männlichen Externalisierung innerer Lustempfindungen weiter untermauern: Das männliche Genital bietet die körpersprachliche Möglichkeit einer Abwehr innergenitaler und auch anderer Empfindungen durch das Mittel der Externalisierung.

Mit dem Ringen des Mannes um Erlangung und Sicherung der kulturellen und persönlichen Dominanz im Geschlechterverhältnis geht eine mehr oder weniger energische Abwehr dieser viszeralen (und anderer innerer) Regungen einher. Endgültig loswerden kann der Mann diese Regungen und Empfindungen allerdings nicht, da sie bei jedem sexuellen Erregungsvorgang automatisch wieder auftauchen und zusammen mit den durch sie ausgelösten Ängsten erneut abgewehrt werden »müssen«. Die Mittel und Mechanismen der Angstabwehr sind bekannt: die projektive Identifizierung des nun verpönten eigenen inneren Erlebnisraums mit Frauen und mit den als unreif geltenden

Kindern, was im allgemeinen die Neigung des Mannes hervorruft, »Strukturen des Körperinneren mit Weiblichkeit und Unreife gleichzusetzen«.[48] Auch Luise Kaplan bestätigt diese allgemeine Tendenz von Männern, »den Hodensack, die Hoden und die innersten Genitalorgane mit der unergründlichen Frau und ihren unergründlichen Hohlräumen zu assoziieren«.[49] Die Frau kann so für das als Schwäche empfundene vorübergehende Zulassen innergenitaler Regungen und die von ihr vermeintlich ausgehende Gefahr eines Angriffs auf das eigene Innere unbewußt verantwortlich gemacht und »notfalls« mit phallisch-aggressiven Mitteln bestraft werden. »Durch die Projektion seiner Angst vor Destruktion der inneren Genitalien auf die Frau und durch Externalisierung innerer Empfindungen auf den Phallus befreit der Mann sich von den archaischen Ängsten eines Angriffs auf sein Körperinneres.«[50] Die projektive Ausstattung der Frauen mit ursprünglich dem eigenen Inneren entstammenden Gefahren und die Identifizierung der angstauslösenden innergenitalen und anderen viszeralen Regungen mit Weiblichkeit dienen dem Versuch, feindselige Regungen und Introjekte loszuwerden, indem sie außen lokalisiert und so offensiv verfolgt und bekämpft werden können. Die Verleugnung der Empfindungen aus dem Körperinneren und die Zentrierung der Erregung auf die äußeren Genitalien können dann, je nach Ausprägung der durch die innergenitalen Empfindungen ausgelösten und phobisch abgewehrten Ängste, in der Tat aus einem Lustorgan ein Angriffsorgan machen.

Dieses zu den konstitutionellen Merkmalen der männlichen Geschlechtsidentität gehörende Abwehrgeschehen veranschaulicht den engen Zusammenhang zwischen dem angstabwehrenden und objektfeindlichen Umgang des Mannes mit seiner Sexualerregung und der

48 Teil II, S. 41. Kestenberg sieht darin eine der Quellen für den Zusammenhang von männlichem Narzißmus und der üblichen Aufspaltung des Frauenbildes beim Mann: »Frauen sind in ihrer Art, Kinder auf eine andere, aber ähnliche, unreif im Vergleich zu ihm. Gleichzeitig empfindet er Achtung vor der Frau, in deren Inneren er einmal war. Diese Haltungen spiegeln sich in folgenden drei Typen von Kränkung wider, die den Jungen, aber auch noch den erwachsenen Mann treffen: Der Vergleich mit einer Frau oder mit einem Baby oder die Verunglimpfung seiner Mutter, als den Ort seines Ursprungs« (S. 41).

49 Kaplan (1991), *Weibliche Perversionen,* S. 127. Vgl. auch ebd., S. 122–131, wo Kaplan u. a. auf eine entsprechende kleine Anmerkung Freuds verweist: »Es ist übrigens merkwürdig, ein wie ein geringes Maß von Aufmerksamkeit der andere Teil des männlichen Genitals, das Säckchen mit seinen Einschlüssen, beim Kinde auf sich zieht. Aus den Analysen könnte man nicht erraten, daß noch etwas anderes als der Penis zum Genitale gehört.« Freud (1923b), *Die infantile Genitalorganisation (Eine Einschaltung in die Sexualtheorie),* S. 295 (Anm.).

50 Kestenberg (1975b), *Außen und Innen, Männlich und Weiblich Teil II,* S. 43.

typisch männlichen Entwicklung einer paranoid getönten Abwehr-Kampf-Haltung. Insbesondere die Perversionen bestätigen, daß sich der Kampf des Mannes um Autonomie vorwiegend in der »Sphäre des Körpers und der körperlichen Lust« (Jessica Benjamin) abspielt. Das von Kestenberg beschriebene Modell der (somatisch gestützten) sexuellen Externalisierungs- und Projektionsvorgänge beim Mann liefert uns daher zweifellos einen weiteren wichtigen Baustein für eine Analyse der im Männlichkeitsdilemma verdichteten Mechanismen der Weiblichkeitsabwehr und der gegen Frauen gewendeten Angst des Mannes vor einem Kontrollverlust über seinen (inneren und äußeren) Körper.

Eine gravierende Einschränkung muß hier allerdings gemacht werden: So hilfreich Kestenbergs Ableitung der »allgemeinen Ablehnung der Weiblichkeit« aus der Abwehr der »angsterweckenden Natur innergenitaler Empfindungen« (Teil I, S. 152) auch ist, so problematisch ist dagegen ihre Ontologisierung dieses typisch männlichen Verarbeitungsmusters durch die Zurückführung auf anatomische Gegebenheiten. Ihrer Auffassung nach beruht der Geschlechtsunterschied »auf der höheren anatomischen Differenzierung des Mannes, die mit der Vergrößerung der äußeren Genitalien und einer stärkeren Muskelentwicklung im Zusammenhang steht« (S. 159). Diese Tatsachen erleichterten nicht nur die Externalisierung, sondern auch eine gelungene Anpassung an die Realität. Bei »optimalem Verlauf«, d. h. im Falle einer erfolgreichen Überwindung der Angst vor innergenitalen Regungen und den damit verbundenen (vorübergehenden) Kontrollverlusten während der Orgasmusphase werde es beiden Geschlechtern, so die abstruse Schlußfolgerung Kestenbergs, (endlich) möglich sein, »die besondere Bedeutung des Phallus als Organisator der männlichen und weiblichen Sexualität anzuerkennen« (Teil II, S. 47). Der von Ängsten und damit zugleich vom Externalisierungsdruck und dem Zwang zur Projektion befreite Phallus könne der Frau dazu verhelfen, »ihre sexuelle Entwicklung zu vollenden« (Teil I, S. 152) und das heißt, ihre »äußere und innere Genitalität zu vereinen« (S. 173), um so zu einer wirklichen Annahme ihrer Weiblichkeit zu gelangen – kurzum: im Bereich der Sexualität hat der Mann der »Lehrer« der Frau zu sein (S. 184) und sein befreiter Phallus wird zum Garanten allseitiger Glückseligkeit. Auch hier sehen wir, ähnlich wie schon bei Freud, Grunberger, Devereux und in vielen psychoanalytischen Ansätzen zur sexuellen Geschlechterdifferenz, daß die Ausblendung der psychosexuellen Trieb-Objekt-Verschränkungen sowie der gesellschaftlichen und kulturellen Einflüsse auf die Ausgestaltung der männlichen Sexualität mehr oder weniger deutlich in der affirmativen Sackgasse anatomischer Begründungen des hierarchischen Geschlechterverhältnisses landet.[51]

Eine Variante des weitverbreiteten Bildes vom Penis als universellem sexuellen Glücksbringer für beide Geschlechter finden wir auch bei Masters und Johnson: »Hinsichtlich des Sexualerlebens dient der Penis der physiologischen und psychologischen Steigerung und Befreiung von sexueller Erregung, sowohl bei der Frau als auch beim Mann.«[52] Diese Idee einer »Erlösung« der Frau aus ihrem sexuellen Elend qua männlichem Genital entspricht im übrigen einer gängigen pornographischen Phantasie, in der eine Kombination aus phallischen Omnipotenzvorstellungen und projektiven Weiblichkeitsbildern zum Ausdruck kommt und zum (scheinbaren) Garanten der männlichen Genitallust wird. Die gesamte sexuelle Zulieferindustrie lebt mit ihren Viagra-Pillen, Penisprothesen, Saugpumpen und anderen potenz- und orgasmusfördernden Hilfsmitteln von diesen Phantasien und bedient mit erstaunlichen Umsätzen die damit verknüpften phallischen Illusionen.

So wird beispielsweise im Versandkatalog eines Sex-Anbieters eine Creme gegen vorzeitigen Samenerguß mit dem Versprechen auf »Super-Sex die ganze Nacht« und auf »Genuß ohne Ende« angepriesen. Ihre Anwendung mache garantiert nicht nur den Käufer »zum Stier«, sondern erzeuge außerdem »tierische« Entzückensschreie seiner Partnerin spätestens nach dem von ihm besorgten vierten oder fünften Orgasmus. Auch der von uns immer wieder thematisierte männliche Kontrollwahn wird angesprochen, verspricht die Anzeige doch mit der Anwendung der Creme ein »Glied wie aus Stahl« (!), das nicht nur völlig »unempfindlich« und »beherrscht« dazu bereit sein werde, »stundenlang zu rammeln«, sondern auch noch »den weiblichen Unterleib zu beglücken« und »Vagina und Kitzler zum Glühen zu bringen« usw. Der fulminante Schlußpunkt der Werbung aber ist das Versprechen, das deutlich macht, worum es geht: »Erst wenn *er* will hat *er* seinen Höhepunkt«. – Welche bewußten und unbewußten Wünsche und Sexualphantasien des Mannes werden mit diesem kleinen

---

51 Auch Reimut Reiche definiert die Perversionen ähnlich wie Kestenberg als Externalisierungen sexueller, auf spezifische Inszenierungen angewiesener Phantasien. Seine Ableitung der größeren Affinität von Männern zu Perversionen aus der anatomisch besonderen Exponiertheit ihres Genitals reiht sich nahtlos in die hier kritisierten Ansätze einer biologischen Anthropologisierung des Geschlechterverhältnisses ein.

52 Masters/Johnson (1975), *Die sexuelle Reaktion*, S. 172. Masters und Johnson fallen damit, ohne es zu registrieren, hinter einen ihrer eigenen Befunde zurück, nach dem durch den Koitus nur die niedrigste »Intensitätsstufe« des weiblichen Orgasmus (im Vergleich zu nicht-koitalen Sexualpraktiken) erzielt werden kann (S. 127).

Werbetext eigentlich angesprochen? Das primäre Ziel scheint evident, nämlich unendlicher Genuß, der durch die bewundernden Schreie der mit multiplen Orgasmen beglückten Frau noch zusätzlich erhöht werden kann. Selbstverständlich geht es in dieser beliebten phallischen Phantasie von der Herbeiführung weiblicher Orgasmen in Serie weniger um die Lust der Partnerin, als um die Befriedigung des eigenen Narzißmus durch einen (auch noch zählbaren) Potenzbeweis sowie eine damit verbundene Steigerung der genitalen Erregungslust. Wie aber mit einem vollkommen »unempfindlichen« Glied »wie aus Stahl« ein uneingeschränkter (genitaler) Sexualgenuß möglich sein soll, bleibt das Geheimnis der Porno-Industrie.

Ohne die Bedeutung dieses kleinen Beispiels zu übertreiben, kann es doch zur Illustration der dilemmatischen Grundstruktur der männlichen Sexualität dienen und die Ausweglosigkeit des männlichen Bemühens um eine im Sexualgenuß angestrebte Einheit von seelischer Quantität (erektive Spannung und ejakulative Entspannung) und Qualität (Lust und Befriedigung), von Sexualität und Narzißmus veranschaulichen. Am Ende der kleinen Reklamephantasie steht der Entwurf einer stählernen Potenzgestalt, bei der sich alles, statt um Lust und Befriedigung, um die Erreichung und Aufrechterhaltung einer dem eigenen Willen unterworfenen Kontrollfunktion bis zum (bitteren) Ende dreht. Hinter der fast trotzig klingenden Parole von der Selbstbestimmung des eigenen sexuellen »Höhepunkts« steckt nicht allein männlicher Kontrollwahn gegenüber der eigenen und der weiblichen Sexualität, sondern auch eine Angst, die abgewehrt und überdeckt werden soll: die durch Erfahrung immer wieder bestätigte Angst, in Wirklichkeit nicht selbst die Kontrolle über die eigenen Sexualvorgänge zu besitzen, sondern von der Frau und den von ihr ausgehenden Reizen und Reaktionen abhängig zu sein.[53]

Zu den tragenden Säulen heterosexueller Männerphantasien und -wünsche gehört, neben genitalem Potenzgehabe, die Idee der Beherrschbarkeit, der vollständigen Kontrolle und technischen Machbarkeit, die sich nicht nur auf den eigenen Körper und das eigene sexuelle Vollzugsorgan, sondern auch auf den weiblichen Körper richtet. Die Angst vor Versagen und Kontrollverlust, die zu den Risiken

---

53 Die sexuelle Funktion des Penis als Symbol und Instrument männlicher Souveränität unterliegt, wie wir wiederholt festgestellt haben, nicht der Kontrolle des Mannes, es sind eher »die Frauen, die den Penis erregen, bewegen und aufrichten, aber auch erschlaffen lassen können«. Gottschalch (1997), *Männlichkeit und Gewalt. Eine psychoanalytisch und historisch soziologische Reise in die Abgründe der Männlichkeit*, S. 167.

einer derart fetischistisch am eigenen Genitalorgan fixierten, leistungsorientierten Sexualität gehört, wird (und bleibt) projektiv, wie wir gesehen haben, an die weibliche Sexualität und die von ihr vermeintlich ausgehenden Gefahren gebunden und wird daher bei jeder neuen, auf weibliche Objekte zielenden sexuellen Erregung fast automatisch mobilisiert. Im Mittelpunkt der erregenden und erregungsabführenden Inszenierungen der Pornographie sowie des männlichen Umgangs damit, steht, ähnlich wie bei den Perversionen, der Versuch, die elementare Sexualangst durch einen doppelten Dehumanisierungsprozeß gegenüber der Frau und ihrem Körper abzuwehren, in Schach zu halten und in einen Triumph über die Weiblichkeit zu verwandeln. All diese Strategien der Entmenschlichung dienen unbewußt dem Hauptziel, der »Rettung erotischer Lust« (Stoller), einer Lust, die beim normalen wie beim perversen Mann in letzter Konsequenz grundsätzlich, wie wir gesehen haben, mit der Hoffnung auf genitale Befriedigung verbunden ist.[54]

Dieser zweifache projektive Dehumanisierungsprozeß läßt sich sowohl in der unbewußten Repräsentanzenwelt des Mannes, in den stereotypen Bildern der Pornographie, als auch in den Phantasien und Handlungen von Perversen nachweisen. Der *erste Schritt* besteht in der allgemeinen Reduktion der Frau auf den Status eines wirklichen »Objekts« der sexuellen Phantasien und der praktischen Zugriffsmöglichkeiten des Mannes. Hans Giese bezeichnet diesen Mechanismus als *Depersonalisierung* und versteht darunter »die Hingabe an etwas, das für sich nicht mehr Person ist, das nicht sprechen, handeln, antworten kann, das *nur einen Teil gegenständlicher Art ist* oder *so genommen wird,* auch dann, wenn es sich objektiv um einen lebenden Menschen handelt«.[55] Diese Reduktion von Frauen auf potentielle (und wenn möglich auch reale) Sexual«objekte« steuert auch die »normale« Wahrnehmungs- und Reaktionsbereitschaft des Mannes und wird mit steigender sexueller Erregungskurve bis zu einer Art partieller Blindheit, einer Eintrübung des Wahrnehmungsvermögens verstärkt, die von einem bis zur Verharmlosung verständnisvollen Richter in einem Vergewaltigungsprozeß einmal als »affektbedingte Situationsverkennung«

54 Bei manchen Perversionen, bei der Nekrophilie, der Zoophilie, dem Pygmalionismus, aber auch bei bestimmten Formen des Fetischismus, ist die Anbindung der Lust an die Bedingung der Entmenschlichung so eng, daß diese auch in der realen Umsetzung der perversen Phantasien erfüllt sein muß: bei diesen Perversionsvarianten kann Sexualität nur mit Leichen, mit Tieren, mit Statuen oder mit gegenständlichen Symbolen der Weiblichkeit (Schuhe, Wäsche, Pelze, abgeschnittene Zöpfe o. ä.) aufgeführt und erlebt werden.

55 Giese (1973), *Zur Psychopathologie der Sexualität,* S. 64.

bezeichnet wurde. Eine herablassende bis entwertende und entwürdigende Entpersönlichung der Frau durch ihre Reduktion auf ein bloßes Anreiz- und Zielobjekt der eigenen Sexualität wird bereits früh eingeübt, habitualisiert und insbesondere in homosozialen Männergruppen – deren Mitglieder glauben, die Intaktheit und Vollwertigkeit ihrer Männlichkeit durch demonstrative Zurschaustellung ihrer Heterosexualität unter Beweis stellen zu müssen – kultiviert und verfestigt. Es handelt sich keineswegs um ein überlebtes Klischee, daß Pornographie und Pin-ups, Zoten und Sexismus, neben einer Zelebrierung (latent) homoerotischer und kriegerisch-heldischer Komponenten nach wie vor zu den wichtigsten Ausdrucksmitteln des libidinösen Kitts mann-männlicher Vergemeinschaftungen gehören.[56]

Bei der *zweiten Form* der unbewußten Dehumanisierungsstrategien gegenüber der Frau handelt es sich um phantasmatische und manchmal (etwa bei sadomasochistischen Perversionen) auch um reale Fragmentarisierungen des weiblichen Körpers, die aus männlicher Perspektive als eine Art projektives Pendant der oben angesprochenen »Spaltungsphänomene der Leiblichkeit« (Pankow) aufgefaßt werden können. Analog zur fetischistischen Zentrierung des Mannes auf den Penis zielt diese unbewußte Strategie auf die Reduktion des weiblichen Körpers auf ausgewählte Öffnungen, um ihn den männlich-genitalen Sexualbedürfnissen »anzupassen«. Wenn wir uns noch einmal an Freuds Beschreibung des neuen Sexualziels (des Mannes) unter der postpubertären Herrschaft des Genitalprimats erinnern – das erigierte Glied weise »gebieterisch« auf das Eindringen in eine erregende Körperhöhle –, wird deutlich, daß sich die Zurichtung des weiblichen Körpers grundsätzlich – wie als Endlosschleife in den Standard-Inszenierungen der Porno-Industrie zelebriert – auf alle »geeigneten«, d. h. den männlichen Penetrations- und Entladungswünschen »passend« gemachten Behälter seiner (quantifizierten) Lust richtet, wobei der Vagina sicherlich die höchste Priorität zukommt.[57] Die gewöhnlichen heterosexuellen, aber auch viele abweichende sexuelle Vorstellungen und Praktiken besetzen die Vagina gewissermaßen als passendes Gegenstück zum Penis.

56 Vgl. unter historischer und kulturgeschichtlicher Perspektive die ausgezeichnete Studie von Ulrike Brunotte (2004), *Zwischen Eros und Krieg. Männerbund und Ritual in der Moderne.*

57 Der Reiz, der in den üblichen Darstellungen der Hardcore-Pornographie von den nicht-vaginalen Körperöffnungen der Frauen für die sexuelle Erregungs- und Lustbereitschaft des Mannes auszugehen scheint, ist mehrfach determiniert, wobei aus der Perspektive des Pornographie-Konsumenten ein Ausweichen vor der ambivalent besetzten Vagina und der Wunsch nach einer stärkeren Kontrolle der eigenen und der weiblichen Sexualität sicherlich zu den Hauptmotiven gehören.

Der weibliche Körper wird unbewußt fragmentarisiert, in Teile zerlegt und auf die bedeutendste aller empfangsbereiten Öffnungen reduziert. Ähnlich wie die mit der Genitalfixierung einhergehende (animistische) Beseelung des männlichen Sexualorgans, das als »Miniatur-Ich« nach dem Prinzip eines pars-pro-toto den ansonsten anästhetisierten Restkörper vertritt, wird auch die Vagina mit hohen sexuellen, narzißtischen und aggressiven Affekten projektiv besetzt und häufig zum Sinnbild der Weiblichkeit schlechthin erklärt.

Eine Kombination beider Dehumanisierungsstrategien gegenüber der Frau, ihre Objektalisierung *und* ihre Reduktion auf die Vagina, zeigt sich in den unter Männern nach wie vor weit verbreiteten Bezeichnungen von Frauen mit vulgärsprachlichen Ausdrücken für das weibliche Genital. Im Grunde handelt es sich dabei um eine projektive (männliche) Weiblichkeitsphantasie, die unter negativem Vorzeichen der Neigung von Männern entspricht, den eigenen Penis unbewußt zu idealisieren und sich mit den ihm angedichteten (bzw. subjektiv so erlebten) Qualitäten (Größe, Härte, Ausdauer, Stärke, Kraft, Macht und Omnipotenz) zu identifizieren.[58] Im deutschen Sprachraum wird diese Form der Frauenverachtung am häufigsten mit dem Gossenwort »Fotze«, dessen etymologische Bedeutung sich bezeichnenderweise von »faulen« bzw. »stinken« ableitet, ausgedrückt. Die Entmenschlichung der Frau durch die Reduktion ihres Körpers auf *ein* erregendes, empfangsbereites, die Männer aber zugleich auch bedrohendes Organ trägt, wie jede Dehumanisierungsstrategie, sadistische Züge. Im Falle der Perversionen, denen in Übertreibung allgemeiner männlicher Tendenzen selten ein manifester Zug von Grausamkeit und Gewaltbereitschaft fehlt, kann dieser Reduktionsmechanismus der Vorbereitung realer Verfolgungen, Verletzungen oder gar Vernichtungen des Bedrohlichen dienen. Nach Louise Kaplan wird jede Perversion von der Tendenz bestimmt, »jene potentiell mörderischen Impulse auszudrücken und dabei gleichzeitig zu beherrschen, die dazu drängen, zu zerkauen, zu zerreißen, zu zersprengen, zu zerhacken, zu verbrennen und durchzureißen, um aus Mund, Bauch, Anus und Vagina ein einziges Loch

---

58 Diese Projektionsstrategie gilt nach Rohde-Dachser für die männliche Selbstdefinition allgemein. Alle verpönten und abgewehrten eigenen Anteile werden dem Weiblichen, das als »Ergänzungsbestimmung« fungiert, zugewiesen. »*Weiblich* heißt von nun an das, was der Mann als sein Gegenteil bestimmt hat; *männlich* ist das, worin er sich umgekehrt von diesem ›anderen‹ unterscheidet (...). Mit dieser Art Setzung wird dieses ›Weibliche‹ gleichzeitig zu einer zutiefst *narzißtischen* Kreation: Der Mann trifft in dem so erschaffenen Weiblichen immer wieder auf sich selbst, und *nur* auf sich selbst.« Rohde-Dachser (1991), *Expedition in den dunklen Kontinent. Weiblichkeit im Diskurs der Psychoanalyse,* S. 97.

zu machen«.[59] – Die Strategie der Perversionen besteht in dem Versuch, das Objekt der Begierde und des Hasses dem imaginären Bild real anzugleichen, um im Fall erneuter Sexualerregung eine Form der »Wahrnehmungsidentität« (Freud) zu erreichen, bei der nicht das Selbst, die Sexualität und damit die eigene Männlichkeit auf der Strecke bleibt. Basis dieser Entwicklung aber ist der mit dem Genitalprimat kulturell diktierte Zwang, den Penis auf die Vagina auszurichten und mit der Reziprozität in irgendeiner Form, und sei es auch durch den Versuch einer Vermeidung durch größtmögliche räumliche Entfernung umzugehen.

Die Idee der Reziprozität von Penis und Vagina läßt sich auch in Mythen, Träumen und jenen männlichen Sexualphantasien und -praktiken nachweisen, in denen das Zurückziehen von Penis, Hodensack und Hoden in den inneren Bauchraum herbeigesehnt (wie bei Schreber) oder, wie in den meisten Fällen (wie beim Koro-Phänomen), massiv gefürchtet wird. Der Angst des Mannes vor einer Geschlechtsumwandlung mittels Kastration in eine Frau korrespondiert umgekehrt die unbewußte Wahrnehmung vieler Männer des inneren weiblichen Genitals als das eines umgestülpten (Hohl-)Penis. Auch dieses, dem phallischen Monismus im Unbewußten des Mannes entsprungenen Phantasma reproduziert die von Kestenberg beschriebene männliche Angst vor der eigenen und der weiblichen Innergenitalität, denn wenn die Frau einen eigenen, inwendigen Penis besitzen sollte, dann verfügt sie möglicherweise auch über dessen phallisch-aggressive Macht. Die projektive Identifizierung, die zu dieser Phantasie führt, löst für den Mann von spezifischen Ängsten begleitete heillose Irritationen aus. Wie die mythische Zurückführung des Koro-Phänomens auf die Kastrationsdrohung, die von penissammelnden weiblichen Mischgestalten aus attraktiven jungen Frauen und alten Hexen ausgeht, wird die allgemeine Angst vor der Frau und dem weiblichen Geschlechtsteil durch die Phantasie eines weiblichen Phallus noch potenziert: Der Mann kann – und das würde sein Ende als (physischer) Repräsentant des männlichen Geschlechts bedeuten – nur *einen* Penis verlieren, die Frau, die es darauf anlegt, dagegen zahlreiche Penisse und die damit verbundene Macht gewinnen.

In der einschlägigen Literatur wird zur Erklärung dieser Angst vor der phallisch-aggressiven Frau fast durchgängig auf die traumatische Wirkung der Kastrationsdrohung verwiesen. Wenn sich aber, wie wir annehmen, die Dehumanisierungsstrategien gegenüber den Frauen nicht allein auf die universell gefaßte Kastrationsangst der Männer reduzieren lassen, muß der Frage nach den tieferen Ursachen und Motiven der

59 Kaplan (1991), *Weibliche Perversion,* S. 143.

Angst des Mannes vor der Frau und insbesondere der in den Perversionen verkörperten Abscheu vor dem weiblichen Genital gründlicher nachgegangen werden.

Mit der Herrschaft des Genitalprimats tritt aus männlicher Sicht die Vagina zum einen das »Erbe des Mutterleibes« als »bergende Körperhöhle« an und wird zum anderen als (Teil-)Objekt seines genitalen Partialtriebes der Ort, an dem der Mann durch die »Herausbeförderung der Geschlechtsstoffe« seine vollwertige Männlichkeit demonstrieren und beweisen will bzw., unter dem Druck kultureller Männlichkeitsnormen, in gewisser Weise auch beweisen »muß«. Die an diese unbewußten Funktionszuschreibungen gebundenen psychischen Repräsentanzen der Vagina allein können schon spezifische Ängste des Mannes auslösen. Die Empfindung des weiblichen Genitals als »unheimlich« stellt eine nun angstauslösende Umkehrung des ehemals Heimischen und Altvertrauten, den »Eingang zur alten Heimat des Menschenkindes« (Freud) dar; die aktuelle Sexualangst des Mannes vor der Vagina richtet sich dagegen, und diesen Gedanken halten wir für den zentralen, auf die vermeintlichen Bedrohungen, die von der weiblichen Sexualität und dem sexuellen Körper der Frau für den männlichen Autonomie- und Kontrollwahn ausgehen. Louise Kaplan bestätigt auf dem Hintergrund ihrer psychoanalytischen Erfahrungen die Existenz dieser doppelt motivierten und durch weitere negative Konnotationen aufgeladene Angst vor den weiblichen Genitalien, die nicht nur perverse, sondern auch »normale« erwachsene Männer teilen und die in unterschiedlichen Verkleidungen immer wieder zur Sprache kommt: »Die Vagina, der Geburtskanal, der der Sexualität und der Zeugung dient, hat etwas Entsetzliches an sich, etwas, das bei Männern unaufhörlich Gedanken an die Male der Erniedrigung, der Verstümmelung und des Todes wachruft.«[60] Diese zweifache, die eigene Herkunft als menschliches und die Zukunft als männliches Subjekt symbolisierende Bedeutung der Vagina weist auf einen Widerspruch in den unbewußten Besetzungsvorgängen hin, der zu den grundlegenden Charakteristika des Männlichkeitsdilemmas und seinen neuen Erscheinungsformen (Anziehung–Abstoßung) gehört und eine der wichtigsten Quellen (und Ausdrucksformen) der

60 Kaplan (ebd.), S. 57. Bei Kaplan findet sich auch der Hinweis auf King Lear, den Shakespeare über die Frauen sagen läßt: »Vom Gürtel nieder sind's Centauren. / Obschon darüber Weib: / Den Göttern eignen sie nur bis zum Gürtel, / Doch drunter ganz dem Teufel: dort ist Hölle, / Dort Finsternis, dort ist der Schwefelpfuhl, / Brennen, Sieden, Gestank, Verwesung; pfui, pfui, pfui!« (Zit. nach ebd., S. 56). Nach Kestenberg wird nach der Entdeckung des Geschlechtsunterschieds Weiblichkeit »mit blutigen Löchern und Männlichkeit mit Intaktheit« assoziiert. Kestenberg (1975b), *Außen und Innen, Männlich und Weiblich Teil II*, S. 59.

Ambivalenz und Feindseligkeit gegenüber Frauen ist.[61] Die Vagina wird *sexuell* begehrt, *narzißtisch* beneidet und/oder gefürchtet und mehr oder weniger *aggressiv* abgewehrt und bekämpft. Dabei entscheidet das jeweilige Mischungsverhältnis von Lust, Angst und Feindseligkeit über das Ausmaß und die Ausgestaltung der perversen Komponenten der männlichen Sexualität. Je stärker die im Zentrum der ambivalenten Einstellung des Mannes zur Vagina stehende Angst, desto mehr nähert sich seine Sexualität den manifesten Perversionen mit ihren verschiedenen Möglichkeiten spezifischer Angstbewältigungsstrategien an.

Nirgends kommt die von uns immer wieder hervorgehobene, in die männliche Geschlechtsidentität eingelassene Kombination der Hochschätzung des männlichen Genitals und der allgemeinen »Geringschätzung des Weibes« (Freud) deutlicher zum Ausdruck als in den unbewußten Phantasien des Mannes über die Vagina und den daraus entspringenden Gegenmaßnahmen zur Sicherung oder Rettung seiner Integrität als Vertreter des um seine Dominanz ringenden Geschlechts. Aus männlicher Perspektive scheint, zugespitzt ausgedrückt, ein Fluch auf dem weiblichen Genital, das begehrt, aber gleichzeitig auch zutiefst gefürchtet wird, zu liegen. Die gesamte Kulturgeschichte ist voll mit Darstellungen dieser ambivalenten bis offen feindseligen Einstellung zur Vagina und, damit zusammenhängend, zu dem nach außen sichtbaren Teil des weiblichen Genitals, der Vulva. Zahlreiche Varianten finden sich in Mythen, Sagen, Träumen, Folklore, Erzählungen und in künstlerischen Darstellungen von der Antike bis in die jüngere (nicht nur abendländische) Geschichte, aber auch in den kulturellen Manifestationen vieler Stammeskulturen. Die Furcht vor der kastrierenden und männermordenden Frau, die hinter den Bildern der Abscheu und Ekel erregenden Vagina zum Vorschein kommt, scheint zeitlich und geographisch allgegenwärtig zu sein und eng mit der Verbreitung stereotyper Grundmuster der Tiefenstrukturen von Männlichkeit zusammenzuhängen. Ob wir die Abbildungen des furchterregenden, mit tödlichen Gefahren assoziierten von Schlangen bewachsenen Medusenhauptes betrachten, welches die Darstellung des weiblichen Genitals ersetzt, indem es dessen »grauenerregende Wirkung von seiner lusterregenden isoliert« (Freud) und verschiebt, oder ob wir an die komplizierten

61 Mit Rohde-Dachser können wir hier eine komplementärnarzißtische Funktionalisierung der Frau erkennen, durch die der Mann mittels unbewußter Zuschreibungen auch den Sitz und die Qualität ihres (vermeintlichen) »Bösen« bestimmen kann. »Sie ist in dieser Konstellation sein Gefäß: das Gefäß seiner Projektionen, im Guten wie im Bösen.« Rohde-Dachser (1991), *Expeditionen in den dunklen Kontinent,* S. 91. Die gängige Aufspaltung des Frauenbildes in Mutter und Hure gehört sicherlich zu den klassischen Erscheinungen dieser projektiven Zuschreibungen.

Sexualtabus und Vermeidungsvorschriften etwa der Baruya und der »Sambia« in Papua-Neuguinea zur Abwehr ihrer Kontaminierungsfurcht denken – immer wieder begegnen uns verschiedene kulturelle Variationen des vorherrschenden ambivalenten Bildes von der Vagina als lebensspendendem und lusterzeugendem, vor allem aber als todbringendem Organ weiblicher Macht.[62]

Die Gleichsetzung von Schmutz und Sexualität und deren Identifikation mit Weiblichkeit wird von Rohde-Dachser als »Strategie im Dienste der Todesverdrängung«, das Grauen vor der Medusa als »Metapher der Todesangst« gedeutet und der Phallus wird so zu einem »Siegel der Unsterblichkeit«. »Denn wenn es zutreffen sollte, daß der Blick auf das weibliche Genitale den Mann auch mit seinen eigenen Projektionen konfrontiert, dann ist es nicht nur die Vorstellung der Kastration, sondern auch aller anderen Aspekte seines dort deponierten negativen Selbst, deren Anblick ihn erstarren läßt, während er sich vor ihnen sicher fühlte, solange es möglich blieb, ihren Anblick zu vermeiden.«[63] Eine dieser unzähligen Varianten des mit tödlichen Gefahren behafteten Organs ist seit der griechischen Antike die Vorstellung von der *vagina dentata,* des mit Zähnen bewaffneten weiblichen Geschlechtsteils, deren Schrecken z. B. am 14. Juli 1883 in einem Traum Edmond de Goncourts vom Auftritt einer nackten Schauspielerin wieder erscheint: »Dann begann sie zu tanzen, und beim Tanz vollführte sie Schritte, die ihre Schamteile entblößten: Sie waren mit den schrecklichsten Kinnladen ausgestattet, die man sich denken kann; sie klappten ständig auf und zu und zeigten zwei Reihen von Zähnen.«[64]

Die Zurückführung dieser Vorstellung der am Eingang und im Innern des weiblichen Geschlechts lauernden unheimlichen Gefahren auf die verdrängte »Mutterleibsphantasie« oder auf die (hier sicher naheliegende) Kastrationsangst des Mannes allein überzeugt nicht. Wir teilen

62 Die Baruya betrachten die Vagina, wie im ersten Teil ausführlich dargestellt, als doppelte Gefahr, die sich aus der Organbeschaffenheit und dem die Manneskraft bedrohenden Menstruationsblut für die Männer und damit für die gesamte Kultur ergibt. Wegen des »Gestanks« ihrer Frauen, die ihren Genitalbereich angeblich nie waschen, halten die Männer der »Sambia« nicht nur, wie wir wissen, die Luft beim schnell ausgeführten Koitus an, sondern stopfen sich auch noch »Pfefferminzblätter in die Nasenlöcher, um sich nicht vor Widerwillen übergeben zu müssen«. Duerr (1990), *Intimität. Der Mythos vom Zivilisationsprozeß Bd. 2,* S. 214. Vgl. auch Herdt (1981), *Guardians of the Flutes. Idioms of Masculinity,* S. 188 f.

63 Rohde-Dachser (1991), *Expedition in den dunklen Kontinent,* S. 120 f.

64 Zit. nach Gay (1986), *Erziehung der Sinne. Sexualität im bürgerlichen Zeitalter,* S. 217. Bei den Mescalero- oder den Chiricahua-Apachen bringen die Väter angeblich auch heute noch ihren Söhnen bei: »Stell nichts mit einer Frau an! Sie haben Zähne da drinnen und beißen dir den Pimmel ab!« Zit. nach Duerr (1990), *Intimität,* S. 219 f.

daher weitgehend die Auffassung von Janine Chasseguet-Smirgel, »daß es jenseits einer an den Kastrationskomplex im strengen Sinne gebundene Abwehr hier auch darum geht, alle Attribute der Weiblichkeit«, die prototypisch durch die Vagina vertreten werden, herabzusetzen.[65] Auch die These, nicht die Vagina im eigentlichen Sinne, sondern der eigene männliche Wunsch, »dessen Objekt sie ist« (ebd.), werde hier geleugnet bzw. verneint, fügt sich in unsere Annahme einer projektiven Identifizierung, mittels derer das eigene sexuelle Begehren stellvertretend an seinem unausweichlichen, weil unabdingbar erforderlichen Objekt verfolgt wird.

Eine weitaus drastischere Dämonisierung als im Schreckensbild der *vagina dentata* findet sich bei Marquis de Sade, der das weibliche Genital als eine »verfluchte Spalte«, als »unwürdigen« und »fauligen« Teil bezeichnet, »den die Natur nur aus Unvernunft geschaffen hat und der immer derjenige ist, der uns am meisten abstößt«.[66] Eine ganze Sammlung ähnlicher Beispiele des Abscheus vor dem weiblichen Geschlecht findet sich in Hans-Peter Duerrs Band über *Intimität,* worin insbesondere die bemerkenswerte, mit Ekel und ästhetischem Widerwillen vorgenommene Darstellung der inneren und äußeren Geschlechtsorgane der Frau durch den Gräzisten H. Licht ins Auge fällt. Licht präsentiert die Beschreibung einer Art Reise mit den tastend sondierenden Fingern vorbei an »häßlich wulstige(n) Gebilde(n)«, »klaffenden Spalten« und einem »fleischige(m) Etwas« (Vulva, kleinen Schamlippen und Klitoris) bis ins »grauenvolle« Innere des weiblichen Geschlechts. Der nun eintretende Schock scheint immens zu sein, »denn plötzlich umgibt unseren prüfenden Finger eine schmierige, klebrige, schleimige Flüssigkeit, entsetzt ziehen wir den Finger zurück und ein widriger, ranziger Geruch wie von faulen Fischen beleidigt unsere Nase.«[67] Diese mit Ekel und Abscheu verbundenen Geruchs-Assoziationen von Frauen als »übelriechend« und »stinkend« tauchen mit steter Regelmäßigkeit auf und gehören neben den Beschreibungen der äußeren weiblichen Geschlechtsmerkmale als abstoßend häßlich zum Standardrepertoire der allgemein verbreiteten Stereotypen über das weibliche Geschlecht und die weibliche Sexualität. An die Kontaminierungsfurcht der Baruya erinnern uns darüber hinaus auch die Beschreibungen der Vagina als eine reine Giftküche. So ist sie für Rabelais »ein Tier, ein Glied, das die Männer nicht haben und das manchmal eine schmutzige, salpetrige, ätzende, brennende, stechende und juckende Flüssigkeit absondert« (ebd., S. 208).

65 Chasseguet-Smirgel (1989), *Anatomie der menschlichen Perversion,* S. 159.
66 Zit. nach Chasseguet-Smirgel (ebd.), S. 158 f.
67 Zit. nach Duerr (1990), *Intimität,* S. 202.

Diese Aneinanderreihung projektiver Schreckensbilder ließe sich fast endlos fortsetzen. Der Vorrat ist ebenso unerschöpflich und ubiquitär wie die typischen Männerängste, die in ihnen zum Ausdruck kommen und zugleich abgewehrt werden. Bevor wir die phänomenologische Ebene der Beschreibung des (weiblichen) Grauens verlassen, wollen wir abschließend noch einmal zu dem Griechenlandforscher H. Licht zurückkehren. Nach der eindeutig ausgefallenen Geruchsprobe an seinem zurückgezogenen Finger beendet er abrupt seine Forschungsreise durch die innergenitale Hölle des weiblichen Körpers: »Der Ekel packt uns und alle Erotik ist wie weggeblasen, wir verspüren keine Lust mehr, in den tiefsten Schacht vorzudringen, der in der Gebärmutter endet, aus der wir in Gedanken bereits den kot- und blutbeschmierten Fötus in all seiner Scheußlichkeit sich hervorwinden sehen« (S. 202). Was wäre nach dieser Phantasie wohl Grauenhaftes zu erwarten, wenn nicht der rechtzeitig in Sicherheit gebrachte Finger, sondern der Penis in diesen »Höllenschlund« eindringen würde? Was hier zum Rückzug und zur phobischen Vermeidung führt, ist sicherlich nicht allein der Ekel vor dem »abscheulichen« Innenleben des weiblichen Geschlechtskörpers, sondern auch das unterschwellige Unbehagen über das eigene erotische Begehren, das Männer immer wieder in die »Falle« von Schmutz (Kot und Blut), Gestank und Schleim hineintappen läßt. Auf den ersten Blick allerdings scheint diese phobische, ja fast paranoide Abwehrreaktion überhaupt nichts mehr mit Sexualität oder Erotik zu tun zu haben.

Um genauer zu verstehen, was in diesen und ähnlichen Männerphantasien über das weibliche Genital eigentlich projiziert wird und aus welchen Motiven, wollen wir noch einmal kurz auf den zentralen Abwehrmechanismus der *projektiven Identifizierung* eingehen. Dieser Mechanismus bestimmt und verbindet sowohl die von Kestenberg untersuchten Externalisierungen innergenitaler Regungen, die allgegenwärtigen männlichen Horrorphantasien über Vulva und Vagina als auch die Trieb-Objekt-Verschränkungen in den typisch männlichen Einstellungen zum weiblichen Geschlecht. Der Rückgriff auf diesen archaischen Mechanismus hält einen Kreislauf aus Begehren, Angst, Haß und Verfolgung aufrecht, dem das Subjekt (und im Falle der Perversion erst Recht das Objekt) nicht entrinnen kann. Durch die Ausbildung mehr oder weniger sadistischer Perversionen wird versucht, eine drohende bzw. subjektiv bereits bestehende Niederlage als Mann, im Extremfall durch die Zerstörung des Objekts, ungeschehen zu machen und in einen Triumph zu verwandeln. Die hier erkennbare neue Erscheinungsform des Männlichkeitsdilemmas zeigt sich in der Neigung, gerade *durch* die Abfuhr von Sexualität einen Schutz gegen die Angst oder eine Reparatur der bereits eingetretenen Folgen zu erreichen. Die Quelle dieser Abwehr liegt folglich nicht jenseits der Sexualität, sondern in ihrem unbewußten Zentrum, der Trieb-Objekt-Struktur des eigenen Begehrens und der an sie gebundenen, sich stetig wiederholenden sexuellen Begierde.

Um sein imaginäres sexuelles Geschehen zu realisieren, benötigt auch (und gerade) der Perverse ein Objekt bzw. ein Teilobjekt, das aber als ein Artefakt seiner Phantasie real dem Untergang geweiht ist. Die perverse Inszenierung erweckt den Anschein, als würde ein durch frühe Spaltungsvorgänge (Introjektion - Projektion) entstandenes inneres Objekt veräußerlicht und anschließend beseitigt, indem die mit dem Objekt verbundenen Empfindungen (scheinbar paradox) durch das Mittel der sexuellen Befriedigung durch das Objekt (zumindest vorübergehend) ausgelöscht werden. Masud Khan hat diesen zunächst innerpsychischen Konstruktionsvorgang als die Erzeugung eines »montierten inneren Objekts« bezeichnet, das vom Perversen im Außen gesucht, aber nie wirklich gefunden werden kann. Die manifeste Gewaltbereitschaft vieler, insbesondere der sadomasochistischen Perversionen wäre dann einerseits als Versuch, das reale Objekt der Vorstellung anzupassen, andererseits als Ausdruck der Wut über das Scheitern dieses Projekts zu verstehen. Selbst ein einmal festgelegtes und starr ablaufendes Ritual bietet keine Garantie für die Verhinderung eines (eskalierenden) explosiven Ausbruchs der in der perversen Begehrensökonomie eingelagerten Gewaltpotentiale.

Der Schlüssel zu diesem, im perversen Akt immer wieder neu inszenierten, aber zwangsläufig fehlschlagenden Versuch, sich zur Erlangung sexueller Befriedigung in die Fänge eines (dehumanisierten) Objekt zu begeben und dabei psychisch zu überleben, liegt auch nach Khan vorrangig in der Externalisierung. Die praktische Umsetzung der perversen Phantasie in die Realität ist ein riskanter Sprung von innen nach außen, mit dem Ziel, der drohenden Vernichtungsgefahr zu entgehen. »Das ›montierte innere Objekt‹ ist (...) etwas, was im wesentlichen intrapsychisch ist – daher der ständige innere Druck, es zu externalisieren. Diese Externalisierung konstituiert dann das sexuelle Geschehen.«[68] Der entscheidende psychische Mechanismus aber, dem dieser Externalisierungsvorgang unterliegt, ist die *projektive Identifizierung*. Den Ausgangspunkt des durch diesen Mechanismus in Gang gesetzten Kreislaufs bilden die Abspaltung und die Isolierung bestimmter unerwünschter und abgelehnter Bestandteile innerer Empfindungen sowie

68 Khan (1989), *Entfremdung bei Perversionen*, S. 192.

der Objektimagines, an die sie durch psychische Besetzungsvorgänge gebunden sind. Die mit der Angst vor der Frau und ihrer Sexualität und insbesondere die mit der Angst vor der als phallisch-omnipotent imaginierten Vagina verbundenen Vorstellungen und Affekte können unbewußt als böse, eklig oder schlecht erlebt und bewertet werden, aber innerpsychisch nicht wirksam bekämpft werden. Durch Projektion wird versucht, diese zunächst an unbewußte Objektrepräsentanzen gebundenen, mit bedrohlichen Aggressionen gegen das eigene Ich aufgeladenen Phantasien durch die Verschiebung auf »geeignete« (weibliche) Objekte in der Außenwelt »loszuwerden«. Dieser Schritt konstituiert aber erst die gefährlichen, vergeltungssüchtigen Objekte, gegen die das Subjekt sich nun energisch zur Wehr setzen muß.

Die Projektion der Aggression aber gelingt nur unvollkommen und bei jeder Wiederholung sexueller Erregung wird das Subjekt unbewußt daran erinnert, daß das gefährliche Objekt weder in der innerpsychischen Realität noch in der Außenwelt endgültig unschädlich gemacht werden konnte. Denn eine mehrstufige Identifikation von Anteilen des Subjekts mit dem (konstruierten) Objekt macht eine »Lösung« des angstauslösenden Kreislaufs nahezu unmöglich: die Identifizierung mit dem im Außen konstruierten Angreifer, da dieser nach der Projektion Träger der sexuellen Empfindungen ist, die bei jedem Erregungsvorgang aufs Neue verspürt werden; die Identifizierung des eigenen bedrohlichen Inneren mit Weiblichkeit und Schwäche sowie eine Rück-Identifizierung der in das äußere Objekt projektiv hineingelegten Empfindungen von Wut, Aggression, aber auch von Lust, mit den eigenen sexuellen und (teilweise) mörderischen Impulsen. Eine derartige Rück-Identifizierung aber hält die Angst vor der eigenen Aggression auch nach der Projektion aufrecht und kann sie sogar noch verstärken. Daraus entsteht für den Mann, so lassen sich mit Kernberg die Folgen dieses komplizierten Vorgangs zusammenfassen, der rigorose Zwang, »dieses als bedrohlich erlebte Objekt unter Kontrolle [zu] halten, um zu verhindern, daß es ihn unter dem Einfluß (projizierter) aggressiver Impulse angreift; er muß das Objekt beherrschen und eher selbst angreifen, bevor er (wie er fürchtet) vom Objekt überwältigt und zerstört wird«.[69]

An dieser Gefahr, die vom Objekt und in sexueller Hinsicht insbesondere von der Vagina für den Mann auszugehen scheint, ändert auch

69 Kernberg (1978), *Borderline-Störungen und pathologischer Narzißmus*, S. 52. Zum Konzept der projektiven Identifizierung und seiner Weiterentwicklungen nach Melanie Klein vgl. auch ausführlich: Hinshelwood (1993), *Wörterbuch der kleinianischen Psychoanalyse*, S. 263–307.

die Tatsache nichts, daß Frauen eine ähnlich feindselige Einstellung zu ihrem eigenen Genital einnehmen können wie Männer. Simone de Beauvoir hat dieses Phänomen einmal drastisch zugespitzt mit folgenden Worten beschrieben: »Der weibliche Geschlechtsteil ist für die Frau selbst geheimnisvoll, versteckt, qualvoll, schleimig, feucht. Alle Monate blutet er, manchmal ist er feucht durchtränkt, er führt ein geheimes, gefahrbringendes Leben.«[70] Jenseits der hier nicht klärbaren Frage nach der empirischen Verbreitung lassen sich diese weiblichen Selbstwahrnehmungen in erster Linie sicher auf eine introjektive Übernahme der männlichen Projektionen einschließlich der in den weiblichen Körper vom Mann »deponierten« gefährlichen Stoffe zurückführen. Frauen neigen dazu, so versucht Rohde-Dachser dieses Phänomen auf dem Hintergrund ihrer klinischen-therapeutischen Erfahrungen mit Patientinnen zu erklären, »sich mit den ihnen angesonnenen Weiblichkeitsentwürfen zu identifizieren, und zwar auch mit dem ihnen zugeschriebenen ›Bösen‹: In ihrer komplementärnarzißtischen Identifikationsbereitschaft produziert die Frau für den Mann dann auch noch den Dämon, den dieser in ihr sehen möchte.«[71] – Der Mann fühlt sich dadurch möglicherweise noch bestätigt und deshalb trägt eine freiwillige oder erzwungene Übernahme seiner Projektionen durch die Frau nicht zu einer Dämpfung seiner signifikanten Angstbereitschaft bei. Die Angst des Mannes vor einem (Gegen-)Angriff gehört zu den integralen Bestandteilen seiner genitalen Sexualität und wird in jedem neuen Begierdefall aufgefrischt oder sogar verstärkt. Eine Unterwerfung unter den Mann bietet daher für die Frau garantiert keinen Schutz vor Übergriffen.

Die Angst des Mannes kann durch die Einnahme einer mit dem Abwehrmechanismus der projektiven Identifizierung eng zusammenhängenden paranoiden Abwehr-Kampf-Haltung in ein Motiv für gewalttätige Übergriffe transformiert werden. Da sich die (zunächst) innerpsychische Feindbildung auf die Wahrnehmung und die ambivalente Besetzung des weiblichen Genitals und damit auf den Fixpunkt und das »Gegenstück« zum Penis richtet, wird die dramatische, mit

70 Zit. nach Duerr (1990), *Intimität,* S. 205. »Die Frau lauert gleich einer fleischfressenden Pflanze, an der Insekten kleben bleiben, einem Sumpf, in dem Kinder versinken. Die ist ein Sog, ein feuchter Schröpfkopf, sie ist wie Pech und Vogelleim, eine unbewegliche, schmeichlerische, klebrige Lockung. Zum mindesten empfinden sie sich selbst dumpf auf diese Weise« (ebd.).

71 Rohde-Dachser (1991), *Expeditionen in den dunklen Kontinent,* S. 88. Mit der selbstbezichtigenden Annahme der männlichen Projektionen übernimmt die Frau, so Rohde-Dachser weiter, auch die männliche Vorstellung, »daß dieser Dämon gezähmt werden müsse und daß allein der Mann es ist, der dies bewerkstelligen könnte« (ebd.).

jeder neuen Sexualerregung verstärkte Dynamik der Perversion deutlich: Das Objekt muß nicht nur aufgrund der projizierten aggressiven Impulse, sondern weil es auch das Objekt von Lust und Begehren ist, in besonderem Maße unter Kontrolle gehalten werden. Die verwendeten Techniken zur »Lösung« dieses Dilemmas, Fragmentarisierung, Isolierung, Abwertung des Abgespaltenen, Projektion, Flucht oder Zerstörung usw., sind bekannt. Die Perversen versuchen sich aus einer mit der genitalen Sexualreifung verschärften Zwangslage ohne Einbuße an ihrer Männlichkeit zu befreien und deren Auswirkungen zu entgehen. Das Problem, das sich dem Perversen dabei stellt: Wie ist Sexualität praktisch möglich, ohne als Subjekt unterzugehen bzw. umgekehrt, in welcher Inszenierung kann das männliche Subjekt überleben und dennoch einigermaßen gefahrlos seine genitale Sexualität am weiblichen Objekt ausleben. Auch hier kommt dem Penis als zentralem Ausführungsorgan eine mehrfache Funktion zu, weshalb die Sicherstellung seiner Unversehrtheit im Mittelpunkt der das Überleben als Mann sichernden Maßnahmen steht.

Unter dieser Perspektive ist unser wiederholtes Insistieren auf der Fixierung des Mannes am genitalen Modus seiner sexuellen Befriedigung, deren Aufrechterhaltung gerade von den Perversionen bestätigt wird, insbesondere gegenüber Ansätzen notwendig, in denen die Perversionen auf nicht-sexuelle Rettungsversuche der Männlichkeit reduziert werden. Die zentrale Bedeutung des männlichen Genitals ergibt sich aus seiner Rolle als Organ der Erregung und der Abfuhr (Sexualität) sowie als Träger der Externalisierung und des Angriffs (Aggression). Die *projektive Identifizierung* als »Prototyp einer aggressiven Objektbeziehung« (M. Klein) richtet sich (nicht nur) im Falle der Perversionen vor allem auf den Penis und seine unbewußten Besetzungen, auf ein Organ also, mit dem nicht nur Lust erlangt, sondern zur Vermeidung von Unlust und zur Sicherung der narzißtischen Integrität auch ein Angriff gegen das erregend-feindselige Objekt geführt werden kann. Der phallische Sadismus bietet immer wieder neu die Gelegenheit, die als »böse« erlebten Teile des eigenen Ichs psychisch und somatisch in das (feindliche) Objekt mit dem Ziel hineinzuzwingen, es kontrollieren und beherrschen zu können. Die besondere Haß- und Aggressionskomponente männlicher Perverser ist nicht Ausdruck einer allgemeinen Feindseligkeit gegenüber Frauen *jenseits* der Sexualität, sondern dient der Absicherung einer (genitalen) Sexualität und der damit verbundenen Hoffnung auf Erhalt bzw. Reparatur der durch die weiblich konnotierten inneren und die scheinbar von der Frau ausgehenden äußeren Bedrohungen gefährdeten Männlichkeit.

Die Angst des Mannes vor dem weiblichen Geschlecht

Die Erscheinungsformen der Perversionen pendeln zwischen einer vollständigen Flucht vor der Vagina und direkter Gewaltausübung zum Zwecke der Zerstörung der weiblichen (und der eigenen) Sexualität. Die hinter beiden Extremen stehende Abscheu vor der Frau und ihrem Geschlecht ist vermutlich auch einer der Hauptgründe für den stereotypen Abschluß in den Skripten der üblichen Hardcore-Pornographie, in dessen dramaturgischem Mittelpunkt der verselbständigte Penis des männlichen Akteurs und des männlichen Porno-Konsumenten steht. Gleichgültig, ob es sich in den pornographischen Inszenierungen um vaginale, anale oder orale Penetrationen handelt, am Schluß steht eine deutlich sichtbare Ejakulation auf den Körper bzw. das – zumeist in lustvoller Dankbarkeit huldvoll verzückte – Gesicht der benutzten Frau. Für Lewandowski symbolisiert diese »Extrakorporalität der die pornographische Szene beschließenden Ejakulation (...) eine Art Wiederermächtigung des Mannes«[72], der sich oder seinen Penis zuvor im Körper der Frau zu verlieren schien. »Die Frau konnte zwar über seinen Penis verfügen und sich diesen einverleiben – dies mag unbewußte Verlustängste auslösen –, letztlich verschlingen konnte sie ihn aber nicht und auch seinen Samen kann sie sich nicht einverleiben« (ebd.). Die Erniedrigung der Frau zu einem weitgehend unter männlicher Kontrolle stehenden Objekt wird zur Bedingung für das Erleben von genitaler Endlust und zur Sicherung der Männlichkeit. Dazu gehört offenbar auch die Beendigung der buchstäblichen Container-Funktion des auf empfangsbereite Öffnungen reduzierten weiblichen Körpers. »Mit der extrakorporalen Ejakulation gewinnt der Mann die Kontrolle über sich und die Situation zurück: zugleich kann er auch die Frau kontrollieren *und* beschmutzen. Die in der Beschmutzung der Frau liegende Erniedrigung ermöglicht ihm, sich sowohl als Subjekt zu erhöhen bzw. seine souveräne Subjektivität wieder zu erlangen als auch sich an der Frau für den zuvor erlebten Verlust zu rächen« (ebd.).

Die Funktion der extrakorporalen Ejakulation reicht also über die Wiedererlangung der vom Verlust bedrohten Kontrolle hinaus, denn es geht auch um die Bekämpfung der Angst vor dem Verlust des Penis und um die Verhinderung eines Raubes des männlichen Samens nach dem (oralen) Modus der Einverleibung durch die Frau. Die Angst des

72 Lewandowski (2003), *Internetpornographie,* S. 320.

Mannes, der in den weiblichen Körper eingepflanzte Samen könne in eine (zusätzliche) Waffe der omnipotenten Frau gegen den Mann verwandelt werden, kann durch den Mechanismus der projektiven Identifizierung noch verstärkt werden. Der Mann beschmutzt nicht nur die Frau und markiert sie, gleichsam wie ein Hund bei der Absteckung seines Reviers, als das, was sie in seiner Phantasie immer schon ist: ein austauschbares Objekt mit einer seine (möglichst) ungetrübte Endlust sichernden Behälterfunktion. Die unbewußte Botschaft der extrakorporalen Ejakulation des (pornographischen) Mannes lautet aber auch: Seht her, sie konnte mir nichts anhaben, denn ich bin unversehrt (nicht-kastriert) und weder durch Blut o. ä. beschmutzt noch durch irgendeine andere Kontamination in meiner finalen Hauptfunktion beeinträchtigt. Der Penis wird wieder in den eigenen Körper zurückgeholt und die verschlingende Vagina wird symbolisch in einer Form nach außen gestülpt, die aus dem mit ihr identifizierten weiblichen Restkörper eine aufnehmende, aber für alle sicht- und damit kontrollierbare Oberfläche macht.

Dieser in der pornographischen Inszenierung in signifikanter Weise erkennbare Kreislauf muß sich immer wiederholen, da durch die projektive Identifizierung auch die Gefahr besteht, daß mit jedem Rückzug von der Frau und ihrem Geschlechtsteil die ihr angedichteten Gefahren und das in ihren Körper hineingezwungene »Böse« z. T. wieder in den Mann zurückkehren. Zudem wird bei jeder neuen sexuellen Annäherung an die Frau das innere Bedrohungsgefühl und damit der Projektions- und Identifizierungsvorgang wiederbelebt und wiederholt. Die »Schlüsselproblematik« der Angst des Mannes vor der Frau und ihrer Verarbeitung durch archaische Abwehrmechanismen ist also, so faßt Robert Bak die Freudsche Auffassung vom Auslöser des perversen Geschehens zusammen, »im Entsetzen vor dem weiblichen Genitale zu suchen«[73], wobei der eigentliche Auslöser in der regelmäßig und fast automatisch durch die sexuellen Reize der Frau und des weiblichen Körpers ausgelösten »phallisch-genitalen Erregung« (Khan) des heterosexuellen Mannes zu finden ist. Die Vielfalt der Perversionen weist auf unterschiedliche Wege bzw. lebensgeschichtlich erworbene Modi des Umgangs mit dieser Zwangslage hin.

Am Beispiel der Pädophilie hat Wolfgang Berner eine mögliche Variante genauer beschrieben: »Kohabitation wird von vielen Pädophilen bewußt vermieden, die Sexualangst verdichtet sich als Angst vor dem Eindringen. Sobald sie den erigierten Penis in die gefürchtete Vagina

73 Bak (1953), *Der Fetischismus*, S. 113.

eingeführt haben, verlieren sie die Erektion. Die Vagina wird (…) zum gefährlichen, verschlingenden Mund, der nichts vom Mann übrigläßt.«[74] Die Angst vor der animalischen Gier des weiblichen, hier insbesondere des mütterlichen Objekts löst die Angst vor Vernichtung, zumindest aber die vor der Kastration aus und bestimmt weitgehend den jeweils vorherrschenden »Typus der Objektwahl« (Freud). »Die Bevorzugung der zarten, kleinen Öffnungen bedeutet aber auch die Bevorzugung eines Objekts, das unterlegen ist und mit dessen Unterlegenheit man sich soweit identifizieren kann, daß man für sich selbst nichts mehr fürchten muß« (ebd.) Wiederum wird die projektive Identifizierung zum Mittelpunkt der Angstabwehr, wobei die Gewaltsamkeit, mit der vor der erwachsenen Frau und ihrem »abscheulichen« Genital ausweichend ein Kind zum verfügbaren Garanten eines angstfreien Sexualgenusses gemacht wird, von vielen Pädophilen abgestritten und heuchlerisch mit angeblicher Liebe und pädagogischer Fürsorglichkeit zu kaschieren versucht wird.

Je stärker aber die von der weiblichen Sexualität und der Vagina ausgehende Bedrohung erlebt und empfunden wird, desto umfassender (und gewaltförmiger) »muß« die Kontrolle über das Objekt sowohl in der Phantasie und erst recht in der perversen Praxis gestaltet werden, will der Mann seine phallisch-genitale Erregung ohne Vernichtungsangst befriedigen. Neben homosexuellen Praktiken – die hier nicht, wie in vielen psychoanalytischen Ansätzen üblich, einzig auf den Abscheu vor der Vagina zurückgeführt werden sollen – besteht für Männer mit einer starken Ausprägung dieser Schlüsselproblematik »nur« durch die Entwicklung einer Perversion die Möglichkeit, trotz panischer Angst vor der Vagina und dem Drang zum Ausweichen vor der Frau und vor ihrer Anerkennung als ein anderes, selbständiges sexuelles Subjekt, Sexualität überhaupt erlebbar zu machen. Was Schorsch und Becker am Beispiel der sadomasochistischen Deviation beschrieben haben, gilt im Grunde für alle Perversionen: der heterosexuelle Koitus wird

> »entweder ganz vermieden, oder er löst Impotenzreaktionen aus, oder er wird als relativ unbefriedigend erlebt oder kann schließlich nur unter Zuhilfenahme devianter Praktiken und Phantasien ausgeführt werden. Dieses Ausweichen gilt in der Regel nicht allein dem Koitus und dem weiblichen Genitale, sondern der Frau überhaupt, sofern sie potentiell sexuelle Ansprüche stellt. Das Unbehagen gilt der Frau, solange sie ein ›Sexualsubjekt‹ mit eigenen Wünschen

74 Berner (1996), *Imre Hermanns »Anklammerung«, die Pädophilie und eine neue Sicht der Triebe*, S. 1047.

ist, nicht mehr unbedingt, wenn sie zum ›Sexualobjekt‹ männlicher Wünsche geworden ist. Im Hintergrund dieses Unbehagens steht eine Angst vor der Frau bzw. der erwachsenen weiblichen Sexualität (...).«[75]

Der Perverse weicht also vor allem möglichen aus: vor der Frau, vor der Vagina, vor der weiblichen Lust und evtl. auch vor der Kopulation, aber auf keinen Fall vor seinem Anspruch auf genitale Endbefriedigung, auch wenn der Vollzug nicht immer störungsfrei zu verlaufen scheint. Die Perfektion der erdachten und umgesetzten perversen Arrangements weist sicher große Unterschiede auf, schwankt individuell von Fall zu Fall, von Perversion zu Perversion. Immer aber geht es darum, die Angst und den Ekel zu besiegen, um die eigene Form der Lust am fragmentierten, entpersönlichten, passiven und möglichst starren, am quasi-leblosen Objekt zu ermöglichen. Wie beschrieben veräußerlicht der Mann sein »inneres montiertes Objekt« und pflanzt mittels spezifischer Verrichtungen seine Angst in das von ihm nun in die Außenwelt verschobene und kontrollierte Objekt hinein.

Der Fall eines Exhibitionisten, der von dem französischen Psychoanalytiker Joël Dor berichtet wird, macht deutlich, wie zwanghaft das Kontrollbedürfnis ausgebildet und befriedigt werden »muß«, will er – allerdings aus einer gewissen sicher erscheinenden Distanz heraus – seine Angst vor dem Anblick des weiblichen Genitals durch rituelle Versicherungen seiner phallisch-genitalen Vollkommenheit besiegen. Es handelt sich um einen masturbierenden Exhibitionisten, der sich entlegene Telefonzellen für seine rituellen Aufführungen aussuchte. »Das Subjekt wartete, bis sein Opfer am Telefon sprach, um sich vor der Tür der Telefonzelle mit erigiertem Geschlecht zu präsentieren. Dann masturbierte er und fixierte dabei den Blick der Frau.«[76] Er genoß ganz offensichtlich den in seinen Augen faszinierten Blick der Frauen auf sein Geschlecht und ejakulierte schließlich in dem Moment gegen die Scheibe der Telefonzelle, wenn er glaubte, die Frau sei am »Gipfel ihres Schreckens« angelangt. »Eines Tages jedoch lief sein Szenario schief. Eine junge Frau, die zweifellos weniger hilflos war als die anderen, hat ihren Rock hochgehoben und hat sich gleichzeitig mit ihm masturbiert« (ebd.).

Diese unerwartete und bisher nie erlebte Reaktion löste einen Schock aus, beendete das inszenierte Spiel und die Situation entglitt. Der Prozeß des Genießens, der beim Exhibitionisten wie bei fast allen anderen

75 Schorsch/Becker (1977), *Angst, Lust, Zerstörung*, S. 59f.
76 Dor (1998), *Der Perverse und sein Genießen*, S. 107.

Perversen auch an Grausamkeit, d.h. an die physische und psychischen Qualen seines Objekts gebunden ist, kehrte sich gewissermaßen um. »Angesichts ihrer triumphierenden Lust schlug das Genießen des Masturbators unmittelbar in Scham um. Das Opfer wurde auf einen Schlag ›phallisch‹, da es ohne Penis zu genießen suchte, was nun der Inbegriff des Kastrationsschrecks war« (ebd.). Da sah sich der Exhibitionist, obwohl seine Lust eigentlich zerstört war, »gezwungen«, aus Rache und um die Kontrolle über die Situation wiederzugewinnen, seine Onanie bis zum Ende fortzusetzen und zur »Strafe« die demütigende Inszenierung zu verschärfen, indem er sein Sperma von der Tür des Telefonhäuschens aufleckte. »Da er nun, ohne es zu wollen, von der Position des Exhibitionisten zu der des Voyeurs übergegangen war, mußte er durch einen letzten perversen Akt mit der *Herausforderung* die Herrschaftssituation, um die er gebracht worden war, wieder geltend machen.«[77] – Der Perverse also versucht, so könnte man diesen Fall verallgemeinern, ein phallisch-narzißtisches *und* ein genitalsexuelles Genießen zu organisieren, das der durch die Eigenständigkeit des Objekts drohenden Angst vor Potenzverlust, Kastration oder einer anderen Form der Verstümmelung oder Vernichtung durch die omnipotente Beherrschung des Objekts entgeht.

Wenn wir die bisher genannten Funktionsbestimmungen der Perversionen zusammenfassen, ergibt sich im Kontext unserer Annahmen über die Bedeutung von Lust, Angst und Feindseligkeit für die Konstitution der männlichen Geschlechtsidentität folgendes Bild:

1. Ähnlich wie beim psychotischen Wahn und in den gewaltaffinen, paranoid getönten Abwehr-Kampf-Haltungen männlicher Jugendlicher überwiegen auch beim Zustandekommen der Perversionen die Rückgriffe auf archaische Abwehrmechanismen (Spaltungen, Projektionen, Introjektionen, Verleugnungen und projektive Identifizierungen).

2. Die Perversionen sind Ausdruck und Lösungsversuch des im sexuellen Männlichkeitsdilemma verdichteten Widerspruchs zwischen (phallischem) Autonomiewunsch und (libidinöser) Abhängigkeitsangst;

3. Das Hauptziel der perversen Phantasie und Praxis besteht nach der Errichtung des männlichen Genitalprimats in der Ermöglichung einer gefahrlosen, die Männlichkeit sichernden sexuellen Lust am zugleich angstauslösenden und daher abgewehrten (weiblichen) Objekt.

77 Ebd. Die Demütigung, die der Exhibitionist durch die Umkehrung der Situation empfunden hat, saß offenbar tief und wirkte lange nach, denn er beklagte sich später voller Empörung, seine ganze Erregtheit sei durch das »wilde Onanieren« (!) dieser Frau ruiniert worden.

4. Dem Hiatus zwischen dem Penis als sexuellem Exekutivorgan und dem anästhesierten männlichen Restkörper entspricht die projektive Reduktion der Frau auf den Status eines bloßen Objekts, d. h. eines Objekts ohne eigene Subjektivität sowie die ihres fragmenierten Körpers auf die mit Lust und Angst besetzte Vagina als primärem Zielort der männlichen Genitalität.

5. Die jeweilige Perversion erfüllt die Funktion einer »Plombe«, mit der die Risse in der narzißtischen Struktur gekittet und vor allem auch die Kluft zwischen dem Wunsch nach angstfreiem Genuß und den dafür erforderlichen, aber angstbesetzten Objekten gefüllt werden soll.

Sind Angst und Abscheu des Mannes vor der Vagina – und damit die bei jeder Genitalerregung wiederbelebte Angst vor Einbußen an der eigenen Männlichkeit – zu groß, besteht die Möglichkeit, die angestrebte genitale Erregung, Abfuhr und Befriedigung dennoch, und zwar auf *fetischistischem* Wege, mittels eines symbolischen oder realen Ersatzes zu erreichen. »Beim Fetischismus wird«, so die zusammenfassende Beschreibung von Louise Kaplan, »ein Gegenstand, wie ein Lederstiefel, ein Spitzenstrumpfbandgürtel oder ein blauer Samtmorgenrock, von einem Mann bewußt dazu benutzt, seine sexuelle Erregung zu steigern und zu einer Erektion zu gelangen – und damit seine Selbstachtung zu erhöhen.«[78] Der grundsätzlich fetischistische Charakter der männlichen Sexualität kann dann zur Ausbildung eines »echten« Fetischismus führen, wenn die üblichen Fragmentierungen des weiblichen Körpers sowie die Penis- und Vaginafixierung der gewöhnlichen Sexualpraxis des Mannes nicht (mehr) ausreichen, die Angst vor der Frau und dem durch ihre Sexualität bedingten Kontrollverlust zu überwinden.

> »Männern, die nicht so große Angst vor dem weiblichen Körper haben, mag es genügen, den Blick auf einen Körperteil ihrer Partnerin zu richten, den sie in der Phantasie zum Fetisch gemacht haben – den Glanz auf ihrer Nase, die Rundung ihres Halses oder das blasse Stückchen Knöchel zwischen dem Saum ihres langen schwarzen Rockes und ihren schwarzen Schuhen. Für den echten Fetischisten muß der Fetisch jedoch als Requisit unbedingt vorhanden sein. Er muß greifbar, sichtbar und unbelebt sein, einen Geruch haben und dem Fetischisten immer zur Verfügung stehen. Der Fetischist kann

78 Kaplan (1991), *Weibliche Perversionen*, S. 46. Stoller hebt am Fetischismus vor allem den feindseligen Charakter der Perversionen hervor: »Wer einen anderen Menschen in seiner Ganzheit nicht ertragen kann, zerstückelt – spaltet und entmenschlicht jenes Objekt (...).« Stoller (1979), *Perversion*, S. 171.

keine sexuellen Leistungen erbringen, wenn er selbst oder seine Partnerin den Fetisch nicht während des Vorspiels und beim Koitus trägt oder sich in anderer Weise damit befaßt« (S. 49).

Der Fetisch gehört zum sexuellen Körper und ist doch von ihm abgelöst, er repräsentiert die Weiblichkeit bzw. Details oder Teile des weiblichen Körpers und verspricht dem Mann aufgrund seiner phantasmatischen und praktischen Manipulierbarkeit eine ungefährdete, weil unter *seiner* Kontrolle stehende sexuelle Befriedigung. »Weil der Fetisch«, so beschreibt Kaplan diesen »Gewinn« für den Mann, »tatsächlich oder in der Phantasie, vom atmenden, reagierenden, fühlenden, pulsierenden, erlebenden Körper der Frau abgelöst ist, kann er, anders als die Frau selbst, kontrolliert und manipuliert werden« (S. 47). Als Ersatzobjekt ist der sexuelle Fetisch daher in besonderer Weise geeignet, die Funktion einer Plombe im defizitären, von tiefen Grundängsten geprägten sexuellen Erleben des Mannes zu übernehmen.

Die Phantasien und Handlungen aller Perversen sind gekennzeichnet durch eine spezifische Dynamik zwischen hochbesetzten einzelnen Teilen und dem ganzen Körper im Spannungsfeld der Geschlechterbeziehungen, und da immer irgendein (symbolischer oder realer) Fetisch benutzt wird, gilt der Fetischismus zu Recht als Prototyp aller Perversionen. Der Fetischismus zeigt mit seiner unerbittlichen Fixierung an das Objekt seiner Begierde – oder besser: an die objektale Bedingung seiner Begierde (denn was ist das eigentliche Sexualobjekt eines Fetischisten?) auf extreme Weise, wie dringend der Perverse auf »Objekte« zur Befriedigung seiner männlichen Sexualität angewiesen ist.[79] In erster Linie, und das macht den Fetischismus für unsere Untersuchung besonders interessant, stellt der Fetisch einen Flucht und Nähe zugleich repräsentierenden Ersatz für die lebendige ganze Frau und ihre bedrohlichen Anteile oder einen Ersatz für die gefürchteten (vornehmlich) weiblichen Genitalien dar. Der Fetischismus verkörpert in Extremform die in allen Perversionen und auch der »normalen« Sexualität vorhandene Tendenz des Mannes, seine sexuelle Unabhängigkeit vom »Objekt« Frau durch die Verlötung seines Begehrens mit einem Teilobjekt zu erkaufen.

79 Auch Kaplan sieht, ähnlich wie Stoller, die potentielle Gewaltförmigkeit des Fetischismus: »Je stärker das lebendige Verlangen als bedrohlich, gefährlich und unvorhersehbar empfunden wird, desto gründlicher muß der Fetisch oder das fetischisierte Objekt abgetötet werden oder desto weiter muß es von einem Menschen entfernt sein« (Kaplan, a. a. O., S. 46). – Auf diesen mitunter tödlichen Charakter der (nicht nur fetischistischen) Perversionen werden wir im nächsten Abschnitt wieder zurückkommen.

In seiner daseinsanalytischen Untersuchung über den *Sinn und Gehalt sexueller Perversionen* berichtet Medard Boss von einem Fetischisten mit einer Vorliebe für Leder, Pelze, Damenhandschuhe und -stiefel, dessen Fall die Herleitung des Fetischismus aus der Angst vor der Frau und dem Ausweichen vor der gefürchteten Vagina auf anschauliche Weise bestätigt.

> »Nackte Frauen, eine Frauenhand ohne Handschuh oder gar ein Frauenfuß ohne Stiefel bedeuten ihm sinnlich-sexuell gar nichts, sind ihm, wie er öfters sagte, wie leblose Fleischstücke in einem Metzgerladen. Ja, ein nackter Frauenfuß ist ihm sogar recht widerlich, wie denn überhaupt ein nackter Körperteil, die gewöhnliche Haut einer Frau ihm ›eher unangenehm‹ ist, für ihn ›etwas direkt Feindliches‹ an sich hat, ihn mit ›Mißtrauen‹ und manchmal mit einem ›richtigen Horror‹ erfüllt. Je mehr ein weiblicher Körperteil mit der Sexualität zu tun hat, die weibliche Brust z. B., oder je näher eine Körperpartie dem Geschlechtspol anatomisch gelegen ist, um so mehr macht ihn die Vorstellung einer konkreten Berührung mit ihm schaudern.«[80]

An einen sexuellen Kontakt mit Frauen wagt dieser in der antiken Mythologie bewanderte Altphilologe nur in Verbindung mit seinen Fetischen zu denken, die das »bösartige Konkrete eines gewöhnlichen Weibes« ins »Übermenschliche und Untermenschliche zugleich, in etwas Allumfassendes Göttliches« verwandeln.[81] Worum es bei der Umsetzung dieser schwülstigen Phantasien mit willigen, erst durch seine Fetische zu wahren Liebesgöttinnen emporgehobenen Partnerinnen geht, wird von Boss zumindest angedeutet: Nur unter der Bedingung, d. h. »entweder in alleiniger Gegenwart seiner Fetische, oder wenn sich seine Partnerin ihnen unterordnet«, übermannt diesen Fetischisten »seine eigene männliche Sinnlichkeit in höchstem Maße, er gerät in eine unbeschreiblich leiblich-sexuelle Erregung und ist in überdurchschnittlichem Grade potent« (S. 61). Sind diese Bedingungen nicht erfüllt, weicht die sinnliche Erregung der üblichen Abscheu vor dem Körper der Frau und ihrer eigenständigen Sexualität. Ohne seine Fetische war dieser Mann buchstäblich impotent.

---

80 Boss (1947), *Sinn und Gehalt der sexuellen Perversionen. Ein daseinsanalytischer Beitrag zur Psychopathologie des Phänomens der Liebe,* S. 60.

81 »Ein Stück Leder oder Fell, das eine Frau um sich legt, löscht die enge, widrige Körperkontur gänzlich aus, alles wird dann hell und licht, und du siehst bis in den Himmel hinein, und du glaubst, du hättest die Liebesgöttin in persona vor dir, die dich umarmt« (S. 61).

Dieser Fall ist für uns deshalb so aufschlußreich, weil die beiden von uns besonders betonten Charakteristika sowohl des normalen als auch des perversen männlichen Sexualgeschehens, die Angst vor dem Geschlecht der Frau und der Zwang zur kontrollierten Herbeiführung genitaler Erregung und Befriedigung, deutlich erkennbar sind. Mit einem nackten Frauenkörper assoziiert dieser Fetischist ausgelegte oder abgehangene »Fleischstücke aus einem Metzgerladen« und sein Ekel vor der Vagina, dem für ihn »schauderhaften Genitale« der Frau, kommt in einer Reihe von Träumen voller verfaulter, mit Würmern und Käfern befallenen Frauenleiber zum Ausdruck, aus denen Katzen und Schlangen heraus schlüpfen und ihn zu ersticken drohen.[82]

Die Sexualität des Fetischisten ist aber nicht nur durch die Fähigkeit zur Externalisierung von Ängsten sowie einer »Dialektik zwischen den Teilen und dem Ganzen« (Pankow) gekennzeichnet. Im Fetischismus drückt sich, wesentlich deutlicher als in allen übrigen Perversionen, eine (unbewußte) Wahrheit, eine Einheit von Wissen und Nicht-Wissen im Umgang des Mannes mit der Geschlechterdifferenz aus. Der Fetischist »weiß«, das sein erwähltes (Teil-)Objekt nicht die Vagina *ist* und gerade deshalb höchsten sexuellen Genuß verspricht. Er weiß aber nicht, daß er die Angst, die unbewußt mit der Vagina verknüpft bleibt, auch durch die Verschiebung seiner Libido nicht vollends loswerden kann und nun eine Objektabhängigkeit mit größerer Unerbittlichkeit als je zuvor eingetreten ist und sein Begehren ihn durch das auserwählte Objekt immer wieder in die Nähe der Frau und des weiblichen Körpers zurückbringt. Das liegt zum einen an der Wahl des Fetischs, der als »Ersatz für das Sexualobjekt« nur vordergründig den beruhigenden Anschein erweckt, mit der »gefährlichen« Sexualität der Frau nichts zu tun zu haben. Nach Freud handelt es sich um einen »im allgemeinen für sexuelle Zwecke sehr wenig geeigneten Körperteil (Fuß, Haar) oder ein unbelebtes Objekt«, welches aber immer »in nachweisbarer Relation mit der Sexualperson, am besten mit der Sexualität derselben steht (Stücke der Kleidung, weiße Wäsche).«[83] Zum anderen wird der Fetisch ja häufig gerade dazu benutzt, wie wir an dem von Boss beschriebenen Fall eines Pelz-, Leder und Schuhfetischisten gesehen haben, einen »geschützten« Zugang zu dem Körper der Frau zu finden. Der Feti-

82 Vgl. ebd., S. 63. Die offensichtliche Angst vor der Frau und dem weiblichen Genital leitet Boss übrigens nicht aus den für ihn »profanen« Kastrations- oder anderen unbewußten Ängsten ab, sondern, ganz im Sinne der Daseinsanalytik Heideggers, aus einer »Urangst«, als »kennzeichnende Grundbefindlichkeit« des »auf sich selbst zurückgeworfenen, isolierten Daseins« (S. 66).

83 Freud (1905), *Drei Abhandlungen zur Sexualtheorie*, S, 52.

schist macht, wie Freud einmal gesagt hat, die Frau erst durch seinen Fetisch als Sexualobjekt erträglich. Der Fetischist versucht, ähnlich wie alle übrigen Perversionen auch, den objektgebundenen Zwängen des Männlichkeitsdilemmas dadurch zu entgehen, indem er die Organisation seiner Sexualität gewissermaßen hinter die Wahrnehmung und Anerkennung des Geschlechtsunterschieds zurückfallen läßt. Er leugnet nicht die Abhängigkeit vom Objekt, die noch in den entfremdetsten fetischistischen Inszenierungen deutlich zu erkennen ist, aber was er mit großem Aufwand zu verleugnen versucht, ist die Gestalt der Vagina und damit den Ursprung seines verhüllenden »Taschenspielertricks«.[84]

Nach Joyce McDougall ist der Perverse überzeugt, das »Geheimnis der Sexualität« zu kennen und in seinen sexuellen Handlungen aufzuführen – doch worin liegt das »Geheimnis« der perversen (insbesondere der fetischistischen) Inszenierungen? Dieses Geheimnis, so führt McDougall diesen Gedanken weiter aus, »läßt sich auf die relativ einfache Behauptung reduzieren, daß es keinen Unterschied zwischen den Geschlechtern gibt«.[85] Erneut begegnet uns die Einheit von Wissen und Nicht-Wissen, denn der Perverse leugnet nicht die »Unterschiede zwischen den Geschlechtern, die man äußerlich wahrnehmen kann, doch sie sind ohne Bedeutung. Vor allem aber sind sie weder die Ursache noch die Bedingung des sexuellen Begehrens« (ebd.). Auch für Joël Dor ist der Perverse ein verblendeter »Gefangener einer unmöglichen Begehrensökonomie«, der durch seine skurrilen Arrangements versucht, »die Existenz eines Jenseits des Geschlechtsunterschieds zu beweisen«.[86]

In der psychoanalytischen Literatur zu den Perversionen finden wir immer wieder Bestätigungen dieser Grundthese, das unbewußte Motiv der Fetischisten und aller Perversionen bestehe in jener, von der phallischen Ausrichtung der männlichen Sexualität diktierten Leugnung des anatomischen Geschlechtsunterschieds. Mit dieser Dialektik von Verleugnung und Anerkennung sehen wir die von uns hervorgehobene, von den Perversen ähnlich wie von den Psychotikern bevorzugte Ver-

84 »Der Perverse ist nacheinander Stratege, Zauberkünstler, Spieler und Regisseur hypnotisierender Taschenspielertricks (...). Auf dem Gipfel seiner Inszenierung entdeckt der Perverse in der Tat mit Schrecken und Angst die Grenze seiner imaginären Montage. Er scheitert da, wo er sich einbildet, endlich zu meistern, was ihn umtreibt, und wo er sich vormacht, er würde dahin gelangen, indem er seinen Partner hintergeht.« Dor (1998), *Der Perverse und sein Genießen*, S. 99. – Außer in Fällen einverständlicher Verabredung ist allerdings die Bezeichnung der von Haß und (mehr oder weniger offener) Gewalt bestimmten Bezugnahmen des Perversen auf sein Objekt als »Partnerschaft« eine euphemistische Umschreibung.

85 McDougall (1989), *Plädoyer für eine gewisse Anormalität*, S. 68.

86 Dor (1998), *Der Perverse und sein Genießen*, S. 99 f.

wendung archaischer Abwehrmechanismen bestätigt und nähern uns mit der Leugnung des Unterschieds zwischen den Geschlechtern dem nach Auffassung vieler Psychoanalytikerinnen und Psychoanalytiker eigentlichen Schlüssel des perversen Geheimnisses an. »Der Fetischist ›weiß‹ und ›weiß nicht‹, daß die Mutter (die Frau) keinen Penis hat«, und für Janine Chasseguet-Smirgel erfüllen diese im Unbewußten nebeneinander existierenden und die Wahrnehmung steuernden Einstellungen eine zentrale Funktion: »Der Fetisch dient dazu, den schrecklichen Anblick der penislosen weiblichen Genitalorgane zu *leugnen,* doch ein Teil des Subjekts weiß sehr gut, daß die Frau keinen Penis *hat* (der Fetischist deliriert nicht).«[87]

Die meisten klassischen, auf Freud zurückgehenden Ansätze führen diesen im Fetisch verkörperten Kompromiß aus Anerkennung und Leugnung auf die *Kastrationsangst* und ihre Verarbeitung zurück. Die Feindseligkeit gegenüber der Frau wird aus der vorherrschenden »Abscheu vor dem verstümmelten Geschlecht« (Freud) abgeleitet und soll in erster Linie dem Selbstschutz des Mannes und dem seines Geschlechtsorgans dienen.[88] Der Fetisch ist demnach ein der Kastrationsangst entsprungenes Symbol für den (eigenen) Penis, der imaginär an die Stelle der Vagina gerückt wird – insofern repräsentiert der Fetisch nicht die Vagina an sich, sondern die »phallische« Vagina. Der Kompromiß des Fetischisten zwischen der (unerwünschten) Wahrnehmung der Penislosigkeit der Frau und dem aus der Leugnung ihrer vorgeblichen Kastriertheit hervorgehenden Gegenwunsch unterliegt für Freud der »Herrschaft unbewußter Denkgesetze« (Primärvorgang) nach der Logik: »Ja, das Weib hat im Psychischen dennoch einen Penis, aber dieser Penis ist nicht mehr dasselbe, das er früher war. Etwas anderes ist an seine Stelle getreten, ist sozusagen zu seinem Ersatz ernannt worden und ist nun das Erbe des Interesses, das sich dem früheren zugewendet hatte.«[89] Der Fetisch gilt Freud als »Ersatz für den Phallus des Weibes (der Mutter), an den das Knäblein geglaubt hat« und auf den

87 Chasseguet-Smirgel (1989), *Anatomie der menschlichen Perversion,* S. 11 f. Damit wird unsere Abgrenzung der im Wahn und in den Perversionen vorherrschenden archaischen Abwehrmechanismen von dem Verdrängungsvorgang der Neurosen erneut bestätigt: »Diese doppelte Einstellung weist auf eine *Spaltung des Ichs* hin. *Abspaltung und Verleugnung* sind miteinander gekoppelte Mechanismen, die man bei der Perversion findet, während das Modell der neurotischen Abwehrmechanismen die Verdrängung ist« (ebd., S. 12).

88 »Die Geringschätzung des Weibes, die Abneigung gegen dasselbe, ja der Abscheu vor ihm, leiten sich in der Regel von der früh gemachten Entdeckung ab, daß das Weib keinen Penis besitzt.« Freud (1922), *Über einige neurotische Mechanismen bei Eifersucht, Paranoia und Homosexualität,* S. 205.

89 Freud (1927b), *Fetischismus,* S. 313.

es aufgrund der Angst davor, ähnlich verstümmelt zu werden, »nicht verzichten will« (S. 312). Dieser »Kastrationsschreck« trete automatisch, wenn auch durch elterliche Kastrationsdrohungen verstärkt, beim Anblick des nackten weiblichen Körpers auf und bleibe daher »keinem männlichen Wesen erspart«.[90]

Wenn es dem fetischistischen Mann gelinge, einen nach dem »Normalvorbild« des männlichen Penis gebildeten Ersatz für den Phallus der Frau zu schaffen und in seine Wahrnehmungsstruktur, in die Repräsentanzen (Imagines) der Weiblichkeit und in die Welt seiner sexuellen Empfindungen hinein zu montieren, dann habe er sein Ziel, den »Triumph über die Kastration« (Freud), erreicht. Dieser Selbstschutzmechanismus entlastet den Mann zwar vordergründig, befreit ihn aber nicht von seiner ambivalenten bis feindseligen Einstellung zur weiblichen Sexualität, denn nun entsteht ein neues Dilemma: Die Frau wird unbewußt als Anhängsel des Fetischs wahrgenommen und zudem verschafft ihr das imaginäre Andichten eines eigenen Penis einen (phallischen) Machtzuwachs, der einer Wiederherstellung der überwunden geglaubten mütterlichen Allmacht gleicht, aus deren Einfluß sich der Junge gerade durch die idealisierende Besetzung seiner anatomischen Unterschiedenheit gelöst zu haben glaubt.[91] Dieses Dilemma verdichtet sich in der widersprüchlichen, furchterregenden männlichen Vorstellung einer penislosen Frau mit einer zugleich vaginalen, kastrierenden Potenz.[92]

Sicher ist es falsch, diese stellvertretend am Fetischismus vorgenommene Ableitung der Perversionen aus der männlichen Kastrationsangst zusammen mit der gesamten Lehre von der phallischen Phase und

90 Ebd., S. 314. Die Logik dieser irrationalen Leugnung einer ansonsten »normal« funktionierenden Wahrnehmungsfähigkeit entspringt elementaren unbewußten Selbsterhaltungsinteressen: »Nein, das kann nicht wahr sein, denn wenn das Weib kastriert ist, ist sein eigener Penisbesitz bedroht, und dagegen sträubt sich das Stück Narzißmus, mit dem die Natur vorsorglich gerade dieses Organ ausgestattet hat« (S. 312).

91 Das Schreckgespenst des Medusenhauptes als symbolische Darstellung der Angst des Mannes vor der Vagina betrifft ja weniger die Kastriertheit der Frau als die (unersättliche) Fähigkeit ihres Genitals, ähnlich wie die (alten und zugleich verführerisch jungen) Fuchsfrauen in den Begleitmythen des chinesischen Koro-Phänomens, selbst zu kastrieren. »Es ist durchaus *nicht* das kastrierte Genitale der Mutter, das sie, wie Freud meint, abschreckend ausstellt, sondern (...) das Symbol der männlichen Furcht vor ihrer nichtkastrierten schrecklichen sexuellen Potenz.« Theweleit (1977), *Männerphantasien Bd. 1*, S. 250.

92 Der Fetisch kann manipuliert und beherrscht werden, nicht aber die Frau, es sei denn – und darauf läuft in letzter Konsequenz, ähnlich wie bei allen übrigen Perversionen, auch dieser »Lösungsversuch« des männlichen Dilemmas hinaus –, die Frau wird (»notfalls«) durch die Anwendung von Gewalt gefügig gemacht und damit ihr Status als Subjekt mit einer eigenständigen Sexualität zerstört.

dem Ödipus-Komplex einfach ad acta zu legen und dem Mainstream der neueren, an der Präödipalität und der frühen Mutter-Kind-Beziehung orientierten psychoanalytischen Strömungen (Narzißmustheorie, Selbstpsychologie, Bindungstheorie, Objektbeziehungstheorie) zu opfern. Allerdings ist eine Kritik an der Kastrationstheorie berechtigt und notwendig, insbesondere wenn sie exklusiv als umfassendes und monokausales Erklärungsmodell verwendet wird. Ähnlich wie Chasseguet-Smirgel halten wir die klassische, phallozentristische Konzeption Freuds daher für »unzulänglich zur Erklärung des Fetischismus, den sie als gleichwesentlich mit der Kastrationsproblematik im engen Sinne betrachtet, angewandt auf den Anblick der weiblichen Genitalorgane (…).«[93] Rufen wir uns noch einmal (vgl. zweiter Teil) die zunächst von feministischer Seite aufgeworfene Kritik an Freuds phallischem Monismus und seiner damit einhergehenden Biologisierung des Geschlechterverhältnisses in Erinnerung. Die Behauptung, Jungen und Männer würden beim bloßen Anblick des »verkümmerten« weiblichen Genitals ähnlich schicksalsschwer dem Kastrationsschreck verfallen wie umgekehrt die Mädchen beim Anblick des männlichen Geschlechts dem Penisneid, ist Ausdruck einer ontologischen Re-Mythologisierung der gesellschaftlich bestimmten Organisation des Geschlechterverhältnisses. Das phallozentristische Postulat nur *eines* sexuellen Leitorgans für beide Geschlechter reicht als Begründung der Ursachen und Motive der typisch männlichen Kombination einer Hochschätzung des Penis und einer allgemeinen Geringschätzung der Frau und der Vagina aber sicher nicht aus.[94]

Nehmen wir die Kastrationsdrohung und die Kastrationsangst während der phallischen Phase allerdings nicht buchstäblich und betrachten sie vor allem ebensowenig als *die* Urszene der normalen und der perversen Sexualität des Mannes wie den Penisneid des Mädchens als Dreh- und Angelpunkt der weiblichen Geschlechtsidentität, lassen sich im Umgang mit und der Verarbeitung von elementaren Ängsten wichtige Anhaltspunkte finden, die auf eine Kontinuität von ähnlichen, bereits erlebten Trennungs-, Abspaltungs- und Projektionserfahrungen verweisen, die unter dem Einfluß neuer Erfahrungen gebündelt werden und wie in einer Schnittstelle in der Kastrationsproblematik zusammen-

93 Chasseguet-Smirgel (1989), *Anatomie der menschlichen Perversion,* S. 236.

94 Ein Beispiel für eine solche Reduktion findet sich bei McDougall: »Die Urszene, die der Perverse neu schreibt, verdient Beachtung. Obwohl das Dekor, die Schauspieler und die Objekte sich beträchtlich unterscheiden können, ist das Thema unveränderlich. Es ist das Drama der Kastration und die Bewältigung der Angst vor ihr.« McDougall (1989), *Plädoyer für eine gewisse Anormalität,* S. 68.

laufen. Auch in der Frage nach den Ursachen der Perversionen müssen wir uns vehement gegen ein in neueren psychoanalytischen Ansätzen verbreitetes, mit Exklusivitätsansprüchen verbundenes Ausspielen (früher) Trennungsängste gegen (spätere) Kastrationsängste wenden, denn die Auffassungen, so die treffende Kritik von Chasseguet-Smirgel, »die den Nachdruck auf die Trennungsangst und weniger auf die Kastrationsangst legen, berücksichtigen zwar wichtige Elemente der Klinik, verkennen aber unserer Meinung nach die Verbindungen, die organisch zwischen diesen beiden Angstformen bestehen«.[95] Um diese Verbindungen und deren unbewußte Niederschläge zu verstehen, müssen wir erneut auf Freuds *Konzept der Nachträglichkeit* zurückgreifen. Die Kastrationsproblematik erhält ihre Wirkung und ihren dramatischen Charakter erst durch die später erfolgende nachträgliche Aufladung mit den allgemeinen Verarbeitungen spezifischer Grunderfahrungen von Bindung, Trennung und Verlust, die, wie im zweiten Teil ausführlich gezeigt, in engem Zusammenhang mit der Konstitution der (männlichen) Sexualität im Medium früher objektgebundener Triebschicksale stehen.

Zudem haben Eberhard Schorsch und seine Mitarbeiterinnen und Mitarbeiter im Rahmen eines mehrjährigen Forschungsprojekts an der Abteilung für Sexualforschung der Universitätsklinik in Hamburg-Eppendorf über die psychodynamischen Hintergründe und die psychotherapeutischen Behandlungsmöglichkeiten straffällig gewordener Perverser erkannt, daß »in der phallisch-narzißtischen Phase mit Beginn der ödipalen Konfliktkonstellation (...) *frühe Ängste* aktualisiert werden, die die phasenspezifische Kastrationsangst verstärken«.[96] Sie haben von diesen archaischen Ängsten vier herausgehoben, die in besonderer Weise in die Kastrationsangst einmünden: Vernichtungs- und Todesängste, Trennungs- und Verschmelzungsängste, Kontrollverlustängste und spezifische Körper-Ich-Ängste, »die sich auf den eigenen Körper, seine Vollständigkeit und Unversehrtheit richten« (ebd.). Unter dieser Perspektive müssen die spezifischen, durch die Entwicklung des Fetischismus oder anderer Perversionen abgewehrte Ängste als mehrfach determiniert erkannt und analysiert werden. Die Relevanz dieses Forschungsbeitrags von Schorsch u. a. bezieht sich übrigens nicht nur auf die hochaktuelle Frage nach dem Umgang mit Sexualstraftätern auf dem Hintergrund ihrer perversen Symptomatik. Aufschlußreich ist dieses Untersuchungsprojekt auch deshalb, weil die Ergebnisse unsere trieb- und objekttheoretischen Befunde über die Bedeutung der Weib-

95 Chasseguet-Smirgel (1989), *Anatomie der menschlichen Perversion*, S. 236.
96 Schorsch u. a. (1985), *Perversion als Straftat. Dynamik und Psychotherapie*, S. 50.

lichkeitsabwehr für eine störanfällige, an genitale Vollwertigkeit und soziale Potenz gleichermaßen gebundene männliche Geschlechtsidentität empirisch bestätigen: »Auf einer mehr *phänomenologischen Ebene* verdichten sich Männlichkeitsproblematik und -ängste bei diesen Patienten in der Regel in der – mehr oder minder bewußten oder auch weitgehend abgewehrten – *Angst vor der erwachsenen Frau* bzw. der weiblichen Sexualität« (ebd.). In dieser Angst sehen Schorsch und seine Mitarbeiterinnen und Mitarbeiter den gemeinsamen Nenner der ansonsten unterschiedlichen perversen Symptomatiken, deren ritualisiertes Ausagieren »mit einem intensiven Erleben von Potenz, Männlichkeit, Mächtigkeit« einhergeht (S. 38).

Mit Stoller können wir diesen gemeinsamen Nenner ubiquitärer Männerängste noch genauer präzisieren: »Der Grundzug dieser Perversionen ist gerade die Erhaltung der Männlichkeit. Diese Männer sichern sich mit Hilfe der Perversion die Potenz ihres Penis: den Kern ihrer Männlichkeit.«[97] Angesichts dieser allgemeinen Männlichkeitsproblematik wird auch von Stoller betont, daß in der Kastrationsangst mehr befürchtet wird als der rein physische Verlust des Genitals. »Eher scheint diese Angst auf einen tieferen Verlust hinzudeuten: daß man nicht mehr zur Gruppe der Männer gehört, wovon man doch im Kern seines Wesens überzeugt ist« (S. 104). Also verdichten sich in der Kastrationsangst phasenspezifisch signifikante alte und neue, als Angriff auf die männliche Potenz und Autonomie erlebte Ängste. Auch wenn die Kastrationsangst nicht als die Hauptursache der Perversionen gelten kann, gehört sie doch, zumindest auf phänomenologischer Ebene, zu den wichtigsten Ausdrucksformen männlicher Sexualängste. Impotenz- und Kastrationsangst zählen zu den typischen Erscheinungsformen der gesellschaftlich und kulturell verstärkten Angst, kein »richtiger« Mann mit einer vollwertigen und intakten Genitalität zu sein.

Im Zusammenhang mit der Frage nach der ätiologischen Bedeutung der Kastrationsproblematik für die Perversionen muß ein weiterer Topos der klassischen psychoanalytischer Perversionstheorien diskutiert und hinterfragt werden, nämlich die Definition der Perversionen als das Ergebnis spezifischer *Regressionsvorgänge.* »Aus dieser Perspektive«, so fassen Laplanche und Pontalis diese ebenfalls auf Freud zurückgehende Position zusammen, »erscheint die erwachsene Perversion als

97 Stoller (1979), *Perversion,* S. 195. Selbst das unbewußte Motiv von Transvestiten besteht für Stoller nicht im Wunsch nach einer tatsächlichen Geschlechtsumwandlung, sondern in der Bestätigung seiner Männlichkeit durch die triumphale Gewißheit, einen Penis unter den Frauenkleidern zu besitzen, mit dem »er eine Erektion erreichen kann, also bei einer Frau Erfolg hat, wenn er eigentlich hätte versagen sollen« (S. 111).

die Persistenz oder das Wiederauftreten eines partiellen Elements der Sexualität.«[98] Dieses Wiederauftauchen besteht in einer regressiven Mobilisierung prägenitaler (bzw. präphallischer) Partialtriebäußerungen der polymorph-perversen Frühzeit der infantilen Sexualität. »Als Freud später innerhalb der infantilen Sexualität libidinöse Organisationsstufen und eine Entwicklung in der Objektwahl anerkennt, wird es möglich, diese Definition (Fixierung auf einer Stufe, an einen Typus der Objektwahl) zu präzisieren: Die Perversion ist eine Regression auf eine frühere Fixierung der Libido« (ebd.). Das Vorherrschen bestimmter Partialtriebkomponenten, die Bevorzugung damit verbundener erogener Zonen als Quelle sexueller Erregungsbereitschaft und das davon abhängige »Organisationsniveau der im Sexualverhalten enthaltenen Objektbeziehungen« (Kernberg) dokumentiert zweifellos den regressiven Charakter, der alle Perversionen auszeichnet. Aber die allgemein verbreitete Annahme, das Motiv dieses Regressionsvorgangs liege in der Verhinderung bzw. Vermeidung der genitalen Sexualität, können wir nicht bestätigen: Es gibt vorgezeichnete Bahnen, in die Männer im Falle aktueller, ihre Männlichkeit und die damit verbundene genitale Vollwertigkeit gefährdenden Krisen regressiv hineingleiten, aber das Ziel besteht gerade *nicht* im Ausweichen vor der Genitalität.[99] Auch der von Chasseguet-Smirgel angesprochene Versuch des perversen Mannes, das mit der Genitalität verbundene »Universum der Geschlechterunterschiede« zu verleugnen, mündet nicht in dem Verzicht auf einen Anspruch auf genitale Erregung und Befriedigung. Der Perverse weicht, um es noch einmal zu betonen, vor der Frau, ihrer Sexualität und ihrer Vagina, nicht aber vor der genitalen Organisation seiner eigenen Sexualität aus. Daher können wir auch Chasseguet-Smirgel nicht zustimmen, wenn sie als Hauptstrategie der perversen Regressionen (ausschließlich) die »Reduktion der Genitalität – der genitalen Urszene, der Vagina der Mutter und des genitalen Penis der Vaters« auf die Analität, d. h. eine »Homogenisierung« aller genitalen und prägenitalen Erscheinungen der männlichen Sexualität unter analen Vorzeichen betrachtet.[100]

Sicherlich müssen die spezifischen Verbindungen der Perversionen mit den libidinösen und sadistischen Komponenten der Analität, die im

98 Laplanche/Pontalis (1972), *Das Vokabular der Psychoanalyse,* S. 379.

99 Daher können wir die von Kernberg zusammengefaßte Freudsche Definition der Perversion als eine »Regression oder Fixierung auf einen prägenitalen Partialtrieb«, mit der »die Stelle einer durch Kastrationsangst blockierten genitalen Sexualität« eingenommen wird, nicht teilen. Kernberg (1997), *Wut und Haß. Über die Bedeutung von Aggression bei Persönlichkeitsstörungen und sexuellen Perversionen,* S. 328.

100 Chasseguet-Smirgel (1989), *Anatomie der menschliche Perversion,* S. 241.

Mittelpunkt der Beiträge Chasseguet-Smirgels zur psychoanalytischen Perversionsforschung stehen, zur Erweiterung des klassischen Erklärungsspektrums der Perversionen herangezogen werden. Problematisch allerdings ist, wenn die anale Regression zur alleinigen Ursache der Perversionen erklärt und ihr Hauptmotiv in einem Ausweichen vor den Positionen des Ödipus-Komplexes und der mit ihm sich durchzusetzen beginnenden phallischen Genitalität gesehen wird.[101] Die Perversionen sind ebenso wie die mit ihnen abgewehrten Ängste vor der Frau mehrfach determiniert und deshalb, mit Ausnahme seltener klinischer Einzelfälle, weder auf eine ihrer Komponenten noch monokausal auf eine isolierbare Ursache zurückführbar. Ein gegenseitiges Ausspielen der Symbioseangst gegen die Kastrationsangst, der Analität gegen die Genitalität, des Narzißmus gegen den Trieb usw. im Kampf um das Erklärungsmonopol männlicher Angstbereitschaften macht auch bei den Perversionen wenig Sinn und verkürzt die Komplexität der ambivalenten, mehr oder weniger feindseligen Bezugnahmen des Mannes auf den weiblichen Körper um entscheidende Dimensionen – wobei es in den zur Zeit gängigen Theorien meistens die Sexualität ist, die dabei auf der Strecke bleibt.

Die Gefahr, die hinter derartigen Verkürzungen lauert, kann exemplarisch an dem Versuch einer Herleitung der in den Perversionen verdichteten Abwehrhaltung gegenüber der Vagina aus einer frühen traumatischen Grunderfahrung verdeutlicht werden. Der Psychoanalytiker und Freud-Schüler Otto Rank versucht, die Herkunft der Perversionen in seine Theorie vom existentiell grundlegenden und alle Lebenserscheinungen prägenden »Geburtstrauma« einzuordnen und damit auf eine »infantile Ursituation« zurückzuführen. Anknüpfend an Freuds und Ferenczis Vergleich des männlichen Eindringens in die Vagina mit einer partiellen Rückkehr in den Mutterleib sieht Rank den unbewußten Sinn der Perversionen in einer Annäherung an den »Zustand der (polymorph-perversen) Urlustsituation« des vorgeburtlichen Zustandes.[102] Die einzelnen Perversionsformen ergeben sich für ihn aus einer spezifisch regressiven Verarbeitung besonders bedeutsam ge-

101 Problematisch ist diese Generalisierung der analen Genese der Perversion auch deshalb, weil Chasseguet-Smirgel dieses Ausweichen vor dem Ödipus-Schicksal – und damit vor der genitalen Ausrichtung der gesamten männlichen Sexualität – als Kompensation der aus seiner frühen Unvollkommenheit folgenden Kränkung wertet, d. h.: »jeder Mensch will seine alte narzißtische Verwundung vernarben lassen, entstanden aus einer primären Ohnmacht und der sexuellen Unzulänglichkeit in der Beziehung zum ödipalen Objekt« (ebd., S. 164).

102 Rank (1923), *Das Trauma der Geburt und seine Bedeutung für die Psychoanalyse*, S. 34.

wordener Teilerfahrungen dieser Ursituation vor dem Erleiden des Geburtstraumas. Der Exhibitionismus läßt sich dann als Rückkehr in den »paradiesischen Urzustand der Nacktheit« (ebd.) im Mutterleib (!), der Fetischismus als Suche nach einem Ersatz des als traumatisch erlebten und nun angstbesetzten Genitals, der Masochismus als eine »Umwandlung der Geburtsschmerzen (...) in lustvolle Empfindungen« (S. 35) und der Sadismus als Ausagieren der infantilen Neugierde, wie es wohl im Innern jener Person aussieht, der auch der Sadist einmal entsprungen ist usw. deuten.[103] Diese und eine Vielzahl ähnlich vereinfachender Positionen machen deutlich, daß weder die Kastrationsproblematik noch die Analisierung des Phallus oder gar das Geburtstrauma für sich genommen als Determinanten für die Entstehung männlicher Perversionen ausreichen.

Allerdings wird in den perversionstheoretischen Ansätzen von Freud, Rank und Chasseguet-Smirgel die Qualität der jeweils vorherrschenden Objektbeziehungen nicht von ihrer (triebgebundenen) sexuellen Dimension getrennt. Anders verhält es sich mit jenen modernen psychoanalytischen und daran orientierten Positionen, die glauben, das für veraltet erklärte Kastrations-Paradigma erfolgreich durch die Herleitung der Perversionen aus Störungen der (als nicht-sexuelle gefaßten) prä-ödipalen Mutter-Kind-Beziehung überwinden zu können. Wir haben uns mit diesen neueren narzißmus- und objektbeziehungstheoretischen Ansätzen und ihrem begrenzten Erklärungswert bereits am Beispiel von Gilmores Herleitung der allgegenwärtigen, betont aggressiven Männlichkeitsformen aus der Abwehr regressiver, angstauslösender Symbiosewünsche und der genitalzentrierten männlichen Geschlechtsidentität aus dem Zwang zur Ent-Identifizierung von der frühen Mutter auseinandergesetzt. Wir werden auf diese Ansätze noch einmal im Rahmen einer kritischen Auseinandersetzung mit der inzwischen zum Mainstream gehörenden fast vollständigen Eliminierung der Sexualitätsdimension aus den Diskursen über sexuelle Gewaltphänomene zurückkommen. Daher hier nur so viel: Die verbindende Grundannahme dieser (ansonsten durchaus heterogenen) Ansätze beruht auf der für fundamental gehaltenen Bedeutung des mit der frühen Mutter-Kind-Symbiose und ihrer Auflösung verbundenen Zwangs zur Ent-

103 Mit dieser Reduktion aller späteren normalen und abweichenden Erscheinungen auf die Verarbeitung des Geburtstraumas ist eine weitere Verkennung, eine bizarre, monokausale Herleitung auch von gesellschaftspolitischen Entwicklungen verbunden, die für unsere Suche nach den Wurzeln der feindseligen Haltung des Mannes gegenüber der Frau aufschlußreich ist: Rank leitet auch die soziale und intellektuelle Herabsetzung der Frau aus der männlichen »Urverdrängung« ab, die sich auf ihre ursprünglich verantwortliche Rolle beim Geburtstrauma bezieht (ebd., S. 37).

Identifizierung des Jungen. Die Ausbildung von Perversionen biete laut McDougall einen Schutz »gegen die überwältigende Abhängigkeit von der Imago der Mutter und gegen das ebenso gefährliche Begehren, sich mit ihr zu vereinigen.«[104] Der sexuelle Fetisch gilt demnach als ein phallisches Bollwerk gegen die frühe Mutter und damit zugleich als Symbol für die Unfähigkeit, sich aus der primären Identifikation mit ihr zu lösen.

Auch Kaplan führt die besondere, später möglicherweise zur Ausbildung von Perversionen führende Belastungssituation des Jungen auf den Zwang zur »Loslösung und Individuation« (Mahler) durch die unausweichlich erscheinende Betonung seines anatomischen Unterschieds zurück. Der nach Unabhängigkeit strebende Junge habe »das Gefühl, daß er, um seine Identität als männliches Wesen zu festigen, die Trennung von der Mutter schnell und entschieden durchführen muß«.[105] Daher erscheine die perverse Sexualität als eine Inszenierung, in der zwar Penis und Vagina benutzt würden, aber in Wirklichkeit sei das Ziel der perversen Strategien – so Kaplans Formulierung einer falschen, dem entweder-oder-Modus folgenden Alternative –, die Reduktion der Sexualität »auf infantile Handlungen, wie heimliches Anschauen und Entblößen, Wickeln und Verhauen, Urinieren und Koten, Unterwerfen und Beherrschen« (S. 146) und ähnliche variantenreiche Verarbeitungen genuin infantiler Themen. Auch nach Stoller liegen den Perversionen spezifische Störungen der männlichen Geschlechtsidentität zu Grunde, deren Wurzeln in einer nicht gelungenen Überwindung der frühkindlichen Mutterbindung zu finden seien. Ein »Urgefühl« von Männlichkeit könne sich erst mit einem erfolgreichen Kampf gegen die zunächst physische, dann identifikatorische Einheit mit der Mutter entwickeln. Männlichkeit kann für Stoller, unter Berufung auf Greensons Modell der Ent-Identifizierung, nur durch die Überwindung der Symbioseangst, durch ein ständiges Wegstreben von der äußeren und einem »Niederzwingen« der inneren Mutter entstehen. Perversionen erscheinen unter dieser Perspektive als Kompromiß aus einer »äußersten Trennung«, die auf »primitivstem Niveau« durch ritualisierte Männlichkeitsbeweise symbolisiert wird und dem Versuch, diese Trennung von der Mutter und zugleich die (nachhaltige) frühe Identifikation mit dem Weiblichen ungeschehen zu machen.[106]

---

104 McDougall (1989), *Plädoyer für eine gewisse Anormalität,* S. 72.

105 Kaplan (1991), *Weibliche Perversionen,* S. 128.

106 Vgl. Stoller (1979), *Perversion,* S. 180 ff. »Vielleicht kann man Perversionen als Einrisse bezeichnen, die sich aus dem Schwanken zwischen dem Wunsch nach Verschmelzung und dem Wunsch nach Trennung ergeben« (S. 195).

Die Suche nach den Ursachen der Perversionen landet also regelmäßig bei der entweder »genügenden« oder eben »nicht genügenden« Mutter, denn – so noch einmal Kaplan zur prototypischen Funktion des Fetischs – hinter »dem Trauma des fehlenden Penis der Mutter zeichnet sich der Schatten des Fehlens der Mutter selbst« im Sinne emotionaler Zuverlässigkeit ab.[107] So mündet die theoretisch begründete strukturelle Verantwortung der Mutter immer wieder in der Schuldzuweisung an die realen Mütter, was die unbewußten Weiblichkeitsbilder zusätzlich stabilisiert. – Wir werden auf die allgemein verbreitete Ersetzung der triebtheoretischen Sexualitätskonzeption durch eine objektbeziehungstheoretische Mutterüberwindungslehre noch einmal zurückkommen, können aber bereits hier festhalten: Der Blick auf die verschlingende, verführende und sich gleichzeitig verweigernde Mutter, die nur als primäres und »niederzuringendes« Identifikationsobjekt für den nach Unabhängigkeit strebenden Jungen gilt, erscheint uns in erster Linie als eine Projektionsfläche für die die Geschlechterbeziehungen legitimierenden und stabilisierenden ätiologischen Konstruktionen moderner psychoanalytischer Geschlechtertheorien mit re-mythologisierendem Einschlag.[108]

Kommen wir aber noch einmal zur Rolle der Regressionen für die Perversionsbildung: Wie wir unter Berufung auf Fenichel unmißverständlich festgestellt haben, besteht die Regression der Perversen eben nicht in einem kompletten Rückfall auf eine polymorph-perverse Stufe der prägenitalen Sexualorganisation, sondern in der Mobilisierung bestimmter Partialtriebkomponenten, deren Befriedigung einen (möglichst angstfreien) genitalen Orgasmus wieder bzw. überhaupt erst möglich machen soll. Die Regression steht im Dienste einer Genitalität, die allerdings nach dem Modus prägenitaler Regungen, Empfindungen und Objekteinstellungen reorganisiert wird. Nach Freud betreffen die körperlichen Folgen der Regression – mit der im Fetischismus bestimmten Körperteilen unter dem Einfluß der Kastrationsproblematik durch eine »Werteverschiebung« die Penisbedeutung übertragen wird – ausschließlich den Körper der Frau, für den eigenen Penis und seine Funktionen ändere sich dagegen dadurch nichts. Das Hauptmotiv des Mannes ist, wie wir immer wieder bestätigt gefunden haben, die Überwindung des Abscheus vor dem gleichzeitig begehrten weiblichen Körper und der mit dieser Ambivalenz einhergehenden Angst vor der Frau und ihrer

107 Kaplan (1991), *Weibliche Perversionen*, S. 78.

108 Vgl auch die kritische Auseinandersetzung mit dieser objektbeziehungstheoretischen Reduktion der Mutter als »Ort der Schuld« und als »Sündenbock der Moderne« in: Rohde-Dachser (1991), *Expeditionen in den dunklen Kontinent*, S. 204–220.

Sexualität. Dieses Motiv verbindet die Perversionen grundsätzlich mit den Ausgestaltungen der »normalen«, genitalzentrierten männlichen Sexualität.

Um diese regressive Mobilisierung prägenitaler Triebkomponenten zur Sicherung der den Kern der Männlichkeit ausmachenden (phallischen) Genitalität genauer zu erfassen, sollten wir uns noch einmal an die männliche Initiation bei den Baruya erinnern: Wir haben das organisierte, mit den Fellatio-Praktiken auf ihren Höhepunkt hinsteuernde langwierige Verfahren des gesamten Initiationszyklus' als die Inszenierung eines künstlichen Regressionsvorgangs entlang einer Achse von der im Jünglingsalter aufkeimenden Genitalität zur Oralität und wieder zurück beschrieben. In beiden Richtungen dieser doppelten (regressiven und progressiven) Achse erfolgen dramatische Inszenierungen von Bindungen, Trennungen, Abspaltungen und Verschiebungen entlang einer ganzen Kette von Partialtriebäußerungen, wobei das Hauptmotiv auch hier in einem Ausweichen vor der gefürchteten Weiblichkeit und das wichtigste Endziel in der Einnahme einer genital vollwertigen, gegen diese Gefahren immunisierten männlichen Position besteht. Wie wir insbesondere an den sexuellen Riten der Baruya (Menstruationstabus und Fellatio-Praktiken) gesehen haben, kann mit diesem Verfahren die weit verbreitete Angst des Mannes vor der Vagina zunächst regressiv alle Stufen der Libidoorganisation durchlaufen und auf jeder von ihnen mit spezifischen, dort jeweils vorherrschenden Inhalten und Erscheinungsformen von Angst aufgeladen werden: mit der Angst, aufgesaugt und verschlungen zu werden (oral), der Angst vor Beschmutzung und Vergiftung (anal) und schließlich der Angst vor der Kastration (phallisch). Von dem künstlich re-inszenierten (oralen) Ursprung aus erfolgen dann in umgekehrter Richtung einerseits nachträgliche Umschriftungen des aus den frühen Kindheitserfahrungen eingelagerten Erinnerungsmaterials, um durch neue Mischungsverhältnisse von Sexualität und Aggression die erwünschte Immunisierung zumindest zu erleichtern und eine Männlichkeit »neu« zu erschaffen, in welcher die positiven Anteile, vor allem die der oralen Triebäußerungen als männliches Nährprinzip integriert werden können; andererseits werden entlang dieser Genitalitäts–Oralitäts–Genitalitäts-Achse die dazwischen liegenden, abgewehrten Triebkomponenten aufgenommen, sofern sie sich assoziativ eignen, gegen die Frauen gewendet zu werden. Auch bei den Baruya entstammen diese Aufladungen in erster Linie der Analität, deren Erscheinungsformen kulturell besonders verpönt und heftigst abgewehrt werden und sich daher als »Waffe« zur Erniedrigung gegen die Frauen besonders anbieten.

Wenden wir nun den Blick auf die Perversionen bzw. die Gestaltung der perversen Anteile der männlichen Sexualität zurück, dann erkennen wir erstaunliche Parallelen. Auch hier wird ein Regressionsvorgang bis zu einem frühen Punkt der Trieb-Objekt-Entwicklung zur Abwehr und Überwindung archaischer, aber immer wieder neu in unterschiedlicher Gestalt auftauchender Grundängste organisiert und schließlich zur Genitalität zurückgeführt (Progression). Der erste Teil der unbewußten Strategie, die Regression, wirft die Perversen also nicht nur hinter das Genitalprimat und die Verarbeitung der Geschlechterdifferenz zurück, sondern versucht das Subjekt auf eine Entwicklungsstufe (des unbewußten Wahrnehmungsvermögens) noch vor der Konstitution der Sexualität zu führen. Das Ziel dieses radikalen Regressionsschritts ist klar und mehrfach betont worden: Es geht um den Versuch, zur Sicherung der eigenen Autonomie als Mann die zunächst das sexuelle und dann das Männlichkeitsdilemma zwanghaft bestimmenden Objektanbindungen aufzulösen, zumindest aber unter die eigene Kontrolle zu bekommen, um ihre schädlichen Wirkungen möglichst zu begrenzen. An dem entwicklungsgeschichtlich frühestmöglichen Punkt, gleichsam am Ort der Geburt der Sexualität landet der Regressionsvorgang bei jenen primitiven Abwehrmechanismen (Spaltungen, Introjektionen, Projektionen), die aufgegriffen und mittransportiert werden. Gleichzeitig werden auf dem Weg zu einer reorganisierenden Ausgestaltung der genitalen Sexualität verpönte Triebanteile aufgenommen und zur Verstärkung der Abwehrmaßnahmen gegen die Frauen gewendet.

Gleichwohl reichen, wie wir wissen, alle diese unbewußten Mittel und Wege der perversen (und auch der »normalen«) männlichen Sexualorganisation nicht aus, um eine virile Selbsterschaffung des Mannes als ein autonomes, von Anderen und deren Anerkennung auch auf dem Feld der Sexualität befreiten Subjekt erfolgreich zu realisieren. Mit der Aufrechterhaltung der Objektabhängigkeit, sowohl in der sexuellen Phantasie als auch in dem von Erregungen und Erregbarkeiten bestimmten Sexualverhalten wird, gerade wegen der inzwischen erfolgten Abspaltungen und Projektionen, die Gefahr, verschlungen, aufgesogen, zerstückelt, kastriert oder auf andere Weise einfach ausgelöscht zu werden, am Leben erhalten. Bei dem Versuch, dem grundlegenden psychosexuellen Dilemma zu entgehen, erkämpft sich der Perverse – so unsere Feststellung über das Verhältnis von Penis und Phallus – seine Unabhängigkeit vom bedrohlichen weiblichen Objekt durch die »Verlötung« seines Begehrens mit einem die Frau bzw. einen Teil ihres Körpers repräsentierenden Teilobjekt.

Diese Anbindung von Trieb und Objekt aber bestätigt erneut, und zwar mit einer größeren Unerbittlichkeit und Zwanghaftigkeit als je zuvor, die Abhängigkeit des (perversen) Mannes vom bevorzugten (weiblichen) Objekt seiner Begierde. Alle Versuche einer virilen Re-Inszenierung der Geburt der Sexualität unter der Kontrolle und Herrschaft des (phallischen) Mannes sind zwangsläufig zum Scheitern verurteilt. Jede neue Sexualerregung bestätigt dem Mann, daß auch die Herrschaft des Phallus nicht ausreicht, um den objektgebundenen Spannungen des Gegengeschlechtlichen und damit der Angst vor Einbußen der Männlichkeit zu entgehen. Um diese unbewußt als Schwäche empfundene Niederlage, vor allem wenn sie durch zusätzliche persönliche oder soziale Kränkungen noch verstärkt wird, zu vermeiden, werden sowohl in den erotischen Phantasien als auch im sexuellen Verhalten des Mannes unbewußt zwei Tendenzen mobilisiert und zur Gefahrenabwehr genutzt: die Aufladung der »normalen« Legierungen der genitalen Libido und objektgerichteten Aggressionen durch spezifische antifeminine Haß- und Gewaltbereitschaften *und* eine verstärkte Unterordnung der genitalzentrierten Erregungs- und Befriedigungsabläufe unter den starren Ablauf mechanischer Reiz-Reaktions-Muster. – Mit dieser doppelten, am (männlichen) Subjekt und/oder am (weiblichen) Objekt ansetzenden Abwehrstrategie kommen wir zum Hauptfokus unserer Untersuchung des *Feindbilds Frau,* den Niederschlägen spezifischer Trieb-Objekt-Bindungen in der »normalen« und »perversen« Geschlechtsidentität des Mannes, zurück.

Der »nachgeahmte Instinkt« – Trieb und Objekt in der männlichen Perversion

Wie wir gesehen haben, sind die Perversionen eine Sonderform typisch männlicher Lösungsversuche der psychosexuellen Identitätsprobleme, die sich aus dem von vielen Männern offenbar nur schwer aushaltbaren Widerspruch zwischen Objektgebundenheit und Objektunabhängigkeit ihrer Triebökonomie ergeben. Der Anspruch auf Autonomie, Dominanz, Selbst- und Fremdkontrolle kann in männlich bestimmten Kulturen auf dem Gebiet der Sexualität anscheinend nur durch einen doppelt fetischistischen Zurichtungsprozeß durchgesetzt werden: durch die verdinglichende Unterwerfung der eigenen Begehrensstruktur und der gesamten männlichen Sexualität unter die penifizierte Exekutive *und* durch eine tendenziell zerstörerische Dehumanisierung des begehrten Sexualobjekts.[109] Beide Prozesse ergeben zusammen das Bild einer genitalzentrierten, phallischen-aggressiven Sexualität, deren üblicher Erregungs- und Befriedigungsablauf einem mechanisch-reflexhaften Muster unterliegt und damit dem männlichen Sexualgeschehen insgesamt einen *quasi-instinkthaften Anschein* verleiht. Aber ist diese Charakterisierung und somit ein Vergleich des männlichen Sexualverhaltens mit instinktgesteuerten Handlungsabläufen angesichts der prinzipiellen Unterschiede zwischen (tierischen) Instinkten und (menschlichen) Trieben überhaupt zulässig?

Nach den Lehren der Verhaltensbiologie bzw. der vergleichenden Verhaltensforschung (Ethologie) folgen Instinkthandlungen bei Tieren einem (weitgehend) genetisch festgelegten, nur begrenzt durch Lernvorgänge und alternative Prägungserfahrungen beeinflußbaren Ablaufschema. Die Instinkte bestimmen insbesondere die Nahrungssuche (Selbsterhaltung), die innerartlichen Rivalitätskämpfe (Aggression) sowie das Paarungsverhalten (Sexualität und Arterhaltung) und besteht nach Tinbergen aus drei Elementen: 1. aus dem »Appetenzverhalten«, mit dem aktiv und zweckgerichtet eine bestimmte Reizsituation angestrebt bzw. aufgesucht wird; 2. aus dem dadurch hervorgerufenen »angeborenen Auslösemechanismus« (AAM), der aus der Umwelt bestimmte Schlüsselreize herausfiltert und zu automatisiert ablaufenden arttypischen Verhaltensreaktionen führt; und 3. aus einer »triebstillenden Endhandlung«, die einem starren Ablauf unterliegt und die an präformierte Objekte gebunden ist. Auch eine systematische Verwendung des von Pawlow entdeckten und in den klassischen Behaviorismus übernommenen Mechanismus der »Konditionierung«, mit dem gewisse Varianten automatischer Reaktionen (»bedingte Reflexe«) »erlernt« werden können, ändert am festgelegten Charakter des Verhaltens grundsätzlich nichts. – Was aber hat das menschliche und vor allem das männliche Sexualverhalten mit einem genetisch programmierten Verhaltensmuster zu tun?

---

109 Die Liebesfähigkeit des Mannes (Erotik) ist an die Idealisierung der Frau und ihres Körpers, die männliche Sexualität (Sinnlichkeit) dagegen direkt an die Bedingung der Erniedrigung des Sexualobjekts gebunden. Beide Elemente der Psychosexualität des Mannes erfüllen eine gemeinsame Abwehrfunktion gegen die depersonalisierte Frau bei dem Versuch, Liebe und Sinnlichkeit unbeschadet an einem Objekt unterzubringen. »Die vom Mann vorgenommene Idealisierung des Körpers, der Genitalien, der Brüste und der Haut der Frau, von all dem, was man die anatomische Geographie des weiblichen Körpers nennen könnte, ist eine Teil der sexuellen Erregung, die mit dem sich verlieben verbunden ist.« Kernberg (1985b), *Ein konzeptuelles Modell zur männlichen Perversion,* S. 169. Auch Kernberg sieht den Ursprung dieser Abwehrfunktion in Ambivalenzkonflikten und insbesondere der Einlagerung von Haß in den gesamten objektgerichteten Erregungsvorgang des Mannes (S. 170).

Zur biologischen Sonderstellung des Menschen gehört aus der Perspektive der biologischen Anthropologie Adolf Portmanns die sogenannte »extrauterine Frühzeit« im ersten Lebensjahr als Folge der physiologischen Frühgeburt des Menschen, der erst nach ca. einem Jahr »den Ausbildungsgrad, den ein seiner Art entsprechendes echtes Säugetier zur Zeit der Geburt verwirklichen müßte«, erlangt.[110] Danach ist der Mensch unausgebildet, hilflos und wegen seiner Abhängigkeit von der Pflege durch andere Menschen in hohem Maße beeinflußbar, wozu, folgt man dem biologischen Vergleich, auch grundlegende »Prägungen« sowie Lernerfahrungen durch »Konditionierung« gehören. Andererseits zeichnet den Menschen im Gegensatz zu anderen Säugetieren eine »neue Freiheit« aus, zu der eben auch die Ablösung der Sexualität von ihrer instinktgesteuerten Reiz-Reaktions-Gebundenheit gehört. Mit der Ablösung der Sexualität von der Fortpflanzungsfunktion unterscheidet sich der menschliche Sexualtrieb nach Freud in zweierlei Hinsicht vom tierischen Instinkt: Weder der Verlauf der Triebhandlungen noch das Objekt, das dem Trieb zur Erlangung seiner Ziele dient, ist genetisch festgelegt. Sexuelle Triebschicksale unterliegen zunächst dem Lustprinzip und sind nicht an präformierte Abfuhrwege gebunden. Auch für Portmann zeichnet sich der Mensch als biologische Frühgeburt durch eine prinzipielle »Weltoffenheit« aus: Er ist vom physiologischen Entwicklungsstand her »reif«, aber ohne eine freie physische, sprachliche oder kognitive Beweglichkeit. Die menschliche Spezies ist demnach eine Mischung aus »Fixiertem und Offenem«, und diese Kennzeichnung scheint unsere Beschreibung der grundlegend dilemmatischen Struktur der Beziehungen zwischen Trieb und Objekt gut zu ergänzen.

Wichtig aber ist, daß die Basis der menschlichen Entwicklung in einer klaren »Instinktreduktion« (Konrad Lorenz), d. h. in der Emanzipation von genetisch programmierten Instinktsteuerungen und damit eigentlich in einem kompletten »Instinktverlust« besteht. Harold Linckes Versuch einer psychoanalytischen Interpretation der psychobiologischen Grundlagen des menschlichen Verhaltens setzt bei diesem »Instinktverlust« an, der den Menschen grundsätzlich von dem Zwang zur Erfüllung biologisch vorprogrammierter Verhaltensregelungen befreit. Beim instinktgesteuerten Tier entwickeln sich die »emotionalen

110 Portmann (1956), *Zoologie und das neue Bild des Menschen. Biologische Fragmente zu einer Lehre vom Menschen,* S. 49. Nach den (im ersten Lebensjahr fehlenden) Kriterien: aufrechte Körperhaltung, Wortsprache und »technisches« Denken und Handeln wird der Mensch, der wie die anderen Säugetiere eigentlich ein »Nestflüchter« ist, aufgrund dieser Frühgeburt von Portmann als »sekundärer Nesthocker« bezeichnet.

Qualitäten der Objekte (anziehend, abstoßend, bedrohlich, sexuell erregend usw.)« in Verbindung mit angeborenen Auslösemechanismen und erhalten ihre festgelegte Bedeutung »im Rahmen eines arterhaltenden Beziehungssystems zur Umwelt«.[111] Der Hauptunterschied, den Lincke beim Menschen sieht, besteht in der *Entwicklung der Symbolfunktion:* Mit der humanspezifischen Fähigkeit, »jedem Ding jede mögliche Bedeutung zu verleihen, mußte die biologische Verhaltensorganisation zusammenbrechen« (S. 50). Die Entwicklung der Symbolfunktion bedeutet, daß sich »offenbar die biologische Sinngebung aus ihrer Bindung an genetisch bestimmte Schlüsselreize gelöst« hat und von einer »psychologischen Sinngebung überspielt« wird, womit sie ihre »ursprüngliche zweckgebundene Bestimmtheit« verliert (ebd.).

Die vom Triebleben im Medium erster (sozialer) Objekterfahrungen gebildeten Vorstellungen (Wahrnehmungsbilder, Assoziationen, Erinnerungen und Phantasien) richten sich zwar auf Objekte, sind aber autonom, d. h. nicht biologisch determiniert und unterliegen jenen Mechanismen, die Freud als Hauptmittel unbewußt seelischer Tätigkeit bezeichnet hat. Sie können abgewehrt, verdichtet, verschoben, sublimiert, mit »fremden« Bedeutungen aufgeladen und durch Besetzungsentzug auch (scheinbar) wirkungslos gemacht werden. Der Fluß der unbewußten Vorstellungen und der bewußten Gedanken ist nicht an die aktuelle Wirklichkeitserfahrung und ihre sinnliche Wahrnehmung gebunden. »Das Triebleben löste sich«, so die für uns zentrale Schlußfolgerung Linckes, »von der Wahrnehmungsrealität und damit aus der natürlichen Ordnung« (S. 51). Die spezifisch menschliche Fähigkeit, hochemotionale Bedeutungen ohne nachweisbaren (rationalen) Grund auf etwas, biologisch gesehen, für die menschliche Arterhaltung eigentlich »Bedeutungsloses« zu verschieben, macht Lincke u. a. am Beispiel des Fetischismus fest.[112] Die Bandbreite der Perversionen bestätigt die »neue Freiheit« und die »Weltoffenheit des Menschen« (Portmann), was in der Freudschen Trieblehre unter den Stichworten »Beliebigkeit« und »Austauschbarkeit« des Objekts gefaßt wird. Es gibt keine genetisch geprägte Verbindung von Trieb und Objekt, aber alle Äußerungsformen des Triebes sind unabdingbar auf ein Objekt angewiesen. Ohne Objekte gibt es, so eine unserer an Freuds Triebtheorie

---

111 Lincke (1981), *Instinktverlust und Symbolbildung. Die psychoanalytische Theorie und die psycho-biologischen Grundlagen des menschlichen Verhaltens,* S. 49.

112 »Vom Standpunkt der biologischen Aktion aus gesehen, die die biologische Welt bis zur Schwelle der Menschwerdung tatsächlich beherrscht haben, ist die symbolische Realität als solche blanker Unsinn.« Furth (1990), *Wissen als Leidenschaft. Eine Untersuchung über Freud und Piaget,* S. 130.

angelehnte Basisannahmen, weder sexuelle Phantasien noch irgendeine Form sexueller Befriedigungsmöglichkeit.

Der »freien Beweglichkeit« des Seelenlebens wird durch die »Haftbarkeit« bzw. der »Klebrigkeit« der Libido (Freud) ein Ende bereitet. Jede einzelne Perversion und vor allem jede Spielart des Fetischismus – im Grunde aber auch die »normale« Hetero- und Homosexualität – demonstriert eine Objektfixierung, deren Bindungskraft der Instinktregulierung des tierischen Beute-, Paarungs- und Kampfverhaltens kaum nachzustehen scheint und erweckt damit den Eindruck eines Vorherrschens quasi-instinktgesteuerter Bezugnahmen des (heterosexuellen) Mannes auf weibliche oder auf davon abgeleitete (Teil-)Objekte.[113] Allein die Darstellung typischer Merkmale der »normalen« Gestaltung der männlichen Sexualität – die reflexhafte Reaktionsbereitschaft auf optische Reize, der mechanisierte Ablauf sexueller Erregung und Abfuhr, die Fixierung des Mannes an Quantität und Finalität usw. – hat uns diesen Eindruck wiederholt bestätigen lassen. Mit der kulturell erzwungenen Errichtung des Genitalprimats scheint sich der Mann als Sexualwesen wie ein Primat zu verhalten und im Sinne artspezifischer Instinktbewegungen wie willenlos den (vornehmlich) weiblichen Signalreizen, gleich einem »bedingten Reflex« zu verfallen.

Alberto Godenzi erhielt im Rahmen einer empirischen Studie über Täter und Opfer von sexueller Gewalt in Telefon-Interviews von vielen Tätern immer wieder Bestätigungen, daß Männer weiblichen Reizen absolut willenlos ausgesetzt zu sein scheinen. Die überwiegende Mehrzahl der Interviewten hat dabei die Schuld für ihre sexuellen Gewalttaten bezeichnenderweise den weiblichen Opfern gegeben, da sie sich allein durch deren Äußeres und durch ihr »aufreizendes« Verhalten provoziert gefühlt hätten. Schuld trägt demnach immer die Frau, ob an dem vermeintlichen »sexuellen Notstand« des Mannes oder aber an seinen »legitimen« Versuchen, diesen »Notstand« zu beenden. Wenn Männer mit Gewalt gegen diese »Aufreizungen« und insbesondere gegen anschließende Verweigerungen der Frauen vorgehen, dann handelt es sich (in ihrem eigenen Selbstverständnis) um »Notwehr« nach dem Motto eines Täters: »Wer lockt, soll auch die Verantwortung tragen, sonst ruft das Gewalt hervor.«[114] Nach der unbewußten Logik dieser projektiven Wahrnehmung wird der Mann von der Frau, unter Ausnutzung seiner »Schwäche«, erst zu einem menschlichen Verwandten der Pawlowschen Hunde degeneriert und anschließend durch den sy-

113 Vgl. dazu ausführlich den Abschnitt *Vom Trieb zum Objekt* im zweiten Teil.

114 Godenzi (1989), *Bieder, brutal. Frauen und Männer sprechen über sexuelle Gewalt*, S. 47.

stematischen Einsatz ihrer Körperreize und Verführungskünste von ihr abhängig gemacht. »Männer werden von ihr manipuliert, sie spielt mit ihnen«, so die Quintessenz der sexuellen Ängste von Männern, die ihre »Demütigungen« immer wieder auf diese »weibliche Strategie« der Ausnutzung ihrer Ohnmacht zurückführen. Diese männliche, von sexueller Gier und Gewaltbereitschaft gleichermaßen diktierte Geschlechterwahrnehmung läßt sich stellvertretend an der Aussage eines von Godenzi befragten Täters festmachen:

> »Frauen wollen aufreizen. Gleich wie der Köder beim Fischen. Aufreizende Weiblein, Miniröcke, Ausschnitte. (...) Und ich meine, seien wir doch ehrlich, wenn Sie in ein Gartenbad gehen und Sie sehen so eine junge, gutgewachsene Frau oder ein Mädchen, das womöglich noch einen Tanga trägt, da muß einem ja irgend etwas passieren, wenn man ein halbwegs normaler Mann ist. Es gibt gewisse Kategorien von Frauen, die gepackt werden wollen. Männliche Zurückhaltung wird als Schwäche ausgelegt« (S. 48).

Godenzis Buch ist voll von solchen und ähnlichen Bekenntnissen, die durch die Berichte von weiblichen Opfern sexueller Gewalttaten weitgehend bestätigt werden. Zur typisch männlichen Selbstwahrnehmung gehört, daß die Ursache sexueller Gewalt im auslösenden »Reiz« des Opfers liegt. Selbst in Vergewaltigungs- und anderen Sexualstrafprozessen wird häufig noch immer das Opfer für die Tatausübung zumindest mitverantwortlich gemacht, denn der Mann neige ja, einmal angelockt, zu geschlechtsbedingten Wahrnehmungsstörungen, die ihn bei anwachsender sexueller Spannung automatisch in seiner Handlungsfähigkeit einschränkten und die, juristisch gesprochen, fast zwangsläufig »Tatbestandsirrtümer« provozieren.[115]

Der gleichen Logik dieses projektiven männlichen Blicks auf die eigene sexuelle Ohnmacht folgt auch eine Invektive des katholischen Bischofs Degenhardt aus dem Jahre 1994, mit der die gesellschaftspolitische Ablehnung einer stärkeren Einbindung von Männern in Haushalt und Kinderbetreuung mit der Gefahr von sexuellen Übergriffenen angesichts der Versuchungen, denen die Männer ausgeliefert seien, begründet wird: »Wenn junge Männer stärker mit der Pflege von Kleinkindern betraut sind und dabei nackte, entblößte Körper ständig

115 »Die in gängigen Vorstellungen enthaltene Erklärung ist die Provokationstheorie«, deren Absurdität von Schorsch auf die Formel gebracht wird: »Was hatte Pearl Harbour schließlich im Pazifik zu suchen.« Schorsch (1982/83), *Gewalt in den Beziehungen der Geschlechter*, S. 19.

sehen, sie berühren und saubermachen müssen, ist die Gefahr groß, daß sie ihren Begierden nicht widerstehen können.«[116] Auch politisch kommt die Vorstellung von schutzbedürftigen Männern, die den Anfeindungen weiblicher Reize hilflos ausgeliefert seien, zum Ausdruck, etwa in einem polnischen Lehrplanentwurf für den Sexualkundeunterricht, mit dem präventiv die Abtreibungsrate in Polen gesenkt werden soll. Darin heißt es, die Frau solle »ihr kokett-provokatives Benehmen bremsen«, um es dem Mann möglich zu machen, »nicht-genitale Formen interpersoneller Kommunikation« zu entwickeln.[117]

Diese Beispiele ließen sich endlos fortsetzen, und in allen gesellschaftlichen Bereichen lassen sich Belege für die Validität der in ihnen zum Ausdruck kommenden Verbreitung dieser allgemeinen Überzeugung des quasi-instinkthaften Charakters männlicher Sexualtriebäußerungen finden. Es handelt sich hier übrigens nicht bloß um eine veraltete Sicht auf eine männliche »Dampfkesselsexualität«, die in antiquierten Trieb-Stau-Modellen als Hauptursache von sexueller Gewalt gilt. Das Bild des gegenüber seinen ausgewählten Sexualobjekten hilflosen Mannes dient der Rechtfertigung von Gewalt und so der Entlastung der männlichen Täter, aber die Verkürzungen dieses projektiven Blicks entsprechen jenen empirischen »Tatsachen«, auf die er sich richtet.

Am deutlichsten kommt der Anschein des Instinkthaften und der automatisierten Reiz-Reaktions-Mechanik, dem der männliche Sexualerregungsvorgang generell zu unterliegen scheint, in den Äußerungsformen der männlichen Perversionen zum Ausdruck, was sich exemplarisch an einem Bericht Hans Gieses über einen Leder- und Schuhfetischisten festmachen läßt:

> »B. gibt an, sein zentrales Problem kreise um das *Anfühlen* von Leder, von getragenem Leder, von Lederschuhen. Schuhe, die er auf der Straße sieht, wecken eine sexuelle Stimmung in ihm, die darauf abzielt, in den Besitz der Schuhe zu gelangen, um sie an sich drücken zu können. Er bevorzugt Frauen- und Kinderschuhe, weil er diese

116 Zit. nach *FR v. 03. 06. 95.*

117 Zit. nach *FR v. 19. 03. 93.* Selbstverständlich existiert diese Vorstellung eines männlichen Sexualautomatismus mit klaren antifemininen Schuldzuschreibungen nicht nur in westlichen Kulturen. Die Islamwissenschaftlerin Chérifa Magdi zitiert aus einem ägyptischen Buch über die *Befreiung der Frau* eine Kritik am (männlichen) Zwang zur Verschleierung der islamischen Frauen: Sind die Männer »unbeherrschter und können sie ihrem sexuellen Drang weniger widerstehen? Den Frauen zu verbieten, sich ohne Schleier zu zeigen, ist Ausdruck der männlichen Angst, die Selbstbeherrschung zu verlieren und jedesmal beim Anblick einer schleierlosen Frau der fitna (Versuchung) ausgeliefert zu sein.« Zit. nach *FR v. 01. 08. 92.*

besser als Masturbationsobjekt benutzen könne: er steckt den erigierten Penis sowie das Skrotum in diese hinein, preßt sie an seinen Körper (...). Unter besonderen Umständen, z. B. Alkohol, könne der Anblick von Schuhen unmittelbar in das Besitzverlangen umschlagen, um den fetischistischen Akt durchführen zu können. (...) Die Ehefrau berichtete, sie merke es genau, wenn das fetischistische Verlangen beim gemeinsamen Spaziergang erwache, was aber keinesfalls immer so sei. Wenn es allerdings auftrete, verliere ihr Mann sofort völlig den Faden des Gesprächs und höre einfach nicht mehr zu, starre ›wie gebannt‹ auf irgendwelche Schuhe. Sie müsse dann ›sehr energisch‹ werden, indem sie ihn z. B. mitziehe ›wie einen Hund von der Straßenecke‹.«[118]

Hier finden wir nahezu alle Elemente einer typischen sexuellen Instinktreaktion versammelt, die sich mit den vier Bestimmungskriterien Freuds für menschliche Triebäußerungen (Drang, Quelle, Objekt, Ziel) zu decken scheinen: das zunächst »ungerichtete«, dann aber durch innere Impulse und äußere Reize gesteuerte »gerichtete Appetenzverhalten«, die Auslösung eines nicht mehr steuerbaren Reaktionsmechanismus durch einen vom präformierten Objekt ausgehenden »Schlüsselreiz«, die Invarianz und die Starrheit des nun folgenden Handlungsablaufs, die »triebdämpfende Endhandlung« usw. Der gesamte Verhaltensablauf dieser fetischistischen Triebäußerung erinnert an das Beuteverhalten eines Raubtieres, das, wenn es Hunger verspürt, ebenfalls zunächst ungerichtet, d. h. ohne festes »Antriebsziel« (Beuteobjekt) sein Revier durchstreift. Nach dem Aufspüren der Beute erfolgt dann die gezielte Annäherung und schließlich die instinktive Endhandlung: das Reißen, das Töten und das eigentliche Ziel, das Fressen.

Manches im Handeln sexuell Perverser verführe daher dazu, so folgert Toni Reinelt aus diesem quasi-instinkthaften Eindruck männlicher Perversionshandlungen, »ihr Verhalten analog zu tierischen Instinkthandlungen zu sehen und es mit Begriffen der Biologie und Ethologie zu beschreiben und zu interpretieren«.[119] Aber kein biologischer bzw.

---

118 Giese (1973), *Zur Psychopathologie der Sexualität*, S. 170.

119 Reinelt (1989), *Mensch und Sexualität. Psychosexuelle Entwicklung und Fehlentwicklung aus interdisziplinärer Sicht*, S. 10. So richtig diese Beobachtung ist, so wenig können wir Reinelts Ableitung der Aggressionen des Perversen aus einer verzweifelten Sehnsucht nach Beziehungen teilen, »für deren Erfüllung er eigentlich keine Mittel und Wege weiß, sondern nur den Irrweg der Perversion« (S. 135). Die »aggressive Beherrschung des Sexualobjekts« kann nur dann als Ausdruck von selbst nie erfahrener »Zärtlichkeit und Zuwendung« (ebd.) (fehl)gedeutet werden, wenn dabei die Rolle des objektgerichteten Hasses verkannt bzw. sozialpädagogisierend zu einem Bedürfnis nach Nähe und Intimität verharmlost wird.

ethologischer Ansatz, weder Pawlows Theorie des »bedingten Reflexes« noch Lorenz' Modell der »Prägung« und der »Trieb-Dressur-Verschränkung«, kann in irgendeiner Form schlüssig erklären, wie und warum die Perversion zwar den *Anschein* erweckt, aber nicht wirklich einen »Rückfall in instinktive Verhaltensformen der Sexualität darstellt« (Reinelt). Denn bereits das erste und ausschlaggebende Kriterium macht den grundlegenden Unterschied und damit die Unzulänglichkeit eines Vergleichs des tierischen und menschlichen Sexualverhaltens deutlich: Auch die starren Trieb-Objekt-Verschränkungen der sexuellen Perversionen sind wie alle übrigen Erscheinungsformen der gesamten menschlichen Sexualität nicht genetisch festgelegt, sondern als Triebschicksale den jeweiligen Lebensumständen und -erfahrungen unterworfen.

Eine Verknüpfung des angesprochenen Regressionsvorgangs zum Zwecke der Abwehr weiblich konnotierter Ängste mit unseren triebtheoretischen Rekonstruktionen der frühesten Erscheinungsformen der menschlichen Sexualität läßt uns einer Klärung dieses scheinbaren Rückfalls in instinktgesteuerte Verhaltensweisen zumindest ein Stück weit näher kommen. Der Sexualtrieb ist zunächst ja ungebunden, also im Sinne der vergleichenden Verhaltensforschung noch auf kein Objekt »geprägt« und damit allen Möglichkeiten der Objektwahl gegenüber prinzipiell offen. Das einzige Ziel, das der Sexualtrieb, wie jeder andere Trieb auch, verfolgt, besteht darin, eine direkte Abfuhr auf kürzestem Wege unter Einhaltung des Konstanzprinzips zu erreichen, d. h. die Spannungen gleichmäßig auf einem möglichst niedrigen Niveau zu halten. Dieser Vorgang gilt als Vorbild für die Befriedigung der Selbsterhaltungsbedürfnisse etwa bei der Nahrungssuche und -aufnahme. In den Äußerungen des Selbsterhaltungstriebes sowie in den Funktionen, deren Erfüllung in ihrem Zentrum stehen, drückt sich daher die größtmögliche Nähe des triebgesteuerten Menschen zum Instinkthaften aus.

Diese Nähe geht nach der Entstehung der Sexualität, die in Anlehnung an die Selbsterhaltung, mit der sie ursprünglich vergesellschaftet war, konstituiert wurde, (zunächst) radikal verloren. Mit Laplanche können wir die Anlehnungsthese Freuds dahingehend präzisieren, »daß das, was als Anlehnung beschrieben ist, ein *Sich-Anlehnen* der *entstehenden* kindlichen Sexualität an den Instinkt ist«.[120] Unter Instinkten sind dabei genau jene Lebensäußerungen zu verstehen, die im Mittelpunkt der »lebenswichtigen Körperfunktionen« (Freud) stehen, also in erster Linie der Hunger, der Durst und die Nahrungsaufnahme. Freud spricht von vitalen Funktionen, elementaren Bedürfnissen oder gar von

120 Laplanche (1974), *Leben und Tod in der Psychoanalyse*, S. 29.

Instinkten, »wo er den Bereich des Lebens oder der Selbsterhaltung abgrenzt gegen den Bereich der Sexualität« (ebd.). Spätestens aber mit der Überlagerung des Konstanzprinzips durch das Lustprinzip, d. h. mit der Wahl des Befriedigungsobjekts ausschließlich nach dem Kriterium seiner Eignung zur Erlangung von Lust und zur Vermeidung von Unlust, entfernt sich das Triebleben von seiner Anbindung an funktionelle, der instinkthaften Sicherung der eigenen Existenz noch am ähnlichsten erscheinenden Selbstregulierungen.

Die anschließende polymorph-perverse Ausgestaltung der infantilen Sexualität erfüllt keines der Kriterien eines biologisch festgelegten Instinkts, ihre phasenspezifisch dominierenden Erscheinungsformen zeigen keine »präexistente sexuelle Funktion mit genau definierten Normen der Verwirklichung« (S. 38 f.). Die Bandbreite der infantilen Partialtriebäußerungen steht somit im Gegensatz zu einer mit einer genetisch festgelegten Normierung verbundenen Instinkthaftigkeit und das bedeutet auch: »Die ganze Sexualität wird am Ende zur Perversion, zumindest die ganze infantile Sexualität« (S. 39). – Die menschliche Sexualität, so die zentrale Schlußfolgerung Laplanches, pervertiert den Instinkt grundsätzlich als elementare Lebensfunktion. Mit der prinzipiell offenen, dem Lustprinzip unterliegenden Suche nach Befriedigungsmöglichkeiten und Objekten wird der Trieb als Instinkt, so Laplanche, disqualifiziert. Und doch erscheint der Sexualtrieb bereits in seinen frühesten Stadien in der Form eines »Als-ob-Instinkts«, hat er sich erst einmal feste Bahnungen geschaffen, an denen er im Falle wiederholter innerer (und äußerer) Reize entlang gleitet. Diese frühesten Erscheinungsformen der Sexualität entlang unbewußter Bahnungs- und Besetzungsvorgänge kreisen allmählich um Objekte bzw. um Objektvorläufer und führen auf verschlungenen Wegen gleichsam hintenherum wieder eine Normierung ein, die mit der Separierung der Sexualität von der Funktion der Selbsterhaltung eigentlich überwunden wurde.

Daher können wir mit Laplanche zu Recht davon sprechen, daß der mit der Sexualentwicklung unter dem Vorzeichen der allgemeinen »Plastizität der Psyche« (Freud) verlorengegangene Instinkt spätestens mit der pubertären Durchsetzung des Genitalprimats auf einer anderen Ebene gleichsam »wiedergefunden« wird. Mit dem Genitalprimat gelangt der (männliche) Sexualtrieb »wieder zu der offensichtlichen Unbeweglichkeit und Finalität des Instinkts« zurück.[121] Da es sich aber nur um den Anschein eines instinktgesteuerten Sexualverhaltens han-

121 Laplanche/Pontalis (1972), *Das Vokabular der Psychoanalyse,* S. 471.

delt und nicht um eine genetische Programmierung, ist der Ausdruck »nachgeahmter Instinkt« weitaus zutreffender. Die männliche, insbesondere die perverse Sexualität erscheint immer dann instinkthaft, wenn Männer, getrieben von ihrer Angst und dem Wunsch sie zu überwinden, unbewußt (auf der Ebene der psychischen Realität) regressiv bis vor die Konstitution der Sexualität zurückgehen, an jenen Punkt also, an dem die Sexualität noch mit den Funktionen der Selbsterhaltung assoziiert war und sich die Frage nach einem eigenständigen Objekt für die Sexualität noch nicht stellte.

Dieser Rückgriff führt aber nicht zu einem Verzicht auf Sexualität, sondern dient im Gegenteil dem Versuch einer Reorganisation der erwachsenen, offensichtlich permanent gefährdeten männlichen Sexualität nach den Funktionen und Prinzipien der Selbsterhaltung, was nicht bedeutet – und dieses (allgemein verbreitete) Mißverständnis wäre fatal –, daß die Sexualität anderen, nicht-sexuellen Funktionsbereichen untergeordnet würde. Das Ziel dieser Reorganisation besteht gerade darin, die genitale männliche Sexualität zu »retten«, ohne den Fallstricken der mit dem Sexualitätsdilemma verbundenen Objektzwänge und Abhängigkeiten weiterhin zu unterliegen. Erst dieser gesamte Vorgang – wir können ihn mit Freud als nachträgliche »Umschriftung« oder mit Irene Fast als »Rekategorisierung« bezeichnen – ermöglicht es dem Mann, (pseudo-instinkthaft) mit seinen Sexualobjekten nach Maßgabe der eigenen Selbsterhaltungsinteressen zur Sicherung seiner bedrohten Männlichkeit umzugehen. Neben der Starrheit und dem Schematismus der männlichen Genitalvorgänge liegt in dieser regressiven Rückkoppelung eine der tiefsten Wurzeln für die männliche Tendenz zur Devitalisierung des (weiblichen) Sexualobjekts.

An dem Punkt der Subjektkonstitution, wo sich die Sexualität von der Funktion der Selbsterhaltung löst, verdichten sich zwei Tendenzen, die regressiv aufgegriffen werden können und in den späteren Perversionen des Mannes wieder auftauchen: die quasi-biologische Nähe zum Instinkt und die mit den primitiven Spaltungsmechanismen (Introjektion–Projektion) verbundene archaische Haß-Funktion, die ursprünglich entstanden ist, um den mit der Sexualentwicklung unvermeidbar einsetzenden Unlust-Erfahrungen begegnen zu können.[122] Ist

122 »Der Haß tritt zusammen mit der Entdeckung des Objekts auf und ist mit diesem substantiell verbunden: Das Objekt wird im Haß entdeckt.« Die Fortsetzung dieses Kommentars von André Green zu Freuds *Triebe und Triebschicksale* kann als eine Bestätigung unserer Annahmen über die in Haß umgewandelte Angst von Männern vor Kontrollverlust gelesen werden: »Die Bewußtwerdung darüber, daß das Objekt kein Teil des Ichs ist und diesem damit nicht zur vollen Verfügung steht, erzeugt ganz

es Zufall, daß Freud in die 1920 eingeführte Konzeption des Todestriebes sowohl die Anlehnung an eine biologische Funktion (Rückkehr der Lebensvorgänge zum anorganischen Zustand) als auch die objektgerichtete Haßkomponente (menschliche Destruktivität) in den Mittelpunkt der vom Wiederholungszwang, der »Essenz jeglichen Triebgeschehens« (Green) diktierten Prozesse von Bindung und Entbindung gerückt hat und sich dabei nicht wirklich klar darüber geworden ist, ob der Todestrieb im Grunde nicht sogar im Dienste sowohl der Selbsterhaltung als auch der Sexualität (und umgekehrt) steht?

Der dominierende Partialtrieb der prägenitalen Organisation ist nach Freud der auf die Schädigung oder Vernichtung des Objekts zielende Sadismus. Der Ursprung und das Vorbild dieses destruktiven Objektbeziehungsmodus liegt im oralen »Einverleiben« oder »Fressen«, ist also zunächst an die Selbsterhaltungsfunktion geknüpft, d. h.: »Im oralen Organisationsstadium der Libido fällt die Liebesbemächtigung noch mit der Vernichtung des Objekts zusammen (...).«[123] Die weitere Entwicklung des Sadismus aber ist, wie wir in Anlehnung an Freuds spätes Trieb-Modell festgestellt haben, eng mit der Entwicklung der männlichen Sexualität und der Ausbildung der Geschlechtsidentität verknüpft und findet auf der Stufe des Genitalprimats ihren Höhepunkt. Der (männliche) Sadismus gilt für Freud als ein Derivat des Todestriebes, der insbesondere bei einer Verselbständigung in den Dienst der Sexualfunktion tritt. »Wo der ursprüngliche Sadismus keine Ermäßigung oder Verschmelzung erfährt, ist die bekannte Liebe-Haß-Ambivalenz des Liebeslebens hergestellt« (ebd.). Demnach zeichnet sich jede Perversion grundsätzlich durch eine ausgeprägte sadistische bzw. sadomasochistische Komponente aus.

In diesem Sinne wären die Perversionen männlicher Erwachsener eine Form der Sexualität, in der die höchstmögliche genitale Lust (Erregung, Befriedigung und Abfuhr) durch einen Angriff, die Schädigung oder gar durch die Zerstörung des Objekts unter dem Einfluß des Todestriebes erreicht werden soll. Für André Green ist daher die Perversion »nicht länger lediglich eine Erscheinungsform von Sexualität, sondern wird nur verständlich, wenn man auch das darin enthaltene Wirken des Todestriebs mit berücksichtigt«.[124] Als primäres Ziel des Todestriebes haben wir nicht den Tötungswunsch, sondern das Streben

---

selbstverständlich Haß, denn über ein unabhängiges Objekt kann das Ich nicht frei verfügen.« Green (2000), *Geheime Verrücktheit. Grenzfälle der psychoanalytischen Praxis*, S. 265 f. Vgl. den zweiten Teil.

123 Freud (1920), *Jenseits des Lustprinzips*, S. 58.

124 Ebd., S. 273.

nach Triebruhe (Homöostase) bezeichnet, um den gegengeschlechtlichen Spannungen der Objektanbindung des eigenen Begehrens zu entgehen. Dieses Ziel kann durch sexuelle Angriffe und/oder durch Tötungshandlungen gegen das feindliche, *weil* begehrte Objekt erreicht werden. Töten ist Notwehr, wie das Bekenntnis eines Frauenmörders drastisch zum Ausdruck bringt: »Ich fühle mich nicht als Mörder, ich habe einen Feind erledigt und bin innerlich völlig frei.«[125]

Grundsätzlich lassen sich aus den männlichen Sexualäußerungen mit ihren signifikanten Mischungen aus Sexualität, Aggression, Narzißmus und Selbsterhaltung zwei Tendenzen herausdestillieren, die nicht nur für das sexuelle, sondern auch für das soziale Verhalten des Mannes von Bedeutung sind: die Neigung zur Sexualisierung des gesamten Bindungs- und Sozialverhaltens durch eine reale oder symbolische phallisch-aggressive Ausrichtung *und* die Aggressivierung der genitalen Sexualität selbst, durch das Zulassen der in ihr bereits eingelagerten Haß- und Zerstörungsbereitschaft zum Zwecke der Beseitigung der vom eigenen Begehren und seinem Objekt drohenden existentiellen Gefahren für die persönliche und kulturelle Identität als (vollwertiger) Mann.

Damit schließt sich der Bogen von den Perversionen zurück zu unserer Grundannahme über die unbewußte Einlagerung der im *Feindbild Frau* verdichteten aggressiven bis destruktiven Impulse in den Strukturen und den dynamischen Äußerungen der männlichen Sexualität. Auch wenn wir die objektbeziehungstheoretischen, auf die Überwindung der frühkindlichen Mutterbindung fixierten Orientierungen der meisten neueren psychoanalytischen und sexualwissenschaftlichen Erklärungsansätze zur sexuellen Gewaltproblematik nicht teilen, so stimmen wir mit der wichtigsten Kernaussage dieser ansonsten heterogenen Positionen überein: Im Zentrum des breiten Spektrums sexueller Gewalthandlungen, von sexueller Belästigung bis hin zu sexuellen Tötungsdelikten, steht eine mehr oder weniger unbewußte, durch sexuelle und soziale Kränkungen häufig erst ausgelöste Feindseligkeit gegenüber Frauen, die bis zum zerstörungsbereiten Haß gesteigert werden kann.

Auch Stoller betrachtet die Perversionen als »erotische Form von Haß«, als »das Ergebnis einer notwendigen Wechselwirkung zwischen Feindseligkeit und sexuellem Verlangen«.[126] Unabhängig vom spezifischen Verlauf der jeweiligen Perversionen und den biographischen Hintergründen der einzelnen Perversen verbindet sie neben der fast süchtigen Fixierung an eine genitale Endbefriedigung ein Zug von

125 Zit. nach Schorsch/Becker (1977), *Angst, Lust, Zerstörung*, S. 181.
126 Stoller (1979), *Perversion*, S. 13.

Feindseligkeit und Haß, der sich auch in den Erscheinungsformen der »normalen« männlichen Sexualität in unterschiedlichem Ausmaß findet. Stoller unterscheidet hier zu Recht Feindseligkeit und Haß von gewöhnlicher Aggression, denn dem Haß geht es grundsätzlich darum, einem Objekt, bis hin zu seiner vollständigen Vernichtung, Schaden zuzufügen. Eberhard Schorsch betont die individuell großen Differenzen hinsichtlich der Intensität und des Ausmaßes dieses Hasses. »Bei vielen Männern ist er nur in kaum wahrnehmbaren Verdünnungen enthalten; im anderen Extrem gibt es Männer, deren Frauenbild durch diesen feindseligen Aspekt weitgehend bestimmt ist, die eine starke aggressive, destruktive Dynamik in sich tragen, die immer wieder impulsartig in Handlungen durchbrechen kann (...).«[127] Insbesondere die sexuellen Perversionen – und mit ihnen die perversen Anteile der »normalen« Sexualität – bestätigen, daß bei Männern ein »Grundpotential von mehr oder minder vehementer und latenter Feindseligkeit der Frau gegenüber (sich als) eine Art kollektiver Störung (darstellt), die in unterschiedlichen Verdünnungen massenhaft nachweisbar ist«.[128]

Die in den perversen Ausbrüchen zum Ausdruck kommende Kombination aus Haß und Begierde zeigt die Grenzen eines Vergleichs zwischen menschlichen Triebhandlungen und dem instinktgesteuerten Verhalten von Tieren. Wie weit das männlich-aggressive Beuteverhalten auf dem Feld der perversen, destruktiven Sexualität vom angesprochenen Verhalten eines nahrungssuchenden Raubtiers entfernt ist, wird an einem letzten Fallbeispiel deutlich.

Robert Hansen galt als braver Familienvater und angesehener Mitbürger mit einer nicht unüblichen Leidenschaft für die Jagd. Hinter seiner »Normalität« und Angepaßtheit versteckte sich der grausamste Serienmörder in der Geschichte Alaskas. Zwischen 1973 und 1983 entführte der Bäckermeister aus Anchorage siebzehn Prostituierte, Striptease-Tänzerinnen und Bardamen in seine abgelegene Berghütte, um sie tagelang zu vergewaltigen und auf andere Weise zu foltern. Wenn seine sexuelle Gier gestillt war, ließ er die Frauen nackt davonlaufen und veranstaltete mit seinem Jagdgewehr eine tödliche Menschenjagd auf seine fliehenden Opfer. Als Motiv seiner Taten, die er als sein »Sommerprojekt« bezeichnete, gab er abgrundtiefen Haß auf Prostituierte und die Überzeugung an, sie für ihr »sündiges Dasein« bestrafen zu müssen.[129]

---

127 Schorsch (1990), *Zur Frage von Sexualität, Lust, Angst und Gewalt,* S. 131.

128 Schorsch (1988/89), *Versuch über Sexualität und Aggression,* S. 153.

129 Das Jagd-Motiv scheint unter Sexualstraftätern nicht unüblich zu sein. So hat der ebenfalls unauffällig wirkende Serientäter Michel Fourniret, der Mitte 2004 (vorerst) neun

Hansen gehört zu jener Abscheu (und manchmal auch morbide Faszination) auslösenden Gruppe männlicher Sexualmörder, die als »Serienkiller« zu fragwürdiger Popularität gelangt sind. Unterschiedliche Mischungen aus sexueller Lust, Angst vor der Frau und ihrer Sexualität, Wut und Haß aufgrund der eigenen Abhängigkeit von Frauen und der Ohnmacht gegenüber der eigenen Sexualität bestimmen den explosiven Kern der Motivstrukturen dieser Verbrechen, mit denen die Täter unbewußt ihr stark beschädigtes männliches Selbst zu reparieren versuchen. Der ersehnte Triumph vollständiger Beherrschung soll durch die Verfolgung, Ausbeutung und Vernichtung des (zumeist weiblichen) Angst- und Haßobjekts erreicht werden. Gleichzeitig geht es auch in diesem Fall um die Befriedigung der genitalen Bedürfnisse einer phallisch-aggressiven männlichen Sexualität. Die Eskalation der destruktiven Dynamik und der den Todestrieb kennzeichnende Wiederholungszwang, dem sie unterliegt, bestätigen das Scheitern dieses unbewußten Sanierungswunsches. Sadistische Gewalttäter wie Hansen führen einen erbarmungslosen Privatkrieg gegen projektiv ausgewählte, für die eigenen Demütigungen verantwortlich gemachten Feinde, einen Krieg, der lange vor der ersten Tat in der Phantasie vorbereitet worden ist und der sich unter dem Penis-Phallus-Diktat und der Mobilisierung paranoider Abwehr-Kampf-Bereitschaften sowohl der Aufladung der objektgerichteten (penifizierten) Sexualität durch Haß, Aggression und Zerstörungslust als auch der genitalausgerichteten Sexualisierung aggressiver und destruktiver Verhaltensweisen bedient. Beide unbewußten Männlichkeitsstrategien können aber nicht nur individuell, im Fall einzelner Perversionen oder Sexualstraftaten nachgewiesen werden, sondern auch kollektiv in den männlichsten aller maskulinen Institutionen und Erfahrungsbereichen: als Erotisierung von Waffen und als Zerstörung des erotischen Objekts im Krieg und unter kriegsähnlichen Bedingungen.

Morde an zuvor vergewaltigten jungen Frauen gestanden hat, ausgesagt: »Zweimal im Jahr ging ich auf Jagd nach Jungfrauen.« Laut Zeitungsbericht suchte er »seine Opfer unter den Jungen, Hübschen, Unschuldigen. Wenn sie keine Jungfrau mehr waren und sich widersetzten, wurde er wütend, denn sie hatten doch schon Liebe mit einem anderen gemacht, also warum nicht mit mir?‹« *FR v. 07. 07. 04.*

Was einem selbst Grauen erregt, wird auch auf den abzuwehrenden Feind dieselbe Wirkung äußern. Noch bei Rabelais ergreift der Teufel die Flucht, nachdem ihm das Weib ihre Vulva gezeigt hat. Auch das erigierte männliche Glied dient als Apotropaeon, aber kraft eines anderen Mechanismus. Das Zeigen des Penis – und all seiner Surrogate – will sagen: Ich fürchte mich nicht vor dir, ich trotze dir, ich habe einen Penis. Das ist also ein anderer Weg zur Einschüchterung des bösen Geistes.

Sigmund Freud, Das Medusenhaupt

Aber auch die Destruktion, die vor der Erfindung der Fernwaffe nur aus der Nähe erfolgen konnte, muß die körperliche Berührung, das Handanlegen voraussetzen. Eine Frau berühren ist im Sprachgebrauch ein Euphemismus für ihre Benützung als Sexualobjekt geworden. Das Glied nicht berühren ist der Wortlaut des Verbots der autoerotischen Befriedigung.

Sigmund Freud, Hemmung, Symptom und Angst

Krieg, Militär und die männliche Ordnung der Geschlechter

Im Zentrum des ideologischen Selbstverständnisses einer auf hierarchischen Geschlechtergegensätzen aufgebauten Kultur steht das Bild einer intakten, aber zugleich bedrohten Männlichkeit. Die kulturell konstruierte Maskulinität wird nicht einfach durch Sozialisation »erworben«, sondern »muß« unbewußt gegen heftige, insbesondere mit Frauen und Weiblichkeit in Verbindung gebrachte Widerstände erkämpft und in Zeiten innerer und äußerer Krisen immer wieder repariert bzw. neu hergestellt werden. Aufgrund der Fragilität seiner Geschlechtsidentität ist der Mann auf die Entwicklung kulturell erwünschter und gesellschaftlich favorisierter Institutionen und Mechanismen angewiesen, welche das innerpsychisch Bedrohliche abzuwehren erlauben – notfalls durch Externalierung, Verfolgung und anschließende Vernichtung nach dem Vorbild der paranoid getönten Abwehr-Kampf-Haltung. Krieg und Militär gehören traditionell als Institutionen zur »Herstellung« von Männlichkeit zu den wichtigsten Austragungsorten dieses unbewußten Potentials unter der Vorherrschaft destruktiver Tendenzen. »Es ist evident, daß die militärische Disziplinierung und Subjektbildung, wie sie sich seit Beginn der Frühen Neuzeit herausbildete, so gut wie ausschließlich Männer betraf,« so die Militärsoziologin Ruth Seifert zur Analogie von männlichem Militär und militarisierter (ziviler) Männlichkeit. »Der Zusammenhang von Männlichkeit und Militär ist nahezu weltweit festzustellen – der Krieger bzw. der Soldat gelten fast universal als Inkarnation von Männlichkeit.«[1] Ähnlich argumentiert Barbara Ehrenreich in einer Untersuchung über den Ursprung und die Geschichte der Lust am Krieg. Auch wenn ihre evolutionstheoretische Herleitung der männlichen Kriegsfaszination aus der Verwandlung des archaischen, aber historisch und ökonomisch überflüssig gewordenen Jägers in einen modernen Aggressor, dessen Beuteverhalten an blutigen Opferritualen festhält, problematisch ist, kann ihrer

1 Seifert (1996), *Militär, Kultur, Identität. Individualisierung, Geschlechterverhältnisse und die soziale Konstruktion des Soldaten*, S. 78. Vgl. zur historischen Militarisierung der hegemonialen Männlichkeitskonstruktionen im Kontext der Nationalisierung der deutschen Gesellschaft im 19. Jahrhundert: Frevert (1996), *Soldaten, Staatsbürger. Überlegungen zur historischen Konstruktion von Männlichkeit.*

Definition vom »Krieg als Tor zur Männlichkeit« zugestimmt werden:

> »Es gibt also keinen zwingenden biologischen oder ›natürlichen‹ Grund dafür, daß im Drama des Krieges die Hauptrollen fast immer Männern zufallen. Männer führen aus vielen Gründen Krieg, aber immer wieder auch um zu beweisen, daß sie ›richtige Männer‹ sind. Krieg und aggressive Männlichkeit verstärken sich, anders ausgedrückt, kulturell gegenseitig. Zum Kriegführen braucht man Krieger, also ›richtige Männer‹, und zum Kriegermachen braucht man einen Krieg. So löst der Krieg das ›immer wiederkehrende Problem der Kultur‹, welches Margaret Mead in ›einer befriedigenden Definition der Rolle des Mannes‹ erkannte. Diese ›Definition der Rolle des Mannes‹ durch den Krieg hatte für die Frauen unweigerlich katastrophale Konsequenzen.«[2]

Auf diesem Hintergrund lautet die trübe Botschaft viriler Kriegsverherrlichung, wie sie etwa von Ernst Jünger, angesichts seiner Erfahrungen als Soldat im Ersten Weltkrieg mit verklärendem Pathos vorgetragen wird: Männlichkeit ist der Kern jeder Kultur, der Kern der Männlichkeit aber ist der Soldat, der Krieger und daher gelten Krieg und Militär als jene Orte, wo ein Mann noch ein Mann sein kann und darf und wo er die Gelegenheit erhält, seine beschädigte Männlichkeit zu reparieren – ohne Frauen, außer in Gedanken, Phantasien und sexistischen Zoten, gegebenenfalls aber, wenn es Kriegstaktik und Libidoökonomie »erfordern«, offen gegen sie. Im Sinne der Herstellung dieses konstitutiven Zusammenhangs von Sexismus und Gewaltbereitschaft im Kernbereich männlicher Geschlechtsidentität gilt Erdheim das Militär als »eine Illusions-Maschine spezifischer Art, die im wesentlichen das Konstrukt der Männlichkeit produziert«[3] – einer Männlichkeit, in der aggressive, sexuelle und narzißtische Elemente zu einer tödlichen Kampfbereitschaft neu zusammengesetzt werden.

2 Ehrenreich (1997), *Blutrituale. Ursprung und Geschichte der Lust am Krieg*, S. 157.

3 Erdheim (1982b), *»Heiße« Gesellschaften und »kaltes« Militär*, S. 63. An dieser Stelle zitiert Erdheim den französischen Biologen René Quinton (von 1936): »Die Völker, die den Krieg lieben, sind männliche Völker. Man kann die Männer außerhalb des Krieges und die Frauen außerhalb der Mutterschaft nicht beurteilen. Der Krieg gibt den Männern Erhabenheit, welche die Mutterschaft den Frauen verleiht. Die Mutterschaft ist der natürliche Zustand der Weibes, der Krieg der natürliche Zustand des Mannes« (ebd.). Zu den Prinzipien und Folgen der Männlichkeitskonstruktionen im Militär vgl. auch den Sammelband von Eifler/Seifert (1999), *Soziale Konstruktionen – Militär und Geschlechterverhältnis* und Pohl (1992), *Männlichkeit, Destruktivität und Kriegsbereitschaft*.

Eines der zentralen Mittel dieser Transformation unter destruktivem Vorzeichen ist die Kanalisierung spezifischer, von den Soldaten als Disposition mitgebrachter (mit Sexualität und Weiblichkeit assoziierter) Ängste, die durch die militärische Ausbildung, sowie durch direkte Kampferlebnisse massiv verstärkt werden. Dieses Angstpotential kann durch die bekannten Abehrmechanismen der projektiven Identifizierung (Abspaltung, Introjektion, Projektion) in eine Verfolgungs- und Vernichtungsbereitschaft gegenüber einem im Außen an Frau = Feind (und umgekehrt) festgemachten Objekt umgewandelt werden, um der befürchteten eigenen Zerstörung durch die Zerstörung des Angsterregenden zuvorzukommen. Die Perversion des Denkens und der Tat, die in diesem Prozeß zum Ausdruck kommet, wird an der vergnüglichen Stimmung überdeutlich, die Ernst Jünger befällt, nachdem es ihm als Angehörigen eines aus drei Soldaten bestehenden Maschinengewehrkommandos »gelungen« ist, eine Masse aus ca. fünftausend Menschen (Feinden) in nur einer Minute »spurlos von der Bildfläche« verschwinden zu lassen. »Dieser Anblick hatte etwas Zauberhaftes; er rief jenes tiefe Gefühl der Heiterkeit hervor, von dem man bei der Entlarvung eines niederen Dämons ergriffen wird.«[4] Dieser zu entlarvende »niedere Dämon« steht für Jünger, so die einleuchtende Interpretation Theweleits, mit einer konturlosen, gefährlichen und unbewußt mit Weiblichkeit verknüpften Masse in Verbindung. Die nach dem Massaker aufgetretene »vergnügliche Ruhe« besiegelt den Prozeß einer (destruktiven) Reinkarnation: die virile Zeugung und Selbsterzeugung eines überlegenen Geschlechts, einer neuen Rasse *ohne* Beteiligung von Frauen. »Wir sahen, daß es noch Männer gibt, die auf kriegerische Weise zu zeugen verstehen.«[5] – Und an anderer Stelle heißt es, über diesen geburtsanalogen Vorgang und die notwendige, angstvoll herbeigesehnte »Taufe« des neuen Geschlechts: »Wenn das Blut durch Hirn und Adern wirbelte wie vor ersehnter Liebesnacht und noch viel heißer und toller (...) Die Feuertaufe! Da war die Luft so von überströmender Männlichkeit geladen, daß jeder Atemzug berauschte, daß man hätte weinen mögen, ohne zu wissen warum. O Männerherzen, die das empfinden können!«[6]

4 Zit. nach Theweleit (1978), *Männerphantasien Bd. 2*, S. 45. Für Theweleit heißt das: »Das ist das Gefühl eines wirklichen Sieges (...). Nichts mehr da, was einen bespeichelt, bedroht, zerreißt. Alles ist wieder sauber: leerer Platz, unbetretenes Territorium, wieder jungfräulicher Leib. Kein schwärzliches Gewimmel mehr, aber eine weiße Totalität. Der Mann ist wieder *ganz*« (ebd.).

5 Zit. nach ebd., S. 104.

6 Zit. nach Theweleit (1977), *Männerphantasien Bd. 1*, S. 84.

Jüngers Beschreibungen von Kampfhandlungen analog zu einem sadistischen Geschlechtsakt sowie das permanent variierte Bild vom Schlachtfeld als dem Bett der »wahren Geliebten« dokumentieren den geheimen Zusammenhang von Kampf und Sexualität, der in der männlichen Kriegsführung immer auch mit zum Ausdruck kommt. Unter diesen Bedingungen scheint Sexualität nur in der Form eines mörderischen Kampfes überhaupt noch erlebbar zu sein: als Aufstau, Penetration und eruptive Entladung unter Männern. Der »Blutrausch«, der Jünger so begeistert, entspringt und entspricht einer sadistisch aufgeladenen Auffassung des Orgasmus. Krieg gilt für Männer unbewußt auch als ein Abenteuer zur Bestätigung und Ausagierung gegen Frauen gerichteter Zerstörungsphantasien. Der Krieg, so heißt es in einem von Jünger auf dem »Feld« gefundenen Brief eines »gefallenen« Amerikaners, sei noch interessanter und reizvoller als die Tigerjagd.[7] Im Bild der Raubkatze verdichtet sich symbolisch der Wunsch nach einer Beherrschung der äußeren und inneren, als bedrohlich erlebten und als weiblich assoziierten »Natur«. Zu den konstitutiven Elementen dieses Bildes gehören Geschmeidigkeit, Unberechenbarkeit, List und vor allem todbringende Gefahr. Wie bei dem »Trick« der Baruya zur Sicherung ihrer männlichen Herrschaft über die Frauen kann auch diese »gefährliche« Macht nach einem triumphalen Sieg des Mannes angeeignet und anschließend in ein Instrument phallisch-aggressiver Männlichkeit verwandelt werden. »Das scheinen«, so Wolfgang Leuschner, »diejenigen, die Waffen und Aufrüstung verkaufen wollen, übrigens intuitiv begriffen zu haben, z. B. wenn sie ihre Produkte mit Namen versehen, die sexuelle Tönungen enthalten. So wurden fast alle nach dem zweiten Weltkrieg bei der Bundeswehr eingeführten Panzer mit Namen von Raubkatzen versehen (Leopard, Luchs, Gepard, Marder …).«[8]

Im Zusammenhang mit der unbewußten Vorstellung vom Krieg »als einem großen kollektiven Geschlechtsakt« (Moeller) weist Alexander Mitscherlich auf die Parallelität sexueller und aggressiver Erregungssteigerungen hin, die ab einem bestimmten Punkt (»point of no return«)

7 Der metaphorische Vergleich zwischen den angstauslösenden und angstüberwindenden Kriegserfahrungen und der Jagd ist gängig, so auch in Jüngers Beschreibung der inneren Gefühlslage während einer drohenden Feindberührung auf nächtlichem Kundschaftergang hinter den feindlichen Linien Ende 1917: »Der Zusammenprall wird kurz und mörderisch sein. Man zittert unter zwei gewaltigen Gefühlen: der gesteigerten Aufregung des Jägers und der Angst des Wildes.« Jünger (1922), *In Stahlgewittern*, S. 80. Bei Jüngers Beschreibung des Kampfes als »inneres Erlebnis« handelt es sich frei nach Nietzsche um die »dionysische Selbstentdeckung als Raubtier-Krieger im Blutrausch.« Bernd Weisbrod in d. *FR v. 21. 02. 98*.

8 Leuschner (1983), *Über »neurotischen« Pazifismus*, S. 29

unumkehrbar sind und beim Töten ähnlich wie beim sexuellen Orgasmus, unaufhaltsam zu Entladungen führen. »In beiden Fällen handelt es sich um triebhafte, nicht mehr willentlich bremsbare Handlungsketten, die bis zur Erschöpfung ablaufen.«[9] Fraglich ist allerdings Mitscherlichs geschlechtsunspezifische Anthropologisierung dieser psychophysiologischen Erscheinungen zu allgemeingültigen »patterns of behavior« (Verlaufsgestalten). Sein Rekurs auf die Freudsche Triebtheorie unterschlägt die in diesem Kontext entscheidende Dimension des Trieb *objekts* und damit die Entwicklung der spezifischen Affektqualitäten der unbewußten Verbindungen zwischen Trieb und Objekt auf der Ebene der psychischen Realität. – Das Objekt aber, dem in einer Mischung aus Lust, Angst und Wut der männliche Angriff gilt, ist weiblich oder zumindest unbewußt ein zu einem Derivat des Weiblichen gemachtes Feindobjekt.

Nicht nur Jüngers, an das Ritual der Feuertaufe und die Kameraderie homosozialer Männergemeinschaften gebundene virile Selbsterzeugungsphantasien zeigen, daß Kriege (auch) den Charakter einer antifemininen Selbstinszenierung einer rein männlichen Wiedergeburt mit initiationsähnlichen Zügen tragen, die ihren tieferen kulturellen Ursprung und ihr eigentliches feindliches Objekt (Frau) im Bild des zu zerstörenden Feindes zu vertuschen suchen. In diesem Sinne stellen Kriege vor allem einen Schauplatz zur Ausagierung unbewußt gegen Frauen gerichteter Zerstörungsphantasien dar. Durch die beabsichtigte Sanierung der als beschädigt erlebten und von ständiger Angst bedrohten eigenen Identität soll zugleich die männliche Hegemonialität und die aus den Fugen geratene Gender-Ordnung wiederhergestellt werden, denn Kriegesverhältnisse sind grundsätzlich immer auch mit der herrschenden Regelung der Geschlechterverhältnisse verbunden (Margarete Mitscherlich).

Selbstverständlich lassen sich Militär und Krieg ebensowenig pauschal auf die Bewältigungsprobleme beschädigter Männlichkeit reduzieren, wie die Geschlechtsidentität *aller* Männer in *allen* Kulturen generell einem, ihre Sexualität dämonisierenden Vergewaltigungsparadigma untergeordnet werden kann. Die Ursachen von Kriegen sind in spezifischen historischen, sozialen, politischen und ökonomischen Konflikten zu suchen, wozu allerdings *auch* unterschiedliche kulturelle Traditionen von kriegerischen oder weniger kriegerischen Männlichkeitskonstrukten gehören. Unter Berufung auf Arbeiten von Marina Blagojevic über die Einflüsse politischer und gesellschaftlicher Um-

9 Mitscherlich (1969c), *Die Idee des Friedens und die menschliche Aggressivität*, S. 121.

brüche auf die Geschlechterkonstruktionen in Serbien im Vorfeld der Kriege im ehemaligen Jugoslawien hat Ruth Seifert über das historisch und sozialpsychologisch komplizierte Verhältnis von Männlichkeitskonstruktionen und Kriegsbereitschaften angemerkt:

> »Blagojevic Analysen und Beobachtungen legen folgendes nahe: Erstens, im Vorkriegs-Serbien hatte sich eine Männlichkeitsdynamik entwickelt, die nicht als ›Kriegsursache‹ deklariert werden kann, aber dem gewaltsamen Austrag von Konflikten dezidiert Vorschub leistete. Zweitens: Prozesse von Männlichkeit und kriegerische Konflikte sind nicht einer simplen Ursache-Wirkung-Beziehung zuzuschreiben, sondern ergeben sich aus einer Zusammenschau von kulturellen Konstruktionen, sozialisatorischen Prozessen, Interessenlagen und Machtpositionen sowie sozio-ökonomischen Entwicklungen (…). Es kam zu einer Krise der Männlichkeit, die in politischer Hinsicht mit einer Re-Usurpierung männlicher Machtpositionen, in psychologischer Hinsicht mit der Herausbildung machistischer Männlichkeiten beantwortet wurde.«[10]

Gerade weil Militär, Krieg und militante Gruppenkonflikte grundsätzlich männlich konnotiert sind und nach wie vor eine (fast) exklusive Domäne der Männlichkeit darstellen ist eine historische und politische Differenzierung gesellschaftlich dominierender und z. T. in Konkurrenz zueinander stehender (alter und neuer) Männlichkeitskonstrukte für die Analyse von Gewaltkonflikten dringend erforderlich. Daran ändert prinzipiell weder eine zunehmende Integration von Frauen in die Streitkräfte – auf die wir noch kurz eingehen werden –, noch der gravierende Wandel der Waffensysteme oder der Charakter der Kriege und die damit verbundenen Strategien der Kriegsführung etwas. Kein Krieg der Welt könnte ohne die Indienstnahme der gegen ausgesuchte (äußere und innere) Feinde gerichteten aggressiven, mit der

10 Seifert (2004), *Gender-Dynamiken bei der Entstehung, dem Austrag und der Bearbeitung von kriegerischen Konflikten*, S. 191. »Das heißt auch: Eine Krise der Männlichkeit ergibt sich nicht nur aus der Dynamik von Männlichkeit selbst, oder anders gesagt: Sie kann nicht aus einer essentialistisch verstandenen männlichen Psychologie hergeleitet werden. Genderkrisen werden vielmehr dann virulent, wenn Entwicklungen auf anderen gesellschaftlichen Ebenen traditionelle Männlichkeit und Weiblichkeit unlebbar machen und Gesellschaften (…) keine Räume für die Weiterentwicklung von Gender zur Verfügung stellen« (ebd.). Zu der Reaktivierung latent gewordener, traditioneller Heldenelemente im ehemaligen Jugoslawien vgl.: Kaser (1992), *Hirten, Helden und Haiduken. Zum Männlichkeitskult im jugoslawischen Krieg*. Vgl. auch: Stiglmayer (1993), *Massenvergewaltigung. Krieg gegen die Frauen.*

Dynamik psychosexueller Trieb-Objekt-Verbindungen eng verknüpften Ressourcen in den kulturell und gesellschaftlich vorherrschenden Männlichkeitskonstrukten stattfinden.

In der Entwicklung der modernen Kriege hat sich weltweit eine Schere zwischen hochtechnologischen, massenindustriell geführten Kriegen, die ein Höchstmaß an (scheinbar) affekt- und damit auch geschlechtsneutraler Professionalität erfordern und einer Rückkehr zu archaischen Formen traditioneller Kriegsführung mit einem männlichkeitsbetonten Kriegertypus aufgetan. Allerdings wird häufig übersehen, daß auch die weitgehend elektronisch geführten High-Tech-Kriege »schmutzige« Kriege sind, die nicht nur hohe, in der inhumanen Sprache der Militärs als »weiche Ziele« oder als »Kollateralschäden« euphemistisch umschriebene menschliche Opfer fordern, sondern daß es sich auch bei denen, die die neuartigen Waffen in einem quasi-virtuellen Krieg bedienen, nur dem Anschein nach um professionelle Dienstleister (wie z. B. Techniker oder Ingenieure in einem Kraftwerk) handelt. Auch und gerade diese modernen Kriege kalkulieren die massenhafte Vernichtung der Zivilbevölkerung in ihre Planspiele und deren Umsetzung ein. Zudem lassen sich die angedeuteten und auf den ersten Blick gegensätzlichen Trends der Kriegsführung im Zuge der Verlagerung von zwischenstaatlichen zu globalisierten, im wesentlichen aber zu innerstaatlichen Kriegen sowie zu dem international geführten »Krieg gegen den Terror« nicht mehr eindeutig auseinanderhalten. Wie in modernen Kriegen hochtechnologische und traditionell-archaische Strategien aufeinandertreffen, sich überlagern und ihre Grenzen verwischen, läßt sich an den Konflikten unter internationaler Beteiligung im Kosovo, in Afghanistan, im Irak usw. sehen.

In einem Zeitungsartikel über *Gewalt als Lebensform* hat Andreas Herberg-Rothe in diesem Zusammenhang treffend von einem allgemein zu beobachtenden Paradigmenwechsel in der Kriegsführung und seiner Legitimierung (quasi von Clausewitz zu Nietzsche) gesprochen. Danach findet eine Verlagerung »vom Primat der Politik und der zivilen Gesellschaft über das Militärwesen zu einem Primat des gewaltsamen Kampfes und der Autonomie der Kämpfenden von der Gesellschaft« statt. Rein semantisch ließe sich dieser Wandel an einem »untergründigen Wechsel vom *soldier* zum *warrior*, vom Soldaten in einer demokratischen verfaßten Gesellschaft zum aristokratisch bestimmten Krieger« festmachen.[11] Diese Verlagerung kann an einer ganzen Reihe von Indikatoren, wie der Entstaatlichung von Kriegen und der damit

11 *FR. v. 26. 10. 00.*

verbundenen wachsenden Bedeutung von lokalen, relativ autonomen Kriegsherren (»Warlords«), dem wachsenden Einsatz von Söldnertruppen und von paramilitärischen bzw. privaten Verbänden und an der massenhaften Zwangsrekrutierung sogenannter (nach einer Schätzung der Vereinten Nationen weltweit ca. dreihunderttausend) »Kindersoldaten« festgemacht werden.[12] Zu den Veränderungen gehört auch der in einigen Konflikten bereits umgesetzte Vorschlag von Kriegsstrategen und angesehenen Militärhistorikern (z. B. Creveld), die klassische Trennung von Kombattanten und Nicht-Kombattanten aufzuheben, um überhaupt eine Chance zu bekommen, Interventionskriege gewinnen zu können.

Sicherlich müssen politische und regionale Unterschiede gemacht werden, ehe von einer globalen Renaissance des klassischen (männlichen) Kriegertypus gesprochen werden kann, wobei zunächst die Frage gestellt werden muß, ob dieser Typus durch die moderne Waffentechnologien und die damit einhergehenden neuen Kriegsstrategien tatsächlich verschwunden bzw. je überflüssig geworden ist. Auch in Deutschland gibt es mit dem Wechsel vom klassischen Verteidigungsauftrag hin zum Aufbau international tätiger Krisenreaktionskräfte sowie im Kontext der Diskussion über die (mögliche) Umstellung auf eine Berufsarmee Anzeichen für eine Renaissance bzw. ein öffentlicheres Bekenntnis zu dem, unter der Firnis der in einer demokratischen Zivilgesellschaft verankerten Armee immer schon verborgenen traditionalistischen Selbstbild der Soldaten, die ihre Tätigkeit nicht (nur) als Beruf, sondern als männlich-ehrenvolle Berufung erleben. Nach einer jüngeren Umfrage des Sozialwissenschaftlichen Instituts der Bundeswehr unter knapp viertausend Soldatinnen und Soldaten gehört für ein Drittel das offizielle Leitbild des Staatsbürgers in Uniform »nicht notwendigerweise und für jeden zehnten sogar überhaupt nicht zu den festen Bestandteilen eines gemeinsamen beruflichen Selbstverständnisses«.[13] Zu diesem, von dem Historiker an der Bundeswehrhochschule in Hamburg Wolfgang Gessenharter in einem Zeitungsartikel berichteten Einstellungswandel, der auf einen allmählichen Schwund der Prägekraft der Prinzipien der »Inneren Führung« hinweise, gehört auch das zunehmende Schwadronieren darüber, ob angesichts der weltweit neuen Bedrohungen und

12 Vgl. Münkler (2003), *Die neuen Kriege*, S. 33 ff.

13 Bezeichnend ist auch, daß der Bundeswehrgeneral Günzel, der langjährige, aufgrund seiner Zustimmung zu den antisemitischen Äußerungen des Ex-CDU-Bundestagsabgeordneten Hohmann im Oktober 2003 inzwischen entlassene Leiter der Eliteeinheit »Kommando Spezialkräfte« (KSK), das Leitbild der »Inneren Führung« für »keine zeitgemäße Menschenführung« hält und nicht abstreitet, von »seiner Truppe« eine Disziplin wie bei »der Waffen-SS« zu verlangen.

militärischen Herausforderungen nicht auch in der deutschen Armee wieder ein eher »archaischer Kämpfertyp« gefragt sei.[14]

Kriege lassen sich möglicherweise von den Kriegszielen her, jedoch niemals in der Praxis auf rein instrumentelle Zweck-Mittel-Relationen reduzieren. Daher sind in den (unbewußten) Motivketten auch der technologischen Sachwalter elektronischer Kriegesführungen die üblicherweise hinter einer Fassade kalter Sachlichkeit mehr oder weniger gut verborgenen starken Affekte (und ihre Abwehr) wie Lust, Angst, Haß und Omnipotenzgefühle zu vermuten. Aus diesem Grunde nimmt die sexuelle Gewalt gegen Frauen in Kriegen als signifikante Erscheinungsform der archaischen Mentalität des Mannes als Krieger auch nicht ab und es gilt weiterhin die Feststellung Münklers: »Die gegen die Zivilbevölkerung ausgeübte Gewalt [auch] der neuen Kriege ist vor allem eine Gewalt gegen Frauen.«[15] Der Versuch Münklers allerdings, die an der (angeblich) wachsenden Zahl der Vergewaltigungen und sexuellen Verstümmelungen von Frauen festgemachten Tendenz einer Steigerung der Grausamkeit in den modernen Kriegen dem zunehmenden Einsatz von Kindern und Jugendlichen als Soldaten anzulasten ist historisch und empirisch falsch und äußerst problematisch. Er dient letztendlich der Verteidigung der konventionellen Vorstellung des ehrenwerten männlichen Kriegers in traditionellen Kriegen, der seine Waffen mit Respekt und »ritualisierter Korrektheit« behandelt und nicht als phallisches Gerät zur Befriedigung der »wilden Sexualität der männlichen Heranwachsenden« mißbraucht habe. – Aber sexuelle Barbarei wird natürlich nicht erst dann zu einer »normalen Waffe«, wenn der Krieg von »jugendlichen Irregulären« geführt wird (ebd., S. 39).

Weil aber jeder Krieg (auch real) ein Krieg gegen Frauen ist, muß der grundsätzlich ambivalenten bis feindseligen Einstellung von Männern zu allem Weiblichen am Beispiel der kriegerischen Inszenierungen einer mann-männlichen Wiedergeburt durch den (antifemininen) Kampf auch (und gerade) unter Aktualitätsgesichtspunkten gründlicher nachgegangen werden. Der Soldat mit einer mehr oder weniger defekten und zusätzlich durch die Schikanen der Militärausbildung sowie der traumatisierenden Kriegsrealität, extrem angstbelasteten männlichen Geschlechtsidentität scheint seine Potenz im Bett wie auf dem Schlachtfeld

14 *FR v. 21. 05. 04*. Ein solch kriegerisches Schwadronieren paßt übrigens nahtlos zum Plädoyer des deutschen Bundeskanzler Schröder nach dem 11. September 2001 für eine »Enttabuisierung des Militärischen« in Deutschland sowie zu jener Androhung des wehrhaften Bundesinnenministers Schily im Frühjahr 2004 gegenüber dem islamisch-fundamentalistischen Terrorismus: »Wer den Tod will, kann ihn haben« (!).

15 Münkler (2003), *Die neuen Kriege*, S. 40.

zwanghaft unter Beweis stellen zu müssen, womit der »Geschlechtskampf« nicht nur sprachlich in die Nähe des »Gefechtskampfes« rückt. Die unbewußte Logik militärischen Denkens und Handelns unterliegt auch durch die Mobilisierung und Verstärkung phallisch-aggressiver Anteile der männlichen Sexualität grundsätzlich dem von uns besonders hervorgehobenen Muster paranoider Abwehr-Kampf-Haltungen. Das gängige Bild vom »Penis als Waffe« hat eine doppelte Bedeutung: Zum einen die zu den psychosozialen Bedingungen und Begleiterscheinungen der kriegerischen Abwehr und Vernichtung ausgesuchter Feinde gehörende phallische Erotisierung von Waffen und ganzer waffentechnischer Arsenale, zum anderen der (sadistische) Einsatz einer destruktiv aufgeladenen genitalen Sexualität des soldatischen Mannes.

Sexualisierung der Waffen und aggressive Aufladung der männlichen Genitalität

Eines der wichtigsten Mittel zur Erzeugung soldatischer Kampfbereitschaft ist der tiefe umstrukturierende Eingriff in die von den Soldaten mitgebrachten Wahrnehmungsstrukturen und die Umwandlung von Angst, Wut und Haß in Destruktivität unter paranoidem Vorzeichen. Die subjektiven Wurzeln dieser Umwandlung von Angst in Destruktion lassen sich, wie in den letzten beiden Abschnitt gezeigt, in den Strukturen der »normalen« Seelentätigkeit des Mannes finden. Die Fähigkeit und die Bereitschaft in Kriegszeiten wie mit einem »bedingten Reflex« paranoid und destruktiv zu reagieren gehört zur Grundausstattung von Normalmännlichkeit unter den gegebenen kulturellen Bedingungen und tritt in hierarchischen, auf Geschlechtergegensätzen aufgebauten Gesellschaften vor allem während der Adoleszenz zur Abwehr innerer und äußerer »Gefahren« verstärkt in den Vordergrund. Einem befürchteten Angriff und damit einer Infragestellung der (idealisierten) Männlichkeit soll durch einen »Gegen«-Angriff, gleichsam in einem Akt »putativer Notwehr«, zuvorgekommen werden. Die projektive Abwehr männlicher Jugendlicher richtet sich insbesondere auf die unbewußt mit Weiblichkeit assoziierten Ängste vor Schwäche und Fremdheit und in der phallisch-aggressiven Ausrichtung ihrer Sexualität liegt sicherlich eine der unbewußten Ursachen der adoleszenztypischen Waffen-, Gewalt- und Kriegsfaszination. Der Ausgang des männlichen Adoleszenzverlaufs aber ist prinzipiell offen, das wissen auch die Armeeführung, die zuständigen Politiker und die Militär-Psychologen. In den Augen von Militärausbildern gelten männliche Jugendliche, die grundsätzlich für ritualisierte Statusübergänge empfänglich sind, bis Anfang Zwanzig noch als »formbar« und es ist daher kein Zufall, daß der Militärdienst (prinzipiell auch in Ländern mit Berufsarmeen) zu einem Zeitpunkt stattfindet solange das Selbstbewußtsein noch labil ist und bevor der männliche Jugendlich seine typischen Identitätskrisen halbwegs überwunden hat.

Durch das Antrainieren bzw. durch die Verstärkung und Kanalisierung einer paranoid-destruktiven Grundhaltung erhält die Umwandlung des Einzelnen in einen möglichst reibungslos funktionierenden Teil einer kampfbereiten Tötungsmaschinerie quasi psychotische, also wahnhafte Züge. Dem entspricht eine von Wahrnehmungsverzerrungen, projektivem Haß, Vernichtungsbereitschaft und der Allgegenwart des Todes bestimmte Realität des Krieges, an die das alte Ich des Rekruten mit seinem gesamten Wahrnehmungs- und Empfindungsapparat angepaßt werden soll. Krieg ist grundsätzlich, gleichgültig in welchem (traditionellen oder modernen) Gewand und mit welcher Rechtfertigung er geführt wird, der Prototyp einer »Pathologie der kulturellen Gemeinschaft« von der Freud am Ende des *Unbehagens in der Kultur* spricht. Die Ähnlichkeit des Krieges und seiner Logik zur inneren Welt und dem Wirklichkeitsbezug einer Paranoia läßt Robert Waelder den Krieg als ein totalitäres System mit den charakteristischen Zügen einer »Massenpsychose« begreifen. Auffälligstes pathologisches Kennzeichen des Krieges, das einen Vergleich mit den klinischen Psychosen überhaupt erst möglich macht, ist nach Waelder das weitgehend vollständige Versagen der Realitätsfunktion und der Realitätsprüfung: Einmal etabliert ist ein »echter« Wahn nahezu unkorrigierbar. Das gilt in besonderem Maße für die Paranoia und ihr spezifisches Aggressionspotential gegenüber den konstruierten Verfolgern. »Bei jenen Massenpsychosen, die wir hier im Auge haben, im Krieg, bilden sich etwa Vorstellungen über den Feind, die manchmal ebenfalls wahnhaft sind und so wie Wahnideen eine Weile unkorrigierbar bleiben.«[16] Die Unterwerfung unter einen kollektiven Wahn ist eine unerläßliche Bedingung für die Kampffähigkeit der Soldaten und die ungehemmte Entladung zerstörerischer Aggressionen im Kriegseinsatz. Dabei gilt weder der psychotische Kosmos des Gesamtsystems noch der einzelne Soldat als »krank« oder »anormal«, im Gegenteil. Die Partizipation an einem Massenwahn führt zu einem künstlich induzierten, aber in der Regel nur vorübergehenden systemimmanenten wahnähnlichen Zustand, nicht aber zu einer ausgebildeten Psychose im psychiatrischen

16 Waelder (1934), *Ätiologie und Verlauf der Massenpsychosen. Einige soziologische Bemerkungen zur geschichtlichen Situation der Gegenwart*, S. 251.

Verständnis. »Jeder einzelne von ihnen ist psychisch normal, soweit man von psychischer Normalität einer großen Zahl von Menschen überhaupt sprechen kann. Sie sind auch als einzelne zugänglich und kontaktfähig und benehmen sich außerhalb des Systems, das in der Massenpsychose herrscht, nicht anders als sonst normale Menschen.«[17]

Wie gelingt es nun dem Militär, diese Partizipation an einem kollektiven Wahnsystem zu organisieren und halbwegs »normale« Männer in kampfbereite Teile einer tötenden Makromaschine zu verwandeln? Nach Kurt Eissler handelt es sich um einen tiefgreifenden Uni-Formierungs- und Umwandlungsprozeß, der bereits während der Rekrutenausbildung beginnt. Er setzt nicht nur am Körper an, der unter die vollständige Kontrolle des Militärs gebracht werden soll, sondern vor allem an der »Seele« des Rekruten, d. h. an den mitgebrachten Formen persönlicher und sozialer Identität. »Das Opfer kommt sich dann so vor, als wohne es seiner eigenen Exekution bei, ohne jedoch den Zustand des Todes zu erreichen.«[18] Dieser symbolische Tod und die Metamorphose durch Disziplinierung und Drill setzt sich gegen die Individualität des Einzelnen, seine bisher geltenden moralischen Maßstäbe und selbst gegen seine elementaren Selbsterhaltungsinteressen durch. In dem populären Film *Full Metal Jacket* von Stanley Kubrick werden die systematischen Angriffe auf die Persönlichkeit der Rekruten am extremen Beispiel der Ausbildung bei den US-Marines realistisch dargestellt. In einer Atmosphäre massiver, angstauslösender Feindseligkeit, die von Unfreiheit und fortgesetzten Zwängen geprägt ist, wird die (alte) Ich-Identität zerstört und in eine loyale, tötungsbereite Gruppen-Identität überführt. »Der Rekrut gibt seine persönliche Identität zugunsten der kollektiven Identität seiner militärischen Einheit auf. Er nimmt die *paranoide Kampfeshaltung* als seine Art des In-der-Welt-Seins an, als sein neues ›Realitätsprinzip‹«[19] – so Chaim Shatan über diese radikale Verwandlung des bislang geltenden »Zivil-Ichs« in ein »Militär-« und schließlich in ein »Kriegs-Ich«, bei dem psychoseähnliche Abwehrformen und destruktive Reaktionsbereitschaften vorherrschen.

---

17 Ebd., S. 141 f. Zu Militär und Krieg gehören aber auch Ausnahmen von dieser Regel. »Freilich finden wir in der Masse in geringerer Zahl auch jene an der Grenze der Psychose Stehenden, die nicht vollends geisteskrank sind und die in der Massenpsychose ihre letzte Zuflucht vor dem völligen Versinken in die individuelle Psychose suchen« (S. 142).

18 Eissler (1982), *Die Seele des Rekruten. Zur Psychopathologie der US-Armee*, S. 12. Vgl. auch Barrett (1999), *Die Konstruktion hegemonialer Männlichkeit in Organisationen: Das Beispiel der US-Marine*.

19 Shatan (1981), *»Zivile« und »militärische« Realitätswahrnehmung. Über die Folgen einer Absurdität*, S. 564 f.

Im folgenden wird deutlich, mit welchen psychologischen Mitteln die notwendige Aufhebung der Tötungshemmung unter militärischen Bedingungen erreicht wird. Hauptangriffspunkt jeder militärischen Disziplinierung ist zunächst das individuelle Über-Ich, jener äußerst mühsam errichtete innerpsychische Zensor und Regulator, der nicht nur Träger des Gewissens und damit der Moral, sondern gleichzeitig eine mehr oder weniger tyrannische Instanz ist, die einen Großteil der angelegten Aggressionspotentiale strukturell bindet. Jede »Schwächung der Über-Ich-Funktion«, führe, so Ernst Simmel in einem Aufsatz über Kriegsneurosen, »zu einer Entbindung aggressiver Tendenzen gegen die Außenwelt, die zuvor innerpsychisch zwischen Ich und Über-Ich gebunden waren.«[20] Damit nun die freigesetzten und durch die Schikanen des militärischen Alltags verstärkten Aggressionen nicht gegen die Peiniger aus den eigenen Reihen, die Ausbilder und Vorgesetze, sondern auf den gemeinsamen äußeren Feind gerichtet werden, erfolgt unter dem Druck der militärischen Disziplin die Externalisierung des Über-Ichs (einschließlich des Ich-Ideals als eines seiner Bestandteile) und seine Übertragung auf den militärischen Führer, der nun als eine Art »Über-Ich in Uniform« mit neuen Normen, Wirklichkeitsbezügen und tyrannischer als das alte Über-Ich nach innen fungiert. An die Stelle des individuellen Gewissen tritt gleichsam der Führerbefehl. Nach der Ent-Individuation macht dieser Mechanismus aus den einzelnen Soldaten eine homogene, gehorsamsbereite Gemeinschaft. Diesen zentralen Mechanismus innerhalb organisierter Gruppen mit Führern hat Freud am Beispiel von Kirche und Heer systematisch untersucht und, wie an anderer Stelle bereits erwähnt, in die berühmte massenpsychologische Formel gefaßt: »Eine solche primäre Masse ist eine Anzahl von Individuen, die ein und dasselbe Objekt an die Stelle ihres Ichideals gesetzt und sich infolgedessen in ihrem Ich miteinander identifiziert haben.«[21]

Die Ersetzung des individuellen Über-Ichs und damit der »größten Errungenschaft der Zivilisation« (Simmel) durch ein kollektiv geltendes Führerprinzip ist für die Enthemmung von Aggression, Grausamkeit

20 Simmel (1944a), *Kriegsneurosen*, S. 209.

21 Freud (1921), *Massenpsychologie und Ich-Analyse*, S. 128. Ganz ähnlich wie Freud und Simmel argumentiert auch Alexander Mitscherlich: »Der Haß gegen die Trainer und überhaupt die Vorgesetzten (...), mußte also gegen das Bewußtwerden stärkstens gesichert sein. Gerade dieser Selbstschutz macht die derart dressierten Krieger in ihrem Schuldgefühl immun für die mögliche effektive Tötung ihrer Artgenossen. Zweierlei arbeitet Hand in Hand: erzwungene Regression zu völlig passivem Gehorsam – jeder Befehl wird befolgt – bei gleichzeitigem Abbau des Über-Ichs, das ganz durch die Identifikation mit dem idealisierten ›Superkiller‹ ersetzt wird.« Mitscherlich (1969d), *Aggression – Annäherung an das Thema vom Alltag her*, S. 32.

und Tötungsbereitschaft sicherlich grundlegend, als psychologische Erklärung allerdings nicht hinreichend. Es treten zwei weitere strukturelle Maßnahmen der militärischen Disziplinierung hinzu, mit der die These vom »psychotischen« Charakter der soldatischen Lebenswelt weiter untermauert werden kann. Die eine greift zentral in die *Wahrnehmungsorganisation*, die andere in den *Affekthaushalt* des Individuums ein. 1. Zum »Militär-Ich« gehört die Bindung an eine übergeordnete Idee, eine Utopie oder eine Ideologie und damit die Rationalisierung jenes Mechanismus, den Horkheimer und Adorno »pathische Projektion« nennen.[22] Das Töten auf Befehl wird erleichtert, wenn die Menschen ihre Taten als moralisch gerechtfertigt sehen und entsprechend ihres projektiven Wahns glauben, aus kollektiver und individueller Notwehr zu handeln. 2. Die Affektlage unter den Bedingungen der neuen militärischen Realität besteht aus einer radikalen Trieb*entmischung* von Sexualität und Aggression und einer Aufspaltung der Liebes- und Haßregungen. Die freigesetzte Aggression wird zusammen mit der Haßbereitschaft kanalisiert und auf den äußeren, als Verfolger wahrgenommenen Feind gerichtet. Die Abkömmlinge der libidinösen Strebungen werden dagegen (zielgehemmt) zur positiven Bindung an Führer, Kameraden und an die gemeinsame Ideologie verwendet. – Daher sieht Ernst Simmel eine der wichtigsten Aufgaben der Militärdisziplin darin, durch die Mobilisierung der beiden Abwehrmechanismen der Spaltung (Triebentmischung) und der Projektion (Feindbildkonstruktion) »zwei scheinbar gegensätzliche psychische Leistungen zu vollbringen, nämlich sowohl die typischen sozialen als auch die typischen antisozialen Tugenden eines guten Soldaten zu entwickeln: einerseits Kameradschaft, Ausdauer und Selbstaufopferung für das Gemeinwohl, andererseits die Bereitschaft, im Kampf gegen den Feind bewußt aggressive Triebenergien zu entbinden.«[23]

Auch bei der militärischen Zurichtung der Subjekte zu Soldaten handelt es sich um einen (wenn auch künstlichen) kollektiven und sy-

---

22 »Die psychoanalytische Theorie der pathischen Projektion hat als deren Substanz die Übertragung gesellschaftlich tabuierter Regungen des Subjekts auf das Objekt erkannt. Unter dem Druck des Über-Ichs projiziert das Ich die vom Es ausgehenden, durch ihre Stärke ihm selbst gefährlichen Aggressionsgelüste als böse Intentionen in die Außenwelt und erreicht es dadurch sie als Reaktion auf solches Äußere loszuwerden, sei es in der Phantasie durch Identifikation mit dem angeblichen Bösewicht, sei es in der Wirklichkeit durch angebliche Notwehr.« Horkheimer/Adorno (1947), *Dialektik der Aufklärung. Philosophische Fragmente*, S. 201; vgl. ebd., S. 196 und Waelder (1934), *Ätiologie und Verlauf der Massenpsychosen*, S. 243–247.

23 Simmel (1944a), *Kriegsneurosen*, S. 207; vgl. auch Waelder (1934), *Ätiologie und Verlauf der Massenpsychosen*, S. 253–256.

stematisch angeleiteten Regressionsvorgang, der die Rekruten zur verstärkten Mobilisierung der bereits zur Entwicklung projektiver Weiblichkeitseinstellungen verwendeten archaischen Spaltungsmechanismen führen soll. Den »pathologisierenden« Charakter dieser Gruppenregression erkennt auch Otto Kernberg: »Diese Aufspaltung intensiver Affektzustände in eine idealisierte und eine persekutorische Erfahrung geht mit der Aktivierung entsprechend primitiver Abwehrmechanismen einher, nämlich Spaltung, Verleugnung, Projektion, Idealisierung, und schließlich mit der direkten Äußerung primitiver aggressiver Affektdispositionen in Form sozial geförderter und sanktionierter Gewalt.«[24] – »Pathologisierend« ist diese durch den »Drill« erzeugte Gruppenregression, da beide Abwehrmechanismen, auf die hier zurückgegriffen wird, sowohl die »pathische Projektion«, als auch die Spaltung der erotischen und destruktiven Regungen mit klaren Freund-Feind-Unterscheidungen zu den grundlegenden Merkmalen paranoider Wahnkrankheiten gehören.

Der Krieg, in den ein derart quasi-psychotisch strukturiertes »Militär-Ich« geworfen wird, erzeugt eine künstliche (neue) Realität, die stärker noch als das Militär, den oben angesprochenen Charakter einer Massenpsychose annimmt. Das militarisierte Ich tritt gleichsam, so die Überlegung Chaim Shatans auf dem Hintergrund seiner psychiatrischen Arbeit mit traumatisierten Vietnam-Veteranen, durch eine »Realitätsmembran« in die Wirklichkeit des Krieges ein und wird im Kampf nun endgültig dem paranoiden Realitätsprinzip unterworfen. Für die spezifische Wirklichkeit des Dschungelkriegs in Vietnam hieß das: »Das Realitätsprinzip des Hinterhalts war der Tod gewesen. Nur paranoide Wahrnehmung (›erst schießen, dann schauen‹) erlaubte es den Soldaten, das Geschehen so blitzschnell zu ›erfassen‹, daß ihnen die nötige Überlebenschance garantiert schien. Ist diese paranoide Haltung – mit ihrer autonomen Über-Erregbarkeit – einmal eingeprägt, kann sie nur schwer wieder rückgängig gemacht werden.«[25] Wie hartnäckig sich diese Vertauschung des Realitätsprinzips festsetzt zeigen die dra-

24 Kernberg (2001c), *Psychoanalytische Beiträge zur Verhinderung gesellschaftlich sanktionierter Gewalt*, S. 1087f. Gegenüber Kernberg muß aber (ähnlich wie gegenüber Freud, Simmel, Mitscherlich u. a.) festgehalten werden, daß es bei der militärischen Herstellung von Kriegstauglichkeit nicht um die Mobilisierung eines »primitiv Seelischen« (Freud), also einer unausrottbaren Destruktionsbereitschaft des Individuums, sondern um die kollektive Erzeugung von Tötungsbereitschaft durch gesellschaftliche und politische Legitimierungen geht, was nach Shatan bedeutet: »Ist *Gewaltanwendung von der Gesellschaft legitimiert*, wird das Morden leicht, und die Greueltaten eskalieren.« Shatan (1983), *Militarisierte Trauer und Rachezeremoniell*, S. 228.

25 Ebd., S. 230.

matischsten Phänomene der posttraumatischen Nachkriegsphase bei unzähligen Vietnam-Veteranen, die *Flashbacks* und das für sie typische zwanghafte Wiedererleben von Kampfsituationen sowie die Unfähigkeit, den antrainierten und im Kampf verstärkten militärischen Bezug zur Wirklichkeit im Zivilleben wieder aufzugeben. Eine unbeschädigte Rückkehr durch die Realitätsmembran und damit eine Rückumwandlung des »Kriegs-Ich« in ein »ziviles Ich« ist schwierig, oftmals nahezu unmöglich. Für viele Soldaten bleibt der paranoide Realitätsbezug als Überlebensreflex und damit der Kampf auf Leben und Tod als Lebenstatsache auch nach dem Kriegseinsatz weiter bestehen. Ein ehemaliger Marineinfanterist faßte das so zusammen: »Wir sind von der Vietnam-Kriegsmaschine aufgefressen und wieder gefühllos ausgespuckt worden. Danach waren wir nur noch die Finger, die abdrückten.«[26]

Seit den Diskussionen über die »Kriegsneurosen« im Ersten Weltkrieg wird zu den typischen seelischen Folgeschäden des Kriegseinsatzes auch das Trauma der Rückkehr gezählt. Ob es sich um die »Killer-Paranoia des Vietnam-Syndroms« oder um das (möglicherweise durch Nervengas verstärkte) »Golfkriegs-Syndrom« nach 1991 handelt, die amerikanische Öffentlichkeit wird immer wieder von Gewaltverbrechen traumatisierter Kriegsveteranen heimgesucht. Bekannt geworden ist in jüngerer Zeit der Fall jenes »Desert Storm«-Teilnehmers, der im Sommer 2002 als sogenannter »Sniper« wahllos eine Reihe von Heckenschützen-Attacken in Washington beging. Auch der Golfkriegs-Veteran Louis Jones, der laut eines Zeitungsberichts von Ursula März, nach zweiundzwanzig Jahren die US-Army verlassen hatte, kam als Zivilist nicht mehr zurecht und neigte zu schubweise auftretenden aggressiven Ausbrüchen, bis »er 1995 zu einem texanischen Luftwaffenstützpunkt fuhr, eine junge Rekrutin in seine Gewalt brachte, sie in seine Wohnung transportierte, vergewaltigte und tötete.«[27]

Diese und unzählige andere Beispiele, von Amokschützen bis zu weniger spektakulären Fällen zeigen, daß bei diesen Männern die militärische Realität zum Bestandteil der innerpsychischen Realität geworden

---

26 Zit. nach Shatan (1981), *»Zivile« und »militärische« Realitätswahrnehmung. Über die Folgen einer Absurdität*, S. 565. Vgl. zu den psychischen Schäden, die moderne Kriege anrichten die Untersuchung von Jonathan Shay über Vietnam-Veteranen mit posttraumatischen Belastungsstörungen (PTSD), deren Kriegserlebnisse er interessanterweise mit Homers Schilderungen in der *Ilias* vergleicht. Shay (1998), *Achill in Vietnam. Kampftrauma und Persönlichkeitsverlust.*

27 *FR v. 16. 04. 03.* Die Auswahl des Opfers ist in diesem Fall ein aufschlußreicher Kompromiß: der Veteran bringt sich mit seiner Wut und Aggression in die Nähe des wahren Verursachers seines Zustands (das Militär), greift aber dann mit der jungen Rekrutin auf das im männlichen Unbewußten eingelagerte weibliche Haßobjekt zurück.

ist die den Bezug zur zivilen Wirklichkeit überlagert. Auch im anschließenden zivilen Leben führen mangelnde Affektkontrolle und eine weiterhin bestehende extreme Verzerrung der Realitätswahrnehmung zu einem Sinken der Hemmschwelle und einer erhöhten Bereitschaft zur Entladungen des psychischen Gewaltpotentials. Der Tod und alle damit zusammenhängenden kriegstypischen Vorgänge – die Lebensgefahr, die Todesangst und ihre Überwindung durch das Töten, die Allmacht des Überlebenkönnens, das Erleben des Sterbens von Feinden und von Kameraden, das Abtöten von Mitmenschlichkeit usw. – bleiben auch für die alte/neue zivile Realität bestimmend. Eine unbewußte Akzeptanz dieser Allgegenwart des Todes auch im zivilen Alltag bedeutet die Hereinnahme eines neuen, gefährlichen »Introjekts« in die Selbst- und Fremdwahrnehmung, das aus Gründen eines permanent abwehrbereiten Selbstschutzes mit einer destruktiven Externalisierungsbereitschaft aufgeladen wird. Die posttraumatischen Ausbrüche dienen also dem narzißtischen Selbstschutz, der Abwehr der Gefahr endgültiger Sinnesverwirrung und der des drohenden Verlustes totaler Realitätskontrolle durch ein mögliches Abgleiten in den Wahnsinn.

Diese sozialpsychologisch zunächst allgemein gefaßten psychischen Strategien, Mechanismen und Folgen der Militarisierung des Ichs durch den Drill und die Traumatisierung des Krieges haben für die männliche Identitätsbildung und für die Regelung des Geschlechterverhältnisses fatale Konsequenzen. Das gesamte unbewußte, dem Männlichkeitsdilemma und seiner Überwindungsversuche entsprungene Potential antifemininer Feindbildung wird zur Konstruktion der erwünschten militärischen und kriegerischen Mentalität und Realität verwandt und insbesondere durch die Erhöhung des Angstfaktors während der Ausbildung z. T. noch erheblich verstärkt. Die Tyrannei der entwürdigenden Rituale des militärischen Drills besteht also seit der Grundausbildung in einer Mischung aus einer systematischen Verstärkung bereits vorhandener Anlagen – vor allem der Mobilisierung der Weiblichkeitsabwehr sowie der sado-masochistischen Anteile der Normalmännlichkeit – und in einer gründlichen Demontage aller noch vorhandenen Reste an »weichen«, mit Weiblichkeit identifizierten Wünschen, Gefühlen und Verhaltensweisen.

Für das Gelingen dieses ritualisierten »Vermännlichungsprozesses« müssen nach Shatans Überzeugung zwei Bedingungen erfüllt sein: 1. Die Unterdrückung der Sexualität und die totale Trennung vom weiblichen Geschlecht, womit »die ungerichteten sexuellen Triebkräfte der Jugendlichen (...) für das Ziel des Tötens« nutzbar gemacht und »zu einer *künstlichen Gruppenmännlichkeit,* jener pseudo-maskulinen Aura, die Drill-Instruktoren und Vietnam-Veteranen ›John Wayne Image‹ nennen«[28] kanalisiert werden; 2. die phallische Erotisierung von Gewalt und von Waffen zur Förderung der »Kampf-Süchtigkeit«. Zu den beliebten »Spielchen« während der amerikanischen Militärausbildung gehört z. B. das feierliche Bekenntnis des Drill-Instructors, indem er erst auf seine Waffe, dann auf sein Genital zeigt: »Meine Waffe ist dies/ Mein Gewehr ist das/Die ist zum killen/Und der macht Spaß« (ebd.). Eine weitere Variante dieser Identifizierung von Penis und Waffe mit einer Übersteigerung der Tod und Leben (Geburt) beherrschenden Symbolik ist das amerikanische Kommißliedchen »Hab Kanone und Schießeisen. Das eine macht Kinder, das andere Waisen.«[29]

Das in den Initiationsriten vieler Armeen gebräuchliche und den Rekruten abverlangte Bekenntnisses zum Gewehr als der »Braut des Soldaten« zeigt eine mehrdeutige Verschiebung libidinöser Besetzungen. Mit diesem immer wieder beschworenen Klischee wird die Illusion einer männlichen Pseudo-Autarkie erweckt, die aus der genitalen Sexualität eine erogenisierte Tötungsbereitschaft machen soll. In dieser phantasmatischen Erzeugung eines libidinös besetzten Instruments der Zerstörung fällt das (gewöhnlich weibliche) Sexualobjekt mit dem Erregungs- und Befriedigungsorgan des eigenen Körper gewissermaßen zusammen. Im Grunde handelt es sich um die perverse, d. h. destruktiv gewendete Re-Inszenierung der frühkindlichen Autoerotik des Jungen, bei der, so unsere Vermutung im zweiten Teil, das Objekt mit der Quelle der Sexualtriebäußerungen in dem zur erogenen Hauptzone gewordenen Penis zusammenfällt. Projektionen und Externalisierungen können von nun an als Mittel der lustvoll erlebten Zerstörung im Zeichen des (tödlichen) Phallus eingesetzt werden.

Für Hans Peter Duerr zeigt sich bei Männern die »eigentümliche Verschränkung von sexueller Lust und Aggressivität« an der Gewohnheit in vielen Kulturen und Gesellschaften, im erigierten, demonstrativ zur Schau gestellten Penis den »Inbegriff des Willens zur Macht, der

---

28 Shatan (1983), *Militarisierte Trauer und Rachezeremoniell*, S. 226. »In der Kampfgrundausbildung nützt legitimierte Gewalt sadomasochistische und onanistische Vorstellungen aus; diese drehen sich vor allem um Eroberung und Verschleuderung von Manneskraft. Zentral sind dabei reflexartiges Handeln und Handeln ohne Gnade« (ebd.).

29 Zit. nach Brownmiller (1978), *Gegen unseren Willen. Vergewaltigung und Männerherrschaft*, S. 38. Die Assoziation des Penis als Schußwaffe beflügelt auch die pornographische Phantasie. So bietet der Katalog eines Versandhauses für Sex-Artikel unter der Überschrift *Sexerzieren Sie Ihr Liebesgewehr* einen »Erekto-Deluxe-Ejakulator«, eine innen geriffelte Vakuum-Pumpe für den Penis an, der nicht nur gleichzeitig »saugt, lutscht und vibriert«, sondern bei regelmäßigem Gebrauch eine dauerhaften Zugewinn an »Steife und Stärke, Größe und Potenz« verspricht.

Angriffslust und des Kampfesmuts« zu sehen.[30] Die Vergewaltigungen im Zivilleben und in Kriegszeiten, aber auch die unzähligen kulturvergleichenden Beispiele für den magischen Glauben an die Zerstörungskraft des Penis und die davon abgeleiteten Sexualsymboliken vieler Kriegsgeräte demonstrieren, daß es sich nicht allein um phallisches Imponiergehabe bzw. apotropäische Drohgebärden zur Abschreckung des Feindes oder zur Einschüchterung von Frauen handeln kann. Zu diesen phallischen Aufladungen kriegerischer Potenz gehört auch die jahrhundertealte Gewohnheit, »Städte, Länder und ganze Kontinente als Frauen« zu beschreiben, die »darauf warten, von einem Eroberer sexuell ›genommen‹« (S. 220), d. h. besetzt, durchbohrt, ausgeplündert und vernichtet zu werden. Dem entspricht umgekehrt die Wahrnehmung und Behandlung des weiblichen Körpers als paramilitärische Kampfzone und insbesondere die der Vagina als eines Kriegschauplatzes für den (riskanten) Zugriff des Mannes. »Es ist folgerichtig, wenn unter solchen Umständen der Penis seit den frühesten Zeiten als eine Waffe gesehen wird (...), als Lanze, Messer, Speer oder Pfeil«[31] Zu dieser aggressiven Metaphorisierung des Penis gehören auch die weit verbreiteten Umschreibungen des vom Mann ausgeführten bzw. erzwungenen Geschlechtsaktes als »(ab)schießen«, »stechen«, »schlagen«, »töten«, »schlachten«, als »rammeln«, »aufspießen«, »durchbohren« oder die Frau wie ein Stück Wild »erlegen« usw. Häufig wird, wie bei bestimmten Ethnien im Hochland von Neuguinea, »der Geschlechtsverkehr als eine Art bewaffneter Kampf gesehen, in dem der ›Inhaber des Pfeils‹ mit seiner Ejakulation die Frau ›abschießt‹« (S. 237 f.).

Die Gleichsetzung des Töten mir sexueller Penetration wird oftmals nicht nur symbolisch dargestellt, sondern auch »real« mit Hilfe der charakteristischen dreifachen Potenz des Penis ausgedrückt: denn als Organ der Lust ist er zugleich ein Instrument von Macht *und* ein Mittel der Verletzung und der Zerstörung von Frauen und Feinden. Paul Federn berichtet in einem Aufsatz über die Wurzeln und Erscheinungsformen des männlichen Sadismus von einem Patienten, bei dem nach der Pubertät mit jeder sexuellen Erregung zwanghaft immer wieder die Phantasie auftrat, »an seinem Penis ein kleines Bajonett anzubringen und so zu koitieren.«[32] Auch nach Melanie Klein gilt der Penis als männliches

30 Duerr (1993), *Obszönität und Gewalt*, S. 211.

31 Ebd., S. 223. »So begründete etwa während des Zweiten Weltkrieges ein Soldat die ›situative‹ Homosexualität seiner Kameraden unter anderem damit, daß so mancher nicht wisse, ›wohin er sein Gewehr abstellen solle‹, und ein Vietnam-Veteran meinte, immer mit einem Gewehr herumzulaufen sei, wie wenn man einen ›Dauerständer‹ habe: ›Carrying a gun constantly was like having a permanent hard one‹« (S. 227).

32 Federn (1913), *Beiträge zur Analyse des Sadismus und Masochismus I. Die Quellen des männlichen Sadismus*, S. 39.

»Exekutivorgan des Sadismus« und dient in erster Linie der Abwehr spezifischer Ängste. Schon beim Jungen erfolge eine unbewußte Einübung in die zukünftige männliche Position durch die Zentralisierung seiner sadistischen Impulse und Allmachtsgefühle in der psychischen Repräsentanz seines Genitals. »Der Knabe stattet in der Phantasie den eigenen Penis mit destruktiven Fähigkeiten aus und setzt ihn fressenden, mörderischen Tieren, Schußwaffen usw. gleich.«[33] Diese Identifizierung des Penis mit einer tödlichen Waffe dient psychisch zwar sicherlich der Abwehr der Grundangst des Mannes vor dem Verlust seiner Männlichkeit, aber der typisch männliche Sadismus kann nicht, wie bei Melanie Klein, losgelöst von der gesellschaftlich vorherrschenden Regelung der Geschlechterverhältnisse unter männlichem Hegemonialanspruch und der kulturell legitimierten Verbindung von Sexualität und männlicher Gewaltbereitschaft betrachtet oder erklärt werden.

Dabei ist die Richtung dieser Metaphorisierung des Penis als Waffe umkehrbar, obwohl die typisch männliche Waffenfaszination und die Begeisterung für Krieg und alles Militärische natürlich nicht allein auf phallische Symbole der Macht und der Zerstörung reduziert werden können. Eine Sexualisierung von Waffen aber ist mit Ernst Federn als eine Ausweitung des männlichen Sadismus zu verstehen, bei der sich das sexuelle Empfinden, »mit dem Penis etwas zu tun, irgendwo einzudringen (...), autosymbolisch in den sexuell betonten Drang verwandelt, mit einer Waffe, einer verstärkten Hand, Taten auszuüben.«[34] Jede Waffe, von den alten Handwaffen über die Feuerwaffen bis hin zu Bomben und modernsten Raketen, verheißt daher (kompensatorisch) gerade durch ihre phallische Erotisierung eine Allmacht, Stärke und Überlegenheit, die für den Mann sonst nirgends, schon gar nicht auf dem Gebiet der Sexualität zu erreichen ist. Beim Bau, der Präsentation und schließlich der Anwendung von Waffen handelt es sich anscheinend auch um ein »überwiegend sexuelles Wechselspiel, um eine Art Geschlechterkampf mit Erektion, Penetration, Kastration und Angst vor homosexueller Unterwerfung.«[35]

Auch die (symbolische) Penifizierung von Waffen kann durch eine Vielzahl von Beispielen belegt werden,[36] aus denen wir exemplarisch

33 Klein (1932), *Die Psychoanalyse des Kindes*, S. 295. Auch nach Erikson wird der Penis vom Jungen schon früh (auch) als eine *eindringende Waffe* besetzt, deren (angstvoll befürchteter und real möglicher) Verlust als katastrophale Ohnmachterfahrung halluziniert wird. Erikson (1950), *Kindheit und Gesellschaft*, S. 400.

34 Federn (1913), *Beiträge zur Analyse des Sadismus und Masochismus I. Die Quellen des männlichen Sadismus*, S. 38.

35 Leuschner (1983), *Über »neurotischen« Pazifismus*, S. 29.

36 In Erinnerung ist vielleicht noch das 1982 bekannt gewordene vergrößerte Photo einer

eines herausgreifen, mit dem sich die unbewußte Logik hinter diesen männlichen Besetzungsvorgängen und Sprachregelungen zumindest deskriptiv veranschaulichen läßt. Über ihre 1984 gemachten Erfahrungen mit Verteidigungsstrategen und Rüstungsexperten an einem nuklearen Forschungsinstitut einer amerikanischen Universität berichtet Carol Cohn ausführlich in ihrem Aufsatz *Sex and death in the rational world of the defense intellectuals*. Auf die Entwicklung neuer atomarer Waffensysteme wurde von ihren Gesprächspartnern mit infantilisiert wirkender Begeisterung reagiert: »Überwältigend. Du kriegst mehr Bums für's Geld« (»more bang for the buck«). Die neuen MX-Raketen, vom damaligen US-Präsidenten Reagan in »Peacekeeper« umgetauft, sollten nur in der komfortabelsten Halle untergebracht werden, denn man stecke ja nicht die »hübscheste« Rakete in ein miserables Loch. »Andere Vorträge strotzten vor Erörterung über Abschüsse aus vertikal aufgerichteter Position (›vertical erector launchers‹), das Verhältnis von Stoß und Gewicht, sanftes Hinlegen, tiefes Eindringen und die Vorteile eines hinausgezögerten gegenüber einem spasmischen Angriff – oder das, was ein Militärberater des nationalen Sicherheitsrates ›Entladen von 70 bis 80 Prozent unserer Megatonnage in einem orgiastischen Stoß‹ nannte.«[37]

Das Zurschaustellen von Raketen und anderen Waffenarsenalen bei jährlichen Aufmärschen des Militärs in vielen Ländern wirkt obszön und hat sicherlich auch etwas mit einem phallischem Todeskult zu tun, wobei sowohl die erotisierte Destruktivität, als auch der Versuch einer magischen Kontrolle, einer Bändigung der Natur und ihrer Gefahren – allerdings pervertiert zu einer »Allmacht im Negativen« (Günther Anders) – zum Ausdruck gebracht wird. Ein derart symbolisierter Phallus bindet die Idee von Lust und Zeugung an ein Insignum von Macht und Zerstörung. Narzißmus, Aggressivität und Sexualität finden sich in dieser männlichen Gestalt zum Zwecke der Beherrschung drohender (innerer und äußerer) Gefahren miteinander verschmolzen.

Ähnliche Metaphorisierungen wie bei Waffentechnikern, Verteidigungsstrategen und anderen Politikern, deren sexueller Bedeutungs-

---

nackten Frau als Zielscheibe, auf die die Soldaten einer Festungskompanie im Berner Oberland ihre Schießübungen veranstalteten.

37 Cohn (1989), *Sex an death in the rational world of the defense intellectuals*, S. 22. Ein Pentagon-Mitarbeiter hat Carol Cohn gegenüber das atomare Wettrüsten mit einem »Wettpinkeln« verglichen, bei dem jede Seite damit rechnen müsse, »daß die anderen alles rauslassen, was sie haben.« Abrüsten dagegen bedeutet in der sexualmetaphorischen Sprache dieses Denkens: »Du verschleuderst Dein ganzes Zeug« (ebd.). In die Reihe dieser signifikanten Metaphorisierungen gehört sicherlich auch die Bezeichnung »Earth Penetrator« für einen US-Kampfhubschrauber.

gehalt immer auch auf das Ringen um männliche Dominanz im Geschlechterverhältnis verweist, finden sich z. B. auch im Jargon von Bomberpiloten. Die Beschriftung der Hiroshima-Bombe mit »little boy« durch den Piloten, der seine Maschine zudem mit dem Namen seiner Mutter versah, sowie die Begleitung des Abwurfs mit dem jubelnden Aufschrei »it's a boy«, ist bekannt (passend dazu wurde Robert Oppenheimer als »Vater der Atombombe« gefeiert und später von der *National Baby Institution* zum »Vater des Jahres« ernannt) – Beim Abwurf der Plutoniumbombe über Nagasaki erschien die Phantasie eines »Gebärens« durch Zerstörung, d. h. der ausschließlich von Männern vollbrachten Geburt eines lebendigen Wesens *ohne* direkte Mitwirkung einer Frau, mittels einer Megatonnenmaschine, in einer neuen Dimension: »Vor Schrecken erstarrt sahen wir, wie sie wie ein Meteor aus der Erde statt aus dem Weltraum emporstieg und im Emporsteigen durch die weißen Wolken immer lebendiger wurde. Es war ein lebendes Ding, eine neue Art Lebewesen, das dort gerade vor unseren ungläubigen Augen geboren wurde.«[38]

Die zutiefst männliche Idee einer »Geburt« durch Zerstörung und Vernichtung begegnet uns immer wieder. Sie gehört als prototypische »Kopfgeburt« zu den Bestandteilen eines von einer pervertierten Logik durchsetzten männlichen Denkens.[39] Es ist naheliegend, sich in diesem Zusammenhang erneut die These vom »männlichen Gebärneid« in Erinnerung zu rufen. Eine ganze Reihe kulturhistorischer, ethnologischer und psychoanalytischer Ansätze weisen auf die Existenz dieses, bei Männern in vielfältigen Formen in Erscheinung tretenden, vor allem aus Ohnmachtgefühlen gespeisten, Neids auf die Reproduktionskraft von Frauen und auf die an diese gebundene Macht über Leben und Tod hin. Auch dieser Neid kann durch bestimmte kulturelle Rituale und Zeremonien zugleich ausgedrückt und abgewehrt werden. Dabei geht es, wie schon an der magischen Formel der Baruya zur Sicherung der männlichen Herrschaft über die Frauen festgestellt, nicht nur um den Beweis der Fähigkeit zur Kopie der weiblichen Produktivität,

38 So der Reporter Lawrence als Augenzeuge. Zit. nach Easlea (1986), *Väter der Vernichtung. Männlichkeit, Naturwissenschaftler und der nukleare Rüstungswettlauf*, S. 131.

39 Der Leib, auf den die (schreibenden) soldatischen Männer im Kontext der Realität des Ersten Weltkriegs ihre (archaischen) mann-männlichen Wiedergeburten beziehen, ist für Jünger der Leib der Erde. »Das Werdende dagegen ist auf das Elementare angewiesen, auf eine tiefere und dem Chaos nähere Schicht des Lebens, die noch nicht Gesetz ist, aber neue Gesetze in sich birgt. Die ist das Wesen des Nationalismus, ein neues Verhältnis zum Elementaren, zum Mutterboden, dessen Krume durch das Feuer der Materialschlachten wieder aufgesprengt und durch Ströme von Blut befruchtet ist (...).« Ernst Jünger, zit. nach Theweleit (1978), *Männerphantasien Bd. 2*, S. 104.

sondern um deren Überbietung, um die Demonstration überlegener schöpferischer (und destruktiver) Potenz.

Der Traum von einer rein männlichen Parthenogenese (Jungfernzeugung) ist uralt. Die Vielzahl seiner kulturellen Ausdrucksmittel reicht von frühen Schöpfungsmythen und den Initiations- und anderen Ritualen männlich dominierter Stammeskulturen über den Machbarkeitswahn in einigen modernen Wissenschaften bis hin zu politischen Größenphantasien, wie die der Schaffung einer »neuen«, von Bush senior nach dem Golf-Krieg 1991 verkündeten »Weltordnung«. Die kindlich begeisterten Anstrengungen einiger Computerexperten und vieler Gentechniker sind auf das Ziel gerichtet, neues künstliches oder sogar biologisches Leben zu erzeugen, um gottähnlich am Projekt der Unsterblichkeit mitzuarbeiten. Einige Vertreter dieser megalomanen wissenschaftlichen Schöpfungsphantasien geben dieses Motiv unumwunden und mit unglaublicher Naivität zu. So hat der US-Physiker und langjährige Fruchtbarkeitsforscher Richard Seed Ende der neunziger Jahre seine Ankündigung, mit dem Klonen von Menschen beginnen zu wollen, mit dem Auftrag begründet, der sich aus der Erschaffung des Menschen als Ebenbild Gottes ergibt: »Gott beabsichtigt, daß der Mensch wie er sein würde. Klonen und die Veränderung der Erbsubstanz ist der erste ernsthafte Schritt, wie Gott zu werden.«[40] Jenseits der wissenschaftsethischen Fragen wird in dieser männlichen Phantasie von einer Übernahme weiblicher Kreativität und ihrer Vereinigung mit männlicher Potenz zu einer gottähnlichen Schöpferkraft deutlich, daß ihr Hauptantrieb in dem Wunsch nach einer Beherrschung von Leben und Tod, als endgültiger Sieg über die Natur und damit über die mit ihr identifizierten Weiblichkeit zu finden ist.

Krieg und Waffenfaszination können auf diesem Hintergrund auch als eine Extremform der Ausagierung und Rationalisierung dieses unbewußten Wunsches (Herr über Leben und Tod zu sein) interpretiert werden. Die entsprechende Botschaft jener destruktiven Logik lautet: wenn wir schon nicht wirkliches Leben erschaffen, und damit alle biologischen Funktionen den Frauen entreißen können, so können wir zumindest Menschen, ganze Völker, ja selbst die gesamte Menschheit durch die geburtsanaloge Hervorbringung und Anwendung ungeheu-

---

40 Zit. nach *FR v. 08. 01. 98*. Eine Variante dieser Größenphantasien männlicher Wissenschaftler findet sich in den Berechnungen des britischen Genetikers Steve Jones über die gigantische Potenz männlicher Spermienproduktion, nach der ein Mann »mit einer einzigen Ejakulation alle Frauen Europas befruchten könnte! Und alle Männer der Welt produzieren eine Million Liter am Tag.« Zit. nach *Der Spiegel v. 15. 09. 03*, S. 158.

rer technischer Potentiale vernichten.[41] Vermutlich trifft Phyllis Chesler genau diesen Kern, wenn sie den abgewehrten Gebärneid als ein gefährliches Gefühl beschreibt und daraus metaphorisch schließt: »Die Männer haben die Zivilisation nach dem Bilde einer immerwährenden Erektion erschaffen – ein schwangerer Phallus.«[42]

Auch in diesen Äußerungsformen des typisch männlichen Neidkomplexes finden wir psychologisch gesehen die Wirkung der tendentiell destruktiven primitiven Abwehrmechanismen wieder, die wir in den letzten beiden Abschnitten im Zusammenhang mit den männlichen Perversionen und der paranoiden Gewaltaffinität männlicher Jugendlicher behandelt haben. Melanie Klein hat den *Neid* allgemein als das »ärgerliche Gefühl, daß eine andere Person etwas Wünschenswertes besitzt und genießt« bezeichnet, »wobei der neidische Impuls darin besteht, es wegzunehmen oder zu verderben.«[43] Klein sieht den Ursprung des Neides in der exklusiven Beziehung zur frühen Mutter, insbesondere zu der unbewußt als gut und böse zugleich (ambivalent) erlebten Brust und bringt ihn hier, in seinem frühen Geltungsbereich, mit dem archaischen Mechanismus der projektiven Identifizierung in Verbindung. Der Neid strebt nach dieser Auffassung nicht nur wie die »Gier« danach, den Inhalt der Brust destruktiv, durch Aussaugen und Verschlingen zu introjizieren, »sondern auch danach, Böses, vor allem böse Exkremente und böse Teile von sich selbst, in die Mutter, d. h. in erster Linie in ihre Brust hineinzutun, um sie zu verderben und zu zerstören« (ebd.). Wir müssen die Haltbarkeit dieser Annahme Melanie Kleins sowie die fragwürdige Herleitung des archaischen Neidgefühls aus dem (für sie angeborenen) Todestrieb an dieser Stelle nicht erneut diskutieren. Interessant ist vielmehr der *psychische Mechanismus*, auf den Melanie Klein verweist und seine Bedeutung für die späteren Weiblichkeitseinstellungen des Mannes. Wir haben die projektive Neigung, Verpöntes, nachträglich mit Schmutz verbundenes Eigenes in den Körper der Frau hineinzu-

41 Aber selbst eine Verwirklichung dieser destruktiven Allmachtsphantasie kann die im *Männlichkeitsdilemma* verdichteten affektgeladenen Konflikte nicht »lösen«, sondern produziert, so Freuds weitsichtige Prophezeiung schon 1930, ein neue Qualität kollektiver Bedrohungen und individueller Angstgefühle. »Die Menschen haben es jetzt in der Beherrschung der Naturkräfte so weit gebracht, daß sie es mit deren Hilfe leicht haben, einander bis auf den letzten Mann auszurotten. Sie wissen das, daher ein gut Stück ihrer gegenwärtigen Unruhe, ihres Unglücks, ihrer Angststimmung.« Freud (1930), *Das Unbehagen in der Kultur*, S. 506.

42 Zit. nach Easlea (1986), *Väter der Vernichtung*, S. 25. Vgl. Zapperi (1984), *Der schwangere Mann.* Zur Diskussion des männlichem Gebärneids vgl. Benz (1984), *Der Gebärneid der Männer* und Bettelheim (1975), *Die symbolischen Wunden. Pubertätsriten und der Neid des Mannes.*

43 Klein (1958), *Neid und Dankbarkeit*, S. 175.

pflanzen, anschließend als »Böses« zu identifizieren und zu verfolgen, als eine der unbewußten, objektgerichteten Strategien der phallisch-aggressiv ausgerichteten Männlichkeit kennengelernt. Nach Melanie Klein verbindet sich mit dieser Tendenz der unbewußte Wunsch, die schöpferischen Fähigkeiten, denen der Neid insgeheim gilt, zu zerstören bzw., so müssen wir ergänzen, wie nach dem Vorbild der Baruya – bei denen das Sperma als die bessere Milch und folglich die Männer als die besseren, weil wichtigeren Ernährer gelten – zu rauben und dem eigenen Selbst einzuverleiben.[44]

Ein starker Neid geht immer mit einer verstärkten Tendenz zum Sadismus einher und beides gehört üblicherweise zu den integralen Bestandteilen der männlichen Sozialisation unter dem Primat der Genitalität. Wird der frühe Neid des Jungen nicht (einigermaßen) sozialverträglich überwunden, kann er sich leicht auf alle weiblichen Attribute ausweiten und mit dem Anstieg der sadistischen Neigungen werden schließlich »der Haß und die Ängste auf das weibliche Genitale übertragen« (S. 181). Die Vagina wird projektiv zum gefürchteten und beneideten Organ weiblicher Schöpferkraft. Das in die gängigen Männlichkeitskonstruktionen eingelagerte destruktive Potential wird unter dem Druck äußerer und innerer Krisenerfahrungen mobilisiert und überlagert den realen Kontakt zum »anderen« Geschlecht. Eine Verstärkung erfährt dieses männliche Potential in besonderer Weise durch die Erfahrungen der homosozialen Vergemeinschaftungen beim Militärs und noch dramatischer, unter den traumatisierenden Bedingungen der Realität des Krieges.

Das unbewußte Hauptangriffsziel, auf das nach dieser pervertierten Logik die gesamte »Stoßkraft« sowohl des genitalisierten Waffenarsenals, als auch des zur Waffe degenerierten Genitals des kriegerischen Mannes gerichtet ist, ist der weibliche Körper und insbesondere die Vagina der Frau. Daß es sich bei dieser Annahme nicht um die Reduktion des Verhältnisses von Krieg und Sexualität auf ein phallozentristisches Klischee handelt, läßt sich exemplarisch an Joan Smith Bericht über das *Gambler's Song Book* einer Gruppe von Atombomber-Piloten eines taktischen Kampfgeschwaders der US-amerikanischen Luftwaffe festmachen. Das Buch wurde Mitte der achtziger Jahre des letzten Jahr-

44 »Meine Arbeit hat mir gezeigt, daß die Brust das erste zu beneidende Objekt ist, weil das Kind das Gefühl hat, daß sie alles besitzt, was es begehrt, und daß sie über einen unbegrenzten Strom von Milch und Liebe verfügt, den sie für ihre eigene Befriedigung zurückhält« (ebd.). – Im Sinne unseres Modells einer (regressiven und progressiven) Genitalitäts-Oralitäts-Achse können wir in dieser Phantasie allerdings eher eine (männliche) mythologisierende Rückprojektion, als eine psychogenetische Ursprungssituation erkennen.

hunderts (also noch vor dem Ende des kalten Krieges) von »freien« für »freie Männer« geschrieben, die sich solange »erheben« würden, wie es noch feindliche Aggressoren gäbe. Der misogyne Haupttenor der meisten Lieder betont in obszöner Form die (haß- und ekelauslösenden) assoziativen Verbindungen von üblen (kommunistischen) *Feinden*, noch übleren *Frauen* mit ihren fürchterlichen Geschlechtsteilen und dem *Tod*. Die Themen Tod und Sex durchziehen mit klaren Feindbildern als roter Faden das ganze Songbook. Die Frau und ihr Geschlecht gelten danach als der Inbegriff des Todes schlechthin, der gefürchtet, aber gleichzeitig besiegt werden muß und kann. In einem der Lieder, das diesen Zusammenhang drastisch herausstellt, heißt es: »Ich fickte 'ne tote Hure im Graben / Ich wußte sofort, sie war tot, / keine Haut auf dem Bauch und null Haare. / Damit hatte sie keine Not. / Und als ich da so neben ihr lag, / war ich aber reichlich erschreckt. / Ich schleckte schnell die süße Muschi, / sog raus, was von mir in ihr steckt« usw.[45] Auch hier finden wir erneut die männliche Metaphorik des Samens und seiner Bedeutung bestätigt, der selbst im Körper einer »toten Hure« noch gefährlich werden, d. h. gegen den Mann gerichtet werden kann und daher zurückgeholt werden muß.

Joan Smith sieht einen der Gründe für die Benutzung der Frau als Sinnbild des Todes in der auch unsere Argumentation bestimmenden Vermutung, »daß Frauenkörper sowohl Erregung als auch Abscheu« bei Männern hervorzurufen scheinen. Abschließend berichtet sie von einem Lied über eine mexikanische Prostituierte, die zunächst für ihre »Kunstfertigkeit bei der Fellatio« gepriesen wird, dann aber »tot im Graben« landet, »wo die Würmer aus der verfaulten Gebärmutter kriechen« (S. 129). – Diese Assoziation (die unwillkürlich an die Träume des von Medard Boss beschriebenen Fetischisten erinnern), lassen nach Joan Smith den unbewußten Sinn dieser männlichen Botschaft von Tod und Weiblichkeit in den Phantasien dieser Elitesoldaten erkennen: »Tod und Verwesung sind die Strafe der Frau für die *lustvollen* Gefühle, die sie bei dem Protagonisten hervorgerufen hat. Es ist kein großer Schritt von der Vorstellung, Frauen den verdienten Tod zu wünschen, bis zu ihrer Gleichsetzung mit dem Tod« (ebd.).[46] Darüber hinaus erfüllten die

45 Smith (1992), *Misogynies. Frauenhaß in der Gesellschaft*, S. 127.

46 Nach Rohde-Dachser fungiert im männlichen Unbewußten die Frau vielleicht als *die* Todesmetapher schlechthin. Das Weibliche wird »in seiner letzten und tiefsten Bedeutung so auch zum Container des Todes, die Sicherung des Unterschieds zu diesem Ort dann unbewußt auch seine Überlebensgarantie.« Die allmächtige Mutter nimmt »frühzeitig schon die Züge einer Totenbraut« an und so gilt »der Tod als der letzte Inzest«. Rohde-Dachser (1991), *Expedition in den dunklen Kontinent*, S. 117. »Um die enge Verknüpfung von Tod und Geschlecht zu verstehen, sollte man zugleich

Frauen nach Joan Smith eine weitere Funktion für die Bomberpiloten: »Sie nehmen den Platz des fernen, unsichtbaren und unbegreiflichen Feindes ein. Mehr noch, aus den Songs geht deutlich hervor, daß die Frauen in gewissem Sinne der Feind *sind*« (ebd.).

In der Vagina der Frau begegnet und besiegt der wahre, der soldatisch-kriegerische Mann den Tod, oder besser ausgedrückt: erst mit diesem Sieg über Tod und Grauen entwickelt sich seine wahre Männlichkeit. – Wie wenig es sich dabei nur um gewöhnliche sexistische, aber nicht wirklich ernstzunehmende Phantasien eines Männerbundes gelangweilter Piloten ohne wirkliche Einsatzerfahrungen handelt, wird deutlich erkennbar, wenn es tatsächlich »Ernst« wird, d. h. wenn es zum Einsatz und zu einer in fast allen Kriegen zu beobachtenden Umsetzung solcher und ähnlicher Phantasien kommt. Die bekannten Formen sexueller Gewalt im Krieg oder unter kriegsähnlichen Bedingungen bestätigen, daß die an die Abwehr und die Zerstörung der Weiblichkeit gekoppelten Reparaturversuche der eigenen beschädigten Subjektivität eines der wichtigsten geheimen Motive der männlichen Kriegsführung ausmachen. Massenvergewaltigungen enthüllen, ähnlich wie alle Formen »ziviler« sexueller Gewalt, den Schleier dieses Geheimnisses eines militanten (sexistischen) Antifeminismus, der nicht erst durch das Militär neu erzeugt werden muß, sondern bereits zu den Bausteinen der Normalausstattung von Männlichkeit unter den gegebenen gesellschaftlich-kulturellen Bedingungen gehört.[47] Die Überführung eines Amalgams aus »ziviler« Männlichkeit, Sexismus und Kriegslust in den kollektiven Zwang zur virilen Selbsterzeugung durch Zerstörung wird durch den Eintritt in den »exklusivsten Männerclub der Welt« vorbereitet und unter Kriegbedingungen gleichsam vollendet. Die Kriegsteilnahme, insbesondere aber »Siege mit Waffengewalt vermitteln«, so Susan Brownmiller, »der Gruppe ein Machtgefühl, von dem man im Zivilleben nur träumen kann: Macht allein für Männer. Die unwirkliche Situation einer Welt ohne Frauen wird zur eigentlichen Realität. Leben zu zerstören erscheint wesentlicher als Leben zu *zeugen*; das Gewehr in der Hand bedeutet Macht.«[48]

---

bedenken, daß Kinder die Tatsache des Todes und des Geschlechtsunterschieds etwa zur selben Zeit entdecken« (S. 120).

47 1983 hat eine Umfrage unter amerikanischen Psychologiestudenten ergeben, daß über fünfzig Prozent der Befragten bereit waren, Frauen zu sexuellen Handlungen zu zwingen, wenn sie sich sicher sein könnten, ungeschoren davonzukommen. Wegen dieses erschreckend hohen Prozentsatzes wurde die Umfrage mehrfach wiederholt und ergab Werte, die bis zu fünfundsiebzig Prozent anstiegen, nie jedoch unter den ersten Wert fielen. Vgl. Godenzi (1991), *Bieder, brutal. Frauen und Männer sprechen über sexuelle Gewalt*, S. 150.

48 Brownmiller (1975), *Gegen unseren Willen. Vergewaltigung und Männerherrschaft*, S. 39.

Massenvergewaltigungen – Krieg gegen das weibliche Sexualobjekt

Sechs Monate nach Beginn des von Japan provozierten chinesich-japanischen Krieges und den wider Erwarten verlustreichen Kämpfen gegen die Truppen Chiang Kai-sheks eroberten japanische Truppen am 13. Dezember 1937 Nanking, die damalige Hauptstadt der chinesischen Republik und begannen eine Okkupation, die erst 1945 mit der Kapitulation der Japaner beendet wurde. In den ersten sieben Wochen nach der Eroberung der Stadt kam es zu einem verheerenden Massaker an der chinesischen Bevölkerung von historisch selten erreichten Ausmaßen menschenverachtender Brutalität und Grausamkeit. Zu den Hauptmitteln dieses bestialischen Massakers gehörten Folterungen, Massenhinrichtungen und systematische Vergewaltigungen von zehntausenden von Frauen und Mädchen jeden Alters, so daß die Eroberung als »Vergewaltigung«, als »The Rape of Nanking« in die Geschichte eingegangen ist.[49]

Neben Brandschatzungen und den nach Siegen und Eroberungen im Krieg üblichen Plünderungen kam es nach den Recherchen von Iris Chang zu Massenexekutionen von über siebzigtausend gefangenen chinesischen Soldaten und zur Ermordung von mehreren hunderttausend zivilen Opfern durch die Japaner. Zehntausende chinesische Männer wurden in die Randgebiete der Stadt getrieben und mit Maschinengewehren niedergemäht. Der besondere Sadismus der japanischen Soldaten zeigte sich u. a. darin, daß zahlreiche Opfer für Bajonettübungen am lebenden Objekt mißbraucht oder mit Benzin übergossen und bei lebendigem Leibe verbrannt wurden. Noch monatelang häuften sich in den Straßen Nankings die Berge verwesener Leichen. Das Töten allein reichte den Soldaten offenbar nicht aus: Menschen wurden lebendig begraben, kastriert und über offenem Feuer gebraten, man hängte sie mit der Zunge an Eisenhaken oder grub sie bis zur Taille ein und sah zu, wie sie von losgelassenen Schäferhunden zerfleischt wurden. Es wurden Babys mit Bajonetten aufgespießt und noch lebend in kochendes Wasser geworfen und eine ganze Rei-

49 Die folgenden Ausführungen beziehen sich vor allem auf die Untersuchung von Iris Chang (1999), *Die Vergewaltigung von Nanking. Das Massaker in der chinesischen Hauptstadt am Vorabend des Zweiten Weltkriegs*. Chang hat sich mit dem Gesamtgeschehen in Nanking auf der Basis von Quellenstudien und Augenzeugenberichten aus der Perspektive der chinesischen Opfer, der japanischen Soldaten und der damals in der Stadt lebenden Europäer und Amerikaner auseinandersgesetzt.

he weiterer Folter- und Verstümmelungsmethoden massenhaft und öffentlich exerziert. Die Massenmorde wurden teilweise wie Sportveranstaltungen, z. B. als öffentliche Tötungswettkämpfe inszeniert, über die auch in den japanischen Medien berichtet wurde, bei denen darauf gewettet werden konnte, welchem Soldaten es am schnellsten gelinge, einhundert Chinesen nacheinander mit dem Schwert zu enthaupten.[50]

Läßt sich diese Barbarisierung ernsthaft als eine »Vertierung« des Menschen begreifen? »Ich habe Menschen geköpft, sie verhungern lassen, verbrannt oder bei lebendigem Leibe begraben, insgesamt mehr als zweihundert«, berichtete einer der wenigen japanischen Veteranen, der imstande war, wenigsten nachträglich Reue und Schamgefühl zu entwickeln, Iris Chang gegenüber. »Es ist schrecklich, daß ich mich in so ein Tier verwandeln konnte. Mit fehlen die Worte, mein damaliges Verhalten zu erklären« (S. 67). Diese immer wieder verwendete Metapher der »Ver-Tierung« läßt sich auf den Prozeß der Verrohung des Menschen im Krieg aber nicht wirklich anwenden, denn eine nachträgliche Reorganisation der Triebäußerungen zu einer destruktiven Mischung aus Sexualität und Aggression bringt beim Menschen weitaus größere Grausamkeiten hervor, als Tiere jemals gegenüber ihren Artgenossen zu entwickeln imstande sind. Derartige Massaker zeigen den Menschen (den Mann) eben nicht – um noch einmal auf die im letzten Abschnitt gestellte Frage nach dem Verhältnis von tierischem Instinkt und menschlichem Trieb zurückzukommen – als »wildes Tier«, als animalische Bestie, sondern als dämonischen Vollstrecker des gesellschaftlich-kulturell geformten humanspezifischen »Bösen«, das unter Kriegsbedingungen traditionell als »furor bellicus«, wie von Paracelsus im sechzehnten Jahrhundert am Beispiel der Schlachtfeldraserei

---

50 Der Entschluß, in die folgenden Ausführungen auch drastische Schilderungen der an Frauen verübten sexuellen Verbrechen aufzunehmen ist erst nach langer Überlegung gefallen. Der übliche Hinweis, derartig konkrete Schilderungen belieferten voyeuristische Interessen ist nicht von der Hand zu weisen, dient aber häufig auch einer Aufrechterhaltung der Tabuisierung des Sprechens über das Töten und über die Grausamkeiten, die einigermaßen »normale« Menschen imstande sind, sich gegenseitig anzutun. Insbesondere die geschlechtsbezogenen Greueltaten in Kriegen werden, mit wenigen Ausnahmen, weiterhin eher beschwiegen, dabei wäre gerade hier eine u. a. von Peter Gleichmann geforderte Erforschung der »mächtigen *kollektiven Gefühlsaufwallungen*, von denen die Menschen gleichzeitig ergriffen werden« notwendig, um die Entfesselung des sadistischen Gewaltpotentials einer militarisierten Männlichkeit und seiner Folgen für die weiblichen Opfer zumindest ansatzweise zu verstehen. Vgl. Gleichmann (1992), *Sind Menschen in der Lage, vom gegenseitigen Töten abzulassen? Zum Verflechten von Militarisierungs- und Zivilisationsprozessen*, S. 112.

von Landsknechten, oder altnordisch als »Berserkerwut« bezeichnet werden kann.[51]

Der kollektive Ausbruch solcher (männlichen) »Berserkerwut« im Krieg, bei Pogromen und Massakern, nach gewonnenen Schlachten und insbesondere nach Eroberungen ist fast automatisch mit sexuellen Übergriffen durch Angehörige der siegreichen Armee und mit Vergewaltigungen der Frauen der Besiegten verbunden. Erst der (sexuelle) Sieg über die Frauen scheint den militärischen Erfolg »perfekt« zu machen. So kam es in Nanking zu den (vermutlich) grausamsten Fällen von Massenvergewaltigungen innerhalb einer derart kurzen Zeitspanne mit erschreckend hohen Opferzahlen. Von den japanischen Soldaten wurden während des sadistischen Furors in den sieben Wochen nach der Eroberung Nankings (je nach Schätzungen) zwischen zwanzig- und achtzigtausend chinesische Frauen vergewaltigt, wobei unterschiedslos sowohl alte, als auch junge Frauen sowie Kinder zu Opfern wurden. »Egal, wie jung oder alt, sie wurden alle vergewaltigt. Wir schickten Kohlenwagen hinaus in die Straßen der Stadt, die eine Menge Frauen einsammeln sollten. Jede von ihnen wurde fünfzehn bis zwanzig Soldaten zugewiesen, die sie mißbrauchten.«[52] Angeblich wurden Vergewaltigungen feindlicher Frauen (offiziell) von der japanischen Armeeführung geächtet. Aber niemand, auch die verantwortlichen Offiziere nicht, schien das in diesen sieben Wochen ernst genommen zu haben. Das offizielle Verbot war makabererweise sogar noch ein zusätzlicher Grund für die anschließenden Tötungen durch Erschießen oder durch das Bajonett, denn, so der zynische Kommentar eines der Täter, »Leichen reden nicht« (S. 55). Zu den sexuellen *und* den kriegsstrategischen Motiven kam ein unter den japanischen Soldaten weitverbreiteter

51 Menschen greifen dennoch immer wieder auf die Metapher der »Vertierung« zur Beschreibung der Barbarisierung des eigenen Verhaltens zurück, wie jener Vietnam-Veteran, der seine berserkerhafte Raserei als die Mutation eines zivilisierten Wesens zum Tier beschrieb, obschon ihm die Unzulänglichkeit des Vergleichs sehr wohl bewußt war: »Ich war ein verdammtes Tier (...). Der Krieg verändert einen (...). Er entblößt dich, er nimmt dir all deine Überzeugungen, deine Religion, nimmt dir deine Würde, und du wirst zum Tier. Ich weiß, Tiere tun das nicht (...). Wissen Sie, es ist unglaublich, was Menschen einander antun können.« Zit. nach Shay (1998), *Achill in Vietnam. Kampftrauma und Persönlichkeitsverlust*, S. 126.

52 So ein beteiligter Soldat der japanischen Armee, zit. nach Chang, *Die Vergewaltigung von Nanking*, S. 54. »Die Japaner machten bei ihren Vergewaltigungen keinerlei Unterschiede: Es traf Bauernfrauen, Studentinnen; Lehrerinnen (...), ja sogar buddhistische Nonnen, die solange vergewaltigt wurden, bis sie starben (...). Auch das Alter stellte für die Japaner kein Hindernis dar. Sogar Großmütter und Urgroßmütter wurden immer wieder vergewaltigt (...). In manchen Fällen schnitten sie kleinen Mädchen die Vagina auf, um sie besser mißbrauchen zu können (...). Auch Hochschwangere wurden nicht verschont« (S. 97 ff.).

magischer Glaube, »daß die Vergewaltigung von Jungfrauen größere Kraft in der Schlacht verleiht. Manche Soldaten trugen sogar Amulette aus den Schamhaaren ihrer Opfer, weil sie meinten, sie schützten gegen Verletzungen« (S. 54 f.).

Und diese Frauen wurden nicht einfach »nur« auf »übliche« Weise vergewaltigt: Die Vergewaltigungen gingen häufig mit Verstümmelungen und anderen Folterungen einher, mit Verletzungen durch Messer und Schwerter, mit vaginalen Pfählungen durch Stangen, Flaschen, Golfschläger, angezündete Feuerwerkskörper und andere Gegenstände. In vielen Fällen wurden noch lebenden Frauen die Eingeweide, Schwangeren ihre Föten herausgerissen, die Brüste abgeschnitten und die Frauen bei lebendigem Leibe an Wände genagelt. Väter wurden gezwungen, ihre Töchter, Söhne ihre Mütter und Schwestern im Beisein anderer Familienangehöriger zu vergewaltigen. – Dabei wurden die Frauen vor den Vergewaltigungen häufig beim Ausziehen oder nackt als Andenken für zu Hause photographiert (so konnten durch eine Reihe von später wieder aufgefunden Photos die Verbrechen auch visuell dokumentiert werden).

Immer wieder kam es in diesen Wochen, oft sogar in aller Öffentlichkeit auf den Straßen, zu Massenvergewaltigungen im buchstäblich doppelten Sinn: zu Vergewaltigungen von Massen von Frauen und zu massenhaften, d. h. mehrfachen Vergewaltigungen immer derselben Frauen – an denen sich nicht nur einfache Soldaten, sondern auch viele Offiziere beteiligten – Vergewaltigungen die häufig direkt zum Tod bzw. zur anschließenden Tötung führten. »Nach der Vergewaltigung brachten wir sie um«, so einer der beteiligten, bei der Abfassung von Changs Untersuchung noch lebenden Soldaten. »Die Frauen liefen weg, sobald wir sie losließen. Dann schossen wir ihnen in den Rücken, um ihnen den Rest zu geben« (!) (S. 55). Das Töten wurde durch Wahrnehmungsverzerrungen »erleichtert«, die als unabdingbare Voraussetzung männlicher Grausamkeit eng mit den angesprochenen Dehumanisierungstechniken gegenüber den weiblichen Opfer zusammenhängen. »Wenn wir sie vergewaltigten, sahen wir sie vielleicht als Frauen,« so schrieb ein weiterer überlebender Täter, »aber wenn wir sie töteten, waren sie für uns eigentlich nur noch Schweine« (S. 55).[53]

53 »Ein japanischer Offizier in Nanking, der chinesische Gefangene verbrannte, entschuldigte sein Handeln mit der Erklärung, daß er beim Mord an den Gefangenen nichts anderes empfand als beim Schlachten von Schweinen. 1938 vertraute der japanische Soldat Azuma Shiro seinem Tagebuch an, daß in Nanking ›ein Schwein wertvoller ist als das Leben eines [chinesischen] Menschen. Das liegt daran, daß man Schweine essen kann‹« (S. 225).

Die Reaktion der japanischen Regierung auf den internationalen Protest aufgrund der Greueltaten gegenüber den chinesischen Frauen von Nanking bestand nicht in der Bestrafung von Tätern und Verantwortlichen, sondern, in Anerkennung der angeblich offensichtlichen sexuellen »Notlage« ihrer Soldaten, im Aufbau eines gigantischen Systems militärischer Zwangsprostitution durch die Einrichtung sogenannter »Trosthäuser« (bzw. »comfort stations«), in die zwischen achtzig- und zweihunderttausend Frauen aus ganz Asien (insbesondere aus Korea, den Philippinen, aus China und Indonesien) verschleppt wurden. Diese sexuell versklavten Frauen wurden halboffiziell als »Truppe der Samennehmerinnen« bezeichnet, galten in den Augen vieler japanischer Soldaten aber als nichts anderes denn als »öffentliche Toiletten« – ganz im Sinne der im letzten Abschnitt diskutierten projektiven, mit analen Konnotationen aufgeladenen Behälter-Funktion von Frauen.[54] Der Hintergrund dieser Legalisierung von Vergewaltigungen unter geordneter staatlicher Regie war, wie in vielen anderen Ländern mit einem ausgebildetem militärischen Bordellwesen auch, neben der Verhinderung massenhafter Disziplinlosigkeiten der Soldaten (und Offiziere) die Eindämmung der Angst vor Geschlechtskrankheiten durch die kontrollierte Ausgabe von Kondomen sowie die Verwendung der zwangsprostituierten Frauen als Belohnungsversprechen für die kämpfenden Soldaten. Auch hier zeigte sich, wie die Armee in pervertierter Übernahme mütterlicherer Funktionen für die Soldaten sorgte. Der Besuch im Kriegsbordell galt als zusätzlicher Anreiz für die Aufrechterhaltung der Moral und der Kampfbereitschaft der Soldaten.

Natürlich müssen historische und soziokulturelle Hintergründe zur Erklärung dieser sexuellen Massenverbrechen an den Frauen Nankings herangezogen werden. Iris Chang weist u. a. auf die Verankerung spezifischer kriegerischer, mit der (männlichen) Kultur und dem Verhaltenskodex der »Samurai« verbundener Traditionen der militärische Identität Japans hin und erwähnt die damals noch weitgehend gülti-

---

54 »Die Überlebenden litten ein Leben lang unter ihrer Schande und ihrer ruinierten Gesundheit (...). Der asiatische Konfuzianismus – besonders die koreanische Ausprägung – gab weiblicher Reinheit einen höheren Wert als dem Leben selber. Nach dieser Auffassung war eine Frau, die eine solch demütigende Erfahrung überlebte und hinterher nicht Selbstmord beging, ein Affront für die Gesellschaft. Deshalb verging fast ein halbes Jahrhundert, bis zumindest einige der Trostfrauen den Mut fanden, ihr Schweigen zu brechen« (S. 60), was schließlich zu den mit erschütternsten Berichten auf dem internationalen Tribunal in Tokio über diese Massenverbrechen und über Massenvergewaltigungen in anderen Ländern im Jahre 2002 (»Public Hearing on Crimes Against Woman in recent Wars and Conflicts«) führte. Vgl. Zipfel (2001), *»Blood, sperm and tears«. Sexuelle Gewalt in Kriegen.*

ge Abschottung Japans gegen den Westen und die mit ausgeprägtem Nationalstolz verbundene expansive Großmannssucht nach einer Hegemonie in ganz Asien. Sie spricht auch die tief verwurzelte Kultur des Hasses gegenüber dem »Erzfeind« China an, dessen Bevölkerung eigentlich schon vor dem begonnenen Krieg dehumanisiert, d. h. nicht als Menschen, sondern ähnlich wie die Juden im antisemitischen Wahn der Nationalsozialisten, als Schweine, Käfer oder andere niedere und zu vernichtende Tiere gesehen wurde. Vernachlässigt werden sollte auch nicht die ausgesprochen rigide, auf Haß programmierte Schulerziehung und die sadistische Ausbildung beim Militär. Hinzu traten situative Umstände, wie die unerwartet heftigen Kämpfe mit hohen eigenen Verlusten im Vorfeld des Einmarsches in Nanking, was bei vielen Soldaten zu erheblichen Rachegefühlen gegenüber den wehrlos ausgelieferten Chinesen geführt haben soll (S. 24–39 u. S. 224–230).

All diese historischen, kulturellen, mit der spezifischen männlichen Sozialisation der Japaner sowie den politisch-militärischen und situativen Bedingungen des Kriegsverlaufs zusammenhängenden Faktoren müssen in einer Untersuchung der gegen die Frauen begangenen Verbrechen während der sexuelle Gewaltorgien in Nanking berücksichtigt werden, können sie allein aber nicht erklären. Ohne eine Einbeziehung der in die männliche Sexualität und damit in die jeweilige Organisation der Geschlechterbeziehungen eingelagerten Haß- und Zerstörungsbereitschaften gegenüber dem gleichzeitig begehrten weiblichen Sexualobjekt in diese »objektiven« Einflußfaktoren läßt sich weder das Ausmaß des Schreckens, noch die Abgründe der Taten auch nur annäherungsweise begreifen. Im Phänomen der Massenvergewaltigungen verdichten sich alle aus dem »Männlichkeitsdilemma« abgeleiteten antifemininen Potentiale von Männern und Kriegsbedingungen schaffen grundsätzlich die Möglichkeit, die allgemeine Ausrichtung männlicher Aggression *und* Sexualität mit sadistischer Zerstörungslust auf *ein* »Objekt« buchstäblich und real umzusetzen. – Vor allem kann mit einer Mischung aus ausschließlich kulturhistorischen, politischen, mentalitätsgeschichtlichen und situationsbezogenen Faktoren eine grundlegende Tatsache nicht hinreichend erfaßt werden: Die »Vergewaltigung von Nanking« war, so erschreckend das quantitative Ausmaß und der Grad der menschenverachtenden Brutalität auch war, weder historisch einzigartig, noch weicht sie grundsätzlich vom Muster und dem Verlauf anderer Fälle von Massenvergewaltigungen ab.

Sexuelle Übergriffe bis hin zu Einzel-, Gruppen- und Massenvergewaltigungen gehören in unterschiedlichen Ausmaßen und mit unterschiedlichen Formen von Grausamkeit zu den gängigen »normalen« Begleiterscheinung nahezu aller Kriege und kriegsähnlicher Auseinandersetzungen (Bürgerkriege, Pogrome, Revolutionen, Aufstände usw.).[55] Bereits in der griechischen Antike war das Phänomen bekannt und wurde auch als Mittel der Kriegsführung besungen, so etwa in Homers *Ilias*, wo nach der Eroberung Trojas und der Befreiung Helenas als Rache für deren dreiste Entführung von den Griechen sexuelle Übergriffe erwartet, ja verlangt wurden: »Darum trachtet nur keiner, zuvor nach Hause zu kehren, ehe er hier mit einer der troischen Frauen geruht hat, eh er gerächt der Helena Angst und einsame Seufzer!« – Eine der obersten moralischen Pflichten des Kriegers, so ließe sich diese Botschaft interpretieren, besteht darin, sich an den Frauen der Feinde zu vergreifen, um die Frauen der eigenen Kultur zu schützen und/oder um sie zu rächen. Vergewaltigungen als Anreiz, als Lohn und als Strafe sind demnach schon immer ein Mittel der Kriegführung gewesen.

Historisch belegt sind Massenvergewaltigungen u. a.: aus den Kreuzzügen, vor allem durch französische Kreuzritter, die nach ihrer Rückkehr auch über eigene Landsfrauen herfielen; bei der Eroberung Amerikas durch die Spanier im sechzehnten Jahrhundert, so z. B. durch die Soldaten Pizzaros an ca. fünftausend Inka-Frauen nach ihrem Sieg über Atahualpa, sowie bei der Eroberung Mexikos in Verbindung mit Plünderungen durch einzelne Horden von spanischen Konquistadoren; bei den beiden Besetzungen Heidelbergs durch Ludwig XIV (1689 u. 1693), hier, wie in vielen anderen Fällen auch, selbst an vierzehn- bis sechzehnjährigen Mädchen, anschließend in Nantes auch an Französinnen; während des siebenjährigen Krieges, so etwa 1760 in und um Berlin durch russische Truppen, später dort auch durch Österreicher und Sachsen; in den verschiedenen Kriegen zwischen Engländern und Schotten Ende des fünfzehnten bis hin zum achtzehnten Jahrhundert, hier offenbar häufig, wie in vielen Kriegen immer wieder geschehen, vor den Augen der Männer der Opfer; zu Vergewaltigungen jüdischer Frauen kam es im Verlauf der antijüdischen Pogrome in Polen und Rußland im siebzehnten, im neunzehnten und zu Beginn des zwanzigsten Jahrhunderts; bekannt geworden sind Vergewaltigungen auch während

55 Angesichts der unsicheren Zahlenangaben, der dünnen Quellenlage, der hohen Dunkelziffer und der erst seit etwas mehr als zehn Jahren in breiter Öffentlichkeit durchbrochenen Mauer des Schweigens kann diese Auflistung den historischen Umfang von Massenvergewaltigungen nur unvollständig wiedergeben. Die folgende summarische Aufzählung bezieht sich vor allem auf Brownmiller (1978), *Gegen unseren Willen,* Duerr (1993), *Obszönität und Gewalt,* Beck (2004), *Wehrmacht und sexuelle Gewalt. Sexualverbrechen vor deutschen Militärgerichten 1939–1945*, S. 33–62 sowie verschiedene Berichte von Amnesty International.

des Unabhängigkeitskrieges der Spanier gegen Napoleon I. zu Beginn des neunzehnten Jahrhunderts.

Weitere Belege über Massenvergewaltigungen finden sich über die von Türken während ihrer Vernichtungskriege gegen die Armenier (1895 u. 1915) begangenen; in den Ausrottungskriegen der Amerikaner gegen die Indianer sowie bei den Massakern und Vertreibungen an Mormonen in Missouri (1833); dann im Ersten Weltkrieg durch Deutsche etwa nach der Besetzung Belgiens (»The Rape of Belgium«), wobei bereits auch hier systematisch ein militärisch kontrolliertes Bordellwesen eingeführt wurde, das meist nur als eine geregelte Form von Vergewaltigungen fungiert; im Zweiten Weltkrieg, in dem die Vergewaltigung von über einhunderttausend deutschen Frauen in und um Berlin sowie (nach Schätzungen) weiterer ca. zwei Millionen Frauen in den ehemaligen Ostgebieten durch Angehörige der sowjetischen Roten Armee durch das Buch bzw. den Film *BeFreier und Befreite* von Helke Sander und Barbara Johr am gründlichsten recherchiert und bekannt geworden sind; Vergewaltigungen durch Rotarmisten gab es auch an den mit ihnen verbündeten Jugoslawinnen, wobei allein die gemeldeten Fälle über eintausendzweihundert vollendete, über dreihundert versuchte Vergewaltigungen sowie weitere mehr als einhundert Fälle mit anschließendem Mord und über zweihundert Fälle mit Mordversuchen umfassen. Stalin soll auf diese Meldungen mit der verständnisvollen Beschwichtigung reagiert haben, was denn daran so schlimm sei, wenn seine Soldaten, nach allem was sie durchgemacht, »etwas Spaß mit einer Frau« hätten; Vergewaltigungen an den Frauen der Besiegten erfolgten auch von Angehörigen der französischen und amerikanischen (nicht, zumindest nicht bekannt geworden dagegen von den britischen) Alliierten nach ihren Siegen; 1944 erhielten z. B. marokkanische Truppenteile der Franzosen, »um sie bei Laune zu halten«, in der Stadt Frosinone durch ihren französischen General die Erlaubnis ca. sechstausend Frauen über fünfzig Stunden lang »frei« zu vergewaltigen.

Beim Vormarsch der deutschen Truppen sind in den besetzten Ostgebieten zahlreiche jüdische und nichtjüdische Russinnen durch SS- und Wehrmachtsangehörige vergewaltigt worden, eine Tatsache, die bis heute von Verteidigern der »deutschen Ehre« und der »sauberen« Wehrmacht immer wieder abgestritten wird.[56] Nach den Nürnberger Rassen-

56 Plünderungen und Vergewaltigungen seien, so Alfred Dregger 1995 im Kontext der aufgeregten Debatte über die erste Ausstellung zu den Verbrechen der deutschen Wehrmacht, aufs schärfste bestraft worden. In der Wehrmacht habe »Disziplin und Manneszucht« (!) geherrscht und wer andere Dinge behaupte, der verfolge als »Nationalmasochist« eine »existenzgefährdende« Strategie, »die Deutschland wehr- und hilflos machen soll.« *FR v. 27. 3. 95.*

gesetzen waren Vergewaltigungen von Jüdinnen wie jeder sexuelle Kontakt mit ihnen verboten. Dennoch kam es vom Wüten der Deutschen im Warschauer Getto bis hin zu den Verbrechen der Einsatzgruppen in Rußland und der Ukraine immer wieder zu sexuellen Übergriffen und Vergewaltigungen von jüdischen Frauen. Die sexuelle Lust scheint über den Rassismus zu siegen, libidoökonomisch dagegen wurde und wird der Sexismus als sadistisch aufgeladenes (phallisches) Instrument zur Erfüllung des rassistischen Vernichtungsplans eingesetzt.

Auch im besetzten Frankreich wurde von Deutschen vergewaltigt, vereinzelt ab 1940, nach der Ausweitung der Bekämpfung des Maquis (des französischen Widerstands) ab dem Frühjahr 1944 aus Vergeltungsgründen systematisch und massenhaft. Die eingesetzten Einheiten waren von der Wehrmacht eigens ermächtigt, gewaltsame Übergriffe auch gegen Frauen und Kinder zu richten, was einem Freibrief für sexuellen Terror an der weiblichen Bevölkerung gleichkam, bei dem zahlreiche französische Frauen mit z. T. unvorstellbarer Grausamkeit vergewaltigt wurden. – Besonders dieses letzte Beispiel zeigt, daß das Ausmaß der Sexualverbrechen im Krieg immer auch von der Dynamik des Kriegsverlaufs und der allgemeinen Brutalisierung der Kriegsführung gegen die Zivilbevölkerung insgesamt und deren Legitimierung durch die politisch und militärisch Verantwortlichen abhängt.

Als Sonderform der sexuellen Gewalt in Kriegen muß die am Beispiel der japanischen Reaktion auf die Massenvergewaltigungen in Nanking bereits genannte Zwangsprostitution und ein organisiertes Bordellwesen unter militärischer Sanitätsaufsicht angesehen werden. Bereits im Ersten Weltkrieg gab es zahlreiche solcher, teilweise sogar mobile Kriegsbordelle, die an die alte Tradition der »Troß- und Lagerhuren« erinnert, die aber nicht verhindern konnten, sondern im Gegenteil mit dazu beitrugen, daß während des gesamten Krieges bei ca. zwei Millionen Soldaten Geschlechtskrankheiten auftraten. Diese Tradition der Kriegsbordelle wurde auch von den Nationalsozialisten im Zweiten Weltkrieg aufgegriffen und geradezu zu einem Kennzeichen geregelter sexueller Barbarei unter deutschem Oberkommando. Auch hier ging es in erster Linie nicht darum, die offiziell verpönten Vergewaltigungen zu verhindern, sondern um die Kontrolle, die medizinische Hygiene und um eine Art »Fürsorgepflicht« der Armeeführung gegenüber der sexuellen Bedarfssituation innerhalb der eigenen Truppe. Neben den Bordellen im besetzten Frankreich für Soldaten und Offiziere, wo größtenteils auf die existierenden Formen der Prostitution und ihre Reglementierungen zurückgegriffen wurde, wurden nach Beginn des Ostfeldzugs nicht nur in der Sowjetunion, sondern auch in Polen, der

Ukraine, in Weißrussland und in Bessarabien offenbar hunderte von gefängnisartigen Wehrmachtsbordellen eingerichtet, »in denen Jüdinnen unter Todesdrohung zum Geschlechtverkehr mit Wehrmachtsangehörigen gezwungen wurden.«[57]

Eine weitere, und neben der sexuellen Versklavung im Osten sicherlich die grausamste Form der vergewaltigenden Zwangsprostitution fand in den Bordellen der Konzentrations- und Vernichtungslager Auschwitz, Buchenwald, Dachau, Flossenbürg, Mauthausen, Ravensbrück, Sachsenhausen und Neuengamme für ausgewählte Häftlinge und Zwangsarbeiter, vor allem aber für SS-Angehörige statt. Gerade diese KZ-Lagerbordelle machen deutlich, daß es sich beim militärischen Bordellwesen nicht nur um die organisierte Vergewaltigung unter mehr oder weniger stark ausgeprägten Terrorbedingungen, sondern auch um die Realisierung eines den (männlichen) Amalgamisierungen von Rassismus und Sexismus grundsätzlich inhärenten Vernichtungsplans handelt. Elfriede Jelinek hat diesen Gedanken, der auf jede Form der Zerstörung des weiblichen Körpers und damit der Auslöschung des Subjektstatus als Frau durch Massenvergewaltigungen im Krieg zutrifft, in der Besprechung einer im Sommer 2004 erschienenen Untersuchung über die weiblichen Opfer sexueller Gewalt in Konzentrationslagern drastisch zum Ausdruck gebracht:

> »Und diese Geschlechterkonstruktion, die im Wesentlichen immer noch gilt, wird im Krieg zur völligen Annihilierung des weiblichen Opfers. Das, was nicht sein darf, das weibliche Selbst (…), dieses Unselbst also ist die Frau, sie ist ein Das, aber, als Frau, soll sie benutzt werden für das einzige, wofür sie da ist: Körper zu sein. Sie muß Körper sein oder sie darf gar nichts sein. Und sein darf sie ohnehin nicht, egal was sie ist. Zuvor soll sie aber noch – als Körper – verwendet werden und dann weggeschmissen, wie ein schmutziges, zerknülltes Papiertaschentuch. Eine Verwendung wird man für sie noch haben, und es ist immer dieselbe, es ist das, wofür sie bestimmt ist, denn dafür hat die Natur ihr die Löcher gelassen, und alle kann man sie benutzen.«[58]

---

57 Meinen (2002), *Wehrmacht und Prostitution während des Zweiten Weltkriegs im besetzten Frankreich*, S. 214. »Darüber hinaus ließ die Wehrmacht Frauen aus dem Konzentrationslager Ravensbrück in ihre Bordelle verschleppen. Im deutsch beherrschten Osteuropa (…), handelte es sich bei dem militärischen Bordellbetrieb eher um die organisierte Vergewaltigung unter Terrorbedingungen als um Prostitution« (ebd.). Vgl auch Beck (2004), *Wehrmacht und sexuelle Gewalt.*

58 »Die Gewalt bahnt sich ohnedies immer ihren Weg, egal wohin er führt, aber die sexuelle Gewalt nimmt immer dieselben Wege, die selber schon ermüdet sind davon,

Die »milderen« Formen dieser »Annihilierung« (Zunichtemachung) des weiblichen Subjekts durch organisierte Formen sexueller Gewalt in Kriegen, sind die üblichen Armeebordelle – sie scheinen weniger grausam für die Opfer, sind aber grundsätzlich von den gleichen Wahrnehmungsstrukturen und destruktiven Zugriffen des Mannes auf den auf »geeignete« Öffnungen zur Stillung des sexuellen Verlangens reduzierten Frauenkörper bestimmt. Nach den Japanern und den Deutschen wurde dieses System einer geregelten Mischung aus Vergewaltigung und Zwangsprostitution im zwanzigsten Jahrhundert von den Franzosen während ihres Indochina-Kriegs als »Bordel Mobile de Campagne« (BMC) und schließlich von den US-Amerikanern in Vietnam »perfektioniert«. In Vietnam gab es 1973 ca. dreihunderttausend registrierte Prostituierte zur »Unterhaltung« der amerikanischen Armeeangehörigen. Ausgehend von der allgemein unter Männern und besonders im Militär verbreiteten Grundannahme, Männer hätten im Krieg eben einen gesteigerten sexuellen Bedarf an Frauen, sind zahlreiche, von den GI's als »Disneyland« oder »Bums-Bums-Salons« bezeichneten mobilen Feldbordelle bzw. Bordelle in den Militärstützpunkten mit ausdrücklicher Genehmigung der amerikanischen Botschaft in Saigon und des Oberbefehlshabers General Westmoreland eingerichtet worden. Aber auch Massenvergewaltigungen waren Bestandteil der von den Südvietnamesen und den Amerikanern begangenen Greueltaten, wobei das berüchtigte Massaker von My Lai, bei dem am 16. März 1968 das Platoon unter der Leitung von Leutnant Calley zwischen (geschätzten) zweihundert bis über fünfhundert vietnamesische Zivilisten ermordet, die Frauen vergewaltigt und z.T vaginal gepfählt oder auf andere Weise gefoltert wurden, am bekanntesten geworden ist.[59]

Erwiesen sind auch, um den historischen Überblick über das Ausmaß von Massenvergewaltigungen fortzusetzen, die systematischen Schändungen von ca. einhunderttausend bengalischen Frauen durch

wie oft sie begangen werden, es geht in die Löcher der Frau hinein, es geht immer hinein, immer wieder hinein, und zwar weil sie eben da sind, die Löcher, vorgezeichnet in den Körper, dem zu allererst das Gewand genommen wird, dann die Haare, wenn sie voller Läuse sind, und dann das Schamhaar auch noch, was offenbar die größte aller Demütigungen war.« *FR. v. 24. 08. 04.* Elfriede Jelinek bezieht sich auf: Amesberger/Auer/Halbmayr (2004), *Sexualisierte Gewalt. Weibliche Erfahrungen in Konzentrationslagern.*

59 Ein Truppführer brachte eine signifikante Erklärung für die Vergewaltigungen vor: »Das ist doch eine ganz alltägliche Angelegenheit. Darauf kann man doch fast jeden festnageln – mindestens einmal. Die Leute sind auch nur Menschen, Mann.« Zit. nach Brownmiller (1978), *Gegen unseren Willen*, S. 107. Vgl. über den sexuellen Terror in Vietnam: Greiner (2004), *Das alltägliche Verbrechen – Sexuelle Gewalt im Vietnamkrieg.*

pakistanische Soldaten während des Befreiungskrieges in Bangladesh in den siebziger Jahren, wobei zahlreiche Opfer, von ihren Männern und Familien ausgestoßen, noch heute in diversen, schlecht versorgten Lagern dahinvegitieren sollen; systematisch vergewaltigt wurde auch in islamischen Ländern wie im Iran sowohl unter dem Schah, als auch nach der islamischen Revolution unter Khomeni; Vergewaltigungen gehörten zur Praxis der Bürgerkriege, des politischen Terrors und der Folter unter den Militärdiktaturen Mittel- und Südamerikas (Chile, Argentinien, Brasilien, Guatemala usw.); im angeblich sauberen »High-Tech-Krieg« am Golf (1991) wurden ca. fünftausend (vor allem phillipinischen) Frauen, Mädchen (und vereinzelt auch Jungen) durch irakische Truppen in Kuweit vergewaltigt; aber auch innerhalb der amerikanischen Armee kam es zu sexuellen Übergriffen von Soldaten auf weiblichen Kameraden.

Zu einer breiten Diskussion über das Thema Massenvergewaltigungen und schließlich zu der ersten Verurteilung wegen Kriegsverbrechen und Verbrechen gegen die Menschlichkeit im sogenannten »Forca-Prozeß« vor dem UNO-Tribunal in Den Haag haben schließlich die während des Sommers 1992 bekanntgewordenen Vergewaltigungen im ehemaligen Jugoslawien geführt, wobei die sexuellen Verbrechen von allen beteiligten Kriegsparteien, in besonders erschreckendem Ausmaß aber von Serben und bosnischen Serben an dreißig- bis sechzigtausend Kroatinnen und vor allem an moslemischen Frauen und Mädchen in Bosnien begangen wurden. Das geschah typischerweise zumeist direkt nach den Eroberungen von Dörfern und der Vertreibung und Tötung der Männer, z. T. aber auch in dafür eigens eingerichteten Vergewaltigungslagern (Omerska, Trnopolje usw.).[60]

Unter Aktualitätsgesichtspunkten muß hier unbedingt noch auf die bekanntgewordenen, z. T. noch anhaltenden Fälle von Massenvergewaltigungen während des Völkermords in Ruanda (wo es nach Angaben von *Human's Right Watch* zu über einer viertel Millionen Vergewaltigungen gekommen ist), in Afghanistan durch die Taliban, in Algerien durch paramilitärische moslemische Extremistengruppen (mit einer neuen, den Schein moralisch-religiöser Legalität wahrender Variante: der sogenannten »Vergnügungsehe auf Zeit«), im Irak durch die Truppen Saddam Husseins, in Ost-Timor vor der Unabhängigkeit durch die indonesischen Streitkräfte als Mittel der Einschüchterung und der Kontrolle der Bevölkerung (auch hier gibt es eine fließende Grenze zwischen Vergewaltigung und Prostitution durch die Einrichtung von

60 Vgl. Stiglmayer (1993), *Massenvergewaltigung. Krieg gegen Frauen.*

»Vergewaltigungshäusern« mit z. T. minderjährigen »Sexsklavinnen«) hingewiesen werden. Und schließlich soll auch das jüngste Beispiel, die bislang mehrere hundert bekanntgewordenen Fälle von Vergewaltigungen moslemischer Frauen in der ostsudanesischen Provinz Darfur durch die arabischen Janjaweed-Milizen nicht vergessen werden. Nach einem Bericht von Amnesty International im Juli 2004 gehören systematische Verschleppungen und tagelange Massenvergewaltigungen zu den »Kriegswaffen« der Milizen, mit denen die Bevölkerung eingeschüchtert, gedemütigt und schließlich vertrieben werden soll.[61]

Diese Auflistung ist natürlich nicht vollständig, macht aber die Dimension der universellen Verbreitung sexuellen Terrors gegen Frauen in Kriegen deutlich. Vergewaltigungen (grundsätzlich *aller* Frauen, deren man als Beute habhaft werden kann) sind keine unwichtigen Nebenkriegsschauplätze, keine nebensächlichen Begleiterscheinungen kriegerischer Auseinandersetzungen unter Männern, die, wie häufig geschehen, verschwiegen, bagatellisiert oder schnell vergessen werden dürfen. Sexuelle Gewalt gehört zum Krieg, wie das Töten, die Folter, das Massaker und die Prostitution, die oft ja nur eine Sonderform der Vergewaltigung ist. Es ist auffällig, daß die häufig als Durchschnittstypen, als »ganz normale Männer« beschriebenen Täter ihre sexuelle Destruktionslust nicht auf die Frauen der Feinde beschränken – etwa um sich stellvertretend an ihnen zu rächen, sie zu demütigen oder um den feindlichen Männern *deren* Unfähigkeit (Impotenz), die eigenen Frauen schützen zu können, vorzuführen. Dies alles sind sicherlich wichtige, aber nicht die ursächlichen Motive, die in der allgemeinen Grundproblematik einer beschädigten Männlichkeit und ihrer Sanierungsversuche durch Akte sexueller Gewalt zu finden sind.

Die (heterosexuelle) männliche Vergewaltigungslust kennt letztendlich (nicht nur im Krieg) nur *ein* Kriterium für die Wahl ihrer Opfer: die Zugehörigkeit zum weiblichen Geschlecht.[62] Auch für Susan Brownmiller ergibt sich aus der allgemeinen Feindseligkeit gegenüber Frauen als Basis und Zentralmotiv männlicher Kriegslust: Es liegt »in der Natur jeder Institution, die Männer von Frauen trennt und ihnen das

61 »›Sechs Tage lang, Nacht für Nacht, haben uns fünf bis sechs Männer stundenlang vergewaltigt. Eine nach der anderen. Mein Mann konnte mir das nicht verzeihen. Er hat mich verstoßen.‹ Das erzählte eine junge Frau, die aus Darfur in das Nachbarland Tschad fliehen konnte.« *FR v. 20. 07. 04.*

62 Eines der wohl grausamsten Beispiele findet sich bei den Vergewaltigungen von Jüdinnen durch Angehörige jener Armee, die sie kurz zuvor aus den Lagern der Nazis befreit hatte. »Nix Jüdin – du Frau, ich sehen« – so die Antwort eines sowjetischen Offiziers auf die entsprechende Klage einer jüdischen Lagerinsassin, bevor sie auch von ihm selbst vergewaltigt wurde. Vgl. Duerr (1993), *Obszönität und Gewalt,* S. 69.

Machtmittel der Waffe in die Hand gibt, daß sich die geballte Macht gegen alle Frauen wenden kann, denn Frauen werden im Krieg *nicht* deswegen zum Opfer von Vergewaltigungen, weil sie zum Feindeslager gehören, sondern weil sie Frauen und *deshalb* Feinde sind. Eine ausschließlich männliche Armee wird unvermeidlich von der eigenen männlichen Überlegenheit erfüllt, und letztlich hat die Kriegsmaschinerie (...) die männliche Ideologie nur in unerträglicher Weise auf die Spitze getrieben.«[63] – Wenn nun unbewußt die Verfolgung und Zerstörung der Frauen im Mittelpunkt männlicher Kriegslust steht, warum begnügen sich Männer nicht mit ihrer Tötung und den »üblichen« Folterpraktiken? Wieso kommt es immer wieder zu Vergewaltigungen und welche Rolle spielt die »normale« männliche Sexualität? In Massenvergewaltigungen zeigt sich auch, wie die Täter mit der Inszenierung ihrer Sexualität, wenn auch auf perverse Weise und an physische Vernichtungsbereitschaft gekoppelt, noch den *Anschein* einer Aufrechterhaltung konventioneller, genital-heterosexueller Geschlechterverhältnisse, und damit eines Stücks männlicher »Normalität« zu erwecken versuchen.

Die bisherigen Ausführungen lassen erkennen, daß das Verhältnis von Männlichkeit und Sadismus unter zivilen und unter Kriegsbedingungen eine genauere Unterscheidung der männlichen Kriegslust in eine Lust *am* Krieg und eine Lust *im* Krieg erfordert. Der Psychoanalytiker Michael Lucas Moeller kritisiert in diesem Zusammenhang zu Recht die gängige systematische Vernachlässigung der sexuellen Dimension des Krieges und des Kriegsverlangens. Seine evolutionstheoretischen und verhaltensbiologischen Begründungsversuche verklären jedoch jene Verbindung von Sexualität, Krieg und Männlichkeit, vor allem unter Berufung auf den Humanethologen Eibl-Eibesfeld, zu einer biologisch-anthropologischen Tatsache. Danach handelt es sich bei dieser Verbindung um eine angeborene Disposition der Männer, die durch Testosteron-Ausschüttungen verstärkt, zu den bekannten, schon bei Primaten zu beobachtenden Erscheinungen von Dominanzverhalten, phallischen Drohgebärden, physischer Kampfbereitschaft, und sexueller Eroberung führt.

Nach dieser Logik kann man getrost auch die hirnanatomisch größere Nähe zwischen Aggressions- und Sexualzentrum beim Mann, sowie die Endorphin- und Adrenalinstöße bei automatischem Ansteigen sexueller Erregung in angstvoll erlebtem Kampfstreß zu den »wahren«, weil wissenschaftlich nachweisbaren Ursachen der destruktiven Sexua-

63 Brownmiller (1978), *Gegen unseren Willen*, S. 69.

lität von Männern rechnen. Biologisierende Erklärungsversuche haben immer wieder Konjunktur und sind besonders durch die neueren Forschungen der Neurowissenschaften im Aufwind. Hierzu gehören auch die soziobiologischen Ableitungen der männlichen Vergewaltigungsbereitschaft aus Evolutionstatsachen. In ihrer *Naturgeschichte der Vergewaltigung* versuchen der Insektenforscher Thornhill und sein Co-Autor Palmer Vergewaltigungen als ein »natürliches Erbe der Evolution« nachzuweisen. Um zu verhindern, als »Irrläufer der Evolution« zu enden, werde der Mann vom biologischen Zwang getrieben, seine Gene »in die nächste Generation zu befördern«, falls notwendig, eben mit Gewalt. Massenvergewaltigungen in Kriegen erklären sich dann gleichsam von selbst, denn kaum sinke die Gefahr der Bestrafung, werde der (genetisch angelegte) aggressive männliche Geschlechtstrieb die offenbar nur mühsam errichteten (und aufrechterhaltenen) kulturellen Hemmschwellen durchbrechen.[64]

Auch für Moeller zeigt der Krieg nur drastisch die Möglichkeit einer kulturellen Umsetzung eines biologischen Potentials auf. Demnach dient die Jagd auf weibliche Beute im Krieg verschiedenen sexuellen Zielen, nämlich der Sicherung der »bedrohten erotischen Bindungen«, der »sexuellen Chancen«, sowie der »Fruchtbarkeit« und der »Selbsterhaltung« der eigenen Gruppe – kurz: der Bewahrung und Vermehrung der bestehenden erotischen Ressourcen.[65] Damit erfülle der Krieg eindeutig auch *rationale*, nicht pathologische Funktionen. So diene er der »Existenzsicherung« und »Existenzerweiterung« durch Vermehrung der materiellen Ressourcen, unter Einschluß des geraubten »Frauenmaterials«. Der evolutionäre Vorteil liege in einer dem allgemeinen »Lebensstrom« folgenden »variantenreichen Genvermischung« (vgl. 172 ff.) – Dann erübrigt sich wohl die ganze Aufregung über den systematischen Einsatz von Massenvergewaltigungen als kriegsstrategisches Mittel etwa zum Zwecke der ethnischer Säuberungen!

Moellers psychoanalytische Erklärungsversuche der anderen Seite männlicher »Kriegslibido«, der Lust *im* Krieg, die auf destruktive Weise am unterworfenen weiblichen Körper zu befriedigen versucht wird, sind kaum weniger problematisch, denn sie landen, wie inzwischen üblich, bei der Rolle der frühen Mutter und dem männlichen Zwang zur Ablösung von ihr und zur Eindämmung ihrer Allmacht. Auch den in der aggressiven Sexualität des Mannes eingelagerten Haß leitet

64 Vgl. die Titelgeschichte *Dämonen der Begierde* über das Verhältnis von »Sex« und Evolution als »animalisches Erbe des Menschen« in *Der Spiegel* v. 17.04.00, S. 254–265.

65 Moeller (1992), *Der Krieg, die Lust, der Frieden, die Macht*, S. 95.

Moeller direkt aus der Liebesenttäuschung der frühen Mutter-Kind-Beziehung ab. Gewalt diene der Vergeltung und werde durch einen »Enttäuschungszorn« motiviert und Kriege dienten letztlich der Re-Inszenierung und Überwindung der brüchigen Mutter-Bindung. Innere »Mutterabwesenheit« und »Geborgenheitsbedürfnisse« gelten nach Moeller als Quelle von nationalen und Gruppenloyalitäten und so erscheinen Vergewaltigungen als kompensatorische Befriedigung und als Rache an Muttterersatzobjekten. »Die große Menge ungelebter Liebe ist heute die stärkste Quelle menschlicher Destruktivität« (S. 113 u. S. 115). – Die Mutter als Ursprung menschlichen Glücks und Unglücks – eine beliebte, in unzähligen Variationen immer wieder bemühte projektive Vorstellung, die nahezu alle männlichen Konstruktionen von Weiblichkeit in unterschiedlichen Schattierungen durchzieht. Moeller befindet sich hier sozusagen in »guter«, weil zahlreicher Gesellschaft. Für ihn, wie z. B. auch für Pilgrim, auf dessen unsägliches monokausales Schlichtmodell der »Muttersöhne« sich Moeller hier bezieht, gelten die kriegstreibenden Männer als Söhne »narzißtisch gestörter« Mütter, die den destruktiven Keim in die zarten Psychen ihrer vaterlos aufwachsenden Knaben hineinlegen.[66]

Der projektive Anteil an der Zurückführung männlicher Zerstörungslust auf eine gestörte Mutterbeziehung wird noch deutlicher in Theweleits Theorie der »Grundstörung« der angeblich »nicht-zuendegeborenen« soldatischen Männer. Die mangelnde Zuwendung zum Kleinkind macht die Mütter nach Theweleit entscheidend mitverantwortlich »für die Existenz von Söhnen, die sich begierig in tötende Makromaschinen fügten«.[67] Und auch die Mädchen und Frauen trügen später durch ihr Verhalten einen Teil der Schuld an der militärischen Brutalisierung der Männer, weshalb die von ihm so eindrucksvoll und anschaulich dokumentierten »Männerphantasien« der Freikorpssoldaten über Frauen keineswegs Projektionen, sondern vielmehr, so seine Schlußfolgerung, »halluzinatorische Objektvertauschungen« mit einem harten Kern realitätsangemessener Wahrnehmungen darstellten. Es gebe eben Züge im Verhalten von Frauen, die der männlichen Sichtweise entgegenkämen. Die eigenen Schwestern würden die Jungen ebenso wie später andere Mädchen und Frauen die Männer erregen, ohne dieser Erregung eine Abfuhr zu ermöglichen. Dies aber bedeutet nach Theweleit: »Es ist die wirkliche lebendige sexuelle Ausstrahlung, nicht

66 »Vatersöhne können sich selbst annehmen, Menschen und Natur lieben. Muttersöhne müssen sich selber, Menschen und Natur hassen.« Pilgrim (1990), *Muttersöhne*, S. 20.
67 Theweleit (1978), *Männerphantasien Bd. 2*, S. 440.

eine »projizierte«[68], die zur Erregung der Männer und zu dem führten, was wir als Männlichkeitsdilemma kennen gelernt haben. – Die Lust an der Zerstörung von Frauen in der männlichen Phantasie und der soldatischen Praxis arbeitet Theweleit gründlich an der untersuchten Freikorps-Literatur heraus, affirmiert diese *Männerphantasien* aber zugleich unkritisch spätestens an jenem Punkt, an dem er im Laufe seiner Arbeit die herausgedeuteten Wahrnehmungsweisen dieser Männer empathisch zu teilen beginnt:

> »Seine Wahrnehmungen sind *nicht* unzutreffend. Die sinnliche Frau hat *wirklich* die Fähigkeit, ihn mit sich selbst und ihr zu vermischen, ihn ›aufzulösen‹. (...) Sie machen ihn damit kaputt und schließen ihn aus. (...) Als sehr schlechtes Mittel zur Korrektur der ›Projektion‹ erschiene demnach, das von ihr Unterstellte einfach abzustreiten. Das würde ihn, der ja etwas wirkliches wahrnimmt in seinem Mißtrauen bestärken, daß es da etwas zu verbergen gäbe, daß heimtückische Bedrohlichkeiten dort lauerten. Zu antworten: ›Studentinnen sind *keine* Huren‹, ist (...) falsch. Das Faktum – abweichender und häufigerer Beischlaf – (nach seinen Begriffen ›Hurerei‹) zu leugnen (...) ist politisch gewiß schädlich, weil das jede Brücke zwischen dem Verfolger und seinem Objekt abbricht. Die Brücke, die er selbst baut (nämlich im zutreffenden Teil seiner Wahrnehmung), muß, soll es überhaupt zu einer nicht-mörderischen Beziehung kommen, ausgebaut, durch mehr wirkliche Erfahrung gestützt werden. (...) Anstelle des ›Nein, Wir sind ganz anders‹ müßte ein ›Ja, so kann man uns auch sehen‹ treten als das geringste Fundament einer Verständigung« (Bd. 2, S. 305 f.).

Eine ernstnehmende Anerkennung dessen, was diese hassenden Männer an den Objekten ihres Hasses wahrnehmen, sei, so die Schlußfolgerung Theweleits, auch die Voraussetzung für eine erfolgreiche politische Arbeit mit »faschismusanfälligen« Männern – welch eine schlichte Verkehrung der Täter-Opfer-Beziehungen! Nach Theweleit ergibt sich daraus dann auch ein Moment utopischer Hoffnung auf Befreiung der einkasernierten männlichen Stahlgestalten: da das Geschlechterverhält-

68 Theweleit (1977), *Männerphantasien Bd. 1*, S. 196. Zwischen dieser Position und der evolutionspsychologischen Rechtfertigung von Vergewaltigungen besteht kaum ein Unterschied. So schlagen Thornhill und Palmer die Durchführung von Seminaren über das Thema Vergewaltigung auf der Basis von Darwins Lehre vor, in denen junge Frauen »den Preis (...), der mit ihrer körperlichen Anziehungskraft verbunden ist«, erkennen könnten. Zit. nach *Der Spiegel v. 17. 04. 00*, S. 255.

nis, prinzipiell *kein* antagonistisches sei, müsse es eigentlich leicht sein – selbstverständlich in besonderem Maße für die Frauen –, die Männer zu befreien; selbstverständlich sei das für die Frauen, weil sie nicht so deformiert, dem (vorgesellschaftlich gedachten) Unbewußten näher, insgesamt flüssiger, »von eigener Unterdrückungsarbeit weniger geschädigt« und damit »die schöneren Möglichkeiten neuer Entfaltung« in sich trügen (Bd. 1, S. 278) – als *Mütter*, wenn sie endlich bereit wären, die schöne Entfaltungschance der frühen Dualunion auszunützen und ihre Söhne endlich (auch psychisch) »zu Ende« gebärten und als *Geliebte*, wenn sie sich von der Einnahme einer ewigen Opferposition verabschiedeten und, in letzter Konsequenz, zu den eigenen Schuldanteilen auch an den Taten der Nazis bekennen könnten.[69]

Auf diese, von einer unterschwelligen Feindseligkeit gegenüber Frauen selbst nicht freien Zurückführung aller Formen männlicher Grausamkeit auf eine nichtüberwundene frühe Mutterbeziehung werden wir im folgenden Abschnitt noch einmal abschließend zurückkommen. Die Zurückweisung der These von der »schuldigen« Mutter und die Betonung des exklusiv männlichen Charakters aller militärischen Phänomene darf jedoch umgekehrt nicht zur Bestätigung einer anderen gängigen Position, die in vielen Erklärungsansätzen zum Verhältnis von Krieg und Geschlecht herangezogen wird, Frau, Militär und Krieg würden sich empirisch nachweisbar grundsätzlich ausschließen, führen. Frauen waren an vielen Kriegen indirekt und direkt beteiligt,[70] prinzipiell auch an Folterungen und anderen Grausamkeiten, wenngleich vom Umfang und dem sadistischen Ausmaß her in der Regel weitaus schwächer als Männer und vor allem gibt es, ähnlich wie im »zivilen« Leben, so gut wie keine Beteiligung von Frauen an (perversen) sexuellen Gewaltakten zur eigenen sexuellen Befriedigung. Der Gegensatz von Frau

69 Da die Sexualität *an sich* weder männlich noch weiblich sei, außer in ihren späteren gesellschaftlichen Codierungen, gilt für Theweleit, daß die Sexualität erst in der befriedigenden Gemeinsamkeit des Orgasmus als eine frei strömende, vorgesellschaftliche »Wunschproduktion« (im Sine von Deleuze und Guattari) wiederentdeckt werden kann. – Es lebe, so läßt sich dieses naive Befreiungsplädoyer zuspitzen, die kreatürliche Erzeugung harmonischer Geschlechterbeziehungen in sexuellen Naturschutzparks – ohne Ambivalenz, Haß, Kampf und Macht.

70 Vgl. Seifert (1996), *Militär, Kultur, Identität* und Eifler/Seifert (1999), *Soziale Konstruktionen – Militär und Geschlechterverhältnis*. Eine Zunahme direkter Beteiligung von Frauen läßt sich an den militärischen Konflikten der jüngeren Vergangenheit ablesen. Sie ist u. a. auf die stärkere Zulassung von Frauen auch in Kampfverbänden, wie seit dem Urteil des Europäischen Gerichtshofs vom 11. Januar 2000 auch in der deutschen Bundeswehr, zurückzuführen. Vgl. Harders/Roß (2002), *Geschlechterverhältnisse in Krieg und Frieden. Perspektiven der feministischen Analyse internationaler Beziehungen* und Calließ (2003), *Das andere Geschlecht in den Streitkräften*.

= Pazifismus und Friedfertigkeit, Mann = Haß, Destruktion und Krieg ist ebenso ein Mythos, wie das damit häufig verbundene projektive Bild, das Frauen qua Geschlecht zu Trägerinnen gesellschaftlicher und geschlechtlicher Befreiungswünsche erhebt.[71]

Trotzdem wäre es ein Mißverständnis zu glauben, worauf Ruth Seifert zu Recht hinweist, »Frauen hätten zu gleichen Teilen am Militär partizipiert. Historische Quellen deuten darauf hin, daß es sich bei den militäraffinen Frauen oft um Grenzgängerinnen im Gendersystem handelte, d. h. um Frauen, die bestrebt waren, die hegemonialen Weiblichkeitsdefinitionen abzustreifen.«[72] – Gerade die militärischen Möglichkeiten von Frauen bestätigten die Grundsätze der kulturellen Konstruktion von Männlichkeit. Prinzipiell könnten Frauen gut mit dieser Konstruktion zurechtkommen, aber d. h. auch, die Beteiligung von Frauen an Krieg und Militär bleibt nicht nur eine Ausnahme, sondern setzt auch eine Unterwerfung unter die Logik männlichen Denkens voraus. Der illusionäre Charakter des Militärs als Ort der Produktion kultureller Männlichkeit und damit zugleich als Ort der Reproduktion und Stabilisation des gesellschaftlich-kulturell konstruierten Geschlechterverhältnisses als Herrschaftsverhältnis, zeigt sich auch und besonders dann, wenn die entsprechende männliche Militärlogik, angesichts der Modernisierung und zunehmenden Technifizierung von Kriegen, eigentlich obsolet geworden sein sollte. Am Männlichkeitsmythos wird aber dennoch kräftig festgehalten, denn Militär und Krieg sind und bleiben als Herrschaftsinstitutionen grundsätzlich männlich konnotiert.[73]

Zugespitzt folgt daraus prinzipiell, die Rolle des Kriegers im individuellen und im kulturellen Selbstverständnis bleibt auch weiterhin

---

71 Zu diesem Themenkomplex gibt es, insbesondere in der Frauen- und Friedensforschung eine breit geführte Diskussion. Vgl. Mitscherlich (1987), *Die friedfertige Frau*; Opitz (1992), *Von Frauen im Krieg zum Krieg gegen Frauen. Krieg, Gewalt und Geschlechterbeziehungen aus historischer Sicht*; Seifert (1992), *Männlichkeitskonstruktionen. Das Militär als diskursive Macht*; Rumpf (1992), *Staatliches Gewaltmonopol, nationale Souveränität im Krieg. Einige Aspekte des »männlichen Zivilisationsprozesses«*.

72 Seifert (1992), *Männlichkeitskonstruktionen*, S. 868.

73 Ebd., S. 862. Die Hoffnung auf einen Emanzipationszuwachs ausgerechnet durch eine angestrebte »Gleichberechtigung« im Militär ist eine Illusion. »*Gender* ist die Konstruktion einer Beziehung, nicht der Entitäten ›Weiblichkeit‹ und ›Männlichkeit‹. Beide Seiten sind immer nur als Gegensatz der anderen identifizierbar. Die Asymmetrisierung ist in diese Beziehung von vornherein eingebaut. (…) Im Namen der Gleichheit zu hoffen, daß eine ›Höherbewertung‹ der weiblichen Seite eine Angleichung schaffen und die Geschlechter quasi gleichstellen könnte, erscheint demnach sinnlos. ›Männlichkeit‹ verquickt im Akt der Konstruktion gesellschaftliche Machtpositionen mit einer Reihe kultureller Repräsentationen, die wiederum Teil der subjektiven Identität werden.« (ebd., S. 861).

Männern vorbehalten. Das ist auch der Grund für den Widerstand vieler Militärs gegen die Teilnahme von Frauen an direkten Kampfhandlungen. Nicht nur für den amerikanischen General Barrow bedeutet Kriegsführung nach wie vor Männerarbeit. »Biologische Konvergenz auf dem Schlachtfeld«, womit er die Teilnahme von Frauen an Kampfhandlungen meint, »wäre nicht nur unbefriedigend hinsichtlich dessen, was Frauen tun können, sondern würde auch eine gewaltige psychologische Ablenkung für den Mann darstellen, der glauben möchte, daß er für diese Frau irgendwo dahinten, aber nicht neben ihr im Schützengraben kämpft. So etwas tritt nämlich sein männliches Ego mit Füßen. Um es ganz klar zu sagen: Es geht darum, die Mannhaftigkeit des Krieges zu schützen«[74]

Zwischen dieser Aussage und den von Theweleit untersuchten literarischen »Ergüssen« der Freikorps-Soldaten nach dem Ersten Weltkrieg besteht eine Übereinstimmung bis in den Sprachduktus hinein. Allerdings wird die Freikorps-Literatur in zweifacher Hinsicht deutlicher, denn sie ist martialischer und sie offenbart klarer, worum es bei der soldatischen Einstellung zu Frauen geht: »Wir Soldaten haben uns angewöhnt, nur noch den gelten zu lassen, der im Feuer seinen Mann steht«, so läßt Thor Goote seinen *Hauptmann Berthold* sagen. »Und deshalb wendet sich mancher innerlich ab von der Frau, auch wenn er sie äußerlich nicht ganz entbehren kann.«[75] – Wie sehr sich der soldatische Mann von der Frau abgewandt hat, sie aber selbst (oder besser *gerade*) in der rein männlichen Aura des Krieges zumindest »äußerlich« nicht ganz entbehren kann zeigt sich in dem oben angedeuteten Geheimnis männlicher Kriegslust, das sich hinter der soldatischen Männlichkeit versteckt und besonders in den Massenvergewaltigungen eruptiv zum Ausdruck kommt: Jeder Krieg ist (auch) ein Krieg gegen Frauen. Eine Mischung aus Angst, Lust und Haß gegenüber Weiblichkeit, so unsere Grundannahme, ist die Basis männlicher Destruktivität Frauen gegenüber. Auf dieser Grundlage dient der Kampf Mann mit Mann und Mann gegen Mann (bei Vergewaltigungen gemeinsam gegen die Frauen) auch dem Versuch, die kulturelle Geschlechterordnung wiederherzustellen.[76] Der Einbruch von Frauen in diese exklusive Männerdomäne stört und ver-

74 Zit. nach Hartsock (1991), *Nullsummenspiel der Ehre*, S. 336.

75 Zit. nach Theweleit (1977), *Männerphantasien Bd. 1*, S. 87.

76 Die Änderung der Kriegstechniken durch moderne Waffensysteme, deren Bedienung weniger von der Geschlechtszugehörigkeit, d. h. weniger von physischen Voraussetzungen als von absoluter Professionalität abhängt, bedeutet nach unseren Ausführungen zu Beginn des Abschnitts nicht automatisch eine Änderung des unbewußten Selbstverständnisses militärisch-männlicher Kombattanten vom Krieg als einem Kampf unter Ausschluß der Frauen.

stärkt die Gefahr, daß dieses Geheimnis männlicher Kriegsmotivation entdeckt werden könnte. Sexuelle Übergriffe und Vergewaltigungen innerhalb der eigenen Armeen sind so die fast zwangsläufige Folge.[77] – Wie aber kann unter täter- und sozialpsychologischen Gesichtspunkten der offensichtliche, für die (Re-)Organisation des Geschlechterverhältnisses relevante Zusammenhang zwischen Männlichkeitsbeweis, virulentem Frauenhaß und männlicher Sexualität genauer bestimmt werden?

Vergewaltigungen und andere sexuelle Gewaltformen sind, wie bisher gezeigt, ubiquitär und gehören zu den üblichen Spielregeln des Kriegs. Sie können nicht als bloß marginale Randerscheinungen verharmlost werden, die in keinem Verhältnis zur allgemeinen Grausamkeit in Kriegen insgesamt stehen, oder (allerhöchstens) als *ein* (wenn auch bedauerlicher) Ausdruck eines gesteigerten, in Kriegszeiten nun mal regelmäßig entflammten männlichen »Furors« billigend in Kauf zu nehmen sind. Wir wiederholen dies, da solche und ähnliche beschwichtigende Hinweise auf einen rein physiologisch gedachten Mechanismus männlicher Sexualfunktionen in den Rechtfertigungsversuchen der Militärs immer wieder auftauchen und dabei regelmäßig von vielen Männern selbst auf den Tier-Mensch-Vergleich zurückgegriffen wird. Sehr treffend hat beispielsweise Fjodor Swerew, ein ehemaliger Offizier der sowjetischen Armee, diese Haltung in einem Interview mit Helke Sander über die Massenvergewaltigungen deutscher Frauen durch Angehörige der Roten Armee (1945) zum Ausdruck gebracht, als er sagte, Vergewaltigungen im Krieg ließen sich dadurch erklären, »daß die Männer im biologischen Sinne sexueller sind als die Frauen. Dafür können wir auch Beispiele aus der Tierwelt anführen. Da sind Männchen sexuell immer aktiver als Weibchen.« Ein Krieg sei eben doch ein Krieg und wenn ein russischer Soldat eine ältere deutsche Frau gesehen habe, habe er ihr nichts angetan, weil sie ihn ja an seine Mutter erinnert hätte. »Aber«, und in dieser lakonischen Bemerkung verdichten sich unsere Befunde

77 Beispielsweise wurden während des US-Einsatzes am persischen Golf zwischen 1990 und 1992 mehrere Dutzend Fälle von Vergewaltigungen und anderen Formen sexueller Gewalt gegenüber weiblichen US-Soldaten gemeldet. Eine Untersuchung des US-Verteidigungsministeriums ergab 1998, daß jede zweite Soldatin in den amerikanischen Streitkräften schon ein- oder mehrmals sexuell belästigt wurde. Am bekanntesten ist sicherlich der »Tailhook-Skandal«, bei dem es 1992 während einer Tagung amerikanischer Marineflieger zu massiven sexuellen Übergriffen auf dreiundachtzig weibliche Soldaten und Offiziere bzw. Pilotinnen gekommen ist (Auslöser war die bevorstehende Aufhebung des bisher geltenden Kampfverbotes für Frauen in der amerikanischen Armee). Eine Ende August 2004 bekanntgewordene Untersuchung von fünfundachtzig Stützpunkten der US-Luftwaffe ergab, daß der Umfang der Vergewaltigungen weiblicher Soldaten weitaus größer ist, als bisher angenommen. Vgl. *FR v. 01. 09. 04.*

zur gesellschaftlich und kulturell geformten Reduktion der männlichen Sexualität auf einen quasi-intinkthaften Reiz-Reaktions-Mechanismus, aber »ein Mann bleibt doch ein Mann und wenn der Mann eine junge Frau vor sich sah, so konnte bei ihm das Bedürfnis entstehen, sie zu vergewaltigen.«[78]

Krieg ist nun mal Krieg – und ein Mann ist und bleibt eben, insbesondere auch im Krieg, ein Mann. Mit diesem Hinweis auf die besondere Sexualphysiologie des Mannes unter Kriegsbedingungen zeigt Swerew in einverträglicher Kumpanei mit Freund und Feind, selbst für die Vergewaltigungen von Frauen seines eigenen Volkes durch deutsche Wehrmachtssoldaten Verständnis. Er wendet sich zudem ausdrücklich gegen den allgemein erhobenen Vorwurf der Rache, die zu den Massenvergewaltigungen deutscher Frauen durch Rotarmisten geführt hätte. Als Hauptmotiv gilt aus dieser Perspektive eine allgemeine, offensichtlich durch Kampf und Siegesrausch verstärkte sexuelle »Not« der Soldaten bei gleichzeitiger biologisch verwurzelter Unmöglichkeit, ihre triebhafte Anlage wirksam zu kontrollieren. Aus diesem Grund beschwört der sowjetische Offizier immer wieder die schlichte Tatsache: »Aber die Männer waren doch Männer, und wo sie die Möglichkeit hatten, eine Frau zu bekommen, dann machten sie das.«[79] – Diese rechtfertigende Männlichkeitsideologie ist deshalb interessant, weil ihr Kern in einer »richtigen« Ahnung besteht, die beide Seiten des psychosexuellen *Männlichkeitsdilemmas* bestätigt: zum einen die an die Triebstärke gebundene männliche Vorstellung von Potenz *und* zum anderen den Kontrollverlust als Zeichen von Schwäche, die dann dem weiblichen Opfer angelastet und zu einer weiteren Quelle verstärkter Gewaltbereitschaft wird.

Erstaunlicherweise findet sich auch bei Susan Brownmiller, die in ihrem feministischen Ansatz ja gerade die Aspekte männlicher Gewalt, Machtausübung und Rache in das Zentrum der Motivstruktur von Vergewaltigern rückt, ein Rekurs auf die (angeblich) biologische

---

78 Zit. nach Sander/Johr (1992), *BeFreier und Befreite. Krieg, Vergewaltigung, Kinder*, S. 118. An einer anderen Stelle wiederholt Swerew diesen Hinweis auf die männliche Physiologie und betont, im Prinzip sei es egal, ob es sich um russische, polnische, tschechische oder eben deutsche Mädchen handle (S. 136).

79 Ebd., S. 130. Die innere Notlage und der Druck wird demnach offensichtlich größer, wenn der gewaltsame Zugang zu den eigenen Frauen tabuisiert wird. »Die russischen Soldaten haben z. B. die russischen Mädchen, die in der Armee waren, nicht angetastet. Die waren für sie heilig« (ebd.). – Da es weder seriöse Untersuchungen noch zuverlässige Zahlenangaben über sexuelle Übergriffe innerhalb der sowjetischen Armee während des Zeiten Weltkriegs gibt, läßt sich der Wahrheitsgehalt solcher Aussagen allerdings nicht nachprüfen.

Grundausstattung des Mannes und ihre phylogenetische Vererbung. Die Entstehung einer männlichen Ideologie der Vergewaltigung leitet sie tautologisch aus der im Mann physiologisch und anatomisch angelegten »Fähigkeit« zu vergewaltigen ab, die der Mann eines Tages, in der »gewalttätigen Welt der primitiven Menschen« eher zufällig (wie das Feuer und die Keule) entdeckte, erst nach diesem Zufall als geplantes Mittel, als »Waffe« einsetzte und schließlich, »Furcht und Schrecken« verbreitend zum entscheidenden Machtinstrument zur Beherrschung der Frau erhob. – So der Kern der naiven Annahmen Brownmillers über den evolutionären Sprung von der männlichen Anatomie zur männlichen Machtausübung. Ähnlich naiv (und tautologisch) bindet Vera van Aaken in ihrem Buch über die historischen Wurzeln männlicher Gewaltbereitschaft das Ende ursprünglich harmonischer Geschlechterbeziehungen an die folgenschwere Entdeckung des Mannes in grauer Vorzeit, seinen Penis nicht nur als Zeugungsorgan, sondern auch als auch als Waffe benutzen zu können. Der Mann wurde fortan, so die Quintessenz dieser tristen Erzählung der Patriarchatsgenese, zum waffentragenden Subjekt, die Frau dagegen zum »neuartigen Sexual-Objekt«.[80]

Ohne es zu bemerken, erhebt Brownmiller (ähnlich wie Aaken) die in Freuds bekannter Formel, die »Anatomie ist Schicksal« verdichtete, ansonsten von ihr so vehement kritisierte Biologisierung des Geschlechterverhältnisses durch die Psychoanalyse in den Stand einer evolutionären Tatsache.[81] Das ist ebenso unsinnig, wie die Freud immer wieder vorgeworfene Annahme eines männlichen Triebstaumodells, das nach dem Dampfkesselprinzip funktioniere und unter ungünstigen Umständen zur explosiven »Entladung« gebracht werden könne. – Allerdings machen Massenvergewaltigungen unter täterpsychologischer Perspektive deutlich, daß in allen anatomisch begründeten Theorien – in Brownmillers Evolutionismus, in Freuds Biologismus sowie in dem quantitativen Triebstau-Modell – ein richtiger Kern in einer falschen anthropologisierenden Theorie steckt: geschlechtsbezogene Macht hat sich, wie wir in den Ausführungen zum »nachgeahmten Instinkt« sehen konnten, bis in den Körper und die Sexualphysiologie der Männer ein-

80 Aaken (2000), *Männliche Gewalt. Ihre Wurzeln und ihre Auswirkungen* und Brownmiller (1978), *Gegen unseren Willen*, S. 21 f.

81 »Die Reduktion gesellschaftlicher Prozesse auf biologische Strukturen ist ein kruder Rückfall des wissenschaftlichen Denkens. Brownmillers Argumentation gleicht der mittelalterlichen Rechtsauffassung (die noch in einigen islamischen Ländern fortlebt), die die Hand des Diebs für das Verbrechen verantwortlich macht.« Harten (1995), *Sexualität, Mißbrauch, Gewalt. Das Geschlechterverhältnis und die Sexualisierung von Aggressionen*, S. 181.

gegraben. Die Ausübung dieser Macht erfolgt (bewußt und unbewußt) auch auf heterosexuellem und genitalzentriertem Wege unter dem Diktat einer destruktiv aufgeladenen Phallizität. Erst dieses Diktat läßt eine Analogisierung von *Penis* und *Waffe* in gemeinsamer Ausrichtung auf *ein* Objekt überhaupt zu.

Selbstverständlich handelt es sich bei Massenvergewaltigungen nicht allein um die Auswüchse der dilemmatischen Grundstruktur der männlichen Psychosexualität, sondern in erster Linie um politisch-militärisch kalkulierte Machtausübung und Machtsicherung. Das schließt die Möglichkeit ein, Vergewaltigungen zu nutzen, die Kultur und die (männlich-hegemoniale) gesellschaftliche Ordnung des Kriegsgegners anzugreifen, zu schwächen und möglichst zu zerstören. Dieser Gesichtspunkt steht im Mittelpunkt der Überlegungen von Ruth Seifert über den systematischen Einsatz von Vergewaltigungen als Mittel militärischer Strategien auf dem Hintergrund einer allgemeinen Zunahme der Gefährdung und Vernichtung derjenigen, die doch im Krieg eigentlich geschützt werden sollen: die Zivilbevölkerung mit einem hohen Anteil von Frauen (und Kindern).[82] Die ideologische Behauptung, Kriege seien *nur* eine Angelegenheit unter Männern, ist vor allem angesichts der enormen Verschiebungen im Verhältnis von militärischen zu zivilen Opfern eine Illusion. Vergewaltigungen müssen durchaus als Element eines allgemeinen Krieges gegen die Zivilbevölkerung eingeordnet werden, wobei nicht erst der systematische Einsatz von Vergewaltigungen als Mittel »ethnischer Säuberungen« die These von der Zerstörung der feindlichen Kultur belegt. Diese Tatsache ist erst seit den Kriegen im ehemaligen Jugoslawien stärker ins öffentliche Bewußtsein gerückt, gleichwohl es sich weder um ein singuläres noch ein historisch neues Phänomen handelt.[83]

Ein weiterer Aspekt der strategischen Funktionalisierung von Vergewaltigungen läßt sich nun erkennen. Wie wir am Beispiel der »Vergewaltigung von Nanking« gesehen haben, stellt die massenhafte Ausübung sexueller Gewalt gegen Frauen das Vorrecht der Sieger und Eroberer dar. Gehäuft treten Vergewaltigungen daher in den kurzen entregelten

82 Vgl. Seifert (1992), *Männlichkeitskonstruktionen*, S. 869.

83 Der Einsatz von Vergewaltigungen als Instrument der »ethnischen Säuberung« von Serben in Bosnien-Herzegowina und Kroatien ist bereits relativ früh, so z. B. durch die Ermittlungen von Amnesty International, der UN-Expertenkommission zur Untersuchung der Vergewaltigungen im ehemaligen Jugoslawien (»Mazowiecki-Report« v. 1993), sowie der EG-Untersuchungskommission v. 1993 bekannt geworden. – Die vergewaltigten, teilweise geschwängerten und dann zur Austragung der »Tschetnik-Babys« gezwungenen Frauen sollten, sofern sie überhaupt überlebten, u. a. endgültig aus ihrer Heimat vertrieben werden. Vgl. Stiglmayer (1993), *Masenvergewaltigung. Krieg gegen die Frauen.*

Phasen unmittelbar nach siegreichen Kämpfen auf, werden aber auch danach systematisch eingesetzt, wenn auch üblicherweise vertuscht, verschwiegen, verleugnet und meist offiziell bei hohen Strafen von den Militärbehörden verboten. Nach der mann-männlichen Schlacht wird die dort geltende Abgrenzung zu allem Weiblichen z. T. aufgehoben und die Frauen verstärkt zum Freiwild. In diesen Situationen findet die angesprochene Umwandlung von »Angstpotential« in »Grausamkeitspotential« konkret und praktisch statt. Kommt es dann zu einem Kontakt mit den Frauen der Besiegten, führt heroischer Siegesrausch regelmäßig und fast automatisch zu Vergewaltigungen und anderen sexuellen Übergriffen.

In diesen sexuellen Gewaltakten liegt ein weiteres Motiv verborgen: neben der destruktiven Sexualität steht der direkte und indirekte Kontakt unter Männern im Vordergrund der Vergewaltigungen. *Direkt* bei den häufigen Gruppenvergewaltigungen, deren Anteil in Kriegszeiten bei ca. siebzig Prozent, im Zivilleben noch bei dreißig bis fünfzig Prozent liegt; eine direkte Kommunikation unter Männern findet aber auch während der Vergewaltigungen vor den Augen der Ehemänner, Söhne und Väter der Opfer statt; ein *indirekter* mann-männlicher Kontakt besteht in den beabsichtigten späteren Folgen für die männlichen Angehörigen. Vergewaltigungen sollen als zusätzliche Botschaft den Nerv ihres kollektiven und individuellen Selbstverständnisses als Mann treffen. »Sozusagen von Mann zu Mann ergeht die Mitteilung,« so die These Ruth Seiferts, »daß die Männer im Umkreis der betroffenen Frauen nicht imstande sind, ›ihre‹ Frauen zu beschützen. Damit werden sie in ihrer Männlichkeit getroffen und desavouiert.«[84] Krieg ist eine Kommunikation zwischen Männern – das wird bei Massenvergewaltigungen gleichsam »mit aller Gewalt« deutlich –, die immer wieder auf dem Körper der von ihnen de-humanisierten Frauen, im Kampf *und* in der Sexualität, ausgetragen wird.[85]

Insbesondere die Gruppenvergewaltigungen lassen einen weiteren Aspekt an der mann-männlichen Kommunikation in Militär und Krieg

84 Seifert (1993), *Krieg und Vergewaltigung. Ansätze zu einer Analyse*, S. 92.

85 Ein Beleg für diese Kumpanei im Negativen sind die in ganz unterschiedlichen Kulturen immer wieder auftretenden Schuldvorwürfe an die überlebenden Opfer, ihre Verachtung und manchmal sogar ihre Verstoßung durch die eigenen Ehemänner. Typisch ist die entsetzte Reaktion ihres Mannes, die eine von Rotarmisten vergewaltigte Deutsche in *BeFreier und Befreite* schildert: »Er meinte, ich hätte ihn betrogen, und ich hätte mich wehren müssen (...), er hat gesagt, Du hast mir ewige Treue geschworen, Du wolltest treu sein und auf mich warten. Nun ist das passiert und Du sagst das so leicht hin. Was Du mir damit angetan hast, das müßtest Du wissen!« Zit. nach Sander/Johr (1992), *BeFreier und Befreite*, S. 173.

erkennen, der in der Regel abgewehrt und strikt geleugnet wird, nämlich ihre unbewußte *homosexuelle Basis*. Diese homosexuellen Anteile der »Normalmännlichkeit«, die die latente Struktur aller auch nichtmilitärischer Männerbünde bestimmen, können, wie bereits ausführlich geschildert, durch die Mobilisierung archaischer Abwehrmechanismen in eine Quelle paranoider, im Krieg ausgesprochen nützlicher Abwehr-Kampf-Bereitschaft mit großen Haß- und Gewaltanteilen verwandelt werden. Die (projektive) Identifizierung der Frauen mit dem verfolgenden und verfolgten Feind macht im Fall von Gruppenvergewaltigungen die Ausagierung beider Seiten dieses unbewußten homosexuellen Potentials, Wunsch und Abwehr zugleich, an einem verschobenen Objekt möglich. – Mit einer Mischung aus Lust *und* Zerstörungsbereitschaft begegnen sich Männer nacheinander oder gemeinsam in dem zum Behälter mit speziellen Öffnungen degradierten und ent-menschlichten Körper der Frau.[86]

Zu erwähnen sind in diesem Zusammenhang auch inszenierte Gruppentötungen und -vergewaltigungen, die nicht nur das perverse sexuelle Vergnügen und den Beweis für die eigene Potenz und Überlegenheit über die Frauen und damit zugleich über die Feinde sichern, sondern auch die Herstellung und Festigung männlicher Gruppenloyalitäten garantieren. Während der Kriege im ehemaligen Jugoslawien liefen die serbischen »Säuberungen« z. B. nach den Eroberungen kroatischer und bosnisch-moslemischer Dörfer (in der Regel) immer nach dem gleichen Schema ab: erst wurden die nicht geflohenen Männer getötet, dann die Frauen vergewaltigt, anschließend häufig getötet oder in Zwangsbordelle verschleppt und schließlich erfolgte die Plünderung und Zerstörung der Häuser. Besonders deutlich wird der Aspekt der Inszenierung kollektiver Potenzbeweise zur Stärkung der Gruppenbindung an einem anderen Beispiel, über das der *America Watch Report* aus Guatemala aus dem Jahre 1983 berichtet. Während eines Massakers der regulären Armeeeinheiten in der Stadt Parraxtut »waren Mitglieder einer Zivilpatrouille einer Nachbarstadt zusammengestellt und aufgefordert worden, ihre Männlichkeit unter Beweis zu stellen, indem sie alle Männer der Kommune töten sollten. Im Anschluß daran wurden die Frauen in zwei Gruppen aufgeteilt, in alte und in junge, die erste-

86 Diese These läßt sich mit einem makaberen Beispiel einer »zivilen« Gruppenvergewaltigung, geschildert in einem Artikel von Ingrid Müller-Münch in der *FR v. 1. 12. 90* über die Probleme weiblicher Aids-Berater, untermauern. Da bat ein Mann telefonisch um Hilfe, der gemeinsam mit ein paar Kumpeln, von denen einer HIV-Positiv war, kurz zuvor eine Frau vergewaltigt hatte. Das Schicksal des Opfers berührte ihn auch auf Nachfrage nur wenig, seine einzige Sorge war, ob er sich womöglich am Sperma seines Mitvergewaltigers, »der vor ihm dran war« angesteckt haben könnte.

ren wurden umgebracht und die letzteren vergewaltigt.«[87] Auch hier sollten durch destruktive Handlungen gegen Frauen die mit ihnen und ihrer als bedrohlich erlebten Sexualität assoziierten eigenen Anteile von Schwäche, Minderwertigkeit, Emotionalität und Mitleidsfähigkeit bekämpft werden.

Wie wir sehen können, erfüllen Vergewaltigungen in den verschiedensten Kriegen und militärischen Auseinandersetzungen eine Vielzahl strategischer Funktionen, die zudem unterschiedlichen persönlichen Zielen halbwegs »normaler« Männer dienen. In deren Zentrum jedoch steht der Versuch, auf dem Kriegsschauplatz wie auf dem Schlachtfeld des weiblichen Körpers, die Intaktheit ihrer »wahren« Männlichkeit unter Beweis zu stellen, zu sanieren oder erstmals in einer Art Initiationsritus zu gewinnen. Alexandra Stiglmayer hat in einem Beitrag über die Massenvergewaltigungen in Bosnien-Herzegowina und ihre besondere Bedeutung als Mittel der »ethnischen Säuberung« die Mischung aus diversen militärstrategischen Funktionen, persönlichen und Gruppenmotiven zusammengefaßt.

> »Eine Vergewaltigung ist ein aggressiver und erniedrigender Akt, und das weiß oder ahnt zumindest auch der Soldat. Er vergewaltigt, weil er Gewalt ausüben will. Er vergewaltigt, weil er seine Macht demonstrieren will. Er vergewaltigt, weil er der Sieger ist. Er vergewaltigt, weil die Frau die Frau des Feindes ist, den er erniedrigen und vernichten will. Er vergewaltigt, weil die Frau selbst die Feindin ist, die er erniedrigen und vernichten will. Er vergewaltigt, weil er Frauen verachtet. Er vergewaltigt, um seine Männlichkeit zu beweisen. Er vergewaltigt, weil die Aneignung des Frauenkörpers ein Stück territoriale Eroberung bedeutet. Er vergewaltigt, um die Erniedrigung, die ihm der Krieg antut, an jemand anderem auszulassen. Er vergewaltigt, weil es doch nur ein ›Spaß‹ unter Männern ist. Er vergewaltigt, weil die Männerangelegenheit Krieg seine Aggressivität weckt und er sie auf die richtet, die in der Welt des Krieges eine untergeordnete Rolle spielen.«[88]

All diese Motive und Funktionen sind in unterschiedlichen Stärken und Mischungen in jedem Krieg, in dem es zu Vergewaltigungen kommt – und das heißt in nahezu allen Kriegen –, nachweisbar, aber an dieser Auflistung fällt eine Tatsache ins Auge: das vollständige Fehlen von Hinweisen auf die männliche *Sexualität* und ihre typischen Erschei-

---

87 Zit. nach Hartsock (1991), *Nullsummenspiel der Ehre*, S. 226.
88 Stiglmayer (1993), *Vergewaltigungen in Bosnien-Herzegowina*, S. 109.

nungsweisen unter zivilen und unter Kriegbedingungen. Stiglmayer verzichtet mit Absicht darauf, denn sie interpretiert offenbar jede Andeutung in diese Richtung als eine der »üblichen Entschuldigungen für Kriegsvergewaltigungen« (ebd.), wie wir sie beispielsweise in der Argumentation des Soldaten Swerew über den kriegsbedingten sexuellen Überdruck und gesteigerten Bedarf des Mannes kennengelernt haben.

Die hier vertretene Auffassung von der objektgerichteten Verschränkung von Sexualität und Destruktivität im Kernbereich der (heterosexuellen) männlichen Geschlechtsidentität aber bedeutet, daß männliche Sexualität weit mehr beinhaltet, als rein quantitative Stauungs- und Entladungsvorgänge, die irgendwie Frauen benötigten, um zur Triebabfuhr zu gelangen. Auf diesem Hintergrund ist der allgemein verbreitete Verzicht auf eine Auseinandersetzung mit Sexualität überhaupt und vor allem mit der genitalausgerichteten männlichen Sexualität und ihren unbewußten Haß- und Zerstörungspotentialen zumindest aus zwei Gründen nicht akzeptabel: Zum einen gehören fast alle von Stiglmayer aufgelisteten Einzelbestandteile des männlichen Vergewaltigungshandelns zu den Folgen, die sich aus der von uns in Anlehnung an Freud, Melanie Klein und u. a. rekonstruierten Konstitution der Psychosexualität im Medium früher Objekterfahrungen ergeben; zum zweiten vernachlässigt bzw. vergißt Stiglmayer, wie die Vertreterinnen und Vertreter ähnlicher Positionen auch – obwohl es eigentlich kaum zu übersehen ist –, daß bei den Vergewaltigungen wie bei allen anderen mit Perversionen verbundenen Sexualhandlungen, die Genitalität des Mannes, d. h. seine Erregungs- und Befriedigungslust im Mittelpunkt stehen.

Wer von der Lust des Mannes an Vergewaltigungen spricht, aber von seiner genitalen Sexualität und den sich in ihr verdichtenden ambivalenten Weiblichkeitseinstellungen schweigt, kann folglich auch die spezifischen antifemininen Haßdimensionen der Vergewaltigungen nicht begreifen. In diesem Zusammenhang muß zum Schluß noch kurz auf die von vielen Seiten – von Täterseite aus dem naheliegenden Grund der Exkulpation –, behauptete Vergewaltigung »auf Befehl« eingegangen werde, da eine Reihe feministischer, neuerdings aber auch »männerbewegter« Ansätze der ernsthaften Überzeugung zu sein scheinen, Männer könnten nicht nur auf Befehl töten, sondern auch vergewaltigen. Eine Vergewaltigung auf Befehl als bewußt eingesetztes Mittel der Rache, der Unterwerfung oder als Instrument der Folter aber ist allein aus sexualphysiologischen Gründen, ohne die durch ein Begierdeobjekt (bzw. die an dieses »Objekt« gebundene Wunschphantasie) ausgelöste sexuelle Erregung, ohne eine Lust und den Wunsch nach (finaler) Abfuhr nicht möglich. Andere Annahmen sind unhaltbar und leisten (meistens) ohne es zu wollen, ja selbst ohne es zu merken, der im männlichen Autonomiewahn enthaltenen Größenphantasie einer totalen Kontrolle des Ichs nicht nur über den fremden, sondern auch über den eigenen Körper stillschweigend Vorschub. Der Mann kann nach dieser typischen, die pornographischen Männerphantasien einlösenden Vorstellung, auch in sexueller Hinsicht »immer«, solange und so oft er will, an jedem Ort und falls erforderlich sogar auf Befehl! Sein Penis ist diesem (geschlechtertheoretisch reproduzierten) Wahn zufolge, ein jederzeit einsetzbares Instrument und wird so wirklich zu einer Waffe – noch dazu zu einer, die nicht nur Spaß macht, sondern mit der in erster Linie Frauen in ganz besonderer Weise gedemütigt werden können.

Vergewaltigungen und andere sexuelle Folterungen gehören zu den bevorzugten Mitteln des Kriegsterrors gegen die weibliche Bevölkerung. Eine der wichtigsten Wurzeln der Grausamkeit der Täter liegt in der Dynamik ihrer sexuellen Lust und in dem unbewußten Eingeständnis der Schwäche, dieser nachgegeben zu haben. Bei Vergewaltigungen geht es nicht um eine Lust jenseits der im Phallus verdichteten Macht, Herrschaft und Dominanz der Männer, aber es geht auch nicht, was häufig vergessen wird, um eine Lust jenseits der genitalen Sexualität des Mannes.

Die Libido trifft in (vielzelligen) Lebewesen auf den dort herrschenden Todes- oder Destruktionstrieb, welcher dies Zellenwesen zersetzen und jeden einzelnen Elementarorganismus in den Zustand der anorganischen Stabilität … überführen möchte. Sie hat die Aufgabe, diesen destruierenden Trieb unschädlich zu machen, und entledigt sich ihrer, indem sie ihn zum großen Teil und bald mit Hilfe eines besonderen Organsystems, der Muskulatur, nach außen ableitet, gegen die Objekte der Außenwelt richtet. Er heiße dann Destruktionstrieb, Bemächtigungstrieb, Wille zur Macht. Ein Anteil dieses Triebes wird direkt in den Dienst der Sexualfunktion gestellt, wo er wichtiges zu leisten hat. Dies ist der eigentliche Sadismus.

Sigmund Freud, Das ökonomische Problem des Masochismus

Der Mythos vom nicht-sexuellen Charakter der sexuellen Gewalt

Die triebbestimmten und objektgerichteten Mischungsverhältnisse von Sexualität und Aggression in den unbewußten Tiefenstrukturen von Männlichkeit und ihre destruktiven Auswirkungen auf die Geschlechterbeziehungen in hierarchischen, männlich dominierten Gesellschaften bilden den Hauptfokus dieses Buches. Zum Beleg der hier vertretenen These, gegengeschlechtliche Feindseligkeit gehöre genuin zu den integralen Bestandteilen der männlichen Psychosexualität, wurden eine Vielzahl ethnologischer, historischer, soziologischer, politischer und psychologischer Phänomene und Theorien herangezogen und diskutiert. Die Dichterin Adrienne Rich hat schon 1973, gegen Ende des Vietnamkrieges, auf die durch Kampferfahrungen bestätigte Vermutung verwiesen, daß die männliche Sexualität offenbar grundsätzlich von der »Fähigkeit zur Entmenschlichung eines anderen« durchdrungen sei und daß beim Mann mit der »Saite der Sexualität«[1] immer auch die der »Gewalttätigkeit« (und umgekehrt) angeschlagen werde. Ähnlich äußert sich Godenzi über die von Gewalt durchzogene »Manneslust«, die das männliche Sexualverhalten auch im »zivilen« Alltagsleben maßgeblich bestimme. »Weil Männer allzuhäufig nur die Befriedigung ihrer eigenen sexuellen Bedürfnisse im Kopf haben und dazu Frauen als luststeigernde Reize instrumentalisieren, ist Sexualität logisch verknüpft mit Gewalt.«[2]

Noch eindeutiger wird das der männlichen Sexualität inhärente Destruktionspotential von Deborah Cameron und Elisabeth Frazer in ihrer feministischen Analyse sogenannter »Lustmorde« betont, die ja nach Freuds Auffassung als Folge der extremsten Verschärfung des aggressiven Anteils normalmännlicher (sexueller) Bezugnahmen auf das (zumeist) weibliche Geschlecht betrachtet werden müssen. Der gemeinsame Nenner, so lautet das Fazit ihrer vergleichenden Fallanalyse, sei die »maskuline Sexualität, oder umfassender, die Maskulinität im allge-

1 Zit. nach Shay (1998), *Achill in Vietnam. Kampftrauma und Persönlichkeitsverlust*, S. 188.

2 Godenzi (1989), *Bieder, brutal. Frauen und Männer sprechen über sexuelle Gewalt*, S. 157. Allerdings widerspricht sich Godenzi mit dieser Charakterisierung des alltäglichen männlichen Sexualverhaltens selbst, wenn er einige Seiten weiter schreibt, sexuelle Gewalt diene weniger der Sexualität als dem Erhalt der sozialen Kontrolle des Mannes (S. 162).

meinen.«[3] Nach Cameron und Frazer kommen unter dem »Banner« der Männlichkeit »alle Hauptthemen des Lustmordes zusammen: Frauenfeindlichkeit, Transzendenz, sadistische Sexualität, die Grundbestandteile der Lust zu töten« (ebd.). Allerdings verstehen die Autorinnen unter der bis zum Sexualmord steigerbaren sadistischen Sexualität des Mannes in erster Linie eine Erotisierung von Tötungshandlungen im Dienste des männlichen Strebens nach (phallischer) Transzendenz – und dieses Streben sei nicht generell mit einer grundsätzlichen Frauenfeindlichkeit des Mannes verbunden. In den meisten Erklärungsversuchen sexueller Gewalthandlungen von Männern wird immer wieder, so auch in diesem Beispiel, eine der beteiligten Seiten, die Sexualität, die Aggression oder der Narzißmus isoliert hervorgehoben und gegen die anderen ausgespielt; zudem werden weitere zentrale Elemente der mehrfach determinierten Motivketten vollkommen übersehen und unterschlagen. Wie aber ist es möglich, so drängt sich hier wiederum die Frage auf, von einem sexuellen Sadismus des Mannes unter dem Vorzeichen einer (angeblich) nicht frauenfeindlichen Tendenz zur Transzendenz zu sprechen und dabei so gut wie kein Wort über die genitale Ausrichtung der männlichen Sexualität und Geschlechtsidentität zu verlieren?

Immerhin heben sich Cameron und Frazer vom Mainstream der Erklärungsansätze zum geschlechtsspezifischen Verhältnis von Gewalt und Sexualität ab, insofern sie in der männlichen Sexualität überhaupt noch eine der zentralen Wurzeln des Sadismus erkennen. Denn paradoxerweise kommt – wie wir gleich sehen werden – in kaum einem anderen Bereich jene Tendenz zu einer allgemeinen »Verflüchtigung des Sexuellen« (Paul Parin) stärker zum Tragen als in den Diskussionen über die Ursachen und die Erscheinungsformen von sexueller Gewalt. So unterschiedlich die fachlich einschlägigen (geschlechtertheoretischen, sexualwissenschaftlichen und psychoanalytischen) Ansätze auch sein mögen, so differenziert sie auf einzelne Aspekte der sexuellen Gewalttaten und der dahinterstehenden perversen Dynamiken z. T. eingehen und so gründlich der jeweilige historische, soziale und politische Kontext berücksichtigt wird, alle Ansätze weisen unisono *eine* Gemeinsamkeit auf, die seit Jahren auch die allgemeine öffentliche und gesellschaftspolitische Diskussion über sexuelle Gewalt bestimmt: Alle Formen von Vergewaltigungen und anderen sexuellen Übergriffen, gleichgültig ob in zivilen oder in Kriegszeiten hätten, so die durchgängige Behauptung, ursprünglich *nichts* mit Sexualität und nichts mit *ursprünglicher* Sexualität (was immer das sein mag) zu tun. Sexuelle Gewalt befriedige

3 Cameron/Frazer (1993), *Lust am Töten. Eine feministische Analyse von Sexualmorden*, S. 237.

vorrangig oder ausschließlich aggressive (feindselige) und narzißtische (megalomane), keinesfalls jedoch genuin sexuelle Bedürfnisse der Täter. Sexuell gewalttätigen Männern ginge es nur um das Ausleben von Macht durch Unterwerfung, Demütigung und Erniedrigung, nicht aber um Sexualität und Lust. Exemplarisch läßt sich diese Position an Ruth Seiferts Resümee ihrer Thesen über die kriegsstrategischen Funktionen von sexueller Gewalt dokumentieren. Vergewaltigungsstudien zeigten, »daß Vergewaltigung kein aggressiver Ausdruck von Sexualität, sondern ein sexueller Ausdruck von Aggression ist. Sie dient in der Psyche des Täters nicht sexuellen Zwecken, sondern der Artikulation von Wut, Gewalt und Herrschaft über eine Frau. Es geht darum, eine Frau zu erniedrigen, zu demütigen und sie zu unterwerfen.«[4] Einige Autorinnen und Autoren gehen – und auch Seifert deutet die Übernahme dieser Option an – sogar so weit, Vergewaltigungstaten generell als *pseudosexuell* oder als *antisexuell* zu betrachten, da es den Tätern ausschließlich um die Ausübung geschlechtsbezogener *Gewalt* ginge.[5]

Diese Position ist inzwischen auch von einigen Ansätzen der sogenannten »kritischen Männerforschung« übernommen worden und wird beispielsweise von Lothar Böhnisch und Reinhard Winter apodiktisch auf die (absurde) These zugespitzt: »Sexuelle Gewalt ist Gewalt und keine Spielart von Sexualität. Deshalb sind zum Verständnis von männlicher Sexualgewalt Gewalttheorien und nicht Theorien über Sexualität heranzuziehen.«[6] Das Hauptanliegen beider Autoren besteht dann folgerichtig darin, die »unbedingte Koppelung von Männlich-

4 Seifert (1993), *Krieg und Vergewaltigung. Ansätze zu einer Analyse*, S. 86 f. Ähnlich argumentiert auch Constance Engelfried (1997) in *Männlichkeiten. Die Öffnung des feministischen Blicks auf den Mann*, S. 175: »Sexuelle Gewalt begreife ich als die extremste Form der Mädchen- und Frauenabwertung, die einige Jungen und Männer begehen, um ein Gefühl der Überlegenheit herzustellen.« Vgl. z. B. auch Janshen (1991), *Sexuelle Gewalt. Die allgegenwärtige Menschenrechtsverletzung*; Heiliger/Engelfried (1995), *Sexuelle Gewalt. Männliche Sozialisation und potentielle Täterschaft.*

5 Seifert, a. a. O., S. 88. Vgl. Harten (1995), *Sexualität, Mißbrauch, Gewalt. Das Geschlechterverhältnis und die Sexualisierung von Aggressionen*, S. 133. Auch für die Sozialpädagogin Annemarie Rufer handelt es sich bei sexueller Gewalt nicht um Sexualität, sondern ausschließlich um die »Ausübung von Gewalt an sich«, und so stellt sie ernsthaft die naive Frage, ob »wir« solche Grausamkeiten wie die vom belgischen Kinderschänder Dutroux begangenen oder die in der Pornoindustrie, dem Sextourismus oder dem Kindesmißbrauch usw. zum Ausdruck kommenden überhaupt noch als Sexualität bezeichnen wollen (vgl. *ProFamiliaMagazin 6/98*, S. 41). – Ja, so müssen wir antworten, es handelt sich bei diesen Greueltaten (auch) um Sexualität, was den besonders grausamen Charakter ja gerade deutlich macht.

6 Böhnisch/Winter (1993), *Männliche Sozialisation. Bewältigungsprobleme männlicher Geschlechtsidentität im Lebenslauf*, S. 203. Die Sexualität verschwindet hier vollständig hinter den »unterschiedliche[n] Tiefenstrukturen der Gewalttätigkeit« (ebd.).

keit und Gewalt« (S. 196) aufzulösen, indem die Gewaltneigung nicht dem einzelnen Mann, sondern dem Patriarchat, das die Gewalt als Herrschaftsform von Männern über Frauen strukturell etabliert, zugeschrieben wird. Da auch alternative kulturelle Männlichkeitskonstrukte denkbar seien und bereits existierten, müsse man die Männlichkeit sozusagen nur ihrer patriarchalen Formbestimmung entkleiden. Sendungsbewußt sehen Böhnisch und Winter dann auch in der Befreiung des Mannes von dieser Gewaltkomponente die zentrale Aufgabe der von ihnen »ganzheitlich« verstandenen »kritischen Männerforschung«, die »von Männern mit dem Ziel betrieben wird, die anthropologischen, psychischen, ökonomischen, sozialen und kulturellen Bedingungen für ein anderes Mannsein, eine andere Würde des Mannes zu analysieren und zu formulieren« (S. 9). Gegen die feministische Annahme einer gewaltsamen Potentialität aller Männer müsse diese Gewaltaffinität »der Ideologie des Patriarchats zugeschrieben und vom Mannsein getrennt werden« (S. 211). Dieses (selbsternannte) Postulat der »kritischen Männerforschung« bekommt bei Böhnisch und Winter fast den Charakter einer moralischen Beschwörung, wenn immer wieder darauf insistiert wird, daß die »strukturelle Unterdrückung und Benachteiligung von Frauen (...) aus männlicher Sicht nicht (automatisch) auf einzelne Männer personalisiert werden« dürfe (ebd.). – Wie schon mehrfach betont, ist sicher nicht jeder Mann ein potentieller Vergewaltiger, bei Böhnisch und Winter aber führt die Entlastung des einzelnen Mannes von seiner Verantwortung im Grunde zu der Vorstellung, die weiblichen Opfer sexueller Gewalttaten würden von den Strukturen des patriarchalen Herrschaftsapparats vergewaltigt, die sich nur einzelner Männer nach ihrer entsprechenden sozialisatorischen Zurichtung bedienten.[7]

Nun vertritt die interdisziplinäre Frauen- und Geschlechterforschung längst nicht mehr pauschal den simplifizierenden Standpunkt, sexuelle Gewalt erfolge als Ausdruck patriarchaler Machtvollkommenheit aus der Position der Stärke des herrschenden Geschlechts heraus. Sexuelle Gewaltausübung läßt sich nunmal nicht linear aus dem alle Männer zu seinen Agenten machenden patriarchalen Unterdrückungsapparat ableiten. So hält es Eberhard Schorsch vor dem Hintergrund seiner langjährigen psychiatrischen Erfahrungen mit Sexualstraftätern, trotz der

7 Lempert und Oelemann glauben auf dem Hintergrund ihrer langjährigen Arbeit in einer Männerberatungsstelle, der Begriff »Patriarchat« sei für Männer grundsätzlich nicht handlungsrelevant, da er nicht mit den eigenen Erfahrungen als Mann übereinstimme. Er sei insbesondere für eine Männerarbeit unter dem Label *Männer gegen Männergewalt* unbrauchbar, »weil er weder die Sichtweise des einzelnen Mannes noch das Verhältnis von Männern untereinander einbezieht«. Lempert/Oelemann (1995), *»... dann habe ich zugeschlagen«. Männer-Gewalt gegen Frauen*, S. 73.

Roheit und des Hasses, die in den unverhohlen virilen Aggressionsäußerungen männlicher Sexualdelinquenz zum Ausdruck kommen, für eine Projektion, im Vergewaltiger gleichsam den »Prototyp des Vollmannes« zu sehen.[8] Diese Veränderung des sexualwissenschaftlichen und forensischen Blicks auf die »Perversion als Straftat« (Schorsch) hin zu einer (nicht mit Verständnis zu verwechselnden) Anerkennung des kompensatorischen Ringens der Täter um Wiederherstellung ihrer beschädigten Männlichkeit qua Gewalt ist auf der einen Seite das Resultat klinisch-psychiatrischer Erfahrungen, hängt aber auch mit dem mehrfach angesprochenen, insbesondere an der Ablösung der Triebtheorie durch die Narzißmus- und Objektbeziehungstheorie ablesbaren Paradigmenwechsel innerhalb der psychoanalytischen Schulenbildung zusammen. Mit den Erkenntnissen der modernen Entwicklungspsychologie hat sich in der Theorie der Perversionen und auch in der Analyse der auf ihrer Grundlage erfolgenden sexuellen Gewalttaten eine Hinwendung zu den frühkindlichen (präödipalen) Defiziten in der narzißtischen Struktur des Selbst vollzogen. Diese Entwicklung läßt sich vor allem an der von uns behandelten Theorie Morgenthalers über die »Plombenfunktion« der Perversion sowie an der bereits mehrfach zitierten These Robert Stollers von der Perversion als »erotischem Haß« festmachen. In den neueren Erklärungsansätzen steht (seit ca. drei Jahrzehnten) nicht mehr die Sexualität im Zentrum der Perversionsbildung, sondern ihre Funktionalisierung als Mittel zur Schließung einer Lücke im Selbst bzw. zur Entschärfung einer grundlegenden, in der frühesten Kindheit wurzelnden narzißtischen Störung.[9]

So rückt anstelle der sexuellen Lust ein anderes Hauptmotiv in das Blickfeld, welches für die Erzeugung psychischer, für perverse und sexualdelinquente »Schiefheilungsversuche« der Männlichkeitskrisen anfällige Dispositionen maßgeblich verantwortlich gemacht wird: die bis zum Haß steigerbare, zerstörungsbereite Feindseligkeit gegenüber Frauen und Weiblichkeit, die ja auch den Schwerpunkt unserer Untersuchung bildet – allerdings unter Einschluß der psychosexuellen Trieb-

8 Schorsch (1982/83), *Gewalt in den Beziehungen der Geschlechter*, S. 72. »Gewalt von Männern«, so lautet die sozialisationstheoretische Wendung auch des feministischen Macht-Diskurses, »wird aus der Überforderung durch normative Dominanzansprüche abgeleitet, die Jungen und später Männer nicht real einlösen können.« Hagemann-White (2002), *Gender-Perspektiven auf Gewalt in vergleichender Sicht*, S. 134.

9 Nikolaus Becker zieht daraus den Schluß, »daß die Sexualität (...) lediglich dazu verwendet wird, bestimmte dynamische Prozesse in der perversen Beziehung zu ermöglichen und somit eine Lücke im Selbst zu schließen und die narzißtische Zufuhr zu sichern.« Becker (1996), *Psychoanalytische Theorie sexueller Perversionen*, S. 232. – Wir werden darauf noch zurückkommen.

Objekt-Verschränkungen und damit unter besonderer Berücksichtigung der Dimension der sexuellen Lust, der spezifisch menschlichen Begierde. Auch in Stollers allgemein anerkannten Arbeiten zur Bildung und zu den Ursachen der Perversionen werden die negativen Affekte in den unbewußten Weiblichkeitseinstellungen des Mannes betont. Nach Stoller entstehen Perversionen aus dem Versuch heraus, Bedrohungen der (männlichen) Geschlechtsidentität durch die angstabwehrende Umsetzung von sexuell erregenden Wunschphantasien in die Tat zu bewältigen. Das vorrangige Ziel des Perversen besteht demnach zwar in der Erlangung und der Sicherung einer höchstmöglichen körperlichen Lust, als zentrales Handlungsmotiv aber gilt Stoller der Haß, dessen Ursprung er in bestimmten narzißtischen Kränkungserfahrungen während der frühesten Kindheit zu erkennen glaubt. Dieser Haß erkläre auch den sadistischen Anstrich, der allen Perversionen mehr oder weniger anhaftet, denn die angestrebte höchste Lust könne nur in Verbindung mit Feindseligkeit und dem Wunsch, dem ausgesuchten Objekt des sexuellen Verlangens Schaden zuzuführen, erreicht werden.

Jenes Wechselspiel zwischen sexuellem Verlangen (Begierde) und Feindseligkeit (Haß) fügt sich gut in unser eigenes Modell von der als *Männlichkeitsdilemma* interpretierten (traumatischen) Konstitution der männlichen Psychosexualität.[10] Die Grenzen der Vereinbarkeit aber beginnen, wenn Stoller die in der sexuellen Perversionsbildung verdichtete Feindseligkeit ausschließlich als angstabwehrenden Versuch interpretiert, die Wirkungen eines (weitgehend real gefaßten) frühkindlichen Traumas nachträglich durch einen Triumph über die Weiblichkeit ungeschehen zu machen, ein Versuch, in dem die Sexualität keine wesentliche Rolle mehr spielt. Die Quelle der Lust liegt demnach in der Befriedigung (perverser) Rachephantasien ohne einen eigenständigen objektgerichteten sexuellen, mit der Durchsetzung des (männlichen) Genitalprimats verbundenen Ursprung. So landet auch diese sexualitätsgereinigte Definition der Perversion als triumphaler Sieg über das infantile Trauma schließlich im Zentrum des deterministisch verkürzten Ursprungsmythos nahezu aller modernen Ansätze zur Entwicklung der Geschlechtsidentität: beim Bild von der frühen Mutter und ih-

10 Stoller (1979), *Perversion. Die erotische Form von Haß*, S. 29. Interessant ist Stollers Begründung für den ewigen Wiederholungszwang, dem das perverse Handeln unterliegt mit der Unfähigkeit, »sich von der Bedrohung, dem Trauma, vollständig zu befreien« (ebd.). Mit unseren Befunden stimmt ebenfalls seine Auffassung überein, die »Erregung« des Perversen sei an die Entmenschlichung der Sexualität durch die Degradierung des Objekts des perversen Verlangens auf reine Körperlichkeit bzw. auf »klischeehafte Persönlichkeitsfragmente« gebunden.

rem entweder fördernden oder schädlichen Einfluß auf das »legitime« Streben des Jungen nach Unabhängigkeit und Autonomie.

Stoller übernimmt für seine Theorie der »normalen« oder perversen Entwicklung der männlichen Geschlechtsidentität Mahlers Theorie der »Mutter-Kind-Symbiose« sowie Greensons normatives Modell der »Ent-Identifizierung« (von der Mutter) und der »Gegen-Identifizierung« (mit dem Vater). Demnach »beginnt Männlichkeit, wenn der kleine Junge sich aus der seligen und gefährlichen, stets erinnerten und ersehnten Mutter-Kind-Symbiose herausbewegt« (S. 197). Den männlichen Kindern müsse als ursprünglicher Teil der nutritiven (nährenden) Einheit mit der Mutter mit der Auflösung der Symbiose eine »urweibliche Phase« gleichsam ausgetrieben werden. Da das nie vollständig gelinge, bliebe in jedem Mann ein »gefährlicher Rest« zurück, wenn der Knabe »den Weg zur Männlichkeit antritt« (S. 186 f.). Hier schließt sich der Bogen zum Beginn unserer Untersuchung, zu der Diskussion der ethnologischen und psychoanalytischen Vergleichsstudien Gilmores über die kulturelle Konstruktion von Männlichkeit. Ähnlich wie Gilmores (virilitätsorientiertes) Modell der Vermännlichung des Jungen durch die gefahrvolle, weil von Regressionsängsten begleitete Überwindung der frühkindlichen Dualunion mit der Mutter siedelt auch Stoller die Entwicklung der Männlichkeit im unbewußten Spannungsfeld zwischen Symbiosewunsch und Symbioseangst an. Die Erinnerung an die ursprüngliche Einheit mit der Mutter wirke wie ein Magnet und dieser Sogwirkung müsse mit aller Kraft, notfalls eben auch mit Gewalt entgegengearbeitet werden.

> »Die weitverbreitete Furcht der Männer vor einer Bedrohung ihrer körperlichen und seelischen Männlichkeit und ihre Besorgnis, stets wirksame Abwehrmaßnahmen gegen die Anziehungskraft einer neuerlichen Verschmelzung mit der Mutter in die Charakterstruktur einbauen zu müssen, bezeichne ich als Symbioseangst. Scheinbar zum Schutz gegen äußere Bedrohungen und Angriffe errichtet, muß diese Angst im Grunde ein inneres, primitives Verlangen nach Einssein mit der Mutter in Schach halten« (S. 191).[11]

11 Gegen diese Auffassung sei noch einmal daran erinnert, daß die symbiotische Mutter-Kind-Einheit psychologisch nicht als Entwicklungstatsache, sondern als rückprojizierte Phantasie unter dem Einfluß der *Nachträglichkeit* zu verstehen ist. »Das Kind ist natürlich, wie wir sahen, niemals buchstäblich eins mit der Mutter. Doch seine frühe Identifizierung mit ihr wird rückwirkend erlebt (und intrapsychisch repräsentiert) als ›Einssein‹; das heißt, als Fehlen eines fundamentalen Unterschieds.« Benjamin (1990), *Die Fesseln der Liebe. Psychoanalyse, Feminismus und das Problem der Macht*, S. 77.

Neben dem Gesichtspunkt der energischen Regressionsabwehr begegnet uns bei Stoller ebenfalls die schon bei Gilmore als apologetische Männlichkeitsideologie kritisierte Definition der typisch männlichen Aggressivität als existentiell notwendige Trennungsenergie wieder. Auch nach Stoller muß der heranwachsende Junge ein »höheres biologisches Kraftpotential« entwickeln, um sich einigermaßen erfolgreich von der frühen Mutter (und ihren späteren Surrogaten) trennen zu können. Männer benötigten einen dauerhaften Überschuß an Aggressivität und Konkurrenzverhalten, da die Männlichkeit von Jungen und Männern »ohne ein ständiges Wegstreben von der Mutter nicht zustande kommt« (S. 192). Männlichkeit erweise sich in nahezu allen Kulturen »an dem Ausmaß der Befreiung von dem Bedürfnis nach Symbiose mit der Mutter« (S. 206). Um ein Mann zu werden genüge es aber nicht, sich nur äußerlich von der Mutter zu lösen, da der Junge nur dann Autonomie erlangen könne, wenn es ihm gelinge, vor allem die »innere« Mutter »niederzuzwingen« und »aus dem Bewußtsein« zu drängen.

Mit dem Siegeszug der entwicklungspsychologischen Modelle der »Symbiose« und der »Ent-Identifizierung« hat sich in den objektbeziehungstheoretischen Erklärungsansätzen zur Geschlechtsidentitätsentwicklung ein starres, deterministisch gefaßtes und monokausales Mutterüberwindungsschema mit klaren Schuldzuweisungen (»Motherblaming«) durchgesetzt, das auch auf die sogenannte Männerforschung und -bewegung eine große Anziehungskraft auszuüben scheint. So hat in dem oben erwähnten männlichen Selbsterweckungsprogramm von Böhnisch und Winter zwar jeder Mann die »sozial-anthropologische (potentielle) Chance (...), sich mit seinem Mannsein (auch kritisch und antipatriarchalisch) auseinanderzusetzen«, da sein (wahrer) biologisch-anthropologischer Kern durch die geschlechterhierarchische Vergesellschaftung nur »überformt und verschüttet« sei;[12] auf der anderen Seite gehöre zu diesem versteckt schlummernden »Mannsein« auch das existentielle »Dilemma der sexuellen Abhängigkeit (...) von der Frau« und die damit automatisch verbundene Frauenangst des Mannes. Daher kann, so die sich zwangsläufig ergebende Schlußfolgerung, die angestrebte Befreiung des »wahren« männlichen Selbst von seinen patriarchalen Überformungen nur durch einen radikalen Schnitt, d. h. eine angstabwehrende Lösung von der Abhängigkeit zunächst von der Mutter, dann von anderen Frauen und der weiblichen Sexualität erfolgen. Das aber heißt, in letzter Konsequenz ist *sowohl* das Patriarchat *als auch* seine Abschaffung an die radikale Überwindung der äußeren

12 Böhnisch/Winter (1993), *Männliche Sozialisation*, S. 20.

und inneren Mutter und damit an die rigorose Abgrenzung von allem, was mit Weiblichkeit assoziiert wird, gebunden – und das bedeutet, die mythische Macht der Mutter hält weiterhin an.[13]

Ohne es zu merken (geschweige denn zu reflektieren), landet somit auch dieses männliche Emanzipationsmodell (tautologisch) bei einer normativen Bestätigung der projektiven Weiblichkeitsabwehr, deren Fixpunkt in der Überzeugung von der notwendig aggressiven Mutterablösung des Jungen liegt. Bezeichnenderweise übernehmen Böhnisch und Winter die schematische Konstruktion des biologisch-anthropologischen und des gesellschaftlichen Geschlechts, wie sie z. B. von Wilfried Gottschalch, angelehnt an dem misogynen Ansatz von Devereux über die mythische Bedeutung der *Baubo* (nach der griechischen Bezeichnung für die Vulva) vertreten wird.[14] Auch für Gottschalch entspringt die Angst der Männer vor den Frauen aus der Bedeutung des biologischen Geschlechtsunterschieds in der frühen Pflegesituation und der damit verbundenen Tatsache einer weiblichen Macht vor jedem männlichen Herrschaftsanspruch. Sowohl in der Gattungsgeschichte als auch in der Psychogenese des Einzelnen ginge der Phallokratie somit eine als »Baubokratie« verstandene Allmacht der Frauen zunächst als Mütter, dann aber auch von jeder anderen Frau mit ihrer auf den Mann einwirkenden Sexualität voraus.

Die Entwicklung des (sozialen) Patriarchats müsse zwar kritisiert werden, die ihm vorangehende Errichtung der Phallokratie aber als Abwehrmechanismus gegen die ewig wiederkehrende Erfahrung des Mannes mit der »Ur-Abstoßung« und der »Urverführung« durch das Weibliche und damit als Schutzwall gegen die Baubokratie verstanden

13 Denn die männlich-patriarchalen Größenphantasien vom Vater als Retter aus der mütterlich-weiblichen Umschlingung sind nur die andere Seite der Medaille der allgemein üblichen Fixierung auf die zu überwindende (frühe) mütterliche Allmacht, wie wir exemplarisch an der Idealisierung der väterlichen Mentorfunktion für die männliche Initiation bzw. (Nach-)Sozialisation bei Bosse, Bly u. a. gesehen haben.

14 Vgl. Devereux (1981), *Baubo. Die mythische Vulva.* Der Anspruch von Devereux, die vom Phallozentrismus »vernebelten« äußeren Geschlechtsteile der Frau durch eine kulturhistorische und psychoanalytische Interpretation der im griechischen Mythos von der *Baubo* personalisierten Vulva zu rehabilitieren, mündet selbst, wie Rohde-Dachser überzeugend nachweist, in der Sackgasse einer re-mythologisierenden männlichen Projektion auf das gespalten, als faszinierend und als furchterregend wahrgenommene weibliche Geschlecht. »*Die mythische Vulva* von Devereux stellt sich bei genauer Lektüre vielmehr als ein Paradestück patriarchaler Mythen-(um)deutung dar, die auf die Erzeugung von Denk- und Wahrnehmungsidentität für jenen Typus unbewußter Phantasien (des Mannes) zielt, wie er auch in dem doppelten Weiblichkeitsentwurf einer ›kastrierten Frau‹ und einer ›furchtbaren Frau‹ bei Freud zugrunde liegt.« Rohde-Dachser (1991), *Expedition in den dunklen Kontinent. Weiblichkeit im Diskurs der Psychoanalyse*, S. 246.

werden, eine Entwicklung, die sich aus Gründen des Selbstschutzes in der Persönlichkeitsentwicklung jedes einzelnen Mannes notwendigerweise wiederholen müsse. Die Befreiung des Mannes aus der Symbiose mit der Mutter sei eine Befreiung aus gegenseitiger Gefangenschaft und daher stellt, so läßt sich daraus ableiten, die Entwicklung einer ambivalenten bis feindselig aufgeladenen, phallisch-aggressiven Ausrichtung der männlichen Sexualität, wie von vielen männlichkeitsdiskursiven Ansätzen affirmierend bestätigt, einen die männliche Identität schützenden Riegel vor der ersehnten und zugleich gefürchteten Symbiose sowie ein probates Mittel zur Abwehr »lebensbedrohender« Gefahren dar, die von der weiblichen Sexualität als deren Erbe ausgehen.[15] So werden nebenbei auch die perversen Anteile der »normalen« männlichen Sexualität legitimiert, denn wie am Beispiel des Fetischismus von McDougall, Kaplan u. a. festgestellt, gelten die Perversionen ja nur als übersteigerte Formen eines phallischen Bollwerks gegen die frühe Mutter, wenn auch als eines, dessen Struktur und Dynamik das Scheitern dieses Loslösungsversuchs symbolisiere.[16]

Ganz ähnlich interpretiert Stoller die Perversionen als eine extreme, aber in gewisser Weise auch verständliche Form dieser ansonsten »normalen«, weil unverzichtbaren Überwindung der frühen Symbiosemutter (und ihrer späteren weiblichen Derivate) und fragt sich auf diesem Hintergrund, »ob Perversionen auf primitivstem Niveau« nicht als äußerste Trennung, als »Muttermord« verstanden werden sollten.[17] Denn zwischen der Feindseligkeit in der normalen männlichen Geschlechtsidentität und dem Haß der Perversionen auf das weibliche

---

15 Vgl. Gottschalch (1997), *Männlichkeit und Gewalt. Eine psychoanalytisch und historisch soziologische Reise in die Abgründe der Männlichkeit*, S. 165 ff. Die Orientierungsachse von Devereux, auf den sich Gottschalch explizit beruft, bleibt, wie schon an anderer Stelle angemerkt, die Perspektive des alles, auch die Frau – gegebenenfalls durch eine von ihr angeblich insgeheim erwünschte, weil mit starken Wollustgefühlen verbundene Vergewaltigung – erlösenden Phallus. Devereuxs Interpretation des *Baubo-Mythos* macht uns so zu Zeugen »einer schrittweisen Vereinnahmung des Mythos in die männliche Phantasie, die mit der Apotheose des Phallus endet. Was zu Beginn als eine ›Rehabilitierung‹ des weiblichen Genitales angekündigt wurde, mündet also in seine Negation.« Rohde-Dachser (1991), *Expedition in den dunklen Kontinent*, S. 247.

16 Auch nach Eberhard Schorsch und Mitarbeiterinnen und Mitarbeiter kann eine nicht gelungene Auflösung der primären »symbiotischen Identifikation mit der Mutter« zu einer Belastung späterer Beziehungen mit »symbiotischen Verschmelzungs- oder Trennungsängsten« führen, »die dann u. a. durch eine forcierte Demonstration phallischer Potenz abgewehrt werden.« Schorsch u. a. (1985), *Perversion als Straftat. Dynamik und Psychotherapie*, S. 39. Der Kern der Perversionen besteht demnach in der Übertragung der durch eine unvollständige innere Trennung erzeugten ambivalenten Gefühlseinstellung zur Mutter auf alle Frauen im späteren Leben.

17 Stoller (1979), *Perversion*, S. 192.

Geschlecht bestehe ja ein Kontinuum, da Frauen qua gemeinsamer Geschlechtszugehörigkeit als Ersatzobjekte für die frühe Mutter fungierten. Stoller führt die allen Perversionen zugrundeliegende Störung der Geschlechtsidentität letztendlich auf drei ursprüngliche Kernelemente der gegengeschlechtlichen Feindseligkeit zurück, die auch den »normalen« Mann bestimmen: »*Wut*, weil man die ersten Wonnen der Identifizierung mit der Mutter aufgeben muß, *Angst*, daß es einem nicht gelingen könnte, aus ihrer Einflußsphäre zu entfliehen, und das Bedürfnis nach *Rache*, weil sie einen in diese mißliche Lage gebracht hat« (S. 133). Eine Perversion bzw. die Mobilisierung perverser Anteile bedeutet nach dieser Auffassung die Suche nach einem Opfer für die Rache an der Verursacherin des frühen, nie ganz überwundenen Traumas. Die größte Verantwortung an diesem Trauma aber, so Stoller weiter, trägt (selbstverständlich) die Mutter, denn in ihrer Hand liege es schließlich, ob sich ein halbwegs normaler Mann aus der Ent-Identifizierung von ihr mit »gesunden« Abwehrmitteln gegen die Symbioseangst entwickeln könne, ein Mann also, der sich durch geschlechtsbetonte Selbstakzeptanz und einen »Stolz auf seine Männlichkeit« auszeichne. »Ohne diese Schranke wird Weiblichkeit« im Innern des Mannes bleiben, so die Überzeugung Stollers, der Mann würde als Mann nicht glücklich und infolgedessen (verzweifelt) zu perversen Rachestrategien greifen, um nicht »in der dunklen Unendlichkeit innerer Weiblichkeit aufzugehen« (!) (S. 199).

Diese Interpretation der normalen und der perversen männlichen Persönlichkeitsentwicklung unterliegt einem doppelt mystifizierenden Projektionsmechanismus: Erstens wird Gilmores Rechtfertigung der traditionellen Männerrolle als Erfüllung einer »imperativen Triade« aus Erzeuger, Beschützer und Versorger affirmativ bejaht und an die im letzten Abschnitt kritisierte paranoid getönte Männerphantasie vom angeblich notwenigen »Kampf als Lebenstatsache« gebunden. Der Mann muß bei diesem sozialdarwinistisch anmutenden Überlebenskampf mit einem ausreichenden Maß an sexueller Aggressivität ausgestattet sein, um sich gegen den praktisch mit jedem sexuellen Kontakt bzw. jeder sexuellen Erregung auftretenden gefährlichen Sog des (von der Mutterimago abgeleiteten) Weiblichen erfolgreich zur Wehr setzen zu können. Ein von Angst durchsetztes negatives Frauenbild scheint auch nach diesem Modell der zwangsläufig zu entrichtende Preis für die notwendige und ständig zu erneuernde Überwindung der äußeren und inneren Mutter zu sein.[18]

18 Die allgemeine und besonders auch von feministischer Seite häufig erhobene Forderung nach anwesenden Vätern oder Ersatzvätern und ihrer stärkeren Beteiligung

Zweitens übersteigt das von antifemininen Projektionen durchsetzte Frauen- und Mutterbild Stollers die Grenze zum familienzentrierten Mittelschichtklischee mit traditionellen, geschlechtsstereotypen Rollenzuweisungen. Denn in Übernahme ihrer ungeheuren Verantwortung für die Männlichkeit ihrer Söhne *müsse* die Mutter im Prinzip ganz einfach perfekt sein, zumindest aber optimal, d. h. im Sinne von Winnicotts »good enough mothering« oder Kohuts »genügend empathischer Mutter« funktionieren.[19] Um die Loslösung des Jungen erfolgreich fördern und sein Gefühl von Eigenständigkeit stärken zu können, habe die Mutter, so Stoller, eigentlich nur folgendes zu tun:

> »Die Mutter hat, wie wir sahen, beim Aufziehen eines Sohnes eine zusätzliche Aufgabe zu erfüllen, die bei einer Tochter entfällt. Sie muß die Ablösung (1) mit größerer Intensität, Beharrlichkeit und Wachsamkeit, (2) zu den richtigen Zeiten, (3) mit dem richtigen Maß an Versagung, (4) gemildert durch das richtige Maß an Liebe, Fürsorge und Sympathie betreiben und (5) ihren Ehemann so gern haben, daß sie ihn als würdiges väterliches Identifikationsobjekt hinstellen kann« (S. 205).

Das aber reicht Stoller noch immer nicht, denn selbstverständlich sollte die Mutter darüber hinaus ihren Neid auf die Männlichkeit überwunden und eine stabile weibliche Identität aufgebaut haben, sie müsse

---

an frühkindlichen Pflege- und Erziehungsleistungen ist in diesem Zusammenhang übrigens redlich und gesellschaftspolitisch notwendig, aber die daran geknüpfte Hoffnung auf einen Wandel des unbewußten Frauenbildes fraglich, wenn im »Normalfall« erwachsene Männer als Objekte der »Gegen-Identifikation« (Greenson) die Jungen aus ihrer Verschlingung mit der Mutter »retten« sollen, die nach diesem sozialisatorisch üblichen Vermännlichungsprozeß selbst von einer ambivalenten bis feindseligen Einstellung zum Weiblichen geprägt sind. – Eine Untersuchung dieses mann-männlichen Kreislaufs einer unbewußten Weitergabe antifemininer, evtl. zu Kampf- und Gewaltbereitschaft programmierenden Einstellungen ist schwierig, aber möglicherweise sinnvoller als die ewige Suche nach *realen* frühen Mißbrauchserfahrungen sexueller Gewalttäter, die in einer endlosen Täter-Opfer-Schleife reproduziert und mechanisch an ihre Opfer »weitergegeben«, d. h. ausagiert werden (was natürlich nicht dazu führen darf, die realen Gewalterfahrungen auch von Tätern im Einzelfall nicht ernstzunehmen).

19 Auch die Theorie der zur zentralen Metapher der psychoanalytischen Perversionstheorie avancierten »Plombe«, die nach Morgenthaler die Lücke zwischen den beschädigten Selbstanteilen schließen soll, unterliegt diesem mutterätiologischen Verursachermodell. »Verantwortlich für die gestörte narzißtische Entwicklung macht Morgenthaler die mangelnde Empathie der Mutter des Perversen und ihr daraus folgendes Unvermögen, die Selbsterfahrungen des Kindes zu bestätigen. Dadurch werden die integrierenden und umformenden Prozesse zur Abgrenzung und Abrundung des Selbst gestört.« Becker (1996), *Psychoanalytische Theorie sexueller Perversionen*, S. 230.

Säuglinge gern haben, heterosexuell sein und »besonders günstig wäre, wenn sie verheiratet ist, damit ein geliebter männlicher Mann dauernd in der Familie gegenwärtig sein kann« (S. 206). Zeigt sich die Mutter diesen Aufgaben nicht gewachsen, drohen nach Stoller zwei Gefahren. Entweder die Mutter stößt den Jungen zu früh und zu heftig aus der Symbiose heraus und erzeugt durch eine zu starke Unterdrückung seiner weiblichen Anteile bereits früh die Tendenz zur Ausbildung einer gefühllosen, brutalen und phallischen Charakterstruktur, oder sie hält den Jungen zu lange in der Symbiose und verstärkt bzw. verlängert damit seine primäre (innere) Weiblichkeit (vgl. S. 197). Aber auch eine verlängerte Symbiose kann nach diesem Modell prinzipiell zum gleichen Ergebnis wie eine zu früh beendete Symbiose führen, wenn der Junge nun, verstärkt durch den Druck des Vaters und des gesellschaftlichen Umfelds beginnt, die Weiblichkeit oder besser, jene inneren Gefühle und Tendenzen, die er als weiblich assoziiert, mit größter Heftigkeit abzuwehren. Wie dem auch sei, in jedem Fall trägt die Mutter die Hauptlast der Verantwortung und im Prinzip die Schuld daran, wenn sie Jungen heranzüchtet, die das weibliche Geschlecht grundsätzlich ablehnen und dazu neigen, es gegebenenfalls zu bekämpfen.

An den psychoanalytischen Grundlagen dieses gängigen mutterätiologischen Sozialisationsmodells von Stoller und anderen Anhängerinnen und Anhängern ähnlich monokausaler Schlichtmodelle lassen sich mehrere Verkürzungen nachweisen, die unterschwellig eine Legitimationsfunktion gegenüber der eigentlich zu erklärenden männlichen Suprematie unter den vorherrschenden gesellschaftlichen Bedingungen erfüllen. Das konstruierte Mutterbild mit einer fast hymnischen Beschreibung des Ideals »primärer Mütterlichkeit« erfüllt all jene Kriterien, die Rohde-Dachser als eine re-mythologisierende Aufrechterhaltung der Spaltung zwischen der Mutter als Quelle alles »Guten« und als Ursprung alles »Bösen« gekennzeichnet hat.[20] Die Mutter als Inkarnation der Schuld, als »Sündenbock der Moderne« ist nach dieser inzwischen seit einigen Jahrzehnten gängigen Auffassung eben nicht nur die primäre »Identifikationsfigur«, sondern in erster Linie eine »Projektionsfläche« für ein dämonisierungsbereites ursprungsmythisches Denken.[21]

---

20 »Im individuellen wie auch im kulturellen Unbewußten ist sie eine Figur, die von gleichzeitigen Phantasien der Omnipotenz und der Impotenz verunklärt wird.« Fox-Keller (1986), *Liebe Macht und Erkenntnis. Männliche oder weibliche Wissenschaft?*, S. 117.

21 Vgl. Rohde-Dachser (1991), *Expedition in den dunklen Kontinent*, S. 204 ff. »In den Paradiesmythen unseres Kulturkreises ist Eva, die ›erste Frau‹, diese Schuldige. Vieles spricht dafür, daß sie es auch in unseren Phantasien ist« (S. 209).

Zudem geht es in Stollers projektiven Schuldzuweisungen nur um *reale* Traumatisierungen durch die Mutter und ihr Verhalten, womit er einen (weiteren) gravierenden psychoanalytischen Verfahrensfehler begeht, indem er nicht hinreichend zwischen imaginärer Mutter (Mutterimago) und realer Mutter (geschweige denn dem Mutterbild seiner eigenen Projektion als männlicher Psychoanalytiker) unterscheidet. »Mutterimago und reale, historische Mutter« aber können, so Rohde-Dachsers berechtigter Hinweis, »niemals miteinander identisch sein.«[22] Stoller interpretiert die unbewußte psychische Repräsentanz der Mutter jedoch als rein mechanischen Niederschlag des mütterlichen Realverhaltens. Dieses Realverhalten selbst wird von ihm wiederum nach Maßgabe der gängigen Geschlechterstereotypen wahrgenommen und gedeutet und so reproduziert sein psychoanalytisches Sozialisationsmodell der männlichen Geschlechtsidentitätsentwicklung unbemerkt die gesellschaftlich vorherrschenden Geschlechterhierarchien. Die Mutter wird zu einer Art »Hexenmutter« dämonisiert, während der Vater zum »rettenden Märchenprinzen« (Lilli Gast) idealisierend re-mythologisiert wird. Diese Idealisierung des Vaters und seiner Funktion ist nicht nur theoretisch ein überaus fragwürdiges Konstrukt, sondern angesichts der vielen alleinerziehenden Mütter und Väter und der gerade im häuslichen Bereich in nach wie vor erschreckend hohem Ausmaß verbreiteten und überwiegend von den Vätern bzw. den Stief- und Ersatzvätern verübten sexuellen (und nichtsexuellen) Gewalt an Frauen und Kindern auch empirisch unhaltbar.

Ein »Identifikationsbruch mit der Mutter« mag für die Subjektkonstitution notwendig sein, muß aber nicht zwangsläufig auf eine Abwertung der frühen mütterlichen Objektliebe und eine Idealisierung der mit der Vaterimago verknüpften Formen der männlichen – und das heißt in allen männlich dominierten Kulturen in erster Linie als nicht-weiblich definierten und als Unabhängigkeit mißverstandenen – Autonomie hinauslaufen. Der Bruch mit der monadischen Einheit, die Erkenntnis des Getrenntseins (des Selbst) von der/dem Anderen, die Differenzierung zwischen Subjekt und Objekt ist der erste große psychische und erkenntnislogische Schritt des Kindes hin zur Realität. Aber eine wirkliche Anerkennung der/des Anderen als einer unabhängigen, subjektiven Realität erfordert die Überwindung des Glaubens

22 Ebd., S. 207. Eine auch in vielen psychoanalytischen Ansätzen verbreitete Vermischung von Realität und Phantasma, von psychischer und »materieller« (äußerer) Realität führt dazu, »daß die *strukturelle Schuld* (der realen Mutter) und die *phantasmatische Schuld* (der Mutterimago) sich gegenseitig potenzieren« (S. 208).

an die Omnipotenz, die aber in der vorherrschenden männlichen Definition von Autonomie nicht vorgesehen ist.

Jessica Benjamin sieht in der (insbesondere an den Perversionen zu beobachtenden) Tendenz der sexuellen Liebe, in erotische Herrschaft umzuschlagen, eine Entgleisung der bei uns vorherrschenden, typisch männlichen Form der (frühen) Ablösung von der Mutter und der durch sie repräsentierten weiblichen Welt. »Die männliche Identität betont (...) nur eine Seite der Balance der Differenzierung. Sie betont den Unterschied gegenüber Gemeinsamkeit, Trennung gegenüber Bindung, Abgrenzung gegenüber Gemeinschaft, Selbständigkeit gegenüber Abhängigkeit.«[23] – Herrschaft, Transzendenz und Größenwahn hängen als kompensatorischer Ausdruck dieser Überbetonung der Differenz miteinander zusammen und machen es selbst für halbwegs »normal« sozialisierte Jungen und Männer schwierig bis unmöglich, unter den Anforderungen des Penis-Phallus eine Sexualität ohne eine bis zur Haß- und Gewaltbereitschaft steigerbare Feindseligkeit gegenüber dem Sexualobjekt zu entwickeln. Die einem Wiederholungszwang unterliegenden verdinglichenden Zugriffe der männlichen Sexualität auf Frauen und den weiblichen Körper dokumentieren das Scheitern dieses Autonomieprojekts spätestens an jenem Punkt, an dem der (gewöhnlich heterosexuelle) Mann versucht, höchstmögliche genitale Lust durch die Befreiung von der »Last« des Objekts – oder genauer: von der Bindung des Triebes an das weibliche Objekt seiner Begierde und damit von der Anerkennung der Subjektposition des Frau – zu erreichen. »Genau diese Verdinglichung« aber, so Benjamin, »kombiniert mit absoluter Differenz und Kontrolle, kennzeichnet den Übergriff des Herrn« (ebd.).[24]

23 Benjamin (1990), *Die Fesseln der Liebe*, S. 76. Auf dem Hintergrund der männlichen Betonung von Differenz als Überlegenheit wird auch deutlich, warum die rückprojizierte Symbiosephantasie so bedrohlich wird. »Die Abwehr gegen das Einssein entwickelt sich nach dem Umkehrprinzip: Ich werde Dir antun, was Du mir, wie ich es empfinde, antust. Wenn ich glaube, daß Deine Liebe meine Subjektivität erstickt, werde ich, wiederum durch Liebe, Deine Subjektivität negieren. Wenn Komplementarität nicht mehr durch Gemeinsamkeit abgemildert ist, erscheint ›Einssein‹ erst recht als bedrohlich und absolut« (S. 77).

24 »Ständige Wachsamkeit und Kontrolle sind die verräterischen Kennzeichen einer Auffassung von Autonomie, die ihre eigenen Ziele Lügen straft. (...) Sie verraten die Ängste vor Abhängigkeit, vor dem Verlust der Selbstkontrolle und vor dem Selbstverlust.« Fox-Keller (1986), *Liebe, Macht und Erkenntnis*, S. 108. So werden Impotenz und Abhängigkeit »in der Willenlosigkeit des Anderen gebunden, und die Macht wird nach dem Willen des Selbst geregelt. (...) Herrschaft garantiert die Unauflösbarkeit der Verschiedenheit, indem sie jede Verschiedenheit als Ungleichheit auslegt – eine Ungleichheit, die durch eine erzwungene vertikale (hierarchische) Distanz verschlimmert wird« (S. 111 f.).

In dem Konflikt zwischen Herrschaftsanspruch und Begierde, zwischen Autonomie und Abhängigkeit liegt somit die wichtigste Ursache für die männliche Bereitschaft zur sexuellen Gewaltausübung gegenüber den (zumindest unbewußt) für schuldig erklärten, *weil* erregenden und so die unlösbaren Konflikte in den unbewußten Strukturen der männlichen Geschlechtsidentität immer wieder aufs Neue auslösenden und bestätigenden Frauen. Das heißt aber auch, »Wut, Scham, Angst«, der Männer, so Rohde-Dachsers, gelten »nicht unbedingt und ausschließlich einer introjizierten imaginären Figur der frühen Lebensgeschichte, sondern richten sich auf ›die Frau‹, eine bestimmte Frau, Frauen *hier und jetzt*. Mit anderen Worten: Was immer auch in der Vergangenheit der Ausgangspunkt des Konflikts gewesen sein mag: Ausgetragen wird er in der Gegenwart, und zwar zwischen den Geschlechtern.«[25] Die Wurzeln dieser Entwicklung, insbesondere die der primitiven Abwehrmechanismen, auf die im aktuellen Krisenfall regressiv zurückgegriffen werden kann, liegen in den frühesten Phasen der Subjektkonstitution und daher kann und darf (insbesondere in klinischen Fallanalysen) der mütterliche Anteil an den Bedingungen der frühkindlichen Entwicklung nicht einfach außer acht gelassen werden, übrigens ebensowenig wie der gleichzeitig oder später einsetzende väterliche Einfluß. Entscheidend für die weitere Ausgestaltung der männlichen Geschlechtsidentität aber sind die vom männlichen, gesellschaftlich-kulturell legitimierten und geforderten Hegemonialanspruch bestimmte Gleichsetzung von Differenz und Eigenständigkeit mit (betonter) Überlegenheit des Mannes sowie die nachträglichen Umschriftungen der unbewußt eingelagerten Erfahrungsverarbeitungen durch die gesellschaftlich-kulturelle Organisation des sexuellen Begehrens mit der endgültigen Errichtung des (phallischen) Genitalprimats.

Diese Prozesse und Konfliktlösungsmuster schreiben sich gründlich, wie im zweiten Teil ausführlich behandelt, in den männlichen Körper und seine psychischen Repräsentanzen ein und machen jenes psychosexuelle Potential aus, das wir als *Männlichkeitsdilemma* kennengelernt und an dem objektgerichteten Spannungsbogen der Sexualtriebäußerungen zwischen den von Lust und Haß zugleich begleiteten libidinösen Besetzungsvorgängen (Qualität) *und* den sexualphysiologischen Erregungs- und Befriedigungsabläufen (Quantität) festgemacht haben. Diese unter dem Diktat des Penis-Phallus grundsätzlich Haß- und Gewaltbereitschaft erzeugende Dimension der sexuellen Identität des Mannes wird in den gängigen Theorien der Perversion und nahezu

25 Rohde-Dachser (1991), *Expeditionen in den dunklen Kontinent*, S. 139.

allen täter- und sozialpsychologischen Ansätzen zur sexuellen Gewalt unterschlagen oder explizit geleugnet. Nachdem die (falsch verstandene) Triebtheorie zunächst als anachronistisches Modell hydraulischer Stauungs- und Entladungsvorgänge »entlarvt« und endgültig ad acta gelegt wurde, werden die komplizierten Verflechtungen von Sexualität und Aggression zugunsten eines mechanischen und monokausalen Modells der aggressiven Indienstnahme der Sexualität als Mittel »reiner« Machtausübung verdünnt.

Da sexuelle Antriebskräfte als Tatmotiv generell geleugnet werden, haben die meisten Perversionstheoretiker und die gängigen Ansätze zur sexuellen Gewalt große Schwierigkeiten, den eigentlich ja unübersehbaren sadistischen Gehalt der sexuellen Abweichungen und des sexuellen Gewalthandeln von Männern auch nur annäherungsweise zu erklären. Was aber anderes sollte Sadismus sein als »Grausamkeitslust« (Alexander Mitscherlich), deren Hauptzweck in der sexuellen Befriedigung durch das Zufügen von Schmerzen in allen möglichen Abstufungen und perversen Variationen besteht? Im Fall des klassischen Sadismus als sexueller Deviation dienen das Leiden und die Qualen der Opfer der Erregung, der Steigerung und der Befriedigung sexueller Lust. Das aber heißt, der Mann strebt als »Endziel« dieser spezifischen Legierungen von Sexualität und Aggressivität, wie bei jeder anderen Perversion auch, den Orgasmus, die genitale Entladung unter objektzerstörerischen Vorzeichen an.[26] Das angeblich häufige Ausbleiben des Orgasmus aufgrund erektiver, ejakulativer oder anderer grundsätzlicher oder situativ auftretender sexueller Funktionsstörungen wird zwar oftmals zum »Beweis« für den nicht-sexuellen Charakter sexueller Gewalt angeführt, ändert aber an der Tatsache der Fixierung des Mannes an diesem alles dominierenden Endziel seiner sexuellen Aktivitäten rein gar nichts. Denn warum sollten Potenzstörungen, die während sexueller Gewaltakte, ähnlich wie im »normalen« Sexualverhalten auch, aus verschiedensten Gründen auftreten können, die Abwesenheit von Sexualität belegen?

Erinnern wir uns noch einmal an eine zentrale These, die in der Auseinandersetzung mit Freuds triebtheoretischen Sexualitätskonzeptionen entwickelt wurde: Der Ausdruck »Befriedigungslust« ist demnach grundsätzlich ein Terminus der Psychosexualität und die sadistische Lust an der Zerstörung eindeutig sexuellen Ursprungs, d. h. sie ist ohne

---

26 »In der sadistischen Objektbeziehung kommt es im Kontakt mit dem Objekt via grausamer Manipulationen zu einer genitalen Entladung. Die Quälerei ist Mittel zu einem genital sexuellen Zweck. Während des Quälens tritt der Orgasmus auf. Die Anzeichen der Qual beim Objekt dienen der Steigerung sexuell-genitaler Lust.« Mitscherlich (1969a), *Zwei Arten der Grausamkeit*, S. 184.

einen libidinösen Zusatz weder denkbar noch erklärbar. Erst die Anbindung der Aggression an die Sexualität durch spezifische auf ein Objekt gerichtete Triebmischungen macht eine lustvoll erlebte Destruktivität (Sadismus) möglich.

Nun ist selbstverständlich nicht jede Erscheinungsform des Sadismus eine *direkte* Äußerung der genital- und objektzentrierten männlichen Sexualität. Es gibt zahlreiche Phänomene eines zielgehemmten und verschobenen sexuellen Sadismus, die im menschlichen Sozialverhalten beobachtet werden und politisch sogar ganze Massen ergreifen können. »Pure Macht« (oder neumodern gesprochen »Gewaltgeilheit«) kann dabei eine narzißtische, bis zu einem entrückten Gefühl von Transzendenz reichende Befriedigung durch »erfolgreiche« Zerstörungshandlungen hervorrufen. Mitscherlich hat eine verbreitete Erscheinungsform dieser (scheinbar) entsexualisierten Variante des Sadismus im Gegensatz zur »Grausamkeits*lust*« als »Grausamkeits*arbeit*« bezeichnet und prototypisch an den (äußerlich) leidenschaftslosen, gefühlskalten und bürokratischen Vollstreckern totalitärer Massenvernichtungsprogramme, an den Exekutoren und Handlangern des nationalsozialistischen Massenmordes an den europäischen Juden (vor allem an Eichmann und Höß) festgemacht. Der Grausamkeitsarbeit ginge es »um Akkord, um Bewältigung eines Tagespensums von Qualen und Morden«, ohne dabei je das Erlebnis sexueller Freuden oder Erregungen zu verspüren (S. 183 f.). Die einzige Befriedigung, d. h. die Empfindung einer Lust über die objektiv sadistische Tätigkeit sei letztlich narzißtischer Art, also keine »ausgeborgte« Sexuallust, sondern eine »Destruktionslust«, die direkt dem Triumph über das zerstörte »Objekt« entspringe. Laut Mitscherlich handelt es sich bei dieser Befriedigungsform subalterner »Grausamkeitsbürokraten« und Folterknechte um eine »*Lust der aggressiv-grausamen Gewalttat*, Lust, die mit einer Bestätigung der eigenen Überlegenheit einhergeht, mit der Verwirklichung der Phantasie des ›grandiosen Selbst‹« im Sinne der Narzißmustheorie Kohuts (S. 187).

Aber auch dieses theoretische Konstrukt eines radikalen, von Mitscherlich als »asexuell destruktiv« gefaßten Sadismus ist kein überzeugender Beweis für die Möglichkeit einer rigorosen Trennung von Sexualität und Destruktivität (Triebentmischung). Denn zum einen hat sich das Bild des leidenschaftslosen, seiner massenindustriellen Vernichtungsarbeit ohne affektive Bezüge zu den austauschbaren »Objekten« seines Mordgeschäftes in kühler Sachlichkeit nachgehende Destruktionsarbeiters, der nach getaner Arbeit seine Pflichten als braver Ehemann und Familienvater erfüllt, spätestens mit der Erkenntnis der lange Zeit vernachlässigten Rolle, die der leidenschaftliche Antisemitismus fanatischer Nationalsozialisten wie Höß und Eichmann gespielt haben, als empirisch nicht haltbares Klischee erwiesen.[27] Zum zweiten hatten wir im Anschluß an Freuds geäußerten Zweifel, ob eine »Befriedigung rein destruktiver Triebregungen« als »Lust« verspürt werden und ob eine »reine Destruktion ohne libidinösen Zusatz« überhaupt vorkommen könne,[28] festgestellt, daß selbst die Konstruktion einer seelischen Tendenz »jenseits« des Lustprinzips die Erscheinungsformen des Sadismus als ein Derivat des (ursprünglich nicht-sexuellen) Todestriebes nur dann erklären kann, wenn dieser in den Dienst der Sexualfunktion tritt. Eine radikale Triebentmischung ist ein theoretisches Konstrukt, das praktisch nur im Tod erreicht werden kann. In jeglichen Formen sadistischer Praxis hingegen treten immer wieder, wie auch Mitscherlich letztlich konzedieren muß, Variationen von alten und neuen Legierungen libidinöser und destruktiver Triebäußerungen auf.[29]

Selbst ohne Freuds letztes Triebmodell vollständig zu übernehmen, erweist sich gerade am Beispiele des (männlichen) Sadismus die Idee einer vollständigen Entmischung, d. h. einer rigorosen Trennung der sexuellen und aggressiven Triebäußerungen als unhaltbar. In allen Formen des Sadismus gehen Sexualisierungen von aggressiven und anderen Tendenzen ebenso wie aggressive bis destruktive Aufladung sexueller Triebkomponenten in unterschiedlichen Mischungsverhältnissen Hand in Hand. So existiert nach Eberhard Schorsch und Nikolaus Becker neben den bekannten, klinisch auffälligen Formen des Sadismus als sexueller Deviation das allgemein verbreitete Phänomen eines passageren Sadismus, einer nur vorübergehenden »*Sexualisierung destruktiver Impulse* in Form von sadistischen Einfällen, Phantasien und Aktionen, *die unmittelbar in soziales Handeln eingehen* und dort einen bedrohlichen

27 Wir sind bereits im Abschnitt über die *Perversionen* kurz auf dieses verbreitete Klischee einer Persönlichkeitsspaltung in »Mörder und liebender Vater und Ehemann« (Mitscherlich) eingegangen. Die den NS-Tätern häufig attestierte »eiskalte Sachlichkeit des Tötens« steht nicht im Gegensatz zu einem leidenschaftlichen Haß und Sadismus, sondern ist, so paradox es klingen mag, der Ausdruck einer Haßbeziehung zu den durch »pathische Projektion« zu absoluten Feindobjekten dehumanisierten Juden, die im affektneutralen Habitus ihre eigentliche Quelle zu verschleiern sucht. Vgl. Pohl (2002b), *Gewalt und Grausamkeit. Sozialpsychologische Anmerkungen zur NS-Täterforschung*, S. 105.

28 Freud (1940a), *Abriß der Psychoanalyse*, S. 76.

29 Auf dem Hintergrund dieser triebtheoretischen Überlegung gilt auch für eine Analyse der sexuellen Gewalt die allgemein formulierte Aussage André Greens über die gesellschaftlichen Erscheinungsformen des humanspezifischen »Bösen«: »Eine Konzeptualisierung des Bösen hat nur dann Aussicht, die Realität wiederzugeben, wenn sie sich in eine Theorie der Triebmischung und -entmischung einbinden läßt.« Green (2000), *Geheime Verrücktheit. Grenzfälle der psychoanalytischen Praxis*, S. 299.

Charakter bekommen können«.[30] Ein sexuell aufgeladener, wenn auch zielgehemmter Sadismus sei weder selten, noch eine bloße Randerscheinung der gesellschaftlichen Wirklichkeit. Schorsch und Becker vertreten die sozialpsychologisch und empirisch nachvollziehbare Überzeugung, »daß in einer breiten Schicht der Bevölkerung eine ständige Bereitschaft vorhanden ist, mit sadistischen Affekten zu reagieren oder sich von sadistischer Thematik affizieren zu lassen« (ebd.), was sich an zahlreichen Beobachtungen bestätigen läßt.[31]

Allerdings ist der von den Autoren unternommene Erklärungsversuch beider Formen des Sadismus, des sozialen und des »echten« sexuellen Sadismus (Perversion) problematisch und bestätigt erneut unser Unbehagen über eine »Verflüchtigung des Sexuellen« in den gängigen Analysen sexueller Gewaltverhältnisse. Auch Schorsch und Becker führen den Sadismus generell auf einen archaischen Hang zur Destruktivität zurück, der sich vollkommen unabhängig von den Äußerungsformen der infantilen Sexualität aus einer mißlungenen »Verselbständigung und Autonomiegewinnung« des Jungen durch die Vernachlässigung der mütterlichen Pflicht zur »intensiven Bezogenheit« und zur »Empathie« gegenüber den Ablösungswünschen ihrer Söhne ergebe.

Diese von Schorsch und Becker in den siebziger Jahren vertretene Grundannahme über die Ursachen sadistischer Perversionen und sexueller Straftaten ist prototypisch und hält sich hartnäckig bis in die aktuelle sexuelle Gewaltdiskussion hinein. Alle sozialisationstheoretischen Modelle der Perversionsbildung, die sich in ähnlicher Weise nach wie vor an den Theorien Mahlers, Kohuts, McDougalls, Stollers und Morgenthalers orientieren (und das heißt so gut wie alle), weisen zwei Kardinalfehler auf: Erstens werden die Erscheinungsformen sexueller Gewalt monokausal auf die mit versteckten oder offenen Schuldzuweisungen verbundene frühe Mutterablösung zurückgeführt und zweitens wird die frühe Mutter-Kind-Beziehung in den ersten zwei Lebensjahren als ein nahezu vollkommen asexuelles Verhältnis begriffen, womit die

30 Schorsch/Becker (1977), *Angst, Lust, Zerstörung. Sadismus als soziales und kriminelles Handeln. Zur Psychodynamik sexueller Tötungen*, S. 42.

31 Der soziale Sadismus zieht seine Befriedigung aus der totalen Beherrschung und Verfügung über andere, dehumanisierte und der eigenen Willkür vollkommen ausgelieferte Menschen, wobei es sich auch hier »vielfach nicht allein um Roheit und Brutalität«, sondern um »sexualisierte, sadistische Akte« handle (S. 46). Schorsch und Becker belegen diese sexuellen, wenn auch zielgehemmten Formen des sozialen Sadismus mit der Inquisition, der Sklaverei, der Folter und besonders an den von Mitscherlich und Mielke dokumentierten medizinischen Menschenversuchen in Konzentrationslagern, »bei denen eindeutig sexuelle Motive unter dem Deckmantel wissenschaftlicher Fragestellungen sichtbar werden« (ebd.).

Genese der Sexualität vollständig aus ihrer dramatischen Verstrickung mit der Trieb-Objekt-Struktur archaischer Liebes- und Haßregungen herausgelöst wird.

Aber bei sexuellen Gewaltphänomenen handelt es sich weder um die zielgehemmten Formen eines sozialen Sadismus (Schorsch/Becker) noch um das Problem einer (möglicherweise) radikalen Triebentmischung bei der »Grausamkeitsarbeit« (Mitscherlich), sondern um die psychische Dynamik einer destruktiven männlichen Sexualität, die sich prototypisch am Beispiel der Vergewaltigung festmachen und untersuchen läßt. Aber schon die Bezeichnung »destruktive Sexualität« zur Beschreibung der Tätermotivation bei Vergewaltigungen und anderen sexuellen Übergriffen grenzt für viele Vertreterinnen und Vertreter der modernen Erklärungs- und Diskussionsansätze zur sexuellen Gewalt an Häresie, denn nach der allgemein verbreiteten Grundüberzeugung hat sexuelle Gewalt ja nun mal nichts mit Sexualität und schon gar nichts mit den Äußerungen eines Sexualtriebs oder seiner Partialtriebkomponenten zu tun.

An dieser Kernthese wird im Mainstream fast sämtlicher wissenschaftlichen und gesellschaftspolitischen Aufklärungsversuche über sexuelle Gewaltphänomene unerschütterlich festgehalten. Dieses beharrliche Insistieren auf der Asexualitäts-These ist aus *einer*, aber nur aus dieser Perspektive nachvollziehbar: aus der subjektiven Perspektive des (zumeist) weiblichen Opfers sexueller Gewalttaten. In der Wahrnehmung der Opfer haben die erlittene Gewalt und ihre sexuelle Erscheinungsform verständlicherweise *nichts* mit Sexualität und Zwischengeschlechtlichkeit zu tun, sondern werden in der Regel, so Ruth Seifert, als »demütigende Form der Gewaltausübung gegen ihre Person und ihren Körper, die mit starken Todesängsten verbunden ist«, erlebt.[32] Daher muß auch weder wahrnehmungs- noch motivationspsychologisch genauer hinterfragt werden, wenn diese Sicht als überlebenssichernder (wenn auch hilflos wirkender) Versuch zur Sicherung einer möglicherweise wieder lebbaren eigenen Sexualität beibehalten wird.

Die offiziellen Begründungen der These vom nicht-sexuellen Charakter der sexuellen Gewalt leuchten jedoch wenig ein. So argumentiert z. B. Brownmiller, wenn es den männlichen Sexualtätern um Sexualität ginge, könnten sie doch einfach onanieren bzw. falls sie dabei schon eine Frau benötigten, in ein Bordell gehen, und reproduziert dabei unbemerkt jenes gängige biologistische Klischee eines männlichen Triebstau- und Entladungsmodells, das ansonsten fälschlicherweise,

32 Seifert (1993), *Krieg und Vergewaltigung. Ansätze zu einer Analyse*, S. 87.

aber mit steter Regelmäßigkeit der Freudschen Triebtheorie angelastet wird. Ruth Seifert begründet die Asexualitäts-These wiederum mit dem Hinweis auf das Ausmaß der zumeist bei Vergewaltigungen (und danach) angewendeten Gewalt, die weit über das zur Erzwingung des Beischlafs »erforderliche« Maß hinausreiche. Keine Rolle spielt die fatale, für den männlichen Sadismus typische Verknüpfung von sexueller Lust und Haß bzw. die mittels projektiver Identifizierung entwickelte Wut sowie die Rachebedürfnisse gegenüber der Frau als der vermeintlichen »Verursacherin« der als »Schwäche« erlebten (qualitativen) Erregung und (quantitativen) Begierdespannung. Und schließlich erfolgt von vielen Autoren immer wieder der (allerdings am wenigsten einleuchtende) Hinweis auf die Aussagen der Täter selbst. Auf dem Hintergrund unserer Grundannahmen über die als Schwäche erlebten, mit projektiver Feindseligkeit aufgeladenen objektgerichteten Sexualempfindungen verwundert es kaum, wenn von den Tätern eigene sexuelle Motive abgestritten werden. Insbesondere Sexualstraftäter in Haft »distanzieren sich mehrheitlich von der sexuellen Motivation ihrer Handlungen« und legen wie z. B. in den Gesprächen, die Godenzi mit sexuellen Gewalttätern geführt hat, »Wert darauf, nicht als Sexualtäter wahrgenommen zu werden. Wenn sie Sex gewollt hätten, wäre das für sie kein Problem gewesen, so ihre Botschaft. Sie wollen nicht als jemand erscheinen, der sich den Zugang zur Sexualität mit einer Frau nur mit Gewalt verschaffen kann.« Insbesondere im Gefängnis, in dessen klarer Hierarchie die Sexualstraftäter ganz unten angesiedelt sind, gilt als ungeschriebene Regel: »Ein Mann, der Sex mit Gewalt erzwingen muß, ist kein richtiger Mann (...).«[33]

All diese Behauptungen sollen die These von der Vergewaltigung als »reiner« Gewalttat belegen, in der »nicht das Ausleben von Sexualität (...), sondern der Wunsch nach der Herstellung von Überlegenheit«[34] im Vordergrund steht, aber die »Beweise« der fast hymnischen Wiederholung, sexuelle Gewalt diene ausschließlich der Macht über Frauen,

33 Godenzi (1989), *Bieder, brutal. Frauen und Männer sprechen über sexuelle Gewalt*, S. 130f. Jenseits der Frage nach der unbestreitbaren Relevanz forensischer Fallgutachten für die Analyse der Psychogenese von Gewalttätern und für die Beurteilung der Schuldfähigkeit der Angeklagten hat sich in Sexualstrafprozessen die Übernahme der gängigen Asexualitäts-These, gekoppelt mit Hinweisen auf frühkindliche Defizite im narzißtischen Bereich als probates Mittel der versuchten Selbst-Exkulpation verbreitet. So bestritt beispielsweise Diesterweg, der sadistische Vergewaltiger und Mörder der zehnjährigen Kim Kerkov, 1997 vor Gericht jegliches sexuelle Tatmotiv und gab statt dessen seine durch fehlende Mutterliebe und andere Mängel in der Kindheit »zerstörte kleine Seele« als Antriebsursachen an. Vgl. *HAZ v. 26. 11. 97.*

34 Engelfried (1997), *Männlichkeiten*, S. 198.

Mädchen und den weiblichen Körper überzeugen nicht. Der Versuch, den sexuellen Charakter von Vergewaltigungen generell abzustreiten, leugnet den Zusammenhang des antifemininen Hasses und der männlichen Machtausübung zur Kompensation narzißtischer Risse im männlichen Selbstbild mit der männlichen Sexualität. Nun, da allerdings kaum zu übersehen ist, daß Vergewaltigungen zumindest dem äußeren Anschein nach schon irgend etwas mit der genital ausgerichteten Sexualität des Täters oder der Täter zu tun haben müssen, stellt sich die Frage, wie soll eine deutlich sexuelle Aktion ausschließlich nicht-sexuellen, prä-sexuellen oder sogar anti-sexuellen Zwecken dienen?

Die allgemeine Propagierung des nicht-sexuellen Charakters der Vergewaltigungen und anderer sexueller Übergriffe als unumstößliche »Tatsache« manövriert nahezu alle wissenschaftlichen und gesellschaftspolitischen Aufklärungsversuche der Dynamik sexuellen Gewalthandelns in einen Erklärungsnotstand. Es geht um das Paradoxon, wie ein Phänomen logisch und psychologisch erfaßt werden kann, das offiziell überhaupt nicht existiert bzw. allerhöchstens als Begleiterscheinung eine zu vernachlässigende Nebenrolle spielt. Wie also erklärt sich der sexuelle Charakter von Vergewaltigungen, wenn es den Tätern – selbst im Falle genitaler Penetrationen – offenbar um vieles, nicht aber um die Befriedigung sexueller Bedürfnisse geht? Alle Versuche, sich aus diesem Erklärungsdilemma zu befreien, ohne auf das inzwischen überwunden geglaubte Modell eines übermächtigen männlichen Sexualtriebes zurückzugreifen, gleichen einem gedanklichen Eiertanz. Die Absurdität einiger Lösungsversuche dieses Problems kommt beispielsweise in der Behauptung Rufers zum Ausdruck, bei Vergewaltigungen sei zwar Sexualität »das Mittel, mit dem sexuelle Gewalt ausgeübt wird,« aber, so ihre eigenwillige Schlußfolgerung, »der Gebrauch des Penis (und oft ist es ja gar nicht nur dieser) macht es noch nicht zur Sexualität.«[35]

Die einzige Gemeinsamkeit in der Frage nach dem Anteil der Sexualität an der sexuellen Gewalt, die die ansonsten unterschiedlichen Positionen und Ansätze miteinander verbindet, ist die feste inzwischen allgemein akzeptierte Überzeugung, daß es sich in allen Fällen sexueller Gewaltausübung um eine (sekundäre) *Sexualisierung* grundsätzlich

---

35 *ProFamiliaMagazin 6/98*, S. 41. Auch Böhnisch und Winter steuern einen weiteren absurden Beitrag zu diesem Eiertanz in der Frage Sexualität ja oder nein mit ihrer Übernahme der These bei, ca. achtzig Prozent der Sexualtäter seien als Kinder selbst sexuell mißbraucht worden, hätten dieses Trauma, im Unterschied zum damaligen Täter, der ja nur aus Gewaltmotiven handelte, als Sexualität erlebt, dadurch Sexualitäts- und Beziehungsstörungen erworben und zur Kompensation dann später selbst eine reine Gewalttat, die sich nur zufällig sexueller Mittel bediente, begangen. Vgl. Böhnisch/Winter (1993), *Männliche Sozialisation*, S. 209.

nicht-sexueller bzw. prä-sexueller Konflikte, ihrer Verarbeitungsmechanismen und ihrer (vorwiegend) gegen Frauen und Mädchen gerichteter »Lösungsversuche« handelt. Diese wissenschaftlich und öffentlich allgemein anerkannte Auffassung findet bis in die Frauenpolitik offizieller Regierungskreise hinein ungeteilte Zustimmung. So wird beispielsweise in einem Tagungsbericht des rheinland-pfälzischen Ministeriums für Kultur, Jugend, Familie und Frauen 1996 als eine »gesicherte« Erkenntnis wiedergegeben, »daß bei sexuellen Gewalthandlungen die Triebbefriedigung des Mannes nicht im Vordergrund stehe, sondern die Sexualität (wenn überhaupt) nur eine Rolle als Vehikel zur Durchsetzung nicht-sexueller Motive spiele.«[36]

Inzwischen gilt diese Sexualisierungs-These als (quasi) nicht mehr hinterfragbar und läßt sich wie folgt zusammenfassen: 1. Sexuelle Gewalt ist grundsätzlich immer *sexualisierte Gewalt*, die mit Sexualität im eigentlichen Sinne nichts zu tun hat; 2. sexualisierte Gewalt dient der Bewältigung typisch männlicher, aber prinzipiell nicht-sexueller Konflikte und Krisen; 3. Sexualität wird nur als Vehikel zur Kompensation frühkindlicher, angstauslösender Defiziterfahrungen benutzt, die sich insbesondere aus einer nicht erfolgreich überwundenen Mutterablösung ergeben; 4. Jungen und Männer greifen vor allem deshalb zum Mittel der Sexualisierung endogener Konflikte, weil sie anstelle eines Zugangs zur Welt innerer Gefühle und Empfindungen eher lernten, die anatomisch bedingte Externalisierungsmöglichkeit ihrer Sexualität mit gesellschaftlich erwartetem männlichen Rollenverhalten zu verknüpfen;[37] 5. diese frühe Konditionierung führt zu der Neigung, Sexualität zu funktionalisieren, um Macht über andere Menschen, insbesondere über Mädchen und Frauen als Rache für die selbst erlittenen frühkindlichen Traumatisierungen und zur Abwehr der (zur Mutter zurückstrebenden) Symbiosewünsche und der durch sie ausgelösten Ängste zu erreichen.[38]

---

36 Zit. nach Müller (2000), *Das Sexuelle in der sexuellen Gewalt*, S. 15.

37 »Viele Jungen und Männer haben durch ihre Sozialisation nicht die Fähigkeit vermittelt bekommen, ihre Gefühle zu erkennen und auszuleben (...). Jungen und Männer befriedigen sehr oft ihre Bedürfnisse durch Sexualität, obgleich diese gar nicht sexueller ›Natur‹ sind. Verletzungen und Kränkungen aus der eigenen Lebensgeschichte werden so kompensiert – Sexualität ist Fluchtpunkt und Überlebensstrategie zugleich.« Engelfried (1997), *Männlichkeiten*, S. 167f. – Dieser Gefühlspositivismus verkennt, daß gerade das Ausleben »der« männlichen Gefühle schlechthin das Problem erst schafft.

38 Der gemeinsame Nenner der unterschiedlichen Positionen liegt in der Überzeugung von einem »Streben nach Macht und Kontrolle (...), das sexualisiert wird und seine Ursache in einer gestörten Männlichkeit hat, die auf aggressive oder zwanghafte Weise kompensiert werden muß.« Harten (1995), *Sexualität, Mißbrauch, Gewalt*, S. 136.

Die Monotonie, mit der diese Sexualisierungsthese in unterschiedlichsten Kontexten vorgetragen wird, macht aus ihr einen »homogenisierenden Betrachtungsfokus« (Pasero), unter dem jede sexuelle Gewalthandlung einem täterpsychologisch einheitlichen, einfache Kausalitätsbedürfnisse befriedigenden Erklärungsschema subsumiert werden kann. Die damit einhergehende Aufspaltung von Sexualität und Aggression in zwei voneinander getrennte Bereiche, die sich allerhöchstens wechselseitig als seelische Verschiebebahnhöfe benutzen, dient vor allem zwei Zielen: 1. einer entdramatisierenden Konfliktbereinigung der Sexualität und 2. einer Entschärfung der Aggression durch ihre Transformation in ein lerntheoretisch und sozialpädagogisch handhabbares Instrument.

Ad 1) Durch ihre radikale Reinigung von archaisch-aggressiven Haßbereitschaften kann die Sexualität »an sich« vom Makel des »Bösen« befreit und – wie schon an den Implikationen von Theweleits Modell der »Grundstörung« kritisiert – in einen emotionalen Naturschutzpark harmonischer Zwischenmenschlichkeit ohne Angst, Haß und Gewalt angesiedelt werden – eine Konstruktion, bei der laut Schorsch, angelehnt an Morgenthalers Homöostase-Modell primärprozeßhafter Sexualfreiheit, endlich »geschlechtsübergreifend« über Sexualität nachgedacht werden könne.[39] So wird Sexualität verkürzt als potentiell »freie« Sexualität im Rahmen harmonischer Geschlechtsbeziehungen jenseits von Herrschaft und Unterdrückung idealisiert. Gerade angesichts des erschreckenden Ausmaßes der sexuellen Gewalt eint dieses Bedürfnis, eine »schöne« und »heile« Sexualität zu retten, Täter, Opfer, Sozialpädagoginnen und -pädagogen und die breite Öffentlichkeit.

Mit dieser (versuchten) Pazifizierung der Sexualität hängt eine verbreitete (essentialistische) Konstruktion von Männlichkeit zusammen, die fast zwangsläufig auf die Mythologisierung einer (zumeist »ganzheitlich« verstandenen) Wesenheit des Mannes hinausläuft. In diesem Männerbild liegt das »wahre Wesen« des Mannes jenseits seiner patriarchalen Formbestimmung – und das heißt auch, wie wir wiederholt

39 So glaubt beispielsweise Gunter Schmidt an eine »natürliche« Befriedigungsbasis der Sexualität, auf die sich ihr »autochtoner Erlebniswert« als an sich »harmlos-genußvolles« Vergnügen begründen könnte. Bedingung dafür sei die Abkehr von dem mechanistischen »Reiz-Akkumulations-Modell« der Freudschen Triebtheorie, an dessen Stelle das Konstrukt einer endokrinologisch und hirnphysiologisch zu erforschenden sexuellen Reiz- und Lustsuche rücken solle. Schmidt (1984), *Drang und Lust*, S. 304 ff. Eine ähnlich unqualifizierte Kritik am psychoanalytischen Triebkonzept als einem angeblich weder wissenschaftlich definierten noch empirisch überprüften »hydraulischen Modell eines Substanz- oder Energiestroms« findet sich erstaunlicherweise auch bei dem Psychoanalytiker Stoller (1979), *Perversion*, S. 34, S. 36 u. S. 57 f. Vgl. die scharfe, aber berechtigte Kritik an diesem Abgesang auf den Trieb in: Sigusch (1984), *Lob des Triebes*.

sehen konnten, jenseits der Frauen und des weiblichen Einflusses – und muß nur noch entdeckt und durch geeignete Techniken zur »freien« Entfaltung gebracht werden. So mündet beispielsweise das Plädoyer von Böhnisch und Winter für eine Entkoppelung von Patriarchat und Männlichkeit naiverweise in der Propagierung eines möglichen Zugangs zu einem ontologisch gefaßten »anderen Mannsein« (offenbar unabhängig von gesellschaftlichen und geschlechtlichen Herrschaftseinflüssen), durch den emanzipationswillige Männer »aus sich selbst heraus« ihr bislang verwehrtes »Innen« erkennen und befreien könnten. Diese Befreiung des »wahren« männlichen Selbst als »Autonomie« auszugeben und als einen glückseligen Zustand »voller Übereinstimmung mit seinen eigenen Gefühlen und Bedürfnissen« (miß)zu verstehen, gehört zu den typischen Ausdrucksformen einer im vorherrschenden Männlichkeitswahn enthaltenen virilen Selbstheilungsideologie, die ihre Kraft aus dem Phantasma einer kollektiv erzeugten männlichen Welt ohne Frauen bezieht.[40]

Ähnlich wie Böhnisch und Winter glauben auch viele andere Männlichkeitsforscher an eine derartige Pazifizierungsmöglichkeit des Mannes, der aus sich selbst heraus gleichsam die Essenz seiner Männlichkeit befreien und zu einer »selbstbezogenen männlichen Sexualität« (Godenzi) – was auch immer das sein mag – gelangen könne. Die Suche nach dieser ontologischen Substanz einer nicht-patriarchalen Männlichkeit zielt natürlich nicht auf die tiefenstrukturell verankerte Dramatik des Männlichkeitsdilemmas zwischen Autonomieanspruch und Abhängigkeitsangst, deren Erkenntnis sich keinem schematischen entweder-oder-Denken in den Kategorien von »wahr« oder »falsch«, von »ursprünglich« und »aufgesetzt« etc. fügt. Die Fragwürdigkeit einer an solchem Denken ausgerichteten Männlichkeitsideologie und Befreiungspraxis zeigt sich auch in dem zu Beginn kritisierten männerbündischen Charakter der Institutionalisierung rein mann-männlicher »Lösungswege« der in sexuellen Gewaltakten nur zu deutlich hervortretenden Krise der Männlichkeit. So auch bei Lempert und Oelemann, die glauben, daß sich das Selbstbewußtsein des Mannes vor allem über sein »Mann-sein« an sich in einer von Frauen abgetrennten Männergruppe herstellen müsse. »Die Frage heißt nicht: Wie sehen wir uns im Verhältnis zu Frauen?, sondern: Wie verstehen wir uns unabhängig von Frauen, wie sieht sich ein Mann selbst? Wir suchen nach einer Identifikation des Mannes mit sich selbst (...). Dadurch ermöglichen wir eine Orientierung unter- respektive miteinander, statt an einem Außen. Das

40 Vgl. Böhnisch/Winter (1993), *Männliche Sozialisation*, S. 22 f.

hat zur Folge, daß wir Männer Gemeinschaft erstmals ohne Über- und Unterordnung erleben.«[41]

All diese Versuche einer Befriedung der Sexualität unterliegen dem naiven Glauben, Sexualität könnte grundsätzlich ohne jede Beimengung von Aggression, Ambivalenz, Angst und Feindseligkeit in Erscheinung treten. Die Hoffnung auf eine »authentische«, eine ursprüngliche, konfliktfreie und aggressionslose sexuelle männliche Sexualität mag zwar trösten, bleibt aber angesichts der Aporien, denen ihre Konstitution unterliegt, illusorisch.

Ad 2) Auch Lempert und Oelemann betonen, Vergewaltigung hätte nichts mit Lust und Erotik, sondern ausschließlich mit Gewalt zu tun. Und Männer, so ihre gleichermaßen naive wie tautologische Annahme, könnten eben deshalb »durch Sexualität Gewalt ausüben, da sie in der Lage sind, ihren Penis als Waffe einzusetzen«.[42] – Nach dieser Auffassung ist es schlichtweg egal, ob als Tatwaffe die Faust oder der Penis benutzt wird. Der Penis eigne sich nur deshalb besser, da die Frauen durch seinen Gebrauch noch wesentlich stärker gedemütigt werden könnten. Demnach ist das männliche Sexualorgan wie jedes andere Körperteil auch nur ein Werkzeug in der Hand des Mannes, das beliebig eingesetzt werden kann. So wird – wie schon am Beispiel der »Vergewaltigungen auf Befehl« festgestellt – auch in den Kampagnen unter dem Stichwort *Männer gegen Männergewalt* die im männlichen Autonomiewahn enthaltene Überzeugung von der totalen Kontrolle über den eigenen sexuellen Körper und der vollständigen Beherrschung des Penis als Gewalt-Instrument reproduziert. Indem die Gewalt und die ihr zugrundeliegende Aggression von der Sexualität getrennt werden, wird die Gewaltbereitschaft zu einem von außen in den Mann gelangtem Fremdkörper, der isoliert und durch entsprechende Trainingsprogramme auch wieder herausgetrieben werden kann.[43] Da Sozialisation in diesem männlichen Befriedungsmodell als ein behavioristischer Lernprozeß gilt, können folglich auch die typischen Elemente

41 Lempert/Oelemann (1995), *»... dann habe ich zugeschlagen«*, S. 68.

42 Ebd., S. 38. Auch nach Tügel und Heilemann sind Vergewaltigungen keinesfalls »Triebtaten«, sondern »Erniedrigung von Frauen mit dem härtesten Mittel – mit dem Sexualorgan als Waffe, das doch eigentlich für Liebe und Zärtlichkeit vorgesehen ist.« Tügel/Heilemann (1987), *Frauen verändern Vergewaltiger*, S. 19. – Hier zeigt sich erneut die naive Idyllisierungsbereitschaft gegenüber einer prinzipiell als »gut« und glückversprechend verklärten Sexualität.

43 Die in diesen Programmen zum Ausdruck kommenden schlichten Kausalmodelle hängen »eng mit Vorstellungen von gesellschaftlichen Interventionen zusammen, als handele es sich bei Gewalt um eine Seuche, die es auszurotten gilt: Es kommt dann darauf an, den Erreger zu identifizieren«, zu isolieren und zu beseitigen. Hagemann-White (2002), *Gender-Perspektiven auf Gewalt in vergleichender Sicht*, S. 137.

des erlernten männlichen Verhaltensrepertoires, die Aggressions- und Gewaltbereitschaft des Mannes ebenso wie die Neigung zur Sexualisierung mit den richtigen Techniken, entweder durch entsprechende »Anti-Aggressivitätstrainings« oder durch »Lernen am Modell« auch wieder »verlernt« werden.

Schon Ende der achtziger Jahre hat sich Eberhard Schorsch mit einer scharfen Kritik über die zu erwartenden praktischen Auswüchse geäußert, die sich aus der damaligen Diskussion über eine »neue Männlichkeit« allmählich entwickelten. Schorsch wendet sich insbesondere gegen die harmonistischen Vorstellungen der Aufweichung traditioneller Geschlechterrollen im Zeichen einer propagierten »neuen Sensibilität« des Mannes und wirft den sogenannten »ganzheitlichen« Ansätzen ein eindimensionales statt eines analytisch-diskursiven Denkens auch und gerade über geschlechtertheoretisch relevante Fragen der »Subjekt-Objekt-Spaltungen« vor. Das allgemeine Gerede über Gefühle, über die Männer sprechen und damit ihre »weiblichen Anteile« entdecken sollten, ist ihm (allzu berechtigt) suspekt.

> »Damit verbunden ist häufig ein verqueres Verhältnis zur Aggressivität. Wo sie sich konkret am Individuum äußert, wird sie gehandhabt wie eine Krankheit und ein Unheil. Männer verschreiben sich gegen die Gewalt Frauen gegenüber. Diese Selbsthilfegruppen erinnern in ihrer Struktur und in ihrem Umgang mit dem Problem an die anonymen Alkoholiker, die gegen den Dämon Alkohol zu Felde ziehen. Es ist von Rückfällen die Rede, von etwas, das den Mann überkommt wie ein Fremdes; Aggressivität wird als ich-dyston erlebt und von der Person gelöst.«[44]

Wenn die männliche Aggression als ein von ihrer objektgerichteten Haßdimension und ihrer Legierung mit libidinösen Bindungsstrukturen vollkommen unabhängiges Phänomen interpretiert wird, können das eingelagerte Potential der Feindseligkeit gegenüber »der vermutlich die Männlichkeit bedrohenden Frau« (Schorsch) und damit die wirklichen Ursachen der spezifischen Anfälligkeit des Mannes für sexuelle Gewaltausübung nicht erfaßt werden. Die Isolierung und exorzistische Bekämpfung der männlichen Aggressionen als Mittel der virilen Selbsterzeugung im Schoß einer reinen Männergruppe dient eher der

44 Schorsch (1988/89), *Versuch über Sexualität und Aggression*, S. 162. »Wenn Theweleit (1977) von der zarten Weichheit der Erektion spricht, dann ist das auch eine Art Verleugnung; denn eine Erektion ist nun einmal dadurch gekennzeichnet, daß sie vorwiegend hart ist« (ebd.).

Reproduktion der gängigen Geschlechtsrollenstereotype statt ihrer erfolgreichen Bekämpfung.

Leider unterliegt auch Schorschs perversionstheoretischer Ansatz der bereits oben an Stoller kritisierten Kombination aus einer deterministisch biologisierenden und zugleich soziologisierenden Tendenz. Einerseits hält Schorsch mit seiner narzißmus- und objektbeziehungstheoretischen Orientierung an dem entscheidenden äußeren Einfluß der präödipalen Mutter auf die Männlichkeitsentwicklung fest; andererseits insistiert er, um das Ausmaß und die Qualität der sadistischen Destruktivität in sexuellen Gewalttaten zu erklären, auf jener biologischen Anthropologisierung des menschlichen Gewaltpotentials, die wir schon bei Freud, Mitscherlich u. a. kennengelernt haben. Auch nach Schorsch gehört eine offenbar angeborene »archaische Destruktivität« zur allgemeinen menschlichen Grundausstattung.

Aber bei diesem ursprünglichen Destruktionspotential, auf das hier rekurriert wird, handelt es sich eben nicht um eine genetisch festgelegte, selbst die Tötungsbereitschaft einschließende Destruktivität, sondern um eine Entwicklung von zerstörungsbereitem Haß zur Abwehr angstauslösender innerer und äußerer Gefahren, die unter dem Vorzeichen des Penis-Phallus in aktuellen Krisenerfahrungen regressiv mobilisiert werden und jene typisch männliche Zerstörungslust hervorbringen, die durch ihren reflexhaften Reiz-Reaktions-Charakter und die Übernahme einer paranoiden Abwehr-Kampf-Haltung den *Anschein* einer genetischer Prägung erhalten kann. Auf diesem Hintergrund können wir auch die Auffassung Schorschs nicht teilen, nach der in erster Linie das Verhalten der Mutter während der ersten beiden Lebensjahre für eine Verschärfung oder eine sozialverträgliche Humanisierung dieses angeblich biologisch angelegten Gewaltpotentials verantwortlich ist. Eine »Humanisierung«, d. h. eine durch die Sozialisation zu wiederholende Zivilisierung des Menschen und insbesondere des Mannes ist sicher nicht (allein) durch eine Verbesserung des sozialisationstheoretisch inzwischen zur Hauptursache der menschlichen Verrohung deklarierten mütterlichen Bindungs- und Erziehungsverhaltens zu erreichen, sondern vor allem durch das Einwirken auf die sozio-kulturellen Bedingungen, denen die Ausbildung der männlichen Geschlechtsidentität und die hierarchische Organisation der Geschlechterverhältnisse unterworfen sind. Im Zentrum muß daher insbesondere der sozialpsychologisch relevante Zusammenhang zwischen Psychogenese und Soziogenese der menschlichen/männlichen Gewaltbereitschaft stehen, ein Zusammenhang, zu dem sicher auch, allerdings ohne deterministische und monokausale Verkürzungen, eine Analyse der

Gestaltungskraft frühkindlicher Sozialisationsbedingungen gehört.[45]

Wenn eine Analyse der »Produktionsregeln für Gewalt, für Feindseligkeit, die sich gegen Minoritäten, Schwächere, Unterlegene richtet oder richten könnte« mit Peter Brückner als eine der Hauptaufgaben der Sozialpsychologie angesehen werden kann, muß immer wieder aufs neue die Frage gestellt werden: »Welche Bedingungen erleichtern es der individuellen – in ihrer Struktur, in ihren Äußerungschancen doch gebrochenen – Aggressivität, sich in der Form einer Zerstörung von Opfern nach außen zu kehren (...)?«[46] Diese allgemeine Frage gilt es unter besonderer Berücksichtigung der Ausbildung psychischer Abwehr- und Verarbeitungsmechanismen *und* der gesellschaftlichen Gestaltung ihres weiteren Schicksals geschlechtsspezifisch zu präzisieren. Eine psychoanalytische Untersuchung der Genese und der Tiefenstrukturen von Männlichkeit in männerdominierten Gesellschaften und ihre dem Nachträglichkeitsmechanismus unterworfenen Erscheinungsformen kann daher einen wichtigen Beitrag zur Analyse der generellen Entstehungs- und Entwicklungsbedingungen von Feindbildern und projektiven Haß- und Zerstörungsbereitschaften leisten. Die allgemein üblich gewordene monokausale Reduktion dieser psychosozialen Entwicklungsbedingungen und -verläufe spezifisch männlicher Haß- und Gewaltbereitschaft auf die (reale) frühe Mutter-Kind-Interaktion ist höchst problematisch, und zudem muß der in Aussicht gestellte zivilisierende Erfolg selbst halbwegs »gelungener« frühester Sozialisationserfahrungen relativiert werden. »Offensichtlich reicht, was als Sozialisation in der frühen Kindheit beschrieben worden ist, nur dann lebensgeschichtlich als einmal erworbene Hemmung« gewaltaffiner Verrohungen aus, so formuliert Brückner 1972 in der *Sozialpsychologie des Kapitalismus*, »wenn die je situativen und aktuellen gesellschaftlichen Bedingungen solche erworbenen Hemmungen verstärken oder wenigstens gleichsinnig stützen.«[47] Anstelle einer vorschnellen biologischen Anthropologisierung spezifisch männlicher Aggressionsbereitschaften oder einer oberflächlichen Soziologisierung der Männlichkeit müssen demnach jene Momente erkannt und genauer untersucht werden, die Brückner als »Verzahnungsmängel zwischen erworbenen Einstellungen einerseits, situativen Bedingungen des sozialen Feldes andererseits« bezeichnet hat (ebd.).

---

45 Vgl. Krovoza (2001), *Zum Verhältnis von Psychogenese und Soziogenese im Gewaltdiskurs.*

46 Brückner (1982), *Psychologie und Geschichte*, S. 68.

47 Brückner (1972), *Zur Sozialpsychologie des Kapitalismus. Sozialpsychologie der antiautoritären Bewegung I*, S. 35.

Die Ergebnisse unserer Untersuchung zeigen, daß selbst unter der radikal subjekttheoretischen Perspektive der Freudschen Psychoanalyse die mit Haß- und Gewaltbereitschaft aufgeladene männliche Sexualität eben gerade nicht als eine triebtheoretische Ontologisierung einer universellen männlichen Tiefenstruktur (miß)verstanden werden kann. Aus der Binnenperspektive der weitgehend unbewußten männlichen Wahrnehmungsweisen, Verarbeitungsmechanismen und handlungsrelevanten Motivketten wurden die spezifischen Aporien aufgezeigt, denen die Geschlechtsidentitätsentwicklung des Mannes in männlich-hegemonialen Kulturen unterworfen ist. Gleichzeitig sollte aus dieser Perspektive – unter besonderer Berücksichtigung von Freuds Prinzipien der »Nachträglichkeit«, der Mehrfach- bis Überdeterminierung seelischer Erscheinungen und der »Ergänzungsreihe« von ehemaligen und aktuellen, von endogenen und exogenen Einflußfaktoren auf die Persönlichkeitsentwicklung – die große Bedeutung, die nicht isoliert allein der Mutter und der Familie, sondern vor allem den kulturellen Institutionen und den gesellschaftlichen Einrichtungen und Verhältnissen zukommt, grundsätzlich deutlich geworden sein. Es geht beim männlichen und dem zutiefst männlich geprägten gesellschaftlichen Gewalthandeln folglich nicht um die Mobilisierung einer ursprünglichen, genetisch festgelegten und/oder rein hormonell gesteuerten, von Freud als unvergänglich »primitiv-seelisch« verstandenen Destruktivität. Ziel muß es vielmehr sein, die nachträgliche, durch den Rückgriff auf primitive seelische Abwehrmechanismen erfolgende »Umschriftung« (Freud) unbewußt sedimentierter Niederschläge endogen und exogen beeinflußter Erfahrungen als (subjektive) Bedingung für die Erzeugung eines humanspezifischen »Bösen« zu erkennen und nach Möglichkeiten einer Eindämmung zu suchen. Es ist richtig, so André Green, »daß das Böse existiert und nicht nur Abwehr, fassadäre Haltung oder Tarnung einer Psychose ist«, aber in ganz besonderer Weise gilt, was Green direkt im Anschluß formuliert: »Das Böse muß man dort aufgreifen, wo es sein Unwesen treibt: in der Außenwelt.«[48]

Gerade *wegen* der immer wieder herausgestellten Unausweichlichkeit bestimmter psychosexueller Grundkonflikte und der damit verbundenen Entstehung eines grundlegenden, die sexuelle Identität des Mannes bestimmenden Dilemmas zwischen Autonomiewunsch und Abhängigkeitsangst muß *umso mehr* darauf Einfluß genommen werden, daß die mechanische Zwangsläufigkeit, mit der Männer dazu neigen, in Zeiten ausweglos erscheinender innerer und äußerer Konflikte auf die

48 Green (2000), *Geheime Verrücktheit*, S. 292.

archaischen Haßpotentiale und Abwehrmechanismen zurückzugreifen, den Schein einer anthropologischen Konstante verliert. Letztendlich handelt es sich, wie wir bereits am Ende des Abschnitts über die projektive Gewaltbereitschaft männlicher Jugendlicher betont haben, primär um eine gesellschaftspolitische und erst in zweiter Linie um eine am Individuum ansetzende pädagogische, sozialpädagogische oder therapeutische Aufgabe, zu verhindern, daß Menschen (vor allem Männer) sich regressiv einer früh »angelegten« primitiven Weltsicht bedienen, die unter dem vorherrschenden Zwang zum Beweis männlicher Suprematie anscheinend nur unzureichend überwunden wird.[49] Es geht also weder um eine resignative Hingabe an vermeintlich biologisch determinierte Schicksale noch um den Kampf gegen den schädlichen Einfluß der frühen Mutter oder gegen eine »böse« Gesellschaft, die durch ein Übermaß an repressiver Triebunterdrückung die Menschen feindselig und besonders die Männer gewalttätig macht. Es geht vielmehr um die Erkenntnis der gesellschaftlichen Entwicklungen und Bedingungen, die eine Mobilisierung jener von uns untersuchten, der männlichen Sexualität inhärenten, antifemininen Haß- und Gewaltbereitschaft nach dem Muster paranoider Abwehr-Kampf-Haltungen möglich machen, fördern und gegen ausgesuchte, unbewußt weiblich konnotierte »Feinde« richten. – Wenn dieses Buch dazu beiträgt, die Auswirkungen der dilemmatischen Grundstruktur der männlichen Geschlechtsidentität auf die vorherrschenden »Produktionsregeln von Gewalt« (Brückner) in männlich dominierten Gesellschaften zu erkennen, haben die (sicher auszubauenden) Ergebnisse und Erklärungsansätze ihren Hauptzweck erfüllt.

49 Wie wir im letzten Abschnitt gesehen haben, können diese Mechanismen ideologisch aufgegriffen, massenpsychologisch verstärkt und in politisch erwünschte Handlungsbereitschaften überführt werden. Darin liegt die allgemeine, auch unter Aktualitätsgesichtspunkten ernstzunehmende Gefahr. Der dabei kollektiv drohende »Rückfall in die Barbarei« bedeutet jedoch keinen wirklichen Rückfall in eine angeblich vorzivilisierte Zeit, sondern die entsprechende Kultivierung eines zum Normalen gehörenden humanspezifischen Potentials.

Anhang

Literatur

Aaken, Vera van (2000): *Männliche Gewalt. Ihre Wurzeln und ihre Auswirkungen.* Düsseldorf: Patmos.

Abraham, Karl (1916): Untersuchungen über die früheste prägenitale Entwicklungsstufe der Libido. In: Abraham, Karl (1971²): *Psychoanalytische Studien. Gesammelte Werke Bd. 1.* Frankfurt a. M.: Fischer.

— (1924): Versuch einer Entwicklungsgeschichte der Libido auf Grund der Psychoanalyse seelischer Störungen. In: Abraham, Karl (1971²): *Psychoanalytische Studien. Gesammelte Werke Bd. 1.* Frankfurt a. M.: Fischer.

Adorno, Theodor W. (1952): Die revidierte Psychoanalyse. In: Adorno, Theodor W. (1998). *Gesammelte Schriften Band 8 (Soziologische Schriften I).* Darmstadt: Wissenschaftliche Buchgesellschaft, S. 20–41.

— (1951): *Minima Moralia. Reflexionen aus dem beschädigten Leben.* Frankfurt a. M.: Suhrkamp.

— (1955): Zum Verhältnis von Soziologie und Psychologie. In: Adorno, Theodor W. (1998): *Gesammelte Schriften Band 8 (Soziologische Schriften I).* Darmstadt: Wissenschaftliche Buchgesellschaft, S. 42–85.

— (1967): Erziehung nach Auschwitz. In: Adorno, Theodor W. (1969): *Stichworte. Kritische Modelle 2.* Frankfurt a. M.: Suhrkamp, S. 85–101.

Amendt, Gerhard (1993): *Wie Mütter ihre Söhne sehen.* Bremen: Ikaru.

Amesberger, Helga; Auer Katrin u. Halbmayr (2004). *Sexualisierte Gewalt. Weibliche Erfahrungen in NS-Konzentrationslagern.* Wien: Mandelbaum.

Anzieu, Annie (1993): Beunruhigende Weiblichkeit. Zum Thema Adoleszenz. In: Bohleber, Werner (Hrsg.) (1996): *Adoleszenz und Identität.* Stuttgart: Verl. Int. Psychoanal., S. 64–82.

Anzieu, Didier (1991): *Das Haut-Ich.* Frankfurt a. M.: Suhrkamp.

Arx, Sylvia von u. a. (Hrsg.) (2003): *Koordinaten der Männlichkeit. Orientierungsversuche.* Tübingen: edition diskord.

Armbruster, Christof L.; Müller, Ursula u. Stein-Hilbers, Marlene (Hrsg.) (1995): *Neue Horizonte? Sozialwissenschaftliche Forschung über Geschlechter und Geschlechterverhältnisse.* Opladen: Leske + Budrich.

Auchter, Thomas u. a. (Hrsg.) (2003): *Der 11. September. Psychoanalytische, psychosoziale und psychohistorische Analysen von Terror und Trauma,* Gießen: Psychosozial.

Bach, Helmut u. Heine, Michael (1981): Pseudonormalität und »Normalpathologie«. In: Bach, Helmut (Hrsg.) (1981): *Der Krankheitsbegriff in der Psychoanalyse. Bestimmungsversuche auf einem Psychoanalytiker-Kongreß der Deutschen Gesellschaft für Psychotherapie, Psychosomatik*

und Tiefenpsychologie 1980. Göttingen: Vandenhoeck & Ruprecht, S. 11–35.
Badinter, Eisabeth (1992): *XY – Die Identität des Mannes.* München: Piper.
Bak, Robert (1953): Der Fetischismus. In: Pontalis, J.-B. (Hrsg.) (1972): *Objekte des Fetischismus.* Frankfurt a. M.: Suhrkamp, S. 113–129.
Balint, Michael (1935): Zur Kritik der Lehre von den prägenitalen Libidoorganisationen. In: Balint, Michael (1966): *Die Urformen der Liebe und die Technik der Psychoanalyse.* Bern/Stuttgart: Huber/Klett, S. 52–76.
– (1936): Eros imd Aphrodite. In: Balint, Michael (1960): *Die Urformen der Liebe und die Technik der Psychoanalyse.* Bern/Stuttgart: Huber/Klett, S. 77–92.
– (1937): Frühe Entwicklungsstadien des Ichs. Primäre Objektliebe. In: Balint, Michael (1966): *Die Urformen der Liebe und die Technik der Psychoanalyse.* Bern/Stuttgart: Huber/Klett, S. 93–115.
Balke, Friedrich (2003): Politische Existenz und »bloßes Leben«. Zur Selektivität des Politischen am Beispiel Carl Schmitts. In: Brehl, Medardus u. Platt, Kristin (Hrsg.) (2003): *Feindschaft.* München: Fink, S. 53–70.
Bareuther, Herbert u. a. (Hrsg.) (1999): *Plädoyers für die Trieblehre. Gegen die Verarmung sozialwissenschaftlichen Denkens.* Tübingen: edition diskord.
Barrett, Frank J. (1999): Die Konstruktion hegemonialer Männlichkeit in Organisationen: Das Beispiel der US-Marine. In: Eifler, Christine u. Seifert, Ruth (Hrsg.) (1999): *Soziale Konstruktionen – Militär und Geschlechterverhältnis.* Münster: Westfälisches Dampfboot, S. 71–91.
Bauer, Fritz (1965a): Genocidium (Völkermord). In: Bauer, Fritz (1998): *Die Humanität der Rechtsordnung* (hrsg. v. Joachim Perels u. Irmtrud Wojak). Frankfurt a. M., S. 61–75.
– (Hrsg.) (1965b): *Sexualität und Verbrechen. Beiträge zur Strafrechtsreform.* Frankfurt a. M.: Fischer.
Baumgart, Matthias (1991): Psychoanalyse und Säuglingsforschung. Versuch einer Integration unter Berücksichtigung methodischer Unterschiede. In: *Psyche – Z Psychoanal 45*, S. 780–809.
BauSteineMänner (Hrsg.) (2001³): *Kritische Männerforschung. Neue Ansätze in der Geschlechtertheorie.* Hamburg: Argument.
Beck, Birgit (2004): *Wehrmacht und sexuelle Gewalt. Sexualverbrechen vor deutschen Militärgerichten 1939–1945.* Paderborn: Ferdinand Schöningh.
Becker, Nikolaus (1996): Psychoanalytische Theorie sexueller Perversionen. In: Sigusch, Volkmar (Hrsg.) (1996): *Sexuelle Störungen und ihre Behandlung.* Stuttgart: Thieme, S. 222–240.
Becker-Schmidt, Regina (1992): Verdrängung Rationalisierung Ideologie. Geschlechterdifferenz und Unbewußtes. Geschlechterverhältnis und Ideologie. In: Knapp, Gudrun-Axeli u. Wetterer, Angelika (Hrsg.) (1995²): *Traditionen Brüche. Entwicklungen feministischer Theorie.* Freiburg i. Br.: Kore, S. 65–113.
– (1995): Von Jungen, die keine Mädchen und von Mädchen, die gerne Jungen

sein wollten. Geschlechtsspezifische Umwege auf der Suche nach Identität. In: Becker-Schmidt, Regina u. Knapp, Gudrun-Axeli (Hrsg.) (1995): *Das Geschlechterverhältnis als Gegenstand der Sozialwissenschaften.* Frankfurt a. M.: Campus, S. 220–246.
— (2000): Maskulinität und Kontingenz. Macht als Kompensation eines männlichen Konflikts. In: Bosse, Hans u. King, Vera (Hrsg.) (2000): *Männlichkeitsentwürfe. Wandlungen und Widerstände im Geschlechterverhältnis.* Frankfurt a. M.: Campus, S. 71–82.
— u. Knapp, Gudrun-Axeli (1987): *Geschlechtertrennung – Geschlechterdifferenz. Suchbewegungen sozialen Lernens.* Bonn: Verlag Neue Gesellschaft.
— u. Knapp, Gudrun-Axeli (Hrsg.) (1995): *Das Geschlechterverhältnis als Gegenstand der Sozialwissenschaften.* Frankfurt a. M./New York: Campus.
Behnke, Cornelia (1997): *»Frauen sind wie andere Planeten«. Das Geschlechterverhältnis aus männlicher Sicht.* Frankfurt a. M./New York: Campus.
Benhabib, Seyla u. a. (1993): *Der Streit um Differenz. Feminismus und Postmoderne in der Gegenwart.* Frankfurt a. M.: Fischer.
Benjamin, Jessica (1990): *Die Fesseln der Liebe. Psychoanalyse, Feminismus und das Problem der Macht.* Frankfurt a. M.: Stroemfeld/Roter Stern.
— (Hrsg.) (1994): *Unbestimmte Grenzen. Beiträge zur Psychoanalyse der Geschlechter.* Frankfurt a. M.: Fischer.
— (1995): Anerkennung und Zerstörung. Die Dialektik von Autonomie und Bezogenheit. In: Keupp, Heiner (Hrsg.) (1995): *Lust an der Erkenntnis: Der Mensch als soziales Wesen. Sozialpsychologisches Denken im 20. Jahrhundert.* München: Piper, S. 252–261.
— (1996): *Phantasie und Geschlecht. Psychoanalytische Studien über Idealisierung, Anerkennung und Differenz.* Frankfurt a. M.: Fischer.
— (2001): Das Rätsel und die Lösung. Beitrag zur Diskussion über den Wandel der Sexualität. In: Bohleber, Werner u. Drews, Sibylle (Hrsg.) (2001): *Die Gegenwart der Psychoanalyse – die Psychoanalyse der Gegenwart.* Stuttgart: Klett-Cotta, S. 279–287.
— (2002): *Der Schatten des Anderen. Intersubjektivität – Gender – Psychoanalyse.* Frankfurt a. M./Basel: Stroemfeld/Nexus.
Benz, Andreas (1989): Weibliche Unerschöpflichkeit und männliche Erschöpfbarkeit: Gebärneid der Männer und der Myelos-Mythos. In: Rotter, Lillian: *Sex-Appeal und männliche Ohnmacht.* Freiburg i. Br.: Kore, S. 133–174.
— (1984): Der Gebärneid der Männer. In: *Psyche – Z Psychoanal 38,* S. 308–328.
— (1998): Erregen und Erregtwerden. Potenz und Impotenz des Mannes als Ausdruck von Macht- und Ohnmachtskonflikten. In: Sexualberatungsstelle Salzburg (Hrsg.) (1998): *Trieb, Hemmung, Begehren. Psychoanalyse und Sexualität.* Göttingen: Vandenhoeck & Ruprecht, S. 125–136.
— (2003): Andersartigkeit, Gleichwertigkeit und Selbander-Beziehung.

Ansätze zu einem neuen psychoanalytischen Männlichkeitsbild. In: Arx, Sylvia von u. a. (Hrsg.) (2003): *Koordinaten der Männlichkeit. Orientierungsversuche.* Tübingen: edition diskord, S. 67–82.

Berger, Margarete u. Wiesse, Jörg (Hrsg.) (1996): *Geschlecht und Gewalt.* Göttingen: Vandenhoeck & Ruprecht.

Berghold, Josef (2002): *Feindbilder und Verständigung. Grundfragen der Politischen Psychologie.* Opladen: Leske + Budrich.

Berner, Wolfgang (1996): Imre Hermanns »Anklammerung«, die Pädophilie und eine neue Sicht der Triebe. In: *Psyche – Z Psychoanal 50, S. 1036–1054.*

Bernfeld, Siegfried (1923): Über eine typische Form der männlichen Pubertät. In: *Imago* Bd. IX, Heft 2. (hrsg. v. Sigmund Freud). Leipzig/Wien/Zürich: Internationaler Psychoanalytischer Verlag, S. 169–188.

— (1927): Die heutige Psychologie der Pubertät. Zur Kritik ihrer Wissenschaftlichkeit. In: *Imago* Bd. XIII, Heft 1. (hrsg. v. Sigmund Freud). Leipzig/Wien/Zürich: Internationaler Psychoanalytischer Verlag, S. 1–56.

— (1935): Über die einfache männliche Pubertät. In: Bernfeld, Siegfried (1974): *Antiautoritäre Erziehung und Psychoanalyse,* Band 2 (hrsg. v. Lutz von Werder u. Reinhart Wolff). Frankfurt a. M./Berlin/Wien: Ullstein, S. 308–328.

Bettelheim, Bruno (1975): *Die symbolischen Wunden. Pubertätsriten und der Neid des Mannes.* München: Kindler.

— (1984): *Freud und die Seele des Menschen.* Düsseldorf: Claassen.

Blazek, Helmut (1999): *Männerbünde. Eine Geschichte von Faszination und Macht.* Berlin: Links.

Bleuler, Eugen (1916): *Lehrbuch der Psychiatrie* (umgearbeitet v. Manfred Bleuler), Berlin/Göttingen/Heidelberg: Springer (1949[8]).

Bleibtreu-Ehrenberg, Gisela (1980): *Mannbarkeitsriten. Zur institutionellen Päderastie bei Papuas und Melanesiern.* Frankfurt a. M.: Ullstein.

Blos, Peter (1962): *Adoleszenz. Eine psychoanalytische Interpretation.* Stuttgart: Klett-Cotta (1989[4]).

Blüher, Hans (1920): *Die Rolle der Erotik in der männlichen Gesellschaft. Eine Theorie der menschlichen Staatsbildung nach Wesen und Wert.* Bd. 1 u. 2. Jena: Diederichs.

Bly, Robert (1993): *Eisenhans. Ein Buch über Männer.* München: Knaur.

Bohle, Barbara (1990): Ritualisierte Homosexualität – Krieg – Misogynie – Beziehungen im und um den Männerbund: Beispiele aus Neuguinea. In: Völger, Gisela u. Welck, Karin v. (Hrsg.) (1990): *Männerbande, Männerbünde. Zur Rolle des Mannes im Kulturvergleich.* Band 2. Köln: Rautenstrauch-Jost-Museum, S. 285–296.

Bohleber, Werner (1987): Die verlängerte Adoleszenz. Identitätsbildung und Identitätsstörungen im jungen Erwachsenenalter. *Jahrb. d. Psa., 21,* S. 58–94.

— (1992): Nationalismus, Fremdenhaß und Antisemitismus – psychoanalytische Überlegungen. In: *Psyche – Z Psychoanal 46,* S. 689–709.

— (1996a): Ethnische Homogenität und Gewalt. Zur Psychoanalyse von

Ethnozentrismus, Fremdenhaß und Antisemitismus. In: Leuzinger-Bohleber, Marianne u. Zwiebel, Ralf (Hrsg.) (1996): *Psychoanalyse heute. Klinische und kulturtheoretische Perspektiven.* Opladen: Westdeutscher Verlag, S. 194–206.
— (Hrsg.) (1996b): *Adoleszenz und Identität.* Stuttgart: Verl. Int. Psychoanal.
— (2002): Kollektive Phantasmen, Destruktivität und Terrorismus. In: *Psyche – Z Psychoanal 56*, S. 699–720.
— u. Leuzinger, Marianne (1981): Narzißmus und Adoleszenz. Kritische Anmerkungen zum »Neuen Sozialisationstyp«. In: Psychoanalytisches Seminar Zürich (Hrsg.) (1981): *Die neuen Narzißmustheorien: zurück ins Paradies?* Frankfurt a. M.: Syndikat, S. 117–132.
— u. Drews, Sibylle (Hrsg.) (2001): *Die Gegenwart der Psychoanalyse – Die Psychoanalyse der Gegenwart.* Stuttgart: Klett-Cotta.
Böhme, Gernot (1985): *Anthropologie in pragmatischer Hinsicht.* Frankfurt a. M.: Suhrkamp.
— u. Böhme, Hartmut (1992²): *Das Andere der Vernunft. Zur Entwicklung von Rationalitätsstrukturen am Beispiel Kants.* Frankfurt a. M.: Suhrkamp.
Böhnisch, Lothar (2003): *Die Entgrenzung der Männlichkeit. Verstörungen und Formierungen des Mannseins im gesellschaftlichen Übergang.* Opladen: Leske + Budrich.
— u. Winter, Reinhard (1993): *Männliche Sozialisation. Bewältigungsprobleme männlicher Geschlechtsidentität im Lebenslauf.* Weinheim/München: Juventa.
Boss, Medard (1947): *Sinn und Gehalt der sexuellen Perversionen. Ein daseinsanalytischer Beitrag zur Psychopathologie des Phänomens der Liebe.* Frankfurt a. M.: Fischer (1984).
Bosse, Hans (1994): *Der fremde Mann. Jugend, Männlichkeit, Macht. Eine Ethnoanalyse. Gruppengespräche mit jungen Sepiks in Papua-Neuguinea.* (unter Mitarbeit von Werner Knauss). Frankfurt a. M.: Fischer.
— (2000): Die Trennung vom Weiblichen. Rituelle und moderne Formen der Vermännlichung bei Adoleszenten. In: Bosse, Hans u. King, Vera (Hrsg.) (2000): *Männlichkeitsentwürfe. Wandlungen und Widerstände im Geschlechterverhältnis.* Frankfurt a. M.: Campus, S. 51–70.
— u. King, Vera (Hrsg.) (2000): *Männlichkeitsentwürfe. Wandlungen und Widerstände im Geschlechterverhältnis.* Frankfurt a. M.: Campus.
Brandes, Holger (2002): *Der männliche Habitus. Band 2: Männerforschung und Männerpolitik.* Opladen: Leske + Budrich.
Braun, Christina von u. Stephan, Inge (Hrsg.) (2000): *Gender-Studien. Eine Einführung.* Stuttgart: J. B. Metzler.
Browning, Christopher R. (1993): *Ganz normale Männer. Das Reserve-Polizeibataillon 101 und die »Endlösung« in Polen.* Reinbek bei Hamburg: Rowohlt.
Brownmiller, Susan (1978): *Gegen unseren Willen. Vergewaltigung und Männerherrschaft.* Frankfurt a. M.: Fischer.

Brückner, Peter (1972): *Zur Sozialpsychologie des Kapitalismus. Sozialpsychologie der antiautoritären Bewegung I.* Frankfurt a. M.: EVA.
— (1982): *Psychologie und Geschichte.* Berlin: Wagenbach.
Bruhns, Kirsten (2003): Gewaltbereitschaft von Mädchen und jungen Frauen – Ausdruck einer Neupositionierung im Geschlechterverhältnis? In: Pühl, Katharina u. Koher, Frauke (Hrsg.) (2003): *Gewalt und Geschlecht. Konstruktionen, Positionen, Praxen.* Opladen: Leske + Budrich, S. 213–227.
Brunotte, Ulrike (1995): *Helden des Tötens. Rituale der Männlichkeit und die Faszination der Gewalt.* Dortmund: Humanitas.
— (2004): *Zwischen Eros und Krieg. Männerbund und Ritual in der Moderne.* Berlin: Wagenbach.
Buford, Bill (1992): *Geil auf Gewalt. Unter Hooligans.* München: Hanser.
Busch, Hans-Joachim (2001): *Subjektivität in der spätmodernen Gesellschaft. Konzeptuelle Schwierigkeiten und Möglichkeiten sozialpsychologischer Zeitdiagnose.* Weilerswist: Velbrück.
Bußmann, Hadumod u. Hof, Renate (Hrsg.) (1995): *Genus. Zur Geschlechterdifferenz in den Kulturwissenschaften.* Stuttgart: Kröner.
Butler, Judith (1991): *Das Unbehagen der Geschlechter.* Frankfurt a. M.: Suhrkamp.
— (1995): *Körper von Gewicht. Die diskursiven Grenzen des Geschlechts.* Berlin: Berlin.
Butzer, Ralph J. (1991): Zur Dechiffrierung des Freudschen Triebbegriffs. In: *Z Sexualforsch 4*, S. 1–32.
Calließ, Jörg (Hrsg.) (2003): *Das andere Geschlecht in den Streitkräften.* Loccum: Evangelische Akademie.
Cameron, Deborah u. Frazer, Elisabeth (1993): *Lust am Töten. Eine feministische Analyse von Sexualmorden.* Frankfurt a. M.: Fischer.
Canguilhem, Georges (1974): *Das Normale und das Pathologische.* München: Hanser.
Chang, Iris (1999): *Die Vergewaltigung von Nanking. Das Massaker in der chinesischen Hauptstadt am Vorabend des Zweiten Weltkriegs.* Zürich: Pendo.
Chasseguet-Smirgel, Janine (Hrsg.) (1974): *Psychoanalyse der weiblichen Sexualität.* Frankfurt a. M.: Suhrkamp.
— (1986): *Kreativität und Perversion.* Frankfurt a. M.: Nexus.
— (1989): *Anatomie der menschlichen Perversion.* Stuttgart: DVA.
Chodorow, Nancy (1985): *Das Erbe der Mütter. Psychoanalyse und Soziologie der Geschlechter.* München: Frauenoffensive (1990[3]).
Cohn, Carol (1989): Slick'ems, glick'ems, Christbäume und Kumpel. Atomsprache und wie wir lernten, die Bombe zu streicheln (in *Informationsdienst 5/88* und *1/89* unter dem Titel: Sex and death in the rational world of the defense intellectuals) In: *Vorgänge. Zeitschrift für Bürgerrechte und Gesellschaftspolitik 97*, Heft 1, Januar 1989, S. 73–88.

Connell, Robert W. (1987): *Gender and Power: Society, the Person and Sexual Politics.* Cambridge/UK: Polity Press.

— (1995): Neue Richtungen für Geschlechtertheorie, Männlichkeitsforschung und Geschlechterpolitik. In: Armbruster, Christof L.; Müller, Ursula; Stein-Hilbers, Marlene (Hrsg.) (1995): *Neue Horizonte? Sozialwissenschaftliche Forschung über Geschlechter und Geschlechterverhältnisse.* Opladen: Leske + Budrich, S. 61–83.

— (1999): *Der gemachte Mann. Konstruktion und Krise von Männlichkeiten.* Opladen: Leske + Budrich.

Cornell, Drucilla (1993): Die Zeit des Feminismus neu gedacht. In: Benhabib, Seyla u. a. (1993): *Der Streit um die Differenz. Feminismus und Postmoderne in der Gegenwart.* Frankfurt a. M.: Fischer, S. 133–144.

Dackweiler, Regina-Maria u. Schäfer, Reinhild (Hrsg.) (2002): *Gewaltverhältnisse. Feministische Perspektiven auf Geschlecht und Gewalt.* Frankfurt a. M.: Campus.

Dahl, Gerhard (2001): Primärer Narzißmus und inneres Objekt. Zum Schicksal einer Kontroverse (mit Kommentaren von Martin Dornes u. Martin Altmeyer). In: *Psyche – Z Psychoanal 55,* S. 577–628.

Dannecker, Martin (1987): *Das Drama der Sexualität.* Frankfurt a. M.: Athenäum.

— u. Sigusch, Volkmar (1984): Sexualtheorie und Sexualpolitik. Ergebnisse einer Tagung. In: Dannecker, Martin u. a. (Hrsg.) (1984): *Beiträge zur Sexualforschung Bd. 59.* Stuttgart: Enke.

David, Christian (1974): Zu einer männlichen Mythologie über die Weiblichkeit. In: Chasseguet-Smirgel, Janine (Hrsg.) (1974): *Psychoanalyse der weiblichen Sexualität.* Frankfurt a. M.: Suhrkamp, S. 68–96.

Deegener, Günther (1995): *Sexueller Mißbrauch: Die Täter.* Weinheim: Beltz (PVU).

Devereux, Georges (1967): *Angst und Methode in den Verhaltenswissenschaften.* München: Hanser.

— (1981): *Baubo. Die mythische Vulva.* Frankfurt a. M.: Syndikat.

— (1982): *Normal und anormal. Aufsätze zur allgemeinen Ethnopsychiatrie.* Frankfurt a. M.: Suhrkamp.

— (1986): *Frau und Mythos.* München: Fink.

Diekmann, Alexander u. a. (Hrsg.) (1994): *Gewohnheitstäter. Männer und Gewalt.* Köln: Papyrossa.

Dierichs, Helga u. Mitscherlich, Margarete (1987): *Männer. Zehn exemplarische Geschichten.* Frankfurt a. M.: Fischer.

Dobler, Jens (1994): Antischwule Gewalt in der Bundesrepublik. In: Diekmann, Alexander u. a. (Hrsg.) (1994): *Gewohnheitstäter. Männer und Gewalt.* Köln: Papyrossa, S. 69–77.

— (2003): Antischwule Gewalt: Hintergründe und Gegenperspektiven. In: Koher, Frauke u. Pühl, Katharina (Hrsg.) (2003): *Gewalt und Geschlecht. Konstruktionen, Positionen, Praxen.* Opladen: Leske + Budrich, S. 67–81.

Döge, Peter u. Meuser, Michael (Hrsg.) (2001): *Männlichkeit und soziale Ordnung. Neuere Beiträge zur Geschlechterforschung.* Opladen: Leske + Budrich.
Dor, Joël (1998): Der Perverse und sein Genießen. In: Michels, André u. a. (Hrsg.) (1998): *Jahrbuch für klinische Psychoanalyse 1: Perversion,* S. 98–111.
Dornes, Martin (1993): *Der kompetente Säugling. Die präverbale Entwicklung des Menschen.* Frankfurt a. M.: Fischer.
— (1997): *Die frühe Kindheit. Entwicklungspsychologie der ersten Lebensjahre.* Frankfurt a. M.: Fischer.
Drews, Sibylle u. Brecht, Karen (1975): *Psychoanalytische Ich-Psychologie. Grundlagen und Entwicklung.* Frankfurt a. M.: Suhrkamp.
Duden, Barbara (1994): *Der Frauenleib als öffentlicher Ort. Vom Mißbrauch des Begriffs Leben.* München: dtv.
— (2002): *Die Gene im Kopf – der Fötus im Bauch. Historisches zum Frauenkörper.* Hannover: Offizin.
Duerr, Hans Peter (1990): *Intimität. Der Mythos vom Zivilisationsprozeß Bd. 2.* Frankfurt a. M.: Suhrkamp.
— (1993): *Obszönität und Gewalt. Der Mythos vom Zivilisationsprozeß Bd. 3.* Frankfurt a. M.: Suhrkamp.
Dux, Günter (1992): *Die Spur der Macht im Verhältnis der Geschlechter. Über den Ursprung der Ungleichheit zwischen Frau und Mann.* Frankfurt a. M.: Suhrkamp.
Eagle, Morris N. (1988): *Neuere Entwicklungen in der Psychoanalyse. Eine kritische Würdigung.* München/Wien: Verl. Int. Psychoanal.
Easlea, Brian (1986): *Väter der Vernichtung. Männlichkeit, Naturwissenschaftler und der nukleare Rüstungswettlauf.* Reinbek bei Hamburg: Rowohlt.
Ebbinghaus, Angelika (Hrsg.) (1996): *Opfer und Täterinnen. Frauenbiographien des Nationalsozialismus.* Frankfurt a. M.: Fischer.
Ebrecht, Angelika u. Modena, Emilio (Hrsg.) (2001): Schwerpunktthema: Zeitgemäßes über Krieg und Tod. In: *Psychosozial 24, Heft 2.*
Ehrenreich, Barbara (1997): *Blutrituale. Ursprung und Geschichte der Lust am Krieg.* München: Kunstmann.
Eifler, Christine u. Seifert, Ruth (Hrsg.) (1999): *Soziale Konstruktionen – Militär und Geschlechterverhältnis.* Münster: Westfälisches Dampfboot.
— (2002): Soldatin – ein neuer Job für Frauen? Geschlechterkonstruktionen im Vergleich USA, BRD und Rußland. In: Harders, Cilja u. Roß, Bettina (Hrsg.) (2002): *Geschlechterverhältnisse in Krieg und Frieden. Perspektiven der feministischen Analyse internationaler Beziehungen.* Opladen: Leske + Budrich, S. 163–172.
Eisenberg. Götz (2000): *Amok – Kinder der Kälte. Über die Wurzeln von Wut und Haß.* Reinbek bei Hamburg: Rowohlt.
— u. Gronemeyer, Reimer (1993): *Jugend und Gewalt. Der neue*

Generationenkonflikt oder der Zerfall der zivilisierten Gesellschaft. Reinbek bei Hamburg: Rowohlt.
Eissler, Kurt R. (1966): Bemerkungen zur Technik der psychoanalytischen Behandlung Pubertierender nebst einigen Überlegungen zum Problem der Perversion. In: *Psyche – Z Psychoanal 20,* S. 837–872.
— (1982): Die Seele des Rekruten. Zur Psychopathologie der US-Armee. In: *Kurbuch 67,* S. 9–29.
— (1992): *Todestrieb, Ambivalenz, Narzißmus.* Frankfurt a. M.: Fischer.
— (1993): Bemerkungen über falsche Interpretationen von Freuds Verführungstheorie. In: *Psyche – Z Psychoanal 47,* S. 855–865.
Eliade, Mircea (1958): *Das Mysterium der Wiedergeburt. Versuch über einige Initiationstypen.* Frankfurt a. M.: Insel (1997).
Engelfried, Constance (1990): *Vergewaltigung – Was tun mit den Männern? Bestandsaufnahme und Analyse eines Männerproblems aus Frauensicht.* Braunschweig: Holtzmeyer.
— (1997): *Männlichkeiten. Die Öffnung des feministischen Blicks auf den Mann.* Weinheim/München: Juventa.
Erdheim, Mario (1982a): *Die gesellschaftliche Produktion von Unbewußtheit. Eine Einführung in den ethnopsychoanalytischen Prozeß.* Frankfurt a. M.: Suhrkamp.
— (1982b): »Heiße« Gesellschaften und »kaltes« Militär. In: *Kursbuch 67,* S. 59–70.
— (1987): Mann und Frau – Kultur und Familie. Beiträge zu einer psychoanalytischen Theorie der Weiblichkeit. In: Brede, Karola u. a. (Hrsg.) (1987): *Befreiung zum Widerstand. Aufsätze zu Feminismus, Psychoanalyse und Politik.* Frankfurt a. M.: Fischer, S. 65–73.
— (1991): Zur Lektüre von Freuds *Totem und Tabu.* In: Freud, Sigmund (1912–13): *Totem und Tabu. Einige Übereinstimungen im Seelenleben der Wilden und der Neurotiker.* Frankfurt a. M.: Fischer (1991), S. 7–42.
— (1992): Das Eigene und das Fremde. Über ethnische Identität. In: *Psyche – Z Psychoanal 46,* S. 730–744.
— (1993): Psychoanalyse, Adoleszenz und Nachträglichkeit. In: *Psyche – Z Psychoanal 47,* S. 934–950.
Erhart, Walter u. Herrmann, Britta (Hrsg.) (1997): *Wann ist der Mann ein Mann? Zur Geschichte der Männlichkeit.* Stuttgart/Weimar: Metzler.
Erikson, Erik H.(1959): *Identität und Lebenszyklus.* Frankfurt a. M.: Suhrkamp (1973).
— (1950): *Kindheit und Gesellschaft.* Stuttgart: Klett (1976).
— (1968): *Jugend und Krise. Die Psychodynamik im sozialen Wandel.* Frankfurt a. M.: Klett-Cotta/Ullstein (1981).
— (1988): *Der vollständige Lebenszyklus.* Frankfurt a. M.: Suhrkamp.
Evola, Julius (1983): *Metaphysik des Sexus.* Frankfurt a. M.: Ullstein.
Fairbairn, William R. D. (1952): *An Object-Relations-Theory of the Personality.* New York: Basic Books.

– (2000): *Das Selbst und die inneren Objektbeziehungen. Eine psychoanalytische Objektbeziehungstheorie* (hrsg. v. Bernhard Hensel u. Rainer Rehberger). Gießen: Psychosozial.

Farell, Warren (1995): *Mythos Männermacht.* Frankfurt a. M.: Zweitausendeins.

Fast, Irene (1991): *Von der Einheit zur Differenz. Psychoanalyse der Geschlechtsidentität.* Berlin/Heidelberg: Springer.

Federn, Paul (1913): Beiträge zur Analyse des Sadismus und Masochismus. I. Die Quellen des männlichen Sadismus. In: *Internationale Zeitschrift für Ärztliche Psychoanalyse,* 1. Jg., S. 29–49.

Fenichel, Otto (1935): Schautrieb und Identifizierung. In: Fenichel, Otto (1985): *Aufsätze. Band I* (hrsg. v. Klaus Laermann). Frankfurt a. M./Berlin/Wien: Ullstein, S. 382–408.

– (1945): *Psychoanalytische Neurosenlehre. Band II.* Gießen: Psychosozial (1997).

Ferenczi, Sándor (1911): Über die Rolle der Homosexualität in der Pathogenese der Paranoia. In: Ferenczi, Sándor (1970): *Schriften zur Psychoanalyse Bd. 1* (hrsg. v. Michael Balint). Frankfurt a. M.: Fischer, S. 73–91.

– (1913): Entwicklungsstufen des Wirklichkeitssinnes. In: Ferenczi, Sándor (1970): *Schriften zur Psychoanalyse Bd. I* (hrsg. v. Michael Balint). Frankfurt a. M.: Fischer, S. 148–163.

– (1925): Zur Psychoanalyse von Sexualgewohnheiten (mit Beiträgen zur psychoanalytischen Technik). In: Ferenczi, Sándor (1970): *Schriften zur Psychoanalyse Bd. II* (hrsg. v. Michael Balint). Frankfurt a. M.: Fischer, S. 147–181.

Findeisen, Hans-Volkmar u. Kersten, Joachim (1999): *Der Kick und die Ehre. Vom Sinn jugendlicher Gewalt.* München: Antje Kunstmann.

Fine, Reuben (1990): *Der vergessene Mann. Männliche Psyche und Sexualität aus psychoanalytischer Sicht.* München: Psychologie Verlags Union.

Fischer-Homberger, Esther (1984): *Krankheit Frau. Zur Geschichte der Einbildungen,* Darmstadt/Neuwied: Luchterhand.

Flaake, Karin u. King, Vera (Hrsg.) (1992): *Weibliche Adoleszenz. Zur Sozialisation junger Frauen.* Frankfurt a. M./New York: Campus.

Foucault, Michel (1977): *Sexualität und Wahrheit I. Der Wille zum Wissen.* Frankfurt a. M.: Suhrkamp.

Fox-Keller, Evelyn (1986): *Liebe, Macht und Erkenntnis. Männliche oder weibliche Wissenschaft?* München/Wien: Hanser.

Frank, Karlhans (1989): *Der Phallus. Von der Magie der Männlichkeit im Wandel der Epochen.* Frankfurt a. M.: Eichborn.

Freud, Anna (1936): Das Ich und die Abwehrmechanismen. In: *Die Schriften der Anna Freud (Schriften) Bd. I.* München: Kindler (1980), S. 193–355.

– (1958): Probleme der Pubertät. In: *Schriften VI.* München: Kindler (1980), S. 1739–1769.

Freud, Sigmund (1895): Entwurf einer Psychologie. *Gesammelte Werke (GW) Nachtr.,* S. 387–477.

– (1899): Über Deckerinnerungen. *GW I*, S. 531–554.
– (1900): *Die Traumdeutung.* GW II/III.
– (1905): Drei Abhandlungen zur Sexualtheorie. *GW V*, S. 27–145.
– (1908a): Hysterische Phantasien und ihre Beziehung zur Bisexualität. *GW VII*, S. 191–199.
– (1908b): Der Dichter und das Phantasieren. *GW VII*, S. 213–223.
– (1908c): Über infantile Sexualtheorien. *GW VII*, S. 171–188.
– (1910/1912): Beiträge zur Psychologie des Liebeslebens. *GW VIII*, S. 66–91.
– (1911): Psychoanalytische Bemerkungen über einen autobiographisch beschriebenen Fall von Paranoia (Dementia paranoides). *GW VIII*, S. 239–316.
– (1912–13): *Totem und Tabu. Über einige Übereinstimmungen im Seelenleben der Wilden und der Neurotiker.* GW IX.
– (1913): Das Interesse an der Psychoanalyse. *GW VIII*, S. 389–420.
– (1914): Zur Einführung des Narzißmus. *GW X*, S. 137–170.
– (1915a): Zeitgemäßes über Krieg und Tod. *GW X*, S. 324–355.
– (1915b): Triebe und Triebschicksale. *GW X*, S. 210–232.
– (1915c): Das Unbewußte. *GW X*, S. 264–303.
– (1916–17a): *Vorlesungen zur Einführung in die Psychoanalyse.* GW XI.
– (1916–17b): Trauer und Melancholie. *GW X*, S. 428–446.
– (1918): Das Tabu der Virginität. *GW XII*, S. 159–180.
– (1920): Jenseits des Lustprinzips. *GW XIII*, S. 1–69.
– (1921): Massenpsychologie und Ich-Analyse. *GW XIII*, S. 71–161.
– (1922): Über einige neurotische Mechanismen bei Eifersucht, Paranoia und Homosexualität. *GW XIII*, S. 195–207.
– (1923a): Das Ich und das Es. *GW XIII*, S. 237–289.
– (1923b): Die infantile Genitalorganisation (Eine Einschaltung in die Sexualtheorie). *GW XIII*, S. 293–298.
– (1924a): Der Untergang des Ödipuskomplexes. *GW XIII*, S. 395–402.
– (1924b): Neurose und Psychose. *GW XIII*, S. 387–391.
– (1924c): Das ökonomische Problem des Masochismus. *GW XIII*, S. 369–383.
– (1925a): Selbstdarstellung. *GW XIV*, S. 31–96.
– (1925b): Einige psychische Folgen des anatomischen Geschlechtsunterschieds. *GW XIV*, S. 19–30.
– (1926): Hemmung, Symptom und Angst. *GW XIV*, S. 111–205.
– (1927a): Die Zukunft einer Illusion. *GW XIV*, S. 325–380.
– (1927b): Fetischismus. *GW XIV*, S. 311–317.
– (1930): Das Unbehagen in der Kultur. *GW XIV*, S. 419–506.
– (1933): *Neue Folge der Vorlesungen zur Einführung in die Psychoanalyse.* GW XV.
– (1937): Die endliche und die unendliche Analyse. *GW XVI*, S. 59–99.
– (1940a): Abriß der Psychoanalyse. *GW XVII*, S. 63–138.
– (1940b): Das Medusenhaupt. *GW XVII*, S. 45–48.

– (1950): *Aus den Anfängen der Psychoanalyse. Briefe an Wilhelm Fließ und Notizen aus den Jahren 1887–1902.* Frankfurt: Fischer.
– (1986): *Briefe an Wilhelm Fließ 1887–1904. Ungekürzte Ausgabe* (hrsg. v. Jeffrey M. Masson). Frankfurt a. M.: Fischer.
Frevert, Ute (1995a): *Ehrenmänner. Das Duell in der bürgerlichen Gesellschaft.* München: dtv.
– (1995b): *»Mann und Weib und Weib und Mann«. Geschlechter-Differenzen in der Moderne.* München: Beck.
– (1996): Soldaten, Staatsbürger. Überlegungen zur historischen Konstruktion von Männlichkeit. In: Kühne, Thomas (Hrsg.) (1996): *Männergeschichte – Geschlechtergeschichte. Männlichkeit im Wandel der Moderne.* Frankfurt a. M./New York: Campus, S. 69–87.
– (1997a): Das Militär als »Schule der Männlichkeit«. Erwartungen, Angebote, Erfahrungen im 19.Jahrhundert. In: Frevert, Ute (Hrsg.) (1997b): *Militär und Gesellschaft im 19. und 20. Jahrhundert.* Stuttgart: Klett-Cotta, S. 145–173.
– (Hrsg.) (1997b): *Militär und Gesellschaft im 19. und 20. Jahrhundert.* Stuttgart: Klett-Cotta.
Friday, Nancy (1984): *Die sexuellen Phantasien der Männer.* Reinbek bei Hamburg: Rowohlt.
Friedmann, Richard C. (1993): *Männliche Homosexualität.* Berlin/Heidelberg: Springer.
Friedman, Robert M. u. Lerner, Leila (Hrsg.) (1991): *Zur Psychoanalyse des Mannes.* Berlin/Heidelberg: Springer.
Furth, Hans G. (1976): *Intelligenz und Erkennen. Die Grundlagen der genetischen Erkenntnistheorie Piagets.* Frankfurt a. M.: Suhrkamp.
– (1990): *Wissen als Leidenschaft. Eine Untersuchung über Freud und Piaget.* Frankfurt a. M.: Suhrkamp.
Gast, Lilli (1992): *Libido und Narzißmus. Vom Verlust des Sexuellen im psychoanalytischen Diskurs. Eine Spurensicherung.* Tübingen: edition diskord.
– (1996): Himmel und Hölle, Paradies und Schreckenskammer. Die Idee der Subjektgenese im phantasmatischen Raum bei Freud und Klein. In: *Luzifer-Amor. Zeitschrift zur Geschichte der Psychoanalyse,* 9. Jg., Heft 17, S. 167–187.
– (1998): »Doch alle Lust will Ewigkeit …«. Ein (theoriegeschichtlicher) Streifzug am San-Andreas-Graben der Psychoanalyse. In: Sexualberatungsstelle Salzburg (Hrsg.) (1998): *Trieb, Hemmung, Begehren. Psychoanalyse und Sexualität.* Göttingen: Vandenhoeck & Ruprecht, S. 25–49.
– Gay, Peter (1986): *Erziehung der Sinne. Sexualität im bürgerlichen Zeitalter.* München: C. H. Beck.
Geden, Oliver u. Moes, Johannes (1993): Reflexive Männerforschung. In: *Die Philosophin 8/93,* S. 10–36.
Gekle, Hanna (1994): Warum hat Freud die Verführungstheorie aufgegeben?

Eine Auseinandersetzung mit den Kritikern. In: Rutschky, Katharina u. Wolff, Reinhart (Hrsg.) (1994): *Handbuch Sexueller Mißbrauch.* Hamburg: Klein, S. 157–172.

Gennep, Arnold van (1909): *Übergangsriten (Les rites de passage).* Frankfurt a. M.: Campus (1999).

Gerlach, Alf (1993): Die kastrierenden Fuchsfrauen. Eine psychoanalytische Begegnung mit chinesischen Sexualmythen. In: Streeck, Ulrich (Hrsg.) (1993): *Das Fremde in der Psychoanalyse. Erkundungen über das »Andere« in Seele, Körper und Kultur.* München: Pfeiffer, S. 78–89.

— (1995): Kastrationsangst und oraler Neid im Geschlechterverhältnis. Analytische Arbeiten mit einer ethnologischen Beobachtung. In: *Psyche – Z Psychoanal 49*, S. 965–988.

— (2000): *Die Tigerkuh. Ethnopsychoanalytische Erkundungen.* Gießen: Psychosozial.

— (2003): Von der Ohnmacht des Mannes. Ethnopsychoanalytische Erfahrungen mit Geschlechterverhältnis und Geschlechterspannung in China. In: Arx, Sylvia von u. a. (Hrsg.) (2003): *Koordinaten der Männlichkeit. Orientierungsversuche.* Tübingen: edition diskord, S. 99–118.

Giese, Hans (Hrsg.) (1967): *Die sexuelle Perversion.* Frankfurt a. M.: Akademische Verlagsgesellschaft.

— (1973): *Zur Psychopathologie der Sexualität (mit einer Einführung von Eberhard Schorsch).* Stuttgart: Enke.

Gilmore, David D. (1991): *Mythos Mann. Rollen, Rituale, Leitbilder.* München/Zürich: Artemis & Winkler.

Gleichmann, Peter (1992): Sind Menschen in der Lage, vom gegenseitigen Töten abzulassen? Zum Verflechten von Militarisierungs- und Zivilisationsprozessen. In: Seifert, Jürgen u. a. (1992): *Logik der Destruktion. Der zweite Golfkrieg als erster elektronischer Krieg und die Möglichkeiten seiner Verarbeitung im Bewußtsein.* Frankfurt a. M./ Hannover: Materialis, S. 89–120.

— u. Kühne, Thomas (Hrsg.) (2004): *Massenhaftes Töten. Kriege und Genozide im 20. Jahrhundert* (Krieg und Frieden. Beiträge zur historischen Friedensforschung Band 2). Essen: Klartext.

Gödtel, Reiner (1992): *Sexualität und Gewalt.* Hamburg: Hoffmann und Campe.

Godelier, Maurice (1987): *Die Produktion der Großen Männer. Macht und männliche Vorherrschaft bei den Baruya in Neuguinea.* Frankfurt a. M./ New York: Campus.

Godenzi, Alberto (1989): *Bieder, brutal. Frauen und Männer sprechen über sexuelle Gewalt.* Zürich: Unionsverlag.

Goffman, Erving (2001[2]): *Interaktion und Geschlecht* (hrsg. v. Hubert A. Knoblauch). Frankfurt a. M.: Campus.

Görling, Reinhold (1997): *Heterotopia. Lektüren einer interkulturellen*

Literaturwissenschaft. München: Fink.
– (2001): Eine Maschine, die nächstens von selber geht: Über Nachträglichkeit und Emergenz. In: *Psyche – Z Psychoanal 55*, S. 560–576.
Gottschalch, Wilfried (1997): *Männlichkeit und Gewalt. Eine psychoanalytisch und historisch soziologische Reise in die Abgründe der Männlichkeit.* Weinheim/München: Juventa.
Grammer, Karl (2002): *Signale der Liebe. Die biologischen Gesetze der Partnerschaft.* München: dtv.
Green, André (1998): Hat Sexualität etwas mit Psychoanalyse zu tun? In: *Psyche – Z Psychoanal 52*, S. 1170–1191.
– (2000): *Geheime Verrücktheit. Grenzfälle der psychoanalytischen Praxis.* Gießen: Psychosozial.
Greenacre, Phillis (1968): Perversions. General Considerations Regarding Their Genetic and Dynamic Background. In: *The Psychoanalytic Study of the Child.* Volume XXIII. New York: International Universities Press, S. 47–62.
Greenson, Ralph R. (1968): Die Beendigung der Identifizierung mit der Mutter und ihre besondere Bedeutung für den Jungen. In: Greenson, Ralph R. (1982): *Psychoanalytische Erkundungen.* Stuttgart: Klett-Cotta, S. 257–264.
Greiner, Bernd (2004): Das alltägliche Verbrechen – Sexuelle Gewalt im Vietnamkrieg. In: Gleichmann, Peter u. Kühne, Thomas (Hrsg.) (2004): *Massenhaftes Töten. Kriege und Genozide im 20. Jahrhundert.* Essen: Klartext, S. 224–243.
Gruen, Arno (1986): *Der Verrat am Selbst. Die Angst vor der Autonomie bei Mann und Frau.* München: dtv.
– (1996^7): *Der Wahnsinn der Normalität. Realismus als Krankheit: eine grundlegende Theorie zur menschlichen Destruktivität.* München: dtv.
– (2000): *Der Fremde in uns.* Stuttgart: Klett-Cotta.
– (2002): *Der Kampf um die Demokratie. Der Extremismus, die Gewalt und der Terror.* Stuttgart: Klett-Cotta.
Grunberger, Béla (1964): Über das Phallische. In *Psyche – Z Psychoanal 17*, S. 604–620.
– (1974): Beitrag zur Untersuchung des Narzißmus in der weiblichen Sexualität. In: Chasseguet-Smirgel, Janine (Hrsg.) (1974): *Psychoanalyse der weiblichen Sexualität.* Frankfurt a. M.: Suhrkamp, S. 97–119.
– (1975): Versuch über den Fetischismus. In: Grunberger, Béla (1988): *Narziß und Anubis. Die Psychoanalyse jenseits der Triebtheorie. Band 1.* München/ Wien: Verl. Int. Psychoanal., S. 123–157.
– (1976): *Vom Narzißmus zum Objekt.* Frankfurt a. M.: Suhrkamp.
– u. Chasseguet-Smirgel, Janine (1979): *Freud oder Reich? Psychoanalyse und Illusion.* Frankfurt a. M./Berlin/Wien: Ullstein.
Guggenbühl, Allan (1994): *Männer, Mythen, Mächte. Was ist männliche Identität.* Stuttgart: Kreuz.

Haase, Andreas u. a. (Hrsg.) (1996): *Auf und nieder. Aspekte männlicher Sexualität und Gesundheit.* Tübingen: dgvt.

Hagemann-White, Carol (2002): Gender-Perspektiven auf Gewalt in vergleichender Sicht. In: Heitmeyer, Wilhelm u. Hagan, John (Hrsg.) (2002): *Internationales Handbuch der Gewaltforschung.* Wiesbaden: Westdeutscher Verlag, S. 124–149.

Harders, Cilja u. Roß, Bettina (Hrsg.) (2002): *Geschlechterverhältnisse in Krieg und Frieden. Perspektiven der feministischen Analyse internationaler Beziehungen.* Opladen: Leske + Budrich.

Harten, Hans-Christian (1995): *Sexualität, Mißbrauch, Gewalt. Das Geschlechterverhältnis und die Sexualisierung von Aggressionen.* Opladen: Westdeutscher Verlag.

Hartmann, Heinz (1939): *Ich-Psychologie und Anpassungsproblem.* Stuttgart: Klett (1975^3).

— (1964): *Ich-Psychologie. Studien zur psychoanalytischen Theorie.* Stuttgart: Klett (1972).

Hartsock, Nancy C. M. (1991): Nullsummenspiel der Ehre. In: *Das Argument,* Heft 187, S. 335–359.

Hegener, Wolfgang (2002): Die Ur-Verführung und das verlorene Objekt – Zum Modell der Einschreibung des Triebs in der Freudschen Theorie. In: *Psyche – Z Psychoanal 56,* S. 720–755.

Heiliger, Anita u. Engelfried, Constance (1995): *Sexuelle Gewalt. Männliche Sozialisation und potentielle Täterschaft.* Frankfurt a. M./New York: Campus.

Heilmann-Geideck, Uwe u. Schmidt, Hans (1996): *Betretenes Schweigen. Über den Zusammenhang von Männlichkeit und Gewalt.* Mainz: Grünewald.

Heim, Robert (1993): *Die Rationalität der Psychoanalyse. Eine handlungstheoretische Grundlegung psychoanalytischer Hermeneutik.* Basel/ Frankfurt a. M.: Stroemfeld/Nexus.

— (1999): »Das Ich ist vor allem ein körperliches«. Jugendliche Gewalt und fragmentiertes Körper-Ich. In: Heim, Robert: *Utopie und Melancholie der vaterlosen Gesellschaft.* Gießen: Psychosozial, S. 263–293.

Heinrichs, Hans-Jürgen (2003): *Die gekränkte Supermacht. Amerika auf der Couch.* Düsseldorf/Zürich: Artemis & Winkler.

Hemminger, Hansjörg (1982): *Kindheit als Schicksal? Die Frage nach den Langzeitfolgen frühkindlicher seelischer Verletzungen.* Reinbek bei Hamburg: Rowohlt.

Herdt, Gilbert H. (1981): *Guardians of the Flutes. Idioms of Masculinity. A study of ritualized homosexual behavior.* New York: McGraw-Hill.

Herrmann, Horst (1989): *Die Angst der Männer vor den Frauen.* Hamburg: Konkret Literatur.

Highwater, Jamake (1995): *Sexualität und Mythos. Wie die Kultur die Lust bestimmt.* München: dtv.

Hinshelwood, Robert D. (1993): *Wörterbuch der kleinianischen Psychoanalyse.* Stuttgart: Verl. Int. Psychoanal.
Hirsch, Mathias (1990²): *Realer Inzest. Psychodynamik des sexuellen Mißbrauchs in der Familie.* Berlin/Heidelberg: Springer.
— (1993): Das Fremde als unassimiliertes Objekt. In: Streeck, Ulrich (Hrsg.) (1993): *Das Fremde in der Psychoanalyse. Erkundungen über das »Andere« in Seele, Körper und Kultur.* München: Pfeiffer, S. 28–39.
Hirschauer, Stefan (1992): Konstruktivismus und Essentialismus. Zur Soziologie des Geschlechtsunterschieds und der Homosexualität. In: *Z – Sexualforsch 5*, S. 331–345.
— (1993): *Die soziale Konstruktion der Transsexualität. Über die Medizin und den Geschlechtswechsel.* Frankfurt a. M.: Suhrkamp.
Hof, Renate (1995): Entwicklung der Gender Studies. In: Bußmann, Hadumod u. Hof, Renate (Hrsg.) (1995): *Genus. Zur Geschlechterdifferenz in den Kulturwissenschaften.* Stuttgart: Kröner.
Hollstein, Walter (1999): *Männerdämmerung. Von Tätern, Opfern, Schurken und Helden.* Göttingen: Vandenhoeck & Ruprecht.
— (2002): Der Mann als Täter und Opfer. Die Erkenntnisleistung der Männerforschung für den Kontext von Gesundheit und Krankheit. In: Hurrelmann, Klaus u. Kolip, Petra (Hrsg.) (2002) *Geschlecht, Gesundheit und Krankheit. Männer und Frauen im Vergleich.* Bern: Huber, S. 53–66.
Honegger, Claudia (1991): *Die Ordnung der Geschlechter. Die Wissenschaften vom Menschen und das Weib. 1750–1850.* Frankfurt a. M./New York: Campus.
Horkheimer, Max (1968): Die Psychoanalyse aus der Sicht der Soziologie. In: Horkheimer, Max (1972): *Gesellschaft im Übergang. Aufsätze, Reden und Vorträge 1942–1970* (hrsg. v. Werner Brede). Frankfurt a. M.: Fischer Athenäum, S. 134–143.
— u. Adorno, Theodor W. (1947): *Dialektik der Aufklärung. Philosophische Fragmente.* Frankfurt a. M.: Fischer (1969).
Horn, Klaus u. Senghaas-Knobloch, Eva (Hrsg.) (1983²): *Friedensbewegung – Persönliches und Politisches.* Frankfurt a. M.: Fischer.
Horney, Karen (1932): Die Angst vor der Frau. Über den spezifischen Unterschied in der männlichen und weiblichen Angst vor dem anderen Geschlecht. In: Deutsch, Helene (1984): *Die Psychologie der Frau.* Frankfurt a. M.: Fischer, S. 81–95.
Hudson, Liam u. Jacot, Bernadine (1993): *Wie Männer denken. Intellekt, Intimität und erotische Phantasien.* Frankfurt a. M./New York: Campus.
Institut für Sozialforschung (Hrsg.) (1994): *Geschlechterverhältnisse und Politik.* Frankfurt a. M.: Suhrkamp.
Irigaray, Luce (1991): *Die Zeit der Differenz. Für eine friedliche Revolution.* Frankfurt a. M./New York: Campus.
Jacobson, Edith (1964): *Das Selbst und die Welt der Objekte.* Frankfurt a. M.: Suhrkamp (1973).

Jacoby, Russell (1986): Psychoanalyse und Sexualität. In: Psychoanalytisches Seminar Zürich (Hrsg.) (1986): *Sexualität.* Frankfurt a. M.: Syndikat/EVA, S. 115–132.
— (1990): *Die Verdrängung der Psychoanalyse – oder: Der Triumph des Konformismus.* Frankfurt a. M.: Fischer.
Janshen, Doris (Hrsg.) (1991): *Sexuelle Gewalt. Die allgegenwärtige Menschenrechtsverletzung.* Frankfurt a. M.: Zweitausendeins.
— (Hrsg.) (2000): *Blickwechsel. Der neue Dialog zwischen Frauen- und Männerforschung.* Frankfurt a. M.: Campus.
Janssen-Jurreit, Marielouise (1976): *Sexismus. Über die Abtreibung der Frauenfrage.* München: Hanser.
Johnen, Wilhelm (1992): *Die Angst des Mannes vor der starken Frau. Einsichten in Männerseelen.* Frankfurt a. M.: Fischer.
Jones, Ernest (1922): Einige Probleme des jugendlichen Alters. In: Jones, Ernest (1978): *Die Theorie der Symbolik und andere Aufsätze.* Frankfurt a. M./Berlin/Wien: Ullstein, S. 143–163.
Jünger, Ernst (1922): *In Stahlgewittern.* Stuttgart: Klett-Cotta (1993[34]).
Jürgens, Hans-Joachim (2003): *Don Juan. Konstruktion und Destruktion eines Männlichkeitsideals in Literatur und Gesellschaft des deutschen Kaiserreichs von 1871.* Hannover (Dissertation).
Kaplan, Louise J. (1988): *Abschied von der Kindheit. Eine Studie über die Adoleszenz.* Stuttgart: Klett-Cotta.
— (1991): *Weibliche Perversionen. Von befleckter Unschuld und verweigerter Unterwerfung.* Hamburg: Hoffmann und Campe.
Kaser, Karl (1992): Hirten, Helden und Haiduken. Zum Männlichkeitskult im jugoslawischen Krieg. In: *L'homme. Zeitschrift für feministische Geschichtswissenschaft,* 3. Jg., Heft 1, S. 155–162.
Katan, Maurits (1949): Schrebers Wahn vom Weltuntergang. In: Niederland, William G. (1978): *Der Fall Schreber. Das psychoanalytische Profil einer paranoiden Persönlichkeit.* Frankfurt a. M.: Suhrkamp, S. 159–165.
— (1959): Schrebers Jenseits: sein Aufbau und Untergang. In: Niederland, William G. (1978): *Der Fall Schreber. Das psychoanalytische Profil einer paranoiden Persönlichkeit.* Frankfurt a. M.: Suhrkamp, S. 166–196.
Keller-Husemann, Ursula (1983): *Destruktive Sexualität. Krankheitsverständnis und Behandlung der sexuellen Perversion.* München/Basel: Reinhardt.
Kentler, Helmut (1979): Sexualität und Gewalt. In: Albrecht-Désirat, Karin u. Pacharzina, Klaus (Hrsg.) (1979): *Sexualität und Gewalt. Gewalt gegen Frauen. Kriminalisierte Sexualität. Sexualität in totalen Institutionen.* Bensheim: Päd.-Extra-Buchverlag, S. 11–28.
— (Hrsg.) (1984): *Sexualwesen Mensch. Texte zur Erforschung der Sexualität.* Hamburg: Hoffmann und Campe.
— (1994): Täterinnen und Täter beim sexuellen Mißbrauch von Jungen. In: Rutschky, Katharina u. Wolff, Reinhart (Hrsg.) (1994): *Handbuch Sexueller*

Mißbrauch. Hamburg: Klein, S. 143–156.
— (1995): Zur Konstruktion einer »männlichen« Sexualbiographie. In: Egner, Helga (Hrsg.) (1995): *Lebensübergänge oder Der Aufenthalt im Werden.* Hamburg: Walter, S. 13–32.
Kernberg, Otto F. (1978): *Borderline-Störungen und pathologischer Narzißmus.* Frankfurt a. M.: Suhrkamp.
— (1985a²): *Objektbeziehungen und Praxis der Psychoanalyse.* Stuttgart: Klett-Cotta.
— (1985b): Ein konzeptuelles Modell zur männlichen Perversion. In: *Forum Psychoanal 1,* S. 167–188.
— (1988): *Innere Welt und äußere Realität. Anwendungen der Objektbeziehungstheorie.* München/Wien: Verl. Int. Psychoanal.
— (1997): *Wut und Haß. Über die Bedeutung von Aggression bei Persönlichkeitsstörungen und sexuellen Perversionen.* Stuttgart: Klett-Cotta.
— (1998): *Liebesbeziehungen. Normalität und Pathologie.* Stuttgart: Klett-Cotta.
— (2001a): *Affekt, Objekt und Übertragung. Aktuelle Entwicklungen der psychoanalytischen Theorie und Technik.* Gießen: Psychosozial.
— (2001b): Wie entsteht gesellschaftliche Gewalt? Eine psychoanalytische Betrachtung. In: Bohleber, Werner u. Drew, Sibylle (Hrsg.) (2001): *Die Gegenwart der Psychoanalyse – die Psychoanalyse der Gegenwart.* Stuttgart: Klett-Cotta, S. 78–92.
— (2001c): Psychoanalytische Beiträge zur Verhinderung gesellschaftlich sanktionierter Gewalt. In: *Psyche – Z Psychoanal 55,* S. 1086–1109.
Kersten, Joachim (1995): Feindbildkonstruktionen, Konfrontation und Konflikt als Darstellung von sozialer Geschlechtszugehörigkeit. In: *Widersprüche. Zeitschrift für sozialistische Politik im Bildungs-, Gesundheits- u. Sozialbereich.* Heft 56/57 (Schwerpunkt: Männlichkeiten), S. 103–117.
— (1997): *Gut und Geschlecht. Männlichkeit, Kultur und Kriminalität.* Berlin: de Gruyter.
Kerz-Rühling, Ingrid (1993): Nachträglichkeit. In: *Psyche – Z Psychoanal 47,* S. 911–933.
Kestenberg, Judith S. (1975a): Außen und Innen, Männlich und Weiblich (Teil I), in: *Jahrbuch der Psychoanalyse. Beiträge zur Theorie, Praxis und Geschichte.* Band 31, S. 151–188.
— (1975b): Außen und Innen, Männlich und Weiblich (Teil II). In: *Jahrbuch der Psychoanalyse, Beiträge zur Theorie, Praxis und Geschichte.* Band 32, S. 40–73.
Kettner, Matthias (1998): Nachträglichkeit. Freuds brisante Erinnerungstheorie. In: Rüsen, Jörn u. Straub, Jürgen (Hrsg.) (1998): *Die dunkle Spur der Vergangenheit. Psychoanalytische Zugänge zum Geschichtsbewußtsein. Erinnerung, Geschichte, Identität 2.* Frankfurt a. M.: Suhrkamp, S. 33–69.

— (1999): Das Konzept der Nachträglichkeit in Freuds Erinnerungstheorie. In: *Psyche – Z Psychoanal 53*, S. 309–342.
Keupp, Heiner (1995): *Lust an der Erkenntnis: Der Mensch als soziales Wesen. Sozialpsychologisches Denken im 20. Jahrhundert.* München: Piper.
Khan, M. Masud R. (1972): Der Fetischismus als Selbstverneinung. In: Pontalis, J.-B. (Hrsg.) (1972): *Objekte des Fetischismus.* Frankfurt a. M.: Suhrkamp.
— (1989): *Entfremdung bei Perversionen.* Frankfurt a. M.: Suhrkamp.
King, Vera (2002): *Die Entstehung des Neuen in der Adoleszenz. Individuation, Generativität und Gesellschaft in modernisierten Gesellschaften.* Opladen: Leske + Budrich.
Kinsey, Alfred C. (1964): *Das sexuelle Verhalten des Mannes.* Berlin/Frankfurt a. M.: Fischer.
Klein, Melanie (1930): Die Bedeutung der Symbolbildung für die Ich-Entwicklung. In: Klein, Melanie (1972): *Das Seelenleben des Kleinkindes und andere Beiträge zur Psychoanalyse.* Reinbek bei Hamburg: Rowohlt, S. 31–44.
— (1932): *Die Psychoanalyse des Kindes.* München: Kindler (1973).
— (1955): Die psychoanalytische Spieltechnik. Ihre Geschichte und Bedeutung. In: Klein, Melanie. (1972): *Das Seelenleben des Kleinkindes und andere Beiträge zur Psychoanalyse.* Reinbek bei Hamburg: Rowohlt, S. 13–30.
— (1958): Neid und Dankbarkeit. In: Klein, Melanie (1972): *Das Seelenleben des Kleinkindes und andere Beiträge zur Psychoanalyse.* Reinbek bei Hamburg: Rowohlt, S. 174–186.
— (1960): Über das Seelenleben des Kleinkindes. In: Klein, Melanie (1972): *Das Seelenleben des Kleinkindes und andere Beiträge zur Psychoanalyse.* Reinbek bei Hamburg: Rowohlt, S. 144–173.
— (1972): *Das Seelenleben des Kleinkindes und andere Beiträge zur Psychoanalyse.* Reinbek bei Hamburg: Rowohlt.
Klinger, Cornelia (1995): Beredtes Schweigen und verschwiegenes Sprechen: Genus im Diskurs der Philosophie. In: Bußmann, Hadumod u. Hof, Renate (Hrsg.) (1995): *Genus. Zur Geschlechterdifferenz in den Kulturwissenschaften,* Stuttgart: Kröner, S. 34–59.
Klosinski, Gunther (Hrsg.) (1991): *Pubertätsriten. Äquivalente und Defizite in unserer Gesellschaft.* Bern/Stuttgart/Toronto: Huber.
Knapp, Gudrun-Axeli (1992): Macht und Geschlecht. Neuere Entwicklungen in der feministischen Macht- und Herrschaftsdiskussion. In: Knapp, Gudrun-Axeli u. Wetterer, Angelika (Hrsg.) (1995[2]): *Traditionen Brüche. Entwicklungen feministischer Theorie.* Freiburg i. Br.: Kore.
— (1995): Unterschiede machen: Zur Sozialpsychologie der Hierarchisierung im Geschlechterverhältnis. In: Becker-Schmidt, Regina u. Knapp, Gudrun-Axeli (Hrsg.) (1995): *Das Geschlechterverhältnis als Gegenstand der Sozialwissenschaften.* Frankfurt a. M.: Campus, S. 163–194.
— u. Wetterer, Angelika (Hrsg.) (1995[2]): *Traditionen Brüche. Entwicklungen feministischer Theorie.* Freiburg i. Br.: Kore.

– (Hrsg.) (1998): *Kurskorrekturen. Feminismus zwischen Kritischer Theorie und Postmoderne.* Frankfurt a. M.: Campus.

Knapp, Guntram (1988): *Narzißmus und Primär-Beziehung. Psychoanalytisch-anthropologische Grundlagen für ein neues Verständnis von Kindheit.* Berlin/Heidelberg/New York: Springer.

Knauss, Werner (1993): Die rituell angeeignete Sexualität. Zu Hans Bosses Beitrag »Das Fremde am Mann oder Die Sexualität, die ›von außen kommt‹«. In: *Zeitschrift für Sexualforschung,* Heft 2, 6. Jg. Stuttgart: Enke, S. 151–155.

Knörzer, Winfried (1988): Einige Anmerkungen zu Freuds Aufgabe der Verführungsthese. In: *Psyche – Z Psychoanal 42,* S. 97–131.

Koch, Gertrud (Hrsg.) (1995): *Auge und Affekt. Wahrnehmung und Interaktion.* Frankfurt a. M.: Fischer.

Koher, Frauke (1992): *Weiblichkeit und Aggression – Eine Auseinandersetzung mit der Theorie Margarete Mitscherlichs und anderen ausgewählten Ansätzen der neueren psychoanalytischen Diskussion.* Hannover (Diplomarbeit).

– (2003): Friedfertige Mädchen? Psychoanalytische Diskurse über Geschlecht und Aggression in der Adoleszenz. In: Koher, Frauke u. Pühl, Katharina (Hrsg.) (2003): *Gewalt und Geschlecht. Konstruktionen, Positionen, Praxen.* Opladen: Leske + Budrich, S. 141–159.

– u. Pühl, Katharina (Hrsg.) (2003): *Gewalt und Geschlecht. Konstruktionen, Positionen, Praxen.* Opladen: Leske + Budrich.

Kohut, Heinz (1971): Überlegungen zum Narzißmus und zur narzißtischen Wut. In: Kohut, Heinz (1975): *Die Zukunft der Psychoanalyse. Aufsätze zu allgemeinen Themen und zur Psychologie des Selbst.* Frankfurt a. M.: Suhrkamp, S. 205–251.

– (1974): *Narzißmus. Eine Theorie der psychoanalytischen Behandlung narzißtischer Persönlichkeitsstörungen.* Frankfurt a. M.: Suhrkamp.

– (1979): *Die Heilung des Selbst.* Frankfurt a. M.: Suhrkamp.

Kollreuter, Anna (2000): *Das Tabu des Begehrens. Zur Verflüchtigung des Sexuellen in Theorie und Praxis der feministischen Psychoanalyse.* Gießen: Psychosozial.

König, Hans-Dieter (Hrsg.) (1998): *Sozialpsychologie des Rechtsextremismus.* Frankfurt a. M.: Suhrkamp.

Koonz, Claudia (1991): *Mütter im Vaterland. Frauen im Dritten Reich.* Freiburg i. Br.: Kore.

Kracke, Bärbel (1993): *Pubertät und Problemverhalten bei Jungen.* Weinheim: Beltz/PVU.

Krafft-Ebing, Richard von (1912[14]): *Psychopathia sexualis.* München: Matthes & Seitz (1984).

Kris, Ernst (1979): *Psychoanalytische Kinderpsychologie.* Frankfurt a. M.: Suhrkamp.

Kristeva, Julia (1989): *Geschichten von der Liebe.* Frankfurt a. M.: Suhrkamp.

Krovoza, Alfred (Hrsg.) (1996): *Politische Psychologie. Ein Arbeitsfeld der Psychoanalyse.* Stuttgart: Verl. Int. Psychoanal.

— (2001): Zum Verhältnis von Psychogenese und Soziogenese im Gewaltdiskurs. In: *Psyche – Z Psychoanal 55*, S. 906–933.

Kühne, Thomas (Hrsg.) (1996): *Männergeschichte – Geschlechtergeschichte. Männlichkeit im Wandel der Moderne.* Frankfurt a. M./New York: Campus.

— (1998): Staatspolitik, Frauenpolitik, Männerpolitik: Politikgeschichte als Geschlechtergeschichte. In: Medick, Hans u. Trepp, Anne-Charlott (Hrsg.) (1998): *Geschlechtergeschichte und Allgemeine Geschichte. Herausforderungen und Perspektiven.* Göttingen: Wallstein, S. 171–231.

Künzler, Erhard (1980): Freuds somatisch fundierte Trieblehre in den »Drei Abhandlungen zur Sexualtheorie« (1905). In: *Psyche – Z Psychoanal 34*, S. 280–302.

Kurnitzky, Horst (1978): *Ödipus. Ein Held der westlichen Welt. Über die zerstörerischen Grundlagen unserer Zivilisation.* Berlin: Wagenbach.

Laplanche, Jean (1974): *Leben und Tod in der Psychoanalyse.* Olten/Freiburg i. Br.: Walter.

— (1988): *Die allgemeine Verführungstheorie und andere Aufsätze.* Tübingen: Discord.

— (2003): *Die unvollendete kopernikanische Revolution in der Psychoanalyse.* Gießen: Psychosozial.

— u. Pontalis, J.-B. (1972): *Das Vokabular der Psychoanalyse.* Frankfurt a. M.: Suhrkamp.

— u. Pontalis, J.-B. (1992): *Urphantasie. Phantasien über den Ursprung, Ursprünge der Phantasie.* Frankfurt a. M.: Fischer.

Laqueur, Thomas (1992): *Auf den Leib geschrieben. Die Inszenierung der Geschlechter von der Antike bis Freud.* Frankfurt a. M.: Campus.

Laufer, Moses (1980): Zentrale Onaniephantasie, definitive Sexualorganisation und Adoleszenz. In: *Psyche – Z Psychoanal 34*, S. 365–384.

— u. Laufer, M. Eglé, (1994^{2}): *Adoleszenz und Entwicklungskrise.* Stuttgart: Klett-Cotta.

Leclaire, Serge (1971): *Der psychoanalytische Prozeß. Ein Versuch über das Unbewußte und den Aufbau einer buchstäblichen Ordnung.* Olten/Freiburg i. Br.: Walter.

Lempert, Joachim u. Oelemann, Burckhard (1995): *»… dann habe ich zugeschlagen«. Männer-Gewalt gegen Frauen.* Hamburg: Konkret Literatur.

Lenz, Claudia (Hrsg.) (2003): *Männlichkeiten – Gemeinschaften – Nationen. Historische Studien zur Geschlechterordnung des Nationalen.* Opladen: Leske + Budrich.

Le Soldat, Judith (1989): *Freiwillige Knechtschaft. Masochismus und Moral.* Frankfurt a. M.: Fischer.

– (1994): *Eine Theorie menschlichen Unglücks. Trieb, Schuld und Phantasie.* Frankfurt a. M.: Fischer.

Leuschner, Wolfgang (1983): Über »neurotischen« Pazifismus. In: Horn, Klaus u. Senghaas-Knobloch, Eva (Hrsg.) (1983[2]): *Friedensbewegung – Persönliches und Politisches.* Frankfurt a. M.: Fischer, S. 19–30.

Leuzinger-Bohleber, Marianne (1996): Zum Schicksal von Libido, Aggression und Objektbeziehung in der Adoleszenz. In: Leuzinger-Bohleber, Marianne u. Zwiebel, Ralf (Hrsg.) (1996): *Psychoanalyse heute. Klinische und kulturtheoretische Perspektiven.* Opladen: Westdeutscher Verlag, S. 81–118.

– u. Mahler, Eugen (Hrsg.) (1993): *Phantasie und Realität in der Spätadoleszenz. Gesellschaftliche Veränderungen und Entwicklungsprozesse bei Studierenden.* Opladen: Westdeutscher Verlag.

Lévi-Strauss, Claude (1981): *Die elementaren Strukturen der Verwandtschaft.* Frankfurt a. M.: Suhrkamp.

Lewandowski, Sven (2003): Internetpornographie. In: *Z Sexualforsch 16,* Heft 4, S. 299–327.

Lichtenberg, Joseph D. (1991): *Psychoanalyse und Säuglingsforschung.* Berlin/Heidelberg: Springer.

– (1992): Haß im Verständnis der Selbstpsychologie. Ein motivationssystemischer Ansatz. In: Schöttler, Christel u. Kutter, Peter (Hrsg.) (1992): *Sexualität und Aggression aus der Sicht der Selbstpsychologie.* Frankfurt a. M.: Suhrkamp, S. 48–76.

Lidz, Theodore u. Lidz, Ruth W. (1991): Weibliches in Männliches verwandeln: Männlichkeitsrituale in Papua-Neuguinea. In: Friedman, Robert M. u. Lerner, Leila (Hrsg.) (1991): *Zur Psychoanalyse des Mannes.* Berlin/Heidelberg: Springer, S. 115–133.

Lifton, Robert Jay (1986): *Ärzte im Dritten Reich.* Berlin: Ullstein (1998).

Lincke, Harold (1981): *Instinktverlust und Symbolbildung. Die psychoanalytische Theorie und die psycho-biologischen Grundlagen des menschlichen Verhaltens.* Berlin: Severin und Siedler.

Lindemann, Gesa (1993): *Das paradoxe Geschlecht. Transsexualität im Spannungsfeld von Körper, Leib und Gefühl.* Frankfurt a. M.: Fischer.

Link, Jürgen (1999[2]): *Versuch über den Normalismus. Wie Normalität produziert wird.* Opladen/Wiesbaden: Westdeutscher Verlag.

Loos, Peter (1999): *Zwischen pragmatischer und moralischer Ordnung. Der männliche Blick auf das Geschlechterverhältnis im Milieuvergleich.* Opladen: Leske + Budrich.

Lorenzer, Alfred (1970): *Sprachzerstörung und Rekonstruktion. Vorarbeiten zu einer Metatheorie der Psychoanalyse.* Frankfurt a. M.: Suhrkamp.

– (1971): Symbol, Interaktion und Praxis. In: Lorenzer, Alfred u. a. (1971[2]): *Psychoanalyse als Sozialwissenschaft.* Frankfurt a. M.: Suhrkamp, S. 9–59.

– (1984): *Intimität und soziales Leid. Archäologie der Psychoanalyse.* Frankfurt a. M.: Fischer.

Mahler, Margaret S. (1972): *Symbiose und Individuation.* Bd. 1: Psychosen im frühen Kindesalter. Stuttgart: Klett.

— (1986[2]): *Studien über die drei ersten Lebensjahre.* Stuttgart: Klett-Cotta.

— ; Pine, Fred u. Bergman, Anni (1978): *Die psychische Geburt des Menschen. Symbiose und Individuation.* Frankfurt a. M.: Fischer.

Maihofer, Andrea (1994): Geschlecht als Existenzweise. Einige kritische Anmerkungen zu aktuellen Versuchen zu einem neuen Verständnis von »Geschlecht«. In: Institut für Sozialforschung (Hrsg.) (1994): *Geschlechterverhältnisse und Politik.* Frankfurt a. M.: Suhrkamp, S. 168–187.

Marcus, Steven (2004): Das Normale und das Pathologische. In: *Psyche – Z Psychoanal 58,* S. 389–410.

Maschwitz, Renate (2000): *Selbst-, Mutter- und Vaterbilder bei Sexualstraftätern. Probleme der Geschlechtsidentität bei aggressiven Sexualdelinquenten.* Gießen: Psychosozial.

Masson, Jeffrey M. (1984): *Was hat man dir, du armes Kind, getan? Sigmund Freuds Unterdrückung der Verführungstheorie.* Reinbek bei Hamburg: Rowohlt.

Masters, William H. u. Johnson, Virginia E. (1975): *Die sexuelle Reaktion.* Reinbek bei Hamburg: Rowohlt.

May, Robert (1991): Männlichkeit aus psychoanalytischer Sicht. In: Friedman, Robert M. u. Lerner, Leila (Hrsg.) (1991): *Zur Psychoanalyse des Mannes.* Berlin/Heidelberg: Springer, S. 171–190.

McDougall, Joyce (1989): *Plädoyer für eine gewisse Anormalität.* Frankfurt a. M.: Suhrkamp.

— (1995): *Die Couch ist kein Prokustesbett. Zur Psychoanalyse der menschlichen Sexualität.* Stuttgart: Verl. Intern. Psychoanal.

Mead, Margaret (1976): *Mann und Weib. Zum Verhältnis der Geschlechter in einer sich wandelnden Welt.* Reinbek bei Hamburg: Rowohlt.

Meade, Michael (1993): *Die Männer und das Wasser des Lebens. Wege zur wahren Männlichkeit.* München/Leipzig: List.

Medick, Hans u. Trepp, Anne-Charlott (Hrsg.) (1998): *Geschlechtergeschichte und Allgemeine Geschichte. Herausforderungen und Perspektiven.* Göttingen: Wallstein.

Meillassoux, Claude (1976): *»Die wilden Früchte der Frau«. Über häusliche Produktion und kapitalistische Wirtschaft.* Frankfurt a. M.: Syndikat.

Meinen, Insa (2002): *Wehrmacht und Prostitution während des Zweiten Weltkriegs im besetzten Frankreich.* Bremen: Edition Temmen.

Mentzos, Stavros (1993): *Der Krieg und seine psychosozialen Funktionen.* Frankfurt a. M.: Fischer.

— (1995): Pseudostabilisierung des Ichs durch Nationalismus und Krieg. In: Rohde-Dachser, Christa (Hrsg.) (1995): *Über Liebe und Krieg. Psychoanalytische Zeitdiagnosen.* Göttingen/Zürich: Vandenhoeck & Ruprecht, S. 66–84.

Mertens, Wolfgang (1994[2]): *Entwicklung der Psychosexualität und der Geschlechtsidentität.* Band 1: Geburt bis 4. Lebensjahr. Stuttgart/Berlin/Köln: Kohlhammer.

— (1994[2]): *Entwicklung der Psychosexualität und der Geschlechtsidentität.* Band 2: Kindheit und Adoleszenz. Stuttgart/Berlin/Köln: Kohlhammer.

Meuser, Michael (1995): Geschlechterverhältnisse und Maskulinitäten. Eine wissenssoziologische Perspektive. In: Armbruster, L. Christof; Müller, Ursula u. Stein-Hilbers, Marlene (Hrsg) (1995): *Neue Horizonte? Sozialwissenschaftliche Forschung über Geschlechter und Geschlechterverhältnisse.* Opladen: Leske + Budrich, S. 107–134.

— (1998): *Geschlecht und Männlichkeit. Soziologische Theorie und kulturelle Deutungsmuster.* Opladen: Leske + Budrich.

— (1999): Gewalt, hegemoniale Männlichkeit und »doing masculinity«. In: Löschper, Gabi u. Smaus, Gerlinda (Hrsg.) (1999): *Das Patriarchat und die Kriminologie.* (Kriminologisches Journal, 7. Beiheft). Weinheim: Juventa.

— (2002): »Doing Masculinity« – Zur Geschlechtslogik männlichen Gewalthandelns. In: Dackweiler, Regina-Maria u. Schäfer, Reinhild (Hrsg.) (2002): *Gewaltverhältnisse. Feministische Perspektiven auf Geschlecht und Gewalt.* Frankfurt a. M./New York: Campus, S. 53–78.

— (2003): Wettbewerb und Solidarität. Zur Konstruktion von Männlichkeit in Männergesellschaften. In: Arx, Sylvia von u. a. (Hrsg.) (2003): *Koordinaten der Männlichkeit. Orientierungsversuche.* Tübingen: edition diskord, S. 83–98.

Michel, Karl Markus u. Spengler, Tilman (Hrsg.) (1997): *Kursbuch 127 (Männer).* Berlin: Rowohlt/Berlin.

Micus, Christiane (2002): *Friedfertige Frauen und wütende Männer? Theorien und Ergebnisse zum Umgang der Geschlechter mit Aggression.* Weinheim/München: Juventa.

Miller, Alice (1980): *Am Anfang war Erziehung.* Frankfurt a. M.: Suhrkamp.

— (1981): *Du sollst nicht merken. Variationen über das Paradies-Thema.* Frankfurt a. M.: Suhrkamp.

Mitscherlich, Alexander (1963): *Auf dem Weg zur vaterlosen Gesellschaft. Ideen zur Sozialpsychologie.* München: Piper (1976[11]).

— (1968): Aggression und Anpassung. In: Mitscherlich, Alexander (1969b): *Die Idee des Friedens und die menschliche Aggressivität.* Frankfurt a. M.: Suhrkamp, S. 37–95.

— (1969a): Zwei Arten der Grausamkeit. In: Mitscherlich, Alexander (1974): *Toleranz, Überprüfung eines Begriffs. Ermittlungen.* Frankfurt a. M.: Suhrkamp, S. 168–189.

— (1969b): *Die Idee des Friedens und die menschliche Aggressivität. Vier Versuche.* Frankfurt a. M.: Suhrkamp.

— (1969c): Die Idee des Friedens und die menschliche Aggressivität. In: Mitscherlich, Alexander (1969b): *Die Idee des Friedens und die menschliche Aggressivität. Vier Versuche.* Frankfurt a. M.: Suhrkamp, S. 105–137.

— (1969d): Aggression – Annäherung an das Thema vom Alltag her. In: Mitscherlich, Alexander (1969b): *Die Idee des Friedens und die menschliche Aggressivität. Vier Versuche.* Frankfurt a. M.: Suhrkamp, S. 7–36.

Mitscherlich, Margarete (1987): *Die friedfertige Frau. Eine psychoanalytische Untersuchung zur Aggression der Geschlechter.* Frankfurt a. M.: Fischer.

Modena, Emilio (Hrsg.) (1998): *Das Faschismus-Syndrom. Zur Psychoanalyse der Neuen Rechten in Europa.* Gießen: Psychosozial.

— (2001): Aggredo und Libido. Zur Entmythologisierung der Freudschen Triebtheorie. In: *Psychosozial,* 24. Jg., Nr. 84, Heft II, S. 15–55.

— u. Passett, Peter (Hrsg.) (1983): *Krieg und Frieden aus psychoanalytischer Sicht.* Basel/Frankfurt a. M.: Stroemfeld/Roter Stern.

Moeller, Michael Lukas (1992): *Der Krieg, die Lust, der Frieden, die Macht.* Reinbek bei Hamburg: Rowohlt.

— (1995): Der Krieg, die Lust, der Frieden, die Macht. Zur Erotik der Kriegsbereitschaft. In: Rohde-Dachser, Christa (Hrsg.) (1995): *Über Liebe und Krieg. Psychoanalytische Zeitdiagnosen.* Göttingen/Zürich: Vandenhoeck & Ruprecht, S. 85–103.

Möller, Heidi (1996): Kriminalität: ein männliches Problemlösungsmuster? In: Möller, Heidi (Hrsg.) (1996): *Frauen legen Hand an. Untersuchungen zu Frauen und Kriminalität.* Tübingen: dgvt, S. 11–24.

Money, John (1994): Zur Geschichte des Konzepts Gender Identity Disorder. In: *Z – Sexualforsch 7,* S. 20–34.

Money, John u. Erhardt, Anke A. (1975): *»Männlich – Weiblich«. Die Entstehung der Geschlechtsunterschiede.* Reinbek bei Hamburg: Rowohlt.

Monick, Eugene (1990): *Die Wurzeln der Männlichkeit. Der Phallus in Psychologie und Mythologie.* München: Kösel.

Moré, Angela (1997): Die Bedeutung der Genitalien in der Entwicklung von (Körper)Selbstbild und Wirklichkeitssinn. In: *Forum der Psychoanalyse 13,* S. 312–337.

Morgenthaler, Fritz (1974): Die Stellung der Perversionen in Metapsychologie und Technik. In: Morgenthaler, Fritz (1984): *Homosexualität, Heterosexualität, Perversion.* Frankfurt a. M./Paris: Qumram, S. 27–48.

— (1977): Verkehrsformen der Perversion und die Perversion der Verkehrsformen. In: Morgenthaler, Fritz (1984): *Homosexualität, Heterosexualität, Perversion.* Frankfurt a. M./Paris: Qumram, S. 166–182.

— (1983): Sexualität und Psychoanalyse. In: Morgenthaler, Fritz (1984): *Homosexualität, Heterosexualität, Perversion.* Frankfurt a. M./Paris: Qumram, S. 137–165.

Mosse, George L. (1997): *Das Bild des Mannes. Zur Konstruktion der modernen Männlichkeit.* Frankfurt a. M.: Fischer.

Müller, Ursula T. (2000): Das Sexuelle in der sexuellen Gewalt. In: *Neue Kriminalpolitik 4/2000,* S. 12–18.

Müller-Münch, Ingrid (1983): *Die Frauen von Maydanek. Vom zerstörten Leben der Opfer und der Mörderinnen.* Reinbek bei Hamburg: Rowohlt.

Münkler, Herfried (2003[5]): *Die neuen Kriege.* Reinbek bei Hamburg: Rowohlt.
Nadig, Maya (1987): Der Wahn der Männer – die Arbeit der Frauen. Thesen aus einer ethnopsychoanalytischen Untersuchung. In: Belgrad, Jürgen u.a. (Hrsg.) (1987): *Zur Idee einer psychoanalytischen Sozialforschung. Dimensionen szenischen Verstehens.* Frankfurt a.M.: Fischer, S. 245–258.
— (1998): Geschlechtsspezifische Aspekte in fremdenfeindlichen Abwehrformen. In: Modena, Emilio (Hrsg.) (1998): *Das Faschismus-Syndrom. Zur Psychoanalyse der neuen Rechten in Europa.* Gießen: Psychosozial, S. 330–357.
Nicholson, Linda (1994): Was heißt »gender«. In: Institut für Sozialforschung (Hrsg.) (1994): *Geschlechterverhältnisse und Politik.* Frankfurt a.M.: Suhrkamp, S. 188–220.
Nitzschke, Bernd (1980): *Männerängste, Männerwünsche.* München: Matthes & Seitz.
— (1988): *Sexualität und Männlichkeit. Zwischen Symbiosewunsch und Gewalt.* Reinbek bei Hamburg: Rowohlt.
— (1990): Zum Diskurs über die »Sexualität« in zeitgenössischen psychoanalytischen Entwürfen. In: Zepf, Siegfried (Hrsg.) (1990): *»Wer sich nicht bewegt, der spürt auch seine Fesseln nicht...«. Anmerkungen zur gegenwärtigen Lage der Psychoanalyse.* Frankfurt a.M.: Nexus, S. 155–190.
— (2003): Kastrationsangst und phallischer Triumph. Anmerkungen zu Sigmund Freuds Männlichkeitskonstruktion. In: Arx, Sylvia von u.a. (Hrsg.) (2003): *Koordinaten der Männlichkeit. Orientierungsversuche.* Tübingen: edition diskord, S. 49–66.
Nuber, Ursula (1995): *Der Mythos vom frühen Trauma. Über Macht und Einfluß der Kindheit.* Frankfurt a.M.: Fischer.
Olivier, Christiane (1991[7]): *Jokastes Kinder. Die Psyche der Frau im Schatten der Mutter.* München: dtv.
Opitz, Claudia (1992): Von Frauen im Krieg zum Krieg gegen Frauen. Krieg, Gewalt und Geschlechterbeziehungen aus historischer Sicht. In: *L'homme. Zeitschrift für feministische Geschichtswissenschaft,* 3. Jg., Heft 1, S. 31–45.
Ostner, Ilona u. Lichtblau, Klaus (Hrsg.) (1992): *Feministische Vernunftkritik. Ansätze und Traditionen.* Frankfurt a.M.: Campus.
Othmer-Vetter, Regine (1989): »Muttern« und das Erbe der Väter. Eine neue Affäre zwischen Feminismus und Psychoanalyse? In: *Feministische Studien,* 7. Jg., Heft 2, S. 99–106.
Otten, Dieter (2000): *MännerVersagen. Über das Verhältnis der Geschlechter im 21. Jahrhundert.* Bergisch Gladbach: Lübbe.
Pankow, Gisela (1974): *Gesprengte Fesseln der Psychose. Aus der Werkstatt einer Psychotherapeutin.* München: Kindler.
— (1984): *Familienstruktur und Psychose.* Frankfurt a.M./Berlin/Wien: Ullstein.
Parin, Paul (1986): Die Verflüchtigung des Sexuellen in der Psychoanalyse. In: Psychoanalytisches Seminar Zürich (Hrsg.) (1986): *Sexualität.* Frankfurt

a. M.: Syndikat/EVA, S. 11–22.
Pasero, Ursula u. Braun, Frederike (Hrsg.) (1995): *Konstruktion von Geschlecht.* Pfaffenweiler: Centaurus.
Passett, Peter (1986): Die Aufhebung des Widerspruchs in der Bewegung. Eine Auseinandersetzung mit Fritz Morgenthalers metapsychologischen Reflexionen zur Sexualität. In: Psychoanalytisches Seminar Zürich (Hrsg.) (1986): *Sexualität.* Frankfurt a. M.: Syndikat/EVA, S. 157–204.
Pech, Detlef (2002): *»Neue Männer« und Gewalt. Gewaltfacetten in reflexiven männlichen Selbstbeschreibungen.* Opladen: Leske + Budrich.
Peters, Uwe (1984[3]): *Wörterbuch der Psychiatrie und medizinischen Psychologie.* München/Wien/Baltimore: Urban & Schwarzenberg.
Piaget, Jean (1975): *Nachahmung, Spiel und Traum. Die Entwicklung der Symbolfunktion beim Kinde.* Gesammelte Werke Bd. 5 (Studienausgabe). Stuttgart: Klett-Cotta.
— (1992): *Biologie und Erkenntnis.* Frankfurt a. M.: Fischer.
Pilgrim, Volker Elis (1990[2]): *Muttersöhne.* Reinbek bei Hamburg: Rowohlt.
Pohl, Rolf (1986): *Trieb, Objekt, Realität. Eine Untersuchung zur Konstitution der infantilen Sexualität.* Universität Hannover (Dissertation).
— (1992): Männlichkeit, Destruktivität und Kriegsbereitschaft. In: Seifert, Jürgen u. a. (1992): *Logik der Destruktion. Der zweite Golfkrieg als erster elektronischer Krieg und die Möglichkeiten seiner Verarbeitung im Bewußtsein.* Frankfurt a. M./Hannover: Materialis, S. 157–177.
— (1993): Adoleszenz, Rechtsradikalismus und Ausländerfeindlichkeit. In: Kreutzberger, Wolfgang u. a. (1993): *Aus der Mitte der Gesellschaft – Rechtsradikalismus in der Bundesrepublik.* Frankfurt a. M.: Materialis, S. 40–52.
— (1996): Angst, Lust, Zerstörung. Männlichkeit als sozialer und sexueller Analphabetismus. In: Haase, Andreas u. a. (Hrsg.) (1996): *Auf und nieder – Aspekte männlicher Sexualität und Gesundheit.* Tübingen: dgvt, S. 23–44.
— (2000): Normalität und Massenpathologie – Ernst Simmel. In: Buckmiller, Michael; Heimann, Dietrich u. Perels, Joachim (Hrsg.) (2000): *Judentum und politische Existenz. Siebzehn Porträts deutsch-jüdischer Intellektueller.* Hannover: Offizin.
— (2002a): Massenvergewaltigung. Zum Verhältnis von Krieg und männlicher Sexualität. In: *Mittelweg 36,* 11. Jg., Heft 2, S. 53–75.
— (2002b): Gewalt und Grausamkeit. Sozialpsychologische Anmerkungen zur NS-Täterforschung. In: Perels, Joachim u. Pohl, Rolf (Hrsg.) (2002): *NS-Täter in der deutschen Gesellschaft.* Hannover: Offizin, S. 69–117.
— (2003a): »... vom Liebhaber zum Lustmörder«. Die Legierung von Sexualität und Aggression in der männlichen Geschlechtsidentität. In: Arx, Sylvia von u. a. (Hrsg.) (2003): *Koordinaten der Männlichkeit. Orientierungsversuche.* Tübingen: edition diskord, S. 15–47.
— (2003b): Paranoide Kampfhaltung. Über Fremdenhaß und Gewaltbereitschaft bei männlichen Jugendlichen. In: Koher, Frauke u. Pühl, Katharina

(Hrsg.) (2003): *Gewalt und Geschlecht. Konstruktionen, Positionen, Praxen.* Opladen: Leske + Budrich, S. 161–186.
— (2004): Normalität und Pathologie. Sozialpsychologische Anmerkungen zur Psychogenese von Massenmördern. In: Gleichmann, Peter u. Kühne, Thomas (Hrsg.) (2004): *Massenhaftes Töten. Kriege und Genozide im 20. Jahrhundert.* Essen: Klartext, S. 158–179.
Pontalis, J.-B. (Hrsg.) (1972): *Objekte des Fetischismus.* Frankfurt a. M.: Suhrkamp.
Portmann, Adolf (1956): *Zoologie und das neue Bild des Menschen. Biologische Fragmente zu einer Lehre vom Menschen.* Reinbek bei Hamburg: Rowohlt.
Psychoanalytisches Seminar Zürich (Hrsg.) (1981): *Die neuen Narzißmustheorien: zurück ins Paradies.* Frankfurt a. M.: Syndikat.
— (1986): *Sexualität.* Frankfurt a. M.: Syndikat/EVA.
Rank, Otto (1923): *Das Trauma der Geburt und seine Bedeutung für die Psychoanalyse.* (Raubdruck).
Rapaport, David (1960): *Die Struktur der psychoanalytischen Theorie.* Stuttgart: Klett (1973³).
Reich, Wilhelm (1927): *Die Funktion des Orgasmus. Zur Psychopathologie und zur Soziologie des Geschlechtslebens.* Amsterdam: de Munter (1965).
— (1933): *Charakteranalyse. Technik und Grundlagen für Studierende und praktizierende Analytiker.* Bremen: Plopp (1971).
Reiche, Reimut (1990): *Geschlechterspannung. Eine psychoanalytische Untersuchung.* Frankfurt a. M.: Fischer.
— (1997): Gender ohne Sex. Geschichte, Funktion und Funktionswandel des Begriffs »Gender«. In: *Psyche – Z Psychoanal 51,* S. 926–957.
Reik, Theodor (1925/1932): Über den Zusammenhang von Haß und Angst. In: Reik, Theodor (1983): *Der unbekannte Mörder. Psychoanalytische Studien.* Frankfurt a. M.: Fischer, S. 306–315.
Reinelt, Toni (1989): *Mensch und Sexualität. Psychosexuelle Entwicklung und Fehlentwicklung aus interdisziplinärer Sicht.* Berlin/Heidelberg: Springer.
Reinke-Köberer, Ellen (1983): Sexualität in der Psychoanalyse heute – ein Tabu? In: Lohmann, Hans-Martin (Hrsg.) (1983): *Das Unbehagen in der Psychoanalyse. Eine Streitschrift.* Frankfurt a. M.: Qumran, S. 93–103.
Reulecke, Jürgen (2001); *»Ich möchte einer werden so wie die…«. Männerbünde im 20. Jahrhundert.* Frankfurt a. M.: Campus.
Rieker, Peter (1997): *Ethnozentrismus bei jungen Männern. Fremdenfeindlichkeit und Nationalismus und die Bedingungen ihrer Sozialisation.* Weinheim/München: Juventa.
Rohde-Dachser, Christa (1989): Unbewußte Phantasien und Mythenbildung in psychoanalytischen Theorien über die Differenz der Geschlechter. In: *Psyche – Z Psychoanal 43,* S. 193–218.
— (1991): *Expedition in den dunklen Kontinent. Weiblichkeit im Diskurs der Psychoanalyse.* Berlin/Heidelberg: Springer.

– (Hrsg.) (1995): *Über Liebe und Krieg. Psychoanalytische Zeitdiagnosen.* Göttingen/Zürich: Vandenhoeck & Ruprecht.

Rommelspacher, Birgit (1993): Männliche Jugendliche als Projektionsfiguren gesellschaftlicher Gewaltphantasien. Rassismus im Selbstverständnis der Mehrheitskultur. In: Breyvogel, Wilfried (Hrsg.): *Lust auf Randale. Jugendliche Gewalt gegen Fremde.* Bonn: Dietz, S. 65–82.

– (1998[2]): *Dominanzkultur. Texte zu Fremdheit und Macht.* Berlin: Orlanda.

Rosenfeld, Herbert A. (1949): Über den Zusammenhang von männlicher Homosexualität mit Paranoia, paranoiden Ängsten und Narzißmus. In: Rosenfeld, Herbert A. (1989): *Zur Psychoanalyse psychotischer Zustände.* Frankfurt a. M.: Suhrkamp, S. 36–57.

Rotter, Lillian (1989): *Sex-Appeal und männliche Ohnmacht* (hrsg. v. Andreas Benz). Freiburg i. Br.: Kore.

Rumpf, Mechthild (1992): Staatliches Gewaltmonopol, nationale Souveränität und Krieg. Einige Aspekte des »männlichen Zivilisationsprozesses«. In: *L'homme. Zeitschrift für feministische Geschichtswissenschaft,* 3. Jg., Heft 1/92, S. 7–31.

Rünzler, Dieter (1988): *Machismo. Die Grenzen der Männlichkeit.* Wien: Böhlau.

Rüsen, Jörn u. Straub, Jürgen (Hrsg.) (1998): *Die dunkle Spur der Vergangenheit. Psychoanalytische Zugänge zum Geschichtsbewußtsein. Erinnerung, Geschichte, Identität 2.* Frankfurt a. M.: Suhrkamp.

Rüter, Christian (1996): Der konstruierte Leib und die Leibhaftigkeit der Körper. Die Relevanz des Körpers für eine Männer-Erforschung. In: BauSteineMänner (Hrsg.) (2001[3]): *Kritische Männerforschung. Neue Ansätze in der Geschlechtertheorie.* Hamburg: Argument, S. 76–107.

Rutschky, Katharina (1992): *Erregte Aufklärung. Kindesmißbrauch: Fakten & Fiktionen.* Hamburg: Klein.

– u. Wolff, Reinhart (Hrsg.) (1994): *Handbuch Sexueller Mißbrauch.* Hamburg: Klein.

Sander, Helke u. Johr, Barbara (Hrsg.) (1992): *BeFreier und Befreite. Krieg, Vergewaltigung, Kinder.* München: Kunstmann.

– u. Willemsen, Roger (1993): *Gewaltakte. Männerphantasien und Krieg.* Hamburg: Klein.

Sandler, Joseph u. Sandler, Anne-Marie (1999): *Innere Objektbeziehungen. Entstehung und Struktur.* Stuttgart: Klett-Cotta.

Schlesier, Renate (1981): *Konstruktion der Weiblichkeit bei Sigmund Freud.* Frankfurt a. M.: EVA.

Schlösser, Anne-Marie u. Gerlach, Alf (Hrsg.) (2002): *Gewalt und Zivilisation. Erklärungsversuche und Deutungen.* Gießen: Psychosozial.

Schmale, Wolfgang (1998): Einleitung: Gender-Studies. Männergeschichte, Körpergeschichte. In: Schmale, Wolfgang (Hrsg.) (1998): *MannBilder. Ein Lese- und Quellenbuch zur historischen Männerforschung.* Berlin: Berlin Verlag, S. 7–33.

– (2003): *Geschichte der Männlichkeit in Europa (1450–2000).* Wien/Köln/Weimar: Böhlau.
Schmauch, Ulrike (1987a): *Anatomie und Schicksal. Zur Psychologie der frühen Geschlechtersozialisation.* Frankfurt a. M.: Fischer.
– (1987b): Über Frauen und Männer. Eine Entgegnung auf Reimut Reiches »Mann und Frau«. In: *Psyche – Z Psychoanal 41,* S. 432–445.
– (1995): Was geschieht mit kleinen Jungen? Der weibliche Blick auf Männlichkeit und das Konzept der »sicheren männlichen Identität«. In: Düring, Sonja u. Hauch, Margret (Hrsg.) (1995): *Heterosexuelle Verhältnisse* (Beiträge zur Sexualforschung Band 71), Stuttgart: Enke, S. 27–38.
– (1996): Probleme der männlichen sexuellen Entwicklung. In: Sigusch, Volkmar (Hrsg.) (1996): *Sexuelle Störungen und ihre Behandlung.* Stuttgart: Thieme.
Schmidt, Gunter (1984): Drang und Lust. In: Kentler, Helmut (Hrsg.) (1984): *Sexualwesen Mensch. Texte zur Erforschung der Sexualität.* Hamburg: Hoffmann und Campe, S. 300–317.
– (1986): *Das große Der Die Das. Über das Sexuelle.* Herbstein: März.
Schmidt-Hellerau, Cordelia (1995): *Lebenstrieb & Todestrieb. Libido & Lethe. Ein formalisiertes konsistentes Modell der psychoanalytischen Trieb- und Strukturtheorie.* Stuttgart: Verl. Intern. Psychoanal.
Schmölzer, Hilde (1996): *Der Krieg ist männlich. Ist der Friede weiblich.* Wien: Verlag für Gesellschaftskritik.
Schnack, Dieter u. Neutzling, Rainer (1992): *Kleine Helden in Not. Jungen auf der Suche nach Männlichkeit.* Reinbek bei Hamburg: Rowohlt.
– (1993): *Prinzenrolle. Über die männliche Sexualität.* Reinbek bei Hamburg: Rowohlt.
Schorsch, Eberhard (1978): Die Stellung der Sexualität in der psychischen Organisation des Menschen. In: Schorsch, Eberhard (1993): *Perversion, Liebe, Gewalt. Aufsätze zur Psychopathologie und Psychotherapie der Sexualität 1967–1991* (Beiträge zur Sexualforschung Bd. 68, hrsg. v. Martin Dannecker u. a.). Stuttgart: Enke, S. 37–43.
– (1982/83): Gewalt in den Beziehungen der Geschlechter. In: Schorsch, Eberhard (1993): *Perversion, Liebe, Gewalt. Aufsätze zur Psychopathologie und Psychotherapie der Sexualität 1967–1991* (Beiträge zur Sexualforschung Bd. 68, hrsg. v. Martin Dannecker u. a.). Stuttgart: Enke, S. 72–75.
– (1987): Die juristische Bewertung sexueller Tötungen. In: Schorsch, Eberhard (1993): *Perversion, Liebe, Gewalt. Aufsätze zur Psychopathologie und Psychotherapie der Sexualität 1967–1991* (Beiträge zur Sexualforschung Bd. 68, hrsg. v. Martin Dannecker u. a.). Stuttgart: Enke, S. 117–126.
– (1988/89): Versuch über Sexualität und Aggression. In: Schorsch, Eberhard (1993): *Perversion, Liebe, Gewalt. Aufsätze zur Psychopathologie und Sozialpsychologie der Sexualität 1967–1991.* Stuttgart: Enke, S. 153–165.
– (1990): Zur Frage von Sexualität, Lust, Angst und Gewalt. In: Dane, Eva

u. Schmidt, Renate (Hrsg.) (1990): *Frauen & Männer und Pornographie.* Frankfurt a. M.: Fischer.
— (1991): *Kurzer Prozeß? Ein Sexualstraftäter vor Gericht.* Hamburg: Klein.
— (1993): *Perversion, Liebe, Gewalt. Aufsätze zur Psychopathologie und Sozialpsychologie der Sexualität 1967–1991* (Beiträge zur Sexualforschung Bd. 68, hrsg. v. Martin Dannecker u. a.). Stuttgart: Enke.
— u. Becker, Nikolaus (1977): *Angst, Lust, Zerstörung. Sadismus als soziales und kriminelles Handeln. Zur Psychodynamik sexueller Tötung.* Reinbek bei Hamburg: Rowohlt.
— u. a. (1985): *Perversion als Straftat. Dynamik und Psychotherapie.* Berlin/Heidelberg: Springer.
Schöttler, Chistel u. Kutter, Peter (Hrsg.) (1992): *Sexualität und Aggression aus der Sicht der Selbstpsychologie.* Frankfurt a. M.: Suhrkamp.
Schreber, Daniel Paul (1903): *Denkwürdigkeiten eines Nervenkranken (hrsg. und eingeleitet v. Samuel M. Weber).* Frankfurt a. M./Berlin/Wien: Ullstein.
Schröder, Burkhard (1988): *Unter Männern. Brüder, Kumpel, Kameraden.* Reinbek bei Hamburg: Rowohlt.
Schulte, Regina (1998): *Die verkehrte Welt des Krieges. Studien zu Geschlecht, Religion und Tod.* Frankfurt a. M.: Campus.
Schwanitz, Dietrich (2001): *Männer. Eine Spezies wird besichtigt.* Frankfurt a. M.: Eichborn.
Schwarz, Gerhard (2000³): *Die »heilige Ordnung« der Männer. Patriarchalische Hierarchie und Gruppendynamik.* Wiesbaden: Westdeutscher Verlag.
Schwarz, O. (1935): Über das Wesen der Perversionen. In: Giese, Hans (Hrsg.) (1967): *Die sexuelle Perversion.* Frankfurt a. M.: Akademische Verlagsanstalt, S. 222–231.
Seidler, Günter H. (Hrsg.) (1994): *Das Ich und das Fremde. Klinische und sozialpsychologische Analysen des destruktiven Narzißmus.* Opladen: Westdeutscher Verlag.
Seifert, Jürgen u. a. (1992): *Logik der Destruktion. Der zweite Golfkrieg als erster elektronischer Krieg und die Möglichkeiten seiner Verarbeitung im Bewußtsein.* Diskussionsbeiträge: Reihe des Instituts für Politische Wissenschaft der Universität Hannover. Frankfurt a. M./Hannover: Materialis.
Seifert, Ruth (1992): Männlichkeitskonstruktionen. Das Militär als diskursive Macht. In: *Das Argument 196,* S. 859–872.
— (1993): Krieg und Vergewaltigung. Ansätze zu einer Analyse. In: Stiglmayer, Alexandra (Hrsg.) (1993): *Massenvergewaltigung. Krieg gegen die Frauen.* Freiburg i. Br.: Kore, S. 85–108.
— (1996): *Militär, Kultur, Identität. Individualisierung, Geschlechterverhältnisse und die soziale Konstruktion des Soldaten.* Bremen: Edition Temmen.

– (1999): Militär und Geschlechterverhältnisse. Entwicklungslinien einer ambivalenten Debatte. In: Eifler, Christine u. Seifert, Ruth (Hrsg.) (1999): *Soziale Konstruktionen – Krieg und Geschlechterverhältnis.* Münster: Westfälisches Dampfboot.
– (2004): Gender-Dynamiken bei der Entstehung, dem Austrag und der Bearbeitung von kriegerischen Gewaltkonflikten. In: Calließ, Jörg (2004): *Geschlechterverhältnisse in der Überwindung von Gewaltkonflikten.* Rehburg-Loccum: Evangelische Akademie Loccum, S, 185–214.
Shatan, Chaim F. (1981): »Zivile« und »militärische« Realitätswahrnehmung. Über die Folgen einer Absurdität. In: *Psyche – Z Psychoanal 35*, S. 557–572.
– (1983): Militarisierte Trauer und Rachezeremoniell. In: Modena, Emilio u. Passett, Peter (Hrsg.) (1983): *Krieg und Frieden aus psychoanalytischer Sicht.* Basel/Frankfurt a. M.: Stroemfeld/Roter Stern, S. 220–249.
Shay, Jonathan (1998): *Achill in Vietnam. Kampftrauma und Persönlichkeitsverlust.* Hamburg: Hamburger Edition.
Sigusch, Volkmar (1984): Lob des Triebes. In: Sigusch, Volkmar (1984): *Vom Trieb und von der Liebe.* Frankfurt a. M./New York: Campus, S. 27–42.
– (1986): Über den Fetischcharakter der Sexualität. In: Psychoanalytisches Seminar Zürich (Hrsg.) (1986). *Sexualität.* Frankfurt a. M.: Syndikat/ EVA, S. 133–156.
– (1989): *Kritik der disziplinierten Sexualität. Aufsätze 1986–1989.* Frankfurt a. M.: Campus.
– (Hrsg.) (1996): *Sexuelle Störungen und ihre Behandlung.* Stuttgart: Thieme.
– (2001): Über gegenwärtige Transformationen der kulturellen Geschlechts- und Sexualformen. In: Bohleber, Werner u. Drews, Sibylle (Hrsg.) (2001): *Die Gegenwart der Psychoanalyse – die Psychoanalyse der Gegenwart.* Stuttgart: Klett-Cotta, S. 264–278.
Simmel, Ernst (1944a): Kriegsneurosen. In: Simmel, Ernst (1993): *Psychoanalyse und ihre Anwendungen. Ausgewählte Schriften* (hrsg. v. Ludger M. Hermanns u. Ulrich Schultz-Venrath). Frankfurt a. M.: Fischer, S. 204–226.
– (1944b): Selbsterhaltung und Todestrieb. In: Simmel, Ernst (1993): *Psychoanalyse und ihre Anwendungen. Ausgewählte Schriften* (hrsg. v. Ludger M. Hermanns u. Ulrich Schultz-Venrath). Frankfurt a. M.: Fischer, S. 227–247.
– (1946): Antisemitismus und Massen-Psychopathologie. In: Simmel, Ernst (Hrsg.) (1993): *Antisemitismus.* Frankfurt a. M.: Fischer, S. 58–100.
Smith, Joan (1992): *Misogynies. Frauenhaß in der Gesellschaft.* München: dtv.
Sombart, Nicolaus (1991): *Die deutschen Männer und ihre Feinde. Carl Schmitt – ein deutsches Schicksal zwischen Männerbund und Matriarchatsmythos.* München: Hanser.
Spitz, René A. (1965): *Vom Säugling zum Kleinkind. Naturgeschichte der Mutter-Kind-Beziehungen im ersten Lebensjahr.* Stuttgart: Klett (1976[5]).

Spreiter, Michael (1992): *Zwischen Angst und Gehorsam. Kriegsteilnahmebereitschaft von Jugendlichen.* Weinheim: Deutscher Studien Verlag.

Stemann-Acheampong, Susanne (1996): *Der phantastische Unterschied. Zur psychoanalytischen Theorie der Geschlechtsidentität.* Göttingen: Vandenhoeck & Ruprecht.

Stephan, Inge (2000): Gender, Geschlecht und Theorie. In: Braun, Christina von u. Stephan, Inge (Hrsg.) (2000): *Gender-Studien. Eine Einführung.* Stuttgart: J.B. Metzler, S. 59–96.

Stein, Gerd (Hrsg.) (1985): *Femme fatale – Vamp – Blaustrumpf. Sexualität und Herrschaft.* Frankfurt a.M.: Fischer.

Stiglmayer, Alexandra (Hrsg.) (1993): *Massenvergewaltigung. Krieg gegen Frauen.* Freiburg i.Br.: Kore.

— (1993): Vergewaltigungen in Bosnien-Herzegowina. In: Stiglmayer, Alexandra (Hrsg.) (1993): *Massenvergewaltigung. Krieg gegen die Frauen.* Freiburg i.Br.: Kore, S. 109–216.

Stoller, Robert. J. (1968): *Sex and gender vol. I. On the development of masculinity and feminity.* New York: Aronson.

— (1979): *Perversion. Die erotische Form von Haß.* Reinbek bei Hamburg: Rowohlt.

Stopczyk, Annegret (Hrsg.) (1980): *Was Philosophen über Frauen denken.* München: Matthes & Seitz.

Streeck, Ulrich (Hrsg.) (1993): *Das Fremde in der Psychoanalyse. Erkundungen über das »Andere« in Seele, Körper und Kultur.* München: Pfeiffer.

Streeck-Fischer, Annette (1992): »Geil auf Gewalt«. Psychoanalytische Bemerkungen zu Adoleszenz und Rechtsextremismus. In: *Psyche – Z Psychoanal 46*, S. 745–768.

— (1993): »Ihr könnt uns nicht vernichten, denn wir sind ein Teil von Euch.« – Über den »deadly dance« eines jugendlichen Skinhead. In: Streeck, Ulrich (Hrsg.) (1993): *Das Fremde in der Psychoanalyse. Erkundungen über das »Andere« in Seele, Körper und Kultur.* München: Pfeiffer, S. 28–39.

— (1994a): Entwicklungslinien der Adoleszenz. Narzißmus und Übergangsphänomene. In: *Psyche – Z Psychoanal 48*, S. 509–528.

— (1994b): Männliche Adoleszenz, Fremdenhaß und seine selbstreparative Funktion am Beispiel jugendlicher rechtsextremer Skinheads. In: *Praxis der Kinderpsychologie und Kinderpsychiatrie*, Jg. 43, Heft 7, S. 259–266.

Sulloway, Frank J. (1982): *Freud. Biologie der Seele. Jenseits der psychoanalytischen Legende.* Köln-Lövenich: Hohenheim.

Theweleit, Klaus (1977): *Männerphantasien Bd. 1. Frauen, Fluten, Körper, Geschichte.* Frankfurt a.M.: Roter Stern.

— (1978): *Männerphantasien Bd. 2. Männerkörper. Zur Psychoanalyse des weißen Terrors.* Frankfurt a.M.: Roter Stern.

Torok, Maria (1974): Über die Rolle des »Penisneides« bei der Frau. In: Chasseguet-Smirgel, Janine (Hrsg.) (1974): *Psychoanalyse der weiblichen Sexualität.* Frankfurt a.M.: Suhrkamp, S. 192–232.

– u. Rand, Nicholas (1989): Die Geschichte der Psychoanalyse als Erinnerungsspur. Erörterungen über die Herkunft der Freudschen Begriffe »Verführung« und »Phantasie«. In: Brede, Karola (Hrsg.) (1989): *Was will das Weib in mir.* Freiburg i. Br.: Kore, S. 23–54.

Tramitz, Christiane (2001): *Unter Glatzen. Meine Begegnungen mit Skinheads.* München: Droemer.

Tügel, Hanne u. Heilemann, Michael (Hrsg.) (1987): *Frauen verändern Vergewaltiger.* Frankfurt a. M.: Fischer.

Tyson, Phyllis (1991): Männliche Geschlechtsidentität und ihre Wurzel in der frühkindlichen Entwicklung. In: Friedman, Robert M. u. Lerner, Leila (Hrsg.) (1991): *Zur Psychoanalyse des Mannes.* Berlin/Heidelberg: Springer, S. 1–20.

Vanggaard, Thorki (1979): *Phallos, Eros und Macht* (mit einem Vorwort von Alexander Mitscherlich). Frankfurt a. M.: Fachbuchhandlung für Psychologie.

Verein für kritische Geschichtsschreibung (Hrsg.) (2001): *Werkstatt Geschichte 29: Männer.* Hamburg: Ergebnisse.

Vincent, Jean-Didier (1992): *Biologie des Begehrens. Wie Gefühle entstehen.* Reinbek bei Hamburg: Rowohlt.

Vinnai, Gerhard (1977): *Das Elend der Männlichkeit. Heterosexualität, Homosexualität und ökonomische Struktur. Elemente einer materialistischen Psychologie.* Reinbek bei Hamburg: Rowohlt.

– (2004): *Hitler – Scheitern und Vernichtungswut. Zur Genese des faschistischen Täters.* Gießen: Psychosozial.

Völger, Gisela u. Welck, Karin v. (Hrsg.) (1990): *Männerbande – Männerbünde. Zur Rolle des Mannes im Kulturvergleich.* 2 Bände. Rautenstrauch-Joest-Museum Köln.

Volkan, Vamik D. (1978): *Psychoanalyse der frühen Objektbeziehungen. Zur psychoanalytischen Behandlung psychotischer, präpsychotischer und narzißtischer Störungen.* Stuttgart: Klett-Cotta.

Waelder, Robert (1930): Das Prinzip der mehrfachen Funktion. Bemerkungen zur Überdeterminierung. In: Waelder, Robert (1980): *Ansichten der Psychoanalyse. Eine Bestandsaufnahme.* Stuttgart: Klett-Cotta, S. 57–76.

– (1934): Ätiologie und Verlauf der Massenpsychosen. Einige soziologische Bemerkungen zur geschichtlichen Situation der Gegenwart. In: Waelder, Robert (1980): *Ansichten der Psychoanalyse. Eine Bestandsaufnahme.* Stuttgart: Klett-Cotta, S. 239–273.

– (1949): Bemerkungen über das Vorurteil. In: Waelder, Robert (1980): *Ansichten der Psychoanalyse. Eine Bestandsaufnahme.* Stuttgart: Klett-Cotta, S. 274–292.

– (1967): Grundzüge des Totalitarismus. Zwei Formen der Autokratie. Das Wesen des Totalitarismus. In: Waelder, Robert (1980): *Ansichten der Psychoanalyse. Eine Bestandsaufnahme.* Stuttgart: Klett-Cotta, S. 293–314.

Walter, Willi (1996): Männer entdecken ihr Geschlecht. Zu Inhalten,

Zielen, Fragen und Motiven von Kritischer Männerforschung. In: BauSteineMänner (Hrsg.) (2001[3]): *Kritische Männerforschung. Neue Ansätze in der Geschlechtertheorie.* Hamburg: Argument, S. 13–26.
— (2000): Gender, Geschlecht und Männerforschung. In: Braun, Christina von u. Stephan, Inge (Hrsg.) (2000): *Gender-Studien. Eine Einführung.* Stuttgart: Metzler.
Weber, Klaus (2001): *Rechte Männer. Eine sozialpsychologische Studie zu Rassismus, Neofaschismus und Gewerkschaften.* Hamburg: VSA.
Weber, Samuel M. (1979): *Freud-Legende.* Olten/Freiburg i. Br.: Walter.
Weininger, Otto (1903): *Geschlecht und Charakter. Eine prinzipielle Untersuchung.* München: Matthes & Seitz (1980).
Weiss, Florence (1991): *Die dreisten Frauen. Ethnoanalytische Gespräche in Papua-Neuguinea.* Frankfurt a. M./New York: Campus.
— (1995): Zur Kulturspezifik der Geschlechterdifferenz und des Geschlechterverhältnisses. Die Iatmul in Papua-Neuguinea. In: Becker-Schmidt, Regina u. Knapp, Gudrun-Axeli (Hrsg.) (1995): *Das Geschlechterverhältnis als Gegenstand der Sozialwissenschaften.* Frankfurt a. M./ New York: Campus, S. 47–84.
Wette, Wolfram (Hrsg.) (1995[2]): *Der Krieg des kleinen Mannes. Eine Militärgeschichte von unten.* München: Piper.
Wieck, Wilfried (1988[14]): *Männer lassen lieben. Die Sucht nach der Frau.* Stuttgart: Kreuz.
Wieland, Karin (1998): *Worte und Blut. Das männliche Selbst im Übergang zur Neuzeit.* Frankfurt a. M.: Suhrkamp.
Wiesse, Jörg (Hrsg.) (1994): *Aggression am Ende des Jahrhunderts.* Psychoanalytische Blätter Bd. 1. Göttingen: Vandenhoeck & Ruprecht.
Willems, Helmut (1993): *Fremdenfeindliche Gewalt. Einstellungen, Täter, Konflikteskalation.* Opladen: Leske + Budrich.
Winnicott, Donald W. (1971): *Vom Spiel zur Kreativität.* Stuttgart: Klett-Cotta (1985[3]).
— (1988): *Aggression. Versagen der Umwelt und antisoziale Tendenz.* Stuttgart: Klett-Cotta.
Wirth, Hans-Jürgen (1984): *Die Schärfung der Sinne. Jugendprotest als persönliche und kulturelle Chance.* Frankfurt a. M.: Syndikat.
— (2002): *Narzißmus und Macht. Zur Psychoanalyse seelischer Störungen in der Politik.* Gießen: Psychosozial.
Wobbe, Theresa u. Lindemann, Gesa (Hrsg.) (1994): *Denkachsen. Zur theoretischen und institutionellen Rede vom Geschlecht.* Frankfurt a. M.: Suhrkamp.
Wolf, Ernest S. u. a. (1989): *Selbstpsychologie. Weiterentwicklungen nach Heinz Kohut.* München/Wien: Verl. Internat. Psychoanal.
Wulff, Erich (1987): Der paranoische Verschwörungswahn. In: *Psychiatrische Praxis* 14/1987, S. 14–22.

Wulffen, Erich (1910): *Der Sexualverbrecher* (Encyklopädie der modernen Kriminalistik, Bd. VIII). Berlin: Langenscheidt.

Yorke, Clifford (2002): *Die Aktualität der Triebtheorie* (hrsg. v. Bernd Nissen). Gießen: Psychosozial.

Zagermann, Peter (1988): *Eros und Thanatos. Psychoanalytische Untersuchungen zu einer Objektbeziehungstheorie der Triebe.* Darmstadt: Wissenschaftliche Buchgesellschaft.

Zapperi, Roberto (1984): *Der schwangere Mann.* München: Beck.

Zelnick, Lawrence M. u. Buchholz, Ester S. (1991): Der Begriff der inneren Repräsentanz im Lichte der neueren Säuglingsforschung. In: *Psyche – Z Psychoanal 45*, S. 810–846.

Zepf, Siegfried (1985): *Narzißmus, Trieb und die Produktion von Subjektivität. Stationen auf der Suche nach dem verlorenen Paradies.* Berlin: Springer.

Ziehe, Thomas (1975): *Pubertät und Narzißmus. Sind Jugendliche entpolitisiert?* Frankfurt a. M.: EVA.

Zilbergeld, Bernie (1983): *Männliche Sexualität. Was (nicht) alle schon über Männer wußten.* Tübingen: dgvt.

Zimmer, Dieter E. (1990): *Tiefenschwindel. Die endlose und die beendbare Psychoanalyse.* Reinbek bei Hamburg: Rowohlt.

Zipfel, Gaby (2001): »Blood, sperm and tears«. Sexuelle Gewalt in Kriegen. In: *Mittelweg 36*, Jahrgang 10, Heft 5, S. 3–20.

— (2004): Schlachtfeld Frauenkörper. In: Gleichmann, Peter u. Kühne, Thomas (Hrsg.) (2004): *Massenhaftes Töten. Kriege und Genozide im 20. Jahrhundert.* Essen: Klartext, S. 244–264.